北京安全生产年鉴

BEIJING ANQUAN SHENGCHAN NIANJIAN

2014

北京市安全生产监督管理局
北 京 煤 矿 安 全 监 察 局 编

北京工艺美术出版社

图书在版编目（CIP）数据

北京安全生产年鉴 .2014／北京市安全生产监督管理局， 北京煤矿安全监察局编 . — 北京：北京工艺美术出版社，2014.11

ISBN 978-7-5140-0610-0

Ⅰ. ①北… Ⅱ. ①北… ②北… Ⅲ. ①安全生产－北京市－2014－年鉴 Ⅳ. ① X931-54

中国版本图书馆 CIP 数据核字（2014）第 262352 号

出 版 人：陈高潮
责任编辑：田 黎
装帧设计：李砚祖
责任印制：宋朝晖

北京安全生产年鉴

北京市安全生产监督管理局
北 京 煤 矿 安 全 监 察 局 编

出版发行 北京工艺美术出版社
地　　址 北京市东城区和平里七区 16 号
邮　　编 100013
电　　话 （010）84255105（总编室）
（010）64283630（编辑室）
（010）64283671（发行部）
传　　真 （010）64280045/84255105
网　　址 www.gmcbs.cn
经　　销 全国新华书店
制　　版 北京嘉泰利德公司
印　　刷 北京艺堂印刷有限公司
开　　本 787 毫米 ×1092 毫米 1/16
印　　张 45
版　　次 2014 年 11 月第 1 版
印　　次 2014 年 11 月第 1 次印刷
印　　数 1 ～ 1000
书　　号 ISBN 978-7-5140-0610-0
定　　价 230.00 元

▲ 12 月 19 日，市安全监管局局长张树森（左二）带队检查朝阳区城乡结合部地区安全生产情况

◀ 市安全监管局副局长蔡淑敏（右）在新闻发布会上接受记者采访

▲ 9 月 13 日，市安全监管局副局长陈清（右二）检查二七机车厂安全生产标准化工作

▲ 市安全监管局副局长贾太保（中）检查煤矿安全生产工作

▲ 10 月 31 日，市安全监管局副局长汪卫国（右二）检查商市场安全工作

▲ 7 月 2 日，市安全监管局副局长常纪文（右二）夜查有限空间作业安全

▲ 5 月 10 日，市安全监管局副局长唐明明（右一）在防灾减灾宣传活动中，向群众发放安全知识手册

◀ 6 月 21 日，驻市安全监管局纪检组组长高翔（左一）到市预防中心调研

9 月 12 日，市安全监管局副巡视员谢清顺（中）到北京经济技术开发区调研

12 月 24 日，市安全监管局副巡视员钱山接听“12345”热线电话

市安全监管局副巡视员高士虎（右一）带队检查企业安全生产标准化工作

▲ 2月20日，北京市安全生产大会

▲ 7月3日，北京市安全生产监管工作会议

市安全监管局、北京煤监局召开油气输送管线安全专项排查整治工作协调会

11月27日，第七届北京安全文化论坛

8月2日，市安全监管局党的群众路线教育实践活动专题辅导

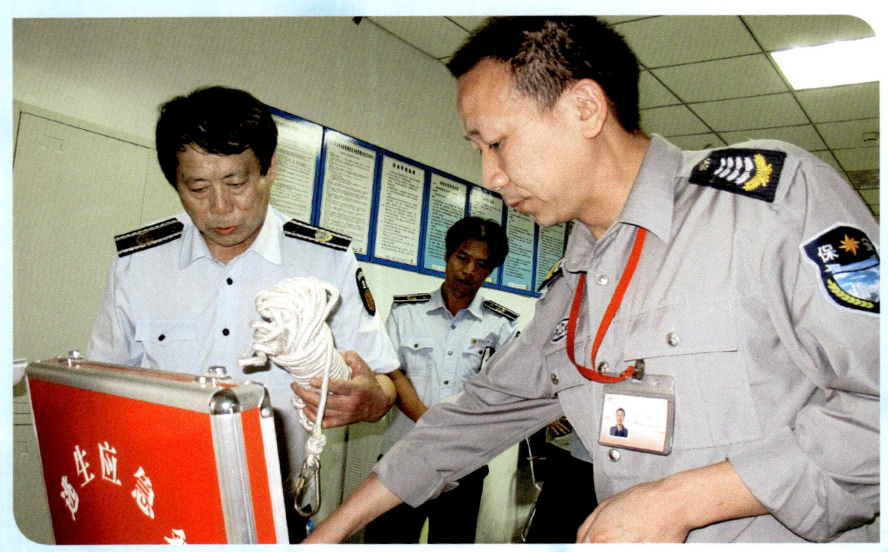

7 月 23 日，市安全监管局执法监察总队检查人员密集场所安全

安全生产执法人员检查轨道交通施工工地

安全生产执法人员检查商场超市配电箱安全情况

▶ 5月6日，北京市安全生产信息化物联网建设工作会

◀ 6月27日，播放安全生产主题科普电影

5 月 10 日，市生产安全事故应急指挥部举行应急疏散演练

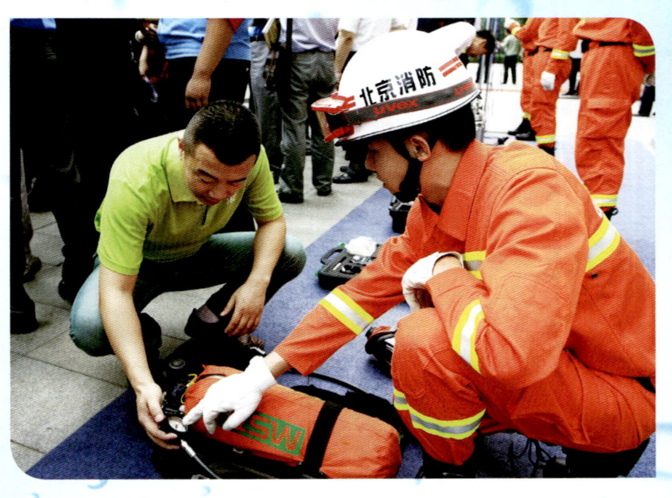

居民了解掌握应急救援装备

消防应急演练现场

▲ 7 月 27 日，大型电视文献纪录片《安全发展之路》开机仪式

▼ 6 月 20 日，安全生产月应急演练周活动

▲ “12350”安全生产举报投诉中心工作现场

▼ 市安全监管局行政许可服务大厅

《北京安全生产年鉴》编纂委员会

《北京安全生产年鉴》编辑部

主　　编　汪卫国

副 主 编　李文洁　路　韬　杨宝玉　吕海光　段辉建

执　　笔　杨宝玉　吕海光

编　　审　吕海光

执行编辑　唐　亮　赵　芬　张凤印　王鸿志

编辑人员　（以姓氏笔划为序）

于友群　马小伟　王　宇　王　罡
王　雪　王树伟　叶子楠　田志华
李　萌　李　婧　李　璇　李子扬
李颖鑫　刘　阳　刘　辉　刘　曦
刘卫坤　刘茜紫　朱　静　陈　旭
陈　凌　陈学友　陈娜娜　杜金颖
何爱民　孟庆喜　吴　洪　吴振宇
张玉红　张　聪　张　浩　罗　璇
罗福勤　郑　苑　郑学雅　周　娜
周　燚　封　光　郭　俊　侯宝琪
赵　昕　赵　彬　唐　娟　唐　璐
唐劲芳　梁旺瑞　焦　宁　樊玉磊
樊朝花　魏志钢

编辑说明

一、《北京安全生产年鉴》2014年版，由北京市安全生产监督管理局（简称“市安全监管局”）、北京煤矿安全监察局（简称“北京煤监局”）主办，委托北京市安全生产协会负责资料收集和编纂工作。

二、本年鉴是一部记载北京市2013年安全生产信息的大型工具书，内容客观、真实、全面、系统，对于了解和掌握北京安全生产工作状况和取得的成就，研究安全生产发展变化及其规律性有重要的参考价值。

三、《北京安全生产年鉴》2014年版，紧紧围绕安全生产中心工作，坚持群众路线，“众手成鉴”，突出北京市安全生产的特点，全面记述、宣传、报道。

四、本年鉴选用资料由市安全监管局、北京煤监局、市政府有关委办局和区县安全监管局及部分企事业单位提供，经年鉴编辑部审读修改选编，报年鉴编委会审查批准后，由出版社出版发行。

五、《北京安全生产年鉴》创刊于2008年（2003年至2007年合刊），已连续出版发行7部。

六、《北京安全生产年鉴》编辑部联系方式：电话64975082，传真电话63522105，电子邮箱：bjax2013@126.com，地址：北京市朝阳区惠新东街1-1-406邮编：100029。

目 录

特 载

大事记

安全监管

统计资料

事故案例

人　　物

附　　录

索　　引

特　载

【文　选】

认清形势　迎接挑战
扎实推进全市安全生产工作

市政府副市长张延昆在全市安全生产和消防工作电视电话会议上的讲话

2014 年 1 月 21 日

今天召开全市安全生产和消防工作会议，主要任务是，认真贯彻落实十八届三中全会、全国安全生产电视电话会议、中央领导及市领导关于安全生产工作的指示和市委十一届四次全会精神，总结 2013 年工作情况，分析新的一年安全生产和消防工作面临的形势和挑战，部署 2014 年工作任务。

2013 年安全生产和消防工作都取得了很好的成绩，但当前形势依然不容乐观。

一、安全隐患较为突出，安全形势依然严峻

（一）从行业领域看，城乡结合部区域及城市运行行业领域安全隐患较为突出

1. 城乡结合部、城中村区域。一些生产经营建设活动缺少规划立项和审批，非法违法生产经营建设活动多、聚集大量“三合一”“多合一”场所，存在占用防火间距和应急车道、缺少消防设施和水源，以及从业人员安全素质低等问题。1 月 11 日晚，朝阳区西坝河太阳星城人大附中在建教学楼发生火灾，过火面积 1500 平方米，从现场扑救情况来看，新建的工程没有消防栓，也没有消防通道，延误了救火的最佳时机。

2. 以集贸批发市场为主的商品物流集散地。部分市场安全设施陈旧缺失，商铺摊位设置密度较大，“以店代库”、违章用电、堵塞疏散通道、锁闭安全出口等现象较为突出。部分市场安全管理不到位，管理方和商户推诿责任的情况较为普遍。市场周边存在大货流、大车流，严重挤占安全通道和出口。2013 年，在这类市场发生了 10 起火灾事故。2 月份，昌平区回龙观物美大卖场和朝阳区平房乡中兴旧货市场两起；

3月份，海淀区明光寺农贸市场1起；7月份，通州区宋庄市场和朝阳区家乐福超市双井店两起；8月份，新发地批发市场发生1起；9月份，朝阳区王四营乡一汽配城市场发生1起；10月份，石景山区苹果园喜隆多购物中心，过火面积3000平方米，两名参与救火的消防官兵不幸牺牲，以及丰台区鑫海鞋城仓库两起；11月份，丰台区玉泉营某家具建材城仓库发生1起。

3. 城市运行等相关行业领域。随着城市快速扩张和发展，使原本位于空旷地区的输油、输气管道，油库，加油站，危险化学品管道与城市市政基础设施及居民区产生了交叉、重叠、安全间距不足等问题，一些管道被建筑物、构筑物占压，事故隐患突出。部分城市地下管线设备设施老化，管道施工过程中存在着较多的违规违章作业行为。1月9日，北京天环燃气有限公司在昌平区郝庄家园北区进行压缩天然气置换管道天然气施工过程中，违规在沟槽内动用明火，造成燃气着火，现场疏散周边居民120户360人。1月11日，昌平区北京密云华鑫水电技术发展公司工人在进行地下供电管线铺设作业时，下井前未检查有害气体浓度，发生中毒窒息事故，造成5人死亡。

（二）从企业安全管理来看，企业安全生产主体责任不落实的问题较为突出

部分企业安全管理制度形同虚设，安全培训教育不到位，作业现场安全管理混乱，施工人员违规作业、违反劳动纪律等现象仍比较突出；部分建设工程在转包分包过程中，发包方没有履行安全管理职责，没有查验承包方相关资质，为一些事故的发生埋下了隐患。

1. 违规违章作业问题。今年以来的几起事故中都存在违规违章问题，2014年1月9日昌平区燃气管线事故，施工过程中违规在沟槽内动用明火。1月11日昌平区中毒窒息事故，企业违规开工，在有限空间违规操作。

2. 现场管理混乱问题。从很多事故发生的直接原因上看，基本上都存在着现场安全管理混乱、安全防范措施不到位的问题。比如丰台区园博园永定塔事故，作业施工现场安全管理混乱，未设立项目管理机构或委派专业管理人员。

3. 施工未经批准、人员没有资质问题比较突出。从2013年特种作业及特种设备“持假证上岗、无证上岗”专项执法行统计分析，历时一个月，检查特种作业人员31965人，查处持假证、无证人员813人，约占检查人数的2.5%。丰台区园博园永定塔火灾事故就是雇用了3个无资质人员，其中有一个聋哑人。1月9日昌平区燃气管线事故雇佣无资质人员作业。1月11日昌平区中毒窒息事故的施工活动，没有经过行业主管部门的批准。

4. 工程层层分包转包及经营场所出租问题。2014年1月7日通州区京杭广场建设事故和1月11日昌平区中毒窒息事故，发生事故的单位都是正规招投标确定的施工企业，但施工企业把工程转包给没有相关资质的施工队。从去年金凤成祥燃气爆燃事故看，崇文门菜市场物美超市对承租单位金凤成祥光明楼店的安全管理不到位，对该店违反《消防安全协议书》的违规行为存在失察问题。

（三）从行业监管和属地管理来看，还存在安全生产工作抓而不紧、浮于表面的现象，没有真正做到督促落实

2012年5月5日，朝阳十八里店发生的违法建设事故，一个间接的原因就是属地管理不到位，十八里店乡政府发现正在建设的违法建设后，虽下发了违法建筑拆除通知，但未进一步督促采取有效措施予以查处，对发生事故的违法建设制止不力、查处不力。2013年11月19日小武基重大火灾事故，多个政府部门多次下发隐患整改通知书，但未真正督促落实，跟踪消除隐患。从2014年1月11日昌平区中毒窒息事故来看，在街面施工，城市管理网格没有发现，发现之后和监管部门也没有沟通，作为行业审批部门对路面作业也没有向城管平台通报，反映出管理工作中相互协同不到位的问题。所以，对于当前形势，一定要高度重视，充分认清当前形势的严峻性。

二、落实全国安全生产电视电话会议精神，扎实推进安全生产和消防工作

2014年1月15日，国务院副总理、国务院安委会主任马凯出席全国安全生产电视电话会议并作重要讲话，总结成效，分析形势，部署2014年工作。市委书记郭金龙、市长王安顺分别就贯彻落实讲话精神作重要批示，郭金龙书记强调要认真贯彻会议精神，毫不懈怠地做好我市安全生产工作。王安顺市长要求学习领会实质、结合北京实际认真抓好落实。1月19日，王安顺市长就加强安全生产工作再次作出重要批示：各区县、各部门做了许多卓有成效的工作，有今天较好的安全生产形势来之不易。应该清醒地看到安全生产中还存在不少问题需认真解决。要牢固树立“红线”意识，增强责任感、使命感、紧迫感，推动科学发展、安全发展。下功夫改革创新完善体制，严格执行“一岗双责”制度，真正形成齐抓共管。坚持“四不两直”工作法，做到检查全覆盖、零容忍、严执法、重实效，实行一票否决。努力实现2014年重特大事故不发生，一般性事故压减的目标。

结合郭金龙书记、王安顺市长批示精神，我再强调几方面工作：

（一）继续深入开展安全生产专项整治

继续加大专项整治工作力度，强化查封、罚款、行政拘留等措施。2013年，针对事故多发易发领域以及外省市发生的事故情况，市安委会部署了网吧、商品交易市场、建设施工领域、餐饮场所燃气安全、特种作业、交通运输、打非治违等13项专项执法整治行动。在年底又部署了跨年度的液氨、地下管线、群租房和商市场、城乡结合部5项专项治理。各区县、各部门扎实推进安全生产专项治理取得了一些效果，消除了一大批安全隐患。

2014年，依然要把专项工作做好，要通过专项治理，加大对非法违法安全生产经营建设行为的查处，尤其是要把隐患当事故处理，对发现隐患不整改、整改不到位的企业，态度一定要坚决，依法对各级法人采取强制措施，采取措施之后要进行安全知识教育，把安全标准、安全责任、应急处置的一些基本常识，作为企业一把手从业的基本资格，要不怕得罪人，而且要公开曝光，不光

要内部通报，还要加大曝光力度，让守法者安心，违规违法者畏惧，切实起到警示和震慑作用。要通过专项治理，进一步发现薄弱环节和存在的问题，出台相应的管控政策措施，弥补监管空白和不足。要把整改意见落实到位，对于安全生产、消防安全等检查出来的隐患全部要上账，相关部门提出的整改意见一定要跟踪整改，确保落实到位，坚决杜绝整改通知书一发了之的情况。市安全监管局、公安局消防局、监察局在查企业责任的同时，要查行业、属地责任的落实，对行业、属地责任不落实的要严肃处理，处理于事故发生之前。

（二）改进和优化安全生产执法检查方式

一方面，坚持并推广“四不两直”工作方法。把“四不两直”制度化、常态化，建立“四不两直”工作制度，做到查前要保密，查中要严格，查后有反响。加强“四不两直”检查的组织实施，对于检查中发现的重大隐患和非法违法行为，要坚决予以查处，并及时向各区县党委政府和有关部门通报。注重“四不两直”检查结果的宣传发布，适时邀请新闻媒体参与安全检查，积极主动地对外公布检查结果。检查后定期开展“回头看”，及时跟踪落实情况，把“四不两直”方式推广到相关行业部门。另一方面，要进一步巩固完善“全链条”“全过程”“全环节”检查的方式方法。要从存在隐患的生产经营单位入手，查上下游产业链中的相关责任单位，建立起责任层层倒查追溯机制，掌握整个链条的安全生产情况。执法检查和事故调查要抓全过程，对城乡结合部、城中村等区域性的安全生产、消防问题，在从安全生产、消防角度检查的同时，要查违法生产、违法经营、违法建设，查外来人口的服务和管理。对行业性的问题，也要全过程查，比如燃气行业要查使用、运输、销售，对建筑行业，要查合同、承包分包、许可、资质。要开展全环节检查，从生产经营活动链条中入手，在上下环节上找问题，不漏掉一个环节，不放过一个隐患，做到无遗漏、全覆盖。

（三）严格落实安全生产和消防安全“一岗双责”

1. 建立责任制。领导按照包片负责办法，采取明察暗访、突击检查、回头看等多种形式，对各部门、街乡、单位的责任落实及隐患治理等情况进行重点督办，对重点隐患挂牌督办、一盯到底。

2. 实行“一把手”负责制。对事故易发的重点场所、要害部位、关键环节，排查出的隐患、问题要制表列出清单，“一把手”必须亲自过问。要建立台账，制订整改方案，落实整改措施、责任、资金、时限和预案。区县对街乡的工作要进行督查，街乡要对村、社区进行督查，确保各项工作落到实处。

3. 建立问责制。凡是工作不力，措施不到位要严肃追责，对责任单位和责任人要一追到底，打到痛处。各区县要不等不靠，先行先试，在市政府“一岗双责”暂行规定的基础上，结合本区县工作特点，积极探索、不断完善“一岗双责”制度，明确领导班子成员及内设机构安全生产及消防安全具体任务。要把安全生产和消防安全综合考核情况作为政府绩效考核和领导干部年度考核的一项重要内容，并将考核结果作为评先选优和干部选拔任用的重要依据。要严格责任追究，对各级政府及其工作部门领导干部不落实安全监管“一岗双责”制度和履行工作职责不认真造成不良影响的，监察部门要进行问责。要严格按照有关规定及“四不放过”原则，开展事故调查处理工作，对于安全监管“一岗双责”履职不到位和因工作失职、渎职而发生安全事故的，要严肃进行责任倒查，依法追究有关人员和领导的责任。

（四）将安全生产、消防工作与转变经济发展方式、调整产业结构、提升经济质量结合起来

要与产业结构调整相结合。对那些资源消耗高、环境影响大、生产效率低的“三高企业”和“五小门店”，实行重点检查，不符合要求的坚决予以关停整顿，利用行政、法律手段促使低端产业退出北京，实现产业转型升级。要与控制外来人口无序增加相结合。现在全市外来流动人口将近800万，有将近400万人聚集在城乡结合部，大部分从事低端产业，形成自我发展、自我服务的封闭循环。要对城乡结合部等重点地区严查、严管，形成全覆盖，通过查安全隐患限制低端产业发展，减少外来人口无序流入。要与“打非治违”、净化市场环境相结合。从清除城市安全隐患角度入手，打击那些非法违法生产经营行为，打击那些扰乱市场环境的行为。要与企业开展隐患自查自报、安全生产标准化建设相结合。严格隐患整改，对整改不到位的要严肃处理。

（五）把发挥社会组织的作用提上议事日程

安全生产和消防安全专业性强，涉及的专业门类多、行业多、企业多。但目前安全监管部门、消防部门在监管力量配备和专业知识储备上与实际需求存在一定的差距，往往造成检查、整改要求不深入、不具体。因此，要采取政府购买服务的方式，在安全生产标准化、安全生产检查、事故调查、应急救援等各个方面，动员各类涉及安全专业的社会组织参与进来，为安全生产、消防工作服务。要充分发掘和整合首都科技、人才等资源，全面建立专家库、装备库、物资库、应急力量库和实验室资源库等各类数据，在遇到困难和问题时及时找到各类专业力量。要以此项工作为契机，做强做大一批安全生产、消防领域的社会组织。

（六）深入推进隐患自查自报和安全生产标准化工作

从2013年统计数据来看，全市共有7万余家企业开展隐患自查自报工作，发现事故隐患10万余项，整改率98.9%。从推进情况来看，各区县推进工作不平衡，部分区县的指导、推动力度不足，开展隐患自查自报的企业数量较少，部分企业主动性不高，自查自报工作避重就轻，担心上报重大隐患后，会导致行政处罚或追责，仅上报一般隐患。安全生产标准化工作也存在推进工作不平衡、重数量轻质量及企业积极性不高等问题。这两项工作都是安全生产的基础性工作，要针对问题研究对策措施，坚定不移地推进。定了安全生产标准，一定要通过安全生产检查把标准落到实处，对于达标企业，不能因为达标了就放松安全责任意识。要将隐患排查整治与安全生产标准化、隐患自查自报工作紧密结合起

来，通过检查把标准落到实处。执法检查中既要重点关注那些标准比较低的行业企业，同时又要对那些已经达标的企业加强检查。

（七）着力构建长效机制，夯实安全生产基础

以研究问题解决问题为导向，研究《北京市安全生产条例》和《北京市消防条例》配套制度建设，加大依法治理的力度。大力实施安全发展战略，推进朝阳、顺义等区县安全发展示范城市建设，推动安全发展示范乡镇街道、安全园区、安全文化示范企业和安全社区建设。健全完善隐患排查治理体系，积极研究构建适合首都城市特点的安全预防控制体系。加快安全生产征信体系建设，建立安全生产黑名单和实行惩戒制度。强化属地责任，夯实基层基础，研究出台加强乡镇街道安全生产监管力量的政策措施。

（八）进一步完善消防设施

目前，全市范围仍存在着严重的消防设施不足、消防水源不足问题，涉及的面积将近780平方公里。有一些设施根本没有水，有一些有水但压力不够，严重影响了灭火的时间，这一问题由消防局牵头，各区县要认真摸清情况，作为今年一项重点工作，进行全面性整改，要确保有水有压。另一方面，就是消防建设，2013年总体建设情况不错，但是前期欠账较多，2014年还是要加大力度，完成相关方案。完成今年的各项任务，要从各方面进行保障，土地规划，项目立项等方面，区县有关部门要给予支持。

最后，春节就要到了，市领导要带队进行检查，各行业部门、各区县都要根据本行业、本地区实际进行检查，保证全市人民过一个安全、稳定、祥和的春节。

凝心聚气　务实高效
努力开创首都安全生产工作新局面

市安委会副主任、市安全监管局局长张树森在全市安全生产和消防工作电视电话会议上的讲话

2014年1月21日

根据会议安排，我代表北京市安全生产委员会，通报2013年全市安全生产情况和2014年重点工作任务。

一、2013年工作回顾

2013年，全市各地区、各部门、各单位认真学习贯彻落实党中央国务院领导指示精神，按照市委、市政府的工作部署，转变作风，真抓实干，共同努力做好安全生产大检查和各项重点工作，全市安全生产形势保持总体稳定，安全生产取得了明显的成效。

（一）逐级落实安全生产责任制，全力推动工作落实

2013年，习近平总书记、李克强总理等中央领导同志对加强和改进安全生产工作作出一系列重要指示和批示。市委、市政府高度重视安全生产工作。市委书记郭金龙两次主持召开市委常委会议，专题听取安全生产工作汇报，强调“要坚决贯彻落实中央领导批示精神，坚持首善标准，严格要求，扎实推进，确保安全稳定。”市长王安顺主持召开市政府常务会和市政府专题会5次听取和研究安全生产工作。强调“安全生产是北京经济社会发展中的永恒主题，是各级领导干部的第一责任，任何时候都不能有丝毫懈怠，必须从严、从细、从实做好，确保安全生产。”副市长张延昆主持召开14次市安委会会议，具体研究部署全市安全生产各项工作。各区县党委、政府领导亲自研究、部署、检查，政府主要领导担任安委会主任，安全生产责任制层层落实到基层。市政府部门领导积极开展安全生产检查，指导督促生产经营单位，建立健全责任制，落实主体责任。各级领导的高度重视，有力地指导和推动了全市安全生产工作的深入开展。

（二）开展安全生产大检查，彻底排查治理事故隐患

根据习近平总书记重要指示和市委、市政府工作要求，各区县、各部门、各单位周密部署，迅速行动，按照“全覆盖、零容忍、严执法、重实效”的总要求全面开展安全生产大检查工作。市政府办公厅下发《关于集中开展安全生产大检查的通知》，市安委会制发《安全生产大检查实施方案》，对大检查进行全面部署。

市安委会成立17个督查组，由10个部门分管领导带队，24个部门共同参与，每个月开展一次督查活动。通过全市各区县“面上铺开”推进，各行业领域“纵向深入”推动，各级安委会“纵横协调”督促，各企业“全覆盖”自查，释放安全生产大检查的“乘数效应”。安全生产大检查开展以来，共组织检查组6.1万个，出动检查人员38.8万次，监督检查单位27.5万家，整改隐患33.6万项，责令停产停业单位3308家，暂扣吊销许可证160个，关闭企业1338家，罚款4628.8万元。

顺义区强化行政首长负责制，以隐患排查治理和标准化建设为抓手，细化大检查目标内容，逐一落实责任。大兴区建立“安全生产智慧监察平台”，对各镇街主要领导实施检查量化指标，实施动态监管和三级督查，增强检查效果。门头沟区制订《深化安全生产大检查行动完善工作措施意见》，建立安全生产述职评议制度和约谈制度，确保工作成效。西城区按照“同行业、同业态、综合楼宇、就近区域、分类组合”原则开展大检查。北京经济技术开发区推出大检查典型示范企业，实现典型引路与警示教育相结合，推动效果明显。通州、海淀、丰台、昌平等区县主要领导及分管领导实行分组包片，开展检查督查工作。怀柔、平谷、密云、延庆等区县对隐患实行“零容忍”，确保检查效果。

（三）开展重点行业领域专项整治，规范安全生产秩序

按照市政府统一部署，全市开展建筑施工、餐饮场所燃气使用、交通运输、特种设备、危险化学品、地下空间、商

市场等13个行业领域的专项整治，严厉打击非法违法行为，消除事故隐患。同时研究出台相应政策措施，及时填补监管漏洞盲区，为首都安全发展和产业调整升级奠定基础。

市安委会办公室充分发挥统筹协调作用，通过明确职责、调度例会、督导考核、约谈通报等措施，组织推动各专项整治行动深入开展。市交通委开展“平安交通”创建工程，建立“委督查、局监管、企业负主责”的三级监管闭环机制，强化公交、轨道交通、道路客货运等重点行业安全监管。市住房城乡建设委开展起重机械和危险性较大工程的专项检查。市公安局交管局依托三大秩序整治工作，制定20项大检查事故预防硬性措施。安全监管、质监等部门开展严厉打击特种作业及特种设备作业人员“持假证上岗、无证上岗”专项执法行动，查处持假证、无证人员813人，发现安全隐患7008处，停产停业企业16家，行政拘留35人。发展改革、电力等部门制订39项电力安全大检查督查提纲，开展隐患排查治理。消防、工商等部门联合开展商品市场安全专项整治行动，约谈19家连锁经营企业负责人，规范用电安全管理。市政市容、商务、卫生、旅游、城管等部门，开展餐饮场所燃气安全专项整治，建立餐饮场所燃气使用单位台账3.5万家，检查单位4.1万家次，停产停业335家，关闭取缔85家。民防、建设等部门积极推进地下空间综合整治，检查普通地下室3.5万处次，检查人防工程3.1万处次，地下空间安全隐患得到有效遏制。规划、国土等部门严厉打击违法用地、违法建设问题，消除事故隐患。

此外，针对事故多发情况，年底安全监管、市政市容、消防等部门又部署开展了城乡结合部、地下管线、商市场、群租房等专项治理，对非法生产、非法经营、非法储存及“三合一”“多合一”等问题进行集中整治。

（四）深入推动标准化建设，企业主体责任进一步落实

2013年，市政府印发《关于进一步推进企业安全生产标准化建设工作的意见》，明确指导原则，建立工作制度和评审体系，初步形成标准化建设工作格局。加强标准化激励政策研究，多措并举鼓励企业开展安全生产标准化建设。交通行业完成现场考评233家，核发证书107家，“两客一危”企业已基本完成达标考评。电力、市政市容、水务、建设、旅游等部门，积极推进本行业领域安全生产标准化工作。各区县把安全生产标准化建设作为“一把手”工程，区政府统一发文、统一动员、统一培训，做好资金保障，确保了工作顺利推动。朝阳、海淀、顺义、大兴、经济技术开发区被列为标准化工作示范区，加大工作扶持、资金支持和宣传力度。通过实施标准化建设，企业逐一对照评审标准查找并整改隐患问题，健全优化安全管理制度，有效提升企业基础管理水平。全市标准化达标企业数量达1.58万家，有1.65万家单位处于评审过程中。

（五）加强执法检查和事故调查，责任追究力度不断加大

继续实施年度安全生产重点执法检查计划，24个部门和各区县加大执法力度，进一步整合执法资源，完成10个行业领域、41项专项检查任务。创新执法

模式，探索开展“链条式”执法，全面查找生产、经营、使用、管理中的薄弱环节，打击全环节的违法行为，使执法检查由点向面、由面向源、由环向链延伸，在执法检查中达到了攻破一个点、捣毁一个链的效果。全市安全监管部门共检查各类生产经营单位88487家，发现隐患12.4万项，整改率92.5%，罚款3986.45万元。

严格按照“四不放过”和“依法依规、实事求是、科学严谨、注重实效”的原则，认真组织开展安全生产事故调查处理工作。安全监管、监察、公安、质监、人力社保、工会等部门进行全过程、全环节责任调查，坚持从事故中总结经验和教训，提出有针对性的预防措施和工作建议，做到事故查处与防范相结合，起到了警示和震慑作用。全市共查处各类责任事故91起，已结案71起，移送司法机关追究刑事责任43人，行政罚款共计1102万元。

（六）强化安全生产宣传教育培训，营造良好舆论氛围

充分运用各类新闻媒介，宣传安全生产法规政策、重大行动和安全生产常识，重点强化正面典型宣传和公益宣传，营造全社会关注参与的浓厚氛围。加强政务网站和政务微博等新媒体建设，强化舆情监测与引导。会同市委宣传部、广电局、总工会、共青团市委等12个部门，联合组织开展第12个安全生产月活动，举办宣传咨询日、安全生产大型公开课等活动。成功举办第7届安全文化论坛。大兴区、通州区、首发集团荣获“全国安全生产月活动先进单位”。坚持新闻发布会制度，向社会主动及时通报首都安全生产工作情况。积极开展安全社区创建活动，全市共创建国际安全社区22个，全国安全社区38个，市级安全社区43个。实施“大培训”计划，以落实持证上岗和先培训后上岗制度为核心，规范特种作业培训、考核和持证后监管，培训考核“三项岗位”人员近16万名。充分发挥“12350”安全生产举报投诉电话作用，全年共受理举报2978件，办结率99.3%。市区两级举报投诉部门共接听市民来电44976个，成为畅通广大市民反映安全生产问题的主渠道。

（七）创新工作机制，增强安全生产保障能力

加强法制和制度建设。市政府制定下发《北京市安全生产“一岗双责”暂行规定》（京政发〔2013〕38号），在本市安全生产责任体系建设方面取得新突破。进一步加大信息化建设。注重顶层设计，信息化“京安工程”初步建设完成，4级平台承载的7大类业务功能15个业务逐步建设完善，安全生产隐患排查治理、执法检查、举报投诉、综合指标统计等业务系统全面投入使用。全市安全监管部门2300余人依托平台开展工作，注册企业17.5万家，形成纵向贯通、横向交互、互联互通和资源共享的安全生产信息化网络。物联网示范工程建设基本完成，涉及煤矿、非煤矿山、重大危险源等行业领域示范企业2.4万项数据点（位）全部完成接入，安全生产监管手段得到有效提高。进一步推动科技创新，开展高层商务楼宇应急逃生装备示范应用推广活动，征集19个安全生产重大事故防治关键技术科技项目，做好

专家技术咨询服务保障工作。

在各区县、部门、单位共同努力下，全市安全生产形势继续保持总体稳定，事故总量和死亡人数继续保持“双下降”。全市共发生道路交通、生产安全、火灾、铁路交通死亡事故937起，死亡1032人，同比分别减少45起41人，下降4.6%和3.8%。其中：发生生产安全死亡事故91起，死亡95人，事故起数同比增加8起，上升9.6%，死亡人数同比减少4人，下降4.0%；发生道路交通死亡事故791起，死亡860人，同比分别减少54起58人，下降6.4%和6.3%；发生火灾死亡事故32起，死亡53人，同比增加8起27人，分别上升33.3%和103.8%；发生铁路交通死亡事故23起，死亡24人，同比减少6起5人，分别下降20.7%和17.2%；未发生农业机械死亡事故；发生较大事故16起，死亡55人，同比减少1起7人，分别下降5.9%和11.3%；发生重大火灾事故1起。

安全生产指标总体控制情况较好，考核性生产经营事故总量占国务院安委会下达年度指标的70.6%。亿元地区GDP生产安全事故死亡率为0.058，与指标相比减少0.003；工矿商贸企业从业人员10万人生产安全事故死亡率为0.94，与指标相比减少0.41；道路交通万车死亡率为1.58，与指标相比减少0.02；煤矿百万吨死亡率为0.40，与指标相比减少1.4；特种设备万台死亡率为0.07，与指标相比减少0.32。

这些成绩使人欣慰，令人鼓舞。这是市委、市政府正确领导的结果，是各区县、部门、单位共同努力的结果。长期以来，全市所有从事安全生产工作的同志，忠实履行职责使命，为加强安全生产、推动经济社会安全发展，为保护人民群众生命财产安全，付出了艰辛努力，做出无私奉献。借此机会，我代表市安委会，向全市安全生产工作战线上的同志们，表示衷心的感谢和崇高的敬意！

二、面临的形势和问题

2013年，本市安全生产工作虽然取得积极进展和明显成效，但必须清醒地认识到，本市的安全生产工作与党中央、国务院对做好首都工作的要求和人民群众的期待相比，还有较大差距，较大事故和重大事故未得到有效遏制，安全生产工作仍然存在一定的薄弱环节和突出问题，安全生产形势依然严峻。

（一）企业安全生产意识薄弱

相当数量企业“一把手”认为安全生产只是分管负责人的职责，片面追求利益最大化，很大程度上存在重生产经营轻安全生产现象，导致企业安全管理基础薄弱、员工安全生产意识淡薄，在安全投入、设备设施改造、人员培训教育、应急救援等方面严重不足。部分单位分管负责人、关键岗位人员和危险性作业人员安全素质不高，对法律法规和规范标准“视若无物”，违规违章现象严重，安全生产事故隐患大量存在。

（二）非法违法生产经营建设问题依然突出

特别是城乡结合部地区，小商品批发市场、小餐饮、小出租等低端产业无序发展，外来人口高度聚集，“五小企业”“六小场所”以及“三合一”“多合一”问题数量众多，非法违法生产、经营、建设活动十分猖獗。大量单位缺乏最基本的安全防范措施，对安全隐患熟视无睹，发现隐患不整改、不消除、不报告，甚至无视各级政府监管，依然存在引发重特大事故的风险。

（三）城市运行领域安全生产情况日益复杂

北京作为特大型城市，全市城市生命线系统庞大复杂，燃气、热力、电力、自来水等地下管线纵横交错，部分设备设施老化，高负荷运转使用。轨道线路运营繁忙，地铁大客流影响进一步加剧，特别是早晚高峰期，运能和运力矛盾更加突出，一旦发生重特大事故，将带来严重灾难。城市主要道路已处于超饱和状态，机动车迅猛增长与道路交通承载能力之间的矛盾日益加剧，道路交通事故控制难度将进一步加大。中心城区建筑密集，高楼防火、高处作业、有限空间作业、维护保养作业及商品批零市场等人员密集场所安全问题日益凸显。

（四）安全生产基层基础工作依然薄弱

安全生产综合监管与专业监管等关系还需进一步理顺，安全监管监察工作运行机制、激励约束机制等还不健全，科技支撑保障体系尚未真正建立起来，基础研究仍然比较薄弱，防范抵御事故灾害的能力总体上需要较大提高。部分行业安全监管（管理）职责存在漏洞盲区，专业力量不足、不能及时发现问题，发现问题后提出的整改意见专业性不强，整改措施不能真正落实到位。部分乡镇街道安全监管力量、能力与任务不相匹配，安全监管机构还不够健全，应急救援体系还不完善。

（五）部分地区和行业领域事故依然突出

2013年，先后发生丰台区园博园“4·8”火灾事故、东城区金凤成祥蛋糕店“7·24”燃气爆燃事故、石景山区喜隆多商城“10·11”等事故。特别是朝阳区发生“11·19”重大火灾事故，造成12人死亡，损失惨重，教训深刻，影响恶劣。

上述问题充分说明，在当前安全生产工作中，强化落实企业主体责任，加大隐患排查治理力度，提升政府安全监管水平，建立完善安全生产长效机制等方面，需要我们进一步强化和提升。面对机遇和挑战，困难与希望，我们必须始终保持清醒头脑，坚定信心，增强使命感、责任感，始终保持良好的精神状态，敢于负责，敢于担当，敢于迎难而上，抓住机遇，迎接挑战，扎实做好安全生产各项工作。

三、2014年工作计划安排

2014年，是贯彻落实十八届三中全会精神、全面深化改革的第一年，是实现安全生产形势根本好转的关键之年。《中共中央关于全面深化改革若干重大问题的决定》和习近平总书记重要批示指示，为安全生产工作指明了方向。1月15日，国务院召开全国安全生产电视电话会议，就进一步做好全国安全生产工作提出7个方面的工作要求。做好今年安全生产工作，责任重大，意义深远。

2014年工作的指导思想是：认真贯彻落实十八届三中全会关于全面深化改革的决定和习近平总书记关于安全生产的系列重要讲话精神，落实市委十一届四次全会精神，以遏制重特大安全事故、压减一般安全事故为总目标，以夯实基层基础工作为主攻方向，以落实企业安全生产主体责任为主线，以深化安全生产管理体制改革为牵引，积极推进安全生产法治化、标准化、信息化、社会化建设进程，着力健全完善隐患排查治理体系和安全预防控制体系，在预防和治本上下更大功夫，为安全生产形势实现根本好转打下坚实基础。

“推进四化进程、建设两个体系、筑牢基层基础”既是《中共北京市委关于认真学习贯彻党的十八届三中全会精神全面深化改革的决定》关于安全生产工作的总要求，也是2014年的工作思路，更是今后几年工作的主线，力争用5年时间在关键领域和主要环节取得决定性的成果。

（一）全面推进法治化建设

加快研究出台城市基础设施建设项目安全评价、安全责任保险、危险作业专项管理等《北京市安全生产条例》后续配套制度。积极协调市政府法制办，力争2014年完成隐患排查治理地方政府规章立法。积极推动《北京市危险化学品安全管理办法》立法调研和《北京市商业零售经营单位安全生产规定》《北京市餐饮经营单位安全生产规定》两个市政府规章简易修订。加快制定出台相关地方标准，完成建筑消防设施检测、实验室危险化学品使用、加油加气站非油品设施安全管理等地方标准的修订制定。启动危险场所电气防爆安全检测、游泳场所安全运营、社会旅馆安全管理等地方性标准的编制工作。

（二）全面推进标准化建设

注重统筹协调，强化工作指导。制定《关于进一步深化企业安全生产标准化建设工作的若干意见》，适时组织现场观摩会和经验交流会，积极推广经验做法。对标准化创建过程中发现的隐患进行分析研判，为执法检查等工作提供支撑。组建标准化培训讲师团，对计划达标企业的培训工作实现全覆盖。各区县政府、市政府有关部门要结合实际出台具体实施意见，明确工作目标、实施进度等内容，深入推动标准化工作的开展。

强化制度引导，加强政策支持。制定标准化考评指标实施细则，强化监督考核。继续会同人力社保、财政、工商、经信等部门，细化激励政策。加大资金投入，鼓励和支持区县、企业开展安全生产达标创建工作，年度达标企业数量不少于2万家。

注重标准核查，确保达标治理。加强对评审单位的管理，建立健全监督、考核、通报、退出机制。加强对达标企业资格审查，建立年度自评工作制度，每年组织开展抽查，督促企业保持安全生产达标水平。

（三）全面推进信息化建设

建立基础台账，实现动态管理。加快推进安全生产信息化建设，做好顶层设计。建立危险化学品集中交易信息系统。加强信息资源深度挖掘，实现业务协同和信息交换共享。2014年，投入600万元，按照属地为主、行业配合的原则，对生产经营单位进行全面调查摸底，建立全市生产经营单位安全生产基础台账数据库。

完善系统功能，提高监管效能。继续推进安全监管物联网应用示范工程，初步构建高危行业重大危险源（风险源）

监测预警机制。推进物联网建筑消防设施远程监控系统二期建设，扩大电梯物联网试点应用。继续推广使用公交、省际客运 GPS 定位系统，力争实现轨道交通视频监控覆盖率 100%。

（四）全面推进社会化建设

开展公益宣传，营造和谐氛围。坚持做好新闻发布会、安全生产月等系列活动。创新宣传方式，开展“安全生产宣讲团巡讲活动”等公益活动。充分运用各类新闻媒介，突出做好城乡结合部地区和外来务工人员的宣传教育，全面提升全民安全意识和安全素质。积极与北京电视台等新闻媒体开展对话合作，开办安全生产专题栏目，着力做好安全生产网上宣传教育馆建设筹备工作。进一步发挥“12350”举报投诉作用，加强舆论引导，畅通舆情和举报投诉渠道，自觉接受社会公众监督。

发挥中介作用，扩大服务范围。加大对安全评价、检验检测、标准化评审、安全培训、协会等各类中介机构的规范管理，提高参与深度，支持扩大业务范围，做好服务引导。逐步推进安全生产技术服务社会化、市场化改革。按照“政府推动、市场化运作”的方式，积极推动注册安全工程师事务所建设。积极培育建立安全评价行业协会、安全文化研究促进会等中介组织。

开展责任保险试点，做好考核培训。采用试点先行，重点突破，分布实施的思路，在全市逐步建立起责任保险与安全生产工作相结合的互动机制。进一步加强安全生产培训考核工作，做好高危行业“三项岗位”人员法定培训考核，探索建立社会化培训模式。

（五）积极推进隐患排查治理体系构建

探索建立隐患排查治理体系，完善责任机制、治理机制、预警机制、监管机制和保障机制。制订《北京市隐患排查治理体系建设三年行动计划》，明确落实隐患排查治理体系建设的主要内容、时间安排、责任分工和方法措施，细化分解体系建设任务，力争利用 3 年左右时间，在全国率先建成完备、适用的隐患排查治理体系。

深化安全生产大检查和事故多发易发领域的专项整治。坚持和固化安全生产大检查工作机制和“四不两直”工作模式，深入开展城乡结合部、危险化学品、矿山、油气长输管线等重点行业领域的专项整治。继续开展城乡结合部安全生产专项整治，打击非法生产、经营、储存问题。集中开展“深基坑、高大模板”支撑体系、起重机械等危险性较大的建筑施工分项工程的专项检查，消除事故隐患。继续开展地铁运营、地下空间、地下管线专项治理，按计划完成人防工程挂账整治任务。深入开展商市场等人员密集场所、易燃易爆单位和高层作业单位消防安全检查，重点治理影响消防安全疏散、消防设施不能正常运行等突出问题。加强道路交通安全监管，强化客货车、危险品运输车、校车的管理，对各类违法行为“零容忍”、禁限车种“零进入”，严厉查处超速、超载和疲劳驾驶等严重违法行为。贯彻落实《特种设备安全法》，做好电梯、压力管道、气瓶等安全监管和专项治理。

实施重点行业领域消隐工程。通过安全生产大检查和专项治理行动，按照

3年滚动要求，建立全市重大事故隐患动态台账，实现重大隐患挂账督办公告制度，进行动态排查、动态挂账和动态销账。根据事故隐患的形成原因、危害后果和治理难度，分轻重缓急，逐年提请政府挂账督办，实施滚动治理。2014年，市政府投入6400万元，实施涉氨制冷企业重大隐患治理工程和企业安全生产标准化达标创建工程。

（六）着力推进安全预防控制体系构建

健全完善安全生产形势分析研判制度。坚持安委会形势分析制度，健全完善安全生产综合指标体系，积极运用风险评估与预测预警技术，探索构建固有风险、人员配备、属地经济、事故、监管能力等要素组合的指标体系，为全市安全生产形势预判和科学决策，提供详实有力的工作支撑。

探索建立安全生产风险监控机制。进一步摸清影响城市运行安全的风险点、重大危险源，制定“定人、定目标、定职责”的安全生产监管责任制。完善市、区县、街道三级整体安全风险评估体系，结合经济社会发展、产业结构、安全基础设施、历史和现实工作基础、企业事故风险因素等基本情况，分行业、时段、重点进行风险评估。

全面提升应急管理工作水平。组织开展救援队伍技能竞赛，提高应急救援水平。组织对重大危险源企业开展“一对一”应急预案演练，强化应急处置能力。

（七）全面夯实安全生产基层基础

健全完善安全监管责任体系建设。推动“一岗双责”制度落实，完善“一岗双责”配套制度建设，加快推进《市政府工作部门安全监管（管理）职责的通知》（京政发〔2004〕22号）文件的修订，构建权责明确的政府监管责任体系。研究制定企业安全生产主体责任规定，细化、明确企业责任内容，形成自我约束、持续改进的长效机制。研究制定安全生产与转变经济发展方式和城镇化建设相结合的政策意见，促进安全生产与经济社会的同步协调发展。研究安全生产作为规划建设首要条件，强化安全准入的指导意见，实现源头治理。

充分发挥各级安委会统筹协调作用。坚持开展安全生产综合考核，加大安全生产指标在经济社会发展、精神文明建设、社会管理综合治理中的考核权重。研究制订安全生产一票否决实施办法，严格落实安全考核奖惩机制。

加强安全生产监管监察基层队伍建设。积极推广通州、朝阳等区县基层执法队伍建设的经验，研究出台《进一步加强全市乡镇街道基层安全生产监督管理队伍建设的实施意见》，解决基层监管执法队伍力量不足和能力素质偏低等问题。

加快推进企业安全生产诚信体系建设。逐步完善落实企业诚信管理措施，引导督促企业建立安全生产公示和承诺制度、安全生产诚信考评制度和安全生产“黑名单”制度。

抓好安全示范典型单位建设。充分发挥安全示范典型单位引领示范作用，推进朝阳、顺义等区县安全发展城市建设试点。形成一批安全发展示范区县、示范乡镇街道、安全文化示范企业和标准化示范企业，推进安全园区建设、安全社区建设。

抓好先进技术应用和重点工程建设。选择50家高层商务楼宇开展第二批应急逃生设备推广活动，开展餐厅烟道油烟防火净化装置关键技术研究和示范应用，在小餐饮企业开展“燃气自闭阀”和油烟排放管道安全设备示范应用，大力推广“高层楼宇精确智能消防装备”等最新科研成果。对轨道交通、商场、老旧居民住宅等场所的高风险电梯开展安全风险评估。推进危险化学品集中交易平台建设，在房山区开展集中管理体系建设试点，推广区域内集中交易、专业储存和统一配送一体的运营管理模式。

同志们，新的一年安全生产工作任务艰巨繁重。春节即将来临，做好节日期间安全生产工作尤为重要。我们要认清职责使命，警示高悬、警钟长鸣，在市委、市政府统一领导下，坚持不懈、扎实工作，为促进首都安全生产状况的持续稳定好转，做出新的更大的贡献！

【市政府、市安委会文件】

北京市人民政府关于印发安全生产"一岗双责"暂行规定的通知

京政发〔2013〕38 号

各区、县人民政府，市政府各委、办、局，各市属机构：

现将《北京市安全生产"一岗双责"暂行规定》印发给你们，请结合实际认真贯彻执行。

北京市人民政府

2013 年 12 月 6 日

北京市安全生产"一岗双责"暂行规定

第一章　总　则

第一条　根据《中华人民共和国安全生产法》《国务院关于坚持科学发展安全发展促进安全生产形势持续稳定好转的意见》（国发〔2011〕40 号）以及《北京市安全生产条例》、市委、市政府《关于贯彻落实国务院安全生产工作部署进一步加强首都安全生产工作的实施意见》（京发〔2011〕20 号）等文件要求，为严格落实各级政府及其工作部门安全生产监督管理责任，加强安全生产监督管理工作，全力遏制生产安全事故，结合本市实际，制定本规定。

第二条　安全生产"一岗双责"是指各级政府及其工作部门领导干部在履行岗位业务工作职责的同时，按照"谁主管、谁负责""管行业必须管安全""管业务必须管安全""管生产经营必须管安全"和"分级负责、属地为主"的原则，履行安全生产监督管理职责。

第三条　本规定适用于全市各级政府及其工作部门的领导成员。

第二章　领导干部安全生产工作职责

第四条　区县及以下各级政府主要负责人是本地区安全生产工作第一责任人，对本行政区域安全生产工作全面负责，担任本级安全生产委员会主任。

（一）组织实施安全生产法律法规和有关安全生产决策部署，积极推进安全发展战略，支持、监督政府领导班子其他成员抓好分管行业领域的安全生产工作。

（二）把安全生产工作纳入政府工作重要议事日程，定期听取安全生产工作汇报（每季度至少一次），主持召开或者委托分管负责人主持召开安全生产委员会会议，研究部署安全生产规划的制定落实、安全投入、专项整治、隐患治理等重点工作。

（三）建立健全和督促落实安全生产责任制，把安全生产工作纳入绩效考核的重要内容，严格进行安全生产综合考核。

（四）依法加强安全生产执法机构建设，配备与工作要求相适应的工作人员，提供必要的工作保障。

（五）按照法律法规和政策规定以及安全生产工作实际需要，足额安排安全生产经费预算，不断加大安全生产投入；加强应急救援体系建设、安全生产监管部门执法装备建设、重大隐患治理和安全生产宣传教育培训。

（六）深入基层组织开展安全生产督促检查，指导并协调解决安全生产隐患排查治理、专项整治和“打非治违”等工作中的突出问题。

（七）发生生产安全事故时，按照有关规定组织指挥救援和善后处理工作。

第五条　各级政府分管安全生产工作的负责人对分管行业领域的安全生产工作负直接领导责任，并承担本行政区域安全生产工作综合协调和监督指导的领导责任。

（一）协助本级政府主要负责人贯彻落实安全生产法律法规和有关安全生产决策部署，组织制定和落实安全生产规划、工作计划和重大措施，研究解决安全生产工作中的突出问题。

（二）受本级政府主要负责人委托，负责本级安全生产委员会的日常领导工作，统筹安排部署本行政区域安全生产标准化建设、隐患排查治理、专项整治和“打非治违”等安全生产重点工作。

（三）组织开展本行政区域安全生产检查；督促指导负有安全生产监管职责的部门和下级政府认真落实有关安全生产决策部署。

（四）组织完善本级政府生产安全事故应急救援预案，加强应急救援演练，建立健全应急救援指挥体系。

（五）依法组织有关部门对本行政区域内的生产安全事故进行调查处理，认真落实事故调查处理挂牌督办制度，积极支持配合上级政府事故调查组的工作。

（六）受本级政府主要负责人的委托，协调、支持、配合政府其他负责人做好其分管行业领域内的安全生产工作。

第六条　各级政府其他负责人对分管行业领域的安全生产工作负直接领导责任。

（一）抓好分管行业领域安全生产法律法规和有关安全生产决策部署的贯彻落实，定期研究部署分管行业领域的安全生产工作，及时提请本级政府研究安全生产突出问题。

（二）督促指导分管部门建立健全安全生产责任制，认真落实上级主管部门和本级安全生产委员会有关安全生产工作部署。

（三）支持分管部门加强安全生产监管机构和队伍建设，帮助其改善安全生产工作条件。

（四）组织开展分管行业领域安全生产检查；督促抓好分管行业领域涉及安全生产事项的行政许可、标准化建设、隐患排查治理、专项整治和“打非治违”等重点工作，推动重大事故隐患和问题的整改。

（五）分管行业领域发生生产安全事故时，按照有关规定组织指挥救援和善后处理工作，督促分管部门积极支持配合事故调查处理工作。

第七条 各级政府工作部门主要负责人是本部门（本行业领域，下同）安全生产工作的第一责任人，对本部门的安全生产工作全面负责。

（一）抓好本部门安全生产法律法规和有关安全生产决策部署的贯彻落实。定期研究部署本部门的安全生产工作，及时提请本级政府研究涉及本部门的安全生产突出问题。支持、监督领导班子其他成员抓好分管范围内的安全生产工作。

（二）把安全生产工作列入本部门重要议事日程，坚持将安全生产工作与业务工作同时安排部署、同时组织实施、同时考核验收。

（三）建立健全和督促落实本部门安全生产责任制，把安全生产工作纳入绩效考核的重要内容，严格进行安全生产综合考核。

（四）依法加强安全生产工作机构建设，明确本部门安全生产监管机构和人员，按照相关规定足额安排安全生产经费预算，加强本行业领域应急救援体系建设。

（五）按照有关规定组织做好生产安全事故应急救援和善后处理工作，并认真组织落实事故调查处理意见。

第八条 各级政府工作部门分管安全生产工作负责人对分管范围内的安全生产工作负直接领导责任，并承担本部门安全生产工作统筹协调的领导责任。

（一）协助本部门主要负责人贯彻落实安全生产法律法规和有关安全生产决策部署，组织制定和落实安全生产管理政策标准和重大措施，研究解决安全生产工作中的突出问题。

（二）定期分析本行业领域安全生产形势，统筹组织本部门安全生产标准化建设、“打非治违”、综合考核、重大隐患治理和安全生产宣传教育等重点工作。

（三）组织开展安全生产检查，督促指导有关单位认真落实安全生产决策部署。

（四）组织制定本部门生产安全事故应急救援预案，加强应急救援演练，建立健全应急救援指挥体系。

（五）按有关规定参加生产安全事故调查处理，并认真落实事故调查处理意见。

第九条 各级政府工作部门分管其他工作负责人对其分管范围内的安全生产工作负直接领导责任。

（一）抓好分管范围内安全生产法律法规和有关安全生产决策部署的贯彻落实。

（二）组织开展分管范围的安全生产检查，督促抓好分管范围内涉及安全生产事项的行政许可、标准化建设和“打非治违”等重点工作，推动重大事故隐患和问题的整改。

（三）坚持将安全生产工作与分管领域的业务工作同时安排部署、同时组织实施、同时考核验收。

（四）分管领域发生生产安全事故时，按照有关规定组织开展指挥救援和善后处理工作，并认真落实事故调查处理意见。

第十条　各级政府及其工作部门领导成员要切实履行安全生产工作职责，严格落实安全生产法律法规和有关安全生产决策部署，建立健全本地区、本部门安全生产责任制，经常性地研究本地区、本部门安全生产工作，及时解决安全生产工作中存在的问题，加强安全保障能力建设，强化安全生产应急管理，组织进行安全生产宣传教育，开展安全生产工作检查指导，严格依法依规处置生产安全事故。

各级政府及其工作部门要结合实际，建立健全本地区、本部门安全生产“一岗双责”制度，明确领导班子成员及内设机构安全生产工作具体职责，并报本级安全生产委员会办公室备案。

第三章　监督落实与责任追究

第十一条　加强学习培训。各级政府及其工作部门要采取集中学习、党校集中培训等形式，切实加强对各级政府及其工作部门领导干部的安全生产教育培训工作，督促其牢固树立安全发展理念，自觉落实安全生产“一岗双责”制度，认真履行安全生产工作职责。领导干部要加强对本地区、本部门有关单位和人员的安全教育，坚持一级抓一级，不断提高所属人员的安全意识。

第十二条　加强监督检查。各级安全生产委员会要对下级政府和本级政府工作部门的安全生产“一岗双责”制度建立和落实情况进行监督检查，对不按规定建立和落实“一岗双责”制度的，要提出整改意见并督促整改。

第十三条　完善考核机制。区县安全生产委员会每年1月底前要向市安全生产委员会提交上年度安全生产工作报告。各级政府及其工作部门领导干部要将履行安全生产“一岗双责”的情况作为年度述职报告的一项重要内容，安全生产综合考核情况要作为政府绩效考核和领导干部年度考核的一项重要内容，并将考核结果作为评先选优和干部选拔任用的重要依据。

第十四条　严格安全生产责任追究。对各级政府及其工作部门领导干部不落实安全生产“一岗双责”制度和履行安全生产工作职责不认真造成不良影响的，监察部门要进行问责；严格按照有关规定及“四不放过”原则，开展事故调查处理工作，对于安全生产“一岗双责”履职不到位、因工作失职、渎职而发生安全事故的，要严肃进行责任倒查，依法追究有关人员和领导的责任。

第四章　附　则

第十五条　本市各级政府工作部门直属事业单位以及国有企业负责人参照执行本市安全生产“一岗双责”规定。

第十六条　本规定由市安全生产委员会办公室负责解释。

第十七条　本规定自印发之日起施行。

北京市人民政府办公厅
关于集中开展安全生产大检查的通知

京政办发〔2013〕31号

各区、县人民政府，市政府各委、办、局，各市属机构：

为深入贯彻落实党中央、国务院领导同志关于安全生产工作的重要批示和全国安全生产电视电话会议精神，根据《国务院办公厅关于集中开展安全生产大检查的通知》(国办发明电〔2013〕16号)要求，经市政府同意，从2013年6月至12月底，在全市集中开展安全生产大检查。现将有关事项通知如下：

一、总体原则

认真贯彻落实党中央、国务院和市委、市政府关于加强安全生产工作的一系列决策部署，把集中开展大检查作为当前安全生产的首要任务，按照“全覆盖、零容忍、严执法、重实效”的总要求，全面深入排查治理安全生产隐患，堵塞安全监管漏洞，强化安全生产措施；牢牢把握制定检查方案、进行动员部署、排查问题及隐患、制定整改方案、落实整改措施、总结检查成效、建立长效机制等重点工作环节。通过安全生产大检查，全面摸清安全隐患和薄弱环节，落实责任、认真整改、健全制度，彻底排除重大安全隐患，依法关闭取缔非法违法企业，增强全社会安全意识，进一步提高安全生产保障水平，有效防范和坚决遏制重特大事故发生。

二、检查范围

按照此次安全生产大检查“全覆盖”的要求，检查范围包括本市所有地区、行业领域，所有生产经营企事业单位和人员密集场所。

重点检查煤矿、金属非金属矿山、尾矿库、危险化学品和烟花爆竹、冶金有色、消防、道路交通、水上交通、铁路、民航、建设施工、水务、电力、农业机械、特种设备、食品药品加工、民爆器材等行业领域。突出保障城市运行安全的水电气热、地下管线、地铁运行、轨道建设等重点领域，突出综合楼宇、高层建筑、地下空间、城乡结合部等重点区域，突出消防、煤矿、化工等重点行业，突出学校、医院、商业和文化娱乐场所、车站、旅游景点等人员密集的场所，突出劳动力密集型企业，突出反复发生、长期未得到根治的重点问题。

三、检查内容和要求

（一）各生产经营企事业单位要严格按照“零容忍”的要求，对本单位安全生产工作进行全面深入、细致彻底的大检查。要制定详细检查方案，明确检查的重点场所、要害部位、关键环节。对于排查出的隐患、问题要制表列出清单，建立台账。对于排查情况、整改方案和整改结果，要经本单位主要负责人签字，在单位内部公布，接受职工群众监督。按照隐患自查自报有关规定，做好安全隐患排查治理上报工作。

（二）各区县政府负责本地区安全生产大检查的组织实施工作。要结合实际制定安全生产大检查方案，及时召开会议动员部署，并做好组织实施工作。要对辖区内的各类单位做到全覆盖检查，把责任落实到街道（乡镇）、社区（村）。

（三）市政府各有关部门要按照“管行业必须管安全、谁主管谁负责”的原则，依据职责制定本行业领域大检查实施方案，确定工作目标、检查内容和标准，全面开展安全生产大检查活动，做到全覆盖检查。要组织督查组，针对本行业领域的实际，组织指导和监督本行业领域的安全生产大检查工作。

（四）市安委会负责组织督查组，会同市委组织部、市委宣传部、市监察局、市政府督查室、市高法、市检察院、市总工会等有关部门，对各区县、各部门、各单位安全生产大检查情况进行督导检查。

（五）各区县、各部门、各单位要结合首都实际和年初工作部署，制定安全生产大检查细化方案，特别是以下重点工作：

1. 年度重点执法检查计划

主要内容：按照“整合力量、统筹实施”的总体思路，以重点监管时段和重点监管任务为核心，继续完成好重点行业领域10项执法检查专项行动。

责任单位：市安全监管局、市发展改革委、市教委、市规划委、市住房城乡建设委、市市政市容委、市交通委、市水务局、市商务委、市文化局、市卫生局、市旅游委、市工商局、市质监局、市广电局、市体育局、市园林绿化局、市民防局、市城管执法局、市重大办、市公安局消防局、市文化执法总队。

2. 安全生产领域“打非治违”专项行动

主要内容：继续开展安全生产领域“打非治违”专项行动，按照首都功能定位和产业发展要求，严厉打击重点行业领域和重点地区安全生产非法违法行为，坚决制止违法建设，全面规范安全生产秩序，及时排查整改安全隐患。

责任单位：各区县政府，市规划委、市经济信息化委、市公安局、市监察局、市国土局、市住房城乡建设委、市市政市容委、市交通委、市农委、市商务委、市文化局、市旅游委、市国资委、市工商局、市质监局、市安全监管局、市体育局、市民防局、市城管执法局、市公安局消防局。

3. 餐饮场所燃气安全专项治理行动

主要内容：摸清全市餐饮场所燃气使用基本情况并建立基础台账，严格检查违规使用液化石油气、压缩天然气行为，依法查处判废、超期未检和标记不符合规定的钢瓶。依法查处在地下室、高层建筑内违规使用瓶装液化石油气的行为。

责任单位：各区县政府，市市政市容委、市教委、市住房城乡建设委、市交通委、市商务委、市卫生局、市旅游委、市工商局、市质监局、市安全监管局、市民防局、市城管执法局、市公安局消防局。

4. 商品交易市场安全专项治理

主要内容：全面检查各类商品交易市场经营资质证照是否齐全有效，安全生产责任制是否完善并落实到位，重点场所重点设备管理是否规范，安全用电是否符合规范，市场柜台、货柜、安全出口、疏散通道等各类设施是否符合消防安全规定等情况，消除安全隐患。

责任单位：各区县政府，市安全监管局、市规划委、市商务委、市工商局、市城管执法局、市公安局消防局。

5. 开展“道路客运安全年”和“平安交通”创建活动

主要内容：按照本市“道路客运安全年”和“平安交通”创建活动方案要求，对省际客运、旅游客运、汽车租赁、危险货物运输、轨道交通运营、公交运营、交通运输场站和公路工程等各类单位进行安全检查，确保安全生产法律法规、标准规范得到严格执行，安全生产各项措施要求落到实处。

责任单位：市交通委、市公安局公安交通管理局、市安全监管局。

6. 工程建设领域事故专项整治

主要内容：加强施工现场安全管理，排查治理起重机、物料提升机、施工升降机、吊笼、脚手架等设施设备安全隐患，落实防坠落、物体打击、触电、倒塌措施情况；查处违反法定建设程序和违法分包、转包、挂靠等行为。

责任单位：市住房城乡建设委、市市政市容委、市交通委、市水务局、市质监局、市园林绿化局、北京铁路局、华北电监局、市南水北调办等。

7. 地下空间综合整治

主要内容：依据《北京市人民防空工程和普通地下室安全使用管理办法》和相关法规，重点整治未经批准擅自使用，未按照规定备案和改变备案用途、擅自改变规划用途或批准用途，擅自改变主体结构、平面布局或拆除设施设备的地下空间，杜绝违法违规使用地下空间行为，消除安全隐患，恢复地下空间规划设计用途和法律、法规规定的使用功能。

责任单位：各区县政府，市民防局、市教委、市公安局、市规划委、市住房城乡建设委、市市政市容委、市商务委、市文化局、市卫生局、市旅游委、市国资委、市工商局、市安全监管局、市体育局。

8. 人员密集场所消防专项治理

主要内容：重点排查宾馆、饭店、商场、医院等公众聚集场所和劳动力密集型企业的生产加工车间、员工集体宿舍等人员密集场所，高层、地下建筑、建设工程施工工地，“三合一”“多合一”场所，易燃易爆危险品生产、经营、储存单位；认真检查是否依法通过消防设计审核、消防验收和开业前的消防安全检查，总平面布置、建筑耐火等级、防火分区、安全疏散等设置是否符合消防技术标准要求，建筑消防设施是否定期进行维护保养并保持完好有效，室内装修材料室外保温材料、彩钢板建筑是否符合消防技术标准等。

责任单位：市公安局消防局，各区县政府，市政府各委办局。

9.“安全和谐”矿山建设

主要内容：全面深入开展矿山企业安全生产标准化，全力推进以安全管理、安全技术装备、应急救援、安全文化、绿色健康等“五大提升工程”为重点的“安全和谐”示范矿山建设工作；严厉打击矿山私挖盗采等非法违法行为。煤矿要重点检查贯彻落实《煤矿矿长保护矿工生命安全七条规定》（国家安全监管总局令第58号）和煤矿安全“七大攻坚举措”，按照能力组织生产及隐患排查治理等情况。非煤矿山要重点检查矿山整顿关闭和尾矿库汛期各项安全措施落实情况。地下矿山重点检查防中毒窒息专项整治、建立井下安全避险“六大系统”、地下矿山作业现场示范工作面、示范班组建设等情况。

责任单位：市安全监管局、北京煤矿安全监察局、市发展改革委、市公安局、市国土局、市环保局。

10. 危险化学品专项整治

主要内容：全面检查危险化学品生产、储存、运输、使用等各环节隐患排查治理情况，重点是涉及“两重点一重大”生产经营单位的监控情况。特别是液氨、液氯等重点监控品种的危险化学品使用单位，要全面检查危险化学品使用和储存环节的安全设施设置及维护运行情况，操作人员持证上岗情况，汛期安全管理制度和措施落实情况等。要严格检查危险化学品生产经营单位“一书一签”使用情况，加强上下游环节的管理。

责任单位：市安全监管局、市公安局、市环保局、市交通委、市卫生局、市工商局。

11. 特种作业“双打”专项执法行动

主要内容：严厉查处特种作业及特种设备作业人员使用假证、过期证和无证上岗情况，强化持证上岗意识，落实企业安全生产主体责任，督促企业建立健全特种作业及特种设备作业安全管理制度和岗位操作规程，提升安全管理水平。

责任单位：市安全监管局、市住房城乡建设委、市质监局、华北电监局。

12. 特种设备专项检查

主要内容：以电梯、大型起重机械、大型游乐设施、客运索道为重点设备，以人员密集场所和劳动力密集型企业为重点领域，全面开展特种设备安全检查工作。着重加强对氨制冷企业（重点是肉类、水产、蔬菜等食品加工储存场所）等危险化学品特种设备使用单位的执法检查，及时消除事故隐患。

责任单位：各区县政府，市质监局、市教委、市住房城乡建设委、市交通委、市商务委、市旅游委、市安全监管局。

13. 其他重点工作

学校、医院、宾馆、饭店、旅游景区、文化娱乐场所、铁路、民航、水务、电力、农业机械、粮食储存加工、食品药品加工等其他行业领域，要结合实际制定安全生产大检查方案，明确检查内容，全面开展安全检查活动，消除安全隐患。

四、工作步骤

（一）动员部署阶段（6 月）

各区县、各部门、各单位要结合实际迅速动员部署，并做好方案制定工作，确保安全生产大检查全面启动。要加大宣传发动力度，营造有利于推动安全生产工作的舆论氛围。

（二）企业自查及检查实施阶段（7 月至 9 月）

各生产经营企事业单位要全面开展自查，深入细致排查治理安全隐患，做到全覆盖、不留死角。各区县政府和市政府各有关部门在生产经营企事业单位自查的基础上，采取明察暗访、突击夜查、回头检查、交叉检查等多种方式进行，层层组织开展督查抽查行动，确保安全生产大检查取得实效。

（三）督查总结阶段（10月至12月）

各区县政府和市政府各有关部门要继续深入开展督导检查活动。要认真总结，全面分析大检查工作中出现的新情况，及时研究解决重大问题，明确下一步监管重点，落实监管措施，建立长效机制。

五、工作要求

（一）加强组织领导，迅速开展检查

市政府成立安全生产大检查领导小组，组长由主管副市长担任，副组长由市政府主管副秘书长、市安全监管局局长担任。市安委会办公室负责统筹安排部署安全生产大检查工作。各区县、各部门、各单位都要成立安全生产大检查领导小组并明确牵头部门，严格落实属地责任、部门责任和企业主体责任。

各级领导干部要立即行动起来，做好本地区、本部门、本单位的动员部署工作，要采取措施将本通知迅速落实到基层单位和每个企业，要亲自带队到基层进行督促和检查。企业主要负责人作为安全生产第一责任人，要严格按照通知要求组织开展自查自纠工作。

（二）敢于动真碰硬，务求取得实效

各区县、各部门、各单位安全生产大检查要切实做到不留死角、不留盲区、不走过场。应该整改的迅速整改，应该停工的立刻停工，对隐患和问题“零容忍”。要严格执法，敢于执法，忠实履行职责，以更加“严、细、实”的作风，确保大检查取得实效。

（三）坚持标本兼治，构建长效机制

各区县、各部门、各单位要把安全生产大检查与“打非治违”专项行动、安全专项整治相结合，利用现代信息手段，建立完善隐患排查治理体系。要把大检查中形成的好经验、好做法，及时总结提炼固化为规章制度和标准规范。要将安全检查贯穿于日常安全管理和监督工作中，督促企业建立横向到边、纵向到底、细化到每个岗位的隐患排查整改制度，着力提升企业安全保障水平。

（四）加强宣传发动，引导社会参与

各区县、各部门、各单位要充分利用各种媒体，采取各种方式，对安全生产大检查进行广泛宣传发动，及时组织报道先进典型和经验。要充分发挥群众和舆论监督作用，鼓励通过“12350”等举报电话举报安全隐患，及时兑现举报奖励。同时对安全检查走过场、隐患排查治理不力的，要予以公开曝光。

（五）认真统计分析，全面总结提高

各区县、各部门、各单位要在认真、深入检查的基础上，按时将工作信息和数据统计报送市安委会办公室。6月底前报送安全生产大检查方案、主管领导、牵头部门、联络人及联络方式，每月20日前报送本月安全生产大检查情况，并由市安委会办公室负责汇总编发简报专刊，9月底前报送安全生产大检查阶段性总结，12月底前报送安全生产大检查的全面情况。

北京市人民政府办公厅

2013年6月27日

北京市安全生产委员会关于印发安全生产大检查实施方案的通知

京安发〔2013〕8号

各区县政府，北京经济技术开发区管委会，市安委会各成员单位，各有关单位：

现将《市安委会安全生产大检查实施方案》印发给你们，请结合实际，认真抓好贯彻落实，并参照制定本地区、本单位安全生产大检查工作实施方案。

北京市安全生产委员会
2013年6月28日

市安委会安全生产大检查实施方案

根据《国务院办公厅关于集中开展安全生产大检查的通知》（国办发明电〔2013〕16号）、《国务院安委会关于印发国务院安委会安全生产大检查工作实施方案的通知》（安委明电〔2013〕2号）、《市政府办公厅关于集中开展安全生产大检查的通知》（京政办发〔2013〕31号）精神和市委、市政府工作部署，扎扎实实组织开展好安全生产大检查，特制定如下实施方案。

一、制定细化实施方案

（一）市政府各有关部门实施方案

市政府各有关部门和单位要按照部门职责和有关法规规定要求，制定下发分行业领域和本系统的大检查工作实施方案，细化明确大检查的重点内容、标准和要求，并分行业领域开展全过程的督查、抽查和专项检查。

（二）市属企业（集团）实施方案

市属企业（集团）制定下发本系统自查自纠实施方案，明确检查重点，开展全覆盖自查自纠工作。

（三）各区县政府实施方案

各区县政府要根据本地区安全生产实际，制定下发具体的大检查实施方案，细化明确本地区大检查的重点内容、标准和要求，开展全过程的督查、抽查、专项检查工作。

请各区县、各有关部门和市属企业（集团）于7月3日前，将大检查实施方案报市安委会办公室，作为下一步安全生产督查检查的重要依据。

二、深入细致全面检查

按照“全覆盖、零容忍、严执法、重实效”的总体要求，坚持分级属地的原则，在企业深入彻底自查自纠的基础上，开展全过程、全覆盖检查。

（一）开展企业自查

各生产经营单位要全面开展自查，深入细致排查治理安全隐患，做到全覆盖、不留死角。

（二）开展行业专项检查

各有关部门要组织专项检查组，结合所主管或监管的行业领域实际，对本行业领域进行全过程、全覆盖督查、检查、抽查。市国资委要会同有关行业部门完成对市属国有企业（集团）的全覆盖检查。

（三）开展属地全覆盖检查

各区县政府要对各街道（乡镇）和辖区所有生产经营单位进行全覆盖检查。要定期分析研究大检查工作中的问题，加强指导协调。要对生产经营单位上报的隐患排查清单、整改方案和整改结果建立档案，进行对照检查、现场抽查，如果发生事故，要将其作为依法查处的重要依据。

对查出的每一个隐患和问题，各区县、各部门要依法提出处理意见，并跟踪落实整改。每次检查，要认真填写检查情况表，详细记录检查时间、被检查单位的名称、检查人员、发现的隐患和问题、提出的整改要求以及被检查单位的整改落实情况，对被检查单位安全生产状况进行全面评价，并由被检查单位主要负责人签字确认。

三、及时开展督导检查

市安委会成立6个督查组，分别由市安全监管局、市城乡建设委、市交通委、市市政市容委、市质监局、市公安局消防局等部门局级领导带队，有关部门陪同，对各区县政府和市属企业（集团）每月组织开展一次综合督查，并对各区县生产经营单位进行抽查。

第1督查组，由市安全监管局牵头，对通州区、顺义区、密云县及部分市属企业（集团）进行督查。市委组织部、市旅游委、市水务局参加督查。

第2督查组，由市交通委牵头，对西城区、门头沟区、房山区及部分市属企业（集团）进行督查。市政府督查室、市公安局、市国土局参加督查。

第3督查组，由市市政市容委牵头，对海淀区、丰台区、平谷区及部分市属企业（集团）进行督查。市高法、市规划委、市环保局参加督查。

第4督查组，由市质监局牵头，对朝阳区、怀柔区、北京经济技术开发区及部分市属企业（集团）进行督查。市检察院、市经济信息化委、市商务委、市民防局参加督查。

第5督查组，由市城乡建设委牵头，对东城区、大兴区、昌平区及部分市属企业（集团）进行督查。市监察局、市发展改革委、市工商局参加督查。

第6督查组，由市公安局消防局牵头，对石景山区、延庆县及部分市属企业（集团）

进行督查。市委宣传部、市体育局、市总工会参加督查。

请各督查组牵头部门制定综合督查方案，落实时间安排和工作要求，于 7 月 20 日前报市安委会办公室。

四、建立健全工作机制

（一）加强组织领导

市安委会办公室成立安全生产大检查工作办公室，强化对大检查工作的组织指导和综合协调。各区县、各部门、各单位要成立安全生产大检查领导小组和工作办公室，明确牵头单位和负责人。请于 7 月 3 日前，将《安全生产大检查联络表》（见附件）报市安委会办公室。

（二）建立工作例会制度

市安委会每月听取各区县、各有关部门关于安全生产大检查进展情况的汇报。适时分区域召开情况汇报会、工作片会，及时汇总分析各地区、各行业领域大检查进展情况，协调解决工作中出现的有关问题。

（三）广泛开展宣传发动

市安委会办公室制定宣传工作方案，对全市大检查宣传工作进行部署，大力营造浓厚的舆论氛围。各区县、各部门、各单位要组织开展多种形式的学习宣传活动，全面把握和深刻领会中央领导同志重要指示精神，督促做好贯彻落实工作。要广泛发动群众，保持“12350”举报电话 24 小时开通，对每一起举报都及时进行核查确认，并严格保密，切实保护举报人。

（四）强化信息报送

市安委会办公室定期编发《安全生产大检查简报》，及时反映大检查进展情况，加强学习交流。各区县、各部门、各单位每周至少报送 1 条工作信息；每月 20 日前报送本地区、本行业领域大检查工作小结，总结大检查的主要做法、成效和发现的突出问题及 1–2 个正反两方面的典型案例，重大情况随时报告。2013 年 9 月 30 日前上报安全生产大检查阶段性总结，12 月 31 日前上报大检查的全面情况。

（五）认真做好报表统计

市安委会办公室制定安全生产大检查报表统计制度，明确统计内容和指标，每月统计大检查的主要情况，排名通报大检查进展情况。各区县、各有关部门每月 20 日前上报《安全生产大检查情况统计表》（见附件）。市安委会办公室负责研制开发安全生产大检查报表和信息报送系统，方便信息统计上报工作。

【规范性文件】

北京市安全生产监督管理局关于建设项目职业卫生“三同时”行政许可有关工作的通知

京安监发〔2013〕58号

各区县、北京经济技术开发区安全监管局，有关单位：

为贯彻落实《建设项目职业卫生“三同时”监督管理暂行办法》（国家安全监管总局令第51号），现将建设项目职业卫生“三同时”行政许可有关工作通知如下：

一、根据2013年8月1日市卫生局和市安全生产监督管理局联合发布的《关于职业卫生工作职能调整的公告》（京卫法监字〔2013〕76号），自2013年8月1日起，原由市卫生局负责的新建、改建、扩建工程项目和技术改造、技术引进项目的职业卫生“三同时”备案、审核、审查和竣工验收工作由市安全生产监督管理局负责。

二、市安全监管局对全市建设项目职业卫生“三同时”实施监督管理。承担下列建设项目职业卫生“三同时”的备案、审核、审查和竣工验收工作：

（一）市政府及其有关主管部门审批、核准或者备案的建设项目；

（二）跨区（县）行政区域的建设项目；

（三）国家安全监管总局委托的建设项目。

三、区县安全监管局对本行政区域内的建设项目职业卫生“三同时”实施监督管理，承担下列建设项目职业卫生“三同时”的备案、审核、审查和竣工验收工作：

（一）区县政府及其有关主管部门审批、核准或者备案的建设项目；

（二）市安全监管局委托的建设项目。

四、有关建设项目职业卫生“三同时”行政许可其他要求按照《建设项目职业卫生“三同时”监督管理暂行办法》（国家安全监管总局令第51号）规定执行，相关文书的使用按照《国家安全监管总局办公厅关于印发建设项目职业病危害预评价报告审核（备案）申请书等文书的通知》（安监总厅安健〔2012〕69号）的规定执行（见本文附件）。

五、市安全监管局建设项目职业卫生“三同时”行政许可受理地点：北京市安全生产监督管理局行政许可大厅（丰台区南四环西路188号总部基地十七区10号楼）。项目建设单位可以到北京市安全生产监督管理局政务网站（www.bjsafety.gov.cn）查阅和下载联系方式以及相关文书。

各区县安全监管局要将建设项目职业卫生“三同时”行政许可办公地点、联系方式以及相关文书在本部门政务网站上予以公开，供项目建设单位查阅和下载。

六、本《通知》自发布之日起施行。

北京市安全生产监督管理局

2013年8月28日

北京市安全生产监督管理局关于危险化学品安全使用许可证实施有关工作事项的通知

京安监发〔2013〕69 号

各区县、北京经济技术开发区安全监管局，各有关单位：

《危险化学品安全使用许可证实施办法》（国家安全监管总局令第 57 号，以下简称《办法》）已于 2013 年 5 月 1 日开始施行。为做好本市危险化学品安全使用许可证实施工作，现就有关工作事项通知如下：

一、许可范围

本市行政区域内列入危险化学品安全使用许可适用行业目录、使用危险化学品从事生产并且达到危险化学品使用量的数量标准的化工企业（危险化学品生产企业除外，以下简称企业）应取得危险化学品安全使用许可证（以下简称安全使用许可证）。使用危险化学品作为燃料的企业不适用《办法》。

二、许可权限

（一）市安全监管局指导、监督本市行政区域内安全使用许可证的颁发管理工作。根据需要派人指导发证机关对首次申请安全使用许可证的企业进行现场核查。

（二）区县安全监管局负责各自行政区域内安全使用许可证的审批、颁发和管理，不得再委托其他单位、组织或者个人实施。

三、许可文书和许可证

请按照《国家安全监管总局办公厅关于印发危险化学品安全使用许可文书和许可证样式及说明的通知》（安监总厅管三〔2013〕53 号，可从国家安全监管总局政府网站下载）文件规定，自行印制并使用相关许可文书和许可证。

四、信息公开与通报

（一）各区县安全监管局要将安全使用许可证办理地点、联系方式以及相关文书在本部门政务网站上予以公开，供申请单位查询和下载。

（二）各区县安全监管局应当于每年 1 月 10 日和 7 月 10 日前向社会公布颁发安全使用许可证的情况，并同时向同级公安机关、环保部门通报。

（三）各区县安全监管局应当将本行政区域内上一年度安全使用许可证的颁发和管理情况于每年 1 月 10 日前报告市安全监管局。市安全监管局将按照规定于每年 1 月 15 日前将有关情况报告国家安全监管总局。

五、监督管理

各区县安全监管局要积极督促指导相关企业申请办理安全使用许可证，并严格按照国家和本市有关规定做好安全使用许可证的审批和管理工作，按照《办法》的规定加强对相关单位的监督管理，对于违反有关规定的，要依据《办法》规定予以处理。

现已经进行生产的企业，应当于 2014 年 10 月 31 日前，依照有关规定向发证机关申请办理安全使用许可证；逾期不申请办理安全使用许可证，或者经审查不符合安全使用条件，未取得安全使用许可证，继续进行生产的，依照《办法》第三十七条的规定处罚。

北京市安全生产监督管理局
2013 年 10 月 15 日

大事记

1月

1月5日 副市长苟仲文主持召开市安全生产“打非治违”专项行动领导小组工作会议，研究部署“打非治违”工作。

1月6日 市国资委召开市属企业集团安全生产工作会议，会议传达市政府有关会议精神，通报部署2013年安全生产工作。市安全监管局副局长陈清参加会议。

1月9日 市安委会召开安全生产工作会议，传达贯彻市领导重要批示精神，通报全市安全生产情况，部署春节安全生产工作。副市长苟仲文就进一步加强安全生产工作作了重要讲话。

1月10日 市安全监管局局长张家明应香港《文汇报》记者之邀，围绕本市安全生产工作成果及有关部署，接受记者专题采访。

同日 市安全监管局副局长贾太保主持召开煤矿安全工作会议，总结2012年煤矿安全生产工作，深入分析安全生产形势，重点部署2013年煤矿安全生产工作。

1月12日至15日，由四川、重庆、云南和北京煤监局组成的国家矿山救援队质量标准化达标验收第十检查组对北京市矿山救援队进行标准达标验收考核，昊华能源公司矿山救援队接受闻警出动等考核，达到95分。

1月14日 市安全监管局副局长蔡淑敏主持召开全市安全生产大检查工作部署会，传达贯彻市安委会第一次会议精神和副市长苟仲文关于加强“两节”期间安全生产执法工作的指示，对春节期间安全生产执法工作提出了具体要求和部署。

1月15日 市安全监管局局长张家明带队前往丰台区和义街道调研“打非治违”工作，了解久敬庄57号院出租户生活、经营情况。

1月16日 市安全监管局局长张家明赴首都经济贸易大学以“谈谈做好首都安全生产工作的认识和体会”为主题，与首都经贸大学安全与环境工程学院主要领导、教师和建筑安全研究生班学员进行了座谈和互动交流。

1月18日 市安全监管局召开2013年第一次新闻发布会，通报2013年烟花爆竹安全监管工作情况。《北京日报》《北京晚报》《北京青年报》《北京晨报》、新华社北京分社、北京电视台、北京新闻广播等新闻媒体参加新闻发布会。

1月22日 市安全监管局副局长汪卫国出席市旅游委召开的北京市旅游安全与应急管理暨开展安全生产标准化工作动员部署大会，会议总结2012年全市旅游行业安全与应急管理工作，安排部署2013年重点工作，对全市旅游行业开展安全生产标准化工作进行动员部署。

1月28日 市安全监管局副局长唐明明主持召开会议，专题研究本市生产经营单位发生的火灾事故和道路交通事故调查工作，就《国务院关于加强道路交通安全工作的意见》有关落实工作进行讨论。

1月30日 市安全监管局副局长唐明明到丰台区安全监管局就烟花爆竹有关安全工作进行调研，并对5个烟花爆竹零售网点进行检查。

2月

2月4日 国家质检总局局长支树平到北京市特种设备检测中心查看电梯物联网示范工程进展情况，检查节日安全保障工作。

2月5日 副市长张延昆主持召开全市安全生产工作电视电话会议，传达国务院及国家安全监管总局领导重要指示和有关会议精神；通报2月1日河南省连霍高速义昌大桥爆炸坍塌等事故情况；部署春节和“两会”期间安全生产工作。

同日 市安全监管局副局长蔡淑敏主持召开视频会议，就春节期间安全生产执法检查工作进行调度和再部署。会上，市安全监管局执法监察总队通报了全市安全生产执法监察情况。

同日 副市长苟仲文带队检查北京四方继保自动化股份有限公司等单位节日期间安全生产工作。

同日 副市长张延昆带队检查本市烟花爆竹和加油站安全生产工作。市安全监管局局长张家明参加检查。

同日 市安全监管局副局长贾太保主持召开矿山安全生产会议，传达贯彻2月4日全国安全生产调度视频会议精神和国家安全监管局局长杨栋梁等领导在会上的讲话精神，学习贯彻《煤矿矿长保护矿工生命安全七条规定》。

2月6日 由市监察局、安全监管局、工商局、公安局消防局组成的市烟花爆竹检查组，到西城区烟花爆竹网点检查安全管理工作。

2月7日 市委书记郭金龙和市委副书记、市长王安顺，副市长程红、张延昆在市安全监管局应急指挥大厅通过视频监控系统察看全市烟花爆竹储存和零售网点实时状况。听取市安全监管局关于烟花爆竹、矿山、危险化学品领域推进安全生产信息化“京安工程”的工作汇报。

同日 市安全监管局副局长唐明明带队，夜查朝阳、顺义、昌平、海淀、石景山5个区烟花爆竹零售网点安全生产工作。

2月9日 市安全监管局局长张家明带队对西城区1个加油站和3个烟花爆竹零售网点进行安全检查。检查中，张家明要求安全生产执法人员克服困难，顶住压力，严格落实应对措施，用辛苦换取首都安全。

2月10日 市安全监管局副局长贾太保带队检查昊华能源公司矿山应急救援队节日应急备勤情况和门头沟区烟花爆竹销售安全工作。

同日 市安全监管局副局长唐明明带队前往燕山石化公司安全生产应急救援队伍，检查春节期间值班备勤工作，慰问坚守岗位的一线值守人员。

2月11日 市安全监管局副局长陈清带队对海淀区两家烟花爆竹零售网点和双安商场春节期间安全生产工作进行

检查。

2月12日 市安全监管局副局长蔡淑敏带队对东城区龙潭湖公园庙会和两家烟花爆竹零售网点进行安全检查。

2月13日 市安全监管局副局长常纪文带队对昌平区回龙观地区和十三陵地区部分烟花爆竹零售网点进行安全检查。

2月14日 市安全监管局副局长唐明明带队对朝阳区、东城区、西城区的4个烟花爆竹零售网点和两座加油站进行安全检查。

2月15日 市安全监管局副局长汪卫国带队检查石景山区烟花爆竹零售网点安全管理情况。

2月17日 市安全监管局副局长唐明明带队对丰台区、海淀区的6个烟花爆竹零售网点进行安全检查。

2月18日 市安全监管局全面启动全国“两会”安全生产保障工作。建立涉及7个区县29个代表驻地、会场周边200米范围的990家生产经营单位台账。

2月19日 市安全监管局副局长唐明明主持召开会议，专题部署烟花爆竹回收工作。北京市烟花鞭炮有限公司、北京市熊猫烟花有限公司、北京市逗逗烟花爆竹有限公司主要负责人参加会议。

2月20日 市安委会召开2013年北京市安全生产大会，总结2012年安全生产工作，表彰安全生产先进单位和先进个人。市安全监管局局长张家明作了“再接再厉、真抓实干、夺取首都安全生产工作的新胜利”的工作报告。报告对2012年全市安全生产工作进行回顾，全面部署2013年安全生产工作。副市长张延昆参加会议并作重要讲话。

2月21日 市安全监管局副局长蔡淑敏组织有关行业部门及区县安全监管局召开2013年全国“两会”安全生产保障工作部署会。

同日 《地下有限空间作业安全技术规范第2部分：气体检测与通风》（DB11/ 852.2-2013）和《机动车维修场所职业卫生技术规范》（DB11/ 947-2013）两项地方标准，已经市质监局批准正式发布，并于2013年5月1日施行。

2月24日 市安全监管局局长张家明带队对本市元宵节期间烟花爆竹零售网点销售回收工作情况进行检查。

2月28日 市安全监管局党组理论中心组（扩大）第2次集体学习，邀请对外经济贸易大学冯鹏程教授，以“贯彻十八大精神与北京经济发展”为主题进行专题辅导。

同日 市安全监管局聘请著名通风专家北京科技大学李怀宇教授到密云首云矿为密云冶金矿山公司首云、威克及云冶3个地采矿山，从事安全技术、通风管理等相关工作人员进行了通风技术专题培训。

同日 全市烟花爆竹回收工作圆满结束，3家烟花爆竹批发单位共出动80辆烟花爆竹专用运输车辆，参与回收工作人员373人，安全顺利回收烟花爆竹产品9.1万箱，比2012年的3.2万箱增加184%。

3月

3月4日 市安全监管局副局长蔡淑敏带队检查石景山区“两会”安全生产保障工作。

同日 市安全监管局副局长唐明明带队到大兴区检查“两会”期间危险化学品企业及烟花爆竹批发企业安全生产工作。

3月5日 国务院安委会办公室督查组对本市道路交通安全管理工作进行专项督查调研。

3月7日 市安全监管局副局长唐明明主持召开安全生产领域物联网应用示范工程项目工作会，通报项目进展情况，协调解决项目建设中存在的问题，研究部署2013年物联网项目建设工作。

3月8日 国家煤矿安全监察局副局长黄玉治带领第10督导调研组到本市，就贯彻落实《煤矿矿长保护矿工生命安全七条规定》进行督导调研。

3月9日 市安委会召开第4次安全生产工作会议，研究部署本市餐饮场所燃气治理和年度安全生产重点执法检查计划。副市长张延昆参加会议并讲话，市政府副秘书长戴卫主持会议。

3月12日 国家安全监管总局调研组到大兴区调研安全生产标准化和隐患自查自报工作，实地考察庞各庄镇智汇安全信息系统建设。

3月15日 本市建立职业卫生专家库，共有来自职业卫生检测、健康体检、工程防护、个体防护等领域的208名专家入选职业卫生专家。

3月19日 市安全监管局副局长唐明明主持召开全市生产安全事故调查处理暨应急管理系统工作会议。

3月20日 市安全监管局召开视频会议，总结2012年的危险化学品和烟花爆竹安全监管工作，对2013年的工作进行全面部署。

3月21日 市安委会办公室召开全市安全生产宣传工作会议，全面总结2012年安全生产宣传工作并部署2013年工作。市安全监管局副局长蔡淑敏、市委宣传部副巡视员吕钦出席会议并讲话。市文化局副局长王鹏、市总工会副主席高小强出席会议。

同日 国家安全监管总局第10督导组到密云县，就贯彻落实全国电视电话会议和全国安全生产工作会议工作情况进行督导调研。现场检查北汽福田股份有限公司总装车间和首云矿业股份有限公司尾矿库调度指挥中心。

3月25日 副市长张延昆带队到市烟花爆竹有限公司魏善庄仓库调研安全管理工作。对仓库监控、应急管理、配送运输安全等重点部位和环节进行检查。市安全监管局局长张家明、大兴区区委书记李长友、市公安消防局副局长谭林峰参加检查。

同日 由市委组织部、市安全监管局和市委党校联合举办的安全生产专题培训班在市委党校一分校开班。来自市安委会成员单位、区县政府的50多名局级干部参加了培训。

3月27日 市安全监管局局长张家明带队到朝阳区呼家楼街道调研高层商务综合楼宇人员疏散演练工作。参观呼家楼街道安全教育中心，并在街道安全生产指挥中心召开座谈会。

同日 市安全监管局、民防局应急移动指挥通信系统联动工作机制启动仪式在市安全监管局应急指挥大厅举行。

3月28日 国家安全监管总局启动2013年全国安全生产月活动主题宣教片《安全发展成就辉煌》的拍摄制作工作。市安全监管局局长张家明应邀前往国家安全监管总局，参加主题宣教片录制采访。

4月

4月8日 丰台区园博园永定塔首层副阶实施防水施工作业过程中发生火灾，引燃周边游廊，由于风大致塔身一层至六层部分塔檐起火。事故造成直接经济损失376.64万元，未造成人员伤亡。

4月9日 市政府召开“通报‘4·8’火灾事故电视电话会议”，通报4月8日丰台区园博园施工现场火灾事故情况，深刻吸取事故教训，紧急部署全市安全生产工作。

4月11日 国家安全监管总局副局长孙华山到北京调研安全生产标准化和企业安全生产基层基础工作。

4月12日 市安全监管局局长张家明赴丰台区园博园施工现场听取安全生产工作汇报，加强园博园工程收尾阶段安全生产工作。

4月16日 市安全监管局局长张家明主持召开专题会议，研究2013年安全生产月活动组织筹备等重点工作。

同日 市安全监管局副局长陈清主持召开全市安全生产标准化工作例会，专题研究顺义区新修订的基本标准、三级系统、二级系统建设、三级系统培训和二级评审机构认定进展等工作。

4月18日 市安全监管局副局长蔡淑敏带领局执法监察总队到国家会议中心，检查第三届北京国际电影节临建设施安全情况。市广电局副局长韩昱一同参加检查。

4月22日 市、区两级安全监管部门组成5个执法检查组，于4月22日19时至23时对东城、西城、朝阳、海淀、丰台区部分网吧开展突击夜查行动。

4月24日 浙江省安全监管局副局长于少贵带队来京调研，就用人单位职业危害申报、工作场所职业卫生监督管理、建设项目职业卫生“三同时”监管等进行了深入探讨和交流。

4月25日 市安全监管局党组理论中心组第4次集体（扩大）学习，邀请国防大学李莉教授就“中国周边环境与国家安全”作专题讲座。

4月26日 市安全监管局会同市卫生局、人力社保局、总工会在通州区北机机电工业有限公司举办《职业病防治法》宣传周主题日活动。

4月27日 全市机动车维修行业职业危害专项治理行动启动。

5月

5月2日 市安全监管局召开新闻发布会，通报第一季度全市安全生产总体情况、全年安全生产重点工作情况和突击夜查本市互联网上网服务营业场所情况。

5月3日 市安全监管局副局长贾太保主持召开特种作业管理工作联席会议，研究部署全市特种作业及特种设备作业人员安全专项执法工作。

5月7日 市安全监管局、公安局制定印发《北京市突发危险化学品事件应急救援联动机制》。

5月9日 市严厉打击违法用地、违法建设专项行动指挥部办公室，联合市安全监管局、规划委、农委组成检查组，对丰台区拆除违法建设工作进行检查。

5月10日，市生产安全事故应急指挥部办公室依托燕山石化公司在房山区燕化星城文化广场设立分会场，举办“识别灾害风险，掌握应急技能”为主题的防灾减灾宣传活动。市安全监管局副局长唐明明参加了此次活动。

5月13日 副市长张延昆带队到朝阳区检查CBD财富中心写字楼、千禧酒店和水碓子北里8号楼地下空间86客栈高层楼宇安全管理工作。

同日 市安全监管局副局长常纪文邀请部分省市安全监管局召开省际职业卫生监管工作座谈会。上海、内蒙古、江苏、山西、安徽、山东、河南、江苏、沈阳九省市安全监管局有关处室负责人参加会议。

5月16日 市委常委、市纪委书记叶青纯到京煤集团昊华能源公司大台煤矿，调研煤矿安全生产工作。

同日 市安全监管局副局长陈清带队到昌平区调研安全生产标准化工作，听取昌平区安全监管局有关标准化和信息化建设工作情况汇报，特别是对安全生产标准化、信息化工作遇到的问题开展重点讨论。

同日 市安全监管局副局长常纪文主持召开座谈会，与部分职业卫生检测及评价机构负责人就本市职业卫生技术服务机构工作现状、工作中存在的问题、发展规划、人员培训、收费标准、检测标准、行业自律及资质换证等工作进行座谈交流。

5月17日 市安全监管局局长张家明主持召开特种作业管理工作联席会议，研究部署全市特种作业及特种设备作业人员“双打”专项执法行动。

5月20日 市安全监管局紧急传达5月19日市防汛抗旱指挥部防汛督导工作汇报会精神，传达市领导讲话要求，部署防汛工作。

5月21日 市安全监管局副局长常纪文到位于北京经济技术开发区的北京德康莱安全卫生技术发展有限公司调研职业危害因素检测资质和建设项目职业危害评价工作。

5月23日 欧盟驻华代表团官员易小林、中欧合作项目技术员保罗·豪森维尔德一行到北京水泥厂有限责任公司凤山矿考察职业安全健康工作，国家安全监管总局一司副司长李峰陪同考察。

5月24日 市安全监管局局长张家明专题听取2013年北京市安全生产月宣传咨询日活动筹备工作汇报，研究确定设计方案及有关筹备工作。

5月28日 市安全监管局副局长唐明明主持召开危险化学品、烟花爆竹安全监管防汛工作视频会，对全市危险化学品、烟花爆竹生产经营单位防汛工作进行部署。

同日 市安全监管局召开特种作业及特种设备作业人员“双打”专项执法行动动员部署视频会，通报专项执法行动方案。市安全监管局局长张家明作动员讲话。

5月31日 全国安全生产月活动动员视频会后，市安全生产月活动组委会立即召开北京市2013年安全生产月活动动员部署电视电话会议。市政府副秘书长周正宇出席会议并讲话，会议由市安全监管局局长张家明主持，市安全监管局副局长蔡淑敏代表市安全生产月活动组委会对全市安全生产月活动进行部署。

6月

6月4日 市安全监管局、华北电监局成立联合检查组，深入执法检查一线，查处特种作业领域违法行为，对违规企业进行直击曝光。

6月5日 市安全监管局局长张家明就液氨使用安全到大兴区调研，实地察看北京资源亚太食品有限公司安全生产情况，并对液氨使用提出要求。

6月6日 市安全监管局副局长蔡淑敏前往北京城市服务管理广播电台录制“安全让城市更美好”主题访谈节目。

6月7日 市安委会召开全市安全生产电视电话会议暨市安委会（扩大）第5次工作会议，传达习近平总书记、李克强总理关于安全生产工作重要指示和全国安全生产电视电话会议精神；通报有关省市重特大事故情况，市安全监管局、市政市容委、交通委分别通报了本市安全生产重点工作及重点行业领域安全专项治理情况；部署下一阶段安全生产大检查工作。

同日 副市长张延昆召开专题会议研究本市轨道交通运营安全生产工作，对轨道交通运营安全监管提出具体工作要求。

同日 国家安全监管总局规划科技司司长吴鑫等来京调研安全生产信息化建设应用工作。市安全监管局局长张家明参加相关会议，市安全监管局副局长陈清、贾太保、常纪文参加调研。

6月8日 市安全监管局副局长陈清主持召开怀柔区“2·22”塔式起重机倒塌事故专家技术组会议，讨论《专家技术组报告》和《事故调查报告》。

6月9日 2013年北京市安全生产月宣传咨询日活动在中华世纪坛隆重举行。北京市市委副书记、市长王安顺，国家安全监管总局党组成员、副局长杨元元，副市长张延昆，市政府秘书长李伟、副秘书长周正宇出席活动。王安顺为群众发放应急救援包，并亲自体验模拟操作使用灭火器、消火栓、车辆安全驾驶等设备，参观并听取工作人员介绍家庭燃气及液化气瓶安全使用，应急逃生绳索、呼吸器具等常用应急自救设备的使用，以及触电心脏复苏救护方法。按照全市安全生产月活动的统一安排，各区县、各企业、各乡镇街道组织开展宣传咨询日活动。

6月10日 副市长张延昆带队赴北京二商集团西郊食品冷冻厂对企业的安全生产管理工作进行检查。检查组实地察看制冷机房、液氨车间重要设备设施。张延昆针对检查中反映的问题提出要求。

6月17日 市委书记郭金龙检查中石化北京分公司长辛店油库安全生产工作。郭金龙强调，要认真落实习近平总书记关于安全生产工作的重要指示精神，牢固树立“安全第一”的观念，一刻也不能放松，要常抓不懈、有备无患，保证人民群众的生命财产安全。

同日 市安全监管局行政许可服务大厅正式对外办公试运行。

6月18日 市长王安顺主持召开市政府专题会，研究并原则通过市安全监管局提出的北京市危险化学品集中管理体系建设工作。王安顺用12个字表示肯定，即“很有必要、非做不可、必须做好”。

同日 市生产安全事故应急指挥部组织相关单位开展2013年北京市危险化

学品生产安全事故应急桌面演练。国家安全生产应急救援指挥中心、市应急办、市民防局和市生产安全事故应急指挥部成员单位负责人应邀观摩演练。

6月19日 市安全监管局局长张家明应邀做客城市服务管理广播“共建美丽城市，共享和谐宜居，市民对话一把手”直播访谈节目，针对夏季安全生产特点就加强安全监管工作与市民进行交流，并现场回答市民提出的问题。

同日 国家煤矿安全监察局副局长李万疆到昊华能源公司大安山煤矿调研职业危害防治工作。

6月20日 市纪委副书记、市监察局局长王海平带队到市安全监管局对安全监管和纪检监察工作进行调研。

同日 北京市高层商务楼宇应急疏散演练活动在北京泰达时代广场进行。市政府副秘书长周正宇、国家安全生产应急救援指挥中心副书记张平远、市安全监管局局长张家明、朝阳区副区长汪洋等受邀出席。本次演练开展了企业自救，属地街道组织疏散，消防、医疗专业力量增援等科目演练活动，检验了企业现场处置及自救互救能力和属地街道、消防、医疗卫生等部门应急联动机制以及专业救援能力。

6月25日 市安全监管局党组理论中心组第6次集体（扩大）学习，邀请清华大学马克思主义学院教学委员会主任、博士生导师刘书林教授，以“解读新党章、学习新党章”为主题作专题辅导。

6月26日 2013年安全生产专题报告会暨大型公开课活动首场讲座在市委党校隆重举行。国家安全监管总局新闻发言人黄毅作《国家安全发展战略问题解析》专题报告。报告会由市安全监管局局长张家明主持。

同日 市安全监管局副局长贾太保主持召开特种作业管理工作专题会，研究落实国家安全监管总局“30号令”规定的特种作业目录和北京市安全生产培训考核综合管理系统有关工作。

同日 市安全监管局副局长汪卫国带队赴市工商局调研本市企业信用体系建设、行政处罚信息归集工作，就各部门行政处罚信息报送数据情况、披露情况，以及如何实现市工商局与市安全监管局企业信用信息平台对接、数据交换等具体问题，进行深入交流和探讨。

6月27日 由国家安全监管总局主办的第四届中国国际安全生产应急技术与装备展览会暨国家矿山应急救援队授旗仪式在北京举行。国家安全监管总局局长杨栋梁出席展览会开幕式，并向7支国家矿山应急救援队代表授旗。

6月28日 《北京市人民政府办公厅关于集中开展安全生产大检查的通知》（京政办发〔2013〕31号）正式下发，部署从6月至12月底，在全市集中开展安全生产大检查。

同日 市交通委召开全市交通运输安全生产监管工作电视电话会议，对全市开展道路交通安全大检查工作进行动员部署。市安全监管局副局长陈清参加会议。

同日 《北京市人民政府办公厅关于进一步明确本市职业卫生监管部门职责分工的通知》（京政办发〔2013〕33号）正式下发。

同日 市公安局消防局、住房城乡建设委、安全监管局联合部署全市施工现场安全大排查大整治专项行动。督促建筑施工企业做好夏季建设工程施工现场火灾防控工作，坚决遏制建设工程施工现场发生有影响的火灾事故。

同日 市安全监管局副局长贾太保召开紧急会议，传达市政府防汛工作会议精神，部署下一步防汛工作。

同日 市安全监管局、市国资委、市总工会领导出席市纺织控股公司开展的“平安纺织”安全应急演练活动，市纺织控股公司所属10个行业500余人参加演练。

6月29日 《中华人民共和国特种设备安全法》由中华人民共和国第十二届全国人民代表大会常务委员会第3次会议通过，中华人民共和国主席令第4号公布，2014年1月1日起施行。市质监局组织开展一系列宣传贯彻活动，努力实现政府、企业、公众等社会各方周知《中华人民共和国特种设备安全法》的工作目标，为法律实施后发挥政府相关部门协调、群众监督和社会监督作用奠定基础。

7月

7月1日 《北京市建设工程施工现场管理办法》（市政府令第247号）正式印发，于2013年7月1日起施行。

7月2日 市安全监管局副局长贾太保主持召开特种作业工作会，研究特种作业人员安全技术培训考核工种对接问题。

7月3日 市安全监管局主持召开全市安全生产监管工作会议，通报本市建设施工安全生产监管意见，总结2012年市政府有关部门安全生产综合考核情况并对2013年综合考核工作进行了部署，从细化制订本部门安全生产大检查实施方案、开展行业专项检查以及组织对区县的综合督查工作等方面，对各部门开展安全生产大检查进行再动员、再部署。

7月4日 市国资委召开工业企业集团安全生产工作会，通报国内其他城市和本市工业企业事故情况，部署工业企业安全生产大检查工作。市安全监管局副局长陈清参加会议并就隐患大排查、大治理、“打非治违”等工作提出要求。

7月5日 副市长张延昆带队检查丰台方庄地区餐饮企业燃气安全生产工作。检查组先后检查了方庄顺丰海鲜楼、乔外婆饭店、秦记香辣蟹饭店等餐饮企业贯彻落实安全生产大检查情况、燃气专项治理工作开展情况，重点检查餐饮企业使用管道燃气和液化石油气安全生产状况，察看燃气报警装置使用情况。

7月8日 市安全监管局副局长常纪文组织对市市政市容委、水务局、通信管理局、排水集团、热力集团、电信工程局、光环集团等30余家单位负责人，就有限空间安全生产工作进行集中约谈。

7月10日 国务院安委会第16督查组由国家安全监管总局副局长孙华山带队，到京煤集团、昊华能源公司下属煤矿进行督查。其间，副市长张延昆，市安全监管局、北京煤监局、门头沟区政府、京煤集团和昊华能源公司各煤矿相关负责人参加检查。

7月12日 国务院安委会第16督查组到丰台区督查安全生产大检查工作，对大红门地区商市场进行检查。副市长张延昆参加检查。

同日 市政府召开通报会，通报国务院安委会第16督查组对北京市开展安全生产大检查综合督查的反馈意见。

同日 山东省安全监管局监察专员刘建华带队，到市安全监管局调研安全生产信息化建设应用工作。

7月15日 国家安全监管局总局培训中心对大兴区安全生产培训工作进行调研，市安全监管局副局长常纪文参加调研。

7月17日 市安全监管局副局长蔡淑敏出席通州区安全生产暨“安全生产卫士”“大比武”表彰大会。

7月18日 市安全监管局联合市总工会、人力社保局、卫生局对丰台区夏季防暑降温工作进行检查。先后检查南车二七车辆有限公司、中铁集团北京分公司等单位。

同日 市安委会办公室组织市住房城乡建设委、商务委、市政市容委、交通委、农委、旅游委、质监局、工商局、环保局、公安局消防局、公安局消防局、安全监管局12个督查组牵头单位及各区县安委会办公室召开会议，部署安全生产大检查综合督查工作。

同日 《北京市安全生产监督管理局（北京煤矿安全监察局）关于印发北京市煤矿、非煤矿山、危险化学品、烟花爆竹、冶金有色等重点行业领域安全生产大检查实施方案的通知》正式印发。

7月19日 市安全监管局局长张家明在北京地下直径线工程项目部召开现场会，督促施工管理部门和企业强化盾构施工风险管控，确保工程安全和周边环境安全。

同日 市安全监管局党的群众路线教育实践活动动员会召开。市委第8督导组全体成员，市安全监管局领导班子成员、局机关全体党员、直属事业单位主要负责人参加会议。会议印发了《深入开展党的群众路线教育实践活动实施方案》。

7月22日 市安全监管局举办安全生产标准化培训班，来自41家评审单位和10家工业企业集团500余名评审员参加了培训和考试，标志着本市制造业标准化评审工作机制初步建立。

同日 市安全监管局副局长贾太保带领市安委会第14督查组对门头沟区政府及部分街道乡镇和企事业单位的安全生产大检查工作开展情况进行综合督查。

同日 市气象局、安全监管局联合发出《关于集中开展防雷安全大检查的通知》《防雷安全大检查实施方案》，部署本市防雷安全大检查工作。

7月23日 市安全监管局关于《贯彻落实汽车加油加气站设计与施工规范GB50156-2012）有关工作要求的通知》正式印发。

7月24日 国务院安委会办公室召开视频会，部署石油化工企业和油气装卸码头安全专项检查。视频会后，市安全监管局立即结合油库专项整治和防汛工作，部署落实石油化工企业和油库专项检查工作。

同日 市安全监管局、卫生局、人力社保局对建筑施工工地防暑降温工作开展专项突击检查。

同日 市、区两级职业卫生专家库和职业卫生技术支撑机构全部建立。确定市安全监管局预防中心等4家机构为市级职业卫生技术支撑机构，17个区县安全监管局分别确立了1家至2家机构作为区县级职业卫生技术支撑机构。全市共有213名职业卫生专家入选职业卫生专家。

同日 位于东城区光明中街的北京金凤成祥食品有限公司光明中街店发生燃气爆炸事故，造成2人死亡，22人受伤。

7月25日 副市长张延昆带领市政府安全生产大检查综合督查组，对昌平区安全生产大检查情况进行督查，督查组重点检查了昌平区街道乡镇集中开展安全生产大检查工作情况，采取听汇报、查资料、现场核查、重点抽查、随机检查等形式，先后对城北街道、南邵镇、马池口镇开展安全生产大检查情况进行检查，对工业企业、建筑施工、商场超市、宾馆饭店等重点行业领域进行抽查。

同日 市委常委、市公安局局长傅政华检查朝阳区消防安全工作。

同日 市安全监管局副局长汪卫国带领市安委会第15督查组对怀柔区安全生产大检查工作开展情况进行综合督查。

同日 市安全监管局党组中心组第7次集体（扩大）学习暨党的群众路线教育实践活动专题课，邀请中央党校研究生院副院长、博士生导师、中国政治学会理事刘春教授，以“破除形式主义官僚主义，贯彻落实党的群众路线”为主题，做了专题辅导。

同日 市安全监管局副局长贾太保带领督查组对首钢矿业公司安全生产大检查及汛期安全生产工作进行督查。

同日 市安全监管局副局长常纪文带领市安委会第16督查组对顺义区安全生产大检查工作开展情况进行综合督查。

7月26日 市质监局副局长张巨明带领市安委会第7督查组对丰台区安全生产大检查工作开展情况进行综合督查，并分组现场检查了卢沟桥街道的物美大卖场、丰北加油站、卢沟桥乡的鑫伯龙商贸公司、万隆汇洋家居建材市场4家企业。

同日 市安全监管局副局长陈清带领市安委会第13督查组对通州区安全生产大检查工作开展情况进行综合督查。

同日 市安全监管局副局长唐明明带领市安委会第17督查组对北京经济技术开发区安全生产大检查工作开展情况进行综合督查。

7月27日 国家安全监管总局在顺义区举行大型纪录片《安全发展之路》开机仪式。国家安全监管总局新闻发言人黄毅出席会议并讲话。

7月28日 市安全监管局副局长常纪文在高碑店污水处理厂主持召开全市污水处理系统有限空间安全生产工作会，全市54家污水处理厂主管安全生产负责人和部门负责人共120余人参加会议。

7月30日 国务院安委会召开全国安全生产工作视频会，传达学习贯彻习近平总书记、李克强总理等中央领导同志关于加强安全生产工作的一系列重要批示指示精神，通报全国安全生产情况，分析当前安全生产形势，会议要求狠抓各项工作落实，扎实开展好全国安全生产大检查，有效防范和坚决遏制重特大事故发生。副市长张延昆、市安全监管局（北京煤监局）领导班子以及各处室负责人在北京分会场参加会议。

同日 市安全监管局召开新闻发布会，通报特种作业及特种设备作业人员安全专项执法行动和电气隐患专项执法行动情况。

7月31日 市安全监管局局长张家明带队到怀柔区检查汛期尾矿库安全工作。检查组先后检查了长哨营乡七道梁1号、2号尾矿库和前安岭尾矿库。

8月

8月1日 市安全监管局局长张家明主持召开全市安全监管系统上半年形势分析会，市安全监管局副局长蔡淑敏通报全市执法监察和投诉举报工作情况，副局长陈清通报全市安全生产形势和重点工作进展情况，副局长常纪文通报职业卫生工作情况，各有关区县安全监管局负责人结合本地区安全生产工作实际发表意见。

同日 市安全监管局局长张家明与中国安科院相关专家就本市轨道交通路网运营安全和“三新”（新工艺、新设备、新技术）运用管理风险等情况进行座谈讨论。

同日 本市正式启用新版危险化学品登记信息管理系统，新系统的登记主体是危险化学品生产企业和进口企业，登记的化学品类别由原来的8大类变更为现在的27类，登记内容除增加关于重大危险源、重点化工工艺、重点监控化学品等专业内容以外，还细化了登记变更、复核流程，提高了“一书一签”及应急咨询服务电话的要求等。

8月2日 市安委会召开第6次安全生产工作会议，副市长张延昆参加会议并讲话，市政府副秘书长周正宇，市安委会副主任、市安全监管局局长张家明，市安委会成员单位主管领导，各区县政府、北京经济技术开发区管委会主管领导参加会议。会议传达了习近平总书记等中央领导对安全生产工作的重要指示。张家明通报了全市安全生产情况和安全生产大检查情况。

同日 全国安全生产月活动总结交流会在宁波举行。北京市通州区安全监管局、大兴区安全监管局、首发集团3家单位被评为“2013年全国安全生产月活动先进单位”。

同日 市安全监管局副局长贾太保主持召开特种作业管理工作专题会，研究加强本市特种作业安全监管工作措施和安全生产培训教材修编有关工作。

同日 市安全监管局针对7月30日发生在丰台区马家堡东路的3名工人下井作业中毒事故情况，对施工单位国建集团马家堡项目部主要负责人，及其上级主管单位建工集团进行约谈。

8月6日 《北京市职业健康监护管理系统》投入试运行。全市近15万接触有害因素的职工健康状况将纳入信息化管理。

8月7日 国家安全监管总局监管四司司长欧广到顺义区调研安全生产标准化工作，市安全监管局副局长陈清、副巡视员高士虎和局有关处室负责人参加调研。

同日 市人大城建环保办公室召开专题座谈会，研究《北京市城市轨道交通安全条例》立项论证工作。市安全监管局副局长陈清参加座谈会并提出有关工作建议。

8月8日 市安全监管局局长张家明、副局长贾太保和矿山、尾矿库等有关专家，赴首钢矿业公司检查汛期安全生产工作。

8 月 9 日 国家安全监管局总局应急救援指挥中心到北京市安全监管局就应急演练系统建设进行调研，观摩燕山石化公司制作的应急演练培训系统。

8 月 14 日 市安全监管局副局长贾太保主持召开北京市煤矿安全生产工作暨十项重点工作推进工作会议。

8 月 15 日 市安全监管局副局长蔡淑敏带领局有关处室负责人，应邀做客首都之窗《政风行风热线》直播间访谈节目，围绕本市夏季防暑降温、有限空间安全生产工作，特种作业安全监管，全市安全生产执法检查工作等内容，与网友进行交流。

8 月 19 日 市安全监管局落实 8 月 8 日市长王安顺关于做好 LNG 加注装置验收工作的指示精神，通过专题调研论证、勘察和资料查阅，完成对全市公交 LNG（液化天然气）加注装置调查。全市公交 LNG 加注装置 24 套，分布在朝阳、丰台、海淀、昌平、大兴等 11 个区县。

8 月 20 日 8 月 20 日至 23 日，国务院安委会办公室副主任、国家安全监管总局副局长孙华山带领国务院安委会第 16 督查组来京就安全生产大检查工作开展第二轮督查。副市长张延昆，市安全监管局张家明等参加检查。督查组采取不下通知、不打招呼、不听汇报、直插现场、重点抽查、随机检查、对表检查、调查问卷等方式，对密云县、门头沟区、房山区、昌平区、怀柔区及所属部分乡镇街道进行督查，对非煤矿山、化工、烟花爆竹、建材、机械制造、高新技术产业等行业领域 30 余家企业进行重点抽查和现场检查。

同日 官方微博“北京安监”应邀在人民网、腾讯网上线运行。实现了“北京安监”在新浪网、人民网、腾讯网的三网运行，为更好地宣传安全监管工作、给广大网友提供更全面的安全生产资讯提供了平台。

8 月 27 日 市长王安顺主持召开市政府专题会议，针对国务院安委会第 16 督查组第二轮专项督查提出的意见和问题，听取安全生产大检查综合督查情况汇报，研究部署下一步工作。王安顺指出，此次大检查充分体现了党中央、国务院对做好安全生产工作的重大决心，各级党委和政府要严格按照习近平总书记提出的要求，认真履行安全监管职责。王安顺肯定了全市开展安全生产大检查取得的成绩，对下一步工作提出要求。

同日 市安全监管局局长张家明召开专题会，听取安全监管物联网和市、区两级预警调度平台建设情况汇报，研究部署下一步工作。

8 月 28 日 市安全监管局副局长常纪文带领市安委会第 16 督查组，对顺义区安全生产大检查工作开展情况进行第二轮督查。

同日 市安委会第 10 督查组对海淀区安全生产大检查工作开展情况进行督查，抽查北下关街道并深入大钟寺中坤广场生产经营单位进行检查。

同日 《北京市安全生产监督管理局关于建设项目职业卫生“三同时”行政许可有关工作的通知》正式印发。

8 月 29 日 市安全监管局副局长汪卫国、常纪文召开专题会议，研究讨论建设项目职业卫生“三同时”行政许可局内审核流程、行政许可批复方式与内容，以及本市职业卫生职能调整后拟进行职业卫生技术服务机构换证工作。

9月

9月2日 市安全监管局副局长常纪文带领局有关处室到中国通信建设北京工程局有限公司调研有限空间安全生产工作。

9月3日 市安全监管局副局长陈清主持召开东城“7·24”事故调查组会议，研究讨论专家技术组报告，调度各部门工作进展，安排下一阶段事故调查组工作。

9月5日 市工商局副局长崔建立带领市安委会第8督查组对石景山区安全生产大检查工作进行了第二轮督查。督查组对石景山区八角街道和苹果园街道进行督查，对沃尔玛山姆会员店和当代商城安全生产大检查工作开展情况进行检查。

9月6日 市安全监管局副局长陈清主持召开怀柔区北房镇驸马庄5号住宅楼等5项工程“2·22”较大生产安全事故调查情况通报会。怀柔区副区长刘久刚参加会议。

9月10日 京平高速李天桥北1公里处、六环主路发生大货车与油罐车追尾的交通事故，大约40吨柴油泄漏。市安全监管局协调燕山石化应急救援队赶赴现场开展救援工作。9月11日晚20时，路外漏油彻底清理完成。

9月11日 市安全监管局局长张家明带队到北京顺鑫农业股份有限公司创新食品分公司调研安全生产标准化工作。市安全监管局副局长陈清、副巡视员高士虎参加调研。

9月12日 市安全监管局召开新闻发布会，通报全市电气安全隐患专项执法检查情况。

9月13日 市安全监管局副局长陈清在朝阳区政府主持召开朝阳区东山墅小区“10·22”违法建设事故调查情况通报会。朝阳区副区长王春、汪洋参加会议。

同日 市安全监管局副局长蔡淑敏带队到通州区潞城镇，就通州区安全监管机构和干部队伍建设工作情况进行专题调研并召开座谈会。

同日 市安全监管局副局长陈清检查二七机车厂安全生产标准化建设工作。

9月17日 市安委会第12督查组对平谷区安全生产大检查工作进行综合督查。

同日 市安全监管局副局长贾太保带队到长沟峪煤矿检查煤矿贯彻落实各级管理人员岗位禁止性规定（红线）的贯彻落实情况。

9月20日 俄罗斯环境技术与核能监督总局副总局长克拉斯内赫一行6人到密云县矿山企业参观考察。北京首云非煤矿山综合指挥部、矿山博物馆和北京威志冶金有限公司露天采场有关负责人陪同考察。

9月23日 市安委会召开第7次安全生产工作会议（电视电话会议）。会议由市安委会副主任、市安全监管局局长张家明主持，副市长张延昆参加会议并讲话。会议传达了习近平总书记关于安全生产批示指示精神和市委常委会会议精神，通报安全生产“一岗双责”规定制定情况和行业安全生产标准化工作情况，以及电气安全隐患专项执法行动、燃气安全执法检查情况。

同日 副市长张延昆带队检查地铁7号线四标段施工现场和北京自来水集团有限责任公司第九水厂安全生产工作。市安全监管局、公安局、市政市容委、交通委、城管执法局、公安局消防局有关领导参加检查。

同日 市安全监管局副局长唐明明带队赴河北迁安首钢矿业公司对矿山救护队资质进行复查，对质量标准化达标进行考核。

9月24日 9月24日至27日，国务院安委会办公室副主任、国家安全监管总局副局长孙华山带领国务院安委会第16督查组对北京市安全生产大检查工作进行综合督查。

9月25日 市安全监管局副局长贾太保、副巡视员谢清顺主持召开特种作业管理工作专题会，研究企业特种作业管理工作和特种作业实操考试有关工作。

9月26日 首期全市职业卫生技术服务机构专业技术人员培训考试如期举行，市安全监管局副局长常纪文带队对两个考试现场进行巡查。

同日 市安全监管局副巡视员谢清顺到全聚德烤鸭店（和平门店），对正在这里开展的科技示范工程情况进行了解，并参加“撞击流”式烟道清洗安全技术研讨会。

9月30日 市安全监管局党组中心组第17次集体（扩大）学习，邀请了中央电视台特约评论员、国家发展和改革委员会城市和小城镇发展中心研究员杨禹，以“回应群众关切，提供制衡声音——领导干部在复杂舆情下怎么说话”为题进行专题讲座。

10月

10月1日 市安全监管局局长张家明带领局执法监察总队冒雨对中央主要领导人国庆敬献花篮活动进行现场安全保障盯守执法检查。此前，9月29日至30日市安全监管局多次对敬献花篮活动临建设施塔建进行执法检查。

10月3日 市安全监管局副局长蔡淑敏带队对石景山区人员密集场所重点单位进行节日期间安全生产督查。

10月5日 市安全监管局副巡视员谢清顺带队对北京乐成大厦综合楼宇安全生产情况进行检查

10月6日 市安全监管局副局长唐明明带队对丰台区危险化学品企业节日期间安全生产情况进行检查。

10月7日 市安全监管局副局长贾太保带队对昊华能源公司木城涧煤矿和大台煤矿节日期间安全生产情况进行检查。

10月9日 市安全监管局局长张家明召开专题会议，听取北京轨道交通路网运营安全生产检查调研情况并与中国安科院有关专家就轨道交通安全生产工作进行深入座谈研究。

10月11日 市安全监管局副局长陈清、副巡视员高士虎主持召开全市相关行业领域安全生产标准化建设推进会。

同日 石景山区喜隆多购物广场麦当劳食品有限责任公司杨庄餐厅发生火灾，事故蔓延至喜隆多广场，过火面积约3800平方米，事故直接财物损失1308万元。事故抢险过程中两名消防警官牺牲。

10月12日 国家安全监管总局专

项检查调研组对北京地铁4号线“9·16”停运事故进行专项检查。专项检查调研组由国家安全监管总局监管二司副司长赵瑞华带队，中国安全生产科学研究院轨道交通安全研究所所长钟茂华参加检查调研。专项检查调研组深入地铁4号线列车及重点车站实地检查调研基层安全生产管理工作情况，了解“9·16”停运事故情况，并就强化轨道交通运营安全生产工作提出要求。

10月15日 市安全监管局副局长唐明明带队到国家安全监管总局就贯彻落实《国务院安委会关于深入开展涉氨制冷企业液氨使用专项治理的通知》有关工作进行座谈交流。国家安全监管总局四司主要负责人及有关人员参加座谈。

同日 市安全监管局副局长贾太保、副巡视员谢清顺带队，到西城区凯晨世贸中心、朝阳区万达广场调研高层楼宇应急逃生装备应用示范工作。

同日 市安全监管局副巡视员高士虎组织召开区县安全生产标准化座谈会，就如何调动企业开展标准化工作积极性、进一步规范全市评审工作、完善标准化管理信息系统和建立督查考核机制等问题展开讨论。

10月17日 市安全监管局副局长贾太保召开会议，专题听取本市新版电工和焊工安全培训教材编写工作汇报，贯彻落实国家安全监管总局“30号令”的规定和要求。

10月18日 市安委会召开全市安全生产大检查综合督查工作会议，会议通报了国务院安委会综合督查组来京第三轮督查反馈意见和全市安全生产大检查情况，对全市综合督查工作进行再部署。

同日 市安全监管局、北京煤监局联合市发展改革委，组织召开《国务院办公厅关于进一步加强煤矿安全生产工作的意见》（国办发〔2013〕99号）宣贯暨“五项制度六种表格”研讨会，市安全监管局副局长贾太保主持会议。

10月23日 市安委会第5督查组对昌平区安全生产大检查工作开展情况进行第三轮督查。督查组分别对南口镇、小汤山镇的北京安德鲁水果食品有限公司、北京顺达电子机箱厂和北京大发正大有限公司安全生产标准化工作进行检查。

同日 市安全监管局副局长贾太保带领市安委会第14督查组对门头沟区安全生产大检查工作开展情况进行第三轮综合督查。

10月24日 市安全监管局副局长常纪文带领市安委会第16督查组，对顺义区安全生产大检查工作开展情况进行第三轮综合督查。

10月30日 市安委会召开第8次安全生产工作会议，研究部署十八届三中全会安全生产保障工作。市安委会副主任、市安全监管局局长张家明主持会议，副市长张延昆参加会议并讲话。

同日 市安全监管局副局长陈清带领市安委会第13督查组，对通州区安全生产大检查工作开展情况进行第四轮综合督查。

同日 《北京市安全生产监督管理局、北京煤矿安全监察局关于开展相关领域火灾隐患攻坚整治“铁拳”行动的通知》正式印发。

10月31日 市安委会第15督查组对怀柔区安全生产大检查工作开展情况进行综合督查。先后检查庙城镇、怀柔镇、龙山街道及红螺食品公司、瑞特沃斯机电建材市场等。

同日 市安全监管局党组中心组第18次集体（扩大）学习，邀请中央党校宪法与行政法室主任、法学教授、博士研究生导师傅思明，就“依法行政与服务型政府建设”为主题进行专题辅导。

同日 全市安全监管系统法制工作培训班结束，培训班邀请国家安全监管总局四司负责人讲解生产安全事故调查处理与案例分析。

同日 市安委会第17督查组对北京经济技术开发区安全生产大检查工作开展情况进行第四轮综合督查，重点检查商品交易市场、餐饮场所燃气使用等人员密集场所专项治理情况。

同日 河南省安全监管局副局长刘世俊带队到朝阳区对职业卫生工作进行交叉检查。市安全监管局副局长常纪文参加检查。

11月

11月1日 市安全监管局副局长常纪文召集市市政市容委及热力集团安全部门主要负责人，就做好冬季供热期间有限空间安全工作提出要求。

11月4日 市安委会根据国务院《关于深入开展涉氨制冷企业液氨使用专项治理的通知》，制定印发《关于深入开展涉氨制冷企业液氨使用专项治理的通知》。此次专项整治历时8个月，分3个阶段进行，翌年6月结束。

同日 市安全监管局副局长蔡淑敏带队到中国石油大学听取关于第七届安全文化论坛筹备工作汇报。

11月5日 市安全监管局副局长唐明明主持召开全市危险化学品和烟花爆竹安全生产工作部署会。

11月6日 市政府办公厅印发《关于建立危险化学品集中管理体系若干意见的通知》，明确市政府成立“北京市危险化学品集中管理体系建设工作协调小组”，成员由相关委办局组成，办公室设在市安全监管局。

同日 欧盟欧洲委员会就业、社会事务和机会均等委员拉兹罗·安德等16名外宾，到密云县首云铁矿参观考察。国家安全监管总局国际司司长柏然、监管一司副司长李峰等一同考察，市安全监管局副巡视员谢清顺陪同考察。

同日 市安全监管局局长张家明带队，对海淀区十八届三中全会会议驻地周边重点生产经营单位安全生产工作进行督导检查。

同日 市安全监管局副局长唐明明带队到大兴区、丰台区对易制爆危险化学品生产经营企业进行安全检查。

11月7日 副市长张延昆带队对十八届三中全会会场驻地周边4家生产经营单位进行抽查。张延昆要求切实落实安全生产主体责任，加大一线员工安全培训教育，加大安全生产投入和检查力度。对会场周边进行全覆盖不间断检查。

11月8日 市安全监管局副局长唐明明主持召开会议，研究推进北京市危险化学品集中管理体系建设工作。

11月11日 交通运输部、公安部、国家安全监管总局组成联合调研组，对本市长途客运接驳运输试点工作进行专项调研。调研组重点听取了长途客运企业关于开展客运接驳运输试点工作汇报，深入新国线北京长途客运公司，现场察看GPS监控管理情况。

11月14日 市安全监管局副巡视员谢清顺带队赴市规划委，就高层建筑应急逃生装备示范应用的政策措施和工作手段等有关工作进行交流座谈。

同日 国家安全监管总局职业健康司来京调研职业卫生工作，市安全监管局副局长常纪文参加调研。

11月18日 安徽省安全监管局、西藏自治区安全监管局联合检查组来京对安全生产统计工作进行检查。

11月19日 市政府召开第21次常务会议，研究审议《北京市安全生产“一岗双责”暂行规定》等事项。

11月20日 《北京市安全生产监督管理局关于进一步加强企业特种作业安全管理工作的意见》正式印发。

11月21日 市安全监管局党组中心组第19次集体（扩大）学习，邀请中央党校宋福范教授以《在新的历史起点上全面深化改革》为题，对党的十八届三中全会精神进行专题解读。

11月22日 副市长张延昆带队对批发市场进行暗查暗访。张延昆要求迅速制订工作方案，对城乡结合区域和群租建筑开展安全整治。

同日 市安全监管局召开新闻发布会，就《关于加强涉及危险化学品使用单位安全管理工作的通告》和《关于涉氨制冷企业液氨使用的专项治理工作》进行专题通报。

11月23日 市安全监管局副局长贾太保主持召开石油天然气长输管道安全生产紧急工作会议，通报山东青岛黄岛经济开发区中石化黄潍输油管线泄漏引发重大爆燃事故情况。传达习近平总书记、李克强总理的批示精神。研究部署全市石油天然气长输管道安全隐患大排查工作。

11月25日 市安全监管局副局长贾太保带队对秦京输油管道永定河跨越段进行检查。

11月26日 市安全监管局副局长唐明明带队对中石化输油管线房山段、通州段进行安全检查。

11月27日 以“企业·安全·责任”为主题的第七届北京安全文化论坛在北京会议中心隆重举行。

11月28日 市安委会召开第9次安全生产工作会议，副市长张延昆参加会议并讲话。会议传达习近平总书记关于安全生产工作的重要讲话精神。研究部署城乡结合部地区专项整治和地下管线安全专项治理工作。

同日 副市长林克庆带队检查怀柔区安全生产工作，重点对大星发农发地农副产品批发市场监控室、进货来源、消防设施的配备和使用进行检查。

同日 副市长杨晓超带队对大兴区和北京经济技术开发区安全生产工作进行检查。市安全监管局、公安局消防局和大兴区政府有关领导参加检查。

同日 市安委会第11督查组对密云县安全生产大检查工作进行综合督查。督查组采取查阅档案和随机抽查方式，分别对果园街道办事处、北京鑫海韵通商业大楼和北京鼎味轩酒店3家单位安全生产大检查工作开展情况进行全面督查。

11月29日 副市长戴均良带队对延庆县、西城区安全生产工作进行突击检查。

11 月 30 日　副市长张延昆带队对丰台区安全生产工作进行突击检查。检查组随机抽查东方友谊配送公司和东方家园玉泉营店，听取企业负责人关于安全生产应急预案及应急设备运行的汇报。重点检查液氨制冷机房防火隔离、电气防爆等设备设施安全生产情况。

12 月

12 月 5 日　市委常委、市委组织部部长姜志刚在市安全监管局领导干部大会上，宣布市委对市安全监管局主要领导调整决定：张树森同志任市安全监管局党组书记、局长。副市长张延昆参加会议。

12 月 6 日　市政府正式印发实施《北京市安全生产“一岗双责”暂行规定》。此规定按照“谁主管、谁负责”“管行业必须管安全”“管业务必须管安全”“管生产经营必须管安全”和“分级负责、属地为主”的原则，细化区县政府、市政府各部门主要负责人、主管安全生产工作负责人、分管其他工作负责人的安全生产职责，厘清各级政府及其工作部门主要负责人和分管负责人之间的安全生产监管责任。

12 月 9 日　本市机动车维修行业职业危害专项整治工作过程中，全市机动车维修企业共投入整改资金 455.1 万元。通过区县检查复查阶段，各区县对机动车维修企业的检查复查覆盖率 100%，对问题突出、整改不合格或拒不整改的依法进行行政处罚。共检查用人单位 1705 家次，出动执法人员 3663 人次，下达执法文书 1273 份，发现问题隐患 2395 条，经济处罚 47 家，罚款 30.8 万元，关闭 80 家（含搬迁）。

12 月 11 日　副市长张延昆带领市安全监管局、公安局消防局、规划委、工商局、城管执法局有关负责人到丰台区南苑乡，深入城乡结合部流动人口密集区域，检查安全生产和消防安全工作。

12 月 12 日　针对山东省青岛市 11 月 22 日东黄输油管道特别重大事故，以及燕山石化公司 2 人死亡事故，市安全监管局副局长唐明明带队赴燕山石化公司专程开展检查调研工作。

12 月 13 日　副市长张延昆主持召开座谈会，专题研究如何加快科技进步促进城市智能发展、安全发展。市科委、司法局、交通委、安全监管局、市政市容委、民防局、城管执法局等部门主要领导参加会议。张延昆对安全生产科技及城市信息化网络基础设施建设、信息资源数据库建设和共享、城市管理与运行相关系统功能提升等提出工作要求。

同日　市安委会第 12 督查组对平谷区安全生产大检查情况进行综合督查。对建设施工工地和危险化学品企业进行了暗查暗访。

12 月 16 日　市安全监管局副局长蔡淑敏带领有关部门对丰台区贯彻落实《北京市开展“四风”突出问题专项整治方案》和开展生产安全事故调查损害群众利益行为专项整治工作进行专项督查。

同日　2013 年“北京建工杯”百万一线职工安全生产知识竞赛活动圆满结束。

同日　市安全监管局副巡视员谢清顺主持召开特种作业考点建设标准研讨会，研究本市特种作业考点建设标准工作。

12 月 19 日　副市长张延昆带领市

安全监管局、公安局消防局等部门对海淀区青龙桥挂甲屯辖区进行安全生产检查。检查发现，流动人口聚集环境杂乱，安全隐患突出，存在生产经营违法等问题。张延昆要求属地政府将该地区作为重点整治对象。

同日 市安全监管局局长张树森带队对朝阳区城乡结合部的十八里店乡生产经营单位安全生产情况进行执法检查。

12月20日 市安全监管局副局长唐明明组织有关部门赴中国石油天然气运输公司北京调度中心调研危险化学品运输管理工作。

12月23日 市安全监管局副局长蔡淑敏带领有关部门对朝阳区贯彻落实《北京市开展“四风”突出问题专项整治方案》和开展生产安全事故调查损害群众利益行为专项整治工作进行专项督查。

12月24日 国务院安委会涉氨制冷企业专项整治督导组由国家质检总局特种设备局副局长高继轩带队，对本市液氨使用单位落实专项整治工作情况进行督导检查。25日召开督查反馈会，反馈督查情况。市安全监管局局长张树森、副局长唐明明、副巡视员高士虎参加会议。

同日 本市首次推行存在职业危害企业主要负责人职业卫生专题培训工作，共有5843家企业的主要负责人按照培训大纲要求完成培训。

12月26日 市安全监管局召开新闻发布会，市安全监管局副局长蔡淑敏向新闻媒体介绍市政府印发的《北京市安全生产“一岗双责”暂行规定》实施有关情况。

同日 全市安全生产暗访夜查专项行动启动仪式以视频会议的形式在市安全监管局举行。市安全监管局局长张树森在仪式上作动员讲话并宣布行动开始。

12月27日 为做好中央主要领导来京视察期间的安全生产保障工作，市安全监管局接到紧急通知后立即赶赴有关企业，开展安全排查，做好安全生产保障工作。

同日 市安全监管局局长张树森带队检查朝阳区南磨房乡城乡结合部地区安全生产情况。

12月31日 市安全监管局与市质监局完成本市叉（铲）车、电瓶车特种作业人员考核移交工作。共整理叉（铲）车、电瓶车人员纸质档案400余盒、2万余份，并提取电子信息数据，完成全部作业人员考核管理（纸质档案、电子数据）移交工作。

安全监管

综述

2013年，全市共发生各类安全生产死亡事故937起，死亡1032人，同比分别减少45起41人，下降4.6%和3.8%。其中：发生生产安全死亡事故91起，死亡95人，事故起数同比增加8起，上升9.6%，死亡人数同比减少4人，下降4%；发生道路交通死亡事故791起，死亡860人，同比分别减少54起58人，下降6.4%和6.3%（其中生产经营性道路交通事故193起214人）；发生火灾死亡事故32起，死亡53人，同比增加8起27人，分别上升33.3%和103.8%（其中生产经营性火灾事故4起15人）；发生铁路交通死亡事故23起，死亡24人，同比减少6起5人，分别下降20.7%和17.2%；未发生农业机械死亡事故。2013年，全市亿元地区GDP生产安全事故死亡率为0.058，工矿商贸企业从业人员10万人生产安全事故死亡率为0.94，道路交通万车死亡率为1.58，煤矿百万吨死亡率为0.40。均控制在国务院安全生产委员会下达的指标范围内，全市安全生产形势总体稳定。

一、贯彻党的十八届三中全会精神和北京市委、市政府有关安全生产工作部署和要求

2013年，习近平总书记、李克强总理等中央领导对加强和改进安全生产工作作出一系列重要指示和批示，市委、市政府高度重视安全生产工作。市委书记郭金龙两次主持召开市委常委会议，专题听取安全生产工作汇报，明确提出工作要求。市长王安顺主持召开市政府常务会和市政府专题会5次听取和研究安全生产工作。副市长张延昆主持召开14次市安委会会议，具体研究部署全市安全生产各项工作。各区县党委、政府领导亲自研究、亲自部署、亲自检查，政府主要领导担任安委会主任，安全生产责任制层层落实到基层。市政府部门领导积极开展安全生产检查，指导督促生产经营单位，建立健全责任制，落实主体责任。

全市各区县、各有关部门深入学习贯彻党的十八届三中全会和北京市委十一届一次、二次全会精神，1月至2月，分别召开全市安全生产和消防工作电视电话会议、全市安全生产工作会议以及全市安全监管监察系统会议进行贯彻部署。结合实际，进一步明晰了区县、行业年度安全生产工作思路和重点，制定并下发了年度工作要点和年度执法计划，下达了全年安全生产控制指标，就安全综合监管、道路交通、建筑施工安全和职业卫生监管等，相继召开会议，研究部署相关行业领域的安全生产工作。各区县结合地区安全生产工作实际，制定了2013年年度重点工作任务，细化具体工作落实措施，坚持将安全生产纳入区县政府年度工作目标，明确责任分工，健全安全保障和考核奖惩机制。

二、坚持顶层设计，加强法规制度建设

（一）北京市安全生产“一岗双责”暂行规定发布实施

12月6日，市政府印发《北京市安全生产“一岗双责”暂行规定》（京政发〔2013〕38号）。《规定》明确各级政府主要负责人是本地区安全生产工作第一责任人，对本行政区域安全生产工作全面负责，担任本级安全生产委员会主任，每季度研究部署隐患治理重点工作，定期深入基层开展督促检查和专项整治工作，发生事故时组织指挥救援和善后处理工作。同时明确各级行业部门和国有企业主要负责人是本部门（行业领域）安全生产工作的第一责任人，对本部门的安全生产工作全面负责，并列入年度绩效考核。严格安全生产事故问责，对于履职不到位、因工作失职或渎职而发生安全生产事故的，进行责任倒查，依法追究有关人员和领导的责任。

（二）制定发布3个地方标准

一是制定发布了《地下有限空间作业安全技术规范 第2部分：气体检测与通风》（DB11/852.2–2013）。此《规范》是在第1部分基础上对于气体检测与通风方面的进一步细化、明确和补充，重点解决如何操作能够实现第1部分的要求问题。此《规范》规定地下有限空间气体检测和通风作业具体的安全技术要求，主要适用于电力、热力、燃气、给排水、环境卫生、通信、广播电视等设施涉及的地下有限空间常规作业及其管理。其他地下有限空间作业可参照本部分执行。共包括5个部分，分别为范围、规范性引用文件、术语与定义、气体检测和通风。经北京市质量技术监督局批准，此《规范》于2013年5月1日起实施。二是制定发布《机动车维修场所职业卫生技术规范》（DB11/ 947–2013）。此《规范》规定，机动车维修企业建设中，凡产生职业病危害的工艺和设备都应设置职业病危害防治设施，使用新工艺、新化学品时应进行职业病危害因素辨识和评估。维修所使用的漆料、油料等原辅料产品质量，应遵循无毒产品代替有毒产品，低毒产品代替高毒产品的原则进行选择。机动车维修企业每年还应至少对维修场所进行一次职业病危害因素检测，定期进行工作场所监测，还要为接触职业病危害因素的作业人员建立职业健康监护档案，不应安排有职业禁忌症的作业人员从事所禁忌的作业或相关作业。经北京市质量技术监督局批准，此《规范》于2013年5月1日起实施。三是制定发布《液氨使用与储存安全技术规范》。此《规范》规定液氨使用与储存的一般要求、安全技术要求和特定场所安全要求。共包括6个部分，分别为范围、规范性引用文件、术语和定义、一般要求、安全技术要求和特定场所安全要求。经北京市质量技术监督局批准，此《规范》于2014年2月1日起实施。

（三）行政审批制度改革取得重要进展

市安全监管局成立行政审批制度领导小组及办公室，全面梳理许可事项和政策法规依据，研究确立安全生产行政审批事项，制定《行政审批工作管理暂行办法》《行政许可事项办理暂行规定》两个重要文件。规范行政审批工作秩序，设立的行政许可大厅已于2013年6月正式对外办公，行政许可专门机构、专门人员认真履行职责，网上许可办理信息系统也已基本建成运行。

（四）完成安全生产“十二五”规划中期评估

针对规划提出的目标和任务，完成规划实施情况中期评估。规划中7项相对指标有序推进、稳定受控，各项重点工程大多数已开工建设，部分建成投入使用，投入资金4.27亿元，投资效益初步显现。

三、坚持并不断强化创新意识，着力构建安全生产长效监管工作机制

（一）安委会机制运行顺畅

制定《安委会议事规则》，规范了工作程序、工作内容和工作方法。市安委会每年平均召开20多次安委会会议或专题会议，部署重大行动，研究解决重大疑难问题，推动了“隐患排查治理专项行动”“安全生产大检查”“餐饮场所燃气安全专项整治”“城乡结合部地区专项整治”等活动的深入开展。制定《安全生产形势分析制度》，开展形势分析和风险预测预断，有针对性地指导行业和区县安全监管工作。目前，各级安委会得到充实加强，议事协调、综合调度和考核奖惩作用不断强化。安全生产综合监管、行业和专项监管、属地监管相结合的监管体系基本形成，安全生产综合监管机制基本建立。

（二）安全生产综合监管工作格局不断完善

近年来，市区两级安全监管部门通过积极探索创新，安全生产综合监管方式方法和手段途径更加科学、更加有效。在坚持和巩固综合监管成熟做法的基础上，进一步强化安委会的综合调度和指导监督作用，研究制定安全生产综合监管工作指导意见，进一步明确综合监管的基本要素、工作模式和责任体系，完善12项综合监管工作制度。在深化对区县政府综合考核的同时，开展对市政府有关部门的综合考核，并将考核结果与评优评先挂钩，有力地推动各行业监管（管理）职责的落实，为全市安全生产形成齐抓共管的工作格局奠定了基础。2013年，市安全监管局充分发挥综合监管在城市运行安全监管中的作用，结合年度重点执法计划，部署安全生产大检查以及燃气、建设、交通、商品交易市场等13项专项治理行动，取得显著成效。通过商品市场安全专项整治，约谈丰台大红门地区商品市场的属地政府、19家连锁经营企业负责人，推动了动物园地区、大红门地区市场经营业态的升级调整和外迁；相继开展管道燃气、京港地铁和农村建设施工等行业领域的安全管理调查评估工作，一方面找出政府安全监管层面存在的问题，另一方面针对监管空白明确相关领域安全监管职责以及监管重点和措施，逐步破解影响首都城市运行安全的监管难题。

（三）拓宽群防群治领域，畅通广大市民参与安全生产工作的渠道

2009年底，本市在全国率先开通“12350”安全生产举报投诉电话。电话开通以来，为有效打击安全生产领域非法违法生产经营行为，及时发现安全生产事故隐患，减少事故发生，发挥了重要作用。2013年，市区两级举报投诉部门共接听市民来电44976个，其中“12350”举报中心接听电话12804个，收到群众举报3207件，受理有效举报2978件，立案查处2978件，立案查处率100%。接收咨询建议9697件，均已进行了及时办理和回复。

四、深化重点行业（领域）安全专项整治，年度重点执法计划全面完成

（一）矿山安全监管监察迈上新台阶

开展“京西煤矿安全生产保障行动”，各矿井5大系统建设基本完成，机械化水平、信息化建设、矿山无废化治理等方面进一步提升；印发《关于进一步深化金属非金属矿山专项整治工作的通知》，持续推进非煤矿山整合关闭，淘汰一批安全生产条件差的非煤矿山企业，持续推进非煤矿山 “安全·和谐”示范矿山建设。

（二）危险化学品和烟花爆竹安全监管科学化、精细化水平得到新的提升

以提高准入门槛，突出动态管理，强化现场审核为重点，修订了危险化学品生产经营许可办法，对1413家危险化学品生产经营单位集中开展专项整治和执法检查。组织开展了危险化学品、涉氨制冷企业、输油燃气管线专项整治工作，成品油库、加油站本质安全水平得到了提升。在烟花爆竹安全管理中积极创新，零售网点实施视频监控、批发仓库运用物联网技术对产品进行流向监控，建立并推行烟花爆竹安责险制度，烟花爆竹安全监管水平不断提高。

（三）餐饮场所燃气和地下空间安全专项整治深入推进

市市政市容委、商务委、卫生局、旅游委、城管执法局等部门，开展餐饮场所燃气安全专项整治，建立餐饮场所燃气使用单位台账3.5万家，检查单位4.1万家次，停产停业335家，关闭取缔85家。市民防局、住房城乡建设委等部门积极推进地下空间综合整治，检查普通地下室3.5万处次，检查人防工程3.1万处次，地下空间安全隐患得到有效遏制。

（四）职业卫生监管进一步深化

市安全监管局、卫生局、人力社保局、市总工会等部门，针对用人单位和接触职业病危害的从业者，组织开展《职业病防治法》宣传周系列宣贯活动，提高广大从业者对职业病防治工作重要意义的认识；印发《关于加强职业卫生培训工作的通知》，要求用人单位主要负责人和职业卫生管理人员培训率要达到90%以上；组织全市职业卫生监管干部进行专题培训，提升职业卫生监管干部的业务素质，为履行新的监管职能奠定基础；强化执法检查，全市共检查存在职业危害的用人单位近3650家次，下达执法文书3249份，查出职业危害隐患4711项，处罚金额160.415万元。

五、加大安全生产执法和事故查处力度，促进安全生产各项措施的落实

（一）执法检查计划任务圆满完成

通过制定并组织实施安全生产执法检查计划，以计划统筹引领安全生产

执法工作的新格局初步形成。市和区县安全监管部门按照各自的执法计划开展工作，参与执法的市属部门单位达30个，检查范围涉及危险化学品、建筑施工、人员密集场所等10多个行业领域。2013年，全市安全生产监管监察系统检查各类生产经营单位88487家，发现隐患131295项，整改121867项，下达行政执法文书113186份。其中，限期整改58259家，强制措施决定书522份，罚款3986.45万元。

（二）安全生产大检查圆满完成

贯彻习近平总书记重要指示批示和市委、市政府工作部署，按照“全覆盖、零容忍、严执法、重实效”的要求，全市集中开展安全生产大检查工作。市安委会成立17个督查组，每月对各区县大检查情况开展一次督查。大检查期间，全市共组织检查组6.1万个，出动检查人员38.8万次，监督检查单位27.5万家，整改隐患33.6万项，责令停产停业单位3308家，暂扣吊销许可证160个，关闭企业1338家，罚款4628.8万元。通过大检查，有力地打击了非法违法生产经营建设行为，安全生产事故得到有效遏制，本质安全水平得到大幅提升。

（三）事故查处有效打击了安全生产不法行为

修订《北京市生产安全事故统计报告制度》，制定《北京市生产安全事故责任追究工作联席会议暂行办法》，严肃事故责任追究。2013年，安全监管、监察、公安、质监、人力社保、工会等部门严格按照“四不放过”和“依法依规、实事求是、科学严谨、注重实效”的原则，认真组织开展安全生产事故调查处理工作，并将事故调查处理情况及时向社会公布。共查处各类责任事故91起，已结案71起，移送司法机关追究刑事责任43人，行政罚款共计1102万元。

六、加强安全生产基础工作，全面提升安全保障能力

（一）安全生产标准化达标创建活动稳步推进

市政府办公厅印发《关于进一步推进企业安全生产标准化建设工作的意见》，明确“政府推动、行业指导、企业主体、社会参与”的标准化工作指导原则，建立工作制度和评审体系，研发达标创建管理信息系统，全市标准化建设工作格局初步形成。各区县、各部门和广大企业积极推进安全生产标准化工作，对安全生产标准化工作认识统一，行动积极，成效明显。通过实施标准化建设，企业逐一对照评审标准查找并整改隐患问题，健全优化安全管理制度，有效提升企业基础管理水平。2013年，全市标准化达标企业数量达到1.58万家。

（二）安全生产信息化建设取得积极进展

安全生产信息化“京安工程”基本建成。依托全市电子政务专网等信息化基础设施，构建起3级网络、4级平台，实现与行业、属地、企业的互联互通。隐患自查自报、执法检查、投诉举报、综合指标等业务系统基本建成；结合安全监管实际，制定一整套安全生产信息化建设和管理的标准、规范和制度，保证了信息化建设和应用的有序开展。

（三）安全生产应急救援管理工作逐步规范

编制《生产安全事故应急救援物资

储备和使用管理办法》，加强应急救援物资管理；印发《生产安全事故应急预案备案程序》，对生产经营单位应急预案备案管理工作进行规定和要求。市安全监管局、市公安局消防局建立北京市突发危险化学品事件应急联动工作机制，签订关于建立生产安全事故应急救援联动机制的会议备忘录。市安全监管局、市民防局建立应急移动指挥通信系统联动工作机制，提升救援现场处置能力；积极推进属地政府重大危险源“一对一”应急预案编制工作，加强企业预案与政府相关应急预案的衔接，完善安全生产应急预案体系建设；开展企业专兼职应急救援人员培训和演练，提升应急救援队应急反应和抢险救援能力。

（四）安全生产培训考核不断规范

根据特种作业考核管理的现状，认真调查，深入研究，进一步调整改进了本市特种作业培训考核管理工作机制。全面推行特种作业理论计算机考试，提高考试的科学性。2013 年，共完成各类人员安全培训近 29 万人次。在培训对象方面，完成 670 名煤矿、非煤矿山主要负责人和安全管理人员的安全培训；完成 3460 名危险化学品、烟花爆竹单位负责人及安全生产管理人员的安全培训；完成 135891 人特种作业取证、复审培训和考核；举办区县局级领导干部、处级干部、科级干部和执法行为规范等 14 期培训班，培训 2200 人次。

七、深入开展宣传教育，关爱生命、关爱健康的氛围不断浓厚

（一）把握舆论导向，加大宣传力度

坚持新闻发布会制度，向社会主动及时通报首都安全生产工作情况。组织北京电视台、《北京日报》等新闻媒体，围绕“职业病防治”“突查网吧安全隐患”“防汛安全”等工作进行宣传报道。策划开展了“安全生产走基层”集中采访活动，宣传基层安全监管组织和企业一线在安全生产制度建设落实，方法手段创新、科技应用研发等方面取得的显著经验和成果。充分运用北京电视台《大家说法》安全生产专题节目、城市服务管理广播《安全新干线》栏目、《北京日报》安全生产视点等平台，持续巩固安全生产宣传阵地。加强政务网站和政务微博等新媒体建设，搭建起与市民沟通交流的平台，强化舆情监测与引导。成功举办第 7 届安全文化论坛。

（二）创新宣传机制，扩大宣传覆盖面

深入开展主题为“强化安全基础，保障城市运行安全”这一具有首都特色的安全生产月活动。市委宣传部、广电局、总工会、共青团市委等 12 个部门共同制定《2013 年北京市安全生产月活动方案》《安全生产月活动考核办法》，举办北京市安全生产月宣传咨询日、大型公开课、“安全在我身边”巡回演讲和“直击安全现场活动”等活动。组织开展专业性和综合性应急演练，提高专业救援能力以及公众和从业人员的自救意识和自救常识。

（三）安全文化示范企业和安全社区建设步伐加快

全市评选出市级安全文化示范企业 36 家，推荐国家级安全文化示范企业 14 家。积极开展安全社区创建活动，全市共创建国际安全社区 22 个，全国安全社区 38 个，市级安全社区 43 个。

市安委会工作

【市安委会第一次会议】 1月9日，市安委会召开全市安全生产工作会，传达贯彻市领导重要批示精神，通报全市安全生产情况，部署春节期间安全生产工作。副市长苟仲文参加会议并讲话。会上，市安委会副主任、市安全监管局局长张家明分析全市安全生产形势，对下一步工作提出要求，市安全监管局、市住房城乡建设委、市市政市容委、市商务委、市质监局、市公安局交管局、市公安局消防局就重点行业领域安全生产作出部署。苟仲文强调：要认真贯彻落实国务院安委会部署和市政府领导批示精神，做好年末岁初的安全监管工作，全力确保交通运输、人员密集场所、建筑施工、烟花爆竹、危险化学品和城市运行等重点行业领域的安全。会议由市政府副秘书长戴卫主持，市安委会成员单位和各区县政府主管领导及有关部门负责人参加会议。

（张玉红）

【安全生产电视电话会】 2月5日，副市长张延昆主持召开全市安全生产工作电视电话会议。部分市安委会成员单位和有关单位主管领导出席主会场会议，各区县政府主管领导、各区县有关部门和乡镇街道及重点企业负责人出席分会场会议。会上，市安委会副主任、市安全监管局局长张家明传达国务院及国家安全监管总局领导重要指示和有关会议精神；市公安局副局长李润华通报河南省连霍高速义昌大桥“2·1”重大爆炸坍塌事故情况，并就烟花爆竹安全管理工作进行部署；市安委会办公室副主任、市安全监管局副局长蔡淑敏通报全市春节期间安全生产执法检查情况，并就下一步执法工作进行部署。张延昆强调指出：为做好春节及“两会”安全生产工作，实现不出事故、少出事故的工作目标，就要做到防范措施到位，隐患排查到位，整改落实到位。要加强预案的实战演练，切忌以偏概全，以点概面。张延昆要求深刻吸取河南省等地重大事故教训，切实加强安全生产工作的组织领导。

（张玉红）

【副市长检查节日安全生产】 2月5日，副市长苟仲文带队检查北京四方继保自动化股份有限公司等单位节日期间安全生产工作。苟仲文对企业标准化建设取得的成绩给予肯定，要求企业进一步深化安全生产标准化建设，坚持安全和质量并重；进一步深化企业安全文化建设，不断改善员工工作环境；进一步深化员工安全教育培训，不断提升企业全员安全生产能力。市经济信息化委、市质监局、市公安局消防局等部门参加检查。

（赵昕）

【副市长带队检查烟花爆竹网点】 2月5日，副市长张延昆带队检查烟花爆竹零售网点。对红桥路口北京远东中视文化传播有限公司烟花零售点进行检查，询问摊主进货的时间、数量、品种、规格，了解销售人员培训和持证情况。他强调：烟花爆竹安全工作很重要，一定要从正规渠道进货，售卖等级合格的烟花爆竹，严格执行相关安全规定，保证网点安全和百姓燃放安全。市安全监管局局长张家明、副局长唐明明陪同检查，北京电视台、《北京日报》等媒体随检查组采访报道。

（叶子楠）

【安全生产大会】 2月20日，市安委会召开2013年北京市安全生产大会，总结2012年安全生产工作，表彰安全生产先进单位和先进个人，全面部署2013年安全生产工作。副市长张延昆出席会议并讲话，市政府副秘书长薄钢主持会议。市安委会成员单位、各区县政府主管领导，部分企业集团主要负责人参会。会上，市安委会副主任、市安全监管局局长张家明总结回顾5年来全市安全生产工作，分析面临的形势，部署2013年重点工作；大兴区政府、市旅游委、北京地铁运营公司作大会发言；市人力社保局副局长杨晋京宣读关于表彰安全生产先进单位和先进个人的决定。张延昆在讲话中指出：安全生产责任重于泰山，安全生产工作只有起点，没有终点；只有更好，没有最好。在各方面的共同努力下，全市安全生产工作取得积极进展，安全生产形势实现持续稳定好转，对于特大型城市安全生产工作特点规律的把握更加科学准确，安全生产监管体制机制不断健全完善。张延昆强调，虽然安全生产取得一定成绩，但是必须清醒看到当前安全生产工作存在的问题，安全生产形势依然严峻，安全生产任务是长期的、艰巨的，安全生产必须年年讲、月月讲、天天讲。2013年，各区县、各部门、各单位要重点抓好5项工作：一是树立安全生产大局观念，服务服从于首都经济建设发展大局；二是全面推进实施首都安全发展战略，着力保障首都城市安全运行；三是坚持依法治安，不断强化安全生产执法检查；四是全面推进安全生产标准化，强化企业安全生产基础；五是不断加强安全宣传教育，加强应急演练。各区县、各部门、各单位要按照“十八大”安保标准，全力做好“两会”的安全保障工作。

（靳玉光）

【商务委贯彻安全生产大会精神】 2月20日全市安全生产大会召开之后，市商务委迅速组织贯彻落实，结合市安委会工作要求对全市商务行业安全生产和全国“两会”期间安全保障工作进行部署。先后印发了《北京市商务委员会2013年安全生产工作指导意见》《北京市商务委员会2013年安全生产隐患排查治理工作方案》及《北京市商务委员会2013年全国“两会”期间安全生产保障工作方案》等文件。集中组织对代表、委员驻地周边200米范围内商业零售和餐饮经营单位开展安全生产大检查，及时调整完善代表、委员驻地周边200米范围内经营单位台账。截至2月27日，全市商务部门共出动执法检查人员283人次，检查经营单位83家次，发现隐患和问题56个，要求企业整改，并针对整改情况进行复查。

（张聪）

【全国“两会”电力保障专题会议】 2月26日，副市长张工主持召开本市2013年全国“两会”电力运行保障专题会议，落实市委、市政府关于全国“两会”安全保电工作部署。各区县政府和华北电监局、市发展改革委、公安局、市政市容委、安全监管局，以及相关电力企业等单位负责人参加会议。会议听取市发展改革委、市电力公司和京能热电股份有限公司有关全国“两会”供电保障工作的汇报。张工要求各区县政府和相关部门做好电力应急预案的衔接和处置，做到快速反应、快速处置、信息畅通、协调有序、处置得当，确保全国“两会”期间安全生产。

（张聪）

【商务行业全国“两会”保障会】 2月28日，市商务委组织召开2013年全市商务行业安全生产暨全国“两会”保障工作会，总结2012年度全市商务行业安全生产工作，对2013年度工作进行部署。会上，市商务委委员魏忆京传达全市安全生产大会会议精神，并对全国“两会”保障工作提出具体要求。与会人员集体观看2012年全市火灾隐患及事故形势分析专题片。西城、朝阳、大兴、通州等区县代表发言，交流工作经验。会议总结分析了人员密集场所特别是商务行业安全生产事故、隐患举报、执法检查情况。

（张聪）

【轨道交通建设安全保障会】 3月1日，市住房城乡建设委召开电视电话会议，部署2013年轨道交通建设领域安全生产保障工作。会上，市住房城乡建设委监督总站通报轨道交通建设领域“安全质量月”活动方案，2013年“安全质量月”的活动主题是：夯实安全质量基础，提高岗位技能水平。会议要求轨道交通建设各参建单位加强领导，精心组织，注重实效，并做好总结和信息报送工作。

（张聪）

【国务院安办道路交通督查】 3月5日至6日，国务院安委会办公室督查组对本市道路交通安全管理工作进行专项督查。市安全监管局、公安局交管局、交通委、公安局消防局主管领导参加检查。督查组听取市交通委、市公安局交管局和市安全监管局关于加强全国“两会”期间道路交通安全工作的汇报，研究讨论国务院国发〔2012〕30号文件落实工作；实地检查六里桥长途客运站、新国线运输集团北京京汉运输有限公司，以及京港澳高速公路进京方向窦店和杜家坎路面检查站。督查组对全国“两会”期间本市道路交通安全保障工作给予肯定。同时指出企业存在的问题，特别是在建立健全安全管理制度、落实道路交通安全规定方面亟待加强。督查组建议加快研究国务院国发〔2012〕30号文件的落实意见，针对易发、多发道路交通事故的领域和环节提出明确要求。

（张聪）

【市安委会第四次会议】 3月9日，市安委会召开第四次工作会议，研究部署本市餐饮场所燃气治理和年度安全生产重点执法检查计划。副市长张延昆出席会议并讲话，市政府副秘书长戴卫主持会议。市安委会成员单位、市有关单位和各区县政府主管领导参加会议。会上，市安委会办公室副主任、市安全监管局副局长蔡淑敏、陈清分别通报餐饮场所燃气治理方案和安全生产重点执法检查计划。张延昆要求各单位牢固树立大局意识，落实行业监管和属地监管责任，结合优化本市产业结构和创新社会管理，高标准、严要求开展各项安全生产工作，确保首都安全和稳定。

（张玉红）

【南水北调安全质量工作会】 4月2日，市南水北调办召开北京市南水北调系统2013年安全、质量工作会，总结2012年市南水北调系统安全生产、工程质量监督工作，部署2013年工作。会上，市安全监管局就加强安全生产工作及开展安全生产标准化提出工作意见。一是紧盯薄弱环节，强化监管，继续做好安全生产“打非治违”工作；二是制订方案，细化标准，全面开展安全生产标准化工作；三是建设、施工、监理单位要履行各自职责，全力做好安全生产工作。

（张聪）

【通报火灾事故电视电话会】 4月9日，市政府召开通报“4·8”火灾事故电视电话会议，通报4月8日丰台区园博园施工现场火灾事故情况，深刻吸取事故教训，紧急部署当前全市安全生产工作。吉林、张延昆等市领导和市政府副秘书长周正宇出席会议，市政府有关委办局、部分市属企业集团主要负责人参加主会场会议，各区县政府及相关部门和乡镇街道主要领导参加分会场会议。张延昆就安全生产工作进行部署。吉林强调指出，“4·8”火灾事故发生后，市政府各部门、丰台区政府、园博园建设指挥部等单位反应迅速，处置和应对得力，防止了损失的扩大。此次事故反映出安全管理工作仍然存在漏洞，一线操作人员安全责任没有得到有效落实。要求全面落实安全生产责任制，深入开展安全生产检查，切实加强安全生产工作。

（靳玉光）

【气瓶使用安全管理】 4月9日，《北京市废旧液化石油气钢瓶回收处置办法》正式出台。此办法为气瓶用户手中存在的超期未检气瓶提供了回收报废的出口，规范了气瓶回收处置工作，对强化气瓶使用安全源头管理具有重要意义。办法中明确，达到15年使用年限的气瓶必须由专业检验机构对瓶体进行破坏性处理。由市液化气公司负责，在全市设立68家废旧气瓶回收站点，用户如需继续使用瓶装气，可签订安全使用协议并交纳押金，为其提供新气瓶使用。

（张聪）

【检查高层楼宇和地下空间安全】 5月13日，副市长张延昆带队到朝阳区检查CBD财富中心写字楼、千禧酒店和水碓子北里8号楼地下空间86客栈安全管理工作。张延昆一行首先来到财富中心一期写字楼，深入消防控制室、避难层、顶层平台检查指导安全管理工作，并听取有关部门关于高层、超高层建筑的火灾危险性、管理方式、消防监督工作及存在的热点难点问题的汇报。在千禧大酒店，张延昆在消防控制室详细了解酒店日常巡视检查、设备设施运行和维护保养、员工安全培训、应急预案制订和演练等安全管理工作情况。随后，检查组来到朝阳区六里屯水锥子北里8号楼地下空间86客栈检查场所消防疏散通道、安全出口、应急照明、消防设施设备的配备和使用等情况。张延昆强调，首都作为特大型城市，要高度重视高层楼宇和地下空间人员密集场所的安全管理工作。

（张聪）

【地下空间综合整治会】 5月15日，市地下空间综合整治工作协调小组办公室召开综合整治会议。会议传达副市长张延昆3月28日在全市地下空间综合整治工作会议的讲话精神及有关要求，针对本市地下空间综合整治工作出现的疏堵结合、联合执法和法律诉讼等问题进行研讨。会议强调：要进一步完善部门联动机制，发挥相关职能的综合整治合力。要把综合整治工作与生态文明和城乡环境建设相结合，与安全生产和取缔无证无照经营行为整治相结合，有效推动地下空间综合整治工作。

（张聪）

【网吧安全生产专项检查】 5月30日至31日，市文化局会同市文化市场行政执法总队召开网吧专项治理工作会议，部署网吧安全生产专项检查工作。市区两级文化执法部门在为期一个月专项检查中，协同区县安全监管部门和属地街乡，开展宣传教育和培训，全面排查安全隐患，依法执法检查。6月1日至30日，全市文化执法部门共检查网吧经营场所881家，填写执法文书881份，发现和整改安全隐患110项，行政处罚14家，警告2家，停业整顿1家，罚款7100元。

（张聪）

【建设系统安全生产月活动】 5月31日，市住房城乡建设委在中建大厦项目部，召开2013年北京市建设系统安全生产月活动启动大会，全面部署安全生产月工作。会上，中建大厦工程项目负责人宣读安全生产倡议书，播放安全生产管理宣传片。会议要求：一是要通过组织开展各项活动，紧扣安全生产月活动主题，营造活动氛围，强化建章立制；二是安全生产月活动要与隐患排查治理、与安全生产宣传培训、与创建标准化示范工地相结合，全面推进安全生产标准化示范工地建设，确保汛期施工安全。

（张聪）

【电梯安全监察】 5月，市质监局会同有关部门，迅速采取多项工作措施，加强本市电梯安全监察工作，强化电梯维护保养监督管理。一是会同市住房城乡建设委联合制定《北京市居民住宅电梯安全评估与监督管理办法》，开展住宅电梯安全评估工作。二是针对电梯零部件报废问题，推动北京市地方标准《电梯主要部件判废技术要求》的正式实施。三是会同市商务委、安全监管局联合转发《国家质检总局、商务部、国家安全监管总局关于加强商业公共场所电梯安全工作的通知》，并制发《北京市2013年人员密集场所电梯安全专项检查工作方案》，进一步加强商业公共场所和公共交通领域电梯安全监察工作。

（张聪）

【南水北调工程安全监管】 5月，市南水北调办委托北京安捷工程咨询有限公司，对市南水北调配套工程团城湖调节池、大宁调蓄水库、南干渠、东干渠工程建设11家监理单位的安全履职情况，进行了一次系统检查评估。本次检查评估按照国家现行的有关安全评估法规和标准，科学、公正、合理地对市南水北调工程建设监理单位安全履职状况进行评估，9家监理单位达到优良标准，2家监理单位达到合格标准。本市南水北调工程建设安全生产监管处于可控状态。针对评估中发现的问题，市南水北调办责成市南水北调建管中心督促有关单位进行整改，进一步完善安全生产管理体系，落实安全监管责任。

（张聪）

【核定安委会组成人员】 6月5日，市安委会印发《关于调整北京市安全生产委员会成员单位和组成人员的通知》，根据工作需要有关单位人员变动，经报请市政府同意，决定对市安委会成员单位组成人员进行相应调整。新增市城管执法局为成员单位，调整后的成员单位共47个。

（张玉红）

【预防施工坍塌事故专项整治】 6月5日，市安委会办公室转发《国务院安委会关于深化工程建设领域预防施工起重机械脚手架等坍塌事故专项整治工作的通知》，要求各区县政府，市住房城乡建设委、市政市容委、交通委，北京铁路局、水务局、质监局、园林绿化局，华北电监局、市南水北调办，按照国务院安委会文件精神，开展预防建筑施工坍塌事故专项整治，结合本地区、本行业领域工程建设特点和薄弱环节，迅速制订专项整治工作方案，明确工作目标和工作重点，强化统筹协调和信息报送，查处工程建设领域违规违章行为。

（张玉红）

【市安委会（扩大）会议】 6月7日，市安委会召开全市安全生产电视电话会议暨市安委会（扩大）第五次工作会议。会议由市安委会副主任、市安全监管局局长张家明主持，副市长张延昆出席会议并讲话。市委、市政府相关部门及部分市属企业集团相关负责人参加主会场会议，各区县政府及有关部门、乡镇街道主管领导参加区县分会场会议。会议传达习近平总书记、李克强总理关于安全生产工作重要指示和全国安全生产电视电话会议精神，通报有关省市重特大事故情况，市安全监管局、市政市容委、交通委分别通报本市安全生产重点工作及重点行业领域安全专项治理情况，部署下一阶段安全生产大检查工作。张延昆要求：一是对当前本市安全形势绝对不能有丝毫的乐观，抓安全生产工作绝不能有丝毫的懈怠。二是统筹协调，扎实做好已经部署的安全生产专项治理行动和下一步开展的安全生产大检查工作。要以消隐患压事故为根本，健全完善部门联动、信息共享、联合执法的工作机制。要深化“打非治违”，采取更加有力的措施，形成新的高压态势，集中力量打击违法生产、违法经营、违法建设行为，控制和压减非法、违法行为导致的事故。三是在抓落实上下功夫。各单位、各部门要主动作为，积极作为，严格落实综合监管责任、行业管理责任、属地责任和企业的主体责任。要加强部门联动，工作延伸到企业、村和社区，使各项措施落地生根，把决策变为现实。

（何明明）

【轨道交通运营安全工作会】 6月7日，副市长张延昆召开会议，研究轨道交通运营安全生产工作。会议听取市安全监管局关于轨道交通安全生产工作的汇报，市交通委、质监局、公安局消防局分别汇报开展轨道交通运营安全生产监管情况。张延昆结合本市轨道交通运营安全管理，提出加强本市轨道交通运营安全生产工作的意见。会议决定：一是交通运输部门要加快推进安全管理相关地方性法规的立法工作，制定轨道交通运营安全管理规范等相关标准。组织开展轨道交通运营管理评估，制订加强地铁运营管理措施。加强安全管理会商调度频次和力度，协调相关部门解决运营中出现的安全隐患和突出问题。监督运营企业对事故隐患进行有效治理防止引发事故，督促企业落实领导一线带班制度的落实，强化重点场站客流控制和人员疏导，严防拥挤踩踏事故的发生。二是质监部门要加强对电扶梯维保单位的资质管理，提高维保标准和质量。三是公安消防部门要进一步充实一线执法力量，加大对轨道交通运营的专项执法检查力度。四是安全监管部门要强化对轨道交通运营安全生产综合监管，加强对市政府相关部门依法履职情况和运营企业落实安全生产主体责任情况的监督检查。

（张聪）

【全国事故通报】 6月7日，市安全委会办公室印发《关于全国近期几起事故情况的通报》（京安办发〔2013〕21号），通报吉林“6·3”特别重大燃烧事故情况、黑龙江中储粮“5·31”粮库火灾事故情况和中石油大连石化“6·2”储罐爆炸事故情况，要求各区县政府、北京经济技术开发区管委会，市安委会有关成员单位，市属国有企业（集团），吸取事故教训，切实做好首都安全生产工作。

（何明明）

【车辆超载超限治理部署】 6月19日，市政府召开治理车辆超载超限电视电话部署会。会议由市政府副秘书长朱炎主持，市治超工作领导小组组长、副市长张工出席会议并讲话。会上，市治超工作领导小组常务副组长、市交通委主任刘小明对全市2012年治超工作进行总结并对2013年治超工作进行部署。

（张聪）

【商务行业安全大讲堂】 6月19日，市商务委组织开展商务行业安全生产大讲堂活动。市安全监管局有关负责人围绕安全生产标准化和安全生产法律法规两个主题，结合实际，就安全生产标准化及其重要意义，创建基本程序，评审标准以及安全生产有关法律法规等方面进行讲解。16个区县商务部门安全生产主管领导和部门负责人，市商务执法监察大队、商业联合会、饮食行业协会负责人，部分大中型商业零售和餐饮企业集团安全生产负责人、安全生产联组组长，共200余人参加讲座。

（张聪）

【交通路政安全大讲堂】 6月28日，市交通委路政局举办“2013年北京交通路政行业安全大讲堂”启动仪式。市交通委党组副书记、副主任张树森出席活动并要求参会单位，从安全生产、应急管理工作入手，引导企业不断完善各项制度，营造良好的安全氛围。要勇于创新，不断探索安全教育培训新方法、新手段，广泛采取大众喜闻乐见的宣传形式。安全大讲堂活动要理论结合实际，分析查找不足，确保活动真正发挥实效。市交通委路政局党委书记郭卫亮、房山区副区长吴会杰和相关部门负责人参加会议。

（张聪）

【建设系统“双打”执法行动】 6月，市住房城乡建设委在全市建设系统开展特种作业及特种设备作业人员“双打”专项执法行动。市住房城乡建设委分两组对50个建设工程进行“双打”专项执法检查，其中轨道交通建设工程和市重点建设工程各25个。检查特种作业及特种设备持证人员639人，对检查中发现的违法违规行为，均责令企业进行整改，并对其进行处罚。在检查执法的同时，市住房城乡建设委还深入企业调研特种作业人员考证需求，合理安排考核工作，规范对本市建筑施工特种作业人员培训工作，选拔推荐一批优秀的培训单位对建筑施工特种作业人员进行培训，经专业培训并考试合格后，核发特种作业操作资格证书，保证企业特种作业人员的需求。

（张聪）

【轨道工程防汛专项检查】 6月，市住房城乡建设委与丰台区、朝阳区、海淀区住房城乡建设委组成联合检查小组，对地铁7号线、14号线、15号线一期西段共6个标段进行夜间防汛检查。7月，市住房城乡建设委组织防汛专项检查，检查11条在建线路和已通车线路预留工程等50余个标段。通过检查，轨道交通各参建单位对防汛工作重视，大部分受检工程参建单位及责任人均能按照防汛工作要求建立防汛排查台账和防汛应急机制，制订方案，并落实值班、巡查及信息报送制度，能够按照已制定的方案准备通信、照明、防汛、交通灯等应急物资，竖井、暗挖、明挖周边都设置了挡水墙，防止雨水倒灌，组织了防汛应急演练。

（张聪）

【交通行业百日安全大检查】 6月至9月，市交通行业开展安全生产百日大检查专项行动，重点对道路施工、省际客运、轨道交通、危险化学品运输等领域，涵盖工作部署、安全责任制落实、安全生产基础建设等9个内容。大检查活动按照全面自查阶段、检查督查阶段、总结提高阶段开展。活动期间，市交通委安全督查中心对各单位监管责任落实情况进行督查。

（张聪）

【商品交易市场专项整治】 6月至10月，市安委会部署开展全市商品交易市场安全专项整治行动。整治行动按照“区县主责、部门联动、综合治理”的原则，与市防火委“打基础除隐患创平安百日专项行动”“打非治违”和拆除违建工作相结合，以安全生产基础管理、用电安全、特种作业安全管理，以及消防安全“五个严禁”和“十项工作措施”为重点，排查整治市场安全隐患，规范市场经营行为。

（张聪）

【电力安全生产大检查会议】 7月3日，市发展改革委召开2013年市电力安全生产大检查动员部署会议。会议围绕安全生产责任制落实、安全隐患排查治理等10个方面进行专题部署，并提出4项要求；一是各电力企业要高度重视本次安全大检查工作，落实上级指示，吸取事故教训，举一反三，切实把此次大检查活动组织好，落实好，不走形式，抓出实效；二是搞好思想发动，健全组织，细化任务，落实责任，形成层层抓落实的工作局面；三是各级领导要强化忧患意识，亲自部署，带头落实，以“零容忍”的态度，全面排查治理电力安全隐患，切实做到防患于未然；四是市电力安全生产大检查领导小组要发挥监管职能，依法施政，有效遏制安全生产事故发生。会后，市发展改革委、华北电监局、安全监管局、公安局内保局等部门联合对华电（北京）热电有限公司安全生产情况进行现场检查。

（张聪）

【特种设备安全生产大检查】 7月4日，按照国家质检总局和北京市特种设备安全大检查工作部署，市质监局副局长张巨明带队督查海淀区开展特种设备安全大检查工作情况。督查组先后来到北京大学口腔医院、地铁四号线中关村站，对特种设备使用单位和电梯维保单位的安全隐患自查工作进行检查，并实地检查电梯等特种设备运行情况。督查组要求特种设备使用单位逐台开展特种设备安全隐患自查，切实加强特种设备安全管理，重点加强人员密集场所特种设备日常维护保养和巡查力度，发现隐患立即采取措施进行整改，确保特种设备运行安全。

（张聪）

【轨道交通安全质量会】 7月5日，市政府召开2013年轨道交通建设安全质量工作会，市政府副秘书长徐波主持，副市长陈刚到会并讲话。市安全监管局、住房城乡建设委、规划委、质监局、交通委、国资委、重大办等部门和单位主管负责人参加会议。会上，市轨道交通建设管理公司汇报上半年轨道交通建设工程安全质量管理工作情况；中铁十四局、华铁监理公司分别代表施工、监理单位发言；市住房城乡建设委传达党中央、国务院关于开展安全生产大检查的重要指示精神，就迎接住房城乡建设部关于轨道交通工程安全生产大检查，提出要求。会议要求：各有关主管部门，各相关区县和参建单位，对地铁建设和运营开展一次安全生产大检查，隐患大排查，深入发动一线人员去发现、报告、处置隐患，特别对存在隐患的部位、区段进行重点排查。对已经分段开通线路的甩项工程，确保尽早完工，加快验收进度。加快推进项目前期和工程前期工作，给施工阶段留出合理工期，确保实现轨道交通建设“三个安全”的目标，成为“阳光工程”。

（张聪）

【市安委会第六次会议】 8月2日，市安委会召开第六次安全生产工作会议，副市长张延昆出席会议并讲话，市政府副秘书长周正宇，市安委会副主任、市安全监管局局长张家明，市安委会成员单位主管领导，各区县政府、北京经济技术开发区管委会主管领导参加会议。会议通报上半年全市安全生产情况和安全生产大检查情况。张延昆强调，虽然本市各类事故起数和死亡人数持续下降，但发生了一些较大的、具有重大社会影响的事故，暴露出本市安全生产工作依然存在问题，安全生产形势不容乐观。对于下半年工作，各区县、各部门、各单位要更加警醒，全面开展安全生产大检查，深化“打非治违”，持续强化12项重点行业领域专项整治和地铁建设运行安全整治，切实加强汛期安全防范，强化安全生产基础和科技支撑，确保安全生产。

（靳玉光）

【轨道工程暗挖盾构注浆安全检查】 8月7日至14日，市住房城乡建设委会同市重大项目办，聘请有关专家，开展轨道交通暗挖和盾构注浆施工专项检查。共检查地铁6号线二期、7号线、14号线、15号线及昌平线二期等5条在建线路10个标段。经查，多数受检标段按要求编制注浆方案，组织专家论证，技术交底较为齐全。但仍有个别标段施工现场注浆管控不到位，未严格按照相关规范标准施工，如注浆设备无注浆压力表、深孔注浆未落实方案和技术交底的工艺要求等。针对存在的问题，市住房城乡建设委要求限期整改，并按有关规定对相关责任单位进行动态记分处理。

（张聪）

【用电安全管理大检查工作部署】 8月14日，为吸取朝阳公园酷迪宠物乐园"8·10"事故教训，市安委会办公室印发《关于进一步落实安全生产大检查要求深入开展用电安全隐患排查治理工作的通知》。通知指出针对全市集中开展的电气隐患专项执法检查情况，执法检查和事故暴露出的问题，天气高温多雨潮湿、暑期学生放假的实际情况，以及安全生产特点，强调要突出重点，特别是对各类戏水乐园、喷泉、游泳、餐饮、旅游、购物、文化及休闲娱乐等人员密集场所开展用电安全管理大检查工作。

（张聪）

【地下空间综合整治】 8月15日至16日，市地下空间综合整治工作协调小组办公室召开地下空间综合整治工作联席会议，中直机关人防办、国家机关人防办和市公安局、住房城乡建设委、卫生局、工商局、安全监管局等成员单位和有关单位参加会议。会议传达市政府领导有关地下空间综合整治的批示要求，研究地下空间综合整治工作联合执法问题，并就各成员单位联合执法相关条文中所涉及各部门职责权限和联合执法情况提出意见建议。会议还讨论了正在修订的本市地下空间安全使用管理规范的重点内容。

（张聪）

【市安委会第七次会议】 9月23日，市安委会召开第七次工作会议（电视电话会议）。会议由市安委会副主任、市安全监管局局长张家明主持，副市长张延昆出席会议并讲话。市安委会成员单位主管领导参加主会场会议，各区县政府、北京经济技术开发区主管领导及有关部门参加区县分会场会议。会议通报安全生产"一岗双责"制订情况和行业安全生产标准化工作情况，电气安全隐患专项执法行动、燃气安全执法检查情况。张延昆要求：要贯彻落实市委常委会精神，按照"三个一流"标准抓好安全生产各项工作，进一步健全完善安全生产责任体系，重视城市运行安全监管，打击非法违法生产经营建设行为。继续开展安全生产大检查，盯紧重点领域和关键环节。做好应急值守和应急准备，确保国庆期间安全稳定。

（靳玉光）

【检查国庆前安全生产】 9月23日，副市长张延昆带队检查安全生产工作。市安全监管局、公安局、市政市容委、交通委、城管执法局、公安局消防局6个部门负责人陪同检查。张延昆一行来到北京地铁7号线第四标段施工现场，了解施工单位中国铁建十六局集团有限公司项目部的安全生产情况和设备运转状况，询问节日期间安全生产保障措施的落实，对在负35米下施工的隧道进行实地检查。从检查情况看，安全状况总体良好，施工单位对节日期间安全工作进行了全面布置，各项安全生产规章制度及特种作业人员档案齐全，制定了应急处置预案，对员工进行了安全生产再教育。在对北京市自来水集团有限责任公司第九水厂的检查中，重点检查了液氯、液氨车间及中心控制室和危险化学品管理情况。集团负责人向张延昆汇报第九水厂供水能力、对危险化学品安全工作的管理、制定液氯和液氨的使用规程和应急预案等情况。张延昆指出，安全工作责任重大，是保障城市安全运行、推动首都经济社会发展的基础，全市要重视节日期间的安全工作，严格落实责任制，完善各项应急预案，要加紧对安全控制硬件设施的升级改造，有效预防突发事件，保障公共安全。

（叶子楠）

【节日期间安全生产】 9月25日，市安委会办公室印发《关于做好国庆节期间安全生产工作的通知》，要求各区县政府、市安委会有关成员单位及各市属企业（集团）重视节日期间的安全生产工作，督促生产经营单位落实主体责任，做好节日期间的安全生产工作，同时要继续保持“打非治违”的高压态势，落实“一岗双责”，加强安全生产执法检查。加强应急值守，强化信息报送，要落实领导带班制度、24小时值班制度、事故报告制度，妥善做好应急处置工作。

（王晓杰）

【市安委会第八次会议】 10月30日，市安委会召开第八次工作会议，市安委会副主任、市安全监管局局长张家明主持会议，副市长张延昆出席会议并讲话，市安委会成员单位、各区县政府主管领导参加会议。会议通报前三季度全市安全生产情况。市安全监管局和市市政市容委分别汇报《关于深入开展涉氨制冷企业液氨使用专项治理的通知》和《燃气使用单位安装燃气浓度检测报警装置规定》的起草情况。市安委会办公室副主任、市安全监管局副局长蔡淑敏部署第四季度安全生产检查重点和党的十八届三中全会安全生产保障工作。

（靳玉光）

【重要会议安全生产保障检查】 11月7日，副市长张延昆带队对十八届三中全会会场驻地周边的4家生产经营单位进行抽查。经查，部分企业存在电气线路敷设不规范、疏散堵占通道、缺少警示标志、配电室堆放杂物、绝缘工具过期未检、堆放物品等问题。张延昆要求：一是落实安全生产主体责任，加强对一线员工的安全培训教育，增强安全生产意识；二是加大安全投入，特别是会场驻地周边的企业，要在人力、物力、资金上加大投入，排查整改隐患；三是有关部门要继续加大执法检查力度，对会场驻地周边生产经营单位进行全覆盖、不间断的检查。

（叶子楠）

【交通安全日主题活动】 11月14日，市交通安委会办公室邀请首都文明办，市交通委、教委、司法局和安全监管局召开专题协调会，就全国交通安全日主题活动实施方案、职责分工和具体安排进行研讨和部署。2013年交通安全日主题是：摒弃交通陋习，安全文明出行。从11月中下旬开始宣传，扩大声势。11月30日至12月2日开展重点宣传，形成高潮。12月2日后，继续保持宣传力度，与春运安全宣传有机结合。积极营造“政府主导、部门联动、行业尽责、社会协同、全民参与”的浓厚氛围。

（张聪）

【市政府常务会议审议“一岗双责”】 11月19日，市政府召开第21次常务会议，会议研究审议《北京市安全生产“一岗双责”暂行规定》等事项。市委副书记、市长王安顺主持会议。市安全监管局局长张家明汇报《北京市安全生产“一岗双责”暂行规定》的制订情况，说明制订规定的背景及必要性、主要工作开展情况、规定的主要内容及下一步工作。王安顺就此规定的内容与有关部门、区县政府做了研究和探讨。王安顺强调，安全稳定是北京重大的政治责任，首都安全稳定压倒一切，安全生产“一岗双责”势在必行。各级政府、有关部门要把安全稳定放在头等事情来抓，高标准、严要求，明确责任，主动作为，及时排查消除事故隐患，坚决遏制重特大事故、事件发生，维护好社会和谐、安全稳定。

（张聪）

【市领导暗查市场安全】 11月22日，副市长张延昆带队，采取事先不通知，不打招呼的方式对批发市场进行暗查暗访。经查，动物园批发市场和天意批发市场疏散通道、安全出口畅通，疏散标志配备齐全，消防设备设施维护保养到位，中控室人员值守到位，各项管理措施落实基本到位。张延昆对动物园服装批发市场限制摊位商品数量，物品码放限制高度，撤销摊位电源插座等措施表示认可，对两家市场安全管理工作给予肯定。检查中，市安全监管局、公安局消防局介绍了对商品批发市场的监管情况，采取的相关措施，实施执法检查和行政处罚等情况。张延昆要求：要抓紧研究对大型商市场的安全监管工作，由安全监管、消防、商务、工商等部门召开专题会议，制订具体措施和管理标准，加大执法力度，将执法检查延伸到市场的摊位商户，发现隐患和问题，采取严厉措施，必要时停业整改，要以安全执法为手段，促进全市特别是中心城区商业企业的业态升级，实现本质安全。

（叶子楠）

【地下管线安全管理紧急会议】 11月23日，为吸取11月22日青岛中石化黄潍输油管线爆燃事故教训，市市政市容委召开全市地下管线安全管理紧急工作会议。会议传达习近平总书记、李克强总理对中石化黄潍输油管线爆燃事故所作的重要指示，印发《北京市市政市容管理委员会关于进一步加强我市地下管线安全管理工作的紧急通知》，并就加强地下管线安全管理工作进行部署。

（张聪）

【市安委会第九次会议】 11月28日，市安委会召开第九次工作会议，市安委会成员单位、各区县政府主管领导和市有关国有企业（集团）负责人参加会议。副市长张延昆出席并讲话。会议通报《关于集中开展城乡结合部地区专项整治工作实施方案》和《全市地下管线安全专项治理工作方案》的起草情况。张延昆要求：一是通过城乡结合部地区专项整治工作，彻底消除安全隐患，调整产业结构，提高经济运行质量，优化市场环境；二是开展全市地下管线安全专项治理工作，全面排查地下管线隐患问题，完善管线的统一规划、统一验收、信息共享和资料归集工作；三是深化安全生产大检查，健全完善安全生产责任制，各单位“一把手”要亲自负责，逐级签订承诺书，明确任务目标、责任和处罚办法，建立具体问责机制，确保责任落实。

（靳玉光）

【《安全生产简报》编辑】 2013年，市安委会办公室共编辑刊发《安全生产简报》18期，大检查简报21期，及时传达国务院安委会、市委、市政府有关安全生产工作的主要精神，反映全市各区县、各行业安全生产动态，交流安全生产主要做法，通报安全生产形势。

（张玉红、张子晋）

【大检查实施方案】 7月5日，市安委会制发《关于印发安全生产大检查实施方案的通知》，要求各区县政府、北京经济技术开发区管委会，市安委会各成员单位，各有关单位结合实际，认真抓好贯彻落实，并参照制订本地区、本单位大检查工作实施方案。安全生产大检查实施方案对制订细化实施方案、深入细致全面检查、及时开展督导检查、建立健全工作机制等方面均提出明确要求。

（张子晋、张玉红）

【国务院安委会督查组督查】 7月10日至12日，国务院安委会办公室副主任、国家安全监管总局副局长孙华山带领国务院安委会第16督查组到北京市开展安全生产综合督查。督查组采取听汇报、查资料、问卷调查、现场核查、重点抽查、随机检查等形式，先后对密云县、门头沟区、丰台区及其有关乡镇街道和相关部门安全生产大检查开展情况进行督查，对地铁、道路交通、消防、煤矿、非煤矿山、危险化学品、烟花爆竹、餐馆、学校和商场等人员密集场所、液氨和燃气使用单位、建筑施工等重点行业领域生产经营建设单位安全生产工作进行检查。

（靳玉光）

【落实国务院安委会督查】 7月10日至12日，国务院安委会办公室副主任、国家安全监管总局副局长孙华山率领国务院安委会第16督查组，对北京市开展安全生产大检查综合督查。7月24日，市安委会办公室向朝阳区政府、丰台区政府、门头沟区政府、密云县政府，市住房城乡建设委、交通委、旅游委、公安局交管局、公安局消防局、城管执法局，中铁建十六局、京煤集团发函，针对国务院安委会督查组督查中发现的问题，要求相关部门和单位举一反三，立即进行整改，并于7月26日前将整改落实情况报市安委会办公室。

（张子晋）

【道路交通安全督查】 7月11日，市交通安委会办公室组织市安全监管局、交通委运输局、交通委路政局和交通执法总队等部门，对通州区交通安全工作进行督查。督查组听取区政府开展道路交通安全大检查的汇报，查阅相关道路交通安全大检查工作基础管理材料。督查组深入到通州梨园镇、北京京联出租汽车公司，以及发生道路交通事故路段进行实地检查。通过检查，督查组认为通州区能够按照全市统一部署，认真落实“6·26”会议精神和《全市关于深入开展道路交通安全大检查工作方案》要求，全面开展道路交通安全大检查工作，全面推进“交通文明行动”宣传教育，开展“三大秩序”整治，深入开展“大排查、大教育、大整治货车违法行为”和“道路客运安全年”等专项行动。针对汛期特点，开展道路安全隐患排查治理，排查区域内道路交通安全隐患293项。严格追查交通违法超标、严重交通违法突出，以及发生交通亡人事故的单位。督查组对于通州区交通安全大检查中存在的个别基础管理台账内容缺失、“黑摩的”非法运营等问题向区政府提出意见。对于督查中发现的问题，市交通安委会办公室通过专项督查督办单的形式，向区政府进行反馈并督促工作落实。

（张聪）

【部署文化娱乐场所大检查】 7月17日，市文化局、文化市场行政执法总队组织召开全市安全生产工作会议，对全市文化娱乐场所安全生产大检查工作进行全面部署。会议传达学习市政府办公厅《关于集中开展安全生产大检查的通知》和市安委会《安全生产大检查实施方案》等文件精神，下发《关于开展文化娱乐场所安全生产大检查工作的通知》，对各区县文化部门开展文化娱乐场所安全生产大检查工作提出具体要求。会议对开展2013年文化娱乐场所安全生产大型公开课活动进行安排。市文化局巡视员叶重辉、市文化市场行政执法总队副总队长张伟出席会议并讲话。16个区县文化委主管领导、部门负责人参加会议。

（张聪）

【重点行业检查实施方案】 7月18日，市安全监管局、北京煤监局联合制发《关于印发北京市煤矿、非煤矿山、危险化学品、烟花爆竹、冶金有色等重点行业领域安全生产大检查实施方案的通知》，要求各区县、北京经济技术开发区安全监管局及各有关单位根据《北京市人民政府办公厅关于集中开展安全生产大检查的通知》和《北京市安全生产委员会关于印发安全生产大检查实施方案的通知》，全面做好安全生产大检查工作。

（靳玉光、张子晋）

【部署大检查综合督查】 7月18日，市安委会办公室组织市住房城乡建设委、商务委、市政市容委、交通委、农委、旅游委、质监局、工商局、环保局、公安局消防局、安全监管局11个督查组牵头单位及各区县安委会办公室召开会议，部署安全生产大检查综合督查工作。会上，通报7月10日至12日国务院安委会督查组来京督查情况，结合全市综合督查内容、方式方法、工作要求等进行全面部署，各督查组牵头单位根据督查方案进行交流。各区县安委会办公室汇报本地区安全生产大检查工作落实情况。会议要求：各单位认真组织落实综合督查工作，领会相关文件精神，确保督查工作取得实效；加强沟通联络，督查组牵头单位和参与单位、被督查区县要通力配合，结合行业领域特点和地区实际，将督查工作落实到位；各区县要配合督查，及时向主管区领导汇报督查情况，组织开展本地区自查，着力解决隐患问题，为迎接市安委会督查组督查和国务院安委会督查组复查做好准备工作。

（靳玉光）

【通州区综合督查】 7月26日，市安全监管局副局长陈清带领市安委会第13督查组赴通州区开展安全生产大检查综合督查。督查组首先听取通州区安全生产大检查工作汇报，查阅区政府及相关行业部门安全生产档案。随后，采取现场分组、随机抽查的方式，分别对梨园、中仓、台湖、漷县乡镇街道及部分企业安全生产大检查情况进行检查。检查发现，相关乡镇街道均已对安全生产大检查工作进行部署，各项具体工作逐步推进，但部分单位仍存在工作方案针对性不强等问题。在检查过程中，发现部分企业未安排安全生产大检查工作，有的企业仍不了解安全生产大检查工作，现场安全隐患问题依然存在。针对存在的问题，督查组要求通州区立即采取整改措施，进一步完善全区安全生产大检查工作部署，及时消除企业安全生产隐患，确保安全生产大检查工作有效落实。

（靳玉光）

【房山区综合督查】 7月25日至29日，由市交通委、安全监管局、卫生局等部门组成的市安委会第4督查组对房山区安全生产大检查工作进行综合督查。按照随机抽查的检查原则，督查组于7月25日对窦店镇、阎村镇进行突击暗查，7月29日对长阳镇、拱辰街道办事处、华冠购物中心、妇幼保健医院、北京市电力设备总厂、北京六建（广阳家园CD项目）等进行督查。通过查阅政府部门备案资料、听取汇报、深入生产作业现场等多种方式，客观、全面地了解情况，发现问题，查处隐患。

（张聪）

【西城区综合督查】 7月30日，由市市政市容委、安全监管局、气象局组成的市安委会第3督查组，对西城区安全生产大检查工作进行综合督查。西城区副区长吴铁男及相关部门负责人陪同督查。督查组分别检查金融街街道、新街口街道、西单大悦城、大地西餐厅、北京天普缘酒楼等落实安全生产大检查工作情况，听取西城区政府、区安全监管局、市政市容委、住房城乡建设委、消防支队等部门开展安全生产大检查工作情况的汇报，并从组织领导、专项治理、检查落实、事故隐患、宣传教育等方面查阅相关档案和台账。督查组对督查情况进行反馈，对检查中发现个别单位大检查方案不够具体、内容有缺失，未能提供隐患排查及巡检记录，餐饮场所燃气使用不具备安全条件等，要求区安委会督促落实属地监管责任和企业安全生产主体责任，加强督促整改，切实把安全生产大检查工作落到实处。

（张聪）

【首轮大检查综合督查】 7月，市安委会组织17个督查组，分赴各区县对安全生产大检查工作进行综合督查，副市长张延昆率队对昌平区大检查情况进行督查。督查组在督查过程中，不打招呼、随机抽查、意见反馈不留情，做到真查、真督、真改，确保了督查工作能够发现真实问题、取得真实效果。督查发现，部分区县行业部门大检查部署推动力度不够，全覆盖的要求未落实；个别乡镇街道大检查未开展，未落实到基层；有的企业大检查工作无实质性进展，安全隐患多、基础薄弱。督查组分区县逐一反馈督查意见，将第一轮督查检查92家单位的127项隐患实施挂账督办。对国务院督查组提出的意见和问题，逐一研究，明确责任、整改时限和要求，下发问题督办单12份，涉及具体问题22项，并逐一进行督办。

（王晓杰）

【大检查工作例会】 8月8日，市安委会办公室组织全市17个督查组牵头单位及各区县安全监管局有关负责人召开专题工作会，总结7月份安全生产大检查综合督查情况，掌握各区县大检查进展，研究8月份综合督查工作。会上，通报全市安全生产大检查情况，总结分析工作中存在的问题。17个督查组牵头单位逐一汇报综合督查开展情况，各区县对大检查推进情况、典型经验及存在的问题进行汇报。会议就开展8月安全生产大检查综合督查工作进行部署。

（张子晋）

【国务院安委会第二轮督查】 8月20日至23日，国务院安委会第16督查组到北京市就安全生产大检查工作开展第二轮督查。副市长张延昆，市安全监管局局长张家明、副局长蔡淑敏等参加督查。督查组采取不下通知、不打招呼、不听汇报、直插现场、重点抽查、随机检查、对表检查、调查问卷等方式，对密云县、门头沟区、房山区、昌平区、怀柔区及所属部分乡镇街道进行督查，对非煤矿山、化工、烟花爆竹、建材、机械制造、高新技术产业等行业领域30余家企业进行重点抽查和现场检查。督查组肯定了密云县北京威克冶金有限责任公司安全理念生活化、习惯化的企业安全文化建设做法，房山区北京东方石油化工有限公司化工四厂实施“七干七不干”提示卡、HSE（健康安全环境）观察卡的做法，北京水泥厂分班组自查、部门联查等5个阶段的大检查落实措施。对于督查发现的房山区北京极易化工有限公司、怀柔区中油国门油料公司油库等单位存在的隐患和问题，督查组要求有关部门采取切实有效措施，做好整改工作。督查组指出北京市的安全生产工作在全国走在前列，很多做法和经验值得学习推广。督查组要求：进一步学习贯彻习近平总书记重要指示和批示精神，落实党政同责、“一岗双责”的要求，抓住机遇推动安全生产工作上水平。抓住突出问题，切实转变工作作风，在开会、发通知、大检查“老三招”的基础上，赋予新形式、新内容。创新监管，结合教育实践活动找准正反两方面典型，举一反三，建立机制。要研究建立把隐患当事故处理的具体做法和工作计划，要加强宣传教育，提高公众安全意识，普及安全知识，建立安全生产长效机制。

（王晓杰）

【市政府专题部署大检查】 8月27日，市长王安顺主持召开市政府专题会议，针对国务院安委会第16督查组第二轮专项督查提出的意见和问题，听取安全生产大检查综合督查情况汇报，研究部署下一步工作。市安全监管局局长张家明汇报全市安全生产大检查综合督查情况。7月20日至31日，市安委会组成17个督查组，由市住房城乡建设委、市政市容委等11个部门牵头，24个部门共同参与，采取随机抽查、突击检查等方式，分赴各区县对安全生产大检查工作进行督查。共出动督查人员160人次，检查单位92家，发现各类隐患和问题127项。从督查的情况看，各区县安全生产大检查工作逐步展开，市级各相关部门履行监管职责。市安委会加强组织领导，发挥综合协调服务作用，对大检查进展情况及时进行调度统计、汇总整理、通报发布。王安顺指出，此次大检查充分体现了党中央、国务院对做好安全生产工作的重大决心，各级党委和政府要严格按照习近平总书记提出的要求，认真履行安全监管职责。王安顺肯定全市开展安全生产大检查取得的成绩，对下一步工作提出：一要加大执法力度，杜绝有法不依的问题，要将安全生产与经济社会发展统筹推进，确保监管工作到位；二要立即启动行业部门安全生产专项监督检查，按照“管行业必须管安全，管业务必须管安全，管生产经营必须管安全”的要求，在各自行业领域全面开展安全生产大检查，确保隐患问题及时消除；三要加快研究政策，形成条块结合的行政审批体制机制，杜绝“重审批、轻监管”现象的出现。

（靳玉光）

【平谷区综合督查】 9月17日，市安委会第12督查组对平谷区安全生产大检查工作落实情况开展综合督查。平谷区安委会办公室、区旅游、商务等部门负责人一同参加。督查组分成两个检查小组，对区内工业企业、人员密集场所开展检查，随机检查工业企业和人员密集场所各2家单位。检查发现，北京京东石林峡景区服务管理有限公司存在安全生产教育培训记录不全、气瓶间设置不规范、配电室违规设置床铺等问题；北京星宇车科技有限公司存在车间缺少安全疏散标志、配电室堆放杂物等问题。针对发现的问题隐患，督查组要求企业立即整改，要求区属职能部门加强整改跟踪和监督检查，在前期工作基础上，把安全生产大检查各项工作推向深入。

（叶子楠）

【国务院安委会综合督查】 9月24日至27日，国务院安委会办公室副主任、国家安全监管总局副局长孙华山带领国务院安委会第16督查组对北京市安全生产大检查工作进行综合督查。督查组听取北京市相关区县政府的工作汇报，对朝阳、大兴、通州、顺义、北京经济技术开发区的危险化学品、建材、机械制造、有色金属、食品加工、高新技术等12家重点行业领域单位进行重点抽查和随机检查。其间，督查组参加顺义区安全发展示范城市创建工作动员大会，并就如何进一步健全安全大检查工作长效机制召开专题座谈会、征求有关单位的意见建议。督查组对北京市安全生产大检查工作成效和亮点给予肯定，指出存在的问题和建议。针对首都安全生产工作的定位，孙华山提出5点要求：一是继续深入推进企业安全生产标准化，夯实企业安全生产基础建设，提高企业本质安全；二是进一步提高安全生产检查工作的规范化，总结和提炼经验，研究固化为制度，探索建立长效机制；三是提高执法监管的信息化，依靠科技支撑，进一步完善有关信息化系统，解决执法力量较弱与监管对象众多的矛盾，进一步增强实用性；四是探索安全生产考评指标的国际化，在推动考评指标与国际接轨方面开展试点，做好安全发展示范城市创建工作，在内容上、目标上取得实效；五是以点带面，在完善安全生产监管体制机制、发挥经济政策对安全生产的引导作用等方面开拓创新，为各地提供实践支撑，不断推动全国安全生产工作。

（王晓杰）

【大检查综合督查会议】 10月18日，市安委会召开全市安全生产大检查综合督查工作会，对综合督查工作再次部署。市安委会主要成员单位、各区县安委会办公室负责人参加会议。会上，市安委会办公室通报国务院安委会综合督查组来京第三轮督查反馈意见和全市安全生产大检查情况，市交通委、商务委、海淀区分别汇报安全生产大检查工作开展情况，参会单位就深入开展安全生产大检查进行交流。

（靳玉光）

【大检查第四轮综合督查】 10月21日，市安委会办公室印发《关于开展安全生产大检查第四轮综合督查工作的通知》，明确市安委会督查组对各区县安全生产大检查综合督查工作。督查重点包括：一是专项治理工作推进情况，重点检查商品交易市场、餐饮场所燃气使用等人员密集场所专项治理；二是前期督查中发现问题的整改情况，督查方式主要是分组实地随机检查抽查，适时开展暗访暗查及反馈督查意见。

（王晓杰、张子晋）

【昌平区第四轮综合督查】 10月23日，市安委会第5督查组分两个工作组，采取不发通知、不打招呼、不听汇报、不用陪同和接待，直奔基层、直插现场的方式，对昌平区开展安全生产大检查工作进行督查。通过抽查小汤山镇和3家标准化企业，反映出昌平区安全生产大检查活动取得阶段性成果。针对督查发现的部分企业资料档案管理、燃气使用安全、用电安全、安全生产标准化体系建设、应急演练等方面存在的问题，提出改进意见。

（赵昕）

【通州区第四轮综合督查】 10月30日，市安全监管局副局长陈清带领市安委会第13督查组对通州区安全生产大检查工作进行第四轮综合督查。督查组听取通州区政府安全生产大检查工作汇报，对位于通州区的蓝岛大厦、贵友大厦、东来顺饭庄等单位进行重点抽查和随机检查。督查组对通州区安全生产大检查工作成效给予肯定，要求按照市领导批示精神，进一步做好大检查各项工作。针对检查发现的部分企业隐患排查、培训教育落实不到位，部分电器设备缺少漏电保护装置，应急通道被挤占等问题，提出整改意见。

（王晓杰）

【大兴和开发区安全督查】 11月28日，按照市政府的统一部署，副市长杨晓超带队对大兴区、北京经济技术开发区的安全生产工作进行督查。市安全监管局副局长贾太保、市公安局消防局副局长于永林参加督查。督查组从安全生产基础管理、现场管理、配电用电安全、消防安全等几个方面对大兴区兴全小商品市场、开发区新华印刷厂、美廉美超市进行检查。通过检查发现，3家单位存在的突出问题是：兴全小商品市场临时线路无漏电保护装置、部分电线和配电箱被易燃物遮挡、外窗设置护栏，商户经营空间狭窄、货物码放超高等；新华印刷厂配电室电缆巡检灯故障、安全防护用品破损、油墨安全管理不足、作业现场充电区与易燃物过近、部分火灾自动报警系统信号反馈功能故障、消防水箱稳压泵不能正常启动、疏散门无法正常开启；美廉美超市配电室安全防护用品配备不足、用电设备的漏电保护器遮挡、防火门缺少顺序闭门器。此外，还不同程度存在配电室堆放杂物、配电箱周边堆放易燃品、疏散指示标志遮挡等问题。针对检查发现的问题，安全监管部门、消防部门分别对企业下达责令限期整改指令书。

（张聪）

【液氨专项治理督查】 12月24日至

25日，国务院安委会液氨专项治理督查组由国家质监总局特种设备局副局长高继轩带队，对本市涉氨制冷企业专项治理情况进行督查。督查组听取市安委会及市安全监管局、质监局、公安局消防局等有关部门关于北京市液氨专项治理工作情况汇报，与相关行业、部门进行座谈交流，对本市部分液氨企业明察暗访。督查组充分肯定北京市液氨治理工作取得的阶段性成绩，特别强调北京市“科学计划，强化培训，财政支持，制定地标，部门协同，统筹推进”的做法值得学习借鉴。同时指出部分企业治理主动性不够，有的部门对“一岗双责”的认识不一致等问题和4家受检企业存在的具体问题，提出加快专项治理后期督查整改，着力构建安全生产长效机制的工作建议。

（赵昕）

【全年安全生产大检查】 2013年，按照全国统一部署，本市组织开展安全生产大检查活动，共组织检查组60714个，其中暗查组12611个，交叉检查组4916个，参加检查387745人次，监督检查企事业单位275008家次，发现隐患347817项，整改隐患336039项，隐患整改率97%。责令改正、停止违法行为117497起，责令停产、停业、停止建设3308家，暂扣吊销许可证160个，关闭非法违法企业1338家，罚款4628万元。

（张玉红）

【部署“打非治违”行动】 1月5日，副市长苟仲文主持召开市安全生产“打非治违”专项行动领导小组工作会议，研究部署“打非治违”工作。会上，市安全监管局、住房城乡建设委、规划委、国资委、城管执法局分别汇报本行业、本系统“打非治违”工作。苟仲文要求：市安委会办公室要总结经验，组织开展交流，进一步促进“打非治违”工作深入开展。市国资委要督促市属国有企业开展好自查自纠，制止非法违法生产经营建设活动。市安委会办公室会同规划、城管等部门，加强对文物、司法、文化等部门的协调督促力度，推动有关部门“打非治违”工作深入开展。

（靳玉光）

【丰台“打非治违”调研】 1月15日，市安全监管局局长张家明带队到丰台区和义街道调研“打非治违”工作。调研组首先到和义街道久敬庄57号院（1号、2号、3号院），现场察看违法建设和非法经营情况。张家明询问违法建设的现状、成因，并深入租户了解外来务工人员的生活状况。随后，调研组与丰台区政府及和义街道有关领导就违法建设问题进行座谈。和义地区违法建设涉及多家市属单位，属于历史遗留问题，拆除困难，居住条件恶劣，多年来未得到有效根治。一是宅基地审批渠道不畅，二是需要多部门齐抓共管，三是行政手续繁杂影响拆违工作进度，四是疏堵结合是治理的关键。张家明要求丰台区进一步加大工作力度，充分发挥各部门的工作合力，进一步推动“打非治违”工作深入开展，确保安全生产。

（靳玉光）

【“打非治违”信息统计】 3月15日，市安委会办公室转发《国务院安委会办公室关于继续开展“打非治违”信息统计和报送工作的通知》，要求各区县安委会办公室和有关单位按时限要求报送

"打非治违"统计数据，从4月开始，每月3日前通过国家安全监管总局"打非治违"信息统计网上报送系统填报上月"打非治违"统计数据，2014年1月3日前报送2013年全年的"打非治违"统计数据。

（张玉红）

【隐患违法建设拆除通知】 6月5日，市安委会办公室印发《关于做好存在重大安全隐患违法建设拆除工作的通知》，将市严厉打击违法用地违法建设专项行动指挥部办公室关于全市存在重大安全隐患的违法建设基础台账发至各区县政府和各有关单位，要求加强领导，制定拆除计划，落实各级责任，切实做好违法建设拆除工作，7月27日前上报拆除计划表。

（张玉红）

【打击违法建设督查】 6月20日至21日，按照市严厉打击违法用地违法建设专项行动指挥部要求，市安全监管局会同市农委、规划委成立两个督查组，分别对西城区、丰台区、通州区、大兴区进行督查。督查组采取抽查、核查、随机检查等方式，对实现并保持违法用地违法建设"零增长"目标、新增违法用地违法建设项目"动态清零"、在账违法用地违法建设项目停工停建情况，以及通过群众举报、卫片监测、巡查检查等掌握的违法用地违法建设线索处理情况进行重点督查。督查暗访违法用地、违法建设98处，其中西城区54处，丰台区16处，通州区16处，大兴区12处，未发现新增违法建设。发现未在账违法建设1处，已责成相关区县立即处理。

（张子晋）

【打击居住区内违法建设】 6月，市严厉打击违法用地违法建设专项行动指挥部下发《关于查处居住区内违法建设工作的指导意见》。文件规定：本市居住区内查实存在违法建设的房屋，将冻结房屋产权的登记和抵押等手续，直至违法建设拆除。业主或使用者在已建成投入使用的城镇居住区内，未取得建设工程规划许可证，擅自进行拆除重建、改建、扩建，导致原有的合法建筑变为违法建设，城管执法部门一经查实房屋存在违建，书面通知区县房管部门暂停办理该房屋的产权登记、抵押等手续。房产登记等手续冻结后，指挥部定期公布冻结登记手续的房产，要求业主主动与城管部门联系拆除。违法建设拆除后，城管执法部门书面通知房管部门解冻，房屋可以重新进行抵押、产权登记等业务。《指导意见》还要求物业企业加强对管理区域的巡查，发现违建后应立即予以制止，同时报告城管、规划、建设、国土等部门。市区两级住房城乡建设房管行政主管部门对不履行巡查、制止、报告职责的物业企业，参与违法建设的施工、监理、物业、经纪机构等企业及从业人员依法进行处理。

（张聪）

【违法建设治理督查】 7月2日，按照市严厉打击违法用地违法建设专项行动指挥部要求，市安全监管局会同市农委、规划委组成督查组，分赴丰台区、通州区督查违法建设治理"第三战役"。此次督查的重点是城市重点地区、大街两侧、铁路沿线以及占地面积较大4类违法建设。通过座谈校核、动态巡查、卫片影像排查及前期线索核查，丰台区、通州区新核准上账违法建设50处。督查组随机选择16处进行现场核查，其中8处上账项目已列为下一步拆除重点，制订了拆除计划，8处铁路沿线违法建设线索已基本完成摸排。8月1日，督查组再次对通州区违建治理“第三战役”开展情况进行督查。督查组现场对潞城镇古城村京哈铁路通州至燕郊段周边两处违法建设和张家湾镇三处占地面积较大的违法建设进行核查，其中两处未上账，面积分别约为1.2万平方米和1.8万平方米。督查组要求相关部门加大违法建设拆除力度，核实违法建设线索，及时上账，治理过程中出现的问题及时向市严厉打击违法用地违法建设专项行动指挥部反馈，确保“第三战役”顺利推进。

（张玉红）

【建立“打非治违”长效机制】 2013年，市政府成立打击违法用地违法建设专项行动指挥部。市安全监管局作为指挥部成员，按照工作部署，重点开展3个方面工作：一是督促完成全市存在重大安全隐患违法建设拆除工作。通过对全市存在重大安全隐患违法建设进行全面排查梳理，确认2510处，1374037.47平方米。将违法建设台账印刷成册，下发至各区县政府及有关部门实施挂账督办。7月底，全市存在重大安全隐患违法建设拆除完毕。二是组织开展督查暗访。会同市农委、规划委牵头组成第4督导组，负责西城区、丰台区、通州区、大兴区督导检查工作。自6月起，每月开展一次督查暗访活动。截至年底，共对320余处违法建设进行现场核查，出动人员120人次，召开专题会议5次。三是做好统计分析工作。根据国务院安委会办公室工作部署，制定“打非治违”信息统计报表制度，每月统计全市“打非治违”工作进展情况。2013年，全市打击非法违法、治理纠正违规违章行为35.8万起。

（张玉红）

【丰台城乡结合部突击检查】 12月11日，副市长张延昆带领市安全监管局、公安局消防局、规划委、工商局、城管执法局到丰台区南苑乡，深入城乡结合部流动人口密集区域，检查安全生产和消防工作。在分钟寺广告制作城，检查组发现经营商户私自搭建临时二层阁楼等违法建设，用于居住、做饭和存放货品，存在“三合一”消防安全隐患。阁楼内电气设备老化破损，电气线路敷设不规范，物品违规堆放，安全疏散通道不畅，建筑消防设施维护不到位，安全隐患突出。检查组现场对广告制作城作出查封和停业整改决定。在广客缘宾馆，检查组发现疏散通道指示标志缺失，缺少应急照明灯，安全出口缺少自发光指示标志，电工未配备合格的防护用具，租户室内使用的临时电源线路接驳不符合安全用电规范，大量采用绝缘胶布缠裹接驳，存在火灾隐患。检查组还现场检查了一处刚刚经群众举报查实的违法建设，列入整治台账。张延昆在听取丰台区关于城乡结合部地区专项整治汇报后指出：城乡结合部地区存在大量安全隐患，“三合一”“多合一”问题突出。要按市委、市政府部署，把城乡结合部安全生产专项整治工作放在突出位置上抓，坚持高标准，做到不走过场，严防严控。

（王晓杰、张子晋）

【城乡结合部整治信息报送】 12月12日，市安委会办公室印发《关于做好城乡结合部地区专项整治信息报送工作的通知》，要求各区县政府、北京经济技术开发区管委会和市安委会各成员单位，结合本地区、本行业领域实际，推进专项整治信息报送和调度统计，填报有关制度和统计报表。加强信息工作组织领导，建立工作机制，保障专项整治规范化运行，搭建工作平台，做好信息调度统计和报送工作。

（张子晋）

【城乡结合部隐患整改】 12月14日，市安委会办公室、防火委办公室、监察局联合召开会议，约谈丰台区政府、丰台区南苑乡政府，通报检查中发现的重大安全隐患问题，提出工作意见。市安委会办公室、市防火委办公室通报丰台区南苑乡城乡结合部存在的重大安全隐患问题，指出丰台区城乡结合部专项整治工作未全面启动，监督检查力度明显不足。属地管理和部门监管责任没有真正落实，安全检查不到位，造成重大安全隐患长期未得到有效治理。会议责成丰台区立即采取果断措施，对城乡结合部地区“三合一”“多合一”等隐患和问题进行全面彻底清理，将住宿人员清出，对有关单位予以查封，确保重大安全隐患整改到位。要立即启动城乡结合部地区专项整治工作，全面开展监督检查。丰台区政府表示，严格按照此次约谈要求，彻底整改消除南苑乡存在的重大安全隐患问题。举一反三，迅速启动城乡结合部专项整治工作，强化监督检查，严厉打击非法违法生产经营建设行为。市安委会办公室、市防火委办公室联合下达《关于丰台区南苑乡安全生产重大隐患治理的督办函》，对有关隐患问题的整改工作提出明确要求。

（王晓杰）

【城乡结合部专项整治会议】 12月16日，市城乡结合部地区专项整治指挥部办公室组织各区县安全监管局召开会议，全面推动专项整治工作。会议通报市委、市政府关于城乡结合部地区专项整治工作的指示以及实地检查中发现的问题和情况，结合专项整治工作背景，重点强调此次整治的重要意义。市专项指挥部办公室建立例会制度、通报制度、“四不两直”督查检查制度和问责制度等“五项制度”，对各区县做好专项整治机制建设提出要求。要求各区县充分发挥安全监管作用，明确责任、直面问题、追求效果，将城乡结合部地区专项整治与隐患排查治理紧密结合，针对区县实际情况，建立行之有效的专项整治工作机制。

（王晓杰）

【市领导带队检查城乡结合部】 12月19日，副市长张延昆率领市安全监管局、公安局消防局等部门对海淀区青龙桥挂甲屯辖区进行安全生产检查。经检查，此地区流动人口聚集，环境复杂、安全隐患突出，存在严重非法、违法生产经营及建设等问题。张延昆指出：地区安全隐患突出，属地政府要将此列为重点整治对象；要及时将群租房内的人员、物品清退；非法违法经营单位要先停业再清人，对生产经营单位存在的安全隐患要立即消除。

（叶子楠）

【城乡结合部专项整治】 12月，为吸取“11·21”重大火灾事故教训，切实做好安全生产工作，市安委会决定自2013年12月至2014年9月，在全市集中组织开展城乡结合部地区安全生产专项整治工作。

（靳玉光）

【餐饮场所燃气治理专题会】 3月15日，市安委会办公室召开专题会议，研究全市餐饮场所燃气使用安全专项治理工作。市商务委、住房城乡建设委、教委、旅游委、卫生局有关负责人参加会议。会议明确建立专项治理基础台账的主要内容、标准和事故隐患自查自报的标准，并对有关报表统计工作进行研讨。会议议定，由市商务委、住房城乡建设委、教委、旅游委、卫生局分别制订各自系统排查摸底方案，组织指导区县对建筑工地、学校（含幼儿园）、医院、宾馆饭店（含民俗度假村）等餐饮场所燃气使用情况进行全面调查摸底，完成基础台账建立。前期，已完成对全市取得卫生许可证餐饮场所台账的梳理工作，初步确定61927家，包括餐馆、集体用餐配送单位、快餐店、民俗旅游户（农家饭）、各类单位食堂、现场制售单位、小吃店、饮品店、中央厨房等。

（张玉红）

【餐饮场所燃气专项治理部署】 3月20日，市安委会印发《关于深入开展餐饮场所燃气安全专项治理的通知》。根据《国务院安委会关于深入开展餐饮场所燃气安全专项治理的通知》要求和市委、市政府工作部署，定于3月至12月在全市开展餐饮场所燃气安全专项治理。专项治理目标是依据安全生产、公安消防以及燃气、餐饮行业等有关法律法规、标准规范，查处餐饮场所燃气使用违法、违规行为，消除安全隐患，防范燃气事故发生。主要治理范围是使用天然气、液化石油气等燃气的餐饮场所及液化石油气供应、充装、运输企业，重点包括餐饮经营单位、宾馆饭店、施工工地等使用液化石油气钢瓶的餐饮场所。党政机关、企事业单位及学校、医院等餐饮场所参照通知开展专项治理。摸清全市餐饮场所燃气使用基本情况并建立基础台账；督促各餐饮场所开展燃气使用隐患自查自改，消除安全隐患；开展《餐饮业使用瓶装液化石油气安全管理要求》做好贯彻落实工作；组织开展执法检查行动，严厉查处餐饮场所燃气使用违法违规行为。

（张玉红）

【餐饮场所燃气安全治理例会】 4月10日，市安委会办公室组织召开会议，研究全市餐饮场所燃气安全专项治理工作。各区县负责专项治理工作联络员及市安全监管局信息中心有关负责人参加会议。会议通报专项治理工作进展，各区县分别就本地区燃气安全专项治理工作进展进行汇报。会议要求各区县充实完善台账的数据信息，分析燃气治理情况，及时总结上报工作进展。各区县安委会办公室要加强与行业部门和属地的沟通协调，强化综合监管，做好督促整改。

（张玉红）

【餐饮场所燃气治理培训】 4月19日，市安委会办公室召开餐饮场所燃气安全专项治理检查业务首次培训会，东城区安委会办公室联合区城管委具体承办。市安全监管局、市政市容委等部门负责人出席。会议介绍全市开展餐饮场所燃气安全专项治理工作的进展情况，并对专项治理活动提出要求。针对燃气事故案例进行隐患分析，讲解相关法律、法规、标准和燃气使用安全检查要点，燃气供应和钢瓶租赁合同（示范文本）等内容。东城区有关部门、街道办事处和地区管理机构主管领导和部门负责人、餐饮企业负责人150余人参加培训。

（张玉红）

【市领导检查餐饮业燃气安全】 7月5日，副市长张延昆带队检查丰台方庄地区餐饮企业燃气安全生产工作。市安全监管局、市政市容委、质监局、公安局消防局等有关部门主管领导参加检查。检查组先后检查方庄顺丰海鲜楼、乔外婆饭店、秦记香辣蟹饭店等餐饮企业贯彻落实安全生产大检查情况、燃气专项治理工作开展情况，重点检查餐饮企业使用管道燃气和液化石油气安全状况，察看燃气报警装置使用情况。张延昆指出：各餐饮企业要贯彻落实全市安全生产大检查各项工作部署，时刻把安全放在首位；要与取得燃气经营许可的燃气供应企业签订供气合同，确保供用气安全；主管领导要定期进行燃气安全检查，制订有针对性的应急预案，熟悉本单位安全防范和应急保障措施，并保证从业和施救人员掌握相关内容。

（靳玉光）

【通报燃气爆燃事故】 8月6日，市安委会印发《关于近期燃气爆燃事故的情况通报》，通报连续发生的两起餐饮经营场所燃气泄漏爆燃事故，要求各区县政府、市安委会各成员单位及各有关单位，部署并落实安全生产大检查，强化属地和部门安全监管，落实企业主体责任，加强教育培训，不断提高从业人员安全意识和安全技能。

（何明明）

【餐饮业燃气整治】 2013年，根据国务院安委会工作部署，市安委会在全市组织开展餐饮场所燃气安全专项治理。召开专题会议，制发文件，明确餐饮场所燃气安全专项整治内容、工作步骤和职责分工。通过摸底排查，全市有34848家使用燃气的餐饮场所纳入基础台账，其中使用液化石油气的餐饮场所共有18424家，占台账单位数量的52.9%，82.5%为500平方米以下的餐饮经营单位。4月19日至5月30日组织全市餐饮场所燃气使用安全培训班17期，培训人员1734人。定期召开工作例会，听取工作情况汇报，及时解决工作中遇到的问题。建立报表统计制度，每月汇总统计数据，定期编辑印发《安全生产简报》专刊，及时反映全市开展燃气安全专项治理工作情况。全市检查单位40934家，发现问题隐患35787项，隐患整改33548项，下达执法文书24011份，实施行政处罚1255起，罚款168.769万元，停产停业335家，关闭取缔85家。

（张玉红）

【表彰先进集体和个人】 2月22日，市安委会办公室、人力社保局印发决定，表彰2010年—2012年度安全生产工作表现突出的先进单位和先进个人。北京市东城区人民政府东华门街道办事处等35个单位为“北京市安全生产先进单位”，吴向前等100人“北京市安全生产先进个人”。

（多化龙）

【表彰综合考核先进单位】 4月2日，市安委会印发《关于表彰2012年度安全生产综合考核先进单位的决定》，根据《北京市安全生产综合考核办法（试行）》和有关要求，通过组织对各区县政府、北京经济技术开发区管委会和市有关部门安全生产综合考核，经市政府同意，决定东城区、西城区、海淀区、丰台区、石景山区、门头沟区、房山区、通州区、大兴区、顺义区、昌平区、平谷区、密云县、延庆县和北京经济技术开发区15个区县为“安全生产工作先进区县”。决定市住房城乡建设委、市政市容委、交通委、经济信息化委、商务委、旅游委、文化局、质监局、水务局、安全监管局、广电局、体育局、园林绿化局、民防局、公安局消防局、公安局交管局16个市政府工作部门为“安全生产工作优秀单位”。同时，授予顺义区政府“安全生产工作特别贡献奖”，授予西城区政府、密云县政府“安全生产工作基础管理创新奖”，授予大兴区政府“安全生产工作重大进步奖”。

（多化龙）

【制发综合考核细则】 5月2日，市安委会办公室根据《北京市安全生产综合考核办法（试行）》和2013年北京市安全生产大会明确的工作重点，制发《2013年各区（县）政府安全生产综合考核细则》。要求各区县政府、北京经济技术开发区管委会按照有关规定加强组织领导，细化目标任务，开展监督检查，促进企业主体责任、政府监管责任的落实，推进全市安全生产形势持续稳定好转。并于12月底前，将本地区2013年度安全生产综合考核自评报告，报市安委会办公室。

（靳玉光、张玉红）

【下发区县综合考核通知】 12月19日，市安委会办公室制发《关于做好2013年度各区县政府安全生产综合考核工作的通知》，根据《北京市安全生产综合考核办法（试行）》和《2013年各区（县）政府安全生产考核细则》，按照“统筹、简化、透明、规范”的工作原则，开展2013年度各区县政府安全生产综合考核，明确组织实施、考核对象和内容、考核方式、考核等次、考核时间安排以及工作要求。

（王晓杰）

【推进部门综合考核工作】 2013年，市安委会办公室结合全市安全生产工作重点，坚持“注重平时、着重基础、侧重共性、突出重点”的工作思路，广泛征求意见，逐项修订考核方案、内容和评分标准。对部门考核内容和评分标准的修订主要体现在以下几个方面：一是突出重点考核内容。将安全生产监督检查和各项专项整治、安全生产标准化作为重点内容，加大考核分值。二是针对薄弱环节突出扣分的考核内容，新增“组织开展本系统安全生产考核”“建立完善本行业领域企业基础信息台账”“组织开展有限空间作业等安全专项检查”等内容。三是细化了“工作亮点”加分项，具体包括安全生产监管工作成效突出，受到国家、市委、市政府表扬、推介的工作。主动开展调研工作，研究解决本行业领域深层次的安全生产问题。

牵头承办疑难复杂以及社会影响较大的安全生产举报投诉案件。通过修订完善考核内容和评分标准，突出了工作重点，量化了考核标准，进一步增强了考核内容的全面性、针对性和可操作性。市安委会办公室统筹协调相关部门按照职责分工和考核工作安排，建立并规范日常工作基础台账，加强动态管理和过程管理，全面了解掌握有关部门安全生产工作情况，推进安全生产综合考核工作有序实施。

（张聪）

【控制指标分解】 2013年，区县政府控制指标包括总体控制、工矿商贸（生产安全）控制、道路交通控制、火灾控制、铁路交通控制5项指标。重点行业领域控制指标包括：市安全监管局、住房城乡建设委、质监局等有关部门分别负责工矿商贸（生产安全）控制指标、亿元国内生产总值生产安全事故死亡率、工矿商贸就业人员10万人生产安全事故死亡率、煤矿百万吨死亡率、特种设备万台死亡率控制指标的管理工作；市公安局交管局负责道路交通、道路交通万车死亡率控制指标的管理工作；市公安局消防局负责火灾控制指标的管理工作；北京铁路局会同市有关部门负责铁路交通控制指标的管理工作；市农业局负责农业机械控制指标的管理工作。相对控制指标：相对控制指标由负有安全监管（管理）职责的市级有关部门负责管理，不再按区县分解下达。

（何明明）

【控制指标构成】 2013年，全市安全生产控制指标仍由总体控制指标、行业领域控制指标、相对控制指标和事故起数控制指标4类17个指标构成。总体控制指标：全市各类事故（包括工矿商贸、道路交通、火灾、铁路交通、农业机械）死亡总人数控制在1145人以内。行业领域控制指标：工矿商贸（生产安全）事故死亡人数控制在142人以内（含特种设备事故），其中，建筑施工死亡人数控制在89人以内；道路交通事故死亡人数控制在937人以内，其中，生产经营性道路交通事故死亡人数控制在315人以内；生产经营性火灾事故死亡人数控制在30人以内；铁路交通事故死亡人数控制在32人以内；农业机械事故死亡人数控制在4人以内。相对控制指标：亿元国内生产总值生产安全事故死亡率0.061；工矿商贸就业人员10万人生产安全事故死亡率1.35；煤矿百万吨死亡率1.800；道路交通万车死亡率1.6；特种设备万台死亡率0.39。事故起数控制指标：全市工矿商贸（生产安全）、道路交通、火灾、铁路交通、农业机械3人以上较大事故控制在23起以内。其中，道路交通较大事故起数控制在18起以内，工矿商贸（生产安全）较大事故控制在3起以内，生产经营性火灾较大事故起数控制在2起以内。

（何明明）

【控制指标下达】 5月10日，根据国务院安委会《关于下达2013年全国安全生产控制指标的通知》《关于补充下达2013年全国安全生产控制指标的通知》精神，市安委会将2013年全市安全生产控制指标下达给各区、县人民政府，市政府有关委、办、局及有关单位，并要求认真贯彻执行。

（何明明）

【控制指标实施】 2013年，各区县、各部门、各单位深入贯彻落实党的十八大精神，牢固树立“以人为本、安全发展”的理念，坚持预防为主，继续深化隐患排查治理和“打非治违”专项行动，全力压减各类事故，坚决遏制重特大事故，推进全市安全生产状况持续稳定好转，为首都经济平稳较快发展提供强有力保障。各区县政府对本地区各项控制指标实施属地管理，市政府有关部门根据安全监管（管理）职责，对本行业领域控制指标实施监督管理。各区县、各部门迅速分解落实安全生产控制指标，层层落实安全生产目标和任务，强化和落实企业安全生产主体责任、部门监管责任和属地管理责任。市安全生产委员会办公室统筹协调全市安全生产控制指标实施工作，定期指导、督促、检查、通报各区县和各部门安全生产控制指标落实情况。健全完善指标控制激励约束机制，严格实施安全生产综合考核工作，把安全生产控制指标的落实情况纳入市政府绩效办对区县政府绩效管理评价体系和市委组织部区县经济社会实绩考核评价指标体系。

（何明明）

【控制指标落实】 2013年，全市安全生产形势总体稳定，事故总量和死亡人数继续保持“双下降”，但较大事故特别是重大事故仍未得到有效遏制，安全生产形势依然严峻。全市共发生道路交通、生产安全、火灾、铁路交通死亡事故937起，死亡1032人，同比减少45起41人，分别下降4.6%和3.8%。其中，发生生产安全死亡事故91起，死亡95人，事故起数同比增加8起，上升9.6%，死亡人数同比减少4人，下降4%。发生道路交通死亡事故791起，死亡860人，同比分别减少54起58人，下降6.4%和6.3%（其中生产经营性道路交通事故193起214人）。发生火灾死亡事故32起，死亡53人，同比增加8起27人，分别上升33.3%和103.8%（其中生产经营性火灾事故4起15人）。发生铁路交通死亡事故23起，死亡24人，同比减少6起5人，分别下降20.7%和17.2%。未发生农业机械死亡事故。

（靳玉光、何明明）

【事故统计管理】 10月15日，市安委会办公室印发《关于报送全市火灾事故情况的函》，就报送各类火灾及生产经营性火灾事故有关要求通知市防火委办公室，明确生产经营性火灾事故的认定及报送方式和时间。

（张子晋）

【综合指标统计】 2013年，市安委会办公室加强对安全生产控制指标动态管理，定期通报控制指标落实进度。为健全完善综合数据指标系统运行管理，2013年综合数据指标由原先的209项精简调整为98项统计指标，每月编制《安全生产综合指标数据统计手册》，全面反映全市安全生产工作情况，及时向国务院安委会、市政府报送统计数据，确保在第一时间发布最新数据。

（张子晋）

市安全监管局安全监管

综合监管

【市属企业集团安全生产会议】 1月6日，市国资委召开市属企业集团安全生产工作会，传达市政府有关会议精神，通报2012年机械冶金等行业安全生产情况，部署2013年安全生产工作。市安全监管局副局长陈清参加会议并重点就“打非治违”和安全生产标准化工作提出意见。

（赵昕）

【春节前商市场安全检查】 1月22日，市安全监管局组织市商务委、工商局、公安局消防局等部门并聘请相关专家，对全市商市场开展节前安全生产执法检查。此次集中执法重点对丰台区、西城区、海淀区、朝阳区共21家商市场的安全生产管理情况进行检查。其间，共下达现场检查记录16份，责令限期整改指令书7份。通过检查，多数商市场对安全生产比较重视，配备了安全管理人员，开展了大量工作。但部分商市场仍存在一些突出的安全隐患问题：一是特种作业人员管理有漏洞，主要是未建立特种作业人员管理档案、特种作业人员未持证上岗、特种作业人员证件过期等；二是配电室安全隐患较多，主要是配电室内堆放杂物、高压配电室无人值守、高压配电室安全用具逾期未检和配备数量不足；三是安全生产基础管理不完善，主要是安全生产规章制度不完善、安全生产教育培训学时不足、应急预案编制与演练记录不完善；四是临时用电不规范，私搭乱接、用电线路混乱问题突出。检查期间，《北京晚报》等相关媒体对执法检查工作进行了集中宣传报道。

（张聪）

【文化娱乐场所安全检查】 1月28日至29日，市文化局、安全监管局、公安局治安总队、公安局消防局、文化执法总队等部门联合检查海淀区及昌平区部分文化娱乐场所的冬季安全生产工作。检查组一行由市文化局巡视员叶重辉带队，先后听取海淀区和昌平区文化委关于开展春节期间安全生产大检查落实情况的汇报，实地检查了钱柜企业股份有限公司、糖朝KTV佰金店、北京七彩永利游乐园有限责任公司、北京世纪博士上网服务有限公司、北京零度聚阵沸腾上网服务有限公司、北京缤纷年代娱乐发展有限公司、北京嘉乐迪娱乐中心等场所。检查组重点抽查了场所安全生产责任制的制定和落实情况、突发事件应急预案的制订和落实情况、冬春季安全保障措施落实情况、经营作业场所设备设施安全状况、员工安全教育培训情况、应急演练及紧急状况处置情况等。检查中发现，个别经营场所还存在安全生产基本制度不全、岗位责任制落实不到位、培训教育记录缺失、消防器材设施摆放不规范、疏散通道个别部位被挤占、配电室运行和维护不规范等问题。检查组当即责成存在问题的单位负责人立即整改，针对问题认真纠正和预防，强化安全生产基本制度建设，强化员工安全培训教育，做好应急疏散预案和演练，防患于未然。

（张聪）

【春节期间联合检查】 2月5日至6日，市假日办、安全监管局、园林绿化局、文物局、公安局消防局等部门对本市八大处公园、白云观和大观园等人员密集场所开展联合安全检查。检查重点是有关单位的安全制度及其责任制、节日安全应急保障方案、日常值守、设备能力、应急演练、重点部位监控等管理情况。从检查情况看，各单位都对春节黄金周安全工作重视，制订节日期间的安全保障措施和应急预案，进行安全隐患的排查治理等专项工作。针对发现的应急方案操作性差和有关单位安全协议不规范的问题，检查组下发安全检查记录，提出限期整改要求。

（张聪）

【大红门市场隐患治理紧急约谈】 2月6日，针对丰台区大红门地区批发市场事故隐患情况突出问题，市安全监管局局长张家明主持对丰台区政府及南苑乡政府、大红门街道办事处和相关企业负责人进行紧急约谈。通报大红门地区批发市场执法检查发现的问题，向相关企业提出隐患整改要求，下达隐患整改指令书，向区政府发出隐患整改督办函。约谈要求：相关企业要落实主体责任，全面进行隐患整改，确保市场经营安全有序，同时要及时向属地政府报告隐患整改情况，确保必要的安全投入，坚持依法依规经营；街道办事处、乡镇政府要以安全为出发点，把安全隐患当作事故来处理，强化街乡安全监管，监督企业做好隐患整改；区政府要强化对大红门地区市场隐患的整治力度，标本兼治、重在治本，加强市场安全监管体制机制研究，促进市场经营模式的转变与创新，全面提升市场经营监管水平。市商务委、市工商局、市公安局消防局主管领导及相关负责人出席会议。

（张聪）

【全国“两会”电力安全保障】 2月21日，华北电监局、市发展改革委、安全监管局对本市电力公司及相关重要用户的电力安全保障进行专项监督检查。检查组听取市电力公司关于全国“两会”电力安全保障工作汇报，查阅相关安全保障工作方案、重要输变电设施安全评估资料、相关应急预案等。随后前往首次承担全国“两会”接待任务的华北宾馆、金霖酒店和城区供电公司220kV左安门变电站以及市电力应急指挥中心等场所，实地抽查重要输变电设施隐患排查治理、企业落实安全生产责任制以及作业场所设备设施安全状况等。检查组针对华北宾馆存在的1号至3号配电线路层级多且同母线负荷复杂的问题提出整改意见和建议，要求采取应急措施，降低供电和配电的事故风险。检查组要求有关单位加强运行监视，强化设备巡查和检测工作，加大对调度应急指挥中心、变配电设施和重要场所的监控力度，确保全国“两会”期间的绝对安全。

（张聪）

【餐饮企业燃气隐患治理专题会】 2月21日，市安全监管局就餐饮企业燃气使用隐患治理工作与市市政市容委进行专题座谈研究。会上，市安全监管局针对市市政市容委《关于治理餐饮业燃气使用安全隐患有关情况的函》（京政容函

〔2012〕986号）中提出的有关建议，逐条进行反馈，从综合监管角度就加大本市餐饮企业燃气使用安全专项治理工作，提出工作建议。双方就本市餐饮企业燃气使用中存在的突出问题，从液化石油气定点供应、《餐饮业使用瓶装液化石油气安全管理要求》的宣贯等方面进行研究。会议确定，市市政市容委进一步疏理餐饮企业使用燃气全流程安全管理工作，明确市相关部门的职责分工和重点任务及工作措施，迅速向市主管领导专题汇报。研究制订《关于加强餐饮企业燃气使用安全管理的意见》，在向市相关部门征求意见的基础上，提请市政府印发实施。同时，专题会议还对本市贯彻落实《国务院安委会关于深入开展餐饮场所燃气安全专项治理工作的通知》要求，全面开展治理行动工作进行研究。

（张聪）

【地下空间安全监管研讨会】 2月28日，市民防局、住房城乡建设委、安全监管局联合召开会议，对人防工程和普通地下室安全监管问题进行专题研讨，确定启动地下空间安全使用管理规范的修订工作。会上，市民防局和市住房城乡建设委通报本市落实《北京市人民防空工程和普通地下室安全使用管理办法》（市政府第236号令）开展情况，建议结合市政府236号令的要求，尽快开展相关规范的修订工作。会议提出，地下空间安全监管工作应按照全市安全生产标准化工作的总体部署，加强地下空间使用标准的制订完善工作，一方面规范地下空间使用管理工作，另一方面增强政府安全监管工作的针对性。

（张聪）

【市机械冶金行业安全生产会议】 3月7日，市安全监管局召开2013年北京市机械冶金等行业安全生产监管工作会。会议通报2008年至2012年全市工业企业安全生产情况，部署2013年全市机械冶金等行业年度重点工作任务，对安全生产标准化重点工作进行详细安排和充分讨论。会议就全国“两会”安全保障提出要求。

（赵昕）

【公路工程平安工地建设】 3月21日，市交通委、市安全监管局联合召开会议，会上，市交通委路政局总结2012年北京市公路工程“平安工地”建设情况，肯定工作成效，分析存在的薄弱环节，全面部署2013年道路工程“平安工地”建设任务，明确提出了工作目标。市安全监管局提出3点意见：一是提高认识，加强领导，确保公路工程“平安工地”建设落到实处；二是强化管理，狠抓落实，确保公路工程平安工地长效机制发挥效能；三是加大宣传，深入学习，努力实现公路工程平安工地建设的最终目标。

（张聪）

【地铁6号线参建单位约谈】 3月29日，市安全监管局、住房城乡建设委、重大办召开专题会议，就北京地铁6号线二期17标段“3·18”事故情况及存在的特种作业人员无证、持假证上岗等隐患和问题，集体约谈北京市政建设集团有限责任公司、北京京秦基础工程有限责任公司等参建单位。市安全监管局副局长陈清参加会议并对参建单位进行约谈。会上，北京市政建设集团有限责任公司汇报事故整改措施落实情况，市安全监管局通报北京市政建设集团有限公司近年来事故高发的情况，安全管理存在的突出问题和漏洞，通报隐患查处情况并现场下达行政处罚告知书，重申生产安全事故责任追究及新出台的有关规定。市住房城乡建设委指出该标段的问题，并提出整改要求。

（张聪）

【轨道交通建设事故单位检查】 3月18日，北京市政建设集团有限责任公司承建的北京地铁6号线二期17标发生一起降水施工人员跌落泥浆沉淀池死亡事故。为吸取事故教训，防范类似事故重复发生，市安全监管局会同市住房城乡建设委及有关专家对事故单位进行安全生产联合检查。经现场检查发现，该单位，一是特种作业人员管理存在漏洞，特种作业人员存在使用伪造证件现象；二是安全管理有关制度不完善，应急预案、隐患排查治理制度不全面，安全教育培训内容缺乏针对性；三是施工现场安全防护不到位，作业现场临边围护搭设不符合安全要求，一些人员劳动防护用品使用不规范。针对检查发现的问题，执法人员要求：第一，配合区安全监管部门开展事故调查处理工作。第二，立即停止现场施工，开展全方位、无死角的隐患排查，强化现场安全管理。第三，组织全员安全培训教育，切实吸取事故教训，坚决防范事故再次发生。第四，切实加强特种作业人员管理，严禁特种作业人员无证或持假证件上岗。并要求举一反三，迅速整改，及时报送整改报告。

（张聪）

【公园景区联合检查】 4月19日，市安全监管局、园林绿化局、旅游委、质监局、公安局消防局、公安局治安管理总队、公园管理中心等部门对世博园（北京园）、北京世界公园、北京世界花卉大观园安全工作进行检查。检查人员主要检查安全生产管理制度、安全生产责任制的制定情况，安全生产教育、培训、考核情况，特殊工种作业人员持证情况等。检查发现，北京世界公园、北京世界花卉大观园在安全管理方面不同程度地存在一些问题：一是安全生产管理规章制度不健全，缺少隐患排查治理工作制度、危险作业管理制度等，有些制度内容与现行法律法规不符；二是部分安全检查记录流于形式，登记记录不完善，没有形成发现问题和整改落实的闭环管理；三是教育培训计划和考核内容缺乏安全生产工作内容；四是特种作业人员管理工作不到位，存在特种作业人员证件到期未审现象等。针对这些问题，检查人员对存在问题的单位下发现场检查记录，要求立即进行整改。

（张聪）

【网吧突击夜查行动】 4月22日至23日，市安全监管局组织对部分网吧开展突击夜查。此次夜查共涉及东城、西城、朝阳、海淀、丰台、石景山、大兴7个区的30家网吧。市区两级安全监管部门发挥联动工作优势，共出动执法人员48人次，下达责令限期整改指令书23份，下达强制措施决定书4份，查处安全隐患112项。

（张聪）

【轨道交通建设节前联合检查】 4月22日至26日，市安全监管局、重大办、住房城乡建设委、公安局消防局等部门联合开展为期一周的轨道交通建设安全生产检查。检查组对6号线二期、7号线、8号线、14号线和15号线等9个标段进行联合检查，通过听取汇报、现场检查、集中反馈的形式，重点了解轨道交通建设安全管理状况及风险工程管理情况以及“五一”期间各项措施制定情况等。检查中共发现47个问题，主要集中在责任制落实、应急预案演练、人员教育培训、安全防护措施、临时用电管理等方面。针对检查发现的问题，检查人员要求建设单位牵头，督促相关企业立即整改，并要求各单位严格落实各项安全生产要求和措施，加强日常检查和应急值守，切实做好节日期间轨道交通建设安全生产工作。

（张聪）

【上网服务业安全监管座谈】 5月7日，市安全监管局副局长陈清主持召开专题座谈会，市文化局、公安局消防局和文化市场行政执法总队等部门负责人参加会议。会议通报市安全监管局对部分网吧开展夜间突击安全检查行动的情况。与会单位就检查中发现的管理人员数量不足、24小时营业和经营场所内用电安全等问题进行研讨。会议决定：进一步研究完善相关政策和标准，研究修订《北京市互联网上网服务营业场所安全管理规范（试行）》，规范管理。推进网吧标准化创建，并将相关制度、用电安全等方面纳入标准化评审要求。行业管理部门根据《北京市安全生产委员会办公室关于近期对本市部分网吧开展突击安全检查行动情况的通报》（京安办发〔2013〕16号）文件，组织区县开展全面的网吧专项检查，督促企业落实安全主体责任，治理消除各类安全隐患。

（张聪）

【交通安全监管专题会议】 5月14日，市安全监管局组织召开交通安全监管专题工作会，就“道路客运安全年”活动，轨道交通运营大客流问题与相关部门进行专题研究。市交通委、交通委运输局以及公安局交管局有关部门负责人参加会议。会议对“道路客运安全年”活动的方案制订、动员部署、监督检查以及总结上报工作进行研究。市交通委介绍“道路客运安全年”活动工作方案研究制订情况，市交通委运输局介绍旅游、省际客运安全监管工作情况，市公安局交管局结合制订的“道路客运安全年”活动工作方案提出建议。市安全监管局就“道路客运安全年”活动中涉及的事故调查处理、安全生产标准化创建以及监督检查等方面提出意见建议，并从综合监管角度督促市交通委尽快出台本市“道路客运安全年”活动工作方案，组织召开动员部署会议并结合年度执法工作计划，加大对专业运输单位的监督检查力度，确保活动取得实效。市交通委运输局介绍轨道交通路网运营有关基本情况、存在的问题和安全监管工作开展情况。

（张聪）

【轨道交通运营安全座谈会】 5月14日，市安全监管局副局长陈清主持召开座谈会，与中国安科院交通安全研究所共同研究本市轨道交通运营安全生产工作。会上，中国安科院交通安全研究所负责人结合运营安全管理风险评估的实际，对本市进一步加强轨道交通运营安全管理提出建议：严格轨道交通建设期间各项安全生产费用的把控，确保安全设备设施的资金投入；严格试运行时间保障，确保设备设施满足安全测试、调试要求；完善相关标准规范，确保重点岗位人员的配备；加强对地铁员工的专业知识教育培训和考核；充分借鉴外省市经验做法，通过多种信息渠道及时将客流情况告知乘客，提示选择出行路线，有效缓解地铁人员拥挤状况。会议决定，市安全监管局要加强与中国安科院交通安全研究所的沟通和联系，推进长期战略合作机制建设，及时掌握行业先进管理经验，不断丰富和充实监管工作手段，做好安全生产综合监管工作。

（张聪）

【“道路客运安全年”活动】 5月29日，按照交通运输部、公安部、国家安全监管总局关于开展“道路客运安全年”活动的工作要求，市交通委、安全监管局、公安局交管局联合印发《北京市“道路客运安全年”活动方案的通知》，要求5月至11月，在全市范围内开展“道路客运安全年”活动，进一步深化驾驶员素质教育工程、推进客运企业安全管理标准化建设、加强道路运输车辆动态监管、推进长途客运接驳运输试点、深化“安全带－生命带”活动、强化包车客运管理、规范客运站安全管理、严管客运车辆严重违法违规行为和建立客运车辆较大道路交通事故调查和挂牌督办机制。市交通委、公安局交管局、安全监管局按照方案要求，全面组织落实，开展检查督查，使“道路客运安全年”活动得到有效落实。

（张聪）

【穿越城市轨道交通设施安全管理】 5月31日，市交通委、质监局、安全监管局等相关部门组织召开宣贯大会，对《穿越城市轨道交通设施检测评估及监测技术规范》的基本思路、主要内容和技术要求进行解读。对穿越信息管理系统相关使用功能进行介绍。此规范是对穿越城市轨道交通设施工程作出具体技术及管理要求的首部地方标准。此规范明确工前检测、安全评估、专项设计、施工、监测及后期评估等过程的技术流程和相关要求，此规范的实施对于加强本市穿越城市轨道交通工程安全监管、确保城市轨道交通安全运行有着十分重要的意义。穿越工程信息管理系统通过工程申报、论证委托、安全论证、工前备案、配合启动以及工后评估等监测程序，使政府相关部门能够全面了解并实施动态监管，有效保证轨道交通运营安全。

（张聪）

【农村地区安全风险评估】 5月，市安全监管局会同市委研究室、市农研中心等部门，成立专业评估小组开展本市农村地区重点安全风险管理状况调查评估工作。评估小组以10个远郊区县20个乡镇为切入点，对16家“两气工程”、20家中小企业、20个乡镇政府进行检查和综合评估；对180个乡镇进行安全风险管理问卷调查；分别赴市农委、农业局、公安局、市政市容委、质监局、公安局消防局及部分区县政府进行专题调研。通过座谈、重点检查、问卷普查、评估分析、法规政策研究、事故分析等，了解到本市农村地区重点安全风险管理现状，发现问题并进行原因分析，研究提出改进措施和建议，形成北京市农村地区“两气工程”安全管理调查评估意见。

（张聪）

【地铁6号线二期工程联合检查】 5月，按照市监察局《城市建设管理协作组关于对轨道交通项目开展检查的工作方案》要求，市安全监管局、住房城乡建设委、市政市容委等部门，参加市监察局组织的对地铁6号线二期工程联合检查。检查人员分别对6号线二期13标段、14标段、16标段安全生产基础管理和现场管理进行检查。从总体上看，施工单位基本建立安全生产责任制和安全生产规章制度，设置安全管理机构并配备专职安全管理人员，能够开展安全生产教育培训、应急预案演练、安全检查等工作，施工现场安全管理整体较好。在检查中发现个别项目存在安全生产管理制度编制不全面、人员教育培训针对性不强、施工现场安全防护不到位、临时用电管理不规范等问题。针对存在的问题，检查人员责令企业立即整改，并要求施工单位采取有效措施，切实加强安全生产管理工作。

（张聪）

【燃气发电企业联合督查】 5月，市安全监管局会同华北电监局及有关专家对本市部分燃气发电企业安全生产进行联合督查。针对本市燃气发电机组较为集中的情况，本次专项督查分别选取在建的大唐国际发电股份有限公司高井燃气热电联产工程、新建的北京京桥热点有限责任公司和已运行的北京太阳宫燃气热电有限公司燃气发电企业作为督查对象。督查组实地抽查企业落实安全生产责任制、安全生产管理制度建立、安全生产应急演练以及营业场所设备设施安全状况等，对涉及燃气机组、管线有关作业中的“两票三制”行为和作业人员未取得特种作业资格等情况进行重点检查。

（张聪）

【典型事故核查】 6月13日，市安全监管局印发《关于开展生产安全典型事故核查的通知》，根据国家安全监管总局办公厅《关于开展生产安全典型事故统计和查处情况核查的通知》要求，于6月至7月开展生产安全典型事故核查工作。要求各区县、北京经济技术开发区安全监管局核查2008年以来社会舆论关注较多的一次死亡2人事故调查处理情况。各区县安全监管局收集汇总本区县2008年至2012年来发生的一次死亡2人事故情况，并对事故发生及查处情况开展自查，分析一次死亡2人事故在一般事故中的比例以及有无瞒报、谎报等情况。并于7月5日前报送统计表和自查报告。

（何明明）

【农机安全宣传咨询日】 6月14日，市农业局在昌平农业示范种子基地组织开展2013年“三夏”农机安全生产宣传咨询日活动，正式启动本市农业系统安全生产月活动。市安全监管局、农委、公安局交管局，有关区县农委、农业局、农业服务中心等部门和单位负责人参加咨询日活动。市农业局对本市“三夏”农机安全生产工作进行重点部署，与会领导为“三夏”作业的农机手发放宣传资料和用品，昌平区农机监理站现场演示农机执法流程和工作规范。市公安局交管局、市农业局领导就进一步加强“三夏”期间农机安全管理工作提出要求。

（张聪）

【交通运输安全监管电视电话会】 6月28日，市交通委、市安全监管局联合召开全市交通运输安全生产监管工作电视电话会议，对全市开展道路交通安全大检查工作进行动员部署。会议强调：一是要把安全生产大检查工作与全市正在开展“道路客运安全年”“平安交通”“打非治违”等专项行动有机结合起来，抓住行业特点，着力解决难点和突出问题并建立安全监管长效机制。二是要强化对“两客一危”、轨道交通运营、公交运营、汽车租赁与维修、交通运输场站和公路工程等重点生产经营单位的安全执法检查，确保安全生产法律法规、标准规范和各项措施要求得到严格执行。三是要严格整改，做到真查真改、真整真治，要对隐患和突出问题实行“零容忍”，该整改的迅速整改，该停工的立即停工。要严于执法，敢于执法，确保各项安全大检查和专项行动取得实效。

（张聪）

【“直击现场”执法检查】 6月28日，市安全监管局组织市文化局、文化行政执法总队、工商局、公安局消防局，以及东城区安全监管局、文化委、工商局对东城区部分网吧开展“直击现场”安全生产联合执法检查。北京电视台、《中国安全生产报》、北京人民广播电台城市服务管理广播等有关媒体对此次执法检查进行宣传报道。执法人员对北京站附近的2家网吧检查，下达责令限期整改指令书3份，查处安全隐患5项。检查发现，两家网吧安全管理状况总体较好，但仍然存在安全管理规章制度制定不细致、安全管理人员不足、缺少应急演练计划等问题。北京蓝色畅想上网服务有限公司配电室由物业单位北京城市青年酒店发展有限公司负责检修维护，该单位电工未持证上岗，执法人员对物业单位下达责令限期整改指令书。

（张聪）

【建设施工现场管理办法】 7月1日，《北京市建设工程施工现场管理办法》（市政府令第247号）正式施行。新《办法》一是细化了建设单位的安全责任，规定要依法选定施工单位和监理单位，组织协调建设工程参建各方的施工现场管理工作，设立专门安全管理机构，按照国家有关规定及时支付安全防护、文明施工措施费，并督促施工单位落实安全防护和绿色施工措施。二是增加总承包单位对于起重机械设备的监督管理责任，明确监理单位安全监理责任，并对安全监理人员提出明确要求。三是设立租赁企业备案制度，提出租赁企业人员、设备及场地等管理要求，通过备案和信用信息管理，规范建筑起重机械租赁市场，确保起重机械的安全运行。四是强化建设工程拆除管理，明确需要到住房城乡建设行政主管部门备案的拆除工程规模，并对拆除施工时提出现场管理和安全管理的要求。

（张聪）

【安全监管工作会】 7月3日，市安全监管局组织召开全市安全生产监管工作会议。市发展改革委、住房城乡建设委、交通委等27个政府部门有关负责人参加会议。会议通报本市建设施工安全生产监管意见，总结2012年市政府有关部门安全生产综合考核情况并对2013年综合考核工作进行部署，细化制订本部门“安全生产大检查”实施方案、开展行业专项检查以及组织对区县的综合督查工作等方面，对各部门开展安全生产大检查进行再动员、再部署。会议要求，按照“全覆盖、零容忍、严执法、重实效”的总要求，扎实开展安全生产大检查。一是加强部门联动，严格执法检查，群策群力，加强协调配合，严格执法检查。二是抓好建设施工、交通运输、水电气热等重点行业，农村、城乡结合部、地下空间等重点区域以及商市场、网吧、作业人员密集的生产加工场所、危险物品存储使用等重点场所的安全专项治理工作。三是做好夏季及汛期安全生产监管工作，特别是针对地铁建设工程、公路建设养护工程、电力建设、园林建设、中小河道治理和下凹式立交桥雨水泵站等重点工程，切实做好防坍塌、防触电、防中毒、防坠落、防火灾等工作。

（张聪）

【部署行业领域安全生产大检查】 7月3日，市安全监管局组织召开会议，对行业领域安全生产大检查进行部署。会议要求各部门要牢固树立首都责任意识，切实做到“两个统一”。一是统一思想，做到“始终把人民生命安全放在首位”，深入查找本市各行业领域安全生产工作的不足，将安全生产大检查落到实处。二是统一行动，结合实际制订大检查方案。做到检查全覆盖，加强行业部门指导协调，全面整合行政资源，充分发动企业自查，针对事故易发环节和重点部位、重点时段，全面开展安全生产大检查，全面排查治理安全隐患。

（张聪）

【市属企业集团大检查部署】 7月4日，市国资委召开工业企业集团安全生产工作会，通报工业企业事故情况，部署工业企业安全大检查工作。3个企业集团就开展安全生产标准化评审、物联网建设、企业内部管理等方面做典型发言。市安全监管局副局长陈清参加会议并就隐患大排查、大治理、“打非治违”等工作提出要求。

（赵昕）

【防雷安全大检查】 7月4日，市气象局、市安全监管局联合发布《关于集中开展防雷安全大检查的通知》及《北京市防雷安全大检查实施方案》，开展防雷安全大检查工作。指出，本市属于雷暴活动多发地区，存在建筑物和电子电气设备未按规定采取防雷措施、新改扩建工程未经防雷竣工验收、防雷装置未进行定期检测等安全隐患。大检查采取自查自纠和联合抽查方式进行。企业作为防雷安全责任主体，要结合实际制订工作方案，组织开展防雷安全隐患排查，整改治理隐患，落实防范措施。区县气象局会同安全监管部门，组成联合检查组分重点、分批次进行防雷安全检查。

（张聪）

【水上乐园安全管理联合检查】 7月9日至10日，市安全监管局组织市体育局、质监局对媒体反映的北京华旅欢乐水魔方嬉水乐园有限公司（欢乐水魔方嬉水乐园）、北京金郁金香文化发展有限公司（魔锐水世界）和北京欢乐水魔方嬉水乐园有限公司（水立方嬉水乐园）存在的问题进行联合检查。重点检查3家单位安全生产管理制度、救生衣配备和管理情况及营业场所安全状况等。检查发现，欢乐水魔方嬉水乐园的“疯狂海啸”项目救生衣数量配备不足且破损严重。被检查的3家单位均不同程度存在安全管理制度缺失问题，安全培训不到位、配电室等重点部位存在隐患等。检查人员下发限期整改通知书，责令立即整改。

（张聪）

【立交桥积水治理工程联合检查】 7月10日，市交通委路政局、安全监管局、城市道路养护管理中心、北京排水集团、公联公司和市政工程管理处有限公司对莲花桥、正阳大桥和安华桥桥区积水治理工程进行安全生产联合检查。针对问题，检查组要求：一是建设单位及时对道路超标区域和处理后道路组织雷达探测，杜绝道路塌陷事件发生；二是挡墙等桥梁附属设施发生超标或损坏问题，应按照处理程序组织加固修复方案评审，避免发生次生灾害；三是第三方监测单位要加强监测数据管理，发生数据超标及时上报，并及时分析判断穿越交通设施运行状况；四是监管单位要监督相关单位逐一落实专项保护措施，监管重点环节，确保施工安全、交通设施安全，防范生产安全事故发生。

（张聪）

【超市手推车安全管理联合检查】 7月10日，市安全监管局、商务委、质监局组成联合检查组，对家乐福姚家园店、京客隆甜水园店、物美大卖场玉蜓桥店进行安全检查。重点检查3家超市的手推车和自动人行道有关管理制度、维修看护管理、安全使用标志及管理职责落实情况。检查发现，3家超市对手推车和自动人行道基本管理状况较好，但存在有关安全使用提示标志设置不足、手推车现场管理规定落实不到位、外包委托协议缺少安全内容等问题。检查组针对企业存在的问题提出整改要求，特别是针对物美大卖场玉蜓桥店存在的安全生产责任制缺失、安全管理制度与应急预案不完善、应急演练记录缺失、部分疏散通道安全指示标志缺失或不连贯、疏散通道指示标志指向混乱等问题，下达责令限期整改指令书。要求企业针对检查发现的问题，举一反三，全面进行隐患排查整改。

（张聪）

【金隅集团大检查督查】 7月13日，市安全监管局对金隅集团所属的北京通达耐火技术股份有限公司安全生产大检查和标准化创建工作进行督查。检查组听取企业安全生产管理及安全生产标准化建设情况的汇报，并就标准化建设过程中的困难、中介机构评审以及大检查工作的开展形式、落实步骤等问题进行交流。对检查发现的问题，要求企业立即整改。

（赵昕）

【首钢集团大检查督查】 7月18日，市安全监管局对首钢集团安全生产大检查工作开展落实情况进行督查，并抽查首钢吉泰安新材料有限公司。督查组听取首钢集团和企业大检查工作的汇报，查阅有关文件、工作方案、会议记录和隐患台账，并就企业重点区域和危险源的安全管理进行交流，针对发现的问题提出整改建议和要求：一是企业认识开展安全生产大检查的重要目的与意义，抓好大检查各项工作的落实；二是加强隐患自查工作，动员员工对生产系统、工艺环节、工作岗位进行隐患排查，做到全覆盖、不留死角；三是对排查出的隐患要建立档案，及时整改；四是通过开展标准化达标创建工作，建立企业安全生产长效机制。

（赵昕）

【地下直径线盾构施工安全监管】 7月19日，市安全监管局在北京地下直径线工程项目部召开现场会，督促有关单位强化盾构施工风险管控，确保工程安全和周边环境安全。会议决定，施工单位要组织进行安全评估，第三方监测单位要做到24小时自动监测并及时对数据进行分析，遇突发情况迅速预警预报。施工单位要从施工方案、施工管理、人员管理等方面入手，采取有效措施，做好事故防范工作。

（张聪）

【物联网示范工程工作部署】 7月29日，市安全监管局组织召开工业企业物联网示范工程承建单位和监理公司工作会。对照初设方案，对13家示范企业工程硬件和软件建设进行逐一梳理核对，针对出现的风险点数据接入、设备安装、平台功能、企业基本信息采集、系统试运行准备等困难和问题逐一研究确定解决方案，为按计划转入系统试运行阶段提供可靠保障。

（赵昕）

【电控集团大检查督查】 7月31日，市安全监管局对北京电子控股有限责任公司安全生产大检查工作进行督查，并抽查京东方光电科技有限公司五代线。督查组分别听取集团公司和企业大检查工作的汇报，查阅有关文件、记录、台账，了解各级落实大检查情况，现场分析风险源预警报警处置程序的科学性、合理性，并对发现的问题提出整改建议。督查结束后，督查组及时将督查情况反馈北京经济技术开发区安全监管局。

（赵昕）

【电气安全执法检查】 7月至8月，市安全监管局组织全市安全监管系统开展电气安全隐患专项执法检查行动。此次专项执法检查行动涵盖工业、商市场、餐饮、综合楼宇、机动车维修、危险化学品、宾馆饭店、文化娱乐8个行业领域，共检查2579家生产经营单位，发现电气安全隐患4037项。市安全监管局及时致函市商务委、旅游委、交通委、文化局、文化执法总队、住房城乡建设委等行业管理部门，通报检查情况，分别对各行业领域检查发现的问题进行具体说明，使行业管理部门及时掌握市安全监管局综合监管工作动态。致函建议各部门要按照全市安全生产大检查工作要求，将电气安全管理作为重要内容，加大安全检查工作力度。

（张聪）

【轨道交通运营安全专题会】 8月1日，市安全监管局局长张家明主持召开专题会议，与中国安科院书记吕敬民、轨道交通研究所所长钟茂华、博士史聪灵及相关专家研究轨道交通运营安全生产工作。会议围绕轨道交通路网运营安全故障多发问题、尾工问题、新工艺、新设备、新技术运用管理风险及运营企业安全生产管理重点风险等，与专家进行研讨。会议决定，委托中国安科院开展本市轨道交通运营安全检查调研工作，进一步摸清轨道交通运营安全管理实际现状，深入查找运营管理重点风险并结合全国轨道交通运营相关先进管理理念和措施，改进和提高本市轨道交通安全管理工作措施。双方就依托科研专业力量，提高本市轨道交通运营安全生产综合监管工作达成共识。

（张聪）

【轨道交通安全条例立项论证会】 8月7日，市人大常委会召开专题座谈会，研究《北京市城市轨道交通安全条例》立项论证工作。会上，市交通委、市政府法制办结合前期多轮立项论证，就《北京市城市轨道交通安全条例》立项的必要性、可行性、主要制度设计以及立法框架等方面情况向市人大及相关部门进行介绍。市政府有关委办局，有关区县人大、政府法制办针对本部门、本地区轨道交通安全监管情况提出有关工作意见建议。市安全监管局就立法过程中安全关口前移，将轨道交通新、改、扩工程安全设施“三同时”，信号系统、特种设备选型及试运行等内容的细化明确以及将业已形成并行之有效的规范性文件要求纳入立法主要制度设计范围等方面提出意见和建议。

（张聪）

【昌平区道路交通安全督导检查】 8月8日，由市安全监管局、交通行政执法总队、公安局交管局、交通委运输局、交通委路政局等部门组成的市交通安委会第1督导组，对昌平区道路交通安全大检查推进落实情况进行督查。督查组对区县交通安委会基础工作、大检查组织部署等9个方面44项重点内容进行督导检查。督查组要求昌平区政府有关部门对督查发现的问题，及时整改落实。特别是对于专业运输车辆“挂靠”经营问题要重拳出击，明确监管措施，有效解决“挂靠”经营这一痼疾顽症。市级各有关部门要制订措施，从行政许可角度解决“挂靠”经营问题。

（张聪）

【京城机电大检查督查】 8月14日，市安全监管局对北京京城机电控股有限责任公司所属北京北重汽轮机电有限责任公司安全生产检查工作进行督查。通过查阅资料、座谈交流、一线班组现场检查等方式，对公司落实《冶金有色等工业制造业安全生产大检查实施方案》进行整体考评，对发现的问题进行分析，并就深化隐患排查治理，提出指导意见和要求。

（赵昕）

【轨道交通建设安全监管专题会】 8月15日，市安全监管局召开专题会议，研究轨道交通建设工程安全监管及穿越工程对地铁既有线运行安全影响问题。市住房城乡建设委、市交通委、北京地铁运营公司、京港地铁公司、轨道交通建管公司、城市快轨建设公司有关负责人和中国安科院有关专家参加会议。会上，轨道交通建设单位就穿越地铁既有线工程基本情况、穿越工程安全管理机制建立及落实情况进行重点介绍，轨道交通运营企业重点介绍穿越工程对既有线运营安全影响具体案例并提出有关建议。市住房城乡建设委、市交通委结合本部门安全监管工作职责，重点介绍穿越既有线工程联动平台建设、安全监管工作措施等对建设单位穿越工程安全管理提出的要求。市安全监管局和中国安科院就穿越既有线专项施工方案、应急预案的完善及演练、工程实施过程中的安全保障与各方进行重点沟通。针对国务院安委会督查组指出的本市轨道交通建设存在的具体问题，市安全监管局从安全生产综合监管角度，就强化轨道交通建设工程应急预案管理，进一步突出现场应急预案的针对性、可操作性以及提高项目负责人对预案的熟练掌握等方面提出意见和建议。

（张聪）

【延庆道路交通安全督导检查】 8月26日，以市安全监管局为组长单位的市交通安委会第一督导组对延庆县道路交通安全大检查推进落实情况进行督查。

延庆县副县长魏怡、县公安交管、安全监管等部门负责人参加督导检查。督查组对区县交通安委会基础工作、大检查组织部署等9个方面44项重点内容进行督导检查。其间，督导组深入沈家营镇检查村镇开展道路交通安全大检查工作情况，详细了解村镇营运车辆、重点危险路段的安全管理和集中治理情况。重点检查八方达公司安全管理制度、GPS监控、驾驶人员资质管理及车辆维护检修情况。在听取延庆县政府对道路交通安全大检查工作推进落实情况汇报后，督查组就深入推进落实道路交通安全大检查工作提出工作意见：进一步加强对大检查工作的组织领导，严格落实大检查各项工作措施；结合山区道路交通运输特点，强化临水、临崖、陡坡等危险路段的隐患排查治理，为道路交通运输提供良好的通行环境；抓大防小，在严格管控大货车、大客车、危险化学品车辆非法违法运输行为的同时，狠抓农村面包车、接送学生车辆的监管，严防小散车辆发生重大安全事故；部门联动，公安交管、交通运输、安全监管等部门要依法履职，以联合执法等多种方式形成工作合力。

（张聪）

【设立轨道交通运营安全领导小组】 8月，经市机构编制委员会办公室批准，设立轨道交通运营安全领导小组。组长由副市长张延昆担任，市政府副秘书长周正宇、市交通委主任刘小明、市公安局副局长高煜任领导小组副组长。领导小组成员由市交通委、监察局、安全监管局等17个政府部门，朝阳区、海淀区、丰台区安全监管局等12个属地政府以及市轨道交通指挥中心、北京地铁运营公司、京港地铁公司等5个相关单位组成。重点从企业落实主体责任、政府依法监管、属地强化责任落实等方面，明确轨道交通运营安全生产工作责任。

（张聪）

【一轻集团大检查督查】 9月4日，市安全监管局对一轻集团所属红星股份有限公司安全生产大检查工作进行督查。针对检查中发现的问题，督查组与集团和企业共同分析研究，就如何将安全生产大检查工作与安全生产标准化、专项治理活动有机结合等问题，进行深入交流。

（赵昕）

【液化石油气安全监管专题会】 9月6日，市安全监管局会同市市政市容委、交通委、质监局、城管执法局、公安局交管局等部门召开专题会议，研究液化石油气供应、运输、使用安全监管工作。会上，市安全监管局通报7月24日东城区金凤成祥面包店燃气爆燃事故以及燃气安全生产联合检查暴露出的问题，传达市委、市政府领导对加强燃气安全管理工作的批示以及相关工作进展。按照市领导要求，由相关部门共同研究有效措施，加强对液化石油气供应、运输、使用安全监管工作，加大对违法企业的查处力度，加强液化石油气源头管理。会议对《关于进一步加强液化石油气安全管理的意见》（征求意见稿）进行说明并研讨。会议要求：相关部门要深刻吸取“7·24”燃气爆燃事故教训，针对液化石油气供应、运输、使用中存在的突出问题，研究相关政策，提高安全准入门槛，建立严格的企业安全动态监管与市场退出机制，对于违法违规行为严重、存在重大事故隐患的企业要依法撤销行政许可，切实加大液化石油气事故隐患源头治理力度。按照市安委会关于餐饮场所燃气安全专项治理通知要求，总结前一阶段工作，针对存在的问题，抓紧整改，加快推进。结合全市安全生产大检查工作要求，继续强化对燃气各环节的安全生产大检查，坚决避免类似事故重复发生。对征求意见稿提出具体书面意见，特别是交通运输和公安交通管理部门要结合各自职责，提出有针对性的措施，规范企业经营行为，严厉打击燃气经营运输和使用中的非法、违法行为。

（张聪）

【总局对地铁停运事故检查】 9月16日，本市京港地铁4号线因信号故障造成双向停运，交通网络大面积拥堵。国务院领导对此高度重视，要求了解故障详情，并认真查找地铁运营安全管理工作中存在的问题，进一步提高运营管理水平、提升应急处置能力，切实保障地铁运营安全。为贯彻落实国务院领导重要批示要求，国家安全监管总局于10月12日对地铁4号线“9·16”停运事故进行专项检查调研。专项检查调研组由国家安全监管总局监管二司副司长赵瑞华带队，监管二司二处有关领导及中国安全生产科学研究院轨道交通安全研究所所长钟茂华参加检查调研。其间，检查调研组深入地铁4号线列车及重点车站实地检查调研基层安全生产管理工作情况，向本市有关部门和运营企业就“9·16”停运事故进行了解，并就强化轨道交通运营安全生产工作提出要求。

（张聪）

【国庆黄金周联合检查】 9月23日至25日，市公安局治安管理总队、旅游委、安全监管局、质监局、体育局、公安局消防局等部门组成市假日旅游安全联合检查组，对红螺寺、青龙峡、北京欢乐谷、朝阳公园、北京国际鲜花港、恭王府、天坛公园、北京野生动物园等国庆黄金周安全工作布置情况进行检查。从检查情况看，各单位重视国庆黄金周期间的安全工作，召开专题会议，制订工作实施方案，对安全工作进行部署，落实了各部门的安全责任，并提出了具体要求。但个别单位仍存在一些问题，北京野生动物园未明确责任人具体负责的内容，特殊工种作业人员证件存在过期未检等问题；青龙峡景区和红螺寺景区存在配电室配备的绝缘鞋和绝缘手套等防护用品过期未检测的问题。针对检查中发现的问题，检查组责令立即整改，提出具体工作要求，责成区假日旅游领导小组办公室督促整改。

（张聪）

【“平安工地”建设经验交流活动】 9月24日，市安全监管局配合市交通委，深入怀柔区111国道1号标施工现场，开展本市交通路政行业“平安工地”建设经验交流暨安全文化进工地活动。市交通委委员逯福全、路政局局长孙中阁、市安全监管局副巡视员谢清顺等出席会议。活动前，有关部门及市属公路建设管理企业领导参观北京路桥集团111国道项目部“平安工地”建设、安全科技、应急演练等活动。施工单位北京路桥集团介绍公路工程“平安工地”建设经验，怀柔区公路分局介绍安全生产工作情况，孙中阁对本市开展“平安工地”建设及安全生产标准化提出要求，逯福全宣布2013年北京市交通路政行业安全文化进工地活动启动。

（张聪）

【商品交易市场突击安全检查】 9月27日、29日，市安全监管局邀请专家组成检查组按照不发通知、不打招呼、不听汇报、不用陪同、直奔现场、直接检查的“四不两直”要求，先后对西城、海淀、东城3个区的天缘市场、天意新商城、硅谷电脑城、五道口服装市场及世纪天乐美博汇5家市场进行突击检查。本次检查以安全生产基础管理、用电安全、特种作业安全管理、重点部位及设备设施安全管理、经营区域现场安全管理等为重点内容。通过检查发现被检单位仍然不同程度存在安全管理落实不到位的问题。特别是北京硅谷电脑城、五道口服装市场、世纪天乐美博汇在配电室、空调机房、仓库、餐饮等重点部位设备设施安全管理、特种作业人员安全管理、用电安全管理、安全生产责任制及管理制度落实方面存在比较突出的隐患。检查组针对检查中发现的问题，现场向受检单位反馈，提出整改意见。针对3家市场存在的重点问题和突出隐患下发责令限期整改指令书，要求被查单位立即进行整改，并举一反三，继续深入开展安全生产大检查工作，做好发现问题的整改工作，确保国庆节期间市场安全稳定运行。

（张聪）

【约谈硅谷电脑城及产权单位】 9月29日，针对北京硅谷电脑城事故隐患突出问题，市安全监管局组织召开约谈会，对北京硅谷科技发展有限责任公司及其上游产权单位北京金泰集团公司主要负责人进行紧急约谈。约谈会通报9月27日对该市场突击检查发现的事故隐患和突出问题，听取企业主要负责人关于事故隐患整改计划及工作进展。市安全监管局对企业深入开展安全生产大检查工作提出要求，对下一步加强市场安全管理进行指导。

（张聪）

【农机联合执法行动】 9月，市农业局会同市公安局交管局、安全监管局和农机监理总站等部门在房山区良乡镇小营路口等区域，开展路上农机车辆安全联合执法行动。本次联合执法行动，重点针对上路行驶的拖拉机等农机车辆进行全面检查、整治，依法查处和纠正无牌行驶、无证驾驶、酒后驾驶、逾期未检、准驾不符等违法违规行为。执法过程中，依法查处拖拉机驾驶人驾驶证到期未审验和未随身携带等违法行为2起。执法人员依据法律法规对驾驶员进行批评教育和处罚。执法行动中发放《农业机械安全监督管理条例》《拖拉机安全操作要点》等宣传材料100余份。

（张聪）

【交通运输业商会安全宣教活动】 10月22日，市工商联交通运输业商会组织会员单位集中开展“安全生产，规范发展暨以案说法交通安全主题宣教”活动，市安全监管局、公安局交管局、司法局、工商联有关负责人参加活动。活动中，市公安局交管局以道路交通事故案例为重点素材，结合北京市道路交通安全防范责任制等道路交通法律法规，对道路交通安全管理规定进行讲解。市司法局、市工商联有关部门负责人结合商会工作职能，就社会组织在社会管理中的作用发挥，搭建政府与企业联系沟通的平台，为企业提供服务提出有关意见。市安全监管局通报全市生产安全事故情况，并对深入开展安全生产大检查工作提出意见。

（张聪）

【电力安全专项检查】 11月6日至7日，华北电监局、市发展改革委、公安局内保局、安全监管局联合对本市部分发电厂和电力公司及相关变电站的电力安全保障进行专项监督检查。检查组先后对冀北电力有限公司、华电（北京）热电有限公司以及市电力公司所属八里庄、长椿街变电站的安保、消防、安全器具配备等方面进行检查。检查组查阅安全生产方案、重要输变电设施安全评估资料、安全应急预案等。对检查出的问题，逐一进行分析并提出相关整改建议。

（张聪）

【长途客运接驳运输试点调研】 11月11日，交通运输部、公安部、国家安全监管总局组成联合调研组，对本市开展长途客运接驳运输试点进行专项调研。调研组重点听取长途客运企业关于开展客运接驳运输试点工作汇报，深入新国线北京长途客运公司，现场察看GPS监控管理。市安全监管局针对长途客运接驳运输工作，建议做好接驳运输的顶层设计，制订相关配套政策和保障措施，为接驳运输创造良好的环境，交通运输部门加强对接驳运输的安全监管，督促接驳试点运输企业落实相关接驳运输管理规定，严防假接驳出现真疲劳问题。进行接驳试点的长途客运企业，要严格落实凌晨2时至5时停运规定，强化GPS监控管理，严肃处理违规运行问题。

（张聪）

【联合约谈19家连锁经营企业】 12月5日，市安全监管局会同市公安局消防局、商务委等部门组织召开家乐福、沃尔玛、京客隆、物美、易初莲花、华普、华联、超市发、国美、苏宁等19家连锁经营企业负责人约谈会。会议传达市政府关于开展商市场消防安全专项整治行动部署，结合10位市政府领导带队暗查暗访发现的突出问题，重点分析全市连锁经营企业在落实消防安全主体责任、日常消防安全管理、消防设施维护保养、安全出口疏散通道、用火用电用油用气等方面存在的消防安全问题。从“分类指导，典型引路”“坚持首善标准，严格管理制度”“舆论监督，企业信用”等方面提出整改建议。

（张聪）

【印发“一岗双责”暂行规定】 12月6日，市政府正式印发实施《北京市安全生产“一岗双责”暂行规定》。此规定由市安全监管局根据安全生产法律法规和国家及本市重要文件，结合本市实际牵头研究起草。其间，多次向45个市政府工作部门和16个区县和开发区共62家单位征求意见。按照“谁主管、谁负责”“管行业必须管安全”“管业务必须管安全”“管生产经营必须管安全”和“分级负责、属地为主”的原则，深入细化区县政府、市政府各部门主要负责人、主管安全生产工作负责人、分管其他工作负责人的安全生产职责。进一步理清各级政府及其工作部门主要负责人和分管负责人之间的安全生产监管责任，把安全生产监管责任落实到各级政府及其工作部门领导班子成员，有利于形成全体领导班子成员齐抓共管安全生产工作的良好格局。

（张聪）

【危险化学品运输联合检查】 12月6日，为吸取阿友液化气站压缩天然气运输车辆燃气泄漏事故教训，市安全监管局会同市交通委运输局、交通执法总队、市政市容委燃气办以及通州区运管处、交管支队等部门对该企业安全管理进行执法检查。检查组首先对企业安全管理中的机构设置、经营内容和从业人员管理等进行询问和了解，分别从安全生产、交通运输及液化气罐装换气安全等，重点对安全生产责任制、安全管理制度，从业人员教育培训、应急预案演练记录，企业、车辆及人员资质，危险品储存，GPS动态监管等情况进行检查。检查发现，企业主要负责人对安全生产法律法规了解不全面，企业基础管理薄弱，安全生产责任制及管理制度部分内容缺失，未建立安全生产教育培训档案。经营现场消防器材未定期检测且数量不足，违规储存汽油、酒精等危险化学品，电气线路敷设不规范。在交通运输方面，专业车辆、驾驶人员及押运人员管理档案管理不规范，安全教育培训不及时。未建立交通违法登记台账，对违章司机未按规定进行再培训。在液化气换气管理方面，未与上游供气企业签订供气协议，与下游用气单位签订的供气协议未使用规范文本。对此，市安全监管局和市市政市容委下达责令改正指令书，市交通委、市公安交管局向该企业下发执法检查记录。

（张聪）

【地铁14号线八标段工程检查】 12月10日，针对12月8日地铁14号线八标段工程发生1名工人溺亡事故，市安全监管局会同市住房城乡建设委对此工程进行安全生产联合检查。检查组对安全生产制度文件制订及施工现场的暗挖区间、明挖车站等进行现场检查。检查发现，安全管理制度和应急预案缺乏针对性，一些危险部位缺少必要的防护措施和警示标志，盾构区间工作平台临边防护未设安全立网，作业面未按规定满铺脚手板；明挖车站基坑未设置施工人员通道，作业人员进出基坑随意攀爬，现场个别电焊机配电箱没有做到一机一闸等。针对检查发现的问题，市安全监管局执法检查人员责令企业立即整改，全面排查治理施工现场隐患。要求企业结合工程特点完善安全管理制度和应急预案，针对发生的事故组织一次全员安全培训教育，加强施工现场安全防护，确保施工安全。

（张聪）

危险化学品安全监管

【油库自动化改造现场会】 1月11日，市安全监管局组织相关区县安全监管局、有关专家、油库改造设计单位、施工单位在怀柔区国门油库召开自动化改造项目设计审查现场会。会上，有关国门油库自动化改造单位分别介绍油库基本情况、改造项目安全预评价情况、设计方案和施工方案等内容。专家组对国门油库改造项目设计、施工情况进行提问，对安全预评价、设计方案、施工方案给予充分肯定，针对施工安全保障工作的具体措施提出中肯意见和建议。市安全监管局审查组结合现场会内容及油库整治工作进展情况提出4点要求：一是各区县安全监管部门、各油库应站在提高重大危险源企业本质安全水平的高度，重视油库自动化改造工作；二是各区县要加大工作力度，通过现场会给企业传递“做实做好”的要求，现场会上提出的基本要求、核心要求、关键要求一定要落实；三是严格审查施工保障措施和应急预案的编写，特别针对现场作业环节的风险分析和应对措施，制定有效制度并落实到人；四是各区县、各油库要抓紧工作，做到倒排工期，完成自动化改造工作。通过此次现场会，进一步重申油库自动化改造的中心内容，对全市开展涉及“两重点一重大”危险化学品企业安全生产专项整治工作起到很好示范作用。

（魏志钢）

【经营许可培训】 1月16日，市安全监管局在北京石油化工学院组织召开全市危险化学品经营许可工作培训会。各区县负责危险化学品行政许可工作人员40余人参加培训。授课人员对《危险化学品安全管理条例》（国务院令第591号）、《危险化学品经营许可证管理办法》（国家安全监管总局令第55号）、市安全监督局《关于危险化学品经营许可证办理工作有关事项的通知》等法规、规章、文件的重点内容进行讲解，进一步明确危险化学品经营许可的适用范围、许可权限、发证条件、许可审批程序和文书、许可证申请地、提交材料、审查标准、许可证载明事项、许可证变更、重新申请与注销等事项。通过培训，进一步提高了全市危险化学品经营许可工作人员业务素质，规范经营许可证审批管理工作。

（魏志钢）

【中石化油库自动化改造】 1月18日，市安全监管局组织专家对中石化北京石油分公司7家油库自动化改造设计方案进行审查。中石化北京石油分公司油库分布在丰台、大兴、通州等7个区县，通过前期计划和部署，设计单位完成对7座油库液位、温度、可燃气体监测等自动联锁系统以及远程灭火、喷淋控制系统的自动化改造项目设计。专家组针对石油库的基本情况、需要补充的相关依据及附件、设计结论等方面提出评审意见。市安全监管局审查组针对7座油库设计方案及油库自动化改造工作中的问题提出4点要求：关注石油库改造的个性问题，把握每座油库的现状和改造技术要求；关注重点部位，结合标准把握各项检测重点项目及易忽视的重点部位；关注信号输出，要明确每项监测数据信号的传输和统一收集、反馈；关注施工保障措施，特别重视后期施工项目的责任分工、具体措施和应急响应工作。

（魏志钢）

【全国“两会”安全保障】 2月19日，市安全监管局印发《全国“两会”期间危险化学品安全保障工作方案》。明确提出油库、加油站、易制爆危险化学品生产企业和三环路内危险化学品经营、液氨液氯使用、重大危险源、烟花爆竹仓库等单位的主体责任和安全管理要求，要求各区县切实落实属地监管责任，加强监督检查，做好全国“两会”期间危险化学品安全管理工作。

（魏志钢）

【全国“两会”安全检查】 3月5日，市安全监管局对“两会”代表驻地周边危险化学品生产经营单位进行检查。检查企业包括1家危险化学品生产企业和3家加油站。执法人员重点检查危险化学品企业“两会”期间的安全保障措施是否科学有效，人员看护力量是否到位，应急设备设施是否完备以及演练是否有针对性。对朝阳加油站提出完善应急演练和员工教育培训的工作要求，按照危险化学品标准化工作的管理模式做好记录。

（魏志钢）

【“打非”研讨会】 3月6日，市安全监管局副局长唐明明组织房山区、大兴区、通州区安全监管局召开关于危险化学品“打非”工作研讨会。会议听取3个区在危险化学品“打非”工作中取得的成效、遇到的问题，分析问题形成的原因，并围绕疏堵结合的工作原则共同研究探讨提高基层发现能力，建立信息共享工作机制，促进集中管理体系建设等有效措施，确保危险化学品“打非”工作思路清晰、目标明确、措施科学有效。会议强调，危险化学品“打非”工作是一项常抓不懈的工作，要进一步明确工作重心，在疏堵结合的原则指导下进一步梳理和攻克难题，确保工作取得实效。

（魏志钢）

【加油站规范培训】 3月27日，市安全监管局在北京石油化工学院组织《汽车加油加气站设计与施工规范》（GB50156-2012）专项培训。各区县危险化学品安全监管人员及全市加油站管理公司负责人共100余人参加培训。《汽车加油加气站设计与施工规范》主要起草人韩钧介绍规范修订的主要内容，对重点问题进行分析论证，对主要条文进行解读，特别针对加油站安全管理方面的有关条款进行讲解。通过培训，使相关人员更加深入、全面地学习和理解新规范的重点内容，对下一步贯彻落实新规范，提高本市加油站的安全条件具有重要作用。

（魏志钢）

【新材料基地调研】 4月1日，市安全监管局副局长唐明明带队到北京石化新材料科技产业基地调研。调研组听取燕山安全监管分局关于分局机构和队伍建设、安全监管工作情况、安全管理模式等汇报，就园区做好新增化工企业的规划管理、加强入园企业建设项目“三同时”审查、推进企业安全生产标准化工作等方面提出意见。

（魏志钢）

【重点化工企业执法检查】 4月15日，市安全监管局对北京市中油蓝天燃油销售有限公司和北京大红门北方化工有限公司开展执法检查。执法人员检查蓝天油库安全生产日常管理和专项整治情况，针对油库铁路站台鹤管下端使用活动铁质扳手，输油管线法兰盘连接处未做跨接等问题责令立即整改。同时要求蓝天油库加紧组织有关单位完成自动化改造设计方案、施工安全保障方案和预评价报告，并要求丰台区安全监管局对油库整治工作进行督办。在检查北京大红门北方化工有限公司时发现企业在不具备储存易燃液体、腐蚀品条件的情况下储存大量甲醇、丁醇、过氧化氢、氢氧化钠等多种危险化学品，且危险化学品包装物没有按照要求张贴安全标签。针对上述问题，执法人员责令企业立即停止储存经营行为，要求丰台区安全监管局落实以下4个方面工作：一是责令企业停止经营行为，立即将仓库中危险化学品进行清除；二是约谈企业负责人，针对存在的问题立即整改；三是约谈安全评价机构，追究评价机构的相关责任；四是撤销企业危险化学品标准化证书，约谈标准化评审机构，严格按照有关标准“挂牌督办”并进行整改。

（魏志钢）

【地方标准体系建设】 4月17日，市安全监管局组织市化工协会、中国安科院、市劳保所、北京石化学院等单位，共同研讨北京市危险化学品地方标准体系建设目的、范围、架构、规划等内容，正式启动危险化学品地方标准体系的建设工作。主要工作包括：全面理清现有危险化学品安全管理相关标准规范，以国家标准中需要进一步细化、需要提高标准要求、需要填补空白为角度，逐步制订地方标准；按照“一图一表一计划”（即危险化学品地方标准体系框架图、编制简表、编制计划）的总体框架要求，绘制危险化学品地方标准体系建设规划蓝图；三是结合实际管理需求，逐步制定一批紧贴实际、可操作性强的地方标准。

（魏志钢）

【液氨企业检查调研】 4月，市安全监管局到海淀、丰台、通州、大兴、平谷等区，对部分液氨重大危险源单位落实《北京市液氨使用与储存安全管理导则（试行）》进行检查，对存在问题的企业下达责令整改通知书。在检查过程中，检查组对企业提出要求：要按照本导则中规定的标准开展自查，查找液氨使用和储存管理方面的问题，按照要求进行整改，切实消除安全隐患；整改过程中，针对遇到的问题和困惑，提出建议，及时反馈到安全监管部门；区县安全监管部门要督促企业开展自查和整改。

（魏志钢）

【龙禹公司油库改造】 5月2日，市安全监管局到北京龙禹石油化工有限公司平谷油库，对自动化改造施工工作进行检查督导。检查组发现存在以下问题：一是发油区罩棚未设置防爆灯；二是卸油管道扳手未设置铜质扳手；三是视频监控存储时间未按要求存储30日；四是油库整体形象需进一步改善。针对上述问题，执法人员下达整改指令书，监督整改落实。

（魏志钢）

【汛前安全检查】 5月15日，市安全监管局副局长唐明明带队检查丰台区化工液体公司和昌平区中油华路油库。检查组重点检查北京化工液体公司安全生产日常管理、设备设施的维护保养和汛期前准备情况。针对液体储罐未张贴安全标签，罐区围堰设置不规范，视频监控设施存储时间不足等问题，执法人员下达限期整改指令书，责令企业按规定抓紧整改。之后，检查组到中油华路油库，听取企业关于成品油库自动化改造项目进展的汇报，对制定设计及施工安全保障方案、明确整治时间节点、安排汛期施工等方面提出要求：汛期前要做好应急预案、应急物资、应急人员的准备工作，汛期要合理安排生产经营活动，要做到领导值守到位，应急措施到位；重视“两重点一重大”专项整治工作，通过对照标准规范查找不足，对安全监控系统和控制系统进行升级改造，从而全面提升企业本质安全水平；落实对设备设施的日常巡查和维护保养制度，加强对生产、储存危险化学品设备设施的隐患排查，加强对设备设施检查维修的安全投入，对新入厂的设施要严格把关，把企业主体责任落到实处。

（魏志钢）

【防汛检查工作部署】 5月23日，市安全监管局组织各区县安全监管局部署全市危险化学品和烟花爆竹企业汛期安全检查工作。市安全监管局要求各区县安全监管局加强对涉及危险化学品生产、储存设施的企业和烟花爆竹仓库进行汛期安全生产专项执法检查工作。重点检查企业执行各项安全技术规程和工艺要求，加强对生产储运设施的监控，做好防雷电、防洪措施的制定和落实工作。对遇湿或高温容易分解出易燃、有毒气体的原材料和产品，要采取防水、防潮、降温措施。沿河及易受洪水、泥石流等自然灾害威胁的企业要采取防范措施，防止危险化学品泄漏。烟花爆竹储存仓库要加强防雨、防潮、防雷电、防静电管理，定期检测、维护防雷电和防静电设备设施，加强对设备设施的安全投入，把企业主体责任落到实处。

（魏志钢）

【“一书一签”专项整治】 5月26日，市安全监管局、市交通委联合印发《关于开展危险化学品“一书一签”专项整治工作的通知》，在全市所有危险化学品生产、经营和运输单位中开展“一书一签”专项整治。利用5个月的时间，全面规范企业“一书一签”管理，督促企业落实国务院《危险化学品安全管理条例》有关规定，严格危险化学品在流通过程中的安全管理，为应急救援等工作打下基础。

（魏志钢）

【防汛部署】 5月28日，市安全监管局组织召开全市危险化学品和烟花爆竹安全监管防汛工作视频会，对全市危险化学品和烟花爆竹生产经营单位防汛工作进行部署。会议传达5月24日市防汛抗旱指挥部第一次全体会议和5月28日全市防汛安全工作会议精神，并对各区县提出要求：结合本辖区实际，制订工作方案，加强监督检查，以监管措施督促企业落实安全生产主体责任；督促企业制订汛期安全生产隐患排查治理工作方案，全面、深入、细致地开展隐患排查治理工作；深入开展“打非治违”工作，拆除非法储存设施，杜绝重大事故的发生。

（魏志钢）

【重点单位防汛】 5月31日，市安全监管局在汛期来临之际组织全市危险化学品生产企业、二级以上油库、构成重大危险源的液氨使用企业、烟花爆竹批发企业30家重点单位召开汛前动员部署会。会议听取各单位汛前准备工作汇报，对北京化学工业集团“早部署、早检查、早演练”和中石油北京销售公司“汛期联防机制”等有效措施给予肯定，并从应急物资、防雷、防静电、电气安全、消防、仓库、储罐区、生产厂房、辅助生产区9个方面对企业提出检查要求。

（魏志钢）

【安全使用许可企业调查】 5月，市安全监管局印发《关于开展危险化学品安全使用许可企业调查工作的通知》，组织各区县按照《危险化学品安全使用许可证实施办法》《危险化学品安全使用许可适用行业目录（2013年版）》和《危险化学品使用量的数量标准（2013年版）》，对全市危险化学品使用企业的情况进行调查摸排。经调查，初步确定全市9家企业属于危险化学品安全使用许可范畴，其中通州区6家，房山区3家。

（魏志钢）

【油库安全检查】 6月3日，市安全监管局执法人员分别到房山区中石化北庄油库和延庆县中石化康庄油库检查防汛和安全生产工作。执法人员重点检查物资储备库、防雷、防静电、电气安全、消防、储罐区等重点部位应对汛期的准备工作，对中石化北庄油库防汛应急预案针对性不强，未及时修订预案中关键人员职责和关键环节的具体措施提出整改要求。

（魏志钢）

【化工园区安全检查】 6月5日，市安全监管局到大兴区检查化工园区内4家危险化学品生产企业防汛和安全生产工作。执法人员听取北京华腾化工有限公司、北京化工厂、北京化学试剂研究所和北京华腾天海环保科技有限公司针对汛期的具体措施和近期隐患排查情况，重点检查企业物资储备情况、防雷防静电设施检验情况、用电安全和消防设施的配备情况及应急预案的落实情况。执法人员针对园区内排水问题责成有关单位立即组织协调处理，确保汛期安全。

（魏志钢）

【液氨使用安全检查】 6月10日，副市长张延昆带队赴北京二商集团西郊食品冷冻厂，对企业的安全管理工作进行检查。检查组检查制冷机房、液氨储存间等重要设备设施，听取关于日常安全管理以及针对吉林“6·3”特别重大火灾事故采取的应对措施情况汇报，对部分设备设施老化、制冷机房的相关设备（摄像头、应急灯、配电柜）非防爆、人员资格证书原件未随身携带等问题，提出整改要求。张延昆指出：危险化学品安全管理工作在具有生产安全特点的同时，具有鲜明的公共安全特性，必须充分认识做好此项工作的极端重要性，在资源配置上予以特殊倾斜，夯实各项工作基础，确保不发生重特大事故；加强对一线操作人员的培训，不断提高责任意识、业务能力、专业素质，采取措施稳定一线操作人员队伍；在安全问题上要舍得投入，针对设备老化问题，下决心更新一批，对全市液氨使用情况进行普查，消除液氨作为二次冷媒在人员密集操作车间里直接使用的情况；在所有液氨使用单位中，开展标准化达标创建工作，提高液氨使用的安全防范标准，提高本质安全水平；充分依托大专院校、科研院所、专业协会等社会力量，抽调相关专家参与专项检查、方案论证、整改指导、竣工验收工作，把各项工作做好、做扎实。

（魏志钢）

【集中管理体系建设】 6月18日，市长王安顺主持召开市政府专题会，研究并原则通过市安全监管局提出的北京市危险化学品集中管理体系建设工作。为保障首都城市安全运行，市安全监管局提出，按照“政府全力推动，企业市场化运作”的原则，以交易环节为核心，辐射和带动危险化学品生产、仓储、配送、使用等各环节的安全管理，建立以交易监管平台为核心的集中管理体系，实现全市“专门储存、统一配送、集中销售”。体系建设充分体现“部门联合监管、搭建统一平台、分设专业市场、物流全面联网、实时动态监控、事故及时处理”总体结构特点。主要围绕建立多部门联合管理工作机制、建立全市统一的危险化学品交易监管平台、建设若干专业分市场、建设专业仓储设施作为指定交收仓库、搭建全市配送体系等工作展开。副市长张延昆指出，北京市危险化学品集中管理体系建设符合首都安全管理要求。市长王安顺用“很有必要、非做不可、必须做好”12个字对北京市危险化学品集中管理体系建设工作表示肯定、提出要求，并强调首都第一重要的是安全，只有在安全前提下，发展经济、促进民生才有保障。

（魏志钢）

【液氨使用企业执法检查】 6月25日，市安全监管局对北京燕京啤酒集团公司、北京大发正大有限公司液氨使用执法检查。执法人员重点检查企业液氨储存和使用、危险源监控、防雷防静电设施检验、用电安全和消防设施应急装备及物资配备等。检查中发现，北京燕京啤酒集团公司存在维修工具不符合防爆要求、逃生门不符合规范、未设置应急照明设备、未设置职业健康告知牌等问题，北京大发正大有限公司存在警示标志未按照标准设置、关键部位未设置氨气泄漏监测仪等问题。针对上述问题，执法人员下达限期整改指令书，责令企业立即整改，责成顺义区安全监管局对整改情况予以复查。

（魏志钢）

【安全监管业务培训】 7月1日至8月9日，市安全监管局举办3期危险化学品安全监管业务培训班，开展危险化学品相关业务知识培训。各区县安全监管局主管副局长、危险化学品监管人员和部分执法监察骨干78人参加培训，实现全市所有危险化学品安全监管和执法人员首次大轮训。培训工作取得良好的效果。

（魏志钢）

【重点企业安全监管】 7月12日，市安全监管局印发《关于加强涉及重点监管危险化学品企业安全监管工作的通知》，公布《北京市重点监管的危险化学品名录》及《北京市重点监管的危险化学品安全措施和应急处置原则》，要求各区县安全监管部门将生产、储存、使用、经营重点监管的危险化学品的企业纳入年度执法检查计划，督促企业装备功能完善的自动化控制系统，编制完善的、可操作性强的危险化学品事故应急预案，提高应急处置能力。

（魏志钢）

【油库安全检查】 7月18日，市安全监管局副局长唐明明带队到房山区，对北京市润福通商贸中心和北京市京东物资公司两家油库的防汛和自动化改造进行检查。检查组重点检查企业汛期应急装备和物资的配备情况、应急预案和应急演练情况、自动化改造工作推进情况。在检查京东物资公司油库过程中发现，个别跨接线存在破损现象，发油区未设置防爆扳手，库区入口处未使用阻车器，未配备油品泄漏收集设施和工具。针对上述问题，检查组责令企业立即整改，并责成房山区安全监管局对整改情况予以复查。

（魏志钢）

【加油站贯标改造】 7月23日，市安全监管局印发《关于贯彻落实〈汽车加油加气站设计与施工规范〉（GB50156-2012）有关工作要求的通知》。从油罐、加油管道、紧急切断系统、自助加油、撬装式加油装置、经营性餐饮与汽车服务、界限标志7个方面提出整治要求，并明确完成时限和施工改造工作要求。

（魏志钢）

【重点企业执法检查】 7月23日，市安全监管局对危险化学品重点企业自来水集团有限责任公司第九水厂和北京普莱克斯实用气体有限公司进行执法检查。执法人员对第九水厂提出整改要求：一是液氨、液氯场所内维修工具应设置防爆工具；二是应在液氨、液氯使用场所的便捷位置设置洗眼器、喷淋装置等应急设施；三是液氨瓶组区应设置围堰。执法人员在检查普莱克斯实用气体有限公司时提出整改要求：一是个人车辆应按照规定停放在指定场所，不应随意停放在厂内作业区域；二是装卸平台上不应随意码放气体钢瓶；三是应急物资仓库内物资码放应按规定调整。执法人员责成朝阳区安全监管局监督企业落实整改，并将整改复查情况报送市安全监管局。

（魏志钢）

【部署石化企业专项检查】 7月24日，国务院安委会办公室召开视频会议，部署开展石油化工企业和油气装卸码头专项检查工作。专项检查时间自7月至9月，分为企业自查自纠、部门检查和督查三个部分，检查内容包括：落实党中央、国务院和国家安全监管总局关于安全生产大检查的指示要求情况；企业安全管理制度、岗位责任制的建立和落实情况；重大危险源监控责任和落实情况；设备设施自动化的监控情况等。视频会后，市安全监管局立即组织各区县安全监管局结合安全生产大检查、油库专项整治和防汛工作，部署和落实石化企业和油库专项检查工作，加大对重点企业、重点部位、重大危险源的执法检查力度，强力推进油库自动化改造工作。

（魏志钢）

【重大危险源检查】 7月，市安全监管局对重大危险源企业集中开展防汛及安全生产执法检查行动。对怀柔、大兴、房山等区县6家构成重大危险源的油库和液氨使用单位进行检查。执法人员重点检查企业汛期应急装备和物资的配备情况、防雷防静电设施的检验情况、用电安全和消防设施情况、应急值守情况、油库的自动化改造工作推进情况、液氨储存和使用的安全管理情况，查处隐患17项。检查发现，液氨储罐区域用电设备未做防爆；应急救援装备配备不足；未设置喷淋和洗眼器等应急设施；液氨储存场所不应设置卷帘门。针对上述问题，执法人员下达限期整改指令书，责令企业立即整改。

（魏志钢）

【标准化创建】 8月26日，市安全监管局印发《关于进一步做好危险化学品从业单位安全生产标准化工作的通知》，就有关工作对各区县安全监管局提出要求：一是继续加强对企业安全生产标准化的培训指导工作；二是督促企业认真开展标准化自评工作；三是开展企业标准化运行的抽查检查工作；四是依托标准化系统，做好标准化评审工作。

（魏志钢）

【公交加气站调研】 8月，市安全监管局通过专题研究、专家论证、现场勘察、查阅材料等方式，完成对全市公交LNG加注装置的调研工作。全市公交场站LNG加注装置总数为24套，主要分布在朝阳、丰台、海淀、昌平、大兴等11个区县。通过调研，反映出加注装置现场在安全距离、设备设施、安全保障和日常管理4个方面存在不同程度的问题，亟待解决。针对上述问题，市安全监管局提出明确整改措施：一是调整加注装置所在位置，以满足安全距离要求；二是加装远程控制系统，实现事故状态下的有效应急响应；三是对储罐、阀门、法兰、加注枪、管线等关键设备进行检测；四是加强防雷、防静电设施的专业性检测工作；五是完善各项规章制度、操作规程、应急预案，并抓好落实工作。

（魏志钢）

【事故现场会】 9月7日，市安全监管局在北化集团安定化工基地召开事故现场会，针对北京化学试剂研究所“9·4”事故，与会人员前往发生爆炸的锂电池电解液生产车间进行现场勘验，调阅监控中心的视频资料，听取北化集团安定化工基地整体安全管理情况、北京化学试剂研究所关于此次事故原因初步分析情况的汇报。会议指出，“9·4”事故暴露出北京试剂研究所及北化集团存在着安全意识不强、安全管理松懈、本质安全水平不高、过程管理不到位等问题。为深刻吸取事故教训，切实采取有效措施，严防类似事故再次发生，会议要求：一是反思安全意识方面的薄弱点及其产生的原因，认真查找各关键环节、重点部位、重要岗位上存在的问题和隐患，提出切实可行的安全防范措施，抓好各项工作的督促落实，全面提高安全管理水平；二是北化集团、安定化工基地、化学试剂研究所要在安全监控设备设施、重点工艺自动联锁控制、员工安全意识及应急处置技能培训等方面加大投入，提升本质安全水平上采取实实在在的措施；三是强化过程安全管理工作，在风险辨识和控制、安全操作规程的落实、设备设施的完好性保证、承包商安全管理、变更管理等方面下大气力，实现全员、全过程、全方位、全天候安全管理；四是进一步修订和完善本单位事故应急救援预案，细化各岗位职责；五是完善设备维护保养、检维修作业、生产装置开停车和紧急停车及重点危险化工工艺、重点监管危险化学品等规章制度与操作规程，并严格执行。

（魏志钢）

【油库加油站LNG装置改造】 9月12日，市安全监管局在中石化北京石油分公司召开涉及油库、加油站、LNG加注装置等安全生产领域重点工作推进会。会议就成品油库“两重点一重大”整治工作进展情况、加油站对照《汽车加油加气站设计与施工规范》进行改造情况、LNG加气装置现状及加油加气合建站的规划情况进行研讨。会议指出，中石化北京石油分公司要进一步细化各加油站改造内容，合理安排，分步实施，统筹考虑LNG加注装置及充电桩的站点选择问题。市安全监管局协调各方提高加油站改造的审批效率。

（魏志钢）

【安全管理通告】 9月18日，市安全监管局印发《关于加强涉及危险化学品使用单位安全管理工作的通告》，对有关企业提出明确要求：一是涉及重点监管危险化学品使用且未经正规设计的企业，要委托有资质的评价机构开展安全评估；二是涉及重点监管危险化学品使用的新建工艺装置，在投入生产和使用前必须进行安全条件论证；三是构成重大危险源的企业要严格按照国家安全监管总局《危险化学品重大危险源监督管理暂行规定》进行管理，并按照国家和行业相关标准进行监控和自动化控制改造；四是涉及重点监管危险化学品使用工艺装置的企业，要完善危险化学品安全管理制度、安全生产责任制和安全操作规程；五是加强危险化学品储存、使用作业中动火、用电等危险作业管理，严格审批和检查要求；六是加强危险化学品作业人员的安全教育培训，使其具备危险化学品安全生产知识，熟悉操作规程，掌握岗位操作技能；七是制订危险化学品专项应急预案，配备应急物资和装备，并定期维护保养。

（魏志钢）

【液氨安全生产研讨会】 9月24日，市安全监管局召开液氨安全生产技术研讨会。首农集团、二商集团负责人及部分冷库安全主管和中国制冷协会、北京市制冷协会专家参加研讨。会议听取首农集团、二商集团所属液氨冷库关于制冷设备设施安全使用状况的汇报，并就液氨的安全管理和制冷设备使用的安全性等问题与专家进行深入分析和讨论。会议提出，要落实企业主体责任，严把质量关，强化监控监测，提高应对突发事件处置能力，确保安全稳定。

（魏志钢）

【国庆安全检查】 10月6日，市安全监管局对北京铁路物资总公司丰西油库进行检查，听取企业负责人关于国庆节日期间领导带班、应急值守、安全管理及“两重点一重大”专项整治的汇报。丰西油库每天安排两名领导带班，值班及驻库人员每天保持10人以上，领导带班及应急值守情况较好。检查组要求：一是做好国庆期间及日常的应急值守和安全管理工作，确保油库的经营安全；二是抓紧做好油库自动化改造工作，制订详细的工作方案，加强施工期间的安全管理；三是解决公司异地储存的问题，加强属地监管。检查组还对北京京龙昌商贸有限公司东方吉彩加油站和中石油北京丰台加油站进行检查。针对北京丰台加油站存在的值班人员少、现场停放车辆等问题，检查组责成丰台区安全监管局督促企业进行整改，并对企业的整改情况进行复查。

（魏志钢）

【安全使用许可证】 10月15日，市安全监管局印发《关于危险化学品安全使用许可证实施有关工作事项的通知》，进一步明确危险化学品安全使用许可的范围、权限、许可文书和许可证、定期公布与通报、监督管理等工作事项，标志着本市开始实施危险化学品安全使用许可工作。

（魏志钢）

【液氨专项治理】 11月4日，市安委会印发《关于深入开展涉氨制冷企业液氨使用专项治理的通知》，在本市行政区域内所有涉氨制冷企业，包括劳动密集型食（饮）品冷加工企业、仓储物流型冷库、涉氨体育娱乐场所及其他涉氨制冷企业中，全面开展液氨使用专项治理工作。本次专项治理本着“安委会牵头组织、部门联动会商、专家技术支持、企业全面整改”的原则，以安全监管、质监、消防部门为主，农业、商务、体育等部门配合，专家参与的工作模式，历时8个月，分3个阶段开展，将于翌年6月底结束。市安全监管局组织安全监管人员、企业主要负责人和安全管理人员进行全面培训，各区县按照方案整体推进，全面摸底排查，并建立企业基础台账。

（魏志钢）

【安全生产部署会】 11月5日，市安全监管局召开全市危险化学品和烟花爆竹安全生产工作部署会，对涉氨制冷企业专项整治、烟花爆竹安全管理和涉危使用单位安全管理通告等文件进行解读，对十八届三中全会期间危险化学品反恐防范工作进行部署，对危险化学品专项整治工作开展情况进行通报，并对下一步工作提出要求。要求各区县统筹规划，扎实做好涉氨制冷企业专项治理工作的部署以及“一书一签”“易制毒易制爆”“两重点一重大”等专项整治的收尾工作；把握好各项工作时间节点，按时完成工作进度；强化措施落实，全力以赴做好十八届三中全会安全保障工作；加强市区两级信息沟通，全面总结本年度各项工作，提早谋划2014年各项工作。

（魏志钢）

【集中管理体系建设文件】 11月6日，市政府办公厅下发《关于印发建立危险化学品集中管理体系若干意见的通知》（京政办发〔2013〕57号），明确建立危险化学品集中管理体系的总体思路、主要任务和保障措施。此通知明确，市政府成立“北京市危险化学品集中管理体系建设工作协调小组”，市政府主管领导任组长，成员由市发展改革委、经济信息化委、公安局、财政局、国土局、环保局、规划委、交通委、商务委、国资委、安全监管局和市政府法制办组成，办公室设在市安全监管局。该项工作的主要任务包括：搭建危险化学品交易信息管理平台、建设若干危险化学品交易专业分市场、逐步规范危险化学品仓储管理、完善和提升危险化学品配送管理、逐步推进外埠过境及进京运输危险化学品车辆监控、加强危险化学品应急救援处置管理等内容。此通知提出，市危险化学品集中管理体系建设工作协调小组及其办公室，负责全面推进本市危险化学品集中管理体系的建设和运行，制订具体实施方案，完善和细化政策措施，确保各项任务落实到位。

（魏志钢）

【易制爆化学品安全检查】 11月6日，市安全监管局副局长唐明明带队到大兴区、丰台区对易制爆危险化学品生产经营企业进行安全检查。市公安局及有关区县安全监管局负责人参加检查。检查组先后对位于大兴区的北京兴青红精细化学品科技有限公司、北京航兴宏达化工有限公司和位于丰台区的北京金元腾商贸有限公司、北京健伦商贸公司化工试剂供应站等单位进行检查。检查组重点检查十八届三中全会安全保障措施落实情况，特别是易制爆化学品销售管理情况。经检查，企业能够加强十八届三中全会期间的安全管理工作和值班值守工作，做好易制爆化学品的销售管理。对于个别企业易制爆化学品管理制度不完善、销售记录不完整等不符合要求的问题，检查组提出，要按照国家有关规定做好易制爆化学品的销售记录，记录内容一定要完整；使用好易制爆管理系统，不断完善系统功能，通过信息化手段加强易制爆化学品的流向管理。

（魏志钢）

【成品油输送管线安全检查】 11月26日，市安全监管局副局长唐明明带队检查中石化北京石油分公司输油管线房山段和通州段。检查组重点检查管线被占压的重点区域，要求巡查员当场使用探测设备对管道的安全状况进行实地检测，就管线的日常安全管理工作现场询问有关人员，查阅安全巡检记录等资料。检查组要求：区县安全监管部门要加强对输油管线的安全监管，做到底数清、情况明，督促企业落实好安全隐患治理工作；中石化北京石油分公司要吸取“11·22”中石化东黄输油管道泄漏爆炸特别重大事故教训，全面开展安全隐患排查，尤其是管道周边存在的各类不安全因素以及管道自身安全状况；加强日常检查的力度，特别是对关键点增加巡查力量；完善应急预案，做到制度要落实、措施要可靠、应急要有效。

（魏志钢）

【燕山分公司安全检查】 12月17日至18日，市安全监管局组织有关专家对中石化北京燕山分公司进行安全检查。检查组查阅企业有关安全生产管理的文件、台账和相关工作记录，询问有关安全管理工作情况，现场检查催化裂化装置、加氢裂解装置、聚合装置、乙烯罐区、成品油罐区等涉及“两重点一重大”的生产装置和危险化学品储罐区。检查组对企业提出：一是加强安全基础台账管理工作；二是加强现场安全管理；三是加强安全隐患排查治理工作；四是加强对涉及“两重点一重大”装置和罐区管理；五是加强工艺安全管理；六是加强应急管理。中石化北京燕山分公司根据检查组提出的意见，制订整改措施，并予以落实。

（魏志钢）

【运输安全管理调研】 12月20日，市安全监管局会同市交通委运管局、市市政市容委以及北京石油交易所、北京天之华软件科技开发有限责任公司，赴中国石油天然气运输公司北京调度中心调研危险化学品运输管理工作。中国石油天然气运输公司成立于1953年，是中国石油天然气集团公司直属的大型专业化运输物流企业，主要为新疆3大油田、4大炼厂和全国113家油田、炼化、销售、管道、燃气企业提供专业化运输、石油石化产品配送及其他综合配套服务。公司总部设在新疆乌鲁木齐市，在北京顺义设有调度中心。北京调度中心建有中国石油天然气生产调度指挥系统、车辆GPS监控系统、远程视频监控系统、应急抢险救援指挥系统、ERP运输管理应用系统，全面指挥调度中石油运输业务、安全管理等工作。各方在对危险化学品运输应急救援、电子运单、监控定位、系统建设等进行深入交流后，表示下一步将针对危险化学品集中管理体系涉及的北京市危险化学品运输管理相关工作进行交流合作。

（魏志钢）

【持有经营许可证企业】 2013年，全市持有危险化学品经营许可证的单位2459家，同比减少26家。其中，成品油经营单位1171家，剧毒经营单位61家，易制爆经营单位364家，其他危险化学品经营单位863家。

（魏志钢）

【“两重点一重大”专项整治】 2013年，市安全监管局制发涉及“两重点一重大”危险化学品企业安全生产专项整治中有关成品油库整治工作文件、油库自动化改造设计方案和施工安全保障措施的模板和安全预评价大纲，进一步规范和统一评审程序和相关基础性工作，使全市油库自动化改造工作协调一致，整齐划一。对工作开展过程中遇到的突出问题及时梳理汇总，下发4期《北京市成品油专项整治工作简报》，内容涉及各区县油库整治进展以及油库在整治中遇到的突出问题和应采取的必要措施，进一步明确整治工作的关键要求、核心要求和重点要求，全面指导区县开展整治工作。另外，市安全监管局狠抓施工环节的安全保障措施，加强对施工方案的审查和论证工作，着重深挖方案中具体的、有效的工作措施和应急预案，强调安全措施中甲方、乙方、监理方的协调与配合，强调各项工种和各级岗位的职责明细问题。截至12月31日，涉及自动化改造的29家油库中，已有8家油库基本完成自动化改造施工工作，其他21家油库正在进行改造施工。结合国家安全监管总局关于《首批重点监管的危险化工工艺中典型工艺的调整意见》，本市涉及重点监管的危险化工工艺企业数量为23家，已完成自动化改造企业22家，1家企业申请停止重点工艺的运行。

（魏志钢）

【培训教材修订】 2013年，市安全监管局组织中国安全生产科学研究院、北京石油化工学院、北京化学工业协会、中石化燕山分公司和北京石油分公司等单位的专家教授，对本市危险化学品监管人员培训教材进行修订。修订工作本着“及时、实用、全面、规范”的原则进行，重点补充相关规章、标准等内容，并突出对区县的工作指导。

（魏志钢）

烟花爆竹安全监管

【经营许可证核发】 2013年，全市取得烟花爆竹经营许可证的批发单位共12家，烟花爆竹零售网点1337个，同比减少6.4%。其中五环路内467个网点，同比减少12.4%。五环路外870个网点，同比减少2.9%。

（王雷）

【部署烟花爆竹经营安全】 1月8日，市安全监管局组织召开烟花爆竹经营安全管理工作会议，对春节期间烟花爆竹有关工作进行部署。全市12家烟花爆竹批发企业主要负责人参加会议。会议提出如下要求：结合2012年开展的烟花爆竹安全标准化工作，在日常工作中落实达标过程中创建、完善的18项安全生产规章制度、9项安全生产管理台账和操作规程等，实现企业按照已建立的安全管理制度进行日常安全管理，切实将企业的安全管理工作提升一个台阶；加强批发仓库物联网管理，解决诸如存在的数据上传不及时、视频及温湿度监控数据不准确等问题，确保设备设施正常运行，发现问题要及时反馈和解决；切实做好流向监控管理工作，严格电子标签的入库、出库和返库扫描，销售数据实时报送；加强春节期间对各烟花爆竹批发单位入库、配送、销售和回收情况的统计工作；强化对从业人员的安全培训，增强职工的安全意识，杜绝“三违”行为发生；依法依规储存，禁止露天储存，特别是要严防旺季经营单位超储；制订完善回收工作方案，明确运输路线，确保监控正常，特别是要注意装卸的安全；

要加强应急值守工作，批发经营企业主要领导要实行24小时值班，应急救援队伍处于待命状态。

（王雷）

【零售网点搭建安全检查】 1月29日，市安全监管局副局长唐明明带队对东城区、西城区、朝阳区和丰台区烟花爆竹零售网点进行安全检查。经检查，大部分烟花爆竹零售大棚的主体结构已经全部搭建完成，部分大棚正在安装照明灯具和视频监控及对讲设备。检查中发现，个别烟花爆竹零售网点不符合标准要求，如，电气线路采用PVC材质的套管、大棚占压盲道、大棚底部缝隙封闭不严等。检查组要求存在问题的网点立即进行整改，并提出如下要求：一是严禁电气线路采用PVC材质的套管；二是要对大棚的缝隙进行有效封堵，严禁使用类似发泡胶等易燃品对大棚缝隙进行封堵；三是对未按照要求搭建大棚以及安装视频音频等设备的，严禁配货；四是要做好安全管理工作，尤其在网点进货后要24小时安排人员值守，确保储存安全。

（王雷）

【储存运输安全管理措施】 2月1日，连霍高速河南义昌大桥烟花爆竹车辆发生爆炸事故后，市安全监管局印发紧急通知指出，各批发单位根据配送需求，制订合理的配送计划，加强车辆维护保养，配备应急消防器材，严格司机和押运员的教育培训，合理调度司运人员，严禁超量运输和疲劳驾驶；严格按照相关标准做好库内烟花爆竹产品的堆垛码放和温湿度控制，严禁超量储存，严格出入库管理，控制库内作业人员数量；加强配货和运输过程中的安全管理，合理安排配送工作，在规定区域内，严格按照操作规范搬运货品，严禁拖、拉和野蛮装卸；严格出入库登记，对于所有出入库产品必须经过扫描，确认来源和流向，未经扫描登记的不得出库，严禁非法烟花爆竹入库储存；严格库区巡查，加强24小时值班备勤，配货高峰期和春节期间坚持领导带班，时刻保持高度警惕，做好春节期间烟花爆竹仓库安全生产管理，防止发生各类安全问题。

（王雷）

【烟花爆竹安全推进会】 2月3日，市安全监管局组织召开烟花爆竹安全工作推进会，针对“2013年烟花爆竹安全管理专题”3家烟花爆竹批发单位信息量不足的问题，与会人员就如何有效链接网站、链接的形式、链接内容、需要提供的材料、完成时限等进行研讨，并明确有关工作事项。针对小雪天气，市安全监管局提出要按照2月1日紧急通知的要求，做好储运的安全管理；及时组织值班人员对分货场、库区道路等进行清扫，避免烟花爆竹产品在配货中受潮或在装卸过程中坠地产生剧烈震动；组织值班人员检查供电、监控线路，及时消除隐患，确保供电和监控线路信号传输正常；产品配送过程中严禁超载，要减速慢行，保持安全车距，不得抢道行驶，确保行车安全。

（王雷）

【监督批发企业回收未检产品】 2月4日，按照市烟花办部署和要求，市安全监管局组织房山区安全监管局对北京市逗逗烟花爆竹有限公司王者风范、如日中天两款未经检验的产品回收工作进行全程监督。两款产品入库342箱，配送出库156箱，截至2月5日零点四十分，已配送出库的产品全部回收入库封存，由工商部门进一步处理。

（王雷）

【零售网点夜查】 2月7日，市安全监管局副局长唐明明带队，夜查朝阳、顺义、昌平、海淀、石景山5个区烟花爆竹零售网点安全。检查组结合国务院安委会办公室《关于认真做好烟花爆竹安全监管工作的函》和副市长张延昆指示精神，重点对零售网点安全管理、规范经营、夜间值守、人员看护等方面展开检查。检查零售网点14家，查处隐患13项。检查中发现，个别网点储存区与销售区未采取不燃材料隔断；个别网点夜间人员看护力量不足；个别网点烟花爆竹货物码放不符合标准；个别网点用电不符合标准。针对存在的问题，执法人员责令网点负责人立即整改，并通报属地安全监管部门监督整改。

（王雷）

【零售网点安全检查】 2月13日，市安全监管局副局长常纪文带队，对昌平区回龙观地区和十三陵地区部分烟花爆竹零售网点安全进行检查。重点检查规章制度建立、人员持证上岗、储存量是否与规定一致、消防设备配备、烟花爆竹码放、视频监护值班等情况。针对2家烟花爆竹零售网点存在的烟花爆竹码放不整齐、纸箱未及时清除等问题，要求摊主立即进行整改。

（刘卫坤）

【正月初五零售网点安全检查】 2月14日，市安全监管局副局长唐明明带队，对东城、西城、朝阳、海淀、丰台等区的烟花爆竹零售网点进行安全检查。检查组针对烟花爆竹零售网点安全管理、销售储存、人员看护等安全状况展开检查。对网点用电、货物码放、人员看护不符合要求等问题提出整改要求。检查组强调：节日期间企业要做到领导值守到位，人员看护到位，应急措施到位，特别是针对燃放高峰时段要配备足够人员和物资做好看护工作，确保烟花爆竹安全经营。

（王雷）

【元宵节安全监管】 2月18日，市安全监管局发出《关于印发做好本市烟花爆竹近期安全管理工作的通知》，对各区县安全监管局烟花爆竹安全监管工作提出明确要求：2月22日至25日，要求各区县对辖区内烟花爆竹批发企业和零售网点集中开展全覆盖不间断检查，直至回收工作结束。检查中发现烟花爆竹批发企业和零售网点存在较严重问题的要立即采取措施，责令其暂停营业，消除隐患，确保安全。做好烟花爆竹回收安全监管工作，各区县安全监管局烟花爆竹零售网点回收工作进行部署，协调烟花爆竹批发单位、零售网点、视频监控服务单位和销售大棚安装单位，合理安排烟花爆竹回收、视频监控设备拆除和大棚拆除程序和时间。要做好对烟花爆竹批发单位、零售网点、视频监控服务单位和销售大棚安装单位的监督检查，确保烟花爆竹回收入库、视频设备拆除、销售大棚拆除等各环节的安全。做好应急值守工作。要求各区县安全监管局在回收工作结束前，要安排领导带班值守，保持24小时通信联络畅通，特别是2月24日，在单位主要领导要带班值守，遇有突发事件及时处置并上报。

（王雷）

【检查批发仓库】 2月27日，市安全监管局检查组分别检查房山、顺义、昌平区的烟花爆竹储存仓库。经检查，北京市熊猫烟花爆竹有限公司、北京市逗逗烟花有限公司完成回收工作，回收5.5万余箱。顺义、昌平区2家烟花爆竹仓库回收3700余箱。为确保“两会”安全生产工作，房山、顺义、昌平区安全监管局专门印制“两会”期间安全生产保障工作方案，并召开辖区内企业安全生产工作会进行专题部署。检查中发现，各烟花爆竹仓库按照统一部署，均制定了保障“两会”期间安全生产措施。经检查，各烟花爆竹批发企业全力做好“两会”期间安全生产工作，与春节期间相比，工作标准不减、工作要求不降；对“两会”期间安全生产工作进行部署，针对安保措施对职工开展培训教育，增强职工责任意识、安全意识；安排领导带班值守。

（王雷）

【烟花爆竹回收】 按照2013年市安全监管局烟花爆竹回收和零售网点视频监控设备拆卸工作总体安排，截至2月28日，3家烟花爆竹批发单位已完成零售网点未销售烟花爆竹产品的回收工作。3家单位出动80辆烟花爆竹专用运输车辆，参与回收工作人员373人，回收烟花爆竹9.08万箱，比2012年的3.2万箱增加184%。其中北京市烟花鞭炮有限公司及远郊区县供销社等批发单位回收34334箱，北京市熊猫烟花有限公司回收28830箱，北京市逗逗爆竹有限公司回收27612箱。

（王雷）

【烟花爆竹视频会】 3月20日，市安全监管局召开视频会，总结部署烟花爆竹安全监管工作。北京市烟花鞭炮有限公司、北京市熊猫烟花有限公司、北京市逗逗烟花爆竹有限公司在主会场参加会议，各区县安全监管局和辖区内重点单位负责人在分会场参加会议。会议总结2013年春节烟花爆竹销售储存工作，并就进一步完善《烟花爆竹零售网点设置管理安全要求》有关要求以及研究探索烟花爆竹经营新模式进行解读。会议明确，肯定成绩，正视问题，切实增强安全生产工作的责任感和紧迫感；加强学习，突出重点，全力做好烟花爆竹安全管理工作；开拓思路，狠抓落实，推动烟花爆竹安全管理水平不断提升。在日常监管中，要依法履职，在行政许可中，要严格把关，把反腐倡廉贯穿于各项工作中。

（王雷）

【零售网点事故分析会】 3月21日，市安全监管局组织召开“2·24”西城烟花爆竹零售网点爆燃事故分析会，分析事故原因，总结事故教训，研究下一步措施。会议邀请相关行业5位专家，东城、朝阳、海淀和石景山区有关部门负责人参加会议。会上，西城区安全监管局介绍网点爆燃事故调查分析情况，中电华通通信有限公司介绍事故网点的建设和建立情况，并察看事故现场视频及相关物证。与会人员认为分析结论科学可信，事故原因清楚，可以确定事故直接原因是：所选用的音箱不适用于烟花爆竹零售网点监控对讲系统，由于长时间、高负载，不间断地工作，引发过载、积热、高温、击穿、短路，最后导致自燃。事故反映出在网点建设施工和管理工作中存在的问题。会议对下一步工作提出要求：一是由兵器工业安全技术研究所牵头，继续完善烟花爆竹零售网点标准化建设，包括设备选型、线路穿管的材质、电器线路走线、关键设备的安装位置、隔断的全封闭、销售区的防护、消防设备的码放位置等；二是切实加强对标准的落实工作，在零售网点的许可过程中，严格按照地标的要求进行审查，不符合要求的坚决不予许可；三是进一步加强对网点建设过程中的安全管理，明确责任，保障网点的设置安全。

（王雷）

【批发企业座谈会】 4月28日，市安全监管局组织北京市烟花鞭炮有限公司、北京市熊猫烟花有限公司、北京市逗逗烟花爆竹有限公司召开会议，就2013年烟花爆竹工作中存在的问题及解决措施进行座谈。会议提出如下要求：一是各经营（批发）企业负责人要进一步增强责任心和使命感，认真研究新标准、新政策，积极思考，遇有问题要及时汇报，认真做好烟花爆竹销售储存各项工作，确保安全；二是针对发现的问题认真研究解决措施，并认真贯彻落实；三是市安全监管局定期调度各烟花爆竹经营（批发）单位工作情况，各单位要做好每一项工作，为做好2014年烟花爆竹销售储存工作打下坚实基础。

（王雷）

【零售网点安全管理研讨会】 5月14日，市安全监管局组织部分区县安全监管人员和兵器工业技术研究所专家对烟花爆竹零售网点设置的安全要求进行深入探讨。在研讨的基础上，市安全监管局提出对《烟花爆竹零售网点设置管理安全要求》的补充完善内容，并对地标进行修订。

（王雷）

【烟花爆竹防汛】 5月28日，市安全监管局召开烟花爆竹安全监管防汛工作视频会，对全市烟花爆竹生产经营单位防汛工作进行部署。会议要求有关企业做到“三到位”，即防汛安全责任必须分解落实到位、各项工作措施必须细化落实到位、汛期应急工作预案的编制和演练工作必须落实到位。做到“四落实”，即落实领导干部防汛责任，领导要带队进行汛期隐患排查；落实安全教育培训规定，对从业人员进行汛期安全专门培训；落实水文地质基础工作，要对企业周边是否存在滑坡、崩塌、洪水、泥石流等地质灾害进行全面排查；落实发现灾害征兆及时撤人的规定。要吸取2012年“7·21”大雨经验教训，切实做好各项工作。会议对各区县安全监管局提出要求：结合本辖区实际情况，制订烟花爆竹检查工作方案，特别要加强对曾经取证，但现在处于关闭状态企业的检查，对检查出的隐患和问题要指定专人负责督办，限期整改，确保尽快治理。督促企业制订汛期安全生产隐患排查治理工作方案，并督促企业全面、深入、细致地开展隐患排查治理工作。深刻吸取“7·23”非法储存化学品泄漏事故教训，全面开展“打非治违”，坚决拆除非法储存设施，杜绝类似事故的发生。强化应急值班制度，实行24小时值班，领导带班，遇有突发情况要及时汇报，并有效应对。

（王雷）

【烟花爆竹仓库汛期安全检查】 6月6日，市安全监管局对北京市熊猫烟花有限公司、北京市逗逗烟花爆竹有限公司、北京汇源北路工贸有限责任公司仓库开展防汛工作检查。检查人员听取各公司防汛工作汇报。各公司均按要求制订防汛工作方案，成立防汛领导机构，储备防汛应急物资，保持24小时应急值守等。但在现场检查中也发现一些问题，如湿度计损坏、未按要求铺设防潮垛架、未定期进行防雷检测、烟花爆竹码放不规范、水沟内有杂物、库房门损坏等问题。检查人员责令企业立即整改。

（王雷）

【批发单位安全生产会】 11月7日，市安全监管局组织召开3家烟花爆竹批发单位安全生产工作会议。会议对下一阶段烟花爆竹批发工作，特别是货品采购、产品送检、大棚搭建、物联网应用、仓储管理等方面工作进行如下部署：充分认识当前安全形势，尤其是十八届三中全会期间，要特别重视仓储安全管理工作，加强应急值守，做好会议期间安全保障；严把产品检验关，做到不疏漏、保合格；加强产品配送运输环节的安全管理，禁止超量配送，做好人员培训及车辆安检；按照要求做好信息流向登记，及时上报有关信息；严格落实空气污染应急预案有关文件要求。

（王雷）

【安全监管视频会议】 12月12日，市安全监管局组织召开全市烟花爆竹安全监管工作视频会。会议通报国家安全监管总局、公安部等6部委联合下发的《关于做好烟花爆竹旺季安全生产工作的通知》。结合本市烟花爆竹工作进展情况，着重讲解烟花爆竹批发仓库和零售网点执法检查要点。会议要求：各区县严格烟花爆竹许可，按照相关标准执行，保证各销售网点符合安全要求；相关单位要强化守法意识，销售合法烟花产品；要严格落实“三禁止、三报告、一登记”的要求以及执行本市重污染日禁止烟花销售和配送等相关规定；烟花爆竹批发企业要做好烟花产品送检工作，对库房安全设施进行检查，确保运行稳定，做好产品流向登记工作，严禁超量储存。

（王雷）

【烟花爆竹安全专项检查】 12月19日，市安全监管局对全市烟花爆竹批发企业集中开展专项检查。重点检查安全保障措施落实，特别是防静电、防风、防寒保障措施、消防设施、温湿度监测设备、视频监控设施等完好情况。物联网开展期初库存扫码上报数据是否及时准确、温湿度监测数据传输系统是否正常运行、视频监控数据保存时间是否符合要求。烟花爆竹仓储安全管理是否超许可范围经营以及储存、经营非法违法烟花爆竹产品行为，库内产品堆码是否整齐并划有标志线，搬运通道是否畅通，是否存在超高、靠墙、超量储存现象，是否将执法收缴产品、过期或变质产品与正常经营产品混存。应急物资配备是否齐全、应急值守工作安排是否到位、是否开展冬季灭火应急演练以及演练的效果和改进措施。针对检查中发现的消防栓设置不规范、温湿度监测系统运行不正常、视频监控图像不清晰等问题，执法人员立即责令企业进行整改，同时责成相关区县对企业整改情况进行复查。

（王雷）

【订购环保型烟花爆竹】 2013年，在市安全监管局的提倡引导下，北京市烟花鞭炮有限公司、北京市逗逗烟花爆竹有限公司和北京市熊猫烟花有限公司订购的环保型烟花数量占总数量的

18.7%。环保型烟花在烟花爆竹配方中不采用含有重金属和硫元素的物质，从而减少二氧化硫和其他硫化物的生成。减少金属粉的用量，基本使用有机物作为可燃物，从而减少金属粉燃烧后产生的可吸入颗粒物。通过改变氧化剂和可燃物的量来改变系统的氧平衡和燃烧温度，控制燃烧反应。3 家批发单位的环保型烟花主要在城六区零售网点内销售。环保型烟花包装印有绿色环保标志，价格与其他烟花品种基本持平。

（王雷）

矿山安全监管监察

【煤矿春节前安全检查】 1 月 30 日至 31 日，北京煤监局对昊华能源公司大安山煤矿春节前的安全生产工作进行检查。检查组首先听取煤矿春节前安全生产工作汇报，查阅春节期间煤矿停复工安全措施，综掘工作面作业规程等资料，现场检查 +550 米水平西二石门 13 槽东三面的安全生产情况。针对检查中发现的作业规程个别条款与实际不符、个别验收记录不能体现实际整改情况等问题，检查组下达责令改正监察指令，并监督整改落实。

（庄过兵）

【煤矿复工检查】 2 月 19 日至 20 日，北京煤监局对昊华能源公司长沟峪煤矿的复产验收进行检查。春节过后，长沟峪煤矿职工返矿率达 95% 以上。2 月 15 日至 16 日，对返矿职工进行集中培训，培训合格的职工开通考勤卡方可下井作业。2 月 16 日中班，长沟峪煤矿领导对井下工作面和各生产系统进行安全检查、验收，41 个工作面及生产系统全部符合要求。经矿领导、昊华能源公司主要领导批复，同意恢复生产。检查组对长沟峪煤矿复工安全技术措施、复工验收、返矿职工教育培训、《七条规定》的落实等情况进行检查，并参加开拓一段 25 队中班在井下的收施工会和开拓一段的段务会，提出整改意见。

（庄过兵）

【国家煤监局督导调研】 3 月 8 日，国家煤监局副局长黄玉治带领督导调研组到北京市，就贯彻落实《煤矿矿长保护矿工生命安全七条规定》的情况进行督导调研。督导调研组宣讲解读《七条规定》和给矿长的一封信，昊华能源公司各煤矿矿长当场签订承诺书，煤矿安全管理人员现场参加《七条规定》考试。副市长张延昆，市安全监管局、北京煤监局主管领导和京煤集团、昊华能源公司及煤矿负责人参加督导调研。张延昆指出：提高对《七条规定》重要意义的认识，强化企业安全主体责任的落实，最大限度地保护矿工生命安全；各煤矿要对照《七条规定》，进行隐患排查，发现问题立即整改；通过领导带头、全员参与、监督检查等方式，将《七条规定》切实落到实处。

（庄过兵）

【煤矿顶板安全管理检查】 3 月 20 日至 21 日，北京煤监局对昊华能源公司大安山煤矿顶板安全管理进行重点监察。检查组听取煤矿顶板安全管理制度的制订和执行汇报，检查顶板安全，采掘工作面矿压监测覆盖、数据利用及预警情况，矿压监测机构设置及人员配备情况，顶板管理和矿压监测日常检查台账记录等，现场检查 +550 米水平西三轴 5 槽综三工作面安全生产情况。针对检查中发现的个别台账记录填写不规范，工作面沿空留巷缺通风设施有漏风现象等问题，检查人员下达责令改正的监察指令，并监督整改落实。

（庄过兵）

【煤矿机电运输安全检查】 4月9日至11日，北京煤监局对昊华能源公司木城涧煤矿机电运输和采掘工作面等辅助环节机械化进行重点监察。检查组听取煤矿在机电运输和采掘工作面等辅助环节机械化方面的进展、现状及存在制约因素和下一步工作等汇报，重点检查煤矿辅助岗位、大件运输、设备控制等环节，以及综采工作面物料提升、皮带运输等方面安全技术措施的制定和落实情况。查阅相关台账记录，现场检查+570米北二石门十槽西一壁斜坡、+450米水平四石门2槽等4个斜坡绞车运输设备检修、安全防护装置等情况。针对检查中发现的绞车交接班记录不规范，轨道接头间隙不符合规程要求等问题，检查人员下达责令改正监察指令，并监督整改落实。

（庄过兵）

【《七条规定》检查通报会】 5月3日，北京煤监局对昊华能源公司长沟峪煤矿进行专项检查。检查组对照《七条规定》要求，对煤矿各项工作逐条进行检查，要求煤矿必须按时完成煤矿井下紧急避险系统建设，进一步细化重点工作，要把《七条规定》的贯彻落实和百日警示教育活动紧密结合，查找不足，及时制定整改措施，使昊华能源公司各矿各项工作整体推进，确保《七条规定》宣传贯彻到位、重点工作的各项要求落实到位。

（庄过兵）

【“敬畏生命”大讨论启动仪式】 5月11日，市安全监管局、北京煤监局副局长贾太保在昊华能源公司长沟峪煤矿主持召开北京市煤矿“敬畏生命”大讨论活动启动仪式。按照国家安全监管总局部署，决定在5月中旬至6月上旬开展“敬畏生命”大讨论活动。大讨论分集团公司、煤矿、科段3个层面，重点讨论内容：如何正确处理安全生产与经济效益的关系，真正做到“安全第一，生命至上”；如何坚持做到不违章指挥、不违章作业、不违反劳动纪律；如何吸取全国煤矿事故以及本市煤矿事故教训；如何将《七条规定》真正落到实处等。京煤集团分管安全负责人，昊华能源公司主要领导、分管领导、安监部门负责人，煤矿矿长和驻矿安监站长，部分科段长和班组长代表参加会议。

（贾宏）

【汛前检查】 5月22至23日，北京煤监局对昊华能源公司大台煤矿和木城涧煤矿开展汛前雨季“三防”及防治水重点监察。检查组检查煤矿汛期应急预案，采空区、老塘积水及周边地面塌陷等的情况，开展防汛和避灾知识教育和培训等情况，查阅相关资料及台账。针对检查发现的“三防”应急预案中没有极端天气下撤人的制度、没有汛期对地面隐患排查的相关规定等问题，检查组下达责令改正监察指令，并监督整改落实。

（庄过兵）

【雨季防治水检查】 5月28至29日，北京煤监局对昊华能源公司长沟峪煤矿开展汛前“三防”及防治水重点监察。检查组参加长沟峪煤矿安全生产例会和采煤二段段务会及采煤二段22队施工会，对地面防洪设施建设情况进行抽查。

（庄过兵）

【“敬畏生命”大讨论专题会议】 6月8日，市安全监管局、北京煤监局副局长贾太保主持召开煤矿“敬畏生命”大讨论专题会议。京煤集团、昊华能源公司及有关部门负责人，各煤矿矿长、安监站长、段长代表、班组长代表，北京煤监局有关人员等参加大讨论。与会人员围绕大讨论内容并针对本职岗位如何做到“敬畏生命”进行发言。贾太保作题为“带着感情抓安全，带着责任去执法”的“敬畏生命”大讨论发言，提出在监察执法工作中要处理好监察责任与感情的关系、处理好表面问题与追根求源的关系、处理好理解和标准的关系、处理好监察与服务的关系。通过大讨论，进一步牢固树立“安全第一，生命至上”意识。

（贾宏）

【防汛大检查】 6月14日，市安全监管局、北京煤监局副局长贾太保带领检查组对昊华能源公司大安山煤矿进行防汛安全大检查。检查组听取大安山煤矿防汛自查情况和《煤矿矿长保护矿工生命七条规定》“红线”体系建设情况汇报，昊华能源公司汇报各煤矿自查自改情况。贾太保传达6月7日国务院安全生产电视电话会议精神和中央领导关于安全生产工作的指示精神，要求立即行动，开展为期4个月的安全生产大检查。进一步贯彻《七条规定》，严格落实防汛各项要求，要对井下作业人员进行专门的水灾险情知识培训，加强井下突发涌水险情的应急演练。

（庄过兵）

【长沟峪煤矿监察】 6月18日至21日，市安全监管局、北京煤监局联合昊华能源公司安全监察部、生产技术部有关人员，并从大安山煤矿和木城涧煤矿抽调3名专家组成联合监察组，对长沟峪煤矿开展安全监察。同时，对雨季“三防”及防治水工作、建设项目管理进行监察。监察组听取长沟峪煤矿1月至5月安全生产开展情况汇报，查阅台账、记录和资料，对要求修订的“规程措施评审工作和审批责任追究制度”等七项制度的落实进行检查。并对－140米水平北二4槽综采工作面等14个采掘开工作面和－140米水平水泵房、绞车房、火药库及两个提升斜坡进行现场检查。查出问题和提出整改建议120条，对采煤52队现场下达停止生产监察指令并督促煤矿进行整改。

（庄过兵）

【煤矿安全研讨会】 6月21日，市安全监管局、北京煤监局副局长贾太保在昊华能源公司长沟峪煤矿召开建立健全禁止性“红线”体系研讨会。与会人员对禁止性“红线”的体例、内容进行研讨，贾太保传达市安全生产会议关于在全市开展安全生产大检查的要求，强调建立健全“红线”的意义，对建立健全禁止性“红线”的内容提出工作要求。

（庄过兵）

【木城涧煤矿突击检查】 7月3日，市安全监管局、北京煤监局对昊华能源公司木城涧煤矿开展安全生产大检查。本次检查采取突击检查方式，现场确定3个采掘工作面进行抽查，在查阅《作业规程》等相关资料后，分两组进行现场检查。同时，对正规循环作业的管理制度落实、统计分析等进行检查。检查后召开通报会，检查人员通报发现的问题，下达立即整改监察指令，并监督整改落实。

（庄过兵）

【国务院安委会督查】 7月10日至11日，国务院安委会第16督查组由国家安全监管总局副局长孙华山带队，到京煤集团、昊华能源公司及各煤矿进行督查。副市长张延昆和市安全监管局、北京煤监局、门头沟区政府相关负责人参加督查。督查组先后来到大安山煤矿、木城涧煤矿和大台煤矿，分别听取京煤集团、昊华能源公司和各矿的安全生产工作汇报，了解贯彻落实《七条规定》、开展“敬畏生命”大讨论和开展煤矿安全生产大检查等工作情况，对各矿调度指挥中心、安全生产监测监控系统、隐患排查治理系统、人员定位系统等运行情况进行检查，并下井检查3个煤矿的采掘工作面。督查组肯定昊华能源公司和3个煤矿点、线、面标准化体系建设、职工安全教育培训、隐患排查治理等工作。同时，督查组针对各矿普遍存在的采掘工作面多、生产系统和通风系统复杂的实际情况，提出压减工作面数量、简化生产和通风系统等合理化建议。对检查发现的安全隐患，北京煤监局下达责令整改的监察指令。

（庄过兵）

【正规循环作业检查】 7月11日，北京煤监局对昊华能源公司大安山煤矿正规循环作业管理工作开展重点监察。大安山煤矿汇报煤矿采掘正规循环作业管理相关工作开展情况，随后，检查组查阅正规循环作业管理相关台账、资料，抽查开拓一段值派班记录、工作量验收管理台账等资料，对开拓一段14队+550米水平西一石门七槽底板巷透煤石门掘进工作面进行检查。针对检查中发现的开拓14队工作面存在安全标志牌管理不细，未使用瓦斯监测传感器、放炮不使用水炮泥和一名工人未随身携带自救器等问题，检查组现场下达立即停止施工监察指令。

（庄过兵）

【煤矿安全质量标准化】 7月11日，北京煤监局对昊华能源公司大安山煤矿安全质量标准化工作进行检查。针对检查中发现的未按照《煤矿安全质量标准化基本要求及评分方法（试行）》开展矿井标准化自评考核和未按照《煤矿安全质量标准化考核评级办法（试行）》制订安全质量标准化等级提升计划等问题，检查组提出整改要求。8月27日，对长沟峪煤矿安全质量标准化工作进行检查。针对检查中发现的未按照《煤矿安全质量标准化基本要求及评分方法（试行）》的要求，对缺项未作折分计算，对通风专业、地测防治水专业未进行得分计算等问题，提出整改要求，并提出职能科室对科段达标考核的工作建议。

（贾宏）

【木城涧煤矿联合检查】 7月15日至18日，由北京煤监局牵头，联合昊华能源公司，并聘请大安山煤矿、长沟峪煤矿有关人员组成检查组，对木城涧煤矿开展安全生产大检查。检查组分为3个小组，通过查阅资料和井下现场检查，对木城涧煤矿机电设备管理情况、隐患排查治理情况和应急管理情况进行重点检查。共查出各类安全隐患和问题95项。检查组召开通报会，向木城涧煤矿通报本次检查情况，下达立即整改监察指令。

（庄过兵）

【长沟峪煤矿重点监察】 9月9日至

12日，北京煤监局组织京煤集团、昊华能源公司及有关专家，对长沟峪煤矿开展重点监察。9月9日，检查组召开安监员“纠违”工作座谈会，与安监员代表共同探讨工作遇到的难点、问题，研究解决办法，结合问题提出意见建议，帮助安监员深刻认识“纠违”工作的重要性，坚定安监员做好“纠违”工作的信心。9月10日至11日，检查组分为3个小组，通过查阅制度、规程和检查地面重要机房、井下重点工作面等多种方式，以《七条规定》落实、隐患排查制度落实、事故整改措施落实、安全大检查工作开展和“柔掩”工作面安全管理等情况为重点，检查井下7个“柔掩”采煤工作面和2个掘进工作面，共查出问题和隐患104项，全部下达整改指令。9月12日，检查组向煤矿通报本次检查情况，并提出整改要求和建议。

（庄过兵）

【国庆前安全检查】 9月23日、24日，北京煤监局对昊华能源公司木城涧煤矿进行国庆节前安全检查。检查组听取木城涧煤矿国庆期间安全生产工作计划和值班安排情况汇报，检查煤矿隐患排查工作和检查问题整改落实情况，抽查井下工作面的现场安全管理情况。针对检查发现的安全隐患，检查人员下达立即整改监察指令。

（庄过兵）

【国庆期间安全检查】 10月7日，市安全监管局、北京煤监局副局长贾太保带队对京煤集团、昊华能源公司及木城涧煤矿和大台煤矿节日期间安全生产情况进行检查。昊华能源公司和各矿负责人分别汇报节日期间领导带班、应急值守、安全检查和管理等。检查组查阅国庆期间安全检查记录和闭环管理，利用井下人员定位系统对矿领导下井带班情况进行检查。贾太保传达习近平总书记关于安全生产重要指示精神和市委书记郭金龙在市委常委会上关于安全生产工作讲话精神，要求京煤集团、昊华能源公司及各矿进一步做好安全生产大检查，推进安全生产质量标准化工作，继续开展警示教育活动。

（庄过兵）

【木城涧煤矿监察】 10月15日至17日，北京煤监局对昊华能源公司木城涧煤矿进行《七项规定》和矿井防灭火重点监察及国庆节后定期监察。检查人员查阅矿井防灭火相关资料和记录，检查国庆期间安全生产方案和应急值守情况，并对地面消防材料库、井下掘进六段8114工作面和主井皮带大巷进行现场检查。从检查情况看，木城涧煤矿矿井防灭火相关制度、措施比较完善，消防材料和设备贮备充足，能够满足矿井火灾预防和处置需要，工作面现场安全质量标准化水平有所提高。但仍存在地面消防器材库中贮备的灭火器和工具不完好；8114工作面煤层干炸时粉尘较大；主井皮带大巷+190米水平消防沙箱上覆盖废旧皮带。针对检查出的问题和隐患，检查组下达立即整改监察指令，并提出整改意见。

（庄过兵）

【煤矿职业危害防治】 11月6日，北京煤监局对昊华能源公司大安山煤矿职业危害防治工作进行专项检查。针对检查中发现的井下炮掘工作面放炮过程中的喷雾降尘设施欠缺、部分作业地点粉尘防治措施不到位等问题，提出整改建议，并提出要加大职业病防治知识宣传和培训，提高从业人员的防护意识，从巷道布置、采煤工艺、防尘设施、有效个体防护等方面采取措施，使作业人员减少接尘，做好煤矿尘肺、矽肺人员的后续安置等工作建议。

（贾宏）

【煤矿许可证延期验收】 11月25日至12月6日，北京煤监局对昊华能源公司木城涧煤矿、大台煤矿、大安山煤矿和长沟峪煤矿安全生产许可证延期进行现场验收。北京煤监局聘请行业专家2名，抽调各矿专业技术人员16人次，按照安全生产许可证现场审查报告内容逐项对煤矿内业资料进行全面审查，分专业对各矿主要生产系统、图纸资料、安全管理情况进行重点审查，查出各类隐患和问题65项，依法下达执法文书，要求按期整改。经复查，各矿对检查中发现的问题整改完成，12月18日，北京煤监局对4个煤矿颁发煤矿安全生产许可证。

（庄过兵）

【煤矿安全质量标准化达标】 11月至12月，市安全监管局、北京煤监局联合市发展改革委，并聘请6位专家，对昊华能源公司大安山煤矿、木城涧煤矿、大台煤矿和长沟峪煤矿安全质量标准化工作进行现场考核验收。各煤矿能够按照《北京市煤矿安全质量标准化基本要求及评分方法（试行）》文件要求，开展自评工作，有专门的机构负责考评打分，得分情况与经济考核挂钩，各矿每月打分记录齐全。通过对岗点和工作面现场管理情况抽查等工作，经检查考评，核准昊华能源公司各煤矿为2013年度二级安全质量标准化达标煤矿。

（贾宏）

【地采矿山春节前检查】 1月22日，市安全监管局组织对密云云冶铁矿春节前安全生产工作进行检查。检查组察看该矿规章制度、图纸及相关检查记录，重点检查在建的井下开拓施工作业现场。检查组要求各矿山企业制定并落实好节日期间安全生产各项防范措施，加强领导带班和应急值守工作，妥善安排好外地员工的返乡工作。

（杜金颖）

【非煤矿山安全检查】 2月23日至24日，市安全监管局对昌平区北京水泥有限公司凤山矿、顺义区北京玉林采石厂进行安全检查。重点检查“两会”期间安全生产保障措施制订、应急值守和领导带班情况，安全隐患排查治理、节后安全培训及复产验收情况。对存在安全隐患排查没有记录的北京玉林采石厂下达责令改正指令书。昌平区、顺义区安全监管局相关负责人参加检查。

（杜金颖）

【地采矿山通风技术培训】 2月28日，市安全监管局聘请矿山通风专家北京科技大学李怀宇教授为密云冶金矿山公司首云、威克及云冶3个地采矿山从事安全技术、通风管理等相关人员进行通风技术专题培训。专家结合首云矿的通风现状，对照通风系统图，从地采矿山通风的重要性、通风方式方法、通风设备设施、通风安全技术管理等方面进行详细讲解。

（杜金颖）

【安责险试点】 3月2日，市安全监管局组织安润国际保险经纪公司、人保公司等保险机构有关负责人组成调研组，到密云县调研推行非煤矿山安全生产责任保险试点工作。首云铁矿介绍非煤矿山企业安全生产责任保险险种定位、出台背景、意义、条款内容和推行非煤矿山企业安全生产责任保险试点工作要求，密云县有关部门负责人对完善非煤矿山企业安全生产责任保险条款及试点工作提出意见和建议。

（杜金颖）

【非煤矿山复产验收】 3月20日至22日，市安全监管局对密云云冶铁矿、威克铁矿、首云铁矿等矿山的复产验收工作进行抽查。检查组重点察看复产方案、复产前职工教育培训、复产验收程序和标准的执行落实情况，深入井下现场检查通风情况和隐患排查治理情况。从检查情况看，3个矿重视复产安全生产工作，落实《北京市矿山企业复产验收工作管理规定》，复产前召开了复产安全工作会议，制订了复产工作方案，严格执行复产验收标准并履行复产验收程序，3个矿山已通过密云县安全监管局验收。检查组强调：要加强复产工作的组织领导，严格落实《北京市矿山企业复产验收工作管理规定》，未经区县安全监管局验收合格并经分管区县领导签字同意的一律不许复产；地下矿山复产前必须先进行通风，经检测确认井下风质合格后，人员方可入井检查和排水作业。各区县安全监管局要严格按照《北京市矿山企业复产验收工作管理规定》组织验收，加强对矿山企业复产期间安全监管，确保复产期间及复产后生产安全。

（杜金颖）

【总局督导调研】 3月21日，国家安全监管总局第10督导组到密云县，就贯彻落实全国电视电话会议和全国安全生产工作会议精神进行督导调研。督导组现场检查北汽福田汽车股份有限公司总装车间和首云矿业股份有限公司尾矿库、调度指挥中心，对现场存在的一些问题提出改进建议。督导组组长、国家煤矿安全监察局副局长黄玉治对北京市政府重视安全生产工作、认真落实有关会议精神、结合市情创新安全监管模式、树立典型全面推广的工作给予肯定。同时也提出实施安全发展战略、加强公共安全体系建设、切实落实《七条规定》、推广密云整合经验、开展事故调查吸取事故教训等工作建议。

（杜金颖）

【地采矿山通风防治水检查】 4月10日至12日，市安全监管局对首钢矿业公司杏山铁矿以及水厂铁矿尹庄尾矿库、新水尾矿库开展通风和防治水专项检查。检查组要求：各矿要加强矿井通风和防治水管理，加强各种技术档案、台账管理工作，完善安全监测监控系统。要严格“三同时”审查验收，在保证工程质量前提下，加快新水尾矿库启用工程建设，竣工后及时报批，未经审批，不得投入使用。

（杜金颖）

【尾矿库汛前安全检查】 4月24日，市安全监管局对密云首云铁矿尚峪尾矿库、威克铁矿郝家庄尾矿库进行汛前安全检查。检查人员现场检查两座尾矿库的库内水位、坝体、干滩长度、安全超高、排水排洪设施、回水系统、安全监控监测系统，了解企业汛前防汛安全隐患排查治理、度汛方案制订落实、防汛物资的储备以及汛前应急演练开展情况。检查人员针对检查中发现的首云铁矿尚峪尾矿库坝体西侧子坝需加高、排洪系统未及时清淤，威克铁矿郝家庄尾矿库在线监测设备损坏、监测数据错误，库内坝体平整度不够、有拉沟现象等问题，分别下达责令改正指令书。

（杜金颖）

【“安全·和谐”矿山建设推进会】 5月14日，市安全监管局在昌平蟒山会议中心召开非煤矿山整顿关闭及“安全·和谐”矿山建设工作推进会。会议部署金属非金属矿山整顿关闭和“安全·和谐”矿山建设等工作。会议传达部署《关于进一步做好金属非金属矿山整顿工作的通知》（京政办〔2013〕15号）文件精神和工作要求，与会人员实地参观昌平凤山矿的采场、现代化生产线、监控中心、边坡治理现场、职工休息室等。密云威克铁矿和首钢杏山铁矿分别就“安全·和谐”示范班组、示范工作面和数字化矿山建设工作思路做介绍。市安全监管局对2013年非煤矿山监管工作提出3点要求：一是站在首都建设世界城市的高度上看待非煤矿山的发展，要为本地区调整产业结构做出贡献。二是推进非煤矿山的标准化建设，注重提高企业管理人员及生产一线职工素质。三是加强对地采矿山的监管，落实企业主体责任，严格执行保护矿工生命安全六项规定，防止安全生产事故的发生。

（杜金颖）

【防汛部署】 5月17日，市安全监管局启动2013年防汛工作，扎实做好各项防汛迎汛准备工作。一是制订《防汛工作方案》，成立以局主要领导为组长的防汛领导小组，提高预警响应层级，明确响应程序和工作职责；二是对重点企业开展汛前安全检查活动，采取聘请专家、部门联合检查等多种形式，对矿山、尾矿库、危险化学品等重点企业进行防汛专项检查，指导督促企业在汛前消除安全隐患，保证安全度汛；三是利用物联网技术实现对尾矿库、重点危险化学品企业的实时监测监控和分级预警，提高汛期预防和及时处理各种突发事故能力；四是指导督促企业开展应急演练并进一步完善防汛应急预案，提高企业员工防汛意识和应急能力；五是督促企业实施尾矿砂再利用工程，减少尾矿砂排放量。

（杜金颖）

【贯彻市防汛指挥部会议精神】 5月20日，市安全监管局防汛工作主要负责人召开会议，传达5月19日市防汛抗旱指挥部会议精神和市领导讲话，部署防汛工作。要求本市防汛工作要立足防大汛、抗大洪、救大灾，立足于应对极端天气和局部地区强降雨，确保人民生命安全、确保首都安全度汛。要将防汛督导检查工作作为常态机制坚持下去，对于发现的问题要建立台账，督促整改，防汛演练工作要突出实战，宣传工作要做到“铺天盖地”，防汛准备和检查工作不能出现盲点。会议要求各单位吸取“7·21”特大暴雨教训，全面开展汛前检查工作，督促落实防汛各项措施，组织开展应急演练。

（杜金颖）

【尾矿库安全度汛调度会】 5月29日，市安全监管局在密云县召开尾矿库企业安全度汛调度会，安排部署汛期尾矿库安全生产工作。会议逐一听取密云县5座运行尾矿库汛前演练、汛前隐患排查治理、汛期安全生产工作安排等防汛工作情况汇报。会议要求：一是要重视尾矿库安全度汛工作，落实尾矿库安全度汛有关部署，做好各项度汛工作；二是要确保汛期尾矿库在线监测系统、视频监控系统等处于完好状态，发挥好物联网系统作用；三是要核算各尾矿库抵御最大降雨量具体数值，并结合数值，修改完善尾矿库应急预案。

（杜金颖）

【闭库尾矿库检查】 6月6日，市安全监管局会同怀柔区安全监管局对怀柔区七道梁一号、七道梁二号、京都黄金冶炼有限责任公司3座闭库的尾矿库进行检查。检查组逐一检查每个尾矿库的坝体、截排洪设施，详细了解尾矿库闭库治理、日常检查维护等情况。检查组要求属地乡镇进一步落实尾矿库安全监管、管理责任，加强汛期巡查和对周边群众的宣传工作，发现隐患及时治理，并迅速上报，确保尾矿库安全度汛。

（杜金颖）

【首云铁矿防治水专项检查】 6月26日，市安全局监管局对密云首云铁矿雨季防治水工作开展专项检查。检查组听取首云铁矿防治水工作汇报，检查防治水制度、防治水基础资料、井下防治水措施落实情况、水害应急救援措施落实情况及防治水自查情况等。从检查情况看，首云铁矿建立防治水制度体系，实施防治水示范工程，对井下涌水进行监测和分析。检查组要求首云铁矿进一步健全防治水管理体系，深入开展矿井水文地质条件调查，对井下涌水进行全面细致分析，切实抓好矿井防治水工作。

（杜金颖）

【防汛紧急会议】 6月28日，市安全监管局召开紧急会议，传达市政府防汛工作会议精神，部署防汛工作。会议通报2013年降雨预测，要求各单位加强汛期应急值守，切实抓好“一个再落实”（防汛责任制）、“两个再对接”（预案和工作流程）、“三个再加强”（降雨预报、专项指挥部与流域、安全生产隐患排查）工作。

（杜金颖）

【金属非金属矿山专项检查】 7月16日，市安全监管局对顺义、昌平两个区金属非金属矿山进行检查。检查组分别抽取一家矿山企业，对安全生产大检查的组织开展情况、安全生产主体责任落实情况、作业现场安全状况等进行检查。检查发现，矿山企业作业现场安全状况有一定提高，但在安全生产大检查贯彻部署方面还存在一些问题。主要表现在：一是对大检查工作重视程度不够，部署不及时，贯彻不深入，大检查方案不细致；二是各种记录、台账不完善，大检查只有检查记录，没有整改记录等。对检查发现的问题，检查组向企业和区县有关部门进行通报，要求立即进行整改，并对辖区内其他矿山企业进行逐个检查，督促整改存在的问题。

（杜金颖）

【首钢矿业公司安全督查】 7月24日至25日，市安全监管局对首钢矿业公司安全生产大检查开展情况及汛期安全生产工作进行督查。24日，督查组查阅首钢矿业公司及其所属杏山铁矿、水厂铁矿大检查开展情况，以及汛期安全生产工作相关文件、工作方案、会议记录、检查台账、汛期领导值守记录等文件档案资料，并分成两组现场检查水厂铁矿尹庄尾矿库、新水尾矿库以及杏山铁矿井下排水系统、通风系统等。针对检查中发现的问题，检查人员下达执法文书，责令限期改正。25日，检查组召开座谈会，听取首钢总公司、首钢矿业公司及所属杏山铁矿汇报。市安全监管局副局长贾太保要求：一是彻底排查整改安全隐患，加强与属地政府的联动，特别是尾矿库，要严格按照设计施工，确保安全度汛；二是强化地采矿山通风管理，提高通风技术水平；三是加强特种作业人员管理，对特种作业人员要定编、定岗、定责，实现特种作业人员管理规范化；四是推进安全标准化工作，推动岗位达标，推进数字化矿山建设，用信息化推动安全生产工作。

（杜金颖）

【汛期尾矿库安全检查】 7月31日，市安全监管局局长张家明带队到怀柔区检查汛期尾矿库安全工作。检查组分别检查长哨营乡七道梁1号、2号尾矿库。这两座尾矿库是20世纪90年代停用的无主黄金尾矿库，2007年经过闭库治理后，由长哨营乡负责管理维护。张家明现场察看两座尾矿库的滩顶、坝体、坝肩截洪沟、渗滤液池，详细询问尾矿库巡查、截洪排水设施维护、坝体排渗、渗滤液检测情况，要求管理单位落实责任、加强汛期巡查、备足应急救援物资，特别是要针对黄金尾矿库特点，对渗滤液进行定期检测，防止污染周边水体。随后，检查组到前安岭尾矿库进行检查。前安岭尾矿库自2008年一直停用，由企业按照运行尾矿库管理。张家明在尾矿坝顶向现场负责人询问尾矿库停用期间巡查观测情况、防汛措施落实情况以及前几次降雨库内积排水情况，并反复叮嘱在场人员，对尾矿库的安全，即便是停用情况下，也不可有半点的马虎。要维护好所有设施，按照目前的标准，抓紧建设安全监控监测系统，逐步实施减量排放。

（杜金颖）

【检查首钢矿业公司汛期安全】 8月8日，市安全监管局局长张家明带领矿山有关专家组成检查组，赴首钢矿业公司检查汛期安全生产工作。检查组对首钢矿业公司杏山铁矿地下开采系统、水厂铁矿露天采场及河西排土场、尹庄尾矿库进行现场检查，并查阅水厂铁矿汛期安全生产工作及安全生产大检查开展情况的文件档案资料。检查组对首钢矿业公司安全生产工作给予肯定。同时指出，对于检查组提出的河西排土场边坡安全稳定性分析、降低尹庄尾矿库风险、加强应急救援队伍培训演练等问题，研究措施，确保安全。

（杜金颖）

【国际考察交流】 9月20日，俄罗斯环境技术与核能监督总局副总局长克拉斯内赫一行6人到密云县非煤矿山企业参观考察。考察团参观北京首云矿业股份有限公司综合调度指挥中心、矿山博物馆和北京威克冶金有限公司露天采场，然后在北京首云矿业股份有限公司进行座谈交流，了解非煤矿山总体情况和安全管理情况，询问两家矿山的开采规模、开拓方式、采矿方法、技术装备、安全监控等情况。考察团对两个公司的规范化管理、先进采矿方法、技术装备、安全监控技术手段的使用、矿山生态环境保护、职工安全文化建设等给予高度评价。国家安全监管总局监管一司副司长王启明，市安全监管局副局长贾太保和密云县安全监管局、密云冶金矿山公司等有关人员陪同。

（杜金颖）

【非煤矿山突击检查】 10月12日，市安全监管局先后对房山区北京伯山新建页岩砖厂、北京正邦新型建材有限公司、北京金隅矿业公司3家非煤矿山企业安全生产工作进行突击检查。此次检查采取暗访突击检查方式，在不发通知、不打招呼的情况下，直奔矿山进行现场检查。从检查情况看，由于上述3家非煤矿山尚未取得安全生产许可证，处于停产或整改状态，未发现有违法生产情况。检查人员强调：矿山企业要抓紧整改，并保证整改期间安全，对年底前达不到《北京市人民政府关于进一步做好金属非金属矿山整顿工作的通知》规定要求的，依法予以关闭；安全监管部门要加强对整改矿山的巡查和指导，帮助企业整改，12月31日前仍达不到规定要求的矿山，下达停止生产指令书，并提请区政府予以关闭。

（杜金颖）

【专题业务培训】 10月16日，市安全监管局举办的非煤矿山安全管理专题业务培训班在北京市矿山安全生产培训基地正式开班，近50家矿山企业安全管理人员、12名区县安全监管局监管干部参加培训。开班当天，副局长贾太保进行动员。17日、18日，邀请专家对金属非金属矿山安全管理法规体系、金属非金属地下矿山主要负责人保护矿工生命安全六条规定、金属非金属矿山安全规程、地下矿山安全避险“六大系统”建设、北京市金属非金属矿山监控监测规范解析等内容做专题讲解。

（杜金颖）

【地质勘探企业安全检查】 10月29日，市安全监管局对北京市地质矿产勘查开发总公司、北京众合兴勘查技术有限公司进行安全检查。检查组听取两家公司安全生产工作汇报，查阅安全生产档案资料，检查开展安全生产大检查情况，包括是否制订大检查工作实施方案、是否进行自查及督查，尤其是对京外施工项目是否开展检查，在京外施工项目是否到当地安全监管部门进行备案，企业安全管理制度及各级人员安全责任制是否建立健全，是否编制应急预案并开展演练等。经检查，两家公司安全生产管理制度比较完善，健全各岗位人员安全生产责任制，公司及京外项目部开展安全大检查活动，对新从业人员进行培训，强化对特殊工种的管理，应急预案比较符合实际，企业安全生产形势持续稳定。但也存在一些检查记录不全不细、档案管理不规范、对职工的安全培训考试判卷不规范等问题。检查组要求企业立即整改，并监督落实。

（杜金颖）

【防中毒窒息整治】 10月31日，市安全监管局对密云云冶铁矿及威克铁矿防中毒窒息专项整治工作进行督查。检查人员在云冶铁矿、威克铁矿分别听取防中毒窒息专项整治汇报，询问企业通风管理机构设置及通风管理人员配备、井下通风系统、便携式气体检测仪及自救器配备、监测监控系统应用等情况，检查防中毒窒息专项整治工作方案及检查记录，针对发现的问题下达责令改正指令书。检查人员对县安全监管局及企业提出要求：一是要加大投入，加强通风安全管理，配齐通风技术人员，配足配齐自救器和有毒有害气体检测装备，优化完善通风系统，改善通风质量；二是县安全监管局要加强检查督查，并报送防中毒窒息专项整治工作总结。

（杜金颖）

【欧盟官员参观考察】 11月6日，欧盟欧洲委员会就业、社会事务和机会均等委员拉兹罗·安德，欧洲委员会就业、社会事务和机会均等总司分析、评估和对外关系司司长格奥尔格·费舍尔等一行16名外宾，到密云首云铁矿参观考察。国家安全监管总局国际司司长柏然、监管一司副司长李峰等陪同考察。安德一行与首云铁矿负责人就矿山职业健康工作开展情况进行交流，总局国际司介绍中欧高危行业职业健康合作项目非煤矿山试点企业建设情况，现场参观首云铁矿调度指挥中心、尾矿库、矿山救护队队员宿舍，并到矿山井下参观中央配电室、水泵房和破碎峒室。

（杜金颖）

【地质勘探安全专项检查】 11月14日至15日，市安全监管局到北京中资环钻探有限公司、北京星辰地质勘探有限责任公司等地质勘探单位进行安全专项检查。重点检查地质勘探企业安全生产许可资质保持情况、安全生产制度、作业规程及操作规程建立、安全教育培训及安全会议纪要、对施工项目的安全管理、施工现场作业安全管理、跨省市从事地质勘探作业项目在当地安全监管部门备案及与当地应急救援组织签订救护协议等情况，针对发现的问题分别对两家单位下达责令改正指令书。检查人员要求地质勘探单位要认真落实整改意见，进一步加强对施工项目安全管理，对跨省市从事地质勘探作业项目必须在当地县级以上安全监管部门备案，与当地应急救援组织签订救护协议，确保施工作业安全。

（杜金颖）

【隐患排查紧急会】 11月23日，市安全监管局副局长贾太保在房山区主持召开由中石油北京天然气管道有限公司、中石油管道公司北京输油气分公司等主要负责人参加的石油天然气长输管道安全生产紧急工作会。会上，贾太保通报青岛黄岛经济开发区中石化东黄输油管道泄漏引发重大爆燃事故情况，传达习近平总书记、李克强总理批示精神，研究部署全市石油天然气长输管道安全隐患大排查工作。贾太保强调：各油气管道企业要吸取教训，落实中央领导重要批示精神，举一反三，立即对所属管道、场站、阀室等开展一次安全隐患大排查。要加强对员工安全教育培训，企业各级主要负责人要亲自讲解事故案例，进一步提升员工安全意识。

（杜金颖）

【秦京输油管道安全检查】 11月25日，市安全监管局副局长贾太保带领检查组，对秦京输油管道永定河跨越段进行检查。检查组现场检查部分跨越管道、截断阀室、值班室，询问值班人员、巡线人员工作内容和工作要求，察看管道巡线人员的记录、监控视频。检查组要求负责管道运行的中石油管道公司北京输油气分公司，要吸取中石化东黄输油管道泄漏爆炸特别重大事故教训，按照全市统一部署全面开展隐患排查，特别是管道周边不安全因素、管道本身腐蚀情况、安全设施设备运行情况，及时上报发现的隐患，采取有效的控制措施。结合管道运行时间长、设备设施相对落后的特点，加强运行和巡查管理，增加关键控制点值班力量，加大高后果区段巡查频次。对各类维抢修方案、应急预案进行一次整体梳理，不合理的进行修改，不完善的补充完善，保证方案和预案全面、科学、适用。

（杜金颖）

【非煤矿山行政许可】 2013年，市安全监管局受理非煤矿山行政许可申请10件。按许可类别分：矿山类3件，地质勘探类7件；按许可形式分：初次申请的3件，延期申请的4件，变更申请的3件。

（杜金颖）

隐患排查治理

【废弃沼气化粪池安全隐患销账】 1月，按照《北京市人民政府办公厅转发市安委会办公室关于进一步加强安全生产事故隐患排查治理工作意见的通知》和《北京市市级挂账生产安全隐患治理管理办法（试行）》有关要求，市有关部门对各自牵头负责的市级挂账生产安全隐患治理情况进行验收。经市安委会办公室审核，初步同意对朝阳区潘家园废弃沼气化粪池安全隐患予以备案销账。朝阳区潘家园废弃沼气化粪池安全隐患，由首开集团作为隐患治理承担单位，隐患治理工程严格履行基本建设项目程序，严格执行公开招投标制度，设计方案、施工组织方案、施工图纸、工程验收、会议纪要、影像资料等档案资料齐全。市财政投资评审中心进行项目预算评审，市级财政支持720万元，区县自筹480万元。2012年5月25日，完成隐患整改消除任务。2012年6月14日首开集团完成工程质量验收，朝阳区政府和市安全监管局验收通过。

（何明明）

【平谷废弃矿山采场安全隐患销账】 1月，按照《北京市人民政府办公厅转发市安委会办公室关于进一步加强安全生产事故隐患排查治理工作意见的通知》和《北京市市级挂账生产安全隐患治理管理办法（试行）》有关要求，市有关部门对各自牵头负责的市级挂账生产安全隐患治理情况进行验收。经市安委会办公室审核，初步同意对平谷废弃矿山采场安全隐患予以备案销账。平谷废弃矿山采场安全隐患，由平谷区政府作为隐患治理实施主体，开展隐患现状评价，编制项目建议书，取得项目环评批复，采取公开招投标方式确定施工、监理单位，工程设计方案、隐患治理方案、技术措施、施工图纸、监理档案等工程资料齐全。市财政投资评审中心进行项目预算评审，市财政支持970.73万元，区县自筹647.16万元。2012年7月17日，平谷区完成工程质量和区级验收，隐患彻底消除。市安全监管局验收通过。

（何明明）

【房山废弃矿山采场安全隐患销账】 1月，按照《北京市人民政府办公厅转发市安委会办公室关于进一步加强安全生产事故隐患排查治理工作意见的通知》和《北京市市级挂账生产安全隐患治理管理办法（试行）》有关要求，市有关部门对各自牵头负责的市级挂账生产安全隐患治理情况进行验收。经市安委会办公室审核，初步同意对房山废弃矿山采场安全隐患予以备案销账。房山废弃矿山采场安全隐患，由房山区政府作为隐患治理实施主体，开展隐患现状评价，通过公开招投标确定施工、监理单位，施工组织方案、施工图纸、会议纪要、监督检查记录、影像资料等档案资料较为齐全。市财政投资评审中心进行项目预算评审，市财政支持2530.25万元，房山区自筹1686.83万元。2012年10月20日，房山区完成工程质量验收和区级验收，隐患彻底消除。市安全监管局验收通过。

（何明明）

【牛栏山酒厂外部间距隐患销账】 1月，按照《北京市人民政府办公厅转发市安委会办公室关于进一步加强安全生产事故隐患排查治理工作意见的通知》和《北京市市级挂账生产安全隐患治理管理办法（试行）》有关要求，市有关部门对各自牵头负责的市级挂账生产安全隐患治理情况进行验收。经市安委会办公室审核，初步同意予以备案销账。牛栏山酒厂外部间距安全隐患，由顺鑫集团牛栏山酒厂作为隐患治理实施主体，通过征地拆迁方式消除储酒罐区与外部居民村庄安全间距重大隐患。企业自筹隐患整改资金13801万元，经市财政投资评审中心结算评审复核，市财政补助1303.22万元。顺义区完成区级验收，隐患彻底消除。市安全监管局验收通过。

（何明明）

【机场4号、5号桥梁支座隐患销账】 1月，按照《北京市人民政府办公厅转发市安委会办公室关于进一步加强安全生产事故隐患排查治理工作意见的通知》和《北京市市级挂账生产安全隐患治理管理办法（试行）》有关要求，市有关部门对各自牵头负责的市级挂账生产安全隐患治理情况进行验收。经市安委会办公室审核，初步同意对机场线4号、5号桥梁支座等5项隐患予以备案销账。机场线4号、5号桥梁支座安全隐患，由市地铁运营公司作为隐患治理承担单位，先行垫付治理资金，制订隐患治理方案，落实隐患治理措施。2012年6月30日前，完成消隐改造工作。市交通委路政局组织有关单位对隐患治理设计方案、工程技术措施进行专家评审，对工程质量进行专家验收。市财政投资评审中心对项目资金进行结算评审，审定金额476.84万元，由市级财政全额支持。隐患治理方案、监理档案、技术措施、施工图纸、工程验收等资料保存完整，市交通委路政局验收通过。

（何明明）

【核查西站北广场高架桥隐患】 6月4日，市安全监管局会同市交通委路政局专家，赴北京西站地区管理委员会实地核查西站北广场螺旋坡道高架桥安全隐患情况。经现场勘察，桥梁路面和护栏不同程度存在安全隐患，一是桥梁伸缩缝多处遭到破坏，丧失缓冲位移作用，可能造成桥梁结构损坏；二是桥梁路面出现坑槽，既降低了道路通行能力，又给行驶车辆带来不安全因素；三是桥梁护栏、立柱风化腐蚀严重，易发生水泥块脱落伤人事件。对此，市安全监管局要求西站管委会尽快聘请具备相应资质的中介机构，对高架桥进行全面检测评价，针对事故隐患的现状、产生原因、危害程度、整改难易程度，制订治理方案，明确治理措施、责任人员、所需经费、治理期限和应急保障措施。要求北京西站地区管理委员会落实监管责任，加大日常巡查和检查力度，防范事故发生。

（何明明）

【电力设施安全现场会】 7月8日，市安全监管局在通州区组织召开现场会。市电力公司和通州区发展改革委、市政市容委、交通局、安全监管局、永顺镇政府等单位和部门参加会议。现场会听取市电力公司关于220千伏遂营双回线通道电力设施隐患可能导致的危害和隐患治理情况以及对保护电力设施安全提出的建议，与会单位就各自监管职能提出意见。会议强调：各企业在电力设施周边作业时，必须落实《中华人民共和国电力法》关于任何单位和个人不得非法占用变电设施用地、输电线路走廊和电缆通道等规定，严格遵守操作规程，严防违规施工造成电力设施事故隐患；区政府和各相关部门要加大监管力度，全面开展安全生产大检查，及时排查电力设施周边违法违规施工，有效制止遂营70号铁塔周边堆土和大型机械作业行为；电力主管部门尽快建立常态监管工作机制并采取有效的监管和应急措施，加大巡查力度，发现电力违法违规问题迅速依法查处；对于违法施工造成电力事故的，要依法严肃查处，严厉追究有关事故单位和责任人的责任，确保电力设施运行安全。

（张聪）

【煤矿隐患排查治理调研】 10月31日，市安全监管局、北京煤监局赴昊华能源公司长沟峪煤矿调研企业隐患排查治理工作。主要了解企业隐患排查治理责任制体系和制度体系建设、事故隐患分级分类及事故隐患追踪治理和责任追究落实情况。调研发现，长沟峪煤矿隐患排查治理措施较为完善，形成“隐患能够暴露，暴露有人治理，治理有人验收”的闭环管理流程。一是分层级（公司、矿、科段、班组），分专业（采掘、开拓、防治水、机电运输等），排查隐患实现全覆盖，不留死角；二是结合企业生产作业特点，制定企业事故隐患认定和治理技术标准；三是明确各层级隐患排查周期，班组每班一次、科段每天一次、矿每旬一次、公司每月一次；四是按照“定项目、定措施、定资金、定责任人、定时间”要求落实整改，建立档案，落实验收，实现闭环管理；五是建立员工隐患举报奖励制度和隐患排查治理追究考核办法。

（何明明）

【隐患排查治理上报通用标准】 12月12日，市安全监管局办公室发出通知，将《国家安全监管总局办公厅关于印发工贸行业事故隐患排查上报通用标准（试行）的通知》转发至各区县、北京经济技术开发区安全监管局，要求组织人员将“排查上报通用标准”与本地区生产经营单位隐患排查治理标准进行逐项比对，查遗补缺。根据比对结果，及时调整完善本地区生产经营单位隐患排查治理信息化系统。直接使用市安全监管局提供隐患排查治理信息化系统的区县，应及时反馈系统调整需求。督促属地生产经营单位对照“排查上报通用标准”，制定符合本单位生产经营活动特点的企业隐患排查治理标准，逐步形成隐患排查治理标准体系。

（何明明）

【海淀区重大隐患督办】 12月20日，市安委会办公室印发《关于海淀区青龙桥挂甲屯重大安全生产隐患的督办函》，针对12月19日副市长张延昆带队对海淀区青龙桥挂甲屯地区城乡结合部安全生产专项整治情况进行实地检查中发现的问题，要求海淀区政府立即采取果断措施，迅速消除事故隐患，立即启动专项整治，狠抓整治工作落实，立即开展监督检查，全面加强安全监管工作。

（王晓杰）

【调查饮用水源污染隐患】 12月27日，市安全监管局会同市环保局、南水北调办，赴西郊机场油料储备库实地调查南水北调工程团城湖调节池潜在水污染隐患。西郊机场油料储备库位于团城湖调节池西侧，储存航空煤油6400立方米，地下输油管道1.5公里，部分在团城湖调节池征地“红线”范围内，最近处距调节池23米。现场察看初步认定，西郊机场油料储备库与周边安全间距符合要求，不属于生产安全事故隐患，但地下输油管线运行近40年，不排除腐蚀渗漏的可能，存在城市饮用水水源污染潜在风险。军地双方均希望西郊机场油料储备库搬迁，彻底消除水源污染潜在风险。此前，西郊机场与市南水北调办有过多次接触，但在土地置换和资金补偿方面双方未能达成一致。针对此现状，市安全监管局提出：一是由机场方面组织地下输油管线水源地潜在污染评估；二是由机场方面在油料储备库和调节池运行期间，加强监控、巡查，落实地下输油管线防护措施和预案；三是结合先有储备库、后有调节池工程的实际，按照“谁形成、谁治理”的原则，由市南水北调办提升隐患协调解决层级，避免在项目建设过程中形成隐患。

（何明明）

【隐患排查治理规定立项申请】 2013年，《北京市生产安全事故隐患排查治理规定》列为市政府立法计划的调研项目。经过深入调研，市安全监管局对该规章的立法必要性、可行性及立法思路和主要内容等有了深刻认识，具备一定的立法基础。11月27日，市安全监管局印发《关于北京市生产安全隐患排查治理规定的立项申请函》，根据《北京市人民政府规章制定办法》，将《北京市生产安全事故隐患排查治理规定》立项论证报告提交市政府法制办，申请审议和立项。

（何明明）

【推动桥梁隐患排查治理】 2013年，市安委会办公室深入房山区周口店镇良各庄村和河北镇磁家务村半壁店，实地协调推动周口店镇良各庄铁路跨线桥和河北镇半壁店1号桥隐患治理。会同房山区安全监管局、房山公路分局、周口店镇政府、河北镇政府实地了解危桥现状，实地察看桥梁禁止机动车通行安全措施落实。房山区按照计划安排，集中力量解决工程前期的征地和相关设施拆、改、移等工作，各司其职，通力配合，确保工程顺利实施。桥梁改造施工前，属地政府禁止车辆通行，加强桥梁检查和桥面巡查，确保安全。通过加强与北京铁路局等单位联系沟通，及时解决工程施工过程中发生的各类问题。

（何明明）

【深化隐患排查治理】 2013年，全市实际检查各类生产经营单位29.5万家，排查一般隐患59.9万项，已整改58.2万项，整改率97.1%；排查治理重大隐患223项，已整改销账176项，整改率78.9%；列入治理计划的重大隐患47项，其中达到“五到位”要求的34项，占总数的72.3%，挂牌督办的重大事故隐患1项，落实隐患治理资金968.7万元。

（张玉红）

应急救援

【矿山救护队达标验收】 1月12日至15日，由四川、重庆、云南和北京煤监局组成的国家矿山救护队质量标准化达标验收第10检查组，对北京市矿山应急救援队进行质量标准化达标验收考核。昊华能源公司矿山救护队接受考核验收。检查组首先听取矿山救护队质量标准化达标有关工作和自检情况汇报，抽查救护队的组织机构、技术装备与设施、队员培训及综合管理，现场考核闻警出动、队员配戴装备、呼吸器故障判断、多种气体检测仪的使用、队列训练等标准化项目内容。经考核，昊华能源公司矿山救护队以90.5分的成绩达到矿山救护队质量标准化特级水平，取得历史最好成绩。在考核反馈意见时，检查组肯定昊华能源公司矿山救援队质量标准化工作取得的成绩，同时对队员超龄、装备不齐、记录不完整等问题提出整改意见。昊华能源公司负责人表示公司和救护队将按照检查组意见抓紧整改，以落实意见为契机，推进救援队伍质量标准化建设。

（封光）

【矿山救护队达标考核】 1月22日至23日，市安全监管局组织有关专家，对首云矿业公司和首钢矿业公司两支矿山救援队进行2012年度质量标准化达标考核。检查组分别听取首钢、首云矿业公司矿山救护队落实矿山救护质量标准化达标工作情况以及质量标准化自查情况汇报，依据《矿山救护队质量标准化考核规范》标准，对首钢、首云矿业公司矿山救护队内业管理、救护技能、闻警出动、装备的配备等内容进行现场检查考核。经考核验收，首云矿业公司矿山救护队质量标准化考核达到国家二级矿山救护队质量标准，首钢矿业公司矿山救护队质量标准化考核达到国家三级矿山救护队质量标准。

（封光）

【两级应急平台建设】 2月22日，市安全监管局召开会议，专题研究市、区两级应急调度平台建设工作。会上，东方正通公司汇报了市、区两级预警调度平台建设情况，分别就风险源管理、监测预警、应急管理、应急救援4个主题业务系统进行功能展示，通报平台建设总体进度和下一阶段系统建设工作计划以及时间节点。会议要求各相关单位针对系统已完成部分，做好系统试用工作，加快系统建设步伐。

（封光）

【全国“两会”安全部署】 2月27日，市安全监管局下发《关于加强全国“两会”期间应急管理工作的通知》，要求各区县安全监管部门和应急队伍在3月1日至20日期间，加强监督检查，做好“两会”期间应急移动通信系统保障和“两会”期间应急值守和信息报送工作。

（封光）

【应急管理调研】 3月11日至20日，市安全监管局组织有关部门前往市市政市容委、市质监局等部门和部分工业企业调研安全生产应急管理工作。市市政市容委就本市燃气、供热等应急管理工作情况进行介绍。双方重点围绕《北京市生产经营单位安全生产应急管理指导意见》起草中的难点问题进行研讨。市质监局介绍大型游乐设施、客运索道等特种设备应急管理情况，提出加强特种设备安全监管工作的意见。调研人员分别与京东方显示技术有限公司、北京石景山游乐场、北京水泥厂、北重机电设备公司、首钢总公司和一轻集团等企业进行座谈，重点了解应急组织建设、应急管理制度建设、应急预案管理、应急演练管理、应急物资管理、应急教育与培训等方面的工作情况，并就《关于全面加强北京市生产经营单位安全生产应急管理指导意见（草稿）》进行讨论，提出修改和调整建议。

（封光）

【事故处理及应急管理视频会】 3月19日，市安全监管局组织召开全市生产安全事故调查处理及应急管理系统工作会。会议肯定各区县在应急管理方面取得的成绩，明确指出以安全生产应急管理立法、企业自救互救队伍建设、区县安全监管局应急管理机构建设、应急管理“一案三制”建设等工作为重点，进一步提升本市安全生产应急救援和应急管理工作整体水平。

（封光）

【轨道车起复应急演练】 3月21日，北京地铁运营公司在地铁1号线古城车辆段组织轨道车起复应急演练。市交通委、交通委运输局、安全监管局有关负责人参加观摩。本次演练首次模拟290型轨道车在古城车场北试车线1号道岔处发生1位轴脱轨事故，抢险救援人员立即进行车辆复轨。演练特点体现在3个方面：一是内燃机290型轨道车自重36吨，自重大，对设备起复能力要求较高；二是内燃机车底部设备较多，空间狭小，实施快速救援有很大难度；三是本次起复演练场地选择在道岔处，增加了救援起复的难度。

（张聪）

【移动指挥系统联动机制】 3月27日，市安全监管局、市民防局应急移动指挥通信系统联动工作机制启动仪式，在市安全监管局应急指挥大厅举行。市安全监管局、市民防局主要领导及相关人员参加启动仪式。市安全监管局局长张家明主持启动仪式并讲话，希望双方密切配合，优势互补，紧密协作，通过联动合作，实现信息互通、资源共享、共同促进的目标，为首都城市安全运行和社会稳定做出应有的贡献。启动仪式上，市安全监管局分别介绍应急指挥平台物联网建设情况和民防系统固定指挥平台、移动指挥平台、单兵3G传输和高点监控建设应用情况。双方签订应急移动指挥通信系统联动工作机制备忘录。

（封光）

【高层楼宇调研】 3月27日，市安全监管局局长张家明带队前往朝阳区呼家楼街道调研高层商务综合楼宇应急救援工作。调研组到呼家楼街道尚都党建服务站，了解商务楼宇应急管理工作情况。张家明询问街道辖区高层商务楼宇的分布和开展人员疏散演练状况。随后，调研组来到呼家楼街道安全教育中心参观，在街道安全生产指挥中心召开座谈会，就地区安全生产情况及高层商务楼宇开展人员疏散演练情况进行讨论。张家明强调，北京属于特大型城市，人口稠密，高层楼宇多且建筑密度大，存在安全隐患，加强高层楼宇人员疏散演练工作十分必要。

（封光）

【首云矿山救护队资质】 3月，市安全监管局依据《矿山救护队资质认定管理规定》（总局第17号令）和《北京市矿山救护队资质认定管理办法》（京安监发〔2010〕51号）规定和资质晋级许可程序，对照矿山救护队资质认定条件，对首云矿山救护队晋级资料和现场进行检查，符合三级矿山救护队资质认定条件。经审议通过，首云矿山救护队晋为三级矿山救护队资质。首云矿业公司重视矿山救护队建设，投资110余万元新购置应急车辆、组合支架、液压起重器等装备，新招队员12人，由原来的18人增至30人，完善基础设施，加强队伍管理，修订完善各项规章、管理制度，坚持开展矿山救援业务训练和技术竞赛，坚持开展预防性检查，在2012年度矿山救护队质量标准化达标考核中达到国家二级矿山救护队质量标准。

（封光）

【物联网第三方监控】 4月2日，市安全监管局前往北京经济技术开发区万盛（中国）科技公司调研物联网第三方监控工作。万盛（中国）科技公司是北京经济技术开发区科技局重点扶持企业。开发区安全监管局与该公司合作，签订三方协议，委托其对相关重点企业实施远程监控及提供分析、报警提示等相关服务。万盛（中国）科技公司作为第三方物联网安全生产、消防远程安全服务运营商，为政府部门及企业用户提供监、控、防、灭解决方案。公司相关技术人员就服务内容进行现场展示。座谈中，调研组重点了解第三方服务收费、分级预警和报告流程等内容。

（封光）

【应急管理研讨会】 4月15日，市安全监管局组织市相关行业部门召开座谈会，就起草《关于全面加强生产经营单位安全生产应急管理工作的指导意见》进行专题研讨。市市政市容委、旅游委、文化局、公安局消防局、质监局、商务委、广电局、交通委、体育局、民防局相关人员参加座谈。与会人员认为，指导意见对于指导本市生产经营单位加强应急组织体系建设、制度建设，开展预案管理、应急演练、队伍建设、物资储备、应急处置、宣教培训等应急管理各项工作，落实企业安全生产应急管理主体责任具有重要意义。同时，就发文形式、文件引用、专有名词解释、文件体例等对指导意见提出具体修改意见和建议。

（封光）

【轨道交通大客流应急疏散演练】 5月3日，市交通委运输局组织北京地铁运营公司、京港地铁公司在西局站联合开展客流疏散应急演练。市安全监管局、交通委、公安局消防局、公安局公交总队等部门有关负责人参加演练。应急演练以地铁14号线接线网故障造成列车无牵引动力，在故障排除过程中需地铁10号线、14号线西局站进行人员限流和封站为背景展开。其间，两地铁运营企业站区长重点介绍演练设定故障对车站运营安全的影响、突发应急预案启动时机程序以及重点部位人员工作职责等情况。在演练过程中，两车站突发事件情况沟通比较及时，能够迅速通过广播、显示屏等向乘客通报有关情况，各岗位人员能够及时到位组织人员疏散。

（张聪）

【防灾减灾宣传主会场活动】 5月12日，市生产安全事故应急指挥办公室在海淀公园组织“防灾减灾日”主会场宣传活动。活动内容主要有城市暴雨应急救援综合演练、应急管理与防灾减灾科普宣教活动、应急装备及物资储备展示活动等。市安全监管局组织昊华能源公司矿山救护队参加主会场活动，展示生命探测仪、复苏器、电动液压顶杆、电动液压剪断器、长管呼吸器等矿山专业救援装备。

（封光）

【防灾减灾宣传分会场活动】 5月12日，市应急办依托燕山石化公司在房山区燕化星城文化广场设立分会场，举办“识别灾害风险，掌握应急技能”为主题的防灾减灾宣传活动。燕山石化公司应急救援队组织开展高层疏散应急演练，实施疏散楼内被困人员、组织人员关阀断气、使用拉梯、缓降器等方式解救被困人员等演练科目。燕山石化公司消防支队组织开展干粉灭火器使用方法普及活动，并与社区居民进行互动。开展防灾减灾科普宣传活动，展示应急救援装备，演示心脏复苏等救护基本技能，向社区居民发放防灾减灾、应急避险宣传资料及宣传品。

（封光）

【高层楼宇演练协调会】 5月21日，市安全监管局在朝阳区呼家楼街道安全教育中心召开高层楼宇应急演练协调会。朝阳区安全监管局、消防支队、交通支队、呼家楼派出所、呼家楼街道办事处、朝阳区第二人民医院等属地协作部门、物业管理公司、技术支持单位派人员参加。会议介绍选定泰达时代广场开展高层楼宇应急演练的背景原因。泰达时代广场由伯豪瑞庭酒店、铜牛大厦、泰达时代中心写字楼等高层商务楼宇组成，加之与街道安全教育中心毗邻的地理优势，使之成为开展高层楼宇应急演练的理想场所。会议通报演练活动的全过程，并征求各个参演单位、支持部门意见。各参会单位分别就本单位、本部门在演练中所涉事项提出措施建议，并到演练场所实地勘查，进一步交换意见，推敲演练流程和细节。

（封光）

【危险化学品应急演练】 5月29日，房山区生产安全事故应急指挥部在北京高盟新材料股份有限公司燕山分公司组织开展房山区危险化学品事故应急救援演练。市政府副秘书长周正宇、市安全监管局局长张家明、市政法委副书记闫满成、市应急办主任杨战英、房山区人大常委会主任史全富、房山区副区长吕守军等出席活动，市应急办、维稳办、安全监管局、环保局、公安局消防局、房山区生产安全事故应急指挥部成员单位领导应邀到现场观摩，北京高盟新材料股份有限公司燕山分公司280多人参加应急疏散演练。周正宇对本次演练给予肯定，指出，这次演练组织周密、环环相扣，突出重点，非常成功。应急演练要从实战出发，以安全为主，注重企业一线员工现场处置环节，发挥专业应急救援队伍的作用，强化属地政府应急处置能力，加强周边群众疏散演练，培养和提高公众应急意识和能力。

（封光）

【汛期应急保障】 5月31日，市安全监管局副局长唐明明带队检查密云县汛期安全生产应急保障工作，密云县安全监管局、巨各庄镇政府相关人员参加检查。检查组检查威克矿业公司尾矿库汛期应急演练，演练模拟连日降特大暴雨，尾矿库库区进入大量雨水，库内水位急剧升高，超过安全警戒水位，发生水位超警戒线重大险情。经过企业和政府及时启动应急预案，及时进行应急响应和现场处置，尾矿库水位超警戒线险情成功解除。通过应急演练，检验巨各庄镇政府和威克公司尾矿库事故应急指挥组织体系和企业现场应急处置能力，完善应急预案，提高从业人员和属地村民应急意识和自救互救能力。

（封光）

【突发事件联动机制】 5月，市安全监管局和市公安局共同制定《北京市突发危险化学品事件应急救援联动机制》。联动机制建立后，遇到危险化学品突发事件，明确由市公安局消防局负责现场指挥处置工作，统一组织处置力量，指挥事故现场控制易燃易爆、有毒物质泄漏、人员搜救等应急救援工作。市安全监管局负责市生产安全事故应急指挥部内部协调，根据事件处置情况，调度有关部门和危险化学品专家、应急队伍等救援力量参与现场处置，调用应急物资，配合消防部门做好危险化学品突发事件处置工作。联动机制主要内容还包括：联席会制度、事故信息通报制度、培训演练制度、信息资源共享制度、应急物资共建制度和危险化学品运输车辆事故处置协同机制。

（封光）

【桌面综合演练协调会】 6月5日，市安全监管局副局长唐明明主持召开2013年危险化学品事故桌面综合应急演练协调会。市民防局、环保局、卫生局、公安局消防局、公安局交管局、公安局治安总队、房山区安全监管局，以及北京劳保所等单位相关人员参加会议。会上，市安全监管局介绍危险化学品事故桌面综合应急演练工作安排，汇报演练准备工作情况，北京劳保所介绍演练脚本。各相关单位对演练方案、演练脚本进行讨论，提出进一步细化和完善建议。

（封光）

【危险化学品桌面演练】 6月18日，市生产安全事故应急指挥部组织相关单位，开展北京市危险化学品生产安全事故应急桌面演练。国家安全生产应急指挥中心、市应急办、市反恐办、市民防局、市生产安全事故应急指挥部部分成员单位领导应邀现场观摩，市有关部门和房山区安全监管局等单位参加演练活动。演练模拟危险化学品运输车辆与大客车发生道路交通事故导致人员受伤和汽油泄漏事故，分别实施事故信息报送、启动预案、应急响应、应急联动、现场处置、伤员救治、交通管制、安全疏散、环境监测等科目。通过演练，进一步检验本市危险化学品事故应急预案的实用性和可操作性；检验市、区突发事件联动响应机制、突发危险化学品事件应急救援联动机制、移动应急指挥通信系统联动工作机制；检验事故先期处置和现场指挥部组建能力，展示安全生产应急指挥决策信息系统。演练结束后，市应急办对演练进行点评，建议将此次演练制作成教学片，使演练成果发挥最大效益。

国家安全生产应急救援指挥中心信息管理部负责人对本次演练给予高度评价。

（封光）

【高层楼宇疏散演练】 6月20日，由市安委会主办、朝阳区安全监管局和呼家楼街道办事处承办的北京市高层商务楼宇应急疏散演练活动在北京泰达时代广场进行。市政府副秘书长周正宇、国家安全生产应急救援指挥中心副书记张平远、市安全监管局局长张家明、朝阳区副区长汪洋，以及市应急办、商务委、住房城乡建设委、旅游委、公安局消防局、卫生局等部门领导受邀出席。演练结束后，清华大学公共安全研究院教授翁文国对本次演练进行点评。张平远对参加本次演练的全体人员表示慰问，强调加强高层楼宇人员疏散演练，提高人员安全意识与应急能力的重要性。周正宇指出，全国安全生产月应急演练周开展高层楼宇应急演练活动，意义重大，特别是演练所在地为中央商务区区域，高层商务楼宇密集，人员集中，繁华背后隐藏着风险和隐患，泰达时代广场涉及的企业类型非常典型，今后要进一步落实企业安全生产主体责任，提升企业员工安全意识，定期开展应急演练，把首都的城市安全工作做得更好。

（封光）

【应急技术与装备展览会】 6月25至27日，由国家安全监管总局主办的第四届中国国际安全生产应急技术与装备展览会暨国家矿山应急救援队授旗仪式在北京举行。国家安全监管总局局长杨栋梁出席展览会开幕式，向7支国家矿山应急救援队代表授旗并讲话。国家安全监管总局副局长、国家安全生产应急救援指挥中心主任王德学主持仪式。展览会为期3天，室内外展览面积约1.5万平方米，有125家单位展示各类场所的逃生、避险系统，应急指挥、通信系统等设备和移动平台，高层与地下建筑、交通枢纽、人员密集场所、易燃易爆场所等灭火救援装备，危险化学品泄漏、放射性污染应急处置设备，遇险人员生命探测与搜救定位、灾害现场大型破拆、救援人员防护用品和器材，大型救生钻机、排水设备等应急救援新装备、新技术。按照展览会组委会要求，北京市安全监管局组织全市安全监管系统应急管理部门负责人，部分矿山、危险化学品、工业企业，有限空间作业、人员密集场所生产经营单位应急管理和应急技术负责人，以及市级安全生产应急救援队伍共计1200余人参观此次应急救援技术与装备展览会。

（封光）

【高速路防汛应急演练】 7月8日，首发集团按照“贴近实际、突出实战、提高能力、确保畅通”的防汛工作思路，在西六环白庄子开展防汛综合应急演练。此次防汛综合演练分4个科目：首发集团模拟北京地区普降暴雨，造成六环路白庄子某处边坡发生水毁，路面泥沙淤积；泵站市电中断，泵站停止运行；泵站3号电机损坏；凹槽路段30米长道路积水最深处达0.8米，道路中断。道路巡查人员发现险情后，迅速报告应急指挥中心，首发集团立即启动防汛应急机制，迅速开展应急抢险，2小时后抢险作业完毕，达到道路通行条件，恢复通行。此次演练，首发集团出动防汛应急抢险队员200余人，装载机1台、运输车辆10台、道路巡视车5台、防汛单元1台、水泵2台、发电机2台、泵站备用电机1台、泵站应急电源1台。

（张聪）

【汛情预警响应】 市防汛抗旱指挥部于7月14日23时发布蓝色汛情预警，要求各单位立即启动蓝色汛情预警响应。市安全监管局通过应急值守平台系统以短信方式向各区县安全监管局及相关生产经营单位发布预警通知，要求强化信息报告，督导属地企业做好预防和应对工作。利用800兆通信系统对市级应急救援队伍值备勤力量进行检查。通过检查，市级3支应急救援队伍共有252人备勤，各类应急装备设施完善。

（封光）

【市应急办调研】 7月17日，市应急办一行到市安全监管局就市级专业应急队伍建设及应急物资保障能力建设情况进行调研。市安全监管局向调研组汇报矿山、危险化学品企业专业应急队伍建设和应急物资保障能力建设开展情况和取得的成效，对存在的主要问题及推进专业应急队伍建设提出建议。市应急办对市安全监管局率先开展专业应急队伍建设和加强应急物资保障能力建设工作给予肯定。

（封光）

【预案管理】 7月23日至24日，市安全监管局检查昌平区、丰台区应急预案管理工作。采取查阅资料、听取汇报的方式，检查区政府部门专项应急预案的编制、评审、发布、培训、修订、备案和演练等，开展区县政府与重大危险源企业“一对一”生产安全事故应急预案编制进展及生产经营单位应急预案备案工作。市安全监管局要求：要严格按照国家安全监管总局17号令规定的备案程序，开展应急预案备案审核工作；要对生产经营单位组织的应急预案评审论证工作进行监督；要强化应急预案的培训教育、修订和演练工作；要开展应急预案管理执法检查，对于生产经营单位应急预案未按照规定备案的，未制定应急预案或者未按照应急预案采取预防措施的，要依法予以处罚；要按照统一部署，按时完成区县政府与重大危险源企业“一对一”应急预案编制和备案工作。

（封光）

【国家应急指挥中心调研】 8月9日，国家安全生产应急指挥中心到北京市就应急演练系统建设工作进行调研。市安全监管局向调研组汇报市、区两级应急调度平台建设，演示北京市安全生产桌面应急演练系统，并提出下一步优化思路。燕山石化公司演示了安全生产应急演练培训系统。国家安全生产应急指挥中心对北京市应急管理信息化，特别是创新桌面应急演练系统建设给予肯定。

（封光）

【矿山救护队专业技能复训】 9月9日，市安全监管局组织首云矿业公司矿山救护队开展2013年度应急救援技能复训。此次复训从9月9日起至30日结束，复训对象为矿山救护队正、副小队长及队员共130余人。市安全监管局为确保培训质量，结合群众路线教育活动，从昊华能源公司及矿山救护队聘请5位拥有多年矿山救护实践经验的专家、教师进行授课、辅导。培训内容包括矿井灾害事故处理、矿山救护规程、救援相关法律法规、矿山救护队质量标准化考核规范、医疗急救、典型案例分析等理论知识，救护仪器、军事化队列训练、体能训练、一般技术操作、实战演习等6个项目。在培训管理上，从后勤保障、教学环境、训练设施等方面进行组织、严格管理，确保培训工作有序进行。

（封光）

【燃油泄漏事故处置】 9月10日上午8时，京平高速李天桥北1公里处，六环主路发生大货车与油罐车追尾交通事故，约40吨柴油发生泄漏。按照市应急办要求，市安全监管局迅速前往事故地点，并通知燕山石化应急救援队前往事故地点，通知东方石化应急救援队待命。到达现场后发现，由于油罐车破损严重，泄漏柴油已导入东六环外环主路外深约5米的排水渠和附近一条水沟里，燃油在水面上积聚，随时有发生次生灾害及环境灾害事故的危险；事发地属顺义、通州两区交界，加之六环路是全封闭高速路，现场缺乏统一指挥调度。为了减少损失，防止火灾及其他事故发生，市安全监管局果断指挥应急救援队伍清理路外漏油，各单位坚守岗位，杜绝次生事故的发生，圆满完成应急救援任务。

（封光）

【“一对一”应急预案评审】 9月25日，市安全监管局参加由朝阳区安全监管局组织的区政府与重大危险源企业“一对一”生产安全事故应急预案评审工作会。区安全监管局、区应急办汇报“一对一”应急预案编制过程和预案中5个危险化学品重大危险源的基本情况、事故风险分析、事故后果推测、预案衔接和应急救援能力评估等14个方面主要内容，7名专家参加评审。重点对预案内容的符合性、实用性、完整性、针对性、科学性、规范性和衔接性7方面进行评审。与会人员和专家对预案明确的事故类型、风险分析、组织体系、预防预警、响应程序、现场处置要点、疏散程序、社会面控制等进行探讨，提出建设性修改意见，并形成评审会议纪要。市安全监管局对朝阳区开展“一对一”应急预案编制评审工作给予肯定，并强调，做好“一对一”应急预案编制管理工作，是建立属地政府与重大危险源企业应急预案相互对应和紧密衔接的预案管理体系，完善应急机制，降低重大危险源突发生产安全事故风险，提高应急救援能力，促进全市安全生产形势稳定好转的重要措施。

（封光）

【国有企业应急预案备案】 10月8日至12日，市安全监管局对北京城建集团、京煤集团、首钢总公司等8家国有企业应急预案管理工作进行检查。检查内容包括应急预案的编制、修订、评审论证、宣传教育、演练和备案等。检查发现的主要问题：一是应急预案修订不及时，2009年制定的应急预案大部分已过3年有效期，8家单位仅京煤集团和北京排水集团修订应急预案；二是应急预案专家评审论证综合意见内容不全面，部分单位应急预案的评审论证没有按照国家安全监管总局印发的《预案评审指南》进行，评审论证的内容和要素不全，个别单位没有应急预案的评审论证综合意见；三是应急预案演练的次数不符合规定要求，部分单位只开展综合预案的演练，没有开展专项应急预案的演练；四是8家单位均没有申请应急预案的备案，对应急预案备案的程序要求不清楚。针对存在的问题，市安全监管局提出限期整改要求，并就应急预案的修订、评审论证、宣传教育、演练和备案等工作进行沟通，形成一致意见。

（封光）

【应急预案管理】 10月16日，市安全监管局召开会议，听取部分区县安全监管局应急预案管理和存在问题汇报，研究落实应急预案备案管理工作。东城、朝阳、通州、怀柔、平谷区和密云县安全监管局分别汇报工作开展情况。6个区县已经全部完成危险化学品重大危险源和尾矿库属地政府“一对一”应急预案编制，“一对一”应急预案已进入征求意见和评审阶段。共对4000余家生产经营单位编制的综合应急预案和专项应急预案进行审核备案。针对部分生产经营单位组织的应急预案评审存在不严格、内容不规范等问题，会议强调，要落实国家安全监管总局17号令关于安全监管部门应当派人参加生产经营单位组织的应急预案评审的规定，安全监管部门要对生产经营单位组织的预案评审过程进行监督，内容包括评审工作是否由生产经营单位主要负责人组织，参加评审专家的资质、数量是否符合要求，评审程序和内容是否符合国家安全监管总局印发的应急预案评审指南要求，专家组出具的综合评审意见是否符合要求等。会议还对预案备案审核的标准和程序，以及开展预案监督检查和相关行政处罚等问题进行深入讨论。

（封光）

【企业应急预案评审】 11月5日，市安全监管局分别对首钢总公司和北京排水集团组织的应急预案评审工作进行指导监督。两家单位根据市安全监管局10月8日至12日检查中提出的限期整改要求，对2009年编制的企业综合应急预案和专项应急预案进行修订。在充分征求意见的基础上，分别由企业主管负责人组织5名专家，以会议形式组织评审。按照国家安全监管总局17号令和应急预案评审指南的规定要求，对两家单位的综合应急预案和专项应急预案，从合法性、完整性、针对性、实用性、科学性、操作性、衔接性7个方面进行深入讨论，提出修改意见，并形成一致的评审书面意见。在评审工作中，对两家单位编制应急预案的过程，评审方式、程序、评审内容和要素、专家资质条件等进行现场监督，针对存在的问题提出修改完善意见和要求。

（封光）

【区县“一对一”应急预案检查】 11月19日，市安全监管局到顺义区和延庆县安全监管局检查，指导应急预案管理和应急机构建设工作。检查组分别听取顺义区和延庆县安全监管局关于安全生产应急管理的汇报，对两个区县成立专门的安全生产应急管理机构和扎实推进属地政府重大危险源“一对一”应急预案编制工作给予肯定。并围绕加强应急管理建设，强化应急装备物资保障，规范危险化学品事故现场应急处置等进行探讨。

（封光）

【应急队伍管理系统培训】 11月22日，市安全监管局举办市级应急队伍与装备管理系统使用培训会。燕山石化公司、昊华能源公司、首云矿业公司、首钢矿业公司应急救援队技术负责人和具体工作人员参加培训。会议介绍应急队伍与装备管理系统建设情况，东方正通公司介绍系统主要功能、实现流程及操作方法，参加培训人员进行上机练习，对基本情况、日常管理、资质申请、应急值守等系统主要功能模块进行模拟操作。各应急队伍利用这个系统实现应急队伍与装备管理信息化，取代现行纸质文件、传真的管理方式。12 月 1 日起开始试用，实现全市安全生产应急队伍与装备管理工作信息化，为提升本市安全生产应急管理工作水平打下基础。

（封光）

【危险化学品事故应急处置】 11 月 25 日，市安全监管局召开会议，通报山东青岛黄岛经济开发区中石化黄潍输油管线泄漏引发重大爆燃事故情况，就事故暴露出的信息传递不畅、现场处置措施失当、各方反应迟缓等诸多问题进行深入研讨。会议强调：要全面了解和掌握油品输送管线的管理和使用状况及企业对管线泄漏隐患的发现和处置能力，要与市政、水务、排水等市政管线专业管理部门企业沟通，了解和掌握本市地下管线的现状及相关的应急预案情况，举一反三，强化预案的衔接及现场处置措施的对接，切实提升应急处置能力与水平。

（封光）

【油气输送管线应急管理】 12月10日，市安全监管局召开会议，专题研究本市油气输送管线安全生产应急管理工作。市安全监管局副局长唐明明分析山东省青岛市“11・22”中石化东黄输油管道泄漏爆炸特别重大事故暴露出的突出问题，有关部门就成品油、航煤输送管线和油气长输管线安全监管和现状作介绍，提出关于油气输送管线应急管理工作建议。会议要求：要按照《中华人民共和国石油天然气管道保护法》《危险化学品安全管理条例》《非煤矿矿山企业安全生产许可证实施办法》《危险化学品输送管道安全管理规定》《北京市城市地下管线管理办法》等法律法规赋予的职责，进一步落实安全监管责任。要准确掌握油气输送管线企业应急管理机制建设情况，企业是否按照相关规定要求制订管道事故应急预案并报送地方政府相关部门备案，是否建立管道事故应急救援队伍，配备相关抢险设备、器材和设施。要深入研究油气输送管道事故应急处置流程，有针对性地制订应急预案。

（封光）

【地铁应急疏散演练】 12 月 19 日，北京地铁运营公司在地铁南锣鼓巷站开展突发事件情况下，乘客在区间内疏散应急演练。与以往不同的是，有 100 名普通乘客通过前期微信（微博）报名参与演练全过程。演练模拟车厢冒烟，乘客按下客室报警装置，司机通过监控发现列车第 5 节车厢有大量浓烟，列车无法自力运行，立即报告行调，调度命令故障列车区间疏散，8 号线南锣鼓巷站封站，6 号线南锣鼓巷站配合采取通过措施，8 号线沿线各站加强客运组织工作，利用广播、PIS、微博、网站发布故障信息等。此次演练工作准备充分，各专业岗位协同配合，特别是演练场景设置、应急预案启动、应急处置程序以及演练全过程组织等方面，符合突发事件情况下应急处置的基本要求。

（张聪）

执法监察

【新年倒计时活动安全保障】 1月4日，市安全监管局执法监察总队完成在颐和园举行的“2013北京新年倒计时”活动临建设施搭建和拆除过程的安全保障执法检查任务。执法监察总队抽调执法人员，对搭建方案、搭建材料工艺、高空作业、应急处置、电工电焊特种作业等各个环节实施全程监控式执法，协同主办单位先后7次对临建设施、冰面舞台、灯光架、音响架、媒体工作台、电视背景墙等作业现场检查和复查，对存在的高空作业缺少安全防护措施、舞台基础连接不足、悬挑长度刚性不足、电视墙配重不足等17项问题，责令施工单位及时整改。1月4日前，顺利拆除活动各临建设施。

（叶子楠）

【春节安全检查部署会】 1月14日，市安全监管局召开春节期间安全生产大检查部署会，传达市安委会第一次会议精神和时任副市长苟仲文关于加强“两节”期间安全生产执法力度的工作指示，对春节期间安全生产形势和各部门执法工作提出具体要求。会议指出，牵头单位做好实施方案、各部门调配好执法力量，要借助媒体力量扩大此次大检查工作的社会影响力。

（叶子楠）

【检查烟花爆竹存储仓库】 1月22日，市安全监管局对大兴、房山区的3家烟花爆竹批发单位（存储仓库）开展安全检查，检查工作涵盖被查企业的资质、人员配备、劳动防护、安全标志、管理制度、安全设施、档案记录、预案及演练9个方面，从总体情况看，存储仓库整体情况良好，但也发现人员教育培训档案不全、仓库垛架铁钉外露等问题，执法人员依法下达责令限期整改指令书，要求：3家仓库在经营储存过程中，严格落实各项安全管理规定，做好库区安全生产工作；严格按照限制存放量进行储存，做好出入库登记；切实抓好流向监控，做好电子标签的扫描录入工作；加强值班备勤工作，做到任务到人、责任到人，防止事故的发生。

（叶子楠）

【执法信息系统操作培训】 1月21日至25日，市安全监管局组织全市安全监管系统从事信息建设及执法工作人员约125人，开展为期一周3个批次的实际操作培训。标志着安全生产执法信息系统一期开发建设工作已经结束，二期建设全面展开，现场执法与执法监管业务平台建设完成，可支持市安全监管局对各区县安全监管行政执法工作进行跟踪、统计、分析和管理。

（叶子楠）

【交通行业春节前大检查】 1月28日至31日，市安全监管局、交通委、公安局、公安局消防局对全市交通行业重点单位联合检查。检查组抽查轨道交通地铁站6处，地面公交枢纽4个，检查重点内容包括各地铁站、公交枢纽春节期间安全保障措施制订及落实，大客流应急疏导预案编制，消防中控室、变配电室等重点部门和岗位值班值守，安全疏散标志设置及维护情况，安检设备运行等情况。对检查发现的问题，检查组责令有关单位立即进行整改。

（叶子楠）

【烟花爆竹批发单位安全检查】 1月22日至30日，市安全监管局对大兴、房山、通州等10个区县的12家烟花爆竹批发单位安全生产状况进行全面检查。本次检查出动人员26人次、车辆8台次。检查工作从企业资质、人员配备、劳动防护、安全标志、管理制度、安全设施、档案记录、预案及演练9个方面进行，同时对是否存在擅自改变安全条件储存，是否使用未经许可场所储存，是否超限量、违规储存等问题进行重点检查。对个别企业存在人员教育培训档案管理及临时出入库物品码垛不规范等问题，检查人员责令立即整改。

（叶子楠）

【执法检查视频会】 2月5日，市安全监管局召开视频会，就春节期间安全生产执法检查工作进行调度和再部署。会议通报执法检查工作开展情况，要求各部门全面落实2月5日市安委会工作会议精神，按照副市长张延昆指示，继续做好对烟花爆竹、人员密集场所、危险化学品单位和城市运行领域的执法检查；各区县要组织街道、乡镇开展检查，落实属地监管责任；各单位要依法依规，严格执法，严查安全隐患，严厉打击安全生产非法违法行为。

（叶子楠）

【烟花爆竹网点安全抽查】 2月5日，市安全监管局执法监察总队对全市烟花爆竹零售网点进行安全执法抽查。在同一时段对东城、西城、海淀、丰台、石景山、门头沟区的30个烟花爆竹零售网点进行抽查。从检查情况看，各属地监管部门履行职责，严格许可，各销售网点现场安全状况良好，安全巡逻人员在岗到位、安全标志张贴明显、消防器材配备齐全。但个别销售网点不能按照规定持证上岗，出入库台账登记不及时，进货后未及时码放。针对存在的问题，执法人员责令其立即改正，并要求属地安全监管部门加强检查，发现问题及时解决。

（叶子楠）

【除夕安全检查】 2月9日，市安全监管局局长张家明带队检查西城区1个加油站和3个烟花爆竹零售网点。检查中，听取经营单位春节期间应急值守、领导带班情况汇报，检查加油站库区防火措施、安全监控，烟花爆竹网点管理制度、安全标志、安全设施、人员培训，流向管理等情况。张家明强调：今年天气恶劣，雾霾和雨雪频繁，增加了对危险化学品和烟花爆竹的安全监管压力，为此，执法人员要发扬安监精神，克服困难，顶住压力，严格落实各项应对措施，扎实开展检查工作。对发现的问题和隐患，要一抓到底、不留空白、不留死角、不留遗憾，用辛苦工作换来首都安全。

（叶子楠）

【春节期间安全检查】 2月12日，市安全监管局副局长蔡淑敏带队检查东城区龙潭湖公园庙会和烟花爆竹零售网点，察看应急平台视频监控和应急值守等情况，在烟花爆竹零售网点对经营证照、网点音（视）频设备运行以及消防设备、销售人员持证上岗和周边环境等进行重点检查。东城区有关领导和安全监管部门负责人参加检查。

（叶子楠）

【启动全国“两会”安全保障】 2月18日，市安全监管局全面启动全国“两会”安全生产保障工作，建立7个区、29个“两会”驻地，会场周边200米范围的990家生产经营单位基础台账，涉及10个行业部门。截至2月21日，7个区安全监管局完成全部990家生产经营单位第一次全覆盖排查。市安全监管局执法监察总队参加市政府组织的驻地联合检查，检查4个城区的11家驻地宾馆，抽查周边生产经营单位。执法检查人员按照监管职责开展工作，确保监管到位。

（叶子楠）

【全国“两会”安全保障部署】 2月21日，市安全监管局召开“两会”安全生产保障部署会，市安委会相关成员单位、“两会”驻地及辐射范围区县安全监管局参加会议。会议传达副市长张延昆关于做好全国“两会”安全生产保障工作的指示精神以及市政府工作要求，通报“两会”驻地及会场周边涉及的重点行业分布情况，对下一步工作进行统筹安排。会议要求：各部门要高标准、高质量、高效率地完成保障任务；严格执法，对重点区域、重点单位实现全覆盖检查；打牢基础，再次梳理“两会”基础台账，做到底数清、情况明；加强部门联动，及时进行沟通，全力做好“两会”期间的安全生产保障工作。

（叶子楠）

【有针对性地开展安全检查】 “两会”期间，各区县安全监管部门结合实际工作和特点，有针对性地开展检查。大兴区安全监管局结合春节后流动人口陆续返京的特点，联合区质监局和街乡，对辖区部分洗浴、服装等行业开展“春季小锅炉”清查行动，共清查洗浴场所15处、服装厂3家、洗衣店5家，检查锅炉32台，现场发现并消除隐患16处，责令停止使用锅炉5台、没收伪造作业证件1本。通州区安全监管局部署“节后开、复工企业专项执法检查行动”，会同行业部门及各属地政府联合执法，对在全国“两会”期间开工、复工的建筑施工企业、工业企业开展专项整治。延庆县安全监管局联合县监察局、环保局、工商局、消防大队等部门开展危险化学品和烟花爆竹行业联合检查，共检查生产经营单位16家次，查处安全隐患14项。

（叶子楠）

【完成全国“两会”安全保障任务】 2月27日至3月20日，全市安全监管系统在全国“两会”专项执法行动中出动执法检查人员15547人次，车辆4736台次，检查生产经营单位13716家，发现消除各类问题和隐患12928项，下达执法文书8779份。市安全监管局在专项行动中抽调专人、分组行动，会同区县政府和安全监管局等部门联合开展执法检查，加强对重点行业、重点部位的监管力度，反复筛查“两会”驻地周边200米范围内的大型市场、人员密集场所、危险化学品企业、烟花爆竹仓库、加油站、油库等生产经营单位。其中，涉及代表驻地的东城、西城、朝阳、海淀、丰台、石景山、顺义7个区安全监管局共出动执法检查人员3931人次、车辆925台次，共抽查生产经营单位3852家，发现消除各类问题隐患2001项，下达执法文书2027份。其他区县安全监管局共出动执法检查人员11616人次，车辆3811台次，共检查生产经营单位9864家，消除各类问题隐患10927项，下达执法文书6752份。各区县安全监管局结合本辖区实际，发挥安委会作用，会同各行业监管部门和相关执法单位开展综合执法，增加对被查单位的检查频次与力度，扫除安全监管盲点，确保工作效果，有力推进专项执法行动在各个领域延伸。本次专项执法行动信息报送工作得到有效加强，市安全监管局印发通知，要求各区县安全监管局准时报送每日执法情况和信息。市安全监管局共收到信息249篇，发布《全国“两会”安全生产保障专项执法行动工作专报》19期，及时向各级领导反映专项行动推进情况和一线执法人员在工作中发现的突出问题、采取的工作形式、取得的经验、收到的效果等内容，得到各级领导认可。

（叶子楠）

【国际电影节影院安全检查】 3月18日至28日，市安全监管局执法监察总队配合市广播电影电视局和相关城区文化执法队，对全市参加国际电影节影片展播的大型影剧院进行全面检查，截至3月28日，完成9个城区30家电影院的安全检查。本次检查活动重点包括各影院安全责任制及规章制度建立、应急救援预案制订及演练、放映厅及放映机房安全运营、消防中控室、变配电室等重点部位的值班值守、安全出口、疏散通道、应急照明、指示标志的设置维护以及应急广播设置及使用情况等。检查发现各影院重视电影节展映期间的安全管理工作，成立专门管理机构，签订安全责任书，完善规章制度，制订应急救援预案并组织演练，定期进行安全检查，安全状况总体良好。部分影院存在规章制度不完善，缺乏针对性，教育培训学时和内容不足，疏散通道堆放杂物，楼梯转角缺少应急照明灯、疏散指示标志不合格、电工特种作业操作证未按期年审等问题。针对发现的问题，检查人员依法下达限期整改指令书，要求影院立即整改。

（叶子楠）

【执法监察工作会】 3月29日，全市安全监管系统召开2013年安全生产执法监察工作会。市安全监管局副局长蔡淑敏作题为《聚心合力、务实创新、全力以赴做好2013年安全生产执法监察工作》报告。报告从全市执法检查考评目标的完成、执法计划的推进落实、存在的主要问题及取得的工作经验4个方面对2012年全市安全生产执法监察工作进行全面总结，充分肯定全系统所取得的成绩，深入分析安全生产工作面临的严峻形势，全面部署2013年重点工作，并就执法监察工作提出要求。石景山、房山、昌平和密云4个区县结合区域特点在会上进行经验交流。各区县、开发区安全监管局局长等相关人员参加会议。

（叶子楠）

【国际电影节临建设施检查】 4月18日，市安全监管局副局长蔡淑敏带队赴国家会议中心，检查第三届北京国际电影节临建设施安全生产情况。检查组听取前期工作简要汇报，对观景平台“明星走红毯”、4层大厅电影“闭幕式颁奖典礼”“电影市场”“电影论坛”活动的临建设施进行检查。

（叶子楠）

【园林景区安全检查】 4月10日至5月15日，市安全监管局、园林绿化局、旅游委、质监局、公安局消防局、公安局治安总队、公园管理中心在全市开展公园景区安全生产重点执法检查。检查采取听汇报、查阅资料、现场察看等形式，重点检查安全生产管理制度建立及落实情况。通过检查发现，各公园景区对安全生产工作重视，安全生产各项规章制度健全，安全生产秩序井然。

（叶子楠）

【园博园安全检查】 4月27日至5月16日，市安全监管局执法监察总队会同丰台区安全监管局，先后11次深入园博园临建设施搭建现场，开展安全检查。检查期间，市、区安全监管局共出动17车次，46人次，依法下达检查记录和限期整改指令书24份，发现并消除安全问题和隐患52项。5月16日，执法人员再次开展复查工作，问题隐患全部整改。

（叶子楠）

【“京交会”安全保障】 5月28日至6月1日，第二届京交会在北京国家会议中心举行，为做好相关安全保障工作，市安全监管局执法监察总队制订保障方案，并于5月17日会同专家，对主要搭建单位的21大项（约400个子项）搭建方案进行重点审核，对使用材质、最大跨度（高度）、卸荷配重、连接方式等方面提出细化完善设计施工、对承载部位荷载计算、提高特装稳定性安全系数取值、制订应对极端情况应急预案等安全要求，同时现场印发《第二届“京交会”临建设施安全搭建10项要求》。5月26日夜，执法监察总队对国家会议中心1层、负1层以及北扩区搭建现场进行检查，发现个别展位顶部横向强度不足、变形下沉明显、交叉作业、电线破损，高处作业不系安全带、作业区通风不良等问题，执法人员依法责令管理单位整改，加大现场检查频次，对搭建现场不间断检查。截至27日，所有展示单元如期竣工，查出的问题和隐患全部整改。

（叶子楠）

【科博会安全保障】 5月21日至26日，第十六届科博会在京举行，市安全监管局成立安全生产保障工作领导小组，于开幕前对涉及保障任务的海淀区、朝阳区安全监管局提出要求，各自组建安全生产检查工作小组，确定联络员，指派一名局领导负责本项工作。5月21日，市安全监管局执法监察总队会同专家对国际展览中心科博会展区的临建设施进行安全检查。检查发现，部分施工现场作业人员缺少劳动防护用品，部分人员未戴安全帽，高处作业人员未系安全带，中国航天科技集团展区展台顶部缺少支撑，针对问题，检查人员责令立即整改。

（叶子楠）

【“京安工程”执法系统应用】 2013年，市安全监管局在全市安全监管监察系统内，全力推进“京安工程”执法系统建设及推广应用工作。此前，“京安工程”执法系统一期建设取得实质性进展，能够以信息化执法检查手段，涵盖现场检查、复查全部环节。在行业类型上，信息系统可支持对危险化学品、非煤矿山、工业企业和人员密集场所等7大行业，24种企业类型执法需求；在现场检查项目设定上，以国家安全监管总局24号令第8条规定的19项监管监察职责为依据，以现行安全生产法律法规、国家标准、行业标准为依托，细分为1884个细目，便于对现场违法违规行为进行查找和判断。执法系统数据库中，涵盖54部实体法，405部国家标准、行业标准，其中258部为强制标准，能够基本满足现场执法、法律法规和标准检索和使用。为做好信息系统推广应用，市安全监管局执法监察总队组织全市安全监管监察系统从事信息化建设及执法人员150人，开展3个批次的实际操作培训，编制《执法信息系统使用手册》，印发《关于全面推广应用“京安工程”执法系统的通知》，从推广试运行、普及培训、保障执法信息化装备配备、督导考核等6个方面，推动落实执法信息化工作。

（叶子楠）

【重大活动安全保障研讨会】 5月22日，市安全监管局组织东城、朝阳、海淀、丰台、顺义、大兴、昌平和延庆8个区县安全监管局召开重大活动安全生产保障工作研讨会，就如何进一步开展重大活动安全保障工作、保障工作中遇到的难点及热点问题等深入讨论，与会各单位针对重大活动保障工作的适用范围、任务来源、工作原则、工作机制等方面内容建言献策。会议认为，重大活动安全生产保障工作具有政治性强、影响力大、涉及面广、领导关注度高和协调管理难度大等特点，安全监管部门要增强责任感和使命感，落实市委、市政府指示精神，扎实做好重大活动安全生产保障工作。

（叶子楠）

【儿童节活动安全保障】 6月1日至2日，天安门广场和劳动人民文化宫分别举办大型文体展示及游园活动。按照市委、市政府要求，为保障活动安全，市安全监管局全程参与并圆满完成本次活动临建设施搭建的安全保障，执法监察总队在第一时间向搭建单位提出安全要求，6月1日凌晨，执法队员赶赴搭建现场对搭建做安全技术指导，并在现场监护值守。6月2日6时，各临建设施通过活动组委会安全检查验收。

（叶子楠）

【“双打”专项行动督查】 6月4日，市安全监管局、华北电监局成立联合检查组，深入执法检查一线，查处特种作业领域违法行为，对违规企业进行直击曝光。北京电视台、北京电台、《北京日报》等多家媒体进行报道。联合检查组赴朝阳区东坝乡，重点抽查北京城建道桥建设集团、朝阳田华建筑集团、中关村开发建设3家单位施工项目安全生产管理情况。检查发现，各单位普遍存在电工违反安全管理规定作业，未落实强制性标准进行临时用电施工，特种作业人员管理未落实国家安全监管总局第30号令关于健全特种作业人员培训、复审档案等问题。对此，检查组依法下达整改指令，要求存在问题的单位迅速落实整改措施，消除安全隐患。

（叶子楠）

【咨询日主会场安全保障】 6月9日，北京市安全生产月宣传咨询日主会场活动在中华世纪坛南广场举行，6月7日下午，市安全监管局执法监察总队安排专人赴搭建现场开展安全保障工作。为保证施工和使用拆除安全，执法监察总队向有关负责人提出安全要求，对所有施工人员进行岗前培训，并做好大风暴雨等极端天气应急准备。执法人员在搭建现场开展技术指导，并在现场监护值守，做到发现问题随时就地解决。6月8日搭建工作基本完成，执法监察总队再赴现场进行竣工检查，确保临建安全。

（叶子楠）

【全国政协会议安全保障】 6月16日至20日，市安全监管局执法监察总队开展全国政协十二届二次会议安全保障工作，6月14日至17日对列入台账中的生产经营单位实施全覆盖安全生产检查，会议期间开展对重点单位安全巡查和随机抽查工作。6月19日，执法监察总队随机抽查海淀区友谊宾馆代表驻地周边81家生产经营单位中的3家单位。检查人员要求，加油站要在加油高峰时增加工作人员，做好加油车辆排队疏导工作，以免发生拥堵，餐饮企业要保障燃气使用安全。

（叶子楠）

【汽车修理企业安全检查】 5月13日至6月19日，市交通委、安全监管局、有关区消防支队组成检查组，对东城、西城、朝阳、海淀、北京经济技术开发区的50家汽车修理企业进行安全检查。检查发现，各汽修企业能够开展安全教育培训工作，能够较好地对接触职业病危害的劳动者进行职业健康检查，能够对存在职业病危害的工作场所进行每年一次的职业病危害因素检测，能够如实地将职业病危害项目进行申报。检查发现的问题有：部分负责安全管理工作的领导和安全管理人员未在岗值守，企业与物业管理单位之间的应急联动迟缓，存在职业病危害的工作场所中有害作业与无害作业未分开、未在醒目位置设置警示说明等。针对上述问题，执法人员责令限期整改并将整改情况书面报送市安全监管局执法监察总队。

（叶子楠）

【燃气使用安全执法检查】 6月27日，市安全监管局、市政市容委、质监局、商务委、公安局消防局、城管执法局组成联合专项执法检查组，对海淀区6家餐饮企业进行安全检查，重点检查安全生产规章制度、电器线路敷设、安全疏散指示标志等环节，发现营业区域内安全指示标志设置不合格、电器线路敷设不符合规范等安全隐患和问题15项，下达执法文书6份，要求企业立即进行整改。专项联合执法检查自6月起至11月结束，其间，每周至少进行一次联合检查。

（叶子楠）

【APEC会议安全保障】 “2014APEC峰会”在怀柔区雁栖湖生态示范区召开，安全保障工作于是年7月全面启动。7月3日，市安全监管局执法监察总队前往怀柔区雁栖湖生态发展示范区核心岛国际会都建设工地现场，对建设项目开展实地调研，全面了解建设项目安全生产管理总体情况，共同研究制定市、区两级安全监管部门对该地区的安全监管工作计划。12月4日，市安全监管局、住房城乡建设委、公安局、公安局消防局、市政市容委、园林绿化局和怀柔区政府组成联合检查组，分别对北京城建集团承建的金雁饭店、国际会都精品酒店工程施工现场和生活区进行安全检查，重点检查施工现场特种作业人员持证上岗、危险化学品使用管理、工人宿舍用电安全等。对检查发现的防护网和防护栏存在缺失、临时用电线路私拉乱接等隐患，执法人员依法对北京城建集团、江苏中信建设集团有限公司下达责令限期整改指令书，要求企业立即整改，并要求加强对稀料、油漆等危险化学品的使用管理。

（叶子楠）

【燃气安全执法检查】 7月31日至8月13日，市安委会办公室组织市市政市容委、质监局、城管执法局等部门在全市开展燃气安全联合执法检查行动。重点检查灌装站、配送站安全许可条件保持情况，灌装站、配送站依法经营情况，液化石油气钢瓶的质量安全情况，液化石油气质量安全情况，液化石油气供应合同签订情况，液化石油气气瓶间设置及安全管理情况，液化石油气钢瓶及液化石油气设施使用及安全管理情况，行动采取全市普查、市安全监管局抽查、集中联合检查等方式，与各区县有关部门协同作战，及时发现排除安全问题和隐患，对发现的问题隐患依法采取责令整改、约谈、责令停产停业、行政处罚等处理措施，对问题较严重的企业单位，采取媒体曝光和责成企业对相关责任人进行内部责任追究的处理措施，加大执法检查行动力度。

（叶子楠）

【“联动执法”工作机制】 7月，昌平区安全监管局反映辖区内某市属建筑集团公司承建的轨道交通建设工程在建设期间违反有限空间作业安全管理规定，在不具备基本安全生产条件下，持续进行有限空间作业。平谷区安全监管局反映平谷区迎宾环岛西侧某建筑企业在实施隧道暗挖作业中存在安全隐患。市安全监管局派出工作组开展执法检查工作。经过聘请专家现场指导、执法人员现场勘察等工作，上述两个施工项目确实存在诸多安全隐患和违法违规现象，执法人员果断采取措施，依法采取下达执法文书、责令停止作业项目等措施，要求负责人立即整顿、迅速落实各项安全防护措施。对此，市安全监管局建立市、区“联动执法”机制，加大基层执法工作力度，促进全市整体安全监管工作稳步提升。

（叶子楠）

【电气安全专项执法检查】 7月至8月，市安全监管局在全市范围内推进电气安全隐患专项执法检查行动，主要目标是通过治理电气作业违章行为，防止发生各类触电事故、电气火灾事故。检查重点为综合楼宇、规模以上工业企业、餐饮企业、商业零售企业、中小型机加工企业、危险化学品生产经营企业、商品交易市场、机动车维修企业8个行业领域。为完成好本次行动，市安全监管局向社会公布执法公示，聘请专家对执法人员进行培训。行动中，采取全市普查、市安全监管局抽查、集中联合检查等方式。全市安全监管部门共出动执法人员4380人次，出动执法车辆1197台次，下达责令限期改正指令书1099份，对62家单位实施行政处罚，有2000余家企业单位接受执法检查，发现问题隐患4000余项。各区县安全监管局将工作推进到责任追究环节，即，责令存在问题隐患较严重的企业单位对相关责任人进行内部责任追究，并将追究情况汇总成整改报告提交属地安全监管部门。有10余家企业单位提交整改报告，百余家接受执法人员的复查。

（叶子楠）

【防暑降温安全检查】 7月至9月，市安全监管局开展全市夏季防暑降温工作安全检查。检查重点是建筑、冶金、机械制造、有限空间等重点行业，要求各单位建立、健全防暑降温工作制度，加大防暑降温和相关法律法规知识的宣贯力度，制定和完善事故应急预案，切实保护好从业人员安全与健康。

（叶子楠）

【物流行业专项执法检查】 8月，市交通委、安全监管局、公安局消防局组成联合检查组，对全市50家物流企业开展为期一个月的专项执法检查行动。从检查情况看，大部分物流企业整体安全状况良好，但部分单位存在安全生产规章制度不健全，安全生产教育培训学时不足，工作台账内容不健全，安全生产教育培训内容单一，检查记录不完善，劳动防护用品制度缺失等问题。联合检查组针对存在问题下达整改指令，要求企业对存在问题立即进行整改。

（叶子楠）

【水上娱乐场所安全检查】 9月，市安全监管局执法监察总队组织检查组，聘请机电专家，对朝阳区水立方嬉水乐园、欢乐谷、石景山游乐园、丰台区欢乐水魔方、昌平区温都水城5家在本市具有代表性的大型水上娱乐企业进行执法检查。检查前，执法监察总队梳理有关水上娱乐场所电气安全标准。检查中，查找企业安全管理的薄弱环节，发现上述5家企业在电气安全等方面存在隐患69项，主要集中在设备设施老化现象明显、电气安全隐患问题突出、安全基础管理工作薄弱等问题。针对上述问题，检查组作出责令整改、责令局部危险区域暂时停业整顿的决定，会同专家帮助企业制订整改措施，宣传有关法规标准，要求企业对内部责任人员进行处理。同时，建议企业设置安全生产专门机构，配备专职人员加强企业安全管理,受到企业欢迎。

（叶子楠）

【慕尼黑啤酒节安全检查】 9月9日，市安全监管局执法监察总队会同朝阳区安全监管局，对北京奥林匹克公园举办的慕尼黑啤酒节北京之旅活动开展安全检查，检查包括现场的4个单体篷房和表演舞台等临建设施。检查发现灯光架底座未设配重、舞台周边无围栏、无警示标志、灯光架、音箱只用手动葫芦悬挂，缺少固定连接。针对上述问题，检查组依法下达执法文书，要求企业立即整改。同时，执法人员针对啤酒节活动占地面积大、参加人员多、持续时间长的特点，要求承办方加强安全教育和培训，提高从业人员安全操作技能和安全事故防范意识，加强对现场安全用电管理，加强现场安全检查并做好记录，加强应急演练，确保啤酒节安全顺利举办。

（叶子楠）

【旅游场所安全检查】 9月23日至25日，市园林绿化局、旅游局、安全监管局、公安局、公安局消防局、文物局等组成联合检查组，对重点旅游场所开展为期三天的安全检查。检查组先后对居庸关长城景区、八达岭长城景区、银山塔林景区、石景山游乐园、潭柘寺景区、香山景区、颐和园景区、北京动物园进行安全检查，检查人员听取景区负责人“十一”黄金周期间安全保障工作汇报，检查景区应急预案和领导值班安排，景区各项安全制度建立和落实、员工安全教育培训以及特种作业人员持证上岗等情况，并对高低压配电室开展重点检查。检查结果显示，大多数景区对节日期间安全工作重视，安全状况总体良好，个别景区存在员工安全生产教育培训工作不到位，教育培训记录不健全，配电室堆放杂物，未按要求设置挡鼠板，应急照明灯设置过低，绝缘靴、绝缘手套等劳动防护用品未定期检测，未按规范开展有限空间作业演练等。对此，检查组要求相关单位立即整改，开展内部安全生产自查，加强员工安全生产教育培训，对高低压配电室等重点部位加强管理，全力保障节日期间景区安全。

（叶子楠）

【人员密集场所联合检查】 9月24日至26日，市商务委、安全监管局、公安局消防局组成市安全联合检查组，对华联超市、国美电器、君太百货、汉光百货、物美超市、华堂公司、苏宁电器等36家人员密集场所安全生产工作开展专项执法检查。重点检查安全生产教育培训、事故应急救援预案、配电室值守人员值班制度、劳动防护用品配备情况。从检查情况看，各单位安全生产制度落实较好，重视“十一”黄金周期间的安全工作，制订安全生产实施方案，落实安全责任。个别单位存在配电室电工交接班制度不规范、堆放杂物、安全教育培训档案不全、缺少安全事故应急救援预案、安全教育培训学时不足的问题。针对上述问题，联合检查组对受检单位下发行政执法文书，责令立即整改，要求落实安全生产制度，开展内部安全生产自查，加强员工安全教育，细化安全生产工作方案，对配电室等重点部位加强管理，严格值班和领导带班制度，确保不发生各类安全事故。

（叶子楠）

【文化娱乐场所安全检查】 9月，市文化局、安全监管局开展西城区、丰台区、大兴区等重点区县KTV、网吧、影剧院等文化娱乐场所联合执法大检查行动。大检查工作持续三周，按照部门联动、专业分工的原则，针对经营单位安全管理制度落实情况、特种作业人员管理情况、消防设施设备安全运行情况开展实地检查。对检查中发现的问题和隐患，检查组要求立即整改。对严重隐患，依法下达限期整改指令，对违法行为进行立案处罚。要求属地行业主管部门做好跟踪监管工作，确保整改效果，督促企业切实消除安全隐患。

（叶子楠）

【世界旅游城市联合会安全保障】 9月，市安全监管局执法监察总队赴延庆县八达岭望京广场，对世界旅游城市北京香山旅游峰会暨世界旅游城市联合会第二届理事会开闭幕式临建搭建安全情况进行检查。检查发现LED大屏存在连接点数量不足、连接件强度不够、架体连接强度不足、配重不足等问题隐患。针对问题和隐患，执法人员对承办单位依法下达责令限期整改指令书，责令搭建单位必须于当日24时前完成整改。要求延庆县安全监管局跟踪监管，确保整改到位。经复查，存在问题和隐患整改完毕。

（叶子楠）

【国庆敬献花篮活动安全保障】 10月1日，市安全监管局局长张家明带领执法监察总队，冒雨对人民英雄纪念碑敬献花篮活动开展安全生产保障执法行动。29日凌晨、30日下午和夜间，执法监察总队先后3次到搭建现场，对新闻记者工作台、音响架进行安全检查，督促承建单位安全设计，确保设施承载力和稳定性，落实临时用电施工防水、防触电措施，做好应急处置工作，确保施工安全。

（叶子楠）

【“北京峰会”临建设施安全检查】10月18日，市安全监管局执法监察总队派出检查组，对设计之都大厦的“北京设计创意会场”和“市长圆桌会议”现场进行安全检查。检查发现：一是室外背景板结构连接不足、缺少配重；二是一层“北京设计创意会场”现场背景板缺少后支撑、稳定性不足；三是五层“市长圆桌会议”背景板支撑受力点和配重不足。针对上述问题，检查组依法下达执法文书，并向承办单位有关负责人进行反馈。要求承建单位对存在的问题立即进行整改，进一步加强作业现场管理，做好高处作业人员防护以及临时用电线路敷设，确保峰会现场临建设施安全。

（叶子楠）

【世界审计组织大会安全生产保障】 10月21日，市安全监管局执法监察总队赴国家会议中心，对世界审计组织60周年庆典、大礼堂、千人合影等临时搭建设施开展安全检查。检查发现存在背景板缺少斜支撑、舞台与支撑未进行连接、雷亚架及灯光架配重不足、连接点不稳固、灯光架音响缺少二次保护、电动葫芦长时间受力等问题。对此，执法人员责令搭建单位立即整改。要求搭建单位严格按照施工方案进行搭建，严格遵守施工现场劳动纪律，严格加强安全巡检，对存在问题进行整改，确保临时搭建设施使用安全。

（叶子楠）

【重点交通枢纽联合大检查】 10月29日至31日，市交通委运管局、安全监管局、公安局消防局组成联合检查组，对北京南站交通枢纽、西客站交通枢纽及四惠交通枢纽开展安全生产联合执法检查。检查组按照职责分工，分别从安全生产、消防管理、道路交通、企业营运车辆及人员资质管理等方面开展联合执法。通过检查，发现交通枢纽企业存在的共性问题：一是特种作业人员未持有效证件上岗；二是劳动防护用品未按照规定时间进行检验且配备不足；三是一些重要设备设施（如空调机房等）缺少安全标志和安全防护措施。检查组对北京工联交通枢纽建设管理有限公司（四惠枢纽站）依法下达限期整改指令书，并对企业安全隐患整改情况进行复查，督促企业落实安全管理主体责任。

（叶子楠）

【十八届三中全安全保障】 11月5日，市安全监管局执法监察总队会同海淀区安全监管局执法队组成两个联合检查组，对十八届三中全会会场驻地周边生产经营单位开展安全生产执法检查。会议驻地周边共有生产经营单位96家，其中以人员密集场所为主，楼宇内电气、燃气设备多，消费高峰时段客流量大、用电量大，临近冬季风干物燥易发火情。针对上述特点，执法人员重点抽查3家规模以上人员密集场所及其物业公司的安全生产管理情况。检查发现被查单位安全生产管理总体较好，但个别物业公司安全管理尚存在明显问题，特别是在现场模拟突发险情，通过手动报警装置启动应急处置程序后，物业公司中控室值班人员不能熟练操作消防中控设备、不能确认险情具体位置、应急广播不能迅速启动。针对上述问题，检查组依法下达执法文书，责令整改，落实防范措施。

（叶子楠）

【亚太经合组织高官会安全保障】 12月7日，市安全监管局执法监察总队对亚太经合组织非正式高官会议驻地临建设施开展安全检查。执法人员实地察看现场了解搭建总体情况，向搭建方提出安全要求，聘请专家对搭建方案安全设计进行审核把关。针对检查发现的舞台背景板支撑点数量少、配重轻、连接强度不足，高处作业人员未佩戴安全带等隐患和问题，检查人员依法向施工单位下达责令限期整改决定书，要求企业立即整改。12月8日上午，检查人员赴现场复查，隐患问题全部整改完毕。

（叶子楠）

【重点商市场安全督查】 12月10日，市安全监管局、公安局消防局、工商局、城管执法局等部门组成督查组，对大兴区聚鑫隆华建材有限公司、通州区八里桥农产品中心批发市场有限公司安全生产开展联合督查。督查组重点检查商市场消防责任体系、日检巡查制度、用火用电管理、安全及消防设施设备运行、应急演练和违法建设等情况。从督查情况看，两家商市场在安全、消防管理及设备设施方面普遍存在以下问题：配电室缺少应急照明，配电箱一闸多路，绝缘工具未定期检测，货物存放不规范等。特别是通州区八里桥农产品中心批发市场有限公司存在个别摊位使用车载电瓶自设照明、私自为电动车充电违规行为，市场周边存在私搭乱建现象。针对发现的问题，执法人员对两家商市场依法下达限期整改指令书，责令限期整改，并对相关负责人进行约谈。

（叶子楠）

【夜查城乡结合部安全生产】 12月19日，市安全监管局局长张树森带领局执法监察总队、宣教中心和相关媒体，对朝阳区城乡结合部十八里店乡生产经营单位安全生产状况进行执法检查。先后检查北京权品时尚烤鸭餐饮有限公司、北京京豫宾馆、北京双龙快捷酒店和北京伟氏石油化工有限公司（石银加油站）。重点检查应急系统、配电室、中控室、灭火器材、安全疏散出口、安全标志、紧急处置措施等内容。经查，北京伟氏石油化工有限公司（石银加油站）安全设施较为规范，管理人员对安全应急预案比较熟悉，其余三家均不同程度存在安全生产规章制度不健全，中控室应急值班人员不在岗，现场负责人对安全应急处置预案不熟悉，配电室堆放杂物，安全出口标志不符合要求，部分场所缺少应急照明，灭火器到期未检测，电线敷设不符合安全要求等问题。针对以上存在的问题，检查组依法下达责令限期整改指令书，要求被查单位立即进行整改。

（叶子楠）

【安全生产暗访夜查】 12月26日，安全监管监察系统开展安全生产暗访夜查专项行动。全市安全生产暗访夜查专项行动启动仪式以视频会议的形式举行，市安全监管局局长张树森在仪式上作动员并宣布行动开始。张树森要求：各级领导要高度重视，亲自部署、亲自上阵、靠前指挥，加强对暗访夜查专项行动的领导，全力压减事故，为市民度过一个安全快乐的新春佳节营造良好的环境；

全体执法人员要做到思想认识统一，行动目标一致，做到暗访到位，隐患排查到位，处理措施到位，综合整治到位，以高度的责任感，忠实履行安全生产监管职责，打好这场攻坚战；各区县要制订工作计划，合理安排执法力量，处理好突发情况，有序推进暗访夜查行动，并做好宣传报道工作。行动启动仪式后，市安全监管局执法监察总队和媒体记者，奔赴朝阳区南磨房地区，开展暗访夜查执法行动。26 日当晚，全市共出动执法人员 265 人次、执法车辆 93 台次，检查生产经营单位 246 家，发现问题隐患 487 项，下达执法文书 242 份。

（叶子楠）

【突查城乡结合部】 12 月 28 日，市安全监管局局长张树森带队，对朝阳区城乡结合部地区安全生产情况开展执法检查。检查过程中发现，各生产经营单位安全生产管理总体情况基本良好，但个别企业存在压力燃气瓶软管穿墙、无燃气泄漏报警装置、电气电线线路敷设不规范、中控室值班人员吸烟、值班记录不全、安全应急通道无警示标志等问题。执法人员当场下达限期整改指令书，责令企业限期整改，约谈一家问题较多的物业管理企业。检查结束后，要求所有被查企业加强安全管理、做好隐患排查整改工作。

（叶子楠）

【中央主要领导视察安全保障】 12 月 28 日上午，中共中央总书记、国家主席、中央军委主席习近平来京视察。12 月 27 日，市安全监管局接到通知后，立即赶赴有关企业，开展安全排查，做好安全生产保障。执法人员对检查中发现的问题，当场责令改正。要求企业进一步加强监测设备的维护和应急值守，保障中央首长视察期间厂区内生产安全。检查结束后，立即向市委办公厅汇报实地检查及相关问题解决情况。中央首长视察期间，企业安全生产情况良好有序。

（叶子楠）

职业卫生监督检查

【职业卫生教师培训】 1 月 5 日，职业卫生授课教师培训班在北京市经济管理干部学院开班。来自全市 20 所安全生产培训机构的 95 名人员参加培训班。此次培训是按照市安全监管局《关于安全生产培训机构开展职业卫生培训工作的通知》精神，对全市从事职业卫生培训授课教师进行专题培训，逐步在全市建立完善的职业卫生培训体系。培训班邀请中国安科院、中国疾病预防控制中心、首都经济贸易大学、市劳保所等职业卫生专家授课。为期 10 天的培训结束后对参加培训人员进行考核。

（刘卫坤）

【职业卫生“三同时”调研】 2 月 23 日，市安全监管局到市卫生局调研建设项目职业卫生“三同时”监管工作。市卫生局介绍建设项目职业卫生“三同时”开展情况，分级和分类管理模式，建设项目职业卫生“三同时”备案、审核、审查和竣工验收审批流程等相关内容。双方就建设项目职业卫生“三同时”监管难点和重点问题，如何建立职业卫生监管信息共享机制，职业卫生“三同时”的监管方向等进行深入交流。

（刘卫坤）

【污染物在线监测调研】 3月1日，市安全监管局到市环保局调研环境污染物在线监测系统。市环保局介绍环境污染物在线监测系统建立情况、相关法律法规规定、在线监测环境污染物种类、实施在线监测企业数量、在线监测系统运行模式、在线监测设备投资方式、在线监测数据管理、企业在线监测人员管理及培训等情况。双方就监测数据在行政执法中的运用、环境污染物和职业危害因素的关系、排放方式的异同等问题进行研讨。

（刘卫坤）

【职业卫生专家库】 3月10日，市区两级职业卫生专家库建立完成，为做好职业卫生监管工作奠定基础。按照职业卫生相关法律法规的规定，安全监管部门应建立职业卫生专家库，市安全监管局自2012年8月启动职业卫生专家库建立工作，经过单位推荐、专家报名，市区两级安全监管局遴选和考察，共有来自职业卫生检测、健康体检、工程防护、个体防护等不同领域的208名专家入选职业卫生专家库。其中，市级职业卫生专家库35名，区县职业卫生专家库173名。职业卫生专家将对全市职业卫生法规标准起草、职业卫生发展规划制订、职业卫生监督执法、建设项目职业病危害防护设施“三同时”审查和验收、职业危害事故调查和处理、职业卫生技术服务机构资质认可、职业卫生宣传和培训等工作提供技术支持。

（刘卫坤）

【开发区职业卫生调研】 3月15日，市安全监管局先后到北京奔驰汽车有限公司、博世力士乐（北京）液压有限公司、北京格丽斯聚合技术发展有限公司进行现场调研，察看喷漆车间、调漆车间等场所存在的职业危害及其防护情况，重点了解水性漆的性能特点、使用效果、相比油性漆优劣势、应用范围等情况，还就水性漆推广适用的可行性等问题进行研讨。

（刘卫坤）

【两项地方标准制订】 3月27日，市安全监管局组织召开会议，启动《地下有限空间作业安全技术规范 第3部分：防护设备设施配置》《用人单位职业病危害现状评价技术导则》两项北京市地方标准制订工作。标准起草单位，北京市劳动保护科学研究所、国家安全监管总局职业安全卫生研究所负责人参加会议。

（刘卫坤）

【有限空间安全巡查部署】 4月3日，市安全监管局副局长常纪文主持召开专题会，对有限空间日夜巡查工作进行部署。常纪文强调指出，针对有限空间作业开始增加的情况，要进一步强化有限空间安全监管工作。一是下发有限空间作业预警信息，要求各区县安全监管局、相关行业和企业集团进一步加大有限空间监管力度；二是要求各区县和行业部门立即启动有限空间日夜巡查行动，并将检查方案报市安全监管局；三是严肃约谈和通报，针对检查发现的有限空间安全隐患，要按照把隐患当事故处理的原则，加大行政处罚、警示约谈和通报的力度。

（刘卫坤）

【有限空间安全巡查】 4月7日，市安全监管局副局长常纪文组织召开专题会议，决定自4月8日起到8月底，开展全市有限空间作业日夜巡查行动。巡查采取现场随机检查的方式，重点检查有限空间作业安全生产状况、警示标志和信息公示牌设置情况、安全检测仪器和通风设备及防护用品的配备使用情况等。各区县安全监管局及各相关行业管理部门制订检查工作方案，以每周两次的频率开展日夜巡查。

（刘卫坤）

【有限空间夜查】 4月9日，市安全监管局副局长常纪文带领局有关处室和有关区县安全监管局开展第一次有限空间作业安全生产夜查行动。采取现场随机巡查的方式分别对东城、西城、朝阳和海淀区等主要街道进行现场巡查，共检查有限空间作业单位12家。从现场检查情况看，大部分作业单位现场设置警示标志和信息公示牌，为作业人员配备气体检测仪、安全带、呼吸防护用品、机械通风设备等防护设备设施，但发现两家作业单位未配备防护设备设施。针对存在问题，执法人员当场责令停止施工作业。4月10日，常纪文对存在安全隐患的北京迈亚方圆通讯技术有限公司负责人进行警示约谈，要求对相关责任人进行严肃处理，并提交整改报告。此次夜查，市、区两级共出动执法人员867人次，检查作业单位653家，发现违章单位58家，发现安全隐患191项，行政处罚6家单位，罚款6.1万元，约谈违章作业单位48家次，通报违章作业单位8家。

（刘卫坤）

【《职业病防治法》宣传周主题日】 4月26日，市安全监管局会同市卫生局、人力社保局、总工会在通州区北机机电工业有限公司联合举办《职业病防治法》宣传周主题日活动。市疾病预防控制中心、北京同仁医院、通州区安全监管局、卫生局、人力社保局、总工会参加此次活动。宣传周定为4月25日至5月1日，宣传主题为“防治职业病，幸福千万家”。市安全监管局作“落实职业病防治主体责任，保障劳动者健康权益”主题发言。各相关部门向参加活动的职工代表赠送《职业病防治法》单行本、职业病防治知识手册、宣传挂图等相关材料。来自不同领域的职业卫生专家对劳动者就职业病防治基本知识、劳动者的权利和义务等问题进行讲解和现场咨询，并现场进行血压、胸透、视力检查等义诊活动，发放职业病防治材料共计5000余份。

（刘卫坤）

【安全生产与健康日主题报告会】 4月26日，国家安全监管总局召开“4·28世界安全生产与健康日”主题报告视频会，北京市安全监管局设立分会场。2013年“世界安全生产与健康日”的主题是“弘扬安全文化，提高预防水平”。会上，国际劳工组织中国和蒙古局霍百安局长和金川集团董事长杨志强作主题发言。国家安全监管总局副局长孙华山强调：要着力实施安全发展战略，实现安全生产和经济社会同步发展；落实“世界安全生产与健康日”主题，推动职业安全健康不断向前发展；注重树立弘扬安全文化，不断强化安全基础建设。

（刘卫坤）

【维修行业职业危害治理】 5月5日，市安全监管局在全市范围启动机动车维修行业职业危害专项治理行动。此次专项治理行动的范围为从事机动车维修的一类、二类用人单位，时间为5月至11月，分为部署核查、用人单位自查自纠和检查复查3个阶段。通过专项治理行动进一步督促用人单位落实职业危害防治主体责任，用人单位职业危害申报、培训教育、职业危害告知、职业健康监护、个人防护用品配备更加规范，主要负责人、职业卫生管理人员和劳动者职业卫生意识进一步增强，劳动者健康权益得到进一步保障。

（刘卫坤）

【职业卫生管理人员培训】 5月8日，全市用人单位主要负责人和职业卫生管理人员职业卫生培训工作全面展开。培训按照“政府引导监管、培训机构参与”原则，依托已建立的职业卫生培训体系，通过对职业卫生授课教师进行培训考核，全市有23家安全生产培训机构可以开展职业卫生培训工作。培训内容和课时严格按照《北京市用人单位主要负责人和职业卫生管理人员培训大纲》进行。

（刘卫坤）

【市政市容委“大比武”活动】 5月15至17日，市市政市容委在大兴区培训中心开展有限空间作业大比武活动，来自环卫、燃气、热力行业40支队伍、200余人参加“大比武”。5月17日，市安全监管局副局长常纪文参加观看大比武决赛。

（刘卫坤）

【有限空间高温预警信息】 5月20日，为有效遏制有限空间事故发生，市安全监管局利用信息平台短信系统，向各相关行业管理部门和企业集团发出入夏以来第一次高温预警信息，提醒各作业单位严格遵守地下有限空间作业规范和有关标准，防止有限空间事故的发生。同时，要求各相关行业管理部门和企业集团将短信信息发送到所有施工作业班组。

（刘卫坤）

【排水集团“大比武”活动】 5月29日，北京排水集团举办有限空间作业大比武决赛，共有来自高碑店污水处理厂、小红门污水处理厂等6支一线作业队伍参加决赛。此次排水集团举办的有限空间作业大比武活动包含有限空间下井作业程序和应急救援两项内容，考核内容和评分标准较以前更加全面、详细和严格。特别是此次应急救援演练由真人模拟在井下作业时晕倒，由作业人员将模拟伤员救援至井外。本次应急救援还增加心肺复苏环节，现场由作业人员对电脑心肺复苏模拟人进行心肺复苏救援，根据救援人员的操作情况，电脑出具合格或不合格报告，增加应急救援考核的客观性和科学性。

（刘卫坤）

【启动夏季防暑降温】 6月5日，市安全监管局、卫生局、人力社保局、总工会联合下发《关于做好2013年夏季防暑降温工作的通知》，对2013年防暑降温工作提出要求：一是各区县相关部门要提早安排部署，加大宣传力度，普及防暑降温知识，增强广大劳动者自我保护意识；二是各部门要加强协调配合，加大执法力度，督促企业落实主体责任，预防和控制高温中暑及高温作业引发的各类事故；三是各企业要结合本单位实际，合理安排工作时间，做好高温津贴和防暑降温用品发放工作；四是市安全监管局将会同市卫生局、市人力社保局、市总工会对各区县、重点行业和重点企业防暑降温工作开展情况进行联合检查。

（刘卫坤）

【发布汛期预警信息】 6月8日，根据本市降雨天气较多，易使地下有限空间缺氧，造成作业人员缺氧窒息情况，市安全监管局利用信息平台短信系统，向各相关行业管理部门和企业集团发出预警信息，提醒各作业单位严格遵守地下有限空间作业规范和有关标准，防止有限空间事故发生。要求各相关行业管理部门和企业集团将短信信息发送到所有一线施工作业班组。进一步加大日夜巡查力度，督促有限空间作业单位安全作业。

（刘卫坤）

【企业职业卫生统计制度】 6月9日，按照国家安全监管总局统一部署，本市正式启动工矿商贸企业职业卫生统计制度试行工作。统计试行工作范围为本市行政区域内存在职业病危害因素的企业。统计内容包括《工矿商贸企业职业卫生情况表》和《工矿商贸企业职业卫生统计表》两种类型统计报表。试行工作采取企业填报、区县统计、市安全监管局汇总后，向国家安全监管总局统计司报送的方式进行。市安全监管局制订《北京市工矿商贸企业职业卫生统计制度试行工作实施方案》，明确试行工作的统计范围、统计内容、统计方法、工作步骤和进度安排。

（刘卫坤）

【有限空间夜查及“直击现场”行动】 6月19日晚23时至20日凌晨1时，市安全监管局联合北京电视台开展有限空间夜查及“直击现场”行动。此次行动于6月20日晚在北京电视台播出。在安定门外大街，执法人员发现一起有限空间严重违章作业行为。作业人员在未进行检测通风、无任何防护设施设备、未经培训取得特种作业证的情况下，贸然进入2米多深、积水严重的通讯井进行穿光缆作业，严重违反有限空间作业有关规范和要求。执法人员当即责令现场负责人停止作业，并将执法过程中拍摄的违章作业视频、图片信息发至移动、联通等通讯运营商，要求予以严肃处理。

（刘卫坤）

【职业卫生监管职责分工】 6月28日，市政府办公厅印发《关于进一步明确本市职业卫生监管部门职责分工的通知》，进一步明确职业卫生监管职责。职责分工调整后，市安全监管局在现有监管职责基础上，增加职业卫生“三同时”审查及监督检查，职业卫生检测评价技术服务机构资质认定和监督管理，劳动者职业健康监护的监督检查，督促用人单位提供劳动者健康损害与职业史、职业病危害接触关系等相关证明材料等职责。

（刘卫坤）

【有限空间检查约谈】 7月8日，针对7月2日至3日有限空间作业安全集中大检查发现的问题，市安全监管局副局长常纪文对市市政市容委、水务局、通信管理局、北京排水集团、热力集团、电信工程局、光环集团等30余家单位负责人进行集中约谈。约谈会上，通报有限空间安全检查情况，各作业单位的作业地点和时间、作业内容及违章作业具体情况，并对存在问题的被约谈单位提出具体整改措施和管理要求。

（刘卫坤）

【防暑降温检查】 7月16日至24日，为预防高温中暑情况发生，维护劳动者健康权益，根据《关于做好2013年夏季防暑降温工作的通知》精神，市安全监管局、人力社保局、卫生局、总工会，对朝阳区、海淀区、丰台区、昌平区、通州区、房山区进行夏季防暑降温专项检查。检查内容为各区县安全监管、卫生、人力社保部门防暑降温、用人单位高温作业劳动保护措施，包括高温作业环境通风降温措施落实、高温作业劳动制度落实、防暑降温劳动保护用品和药品发放、岗位津贴落实、清凉饮料配备等情况。

（刘卫坤）

【职业卫生管理培训】 7月17日，市安全监管局印发《关于加强职业卫生培训工作的通知》，重申职业卫生管理人员培训已纳入2013年对区县政府安全生产综合考核内容，对存在职业危害用人单位主要负责人和职业卫生管理人员培训率要达到90%以上。要求各区县借助已建立的职业卫生培训体系，按照《北京市用人单位主要负责人和职业卫生管理人员培训大纲》要求，对用人单位主要负责人和职业卫生管理人员进行职业卫生法律法规、职业危害识别与控制、用人单位职责与义务、个体防护用品选择和使用等6大内容的专题培训，对考试合格人员发放《用人单位主要负责人培训合格证》和《职业卫生管理员培训合格证》。

（刘卫坤）

【职业卫生基础建设】 7月18日，市安全监管局发出《关于印发〈北京市存在职业危害因素企业职业卫生基础建设活动方案〉的通知》，对职业卫生基础建设提出要求。利用两年半的时间，通过开展企业职业卫生基础建设活动，全面提升企业职业卫生管理水平，保障劳动者身心健康。

（刘卫坤）

【有限空间安全管理指南】 7月19日，市安全监管局编制印发《北京市地下有限空间作业安全管理指南》。该指南内容全面、实用性强，共分七部分。分别为市安全监管局管理文件、行业部门管理规范、执法检查工具、管理台账、技术标准、标志标语和典型事故案例。指南下发至全市各行业主管部门、各区县安全监管局、各乡镇街道及从事有限空间作业的企业集团。市安全监管局政务网站提供指南电子版，方便社会各相关方下载使用。

（刘卫坤）

【职业卫生技术支撑体系】 7月23日，市、区两级职业卫生专家库和职业卫生技术支撑机构全部建立。职业卫生监管工作涉及的行业多、领域广，技术要求高，建立职业卫生技术支撑体系，主要为安全监管部门职业卫生法规标准制订、行政许可审批、监督执法等工作给予技术支持。市安全监管局确定4家机构为市级职业卫生技术支撑机构，17个区县安全监管局分别确立1家至2家机构作为区县级职业卫生技术支撑机构。全市共有213名职业卫生专家进入职业卫生专家库。其中，市级职业卫生专家库35人，区县级职业卫生专家库178人。

（刘卫坤）

【防暑降温突击检查】 7月24日，本市最高气温达到37℃，按照《防暑降温措施管理办法》要求，气温达到37℃，用人单位应在12时至15时停止室外露天作业。市安全监管局联合市卫生局、人力社保局对本市部分建筑工地防暑降温工作开展专项突击检查，北京电视台、《北京青年报》《北京晚报》3家媒体参加检查。此次检查对北京老京华建筑公司、北京韩建集团、江苏省江建集团、北京住总第一开发建设有限公司、中国建筑土木建设有限公司、江苏南通二建集团、江苏省建筑工程集团7家单位进行现场检查。从检查情况来看，7家建筑施工单位均无大面积露天作业施工情况，3家单位为劳动者配备防暑降温饮品和药品。但也存在5家建筑工地有少量工人进行室外露天作业情况，4家单位未为劳动者配备防暑降温饮品和药品。检查组针对存在的问题，要求施工单位立即进行整改。

（刘卫坤）

【突击检查污水处理】 7月25日，市安全监管局突击检查肖家河污水处理有限公司有限空间安全生产工作。检查人员实地检查该公司污水井、污水沉淀池、污泥调配池、絮凝池等有限空间设施，现场察看应急抢险人员操作演练呼吸器和检测仪。经检查，污水处理公司存在气体检测仪不能正常使用、防护设备配备不符合要求，有限空间作业人员未取得特种作业证件，正压式呼吸器使用不熟练等问题。针对发现的问题，检查人员要求污水处理公司配齐安全设备设施，并确保能够正常使用，进行特种作业培训取得特种作业证，严格按照有限空间相关规范标准进行作业。

（刘卫坤）

【污水处理系统安全会】 7月28日，市安全监管局在高碑店污水处理厂召开全市污水处理系统有限空间安全生产工作会，全市54家污水处理厂主管安全生产负责人和部门负责人120余人参加会议。会上，通报2013年发生的2起有限空间事故情况，并对有限空间基本知识、防护设备设施配备和安全管理进行培训，向参会人员发放《北京市地下有限空间作业安全管理指南》。高碑店污水处理厂作“强化有限空间管理，保障从业人员生命安全”的典型发言，选取4名业务骨干对安全带、呼吸防护用品、气体检测设备等防护设备设施的使用进行现场实操演示。

（刘卫坤）

【职业卫生许可网上公示】 8月1日，市安全监管局在政务网站企业服务版块增设职业卫生模块，将职业卫生技术服务机构和职业卫生“三同时”审批两大类七小项许可审批受理程序在网上公示，方便企业和职业卫生技术服务机构及时了解申请程序和申请要求。

（刘卫坤）

【电话公司“大比武”活动】 8月2日，市电话工程公司举办有限空间作业大比武决赛。大比武活动110支队伍参加，经过预赛、复赛、半决赛，有5支队伍35人进入决赛。2012年7月30日，市电话工程公司发生2人死亡的有限空间事故，为吸取教训将7月30日作为“安全警示日”。为提升全公司安全警示意识，举办此次有限空间作业大比武活动。

（刘卫坤）

【职业健康监护管理系统】 8月6日，由市卫生局牵头、市安全监管局配合开发，两部门资源共享的《北京市职业健康监护管理系统》投入试运行。系统将全市近15万接触有害因素的职工健康状况纳入信息化管理，对每年近15万人的体检结果进行全面记录，精确到每一个人。对职工体检结果出现的异常情况，政府相关部门可以立即发现，立即采取相应措施。这个系统使用单位为全市存在职业危害的用人单位、体检机构和政府相关管理部门。系统数据由全市30家职业健康体检机构，对用人单位职工体检后录入。因为职业病发病过程长（急性中毒除外），早期发现体检结果异常，早期采取措施，可以达到预防职业病发生的目的。职业健康监护主要内容是职业健康体检工作，是早期发现职业健康损害的重要措施。

（刘卫坤）

【职业卫生监管干部培训班】 8月12日至14日，市安全监管局在北京经济干部管理学院举办全市职业卫生监管干部培训班，各区县职业卫生监管干部、市安全监管局相关处室人员70余人参加培训。此次培训班结合本市职业卫生职能调整，培训的主要内容是安全监管部门新接管的职业卫生监管职能。培训班邀请国家安全监管总局有关领导就全国职业卫生形势、职业卫生职能调整、监管队伍建设和职业卫生重点工作等内容进行讲解。国家疾控中心和市疾控中心专家对建设项目职业卫生“三同时”的审查、职业卫生技术服务机构的监管和工业放射卫生的防护进行讲解。为做好职业卫生信访工作，还邀请市信访办负责人对如何做好信访工作进行讲解。

（刘卫坤）

【职业卫生专题会】 8月29日，市安全监管局副局长汪卫国、常纪文召开专题会。会议研究讨论建设项目职业卫生“三同时”行政许可的审核流程及行政许可批复方式与内容，研究讨论本市职业卫生职能调整后拟进行职业卫生技术服务机构换证工作（发证机关由市卫生局变更为市安全监管局）的原则、方式、方法。要求高标准做好建设项目职业卫生“三同时”行政许可及职业卫生技术服务机构换证工作。

（刘卫坤）

【地方标准公开征求意见】 9月10日，市安全监管局组织制订的两项地方标准《地下有限空间作业安全技术规范第3部分：防护设备设施配置》《用人单位职业病危害现状评价技术导则》完成征求意见稿的制订工作，并在市质监局政务网站上向社会公开征求意见。根据征求的意见对两项地方标准进行修改后，组织专家评审，形成送审稿。

（刘卫坤）

【专业技术人员培训班】 9月22日，全市职业卫生技术服务机构专业技术人员培训班开班。此次培训班严格按照国家安全监管总局培训大纲规定的培训内容、学时进行。全市有300余名职业卫生技术服务机构的专业技术人员报名参加培训，培训分两期组织进行。

（刘卫坤）

【职业危害治理抽查】 9月23日，市安全监管局对大兴区北京大通佳信汽车销售服务有限公司、北京车谷汽车销售有限公司、北京大通远鑫汽车修理有限公司、北京金天华汽车修理有限公司、北京福发汽车修理厂、北京一汽宏特汽车贸易有限公司一类、二类机动车维修企业职业危害专项治理工作进行抽查。重点就企业职业卫生基础工作、劳动过程的防护与管理、职业危害防护工程措施3方面开展检查。从抽查情况来看，大兴区机动车维修行业职业危害治理成效明显，被查机动车维修企业均能按照要求，建立健全职业卫生管理制度，进行职业危害申报，开展工作场所职业病危害因素检测与评价，组织员工进行职业健康体检，参加用人单位职业卫生负责人和管理员培训，进行职业危害告知和职业健康监护，发放符合要求的个人防护用品，作业现场管理规范，有害和无害作业布局合理，设置醒目的警示标志、职业病防护设备设施运行与维护良好。检查也发现个别企业仍存在作业人员不按要求佩戴个人防护用品或佩戴不规范的现象。针对存在的问题，检查人员责令企业立即进行整改。

（刘卫坤）

【职业卫生“三同时”审查模板】 9月29日，为指导区县做好建设项目职业卫生“三同时”备案、审查和现场竣工验收工作，市安全监管局制定下发36种建设项目职业卫生“三同时”审查文书模板。此项工作是针对各区县在建项目职业卫生“三同时”审查工作中遇到的问题，结合国家安全监管总局职业卫生“三同时”文件，按照建设项目职业卫生“三同时”预评价，防护设施设计审查、控制效果评价和防护设施竣工验收3个阶段制定的适合本市工作需要的建设项目职业卫生“三同时”审查文书模板。包括项目申请书、会议议程、承诺书、专家评审意见表、现场验收文书、受理文书、批复文书等。

（刘卫坤）

【机动车维修企业专项检查】 10月11日，市安全监管局完成全市机动车维修企业专项检查行动。对朝阳、海淀、丰台、石景山、大兴、通州、开发区、顺义、房山9个区53家机动车维修企业进行专项检查。从检查情况来看，所有被检查企业均开展职业危害专项治理活动，绝大部分企业建立健全职业卫生管理制度和操作规程，喷漆间和调漆间均有通风设备并设置警示标志，打磨设备均有除尘装置，对工作场所职业病危害因素进行检测，对接触职业危害的劳动者进行职业健康体检，并进行职业危害合同告知。但也有部分企业治理工作走过场，主要表现为：职业危害管理制度不健全、缺乏针对性，主要负责人和职业卫生管理人员未参加职业卫生专项培训，职业危害合同告知缺乏针对性，个别机动车维修企业调漆间通风设施不能有效运行等问题。针对存在的问题，检查人员责令企业进行整改，并要求区县安全监管局进行复查。

（刘卫坤）

【编制“三同时”监管指南】 10月21日，市安全监管局印发《职业卫生“三同时”监管指南》，内容包括职业卫生“三同时”审查所需的全部法律依据、文书模板、审查程序、表格资料等，下发给区县安全监管局和部分重点乡镇街道，并结合市安全监管局审查的建设项目组织区县进行现场观摩，深入区县指导开展职业卫生“三同时”工作。

（刘卫坤）

【有限空间事故通报】 10月30日，市安全监管局通过信息平台短信系统，向市市政市容委、热力集团等相关行业管理部门和企业集团发布预警信息，通报10月29日房山供暖所城西供暖厂热力井事故，要求各作业单位严格执行地下有限空间作业相关规范和标准，坚决杜绝违规作业，切实预防有限空间事故发生。

要求各相关行业管理部门和企业集团将预警信息发至所有一线施工作业班组。

（刘卫坤）

【重要会议期间供暖安全检查】 11月5日至8日，为保障十八届三中全会顺利召开，有效预防冬季城市供暖期地下有限空间事故的发生，市安全监管局组织各区县安全监管局集中开展供暖行业有限空间安全生产执法检查，重点检查供暖单位地下管线检维修作业。此次检查出动检查人员198人次，检查作业单位206家次，发现违章作业单位25家，发现隐患72处，下达执法文书73份。

（刘卫坤）

【职业卫生技术服务机构换证】 11月22日，市安全监管局完成本市职业卫生技术服务机构换证工作。为方便技术服务机构查询和下载相关资料，工作方案和相关附表在市安全监管局政务网站进行信息公开；按照平稳过渡、有序衔接的原则，合理确定资质证书的有效期；按照国家安全监管总局下发的《开展职业卫生技术服务机构年检续展及换证工作的通知》和原卫生部《职业卫生技术服务机构监督管理办法》相关要求，对24家技术服务机构申报的材料进行审核，确保申请的材料真实、齐全和完整。

（刘卫坤）

【地铁施工安全现场会】 11月27日，市安全监管局在轨道交通西郊工程地铁施工01标段项目部召开地铁施工安全管理现场工作会，市住房城乡建设委监督管理总站、市政路桥股份有限公司（业主）、市轨道交通建设管理有限公司第二管理中心（施工方）和市高速公路管理公司（监理方）参加会议。北京轨道交通西郊线工程施工01标段动物园至万安公墓站位于西北五环香泉环岛绿地内，9月28日在进行竖井暗挖施工过程中，开挖深度至18米时，现场施工人员报告竖井内存在类似汽油味的气体，施工方立即停止现场施工。施工方10月23日委托中国职业安全健康协会对竖井内不明气体进行检测，确定不明气体为汽油成分，检测浓度为6271.6mg/m^3，超过国家职业卫生限值标准21倍。市轨道交通建设管理有限公司向市安全监管局提交书面报告。会上听取市轨道交通建设管理有限公司关于工程总体情况、工程概况、工程进展情况、竖井存在可燃气体情况说明、采取的施工安全技术措施的汇报。与会人员对作业场所气体的来源、主要危害、施工安全管理措施进行充分讨论。会议议定：一是对气体的来源要进一步核实，上报市环保局，对周边的加油站进行检测，察看是否存在油罐泄漏问题；二是下一步施工过程中，要在竖井内建立送风和回风的通风系统，保证作业面有足够的新风量；三是为现场作业人员配备安全绳、安全带、正压式呼吸器及扩散式气体报警设备设施，并在竖井内设置人员应急升井设施；四是作业现场要设置监护人员，配备防爆通信设备，保证作业人员和监护人员能够在作业过程中保持信息沟通；五是业主方、施工方、监理方要制订详细的安全施工方案和应急预案，经三方共同确认签字后执行。

（刘卫坤）

【职业卫生技术服务机构信息更新】 12月9日，市安全监管局对完成换发资质证书的24家技术服务机构基本信息在政务网站上进行更新。按照国家安全监管总局下发的《开展职业卫生技术服务机构年检续展及换证工作的通知》要求，完成24家职业卫生技术服务机构换证工作。对技术服务机构基本信息进行分类整理，并对24家技术服务机构的名称、地址、机构等级、业务范围、联系人、联系电话等基本信息进行更新。

（刘卫坤）

【粉尘危害专项治理行动】 12月，根据国家安全监管总局《关于加强水泥制造和石材加工企业粉尘危害治理工作的通知》要求，市安全监管局决定在全市开展为期1年的水泥制造和石材加工企业粉尘危害专项治理行动。本市共有水泥加工企业8家，生产工艺较为先进，职业危害防护设备设施较为齐全，所以此次专项治理行动将石材加工企业作为专项治理工作的重点。一是要求有关区县把专项治理行动作为翌年一项重点工作来抓，确保专项治理行动取得实效；二是要根据辖区实际情况，开展摸底调查，建立工作台账；三是加大对违法违规的企业行政处罚力度，对进行整改仍达不到要求的，提请地方政府依法予以关闭。

（刘卫坤）

【职业危害专项整治】 2013年，按照“调研一个行业、治理一个行业、提高一个行业”的职业卫生监管原则，为规范本市机动车维修行业职业卫生管理，贯彻落实《机动车维修场所职业卫生技术规范》，保护劳动者身体健康和合法权益，本市开展机动车维修行业职业危害专项治理行动。通过部署核查阶段，摸清全市机动车维修企业的基本情况；通过自查自纠，企业职业危害申报、职业卫生培训和职业病危害因素检测等工作，并针对职业危害防护存在的问题进行整改，全市机动车维修企业共投入整改资金455.1万元；通过区县检查复查，各区县对机动车维修企业的检查复查覆盖率达到100%，对问题突出、整改不合格或拒不整改的单位依法进行行政处罚。全市共检查用人单位1705家次，出动执法人员3663人次，下达执法文书1273份，发现问题隐患2395项，经济处罚47家，罚款30.8万元，关闭80家（含搬迁）。

（刘卫坤）

【有限空间事故】 2013年，全市发生有限空间事故4起，死亡4人。随着有限空间安全监管力度的不断加大，有限空间生产安全事故呈逐年下降趋势。

（刘卫坤）

【职业卫生基础建设】 2013年，全市2246家存在职业危害企业完成基础建设达标工作，达标率为36%，基本实现阶段工作目标。按照国家安全监管总局《关于开展用人单位职业卫生基础建设活动的通知》要求，本市定于2013年7月至2015年12月，在全市开展企业职业卫生基础建设活动，督促企业自觉落实职业病防治主体责任，提高职业卫生管理水平，改善劳动者的工作环境和条件。职业卫生基础建设活动的主要内容包括责任体系、规章制度、管理机构、前期预防、工作场所管理、防护设施、个人防护、教育培训、健康监护、应急管理10个方面。本市结合职业卫生监管实际，制订《北京市用人单位职业卫生基础建设活动工作方案》，明确工作目标、内容、步骤和要求等内容。依据国家安全监管总局《用人单位职业卫生基础建设评分表》，制定北京市评分标准，规定关键项和一般项目，明确用人单位关键项必须达到90%以上为达标。

（刘卫坤）

【职业病危害申报】 2013年，全市申报存在职业病危害单位数量6256家，进行职业病危害检测单位数量5606家，检测率90%；进行职业危害合同告知单位数量6080家，职业危害合同告知率97%；实际设置警示标志单位数量6114家，警示标志设置率98%；本年度应体检人数176103人，已体检人数161826人，体检率91.9%。全市存在职业危害场所13857处，其中粉尘职业危害场所5271处，化学物质职业危害场所4871处，物理因素职业危害场所4252处，其他职业危害场所277处。接触职业病危害因素劳动者175983人，其中接触粉尘63415人，接触化学物质48635人，接触物理因素59099人，接触其他职业危害因素5852人。

（刘卫坤）

【职业卫生技术服务机构】 2013年，全市共有职业病危害因素检测机构12家，其中放射防护检测单位6家。建设项目职业病危害评价机构24家，具有甲级资质单位12家，乙级资质7家，丙级资质5家。职业病诊断机构6家，职业健康体检机构30家。

（刘卫坤）

【职业病确诊】 2013年，全市累计确诊职业病2292例，其中尘肺病2242例，职业中毒12例，职业性耳鼻喉口腔疾病17例，职业性肿瘤8例，职业性皮肤病1例，其他职业病12例。

（刘卫坤）

【职业卫生执法检查】 2013年，全市职业卫生执法检查用人单位累计共4789家次，下达执法文书4695份，查出职业危害隐患7345项，处罚金额209.165万元。

（刘卫坤）

【职业卫生培训】 2013年，全市5843家存在职业危害的用人单位参加职业卫生培训，培训率94.8%，共有13299名用人单位主要负责人和职业卫生管理人员取得培训合格证书，其中主要负责人5157人，职业卫生管理人员8142人。

（刘卫坤）

宣传培训

【烟花爆竹监管新闻发布】 1月18日，市安全监管局召开新闻发布会。副局长唐明明通报2013年烟花爆竹安全监管工作情况，并就打击非法经营烟花爆竹等内容向新闻媒体通报。《北京日报》《北京晚报》《北京青年报》《北京晨报》、新华社北京分社、北京电视台、北京新闻广播等新闻媒体应邀参加新闻发布会。

（孙雷、孙建军）

【全员大培训调研】 2月22日，市安全监管局到大兴区安全监管局，对2012年度全员大培训工作进行调研。大兴区建立培训例会制度、通报制度、专项执法计划、培训考核制度等，并制定相应的培训大纲和培训证书样式。各乡镇也结合辖区内企业各自特点，组织有关企业负责人和从业人员参与全员大培训，以乡镇成人学校为依托，服务于从业人员安全培训工作。2012年，大兴区共培训从业人员13万余人，其中进入培训机构培训7万余人，企业自主培训6万余人。大兴区自2012年在全区范围内广泛开展从业人员全员大培训以来，通过一系列有力工作措施，取得很大成绩，受到国家安全监管总局领导表扬。

（李玉祥、刘曦）

【“安全生产培训日”活动】 3月2日，北京市第四个“安全生产培训日”，市安委会办公室、市安全监管局全力推进本市安全培训工作，下发《2013年生产经营单位从业人员安全生产培训日组织方案》，部署2013年从业人员安全培训工作，通过开展集中宣传和培训活动，营造全员大培训氛围。市安全监管局安排多个检查组，对区县及有关企业开展“安全生产培训日”进行检查、指导。

（李玉祥、刘曦）

【安全生产宣传会议】 3月21日，市安委会办公室召开全市安全生产宣传工作会议，全面总结2012年安全生产宣传工作并部署2013年工作。市安委会办公室副主任、市安全监管局副局长蔡淑敏，市委宣传部副巡视员吕钦出席会议并讲话。市文化局副局长王鹏、市总工会副主席高小强出席会议。会议总结2012年安全生产宣传工作，印发《中共北京市委宣传部 北京市安全生产委员会办公室关于印发〈2013年北京市安全生产宣传工作指导意见〉的通知》，明确2013年宣传工作的指导思想、工作目标和重点任务。会议要求，全市各单位要高度重视安全生产宣传工作。要加强对安全生产宣传工作的组织领导，把宣传教育工作与安全生产业务工作一同研究部署、一同检查落实、一同考核表彰。与会领导为2012年安全生产月“优秀组织奖”“最佳实践活动奖”“优秀新闻报道奖”获得单位，以及18家北京市安全文化示范企业、5个北京市安全社区颁发奖牌、奖状。市安委会成员单位，市属大中型企业安全生产宣传部门负责人，各区县委宣传部、安全监管局有关领导以及部分新闻单位共计150余人参加会议。

（王宇）

【推进全员大培训】 3月，市安全监管局推进生产经营单位全员大培训工作，分析安全培训机构现状，提出加强全市安全培训机构建设的建议。从安全培训工作实际出发，结合培训机构数量、培训机构布点方位、培训专业设置、培训资源等情况，通盘考虑，科学合理提出二级、三级培训机构布局规划建议：一是特种作业培训利用各方面的资源，对企事业单位、社会力量等不同性质的培训机构科学合理定位，进一步发挥各自优势，做到各有侧重和特色，鼓励大型企业设立培训机构，为企业员工提供培训服务；二是培训机构的许可与培训项目的许可要考虑当地区县对特种作业人员的实际需求，满足“就近培训、就近考试”的原则；三是各培训机构的培训能力不尽相同，依照培训机构认定标准，结合各区县对各类特种作业培训的市场需求，采取综合考评方式优胜劣汰，进一步优化资源，合理布局；四是除培训“三项岗位”人员机构外，其他培训机构设置建议不经许可。

（李玉祥、刘曦）

【安全文化示范企业创建培训】 4月26日，市安全监管局在北京经济干部管理学院举办2013年北京市安全文化示范企业创建工作培训班。市安全监管局介绍两年来北京市开展安全文化示范企业工作的整体情况、评选工作流程、存在不足和下一步工作要求，并邀请北京市安全文化示范企业创建工作专家组组长宋守信教授和国家首批安全文化示范企业山东兖矿集团公司专家孙凤福进行授课。各区县安全监管局主管领导，有关企业负责人80余人参加培训。

（王宇）

【安全生产检查员培训】 4月，怀柔、丰台、昌平、大兴、西城5个区完成乡镇安全生产检查员培训工作，340名初任安全生产检查员参加统一组织的考试。各区在培训过程中，严格执行《北京市乡镇街道安全生产检查员暂行管理办法》，结合各区安全监管重点和属地特点，安排教学内容，创新培训方式方法。怀柔区组织学员互动式体验培训，从救生绳系扣、心肺复苏、急救训练、烟雾逃生以及4D动感课堂等几个方面，学习体验灾难事故的危害性以及自救逃生知识，进一步强化安全责任意识，提高自我保护能力。大兴区、丰台区、昌平区每年组织全区安全生产检查员进行集中培训，结合辖区安全生产形势，对安全生产法律法规、制度建设、管理知识等进行全面培训，提高属地依法办事能力与执法检查水平。市安全监管局统一印制试卷，根据法律法规对试题内容和结构不断进行更新，确保出题质量。严格执行监考制度，每个区县的考试均派人携带试卷到现场监考，增强考试的严肃性。从考试情况看，参加考试的行政执法人员能够自觉服从监考人员的管理，未发现违纪现象。

（李玉祥、刘曦）

【季度安全生产新闻发布】 5月2日，市安全监管局召开新闻发布会，向媒体通报第一季度全市安全生产总体情况、全年安全生产重点工作和突击夜查本市互联网上网服务营业场所情况。在通报第一季度全市安全生产重点工作时，副局长蔡淑敏介绍全力保障“两节”“两会”等5方面重点工作。局相关处室参加新闻发布会，并回答新闻媒体提问。《北京日报》、北京电视台等新闻媒体应邀参加新闻发布会。

（孙雷、孙建军）

【新聘安全教师培训】 5月21日，北京市安全培训教师培训班在市安全生产培训基地举办。来自首钢集团、阳光城物业管理公司等单位所属的18家培训机构66名教师参加培训，随着安全生产全员大培训工作深入推进，各生产经营单位有的依托自身培训条件开展自主培训，有的就近委托培训机构对从业人员进行安全培训。各培训机构为满足各类培训需求，不断加强教师队伍建设，聘用有专业特长和丰富工作经验的人员担任培训教师。市安全生产培训基地按照大纲要求并结合实际，安排全市安全生产形势与任务、安全生产相关法律法规、安全生产管理理论与实践、教师授课方法与技巧等培训内容，同时还安排学员组织交流讨论。

（李玉祥、刘曦）

【安全生产月电视电话会】 5月31日，全国安全生产月活动动员视频会后，市安全生产月活动组委会立即召开电视电话会议。市政府副秘书长周正宇出席会议并讲话，会议由市安全监管局局长张家明主持，市安全监管局副局长蔡淑敏代表市安全生产月活动组委会对全市安全生产月活动进行部署。2013年本市安全生产月活动的主题是“强化安全基础，保障城市运行安全”。活动分为警示教育周、安全文化周、应急预案演练周和隐患排查治理周。活动形式分为市级、区域、行业和生产经营单位等4个层面活动。市级活动主要包含10项，分别为动员视频会、宣传咨询日、大型公开课、巡回演讲、安全科普电影展、第四届“安全伴我在校园，我把安全带回家”主题征文、第七届安全文化论坛传统品牌活动，还增加了举办百万一线职工安全知识竞赛、“直击安全现场”和开展市级生产安全事故综合应急演练、高层商务楼宇应急疏散演练活动。海淀区、市交通委、建工集团作大会发言。市安全生产月活动组委会成员单位、市安委会有关成员单位、部分中央在京企业和市属企业在主会场参加会议。生产月活动动员会议在各区县设立分会场。

（王宇）

【宣传咨询日】 6月9日，2013年北京市安全生产月宣传咨询日活动在中华世纪坛隆重举行。市长王安顺，国家安全监管总局副局长杨元元，副市长张延昆，市政府秘书长李伟、副秘书长周正宇出席活动。国家安全监管总局有关司局领导，市安全生产月活动组委会、海淀区政府有关领导，活动协办单位北京市科学技术研究院和歌华文化发展集团领导，北京市安全生产公益宣传形象大使徐春妮、王业，市安全监管局领导参加当天活动。本次活动由全国安全生产月活动组委会指导，市委宣传部、安全监管局、应急办、首都精神文明办、教委、公安局、文化局、广电局、民防局、总工会、共青团市委、妇联、海淀区人民政府13个部门共同主办，北京市科学技术研究院和歌华文化发展集团协办。活动中，与会领导和群众冒雨参加现场各项咨询活动。在工作人员指引下，王安顺、杨元元来到北京市安全生产成果展板展示区，听取全市安全生产工作介绍，了解基层单位开展安全生产工作情况，并参观应急知识、安全作文、书法漫画等内容。在媒体直播区，与会领导重点参观“北京安监”官方微博以及新闻媒体直播区域，了解市安全监管局利用微博这一新媒体开展安全生产宣教工作所取得的成效。随后，王安顺到“12350”安全生产举报投诉现场受理区，现场接听“12350”举报投诉电话，与市民零距离沟通。在互动体验区，与会领导表现出浓厚兴趣，同企业职工、社区群众一起参加互动体验项目。王安顺为群众发放应急救援包，体验模拟操作使用灭火器、消火栓、车辆安全驾驶等设备，参观并听取工作人员介绍家庭燃气及液化气瓶安全使用，应急逃生绳索、呼吸器具等常用应急自救设备使用以及触电心脏复苏救护方法。工作人员为与会领导展示由人民日报社和市安全监管局联合开发的安全生产智慧宣传服务平台相关功能。市安委会有关成员单位、各区县安全监管局、部分中央及市属企业（集团）总公司、企业职工和社区群众代表共计800余人参加活动。按照安全生产月活动统一安排，全市各区县、各企业、各乡镇街道当天均组织开展本区域宣传咨询日活动。

（王宇）

【培训机构入围项目评标】 6月13日，市安全监管局委托北京汇诚金桥国际招标有限公司开展的“安全培训机构入围项目”公开招标采购工作圆满完成。中国安全生产协会教育培训专业委员会秘书长吴郑理等5名专家组成评标委员会对投标单位进行综合评分。此次招标是为进一步规范北京市安全监管系统培训工作管理，提高培训质量，增强培训针对性、实效性，遴选资质优秀的培训机构，建立培训服务入围库。中标单位将在3年内具有服务资格。经评标委员会评审，北京经济管理职业学院、北京工业职业技术学院、北京石油化工学院、北京市兴南电气工程有限公司4家安全培训机构获得入围资格。市安全监管局有关负责人参加开评标，驻局监察处有关负责人对开评标全过程进行监察。

（李玉祥、刘曦）

【标准化和应急管理培训】 6月25日，市国资委、安全监管局联合举办市属企业主要负责人、安全生产管理人员安全生产标准化和应急管理专题培训班。市公交集团、地铁运营公司、自来水集团、京粮集团等56家市属一级企业及其重点子企业，部分二级企业主管安全工作的企业管理人员220余人参加培训。培训班的主要目的是进一步深入贯彻《国务院安委会关于进一步加强安全培训工作的决定》有关要求，提高对生产经营单位的应急管理水平，推进本市安全生产标准化工作顺利开展。通过培训，帮助企业经营管理者更加全面了解本市安全生产总体形势，明确任务，强化安全生产应急管理，掌握生产安全事故应急预案的编制及应急管理方式方法；提高对安全生产标准化重要意义的认识，掌握安全生产标准化评审标准以及标准化企业创建基本程序；促进全市生产经营单位进一步提高安全生产管理水平，推进全市安全生产形势进一步稳定好转。市国资委和市安全监管局对培训班的组织、课程设置、聘请讲课专家等具体工作提出明确要求。

（李玉祥、刘曦）

【大型公开课】 6月26日，2013年安全生产专题报告会暨大型公开课活动首场讲座在市委党校隆重举行。国家安全监管局新闻发言人黄毅作“国家安全发展战略问题解析”的专题报告。黄毅讲解安全发展战略重大意义、内涵、坚持的原则、工作目标、工作体系和重点工程，并结合全国多个地区接连发生重特大安全生产事故等情况，做了深入浅出的讲解。报告会由市安全监管局局长张家明主持，各区县政府、北京经济技术开发区管委会、市属行业部门分管安全生产工作领导，市安全监管局处级以上干部和各区县安全监管局领导班子成员，部分中央在京企业和市属大型企业，下属二级公司主要负责人以及新闻媒体记者共700人参加报告会。6月至10月，市安全监管局邀请来自各研究机构、高等院校、企业安全管理一线以及国家机关的专家学者组成安全生产讲师团，深入各企业、各社区开展安全生产知识专门授课。首次联合市文化局，启动文化娱乐场所公开课系列活动。6月至10月，共计组织活动45场，直接参与人数近万人。

（王宇）

【营造安全生产社会氛围】 安全生产月活动期间，市安全监管局充分借助新闻媒体，户外平台，标语横幅，营造安全生产月氛围。局长张家明做客城市服务管理广播《市民对话一把手》直播访谈节目，副局长蔡淑敏做客录制安全生产月专题访谈节目。邀请北京电视台、《北京日报》等媒体参与执法检查，宣传执法监察成效，曝光非法违法行为，发布新闻消息40余条。首次邀请地铁站台安全员等一线安全从业者录制出17部安全文化公益宣传短剧，在交通广播、城市服务管理广播播出。安全生产月期间，全市共刊载新闻报道206条，插播安全生产公益广告200余次，张贴宣传海报36万张，发放宣传材料281万份，利用2.7万块电子显示屏开展宣传，营造浓厚的安全生产氛围。

（王宇）

【安全生产影片展映】 6至8月，市安全监管局联合北京时代今典奔小康电影院线有限公司，利用数字影院放映厅和移动数字电影放映设备，从国家数字影院中心平台选取3部（《加油站火灾预防》《汽车火灾防范和应用处理》《农村儿童安全常识》）安全教育类影片在全市范围内进行放映。在全市各企业、街道乡镇、社区、工地，共展映1万余场，受众122万余人。下半年，安全生产典型事故案例警示片《以生命的名义》发放至各区县后受到广泛好评，在全市范围内3030家站点放映，播出4000余场次。

（王宇）

【“双打”专项执法新闻宣传】 6月至12月，市安全监管局协调新闻媒体，以多种形式宣传报道全市集中开展严厉打击特种作业及特种设备作业人员“持假证上岗、无证上岗”专项执法行动。一是协调新闻媒体对特种作业“双打”进行宣传报道，组织媒体参与报道活动11次，新闻媒体刊发相关报道75篇，其中北京电视台刊发新闻消息8篇，《北京日报》《中国安全生产报》等报刊媒体刊发消息15篇，搜狐、新浪等门户网站及广播电台报道52篇。二是协调北京电视台科教频道《法治进行时》节目组，制作《有限空间作业安全》专题节目，先后对区县典型案例，以及市安全监管局有限空间夜查进行拍摄，对有限空间作业安全监护员等重点特种作业安全进行宣传。协调科教频道《应急》节目，播出特种作业安全警示提示短片。三是市安全监管局局长张家明做客城市服务管理广播《市民对话一把手》直播访谈节目，对本市特种作业安全管理全面工作进行介绍，解答市民提出的问题。四是协调广播电台制作特种作业安全公益宣传短剧，邀请电工、焊工、建筑信号工、高处悬吊作业人员等重点工种特种作业人员讲述身边的安全故事，录制成广播宣传小剧，倡导特种作业安全。7部小剧于6月初在北京交通广播、北京城市服务管理广播播出，6月共播出30余次。五是结合特种作业安全知识，编写安全提示语，以滚动字幕形式，在北京电视台各频道重点时段播出200余次。

（王宇）

【军工行业标准化培训】 7月11日，市安全监管局到国防科工局兵器工业研究所听取兵器工业研究所培训机构工作汇报，并就取消培训机构行政许可后，进一步加强安全生产培训机构监督管理征求意见。国防科技工业领域易燃易爆、有毒有害危险化学品科研、生产、经营和存储单位多，特种设施、设备多，从事危险岗位作业人员多，事故风险概率高，危险性大，一旦发生重大安全生产事故，将对职工和人民群众的生命和财产安全造成巨大损失。兵器工业研究所5月经市安全监管局批准取得三级培训机构资质。兵器工业研究所对军工企业主要负责人、安全生产管理人员及其他从业人员，开展安全生产标准化、军工行业事故调查处理、应急处置等为主要内容的专题培训，培训500余人次。市安全监管局充分肯定兵器工业研究所培训机构的工作成效，希望继续发挥专业技术和人才优势，在安全培训、安全生产标准化、职业卫生评价等方面发挥指导作用。

（李玉祥、刘曦）

【国家总局调研全员大培训】 7月15日，国家安全监管总局培训中心到大兴区调研安全生产全员大培训工作，市安全监管局有关负责人参加调研。大兴区安全监管局就全区开展安全生产全员大培训工作进行汇报，瀛海镇、西红门镇和兴南电气培训学校等单位负责人就组织开展安全培训分别作汇报。2012年，大兴区作为全市安全生产全员大培训试点单位，发挥属地监管作用，利用属地内安全培训机构开展生产经营单位安全培训，分级、分类、分期开展安全培训，全年培训13万余人次。国家安全监管总局培训中心充分肯定北京市开展全员大培训工作所取得的成效，并就取消培训机构许可事项后，如何进一步加强培训机构监管工作同与会人员交换意见。

（李玉祥、刘曦）

【区县安全监管干部培训班】 7月15日至25日，市安全监管局举办区县安全监管干部培训班。按照培训大纲和考核要求，完成10天培训任务后，经考试合格，取得安全监管执法证。培训内容为安全生产相关法律法规、执法礼仪规范及执法检查系统使用、执法文书编制、事故调查及案例分析、应急预案管理与应急处置、安全生产标准化、职业危害预防等知识，矿山、危险化学品、建筑、人员密集场所、有限空间等重点行业领域安全监管和执法业务，消防知识、举报投诉业务、重大危险源管理等。本次培训班还邀请全国安全生产大检查督查组成员作重要报告。

（李玉祥、刘曦）

【“双打”专项行动新闻发布】 7月30日，市安全监管局召开新闻发布会，副局长蔡淑敏对全市集中开展的严厉打击特种作业人员及特种设备作业人员持假证上岗、无证上岗“双打”专项行动和电气隐患专项执法行动进行通报，局相关处室和直属事业单位负责人回答媒体提问。新华社、《中国安全生产报》《北京日报》等新闻媒体应邀参加新闻发布会。

（孙雷、孙建军）

【安全生产月总结交流会】 8月30日，市安全生产月活动组委会召开会议，总结表彰2013年全市安全生产月活动，研究部署下一阶段安全生产宣传教育工作。国家安全监管总局宣教中心主任裴文田，市安全监管局局长张家明，市文化局副局长王鹏出席会议。市总工会劳动保护部部长刘麦菲代表市安全生产月活动组委会宣读表彰决定。西城区、市旅游委和北京城市服务管理广播电台作经验发言。市安全监管局副局长蔡淑敏代表市安全生产月活动组委会对2013年安全生产月活动进行总结。市安全生产月活动组委会成员单位联络员，市有关部门及市属大中型企业负责人，各区县安全生产月活动组委会成员单位分管领导，部分大型连锁企业北京分公司负责人及部分新闻单位记者260余人参加会议。

（王宇）

【消除电气隐患新闻发布会】 9月12日，市安全监管局召开新闻发布会，通报电气安全隐患专项执法检查情况。局执法监察总队负责人回答媒体提问并接受北京电视台专访。新华社、《中国安全生产报》《北京日报》等新闻媒体应邀参加新闻发布会。

（孙雷、孙建军）

【安全文化示范企业评定】 9月，市安全监管局组织专家组，依据《北京市安全文化建设示范企业评定标准》，对申请2013年北京市安全文化建设示范企业进行评审，北京水泥厂等29家企业被评为2013年北京市安全文化建设示范企业。推荐金佰利、中北华宇、北京水泥厂3家安全文化建设突出企业，参加2013年全国安全文化建设示范企业评选。为了公开、公平、公正地评选出具有示范作用的安全文化建设企业，市安全监管局制定并印发《关于开展2013年北京市安全文化建设示范企业评选工作的通知》，根据通知精神，由企业自主申请和各区县和市属企业推荐，共有63家企业申请参加2013年北京市安全文化建设示范企业评审，9月中旬，市安全监管局组织专家组对推荐企业的申报材料进行初评和复评，最终确定31家企业进入现场评审。9月26日至30日，市安全监管局组织5个专家组分别对31家企业进行现场评审。2008年以来，全市共有89家企业被评为北京市安全文化建设示范企业，7家企业被评为全国安全文化建设示范企业。

（王宇）

【“安全生产走基层”集中报道】 9月至10月，市安全监管局组织开展“安全生产走基层”媒体集中报道活动。此轮报道选取丰台区安全监管局危险物品管理科陈勇，通州区梨园镇安全管理科刘武华，大兴区庞各庄镇安全科任伟，凯晨世贸物管中心安全管理部任晋作为报道对象，邀请北京电台、千龙网、《中国安全生产报》和劳动保护杂志社、现代职业安全杂志社、中国安全生产杂志社等媒体，先后前往西城、丰台、通州、大兴等区县开展实地采访。报道中注重结合党的群众路线教育实践活动，深入挖掘反映安全监管系统和全市安全生产战线“为民、务实、清廉”的新闻宣传题材。各媒体先后刊播“安全生产走基层”相关报道10余篇。

（王宇）

【人员密集场所安全宣传】 10月至12月，市安全监管局加强人员密集场所防火安全宣传工作力度。一是协调北京电视台、北京电台、《北京日报》等新闻媒体，参加本市人员密集场所安全专项执法和工作会议，刊发各类稿件30篇，其中北京电视台刊发报道5篇。在《北京晚报》“12350百姓安全身边事”专栏、《中国安全生产报》“首都安全”专刊以及北京电台“安全新干线”节目等宣传平台刊发各类消息20余次。二是协调北京电视台科教频道《法治进行时》和《大家说法》栏目，以人员密集场所安全事故为题材，策划录制两期安全生产节目。三是吸取石景山区“10·11”火灾事故和朝阳区“11·19”火灾事故的教训，邀请消防部门领导和专家学者，在北京广播电台《安全新干线》栏目中策划录制5期访谈评论节目。四是通过北京电视台、北京电台以及政务网站、官方微博，滚动字幕持续播出安全生产提示、公益广告和提示博文，宣传冬季防火安全知识。播出各类提示信息1000余次。

（王宇）

【危险化学品治理新闻发布】 11月22日，市安全监管局召开新闻发布会，通报《关于加强涉及危险化学品使用单位安全管理工作的通告》和《关于涉氨制冷企业液氨使用的专项治理工作》。新华社、《中国安全生产报》《北京日报》等新闻媒体应邀参加新闻发布会。

（孙雷、孙建军）

【第七届北京安全文化论坛】 11月27日，由市安全监管局、中国石油大学（北京）和北京市科学技术研究院主办，中国安全生产科学研究院、清华大学公共安全研究院、中国矿业大学资源与安全工程学院等单位共同协办，以“企业·安全·责任”为主题的第七届北京安全文化论坛在北京会议中心隆重举行。国家安全监管总局政策法规司司长支同祥，国际劳工组织北京局项目官员李清宜，国家安全监管总局宣教中心副主任贺定超，北京市安全监管局局长张家明，中国石油大学校长张来斌，中国安全生产科学研究院院长吴宗之，北京市科学技术研究院院长丁辉，清华大学公共安全研究院院长范维澄等出席论坛。第七届北京安全文化论坛历时一天，来自美国、德国和中国香港特区的安全领域知名专家学者分享了研究成果。在下午论坛中，北京交通大学宋守信教授，中国石油集团、北京顺鑫农业股份有限公司、北京金佰利个人卫生用品有限公司、甘肃金川股份集团公司、诺基亚通信有限公司、北京奔驰汽车有限公司等企业安全工作负责人及安全生产专家围绕企业安全文化建设进行深入探讨。全市各区县、各行业部门负责人，企业负责人，以及各高等院校、研究机构、安全生产专家等500余人参加论坛。《中国安全生产报》《北京日报》、北京电视台、北京广播电台等14家新闻媒体对论坛进行了报道，千龙网、首都之窗进行图文直播。

（王宇）

【“北京建工杯”知识竞赛】 12月17日，市安全监管局、国资委、总工会联合主办的“北京建工杯”首都百万一线职工安全生产知识竞赛活动在北京青年报社完成竞赛个人奖的抽取工作，根据各单位参与情况评选出优秀组织奖。获奖信息于12月18日在《北京青年报》《劳动午报》以及市安全监管局政务网站、北青报网站和国资委等网站进行公布。本次竞赛收到答卷1133325份。60道竞赛试题主要围绕当前安全生产重点工作，以安全生产大检查、职业病防治、特种作业、应急逃生等知识作为主要内容，市安全监管局专门邀请6名安全生产专家，对试题进行全面审核、确保竞赛试题的准确性。编制《试题手册》方便参与者进行学习。竞赛组委会由市安全监管局、市国资委、市总工会作为主办单位，北京建工集团作为协办单位，北京青年报社集团作为具体承办单位，各区县及各企业均成立领导小组。为保证奖项的抽取公平、公正、公开，组委会邀请北京市正阳公证处公证人员对个人奖的抽取进行全程监督。在竞赛活动开展期间，各单位结合自身特点，采取多种形式开展竞赛活动，基本达到企业人员全覆盖的预期效果。

（王宇）

【远程教育管理平台建设】 12月24日，市安全监管局召开安全培训远程教育管理平台建设研讨会，来自企业、高校、培训机构的专家和部分区县安全监管局分管培训工作负责人参加会议。会议重点研究安全培训远程教育发展方向和工作思路，就远程教育平台架构、功能模块设计、基于岗位能力的课程体系开发等关键环节进行交流和研讨。会议还讨论远程教育平台上学分管理、审核的工作措施。

（李玉祥、刘曦）

【城乡结合部整治新闻发布】 12月26日，市安全监管局召开“一岗双责”宣贯与城乡结合部专项整治行动新闻发布会，副局长蔡淑敏和局相关处室负责人对《北京市安全生产“一岗双责”暂行规定》的起草过程、主要内容、主要特点进行通报，并就下一步全市贯彻落实《规定》的主要措施和要求进行说明。通报全市集中开展城乡结合部专项整治的有关部署、工作重点、重要特点等。新华社、《中国安全生产报》《北京日报》等新闻媒体应邀参加新闻发布会。

（孙雷、孙建军）

【安全生产一线行】 12月，市安全监管局启动“安全生产一线行”专题采访工作。选取7家北京市安全文化示范企业进行，各新闻媒体共计刊发集中采访活动稿件30余篇。12月12日，“一线行”报道组采访高碑店污水处理厂进水泵房班班长冯德余，冯德余37年如一日，工作在环境非常艰苦的污水泵房，是“首都劳动奖章”和“全国五一劳动奖章”获得者。12月13日，“一线行”报道组到北京博大开拓热力有限公司管网分公司进行实地采访。北京博大开拓热力有限公司是北京市39支供暖应急抢险队之一，负责北京经济技术开发区34余万米市政管线的巡视、检修、操作、维护工作，以及240家高新技术企业、70家世界500强企业用热和26658户居民采暖用热。12月17日，“一线行”报道组来到位于朝阳区的中建一局建设发展公司望京SOHO中心工程T3项目部，在一片富有现代气息的商业楼宇中，探寻施工一线项目部的安全生产故事。12月18日，“一线行”报道组到北京南口轨道交通机械有限责任公司采访。南口轨道交通机械公司是具有国际先进水平的机械传动装置集成系统、铁路道岔集成系统、压缩风源集成系统3个专业化研发生产基地。由于产品的特殊性，对于生产加工过程中的质量和安全要求更加严格。12月20日，“一线行”报道组到北方微电子公司，走访公司厂务总监李端林。公司建设伊始，李端林便负责企业安全生产管理工作。他结合本公司实际，先后建立健全公司安全管理体系、应急演练与处置体系、职业危害因素防护体系等。完成安全生产标准化二级达标和安全文化建设示范企业创建工作。

（王宇）

【安全生产宣传品制作】 2013年，市安全监管局制作完成“烟花爆竹”“安全生产标准化”“安全生产月”“职业病防治法”“安全生产应急”“危化品管理通告”6大主题海报；编辑印发《职业病防治法单行本》《职业病防治法100问》《企业职工安全知识手册》《首都市民安全知识手册》《安全应急折页》6大读本；拍摄制作《北京地铁安全运营工作汇报》《安全是福》《安全生产执法礼仪》《安全文化论坛》《安监干部军训纪实》和《举报投诉中心培训》6部录像片；开发制作马年“买烟花摇一摇”手机应用软件；开发以安全生产为主题的扑克、围裙、环保袋、便条签等实用型、趣味型宣传品。全年共组织发放宣传品20余万件。

（王宇）

【安全文化示范企业创建】 2013年，市安全监管局实行“三步走”安全文化示范企业创建工作。第一步，聘请创建专家讲授实际操作办法，邀请国家首批安全文化示范企业领导与新启动的安全文化示范企业创建人员面对面答疑解惑，教授方法，避免建设中走弯路。第二步，在安全生产实践中，注重选拔典型，做好内树外引的示范。在3月份召开的宣传工作会上，命名并表彰20家北京市安全文化示范企业，为其颁奖授牌。组织有关创建企业到市级示范企业金佰利有限公司观摩学习。第三步，成立示范企业评审专家组，深入63家申请市级示范企业和8家申请国家级示范企业，开展现场评审。

（王宇）

【舆情分析与汇编】 2013年，市安全监管局制作《安全生产每日舆情》249期，《安全生产每月舆情分析》12篇，《安全生产半年舆情汇编》2期。同时，制作舆情专报13期。

（王宇）

【新闻宣传报道】 2013年，市安全监管局围绕“安全生产年”重点工作任务、结合“六五”普法，对烟花爆竹、矿工安全“七条规定”“打非治违”专项行动、特种作业“双打”、安全生产标准化、安全生产大检查、职业病防治、安全生产培训、“12350”投诉举报等重点工作任务开展宣传。经统计，2013年全市各大媒体刊发安全生产新闻报道3391条，其中市安全监管局发布新闻1727条（电视新闻114条，广播新闻848条，报纸杂志新闻442条，网络新闻323条），组织媒体采访102次，参与报道记者600余人次。

（王宇）

【新闻宣传正面引导】 2013年，市安全监管局宣传安全生产工作先进典型、成功经验、重大进展和工作成效。结合新闻单位“走转改”活动，策划开展以“制度、创新、科技”为主题的“安全生产走基层”集中采访活动，围绕制度建设落实，方法手段创新、科技应用研发采编专题报道，宣传推广先进经验。在五一国际劳动节之际，选取西城区、海淀区，地铁运营公司、燃气集团、建工集团的5位基层先进个人，策划开展“安全战线基层典型人物”集中报道。以座谈采访与实地蹲点探访相结合的方式，选取7家北京市安全文化示范企业开展“安全生产一线行”集中报道，真实反映安全生产工作者实际工作。结合党的群众路线教育实践活动，邀请各新闻媒体，以“为民、务实、清廉”为主题，组织走访一线先进个人和先进集体6次。年底组织媒体开展“盘点2013”主题采访，围绕举报投诉及城乡结合部专项整治工作组织报道，累计刊发报道70余篇。

通过集中采访，向公众宣传安全监管监察工作的地位作用，展示新时期安全生产工作者精神风貌。

（王宇）

【宣传平台支撑引领】 2013年，市安全监管局稳步推进“三报、两台、两网”阵地建设。在《中国安全生产报》刊发消息292篇，头版和图片新闻27条，策划“首都安全”专版16期。《北京日报》“安全生产视点”16期。《北京晚报》“12350百姓安全身边事”25期。城市服务管理广播《安全新干线》策划报道365期，制作专题21期，录制“对话安全”12期，“专家话安全”7期。发挥网络媒体优势，完成局政务网站由宣传型网站向服务型网站的成功转变，建立季度通报制度，网站全年发布信息15362条，点击量286万余次，较去年增加94万余次。实现新浪网、腾讯网、人民网政务微博三网同时运行，“粉丝”39万余人，全年发布微博881条，被评论、转发4121次，做到同网民“零距离”沟通。“报、台、网”全景式的宣传平台建立，及时传递国家和市级有关安全生产最新精神、最新部署和创新经验，新闻发布数量占安全生产新闻消息的50%以上，充分起到安全生产主阵地的支撑引领作用。

（王宇）

法制建设

【行政执法计划】 2013年，市安全监管局按照《安全生产监管监察职责和行政执法责任追究的暂行规定》（国家安全监管总局令第24号）要求，制定下发《北京市安全生产监督管理局关于进一步加强依法履行安全生产监管监察职责工作的指导意见》（京安监发〔2013〕18号），规范全市安全生产执法监察工作。在执法工作日、年度工作量等大量基础数据测算的基础上，编制市安全监管局2013年度安全监管监察行政执法工作计划，召开专题会议，指导区县安全监管部门年度执法工作计划的编制工作。将区县安全监管部门年度执法计划纳入2013年度区县政府安全生产综合考核范畴，推进行政执法责任制的有效落实。

（杨琦）

【行政执法与刑事司法】 2013年，市安全监管局梳理安全生产相关法律法规中涉嫌刑事犯罪的法条，国家和本市有关规定、文件，查找与市公安局涉嫌犯罪案件移送工作中可能存在的衔接不畅、操作性不强的薄弱点，多次与市公安局、检察院、高级法院和市政府法制办交换意见，研究探讨“两法衔接”有关事宜。研究制定《北京市安全生产违法行为涉嫌犯罪案件移送办法（试行）》和《北京市关于依法加强安全生产违法行为涉嫌刑事犯罪案件移送及处理有关工作的意见》。

（杨琦）

【行政执法监督制度】 2013年，市安全监管局以市、区两级年度执法计划为抓手，以执法处罚信息归集、统计制度为核心，督促、规范执法计划落实，将完成情况纳入对区县政府考核体系，抽查行政处罚案卷，根据全系统行政执法统计数据开展执法分析，提高全市安全生产执法水平。制定并正式印发《安全生产现场检查方案（模板）》，要求市区两级执法人员在执法活动中予以使用，规范执法流程，减少执法随意性。

（杨琦）

【行政审批制度】 2013年，市安全监管局本着“便民、高效”的原则，推进行政审批制度改革。年初，全部完成各项许可办理流程和工作量测算工作，制定《北京市安全生产监督管理局行政审批工作管理暂行办法》《北京市安全生产监督管理局行政许可事项办理暂行规定》两个重要文件，明确行政许可申请的具体处理方式。6月，市安全监管局行政许可大厅正式对外办公，行政许可专职机构、专门人员开始履行职责。

（杨琦）

【年度地方立法】 2013年，市安全监管局组织召开规章立法推进会，邀请市政府法制办有关领导和专家进行专门指导，全面梳理需要立法解决的问题。《北京市生产安全隐患排查治理规定》作为市政府规章立法意向，被市政府法制办列为2013年立法调研项目。为做好前期调研工作，推动立法进程，市安全监管局邀请市政府法制办参与，开展论证及立法调研，完成立项报告及规章草案的起草工作。

（杨琦）

【建设项目安全设施“三同时”】 2013年，为了更好地推动建设项目安全设施“三同时”监管工作的落实，市安全监管局通过调研、论证、修改，形成《北京市关于建设项目安全设施“三同时”备案管理工作的意见》，强调从源头抓好事故隐患管理和风险防范工作，全面贯彻落实安全生产监督管理基本制度。

（杨琦）

【地方标准立项】 2013年，市安全监管局针对首都城市运行领域的特点，以及日常安全生产监管的难点问题，深入研究，协调申请地方标准立项。共申报地方标准制定修订立项7项，全部列入市质监局的立项计划，立项通过率100%。

（杨琦）

【依法行政】 2013年，市安全监管局建立健全由主要负责人牵头、分管负责人各负其责的依法行政领导协调机制，坚持主要负责人作为推进依法行政第一责任人，统一领导市安全监管局依法行政工作。制定《关于调整推进依法行政工作领导小组组成人员的通知》和《关于调整法制宣传教育领导小组人员的通知》两个文件。按照市推进依法行政工作领导小组部署，完成市安全监管局推进依法行政调研报告（2004年–2012年），回顾自2004年国务院《全面推进依法行政实施纲要》出台8年来，市安全监管局在制度建设、体制改革、法制建设、政务公开、行政执法等主要开展的工作以及取得的成绩，完成依法行政的有关统计数据核算。

（杨琦）

【行政复议和处罚案卷评查】 2013年，市安全监管局按照市政府法制办有关文件要求，参加市属机关行政复议和行政处罚案卷参评，取得较好成绩。10月，市安全监管局启动对全市各区县安全监管局行政处罚案卷评查工作。通过开展此项工作，旨在查找行政执法人员在行政处罚证据运用、法律法规适用等方面的问题，推动基层安全生产行政处罚工作水平稳步提高。

（杨琦）

【规范性文件审查】 2013年，市安全

监管局严格规范性文件审查工作。对《关于建设项目职业卫生“三同时”行政许可有关工作的通知》《北京市特种作业人员安全技术考核管理办法》等文件严格把关，确保规范性文件合法、严谨、可操作。

（杨琦）

【规范性文件清理】 2013年，市安全监管局开展对内部工作制度和行政规范性文件全面清理工作。经清理，内部工作制度保留30件，废止19件，修改16件；现行行政规范性文件共有106件，确认予以废止的45件，予以保留的61件（含拟修改文件2件）。

（杨琦）

【执法资格管理】 2013年，市安全监管局本着“快速、便民、高效”的原则，改变工作思路，创新工作方法，为市、区县、乡镇街道的安全生产执法工作提供服务。市安全监管局为区县安全监管局130人办理《安全生产监管执法证》，为街道乡镇429人办理《安全生产检查员证》，注销检查员证84个。通过严把执法证件的初审、复审、信息变更和注销等环节，加强对全市安全生产执法人员资格情况动态管理。

（杨琦）

【行政处罚信息】 2013年，市安全监管局落实市政府《关于进一步加强企业信用监管推进企业信用体系建设的意见》（京政发〔2012〕42号）文件要求，向区县安全监管部门印发《关于报送企业信用信息和行政处罚信息统计工作的通知》（京安监函〔2013〕58号），要求建立本单位企业信用信息归集制度，做好行政处罚结果信息上报工作。市安全监管局完成市、区两级报送的2332项行政处罚结果情况归集工作，既作为向市工商局报送的数据，也作为全市安全监管系统执法情况统计、分析基础数据。起草完成本市安全监管系统行政处罚信息归集工作制度。

（杨琦）

【行政复议】 2013年，市安全监管局按照市政府法制办《关于进一步加强本市行政复议工作规范化建设的意见》文件要求，制定《关于进一步加强行政复议工作规范化建设的实施方案》。直接办理行政应诉案件2件，按照法定程序公开举行通州“8·13”众鑫昌盛公司事故行政处罚听证会，并提出听证意见。

（杨琦）

【中介机构管理】 2013年，市安全监管局对6家甲级安全评价机构进行资质延期的形式审查和现场审查。加强安全评价机构资质日常管理，办理安全评价机构甲级资质机构名称变更登记审核等19项，业务范围增项审核10项。办理安全评价师登记、审核近700人次。完成35家安全评价机构的执法检查工作，针对发现的问题下达责令限期整改指令书8份，经复查全部整改完毕，实现对安全评价机构执法检查全覆盖。

（杨琦）

【法制培训班】 10月30日，市安全监管局在北京安全生产教育培训基地举办法制工作培训班。培训对象主要是各区县安全监管局主管法制工作的副局长、法制科科长和法制工作业务骨干，共50余人。在课程安排上突出法制工作与业务工作紧密结合的特点。国家安全监管总局、市政府法制办有关领导、专家参与授课。

（杨琦）

科技与信息化

【培训考核系统改造项目】 1月5日，市安全监管局组织召开安全生产培训考核综合管理信息系统升级改造项目招标文件专家论证会。信息化专家和局监察处、办公室（财务处）、预防中心、信息中心有关负责人参加会议。经讨论评审，项目申报书通过评审。

（陈骧君）

【物联网项目协调会】 1月5日、7日、25日，市安全监管局副局长唐明明先后主持召开协调会，重点听取项目进展汇报，研究改进物联网系统功能。并以首云铁矿、长沟峪煤矿、燕房石化、顺鑫鲲鹏等典型企业为例，演示日常监管、监测预警、综合统计3个模块功能和系统操作流程。与会单位结合日常监管和应急救援工作，对系统页面、操作流程、功能设置等突出问题进行研讨，提出改进意见。会议要求项目承建单位针对发现的问题，加强沟通协调，加大项目推进力度，完善系统功能、操作流程和展示信息，做好示范企业数据采集和接入工作。

（梁伟光）

【市旅游委信息化调研】 1月10日，市旅游委到市安全监管局调研信息化建设工作。局信息中心简要介绍市安全监管局信息化建设规划和"京安"工程、应急指挥大厅和安全监管系统物联网等重点项目建设和应用，市安全监管局重点介绍公文处理、行政管理、领导决策等系统建设思路和工作经验。市旅游委调研组介绍本单位信息化和"智慧旅游"项目建设情况。随后，双方就各自信息化工作体会、经验和存在的问题进行深入研讨。

（梁伟光）

【上海市信息化调研】 1月14日，上海市安全生产信息中心主任徐文辉带调研组到北京市安全监管局调研信息化建设工作。局信息中心介绍"京安"工程建设定位、总体框架和建设内容，以及应急指挥大厅和安全监管系统物联网等项目建设和应用情况，重点介绍并演示隐患自查自报、执法检查和公文处理等系统。调研组对北京市安全监管信息化工作给予高度评价，并介绍上海市安全生产信息化建设开展情况。随后，双方就执法检查系统、物联网建设等共同关心的问题展开深入探讨。

（梁伟光）

【珠海市信息化考察】 1月23日，珠海市安全监管局、国资委、交通运输局、公路局一行15人组成的考察组到北京市安全监管局调研交流安全生产工作，北京市安全监管局副局长陈清出席会议。会上，局信息中心从"京安"工程、安全监管系统物联网和应急管理系统3个方面介绍北京市安全监管信息化建设应用情况，现场演示物联网综合展现、各行业领域日常监管等子系统。

（梁伟光）

【烟花爆竹全方位监控】 春节期间，市安全监管局利用物联网技术对烟花爆竹仓库、销售网点和流向进行全方位监控。一是实现对批发单位仓库温湿度、防入侵和重点部位视频的实时监控。通过系统上报温湿度数据15343652条，上报越界报警信息1091条。二是通过视频音频设备对全市零售网点进行全面监控。三是每天跟踪掌握烟花爆竹流向监控数据。春节期间流向监控系统运行平稳正常，共记录2351个品种、1160944批次的烟花爆竹出、入、返库流向数据，发出报警数据93条，同比下降35.4%。

（李东侠）

【烟花爆竹信息化服务】 春节期间，市安全监管局为方便广大市民购买烟花爆竹，推出两项便民措施。一是在局政务网站上开设烟花爆竹安全管理专题，公示烟花爆竹产品信息以及安全提示，同时推出“我要买烟花”在线服务功能。二是组织开发“买烟花摇一摇”软件，市民只需摇动手机即可查询到周边正规烟花爆竹销售点的相关信息，方便市民购买。

（王永志）

【零售网点视频监控】 春节期间，全市共设置1337个烟花爆竹零售网点，市安全监管局组织安装4702个摄像头，883套音频设备，实现五环内及远郊区县城镇地区的全覆盖。执法人员可以通过视频监控发现零售网点存在安全隐患，在第一时间通过语音督促其立即整改消除隐患，大幅度提高监管效率。

（梁伟光）

【物联网建设方案】 3月7日，市安全监管局副局长唐明明主持召开物联网工作会，重点研究《2013年北京市安全生产监管系统物联网应用示范工程建设工作方案》。方案进一步细化分解2013年物联网建设任务，明确工作目标、职责分工和完成时限，统筹推进项目建设工作。与会单位结合自身职责对方案提出补充和修改意见。会后，市安全监管局组织对方案进行修改完善。

（梁伟光）

【隐患自查自报和标准化推进会】 3月21日至22日，市安全监管局副局长陈清主持召开安全生产隐患自查自报和企业标准化工作推进会。会上，各区县安全监管局汇报隐患自查自报和企业标准化工作进展，局相关处室介绍全市隐患自查自报和企业标准化工作开展情况以及隐患自查自报系统运行和标准化系统建设情况。与会人员就隐患自查自报工作具体做法、企业标准化评审标准和流程、企业台账建设等重点问题进行深入研讨，进一步统一思想，明确思路，提出具体措施。

（陈超）

【物联网应用示范工程建设会议】 3月29日至30日，市安全监管局召开全市安全监管系统物联网应用示范工程建设工作会。市安全监管局相关业务处室、9个物联网应用示范区县安全监管局、京煤集团和项目承建单位相关人员参会。会上演示物联网应用示范工程建设成果，通报项目建设进展，逐一演示市、区两级预警调度平台功能，就风险源管理、监测预警、应急管理和应急救援4大功能进行具体说明。示范区县安全监管局表示，通过信息化系统实现对日常监管和应急工作的精细化管理，继续做好2013年系统建设和试运行工作，希望在监管模式、职责划分、标准制定等方面，制订相应制度、标准，做好法规和制度保障，在信息化装备方面给予一定支持。

（梁伟光）

【安监移动办公平台建设】 3月，市安全监管局启动“北京安监移动门户”办公平台建设，此系统正式上线运行。根据业务工作需要，移动办公平台分为公文提醒、通知公告、事故快报、应急通讯、救援热线等17个模块。通过移动办公平台，可以随时访问安全监管信息平台，平时可以查看工作信息、事故信息、会议通知等；战时可以调阅应急预案、应急物资、专家队伍等数据，提高应急救援工作效率和水平。

（梁伟光）

【公务员考核管理系统】 4月1日，市安全监管局组织研发的公务员考核管理系统上线试运行，标志着市安全监管局公务员绩效考核管理工作全面实现信息化。按照《北京市安全生产监督管理局公务员考核暂行办法》要求，这一系统对公务员的年度绩效目标、月度工作计划和纪实、季度小结和年度考核等工作实现全流程网上管理，做到全员、全面地量化绩效考核。一是管理便捷、高效；二是应用公开、透明；三是统计简便、系统。

（梁伟光）

【运维项目开评标】 4月1日，市安全监管局2013年度信息化基础设施运维及数据通信线路租用项目招标文件通过专家评审。4月23日，北京科技园拍卖招标有限公司组织召开项目开评标会，局监察处、信息中心有关人员参会。经专家评审，最终北京华宇信息技术有限公司综合评分第一，成为预中标人。中标结果在中国政府采购网和北京市政府采购网上进行公示。

（范丽斌）

【信息化升级招标文件通过评审】 4月16日，市安全监管局组织召开2013年度安全生产信息化升级改造项目招标文件专家论证会。会议认为2013年度安全生产信息化升级改造项目招标文件需求明确，无倾向性，无不合理条款，招标公告及时间程序符合政府采购法及相关法律法规要求，同意通过专家评审。

（陈骥君）

【安全科技需求调研】 4月18日，市安全监管局到大兴区安全监管局开展安全科技需求调研。大兴区安全监管局有关负责人介绍辖区“科技创安”的主要做法和成效，结合安全生产工作实际和未来发展规划分析安全监管面临的形势和挑战。市安全监管局介绍市科委科研项目申报的基本要求和具体流程。根据调研，市安全监管局协调市科委，支持大兴区安全监管局紧密结合工作实际开展监管理论与方法的科研创新，提高监管科学化、精细化水平。

（刘曦）

【劳动防护技术调研】 4月26日，市安全监管局到中国安全生产协会劳动防护专业委员会就先进劳动防护技术的管理和普及工作进行调研。劳动防护专业委员会对特种劳动防护用品安全标志管理工作流程和劳动防护用品的技术创新、新产品研发、市场现状及质量监督进行全面介绍。双方就进一步加强劳动防护用品生产经营和使用单位监督管理进行交流。就利用安全生产月活动载体开展先进劳动防护技术和产品的普及培训和宣传推广达成合作意向。

（刘曦）

【信息平台四期通过初验】 4月27日，市安全监管局组织召开安全生产监管信息平台四期项目（第一包）初步验收会。局办公室、驻局监察处、监管一处、信息中心及信息化专家组参加验收会议。经会议研究和专家质询，认定该项目基本完成合同约定的相关工作任务，能够满足市安全监管局相关工作需要，专家组及参会单位同意项目通过初步验收。

（陈骧君）

【信息化升级改造开评标】 5月14日，北京汇诚金桥国际招标有限公司组织召开2013年度安全生产信息化升级改造项目开评标会。经专家组评分，紫光软件系统有限公司成为本项目预中标供应商，中标结果在中国政府采购网和北京市政府采购网公示。

（陈骧君）

【物联网应用示范专题会】 5月15日，市安全监管局召开安全监管系统物联网应用示范项目专题会，研究讨论2013年物联网项目工作计划，协调解决项目建设中遇到的问题。会上，局信息中心汇报项目建设进展情况。会议对项目“倒排期”计划进行研讨，对工作中的问题逐项提出解决措施。会议强调，一是按照既定的工作目标，做好项目收尾工作。二是加强协调沟通，项目建设领导小组办公室每周听取工作进展汇报，及时协调解决工作中发现的问题。三是开展系统试用，做好汇报准备。

（李东侠）

【燃气安全技术调研】 5月22日，市安全监管局到市市政市容委调研燃气安全技术推广工作。市市政市容委有关负责人介绍燃气安全工作总体情况，分析全市燃气安全的突出问题。双方就燃气安全技术推广应用中的重点工作进行深入探讨，就如何提高消费者认知、规范燃气安全装置产品市场、提升燃气安全装置全生命周期中的监督服务水平交换意见。

（刘曦）

【软件质量检测竞争比选】 5月23日，市安全监管局组织召开安全生产培训考核综合管理系统与北京市安全生产监督综合业务管理系统（四期）软件质量检测竞争比选会。经比选工作组票决，确定由北京软件产品质量检测检验中心承担项目实施工作。

（陈骧君）

【高层逃生装置应用调研】 5月23日至26日，市安全监管局赴石景山区、西城区调研高层逃生装置应用工作，先后考查位于石景山区的万达广场、北方中惠国际中心和位于西城区的西单大悦城、凯晨世贸中心4家单位，检查和了解消防安全装备和应急逃生装备的配备、使用和管理情况，与单位负责人深入交流逃生装置配备标准化、存放规范化、维护精细化等突出问题，鼓励企业加大投入，针对高层楼宇人员密集特点配备操作简便、效率更高的高层缓降器、逃生梯等先进设备。

（刘曦）

【劳动防护用品调研】 5月30日，市安全监管局到首云矿业公司调研劳动防护用品管理情况，针对从业人员防护用品使用新需求，协商研究推广使用先进适用劳动防护用品活动方案。首云矿业公司按照国家有关要求由露天开采转向地下开采，建设完善井下“六大系统”的安装使用，开展“数字化矿山”示范建设，致力于采用计算机网络技术实现全矿井生产和安全系统的综合控制、监测，从而改善矿井安全生产环境。通过调研，首云矿业公司将劳动防护用品的管理纳入矿井安全标准化体系，建立劳动防护用品的采购、验收、保管、发放、使用、报废等管理制度，以满足职工在不同劳动环境和劳动条件下安全健康需要。根据企业提出的需求，市安全监管局联合中国安全生产协会劳动防护专业委员会，开展先进劳动防护技术和产品普及培训和宣传推广活动，为企业提供相关服务。

（李玉祥、何川、刘曦）

【检查消防逃生装备配置】 6月5日，市安全监管局检查万达广场和北方中惠国际中心用于疏散逃生自救的消防逃生应急箱配备情况。一批新购置的消防逃生应急箱已在北方中惠国际中心楼道或人行楼梯内摆放。消防逃生应急箱内，分别放置手电筒、呼吸器等应急用品。此外，根据楼层的不同高度，还配备逃生绳、缓降器等。万达广场也购置一批适合商市场和餐饮店使用的应急逃生设备。

（李玉祥、何川、刘曦）

【高层逃生装备检查】 6月6日，市安全监管局到西城区凯晨世贸中心、西单大悦城检查高层逃生装备应用示范工作推进情况。自高层逃生装备应用示范工作启动后，两家单位成立专门的工作小组，严格按照示范应用要求制订方案。凯晨国贸中心统一制作逃生装备箱，并有醒目的标志。西单大悦城组织全体商铺召开应急逃生装备示范应用动员会，根据建筑特点和实际疏散要求，在大厦顶层设置安装4台逃生缓降器。

（李玉祥、何川、刘曦）

【安全测评项目竞争比选】 6月7日，北京市安全生产监督综合业务管理系统（四期）配套安全测评项目竞争比选会在市安全监管局召开。经比选工作组票决，确定由北京信息安全测评中心承担该项目实施工作。

（陈骧君）

【总局调研信息化建设】 6月7日，国家安全监管总局规划科技司司长吴鑫带队来市安全监管局调研安全生产信息化建设应用工作。市安全监管局局长张家明，副局长陈清、贾太保、常纪文，局科技处、办公室、信息中心有关负责人参加会议。市安全监管局就“京安”工程、OA办公平台、5大核心业务系统、物联网系统进行汇报，全面展示信息化建设和应用成效。吴鑫表示，北京市安全监管局近年来在探索和转变安全监管监察工作方式中做了创新、尝试，信息化顶层设计完善，系统覆盖面广，5大核心业务系统成效显著，希望双方在系统对接、数据共享等方面继续加强配合。

（梁伟光）

【公交应急装置应用】 6月14日，市安全监管局召开座谈会，研究公交车玻璃自动爆裂装置应用推广工作。市交通委、北京公交集团等单位有关负责人参加座谈。北京市现有公交车辆3.5万辆。其中隶属于市公交集团的公共电汽车2.44万辆，包括柴油车17140辆，液化天然气车（LNG）570辆，压缩天然气车（CNG）2000辆，电动车690辆，北汽公司及北旅时代公司的旅游巴士3000辆、长途客运巴士1000辆。其余1.06万辆为本市郊区、县客运巴士、校车、旅游巴士及外地进京公共交通运输车辆。2008年以来，市公交集团先后将所有公共电汽车车窗更新或改装为推拉式，全部符合《客车结构安全技术》（GB 13094-2007）标准，还配备了安全锤。市安全监管局建议对现有需要加装应急逃生装置的公交车辆进行改造，提高车辆的应急逃生能力。包括北京公交集团所属的封闭式长途巴士、旅游巴士，各旅行社、旅游公司、旅游客运公司所属的封闭式旅游巴士，各郊区县公共交通运输企业的封闭式公交车辆，本市所有校车、班车，都要改装推拉式车窗或加装侧窗爆破系统。建议外埠进京的封闭式公共交通运输车辆加装侧窗爆破系统后，市公安局交管局方可核发外地车辆进京证。

（刘曦）

【信息化升级安全测评项目比选】 6月18日，市安全监管局组织召开2013年度安全生产信息化升级改造配套安全测评项目竞争比选会，局办公室、监察处、法制处、信息中心有关负责人及专家参加会议。项目比选工作组研究对比3家参选单位的机构实力、人员配备、测试方案、项目报价等内容，经票决确定由北京信息安全测评中心承担该项目实施工作。

（欧阳燕南）

【信息平台四期通过终验】 6月21日，市安全监管局组织召开安全生产监督综合业务管理系统四期项目终验会。局有关处室和信息中心负责人及信息化专家组参加验收会议。会议听取项目建设、试运行、初验及监理单位验收意见等方面的汇报，对项目相关情况进行质询。经会议讨论研究，认定项目基本完成合同约定，能够满足市安全监管局相关工作需要，同意项目通过终验。

（陈骧君）

【宣传咨询日科技展示】 6月，市安全监管局在安全生产月宣传咨询日活动中开展以应急救援装备器材为重点的科技装备展示及宣传活动。共组织20家企业参加本次展示，并确定重点展示项目。本次科技装备展示除宣传一批先进适用的安全生产新技术和产品外，参展企业充分利用广场活动的开放性和群众参与性，通过应急逃生与自救知识技能讲解，装备器材现场互动体验等形式向活动参与者提供更加直观真实的科技体验。

（刘曦）

【科技需求座谈会】 7月2日，市安全监管局组织召开科技需求座谈会。会议目的是为了配合市科委做好调研工作，并在《北京市技术创新行动计划（2013–2017年）》中体现安全生产重大科技需求。市科委正在制订的《行动计划》是未来5年全市科技创新工作的重点。会议围绕本市需用科技手段解决的安全生产难点，如运用科技手段解决苯、甲苯等有毒物质的替代品、尾矿细砂的利用、采煤作业时的喷雾降尘、特种作业仿真模拟操作系统、人员密集场所客流统计及疏散、防腐材料、高风险环节的监控等问题进行研讨。

（刘曦）

【矿山劳动防护知识竞赛】 7月4日，市安全监管局与中国安全生产协会劳动防护专业委员会研讨全市矿山行业劳动防护知识竞赛活动方案。本次竞赛活动围绕矿山劳动防护技术及产品宣传推广，把传播防护知识、普及适用技术、体验先进产品有机结合起来，优选从事矿山劳动防护技术和产品研发的企业在竞赛会场进行产品使用演示。展示重点产品，包括安全帽、自吸过滤式防颗粒物呼吸器、自吸过滤式防毒面具面罩、6kV绝缘矿用靴、带电作业用绝缘手套、带电作业用绝缘靴、10kV电绝缘安全皮鞋等18种产品。此次竞赛落实国家安全监管总局关于组织开展安全生产“百项”先进适用技术、“千项”新型实用产品推广工作要求，增强矿山企业职工对劳动防护知识和技术装备的了解，提高广大从业人员防护自救和应急处置能力，推广使用先进实用劳动防护用品。竞赛共组织10支优秀的矿山职工队伍参加。通过轻松、活泼的竞赛形式传播劳动防护科技知识，体验劳动防护先进产品，让科普活动和技术推广工作贴近企业、贴近基层、贴近职工。

（刘曦）

【劳动防护竞赛及推广会】 7月5日，市安全监管局到昊华能源公司长沟峪煤矿研究部署矿山企业劳动防护知识竞赛及产品推广现场会筹备工作，考察长沟峪煤矿举办活动的会场，对现场布置、参赛队伍的接待和调度、观众组织、科技互动展示区设置等一系列工作进行安排。7月29日，由市安全监管局、北京煤监局主办，中国安全生产协会劳动防护专业委员会协办，昊华能源公司承办的北京市矿山劳动防护知识竞赛暨先进实用防护用品“千推”会在长沟峪煤矿举行。本次竞赛活动以普及劳动防护科学知识、宣传劳动防护技术及产品为核心内容，全市矿山企业参加竞赛。最终，长沟峪煤矿获得一等奖，大安山煤矿、木城涧煤矿获得二等奖，首钢矿业公司、北京金隅顺发水泥有限公司、大台煤矿获得三等奖。活动当天，市安全监管局按照国家安全监管总局关于组织开展安全生产“千项”新型实用产品推广工作要求，组织北京索福特安全防护设备有限公司等7家企业举办先进实用劳动防护用品现场推广活动，适用于矿山行业的安全帽、自吸过滤式防颗粒物呼吸器等近30种新型防护产品集体亮相。参展企业还组织专业技术人员对劳动防护用品佩戴、使用、维护保养技巧进行讲解和演示。

（刘曦）

【高层楼宇逃生装备调研】 7月5日至11日，市安全监管局先后到朝阳区北京北仪物业管理有限责任公司、中国国际贸易中心股份有限公司和东城区崇文门新世界商场、王府井乐天银泰百货、燕莎商场，对高层楼宇应急逃生装备的应用现状及重点需求进行调研。在调研过程中，市安全监管局介绍高层逃生装备在西城、石景山、房山区开展示范应用的情况，两家单位介绍各自的应急管理工作情况和针对火灾事故配备的基本应急工具。与各单位就高层缓降器、屋顶救生舱等应急逃生装备在高层楼宇的配备和应用进行深入交流和探讨。通过调研，进一步了解高层楼宇应急管理及应急逃生工具应用现状及需求，为推动高层楼宇应急逃生装备应用工作奠定基础。

（刘曦）

【山东省安监局调研信息化】 7月12日，山东省安全监管局监察专员刘建华带调研组，到京调研安全生产信息化建设应用。北京市安全监管局介绍信息化组织机构、规划编制、顶层设计等方面工作，重点演示“京安”工程和安全监管物联网系统。调研组参观安全生产应急指挥大厅。调研组表示，通过调研，了解和学习北京市安全生产信息化建设经验，为下一步山东省安全监管信息化建设积累了经验。

（梁伟光）

【物联网示范项目通报会】 7月17日，市安全监管局召开安全监管系统物联网应用示范项目工作会，通报项目进展情况及项目初设批复情况，研究部署下一阶段重点工作。会议指出，各部门要抓好物联网建设收尾工作，抓紧解决项目建设和接入中存在的遗留问题，认真开展系统试运行，做好项目验收准备，研究提出物联网系统使用和管理模式。各部门要定人定责，严格把关，确保实际系统与建设方案、监管业务需求相吻合。

（梁伟光）

【综合业务管理系统终验】 7月24日，市安全监管局组织专家召开北京市安全生产监督综合业务管理系统（四期）安全验收测评项目验收会。经讨论研究，专家组及相关参会部门认为本项目承担单位按照合同约定的内容，依据《信息系统安全等级保护基本要求》GB/T22239-2008，对北京市安全生产监督综合业务管理系统（四期）进行系统的安全验收测评，完成合同预期，同意项目通过终验。

（欧阳燕南）

【物联网示范工程收尾】 7月29日，市安全监管局组织承建单位和监理公司召开会议，对照物联网示范工程初设方案，对13家示范工业企业的软硬件建设情况进行逐一梳理核对和说明，针对风险点数据接入、设备安装、平台功能、企业基本信息采集、系统试运行准备等困难和问题逐一研究确定解决方案，进行工作部署，为按计划转入系统试运行阶段提供可靠保障。

（梁伟光）

【应急演练系统建设调研】 8月9日，国家安全生产应急指挥中心李斌一行到市安全监管局就应急演练系统建设开展调研，市安全监管局副局长唐明明和局有关处室、燕山石化公司等有关人员参加会议。会上，市安全监管局汇报市、区两级应急调度平台建设情况，演示桌面应急演练系统。燕山石化公司演示自行开发的安全生产应急演练培训系统。调研组对北京市安全生产应急管理信息化，特别是桌面应急演练系统建设创新给予肯定。

（梁伟光）

【应急逃生装备应用】 8月13日，市安全监管局到北京金隅物业环球贸易中心，听取关于安全管理工作及应急逃生设备设施配备情况汇报。市安全监管局结合环球贸易中心近50万平方米总面积、2万人次的日均客流量，涵盖写字楼、酒店、餐饮、娱乐及商业的综合业态等实际情况，对应急逃生装备配备标准、存放规范、有序管理及如何与演练有机结合等问题进行探讨，提出具体建议。环球贸易物业公司表示，尽快制订工作方案，扎实做好示范应用工作。

（李玉祥、何川、刘曦）

【科技项目申报论证会】 8月15日，市安全监管局组织召开科技项目申报指导论证会。市科委、中国安科院、市劳保所有关专家对申报2013年第二批市级科技计划绿色通道项目的单位进行指导。论证会听取灾害情况下地铁安全运营监控、应急指挥系统研究及示范、开发动态管理特种作业操作证（IC卡）、基于智能终端的安全生产全防控管理系统研究与应用示范等8个项目课题实施方案介绍，随后对项目的现有基础、研究任务、目标及考核指标、研究开发内容等进行指导，提出参考意见。为下一步修改完善方案、提高课题申报和科研水平创造条件。

（李玉祥、刘自杰、刘曦）

【企业安全科技调研】 8月22日，市安全监管局到北京凌天世纪自动化技术有限公司开展安全科技调研。公司负责人介绍公司发展历程、人才储备、研发能力、产品销售及发展目标。市安全监管局详细了解公司核心产品如煤矿安全检测、消防应急救援、安全监管执法装备等设备研发制造过程，并参观研发中心和制造工厂。对公司紧抓发展机遇、坚持自主创新给予充分肯定。

（李玉祥）

【物联网和预警调度平台建设专题会】 8月27日，市安全监管局局长张家明召开专题会，听取安全监管系统物联网和市、区两级预警调度平台建设情况汇报，观看系统演示，研究部署下一步工作。副局长贾太保、唐明明和局有关处室负责人参加会议。张家明指出，安全监管系统物联网系统已经初具规模，建设成果值得肯定。安全监管系统物联网建设已经到了收尾工作的关键时刻，各单位要按照工作职责，建立工作机制，进一步加强配合，梳理项目建设内容，做好变更审核把关，完善相关管理规章制度，做好系统建设、试用和收尾工作。

（李东侠）

【区县信息化调研】 8月，市安全监管局副巡视员高士虎带领调研组，先后赴房山、门头沟、石景山、开发区安全监管局调研信息化工作，了解标准化、信息化现状和存在的问题，开展指导和帮扶活动。调研组到万盛科技、精雕科技等企业，察看企业安全生产标准化和信息化情况，听取企业意见。

（陈超）

【运维项目可行性评审】 9月13日，市安全监管局组织信息化专家对2014年度信息化基础设施运维项目可行性研究报告进行评审。与会专家就项目可行性研究报告相关内容进行质询，提出建议。局信息中心结合信息化运维工作实施情况和需求进行解答。专家一致通过可行性研究报告评审，建议补充完善后申报实施。

（田雍雍）

【燃气安全阀进万家研讨会】 9月26日，市安全监管局起草《燃气安全自闭阀进万家大型公益活动方案》，组织召开研讨会，征集对活动方案的意见。会议提出科技推广工作走进基层，了解掌握实际需求和愿望，通过推广科技产品，达到宣传安全知识的目的。会议要求：进一步调研实际需求，明确工作任务，分清部门职责；协调市商务委、市旅游委等部门，推动餐饮行业和旅游宾馆等参与活动，开展试点；深入乡镇街道，调研居民对燃气安全产品的需求，发挥属地推广试用的作用。

（李玉祥、何川、刘自杰、刘曦）

【烟道防火和油烟净化调研】 10月16日，市安全监管局到全聚德集团调研安全科技工作。为有效解决烟道防火和油烟净化问题，全聚德集团与专业机构合作，针对烤鸭炉工作时间长、温度高、吸附物多等难点，开展油烟净化技术研究，并取得初步进展。市安全监管局表示，为全聚德集团开展安全科技创新提供指导和服务，支持油烟净化技术研究项目申报市科委科研课题，为技术创新提供支持。

（李玉祥、何川）

【信息化升级通过初验】 10月18日，市安全监管局组织信息化专家对2013年度安全生产信息化升级改造项目进行初步验收，与会单位和信息化专家听取信息化升级改造项目汇报，进行质询。经研究认定，安全生产信息化升级改造项目基本完成合同约定的相关工作，能够满足市安全监管局需要，通过初步验收。

（王永志）

【信息化升级改造通过论证】 10月21日，市安全监管局组织召开2014年度安全生产信息化升级改造项目专家论证会。与会专家对2014年安全生产信息化升级改造建设内容、技术方案、建设预算等进行全面评估，一致认为2014年度安全生产信息化建设内容符合北京市安全生产信息化“京安”工程顶层设计要求，建设技术方案可行，预算资金合理，同意该项目通过论证。

（李晓红）

【监管信息平台】 10月，市安全监管局组织对安全监管信息平台公文管理系统进行升级，专门开发公文查询功能，汇集2011年以来市安委会和安委会办公室、市安全监管局文件，供有关单位参阅，实现信息资料共享。公文管理系统在支持文件拟稿、签批、印发等流程基础上，进一步扩展系统功能，提高公文办理效率。

（梁伟光）

【物联网项目稽察】 11月4日，市安全监管局安全监管系统物联网应用示范工程建设和资金使用情况在自查的基础上，接受市发展改革委项目稽察组的现场审查和专家质询。市安全监管局按照市发展改革委《关于开展2013年政府投资计划执行情况专项稽察工作的通知》要求，组织对安全监管系统物联网应用示范工程建设和资金使用情况进行自查，梳理项目开展以来的各项文档资料，按要求编写项目基本情况报告。市安全监管局安全监管系统物联网应用示范项目顺利通过2013年项目稽察。

（梁伟光）

【物联网项目建设内容】 11月12日，市安全监管局副局长唐明明召开专题会，研究审核安全监管系统物联网项目建设内容变更情况，部署下一步重点工作。会议重点研究市、区两级预警调度平台和危险化学品领域物联网建设内容的变更，结合安全监管和应急管理工作需求，对照项目初步设计，对风险源管理、应急准备、监测预警、应急救援、基础环境以及示范企业接入等内容的变更事项逐一进行审核把关。确保满足业务工作需要，达到项目预期建设目标。

（梁伟光）

【应急逃生装备应用座谈】 11月13日，市安全监管局召开会议，与市规划委、公安局消防局交流座谈高层建筑应急逃生装备示范应用工作。市安全监管局介绍开展高层楼宇应急逃生装备示范应用的工作概况，分析存在的问题，提出召开现场交流会及扩大示范推广范围的工作想法。与会单位建议联合多部门，形成合力，加强专业指导及培训，宣传科学逃生自救知识，共同推动先进、适用、可靠的应急逃生装备在高层楼宇推广引用，提高应急保障能力。

（刘曦）

【科技进步座谈会】 12月13日，副市长张延昆主持召开座谈会，专题研究如何加快科技进步，促进城市智能发展和安全发展。市科委、司法局、交通委、安全监管局、市政市容委、民防局、城管执法局等部门主要领导参加会议。与会单位就加强安全科技工作，提升安全基础管理和执法水平作交流发言，提出本领域科技研发需求。张延昆对安全生产科技及城市信息化网络基础设施建设、信息资源数据库建设和共享、城市管理与运行相关系统功能提升等提出要求。

（刘曦）

【安全科技需求座谈会】 12月18日，市安全监管局组织召开征集安全生产科技需求座谈会。会议围绕本市需用科技手段解决的安全生产难点，如何运用科技手段解决地下管网检测探漏技术、提升防护服综合防护功能和功效性、仓储监管、监控监测技术在地下生产经营场所的应用、露天矿转地下矿开采及填充技术研究等进行讨论。有关专家对安全生产科研方向、如何提高企业安全生产管理水平、促进全市安全生产工作提出建设性意见。

（刘曦）

【应急逃生装备示范应用】 2013年，市安全监管局推动高层商务楼宇应急逃生装备示范应用，并取得明显效果。一是试点范围和企业数量增加，示范创建工作从西城区、石景山区、房山区的几家扩大到东城区、朝阳区数家典型商场、商务楼宇。二是逃生装备配备标准化、规范化水平不断提高，西城区凯晨世贸中心对逃生装备箱的制作、配置、存放不断完善，形成自身特色。三是试点工作具有一定社会影响，通过安全生产宣传咨询活动及媒体跟踪报道，示范工作在社会上产生积极影响，金隅物业环球贸易中心通过媒体报道主动加入示范创建行列。四是一些科技含量高、技术复杂、大型化的逃生装备开始进入示范应用之列，京仪集团所属万达广场9号楼宇投入使用无动力大型屋顶救生舱，在突发事件中，每小时人员疏散能力能够达到250人至300人。

（刘曦）

【行政执法系统推广应用】 2013年，市安全监管局全面推广应用“京安”工程执法系统，推进安全生产信息化装备建设和系统应用工作。海淀、丰台等12个区县安全监管局的执法信息化装备已配备到位，培训区县一线执法人员320余人。

（王永志）

【“京安”工程建设】 2013年，“京安”工程已基本建成。全市17个区县、323个街道乡镇全部实现互联互通和资源共享，对上与国家安全监管总局“金安”工程实现对接，横向与各委办局实现资源共享，构建纵向贯通、横向交互的安全监管网络。4级平台承载的7大类业务功能15个业务逐步建设完善，全市安全监管部门2300余人依托平台开展工作，注册企业17.5万家。初步建立安全监管工作“精细化管理、人性化服务、网格化监管、规范化运转”的运行机制。

（李东侠）

【信息台账建设征询】 2013年，市安全监管局启动全市生产经营单位安全生产信息台账建设征求意见。制定《全市生产经营单位安全生产信息台账管理办法》，明确工作要求、职责分工、维护管理、监督考核等内容。编制企业台账建设工作方案，确定工作目标，提出工作思路和实施步骤。确定台账建设标准，明确信息采集范围，细化企业基础信息、企业安全管理信息、日常安全监管监察信息建设内容。在全市范围内征求意见。

（王永志、李东侠）

标准化建设

【标准化建设培训】 1月9日，北京市安全生产标准化建设专题培训在北京会议中心举行，标志着年度系列培训工作全面展开。市安委会副主任、市安全监管局局长张家明主持培训会，市安委会办公室副主任、市安全监管局副局长陈清进行动员并解读热点问题，顺义区安全监管局介绍顺义区安全生产标准化创建工作情况。市住房城乡建设委、交通委等17个安委会成员单位,各区县安全监管局、市属企业集团及部分企业、市安全生产协会等相关人员270余人参加培训。

（赵昕）

【通过标准化企业复评】 1月10日，奥瑞金包装股份有限公司等54家企业在自评的基础上，通过北京市安全生产标准化复评机构组织的专家评审，成为“北京市安全生产标准化二级企业”。

（赵昕）

【电力二级企业达标评审】 1月17日，市安全监管局会同华北电监局共同组织审核组对北京京能热电股份有限公司和北京京丰燃气发电有限公司安全生产标准化二级达标进行审核。审核组严格按照国家安全监管总局发布的《企业安全生产标准化基本规范》和《发电企业安全生产标准化规范及达标评级标准》等文件要求，对北京京能热电股份有限公司和北京京丰燃气发电有限公司及其第三方北京电机工程学会提交的《电力安全生产标准化评审报告》进行审核，就标准化过程中的风险控制和持续改进等问题进行质询，认为本次评审工作符合有关要求，评审程序及现场评审规范，评审报告客观、公正、真实、完整，符合电力安全生产标准化二级企业达标的规定。审核组对审评过程中发现的问题和不足，提出整改要求。

（张聪）

【电力标准化建设座谈会】 1月24日，市发展改革委召开本市电力安全生产标准化建设工作座谈会，市安全监管局、华北电监局、国网北京市电力公司等部门参加会议。本市现有发电企业14家，电网企业3家，供电企业17家。其中大唐国际高井热电厂、北京京能热电股份有限公司和北京京丰燃气发电有限公司顺利通过电力安全生产标准化二级企业达标评审。会议议定，市发展改革委、安全监管局和华北电监局定期会商，有效指导，推进电力安全生产标准化建设工作。

（张聪）

【行业标准化推进座谈会】 2月21日，市安全监管局与市市政市容委进行座谈，专题研究燃气热力行业安全生产标准化推进工作。市市政市容委应急工作处、燃气管理办公室、供热管理办公室负责人参加会议。会议通报全市安全生产标准化工作进展情况，提出燃气热力领域安全生产标准化工作推进意见。会议决定，按照全市行业安全生产标准化推进工作要求，市市政市容委要制订本部门安全生产标准化工作推进方案，明确工作目标和原则、各阶段的重点任务及分工，有效发挥燃气、热力等相关专业协会力量，全面推进本行业领域安全生产标准化工作。

（张聪）

【工贸行业标准化视频会】 2月27日，国家安全监管总局等七部门联合召开全国工贸行业企业安全生产标准化建设工作视频会。国家安全监管总局副局长孙华山出席会议并讲话，国家煤矿安全监察局副局长彭建勋主持会议。北京市安全监管局设分会场，各区县安全监管局各设分会场。孙华山在讲话中指出，安全生产标准化工作是强化企业安全基础建设的重要抓手和有效方法，对于规范企业安全生产行为、促进企业安全基础建设持续改进、不断提升企业安全管理水平具有重要意义。会上，国家工业和信息化部、人力资源和社会保障部、国资委、工商总局、质检总局负责人就相关工作提出要求，江苏省安全监管局、辽宁省沈阳市安全监管局以及中国建材集团公司作发言。北京市安全监管局、经济信息化委、人力社保局、国资委、工商局、质监局和北京银监局有关负责人在北京市分会场参加会议，各区县安全监管局及相关部门负责人在区县分会场参加会议。

（赵昕）

【标准化建设研讨会】 2月27日，市安全监管局组织相关行业管理部门召开全市人员密集场所标准化建设工作研讨会。市商务委、文化局、体育局、广电局、住房城乡建设委、质监局、市政市容委、公安局消防局等部门及市劳保所有关负责人参加会议。会上，各单位就本行业领域标准化工作开展情况进行介绍，并对下一步工作提出具体工作思路和意见。会议就评审标准制订相关事项进行讨论，特别是对评审标准的制订原则、实施对象、制订依据等问题进行探讨。会议确定：各行业管理部门制订完善标准化工作方案，对《北京市人员密集型经营场所二级标准化评审标准制定工作方案》提出具体意见和建议，由市劳保所汇总各行业意见，制定评审标准，经各部门讨论通过后作为本市人员密集型经营场所评审标准。

（张聪）

【行业标准化工作会议】 3月8日，市安全监管局组织召开行业部门标准化工作专题会，贯彻2月27日全国工贸行业企业安全生产标准化建设工作视频会精神，研究落实《关于全面推进全国工贸行业企业安全生产标准化建设的意见》（安监总管四〔2013〕8号）的具体方案和措施。市经济信息化委、人力社保局、国资委、工商局、质监局和北京银监局相关人员参加会议。

（赵昕）

【总局调研区县标准化】 3月12日至13日，国家安全生产监管总局四司司长欧广带队到本市大兴区、昌平区调研标准化、隐患自查自报和信息化建设等工作。欧广一行了解两区安全生产标准化建设、隐患自查自报等工作开展情况，深入乡镇实地察看有关工作落实情况。欧广要求进一步加强基础工作，立足创新，分类指导，加大政策研究和支持力度，通过标准化和隐患自查自报等工作，不断提升企业安全生产管理水平，推动企业转型升级，进一步落实安全生产主体责任。

（赵昕）

【总局调研企业标准化】 4月11日，国家安全监管总局副局长孙华山到北京市调研安全生产标准化工作和企业基层基础工作，国家安全监管局监管四司副司长马锐、中国安科院、中国安全生产协会有关人员一同参加调研。北京市安全监管局局长张家明、副局长陈清参加调研。调研组到海淀区东陶机器（北京）有限公司车间参观生产流程。调研组与北京市安全监管局、海淀区安全监管局和有关企业进行座谈交流，东陶机器（北京）有限公司和海淀区安全监管局分别就推进标准化工作和加强基层基础工作进行汇报。

（赵昕）

【企业标准化培训会】 4月19日，市安全监管局会同市国资委举办市属工业企业集团安全生产标准化建设培训会。会上，市安全监管局解读安全生产标准化相关政策，明确企业达标评审标准、评审办法和评审程序。培训会通报工业企业安全生产形势和安全生产工作重点，并就国有企业集团安全生产工作和标准化推进工作提出具体要求。首钢、金隅、京城机电等13个企业集团安全生产部门负责人和标准化工作人员参加培训会。

（赵昕）

【三级达标信息系统培训】 4月24日，市安全监管局副局长陈清主持召开全市安全生产标准化三级达标管理信息系统培训会，主要任务是统一认识，借鉴顺义区经验，提升各区县信息化水平。培训对象是各区县安全监管局主管副局长和科室负责人。陈清在讲话中通报全市安全生产标准化推进情况，指出存在问题，提出工作要求。

（赵昕）

【建筑施工标准化创建】 5月18日，市住房城乡建设委按照《住房和城乡建设部办公厅关于开展建筑施工安全生产标准化考评工作的指导意见》要求，制定印发《北京市绿色安全工地创建活动管理办法（试行）》，开展“绿色安全工地”标准化示范项目创建工作。《办法》确定创建活动的范围、工作原则、申报标准和申报条件，明确市、区两级住房城乡建设部门的工作分工，即市住房城乡建设委负责创建活动的组织管理、协调和监督工作，各区县住房城乡建设委负责所辖区域创建活动的申报受理、初评考核和日常监督考核工作。《办法》还明确创建活动的考核标准、评价标准，施工进度和形象部位的要求，申报企业、考核人员、相关专家的考核纪律。对创建“绿色安全工地”的工程，将按照区县住房城乡建设委初评考核和日常监督考核、市住房城乡建设委组织专家或集体考核、社会公示监督考核、工程竣工之后复核四项程序，进行从开工到竣工的全过程考核。《办法》强调创建活动实行动态管理。市住房城乡建设委在每年年初以文件形式公布上一年度认定的“北京市绿色安全工地”（即标准化示范项目），对已取得“北京市绿色安全工地”称号的工程，实行动态管理，在工程竣工之前发现存在《办法》中所列问题，经调查核实属实的，撤销其相应称号，不予颁发荣誉证书。

（张聪）

【区县标准化座谈会】 5月23日，市安全监管局局长张家明主持召开标准化工作座谈会。东城、西城、海淀、昌平、顺义、怀柔区安全监管局负责人参加会议。会上，各区县分别汇报推进企业达标工作进展和推进过程中出现的问题，就发挥行业管理部门的作用、调动企业积极性、采取激励措施等方面进行重点讨论。张家明肯定顺义区安全监管局率先垂范勇于实践，开创顺义区标准化工作模式，为全市提供可学可用的宝贵经验。张家明提出5点要求：一是加大对标准化激励政策的研究，调动企业达标创建的积极性，强力推动企业达基本标；二是保证标准化创建工作数量服从质量的要求，防止走过场、搞形式，确保安全生产标准化建设的质量和水平；三是注重标准化工作机制的建立，明确政府、中介、企业在标准化建设过程中的职责和任务；四是处理好标准化建设工作与隐患自查自报工作的关系，把企业自身排查治理隐患作为标准化工作的核心内容；五是充分利用标准化管理系统推进工作，做好市、区两级标准化管理系统的对接工作。

（赵昕）

【旅游行业标准化部署】 5月24日，市旅游委召开全市旅游行业安全生产月暨平安创建、安全迎汛、贯彻安全标准化部署大会。各区县旅游委有关领导和四星级以上饭店组长单位、旅行社组长单位主管安全工作的负责人参加大会。市安全监管局参加会议并部署相关工作。会上，市旅游委部署2013年安全生产月活动、平安创建活动、安全度汛等工作。主题是夯实安全基础，创建达标单位。

（张聪）

【标准化企业通过复评】 5月24日，北京市木材厂有限责任公司、北京保利星数据光盘有限公司、北京东港安全印刷有限公司、北京东港嘉华安全信息技术有限公司等83家企业通过北京市安全生产标准化复评机构组织的专家评审，成为“北京市安全生产标准化二级企业”。

（赵昕）

【达标管理系统培训】 6月6日，市安全监管局组织召开安全生产标准化三级达标管理系统培训视频会，各区县安全监管局主管领导和具体工作人员参加培训。会议对系统的运行维护、用户管理、前期准备工作等内容作详细说明，部署下一步工作。通过培训，为区县安全监管局利用信息系统做好安全生产标准化三级达标工作提供便利，为全市安全生产标准化工作顺利开展夯实基础。

（陈超）

【商务委评审标准试评调研】 6月26日至27日，市安全监管局会同市商务委组成工作组，就本市人员密集场所标准化二级评审标准制定工作，先后赴全聚德王府井店、华堂商场亚运村店、物美大卖场新街口店进行试评调研。工作组对照评审标准分别从基础管理和现场管理两个层面，对企业的安全生产管理工作进行全面试评，并对调研过程中发现的问题和隐患提出整改要求。

（张聪）

【标准化评审单位培训】 6月28日，市安全监管局会同市安全生产协会对全市机械冶金等行业企业二级安全生产标准化评审单位进行培训，41家标准化评审单位主要负责人和评审员共260余人参加培训。

（赵昕）

【标准化工作研讨会】 7月3日，市安全监管局副局长陈清主持召开专题会议，就进一步推进本市人员密集场所安全生产标准化工作进行研讨。市商务委、旅游委、住房城乡建设委、文化局、广电局、体育局、质监局、公安局消防局等部门有关负责人参加会议。会议通报本市人员密集经营场所二级安全生产标准化企业建设工作方案和二级评审标准制定情况，总结在餐饮、商场、超市企业开展的标准试评调研工作，重点对有关部门的职责分工进行说明。其间，与会单位围绕工作推进方案、评审标准修订、评审费用等问题，发表意见建议，进行充分沟通交流。

（张聪）

【标准化评审机制】 7月22日，2013年度第6期安全生产标准化培训工作顺利完成。来自41家标准化评审单位和10家工业企业集团的500余名评审员参加培训和考试，标志着本市制造业标准化评审工作机制初步建立，为本市标准化建设工作奠定基础。

（赵昕）

【标准化工作督查】 8月7日，市安全监管局到北汽集团所属企业北京汽车制造厂，督查企业二级安全生产标准化达标和隐患整改落实情况。北汽集团安全生产管理部和有关安全生产专家及达标企业的评审机构负责人参与此次检查。主要检查企业集团和二级企业对安全生产大检查的部署落实情况、会议纪要和检查记录。检查发现，集团及二级企业均对大检查工作进行部署，但二级企业的检查记录表缺失，暴露出企业还存在工作落实不到位、细节管理需要加强等问题。企业总装车间、焊接车间、喷涂车间、配电室以及空压机房主要有4类问题：一是个别安全提示标志缺损，无法起到警告提示作用；二是个别安全通道不畅通，安全警示灯损坏；三是防火防爆问题，个别压力容器已过检测期；四是电工绝缘手套严重过期，没有及时进行更换。针对问题，检查组要求企业立即进行整改。

（赵昕）

【有色与稀土研究所标准化督查】 9月5日，市安全监管局到北京有色金属与稀土应用研究所就安全生产大检查和标准化创建工作进行督查。北京隆达控股有限公司、北京有色金属总公司有关人员参加此次督查。督查组听取北京有色与稀土研究所安全生产标准化建设情况汇报，就标准化建设过程中的困难、中介机构评审以及大检查工作的开展形式、落实步骤等与企业进行交流沟通。督查组还对企业安全生产工作进行抽查，经检查，企业开展安全生产标准化建设落实到位，但也存在大检查方案编写工作不扎实、个别扩建厂房安全评估不及时等问题，检查组按照有关规定要求企业立即整改。

（赵昕）

【顺义区标准化工作调研】 9月11日，市安全监管局局长张家明带队到顺义区北京顺鑫农业股份有限公司创新食品分公司调研标准化工作。顺义、大兴、通州、昌平、朝阳、怀柔、平谷、密云、开发等区县安全监管局负责人参加调研。张家明一行参观顺鑫创新食品分公司车间，询问企业标准化创建过程中的做法和问题。在座谈会上，顺义区等9个区县汇报标准化工作开展情况及主要问题和建议。张家明对各区县标准化工作给予肯定，强调标准化推进工作到了关键时刻，指出全市标准化工作仍存在全社会创建氛围不够、有效闭环机制仍未建立、企业达标后续工作不到位、激励政策缺乏等问题。并提出4点要求：一是各区县领导要重视标准化工作，把握工作节奏，切实将标准化工作作为“一把手”工程来抓；二是深入研究标准化工作，理顺工作机制、畅通渠道、确保质量；三是树立企业守法意识和行业协会自律意识，通过标准化工作切实落实企业主体责任，加强企业基层基础工作，充分发挥各行业协会的组织作用；四是开展隐患排查治理，加强隐患自查自报，提高标准化工作信息化水平。

（赵昕）

【标准化建设激励政策座谈会】 10月10日，市安全监管局副局长陈清主持召开标准化建设激励政策座谈会，贯彻落实市委书记郭金龙在9月18日市委常委会上关于“深入推进标准化工作，相关部门要研究制定激励政策，按照首都标准，推动企业落实主体责任”的指示以及国家安全监管总局等部门发出的《关于全面推进全国工贸行业企业安全生产标准化建设的意见》。市财政局、工商局、人力社保局、经济信息化委、国资委、质监局等部门负责人参加座谈会。会议讨论市安全监管局草拟的《北京市关于全面推进企业安全生产标准化建设若干激励政策的意见》，各部门结合职责，联系工作实际，就如何通过激励约束手段，增强企业对安全生产标准化的认识、提高创建自觉性，提出具体建议和措施。各部门达成3点共识：一是将企业安全生产标准化达标工作纳入信用等级评定依据；二是建立部门联动的安全生产标准化量化评分机制；三是在执法检查、评先创优等方面给予激励约束。

（赵昕）

【达标企业代表座谈会】 10月11日，市安全监管局局长张家明出席安全生产标准化评审单位和达标企业代表座谈会并讲话。会上，标准化评审单位及达标企业代表围绕标准化创建过程中的成效、存在问题和意见建议3个方面进行发言。张家明对评审单位及达标企业前期工作给予肯定。对如何推进标准化工作提出3点要求：一是加大对标准化工作的宣传力度，编制标准化宣传手册，解读标准化相关政策，营造标准化工作浓厚氛围，充分发挥典型引路的示范作用，适时组织召开标准化现场观摩交流会，推广达标企业的经验做法，带动企业达标工作整体推进。二是切实解决工作过程中出现的新情况、新问题，结合近期标准化工作调研和座谈，梳理总结基层反映出的问题和矛盾，研究解决方案。三是建立推动标准化工作的长效机制，研究制定标准化工作激励政策，调动企业积极性，建立评审工作的监督机制，规范评审工作，加大检查督查工作力度，畅通标准化工作发现及解决问题渠道，建立标准化工作长效机制。

（赵昕）

【标准化建设推进会】 10月11日，市安全监管局副局长陈清主持召开全市相关行业领域安全生产标准化建设推进会。市商务委、旅游委、文化局、体育局、广电局、住房城乡建设委、质监局、市政市容委、交通委、水务局、经济信息化委、城管执法局、公安局消防局及华北电监局等部门负责人参加会议。会议通报前一阶段人员密集经营场所二级安全生产标准化工作情况，就下一步工作安排进行说明。会议听取各部门标准化工作开展情况和意见建议。会议要求：一是要与安全生产基础工作相结合，通过标准化工作，摸清底数，建立基础台账；二是要与建立责任机制相结合，通过达标创建使企业内部切实建立安全责任制；三是要与消除隐患相结合，通过企业对标检查，消除隐患，使企业自身安全管理得到提高。

（张聪）

【机械冶金行业标准化核查】 11月6日，市安全监管局会同有关专家参加门头沟区石龙开发区安全生产标准化专家工作室启动仪式，对北京隆达东方电器有限公司进行检查核查。检查组采取随机抽查、突击检查的方式，对企业进行标准化现场核查。通过实地察看生产车间，询问班组员工，现场检查评审文件，重点对企业的生产车间、库室库房及安全记录档案等软硬件设施进行检查，对安全生产标准化工作流程中的隐患整改、企业自评及现场评审等关键环节进行核查。对检查中发现的部分电机漏电保护设施缺失、机加工冲压设备安全操作规程以及员工安全防护等方面存在的问题，要求企业立即整改，消除隐患。北京隆达东方电器有限公司正在创建二级标准化企业，投入资金38万余元，自查整改安全隐患154项，修订完善岗位安全规程47条，更新配备安全设备36台（个），企业在安全设施、安全意识、制度建设等方面均有质的提升。

（赵昕）

【娱乐场所试评调研】 11月20日，市安全监管局会同市文化局、市劳保所组成工作组，就本市文化娱乐场所二级安全生产标准化评审标准制定工作，先后赴麦乐迪月坛店、北京音乐厅进行试评调研。工作组听取企业对安全生产标准化工作的意见建议，对照评审标准分别从基础管理和现场管理两个层面，对企业的安全生产管理工作进行全面了解。通过调研，工作组进一步了解掌握本市文化娱乐场所安全管理实际状况，为修订完善评审标准，推进本市人员密集场所二级安全生产标准化企业创建工作奠定基础。

（张聪）

【二级达标企业复核会】 11月22日，市安全监管局组织召开二级达标复核工作座谈会。会上，针对评审单位及评审组织单位在复核标准、评审标准、复核数量、复核重点、系统应用及经费使用等方面存在的主要问题进行座谈，明确达标复核工作要求。会议议定：一是明确复核资料内容和标准。复核资料包括企业评审申请、企业自评报告（包括企业自评扣分汇总表）、复评报告（包括复评对标打分表、复评项目扣分汇总表）、自评和复评不合标项的隐患整改表。材料复核要审查材料是否完备，资料内容是否翔实、准确，隐患整改是否完成。二是规范评审标准。评审单位严格执行国家有标准的按照国家标准、国家无标准的使用北京市二级通用标准，不适用《冶金等基本规范评分细则》。三是规定现场复核数量。评审组织单位对二级申报企业抽查数量应不低于20%，同时加强对新确定的评审单位评审工作的抽查，确保评审质量。四是突出复核重点。在现场复核中，要把自评、复评对标中未发现的重大安全隐患及自评、复评中隐患整改情况作为复核重点。五是实现网上复核。自翌年1月1日起，全面使用二级标准化信息系统，实现网上上报、网上复核。六是严格经费使用。标准化经费专款专用，主要用于专家文审、现场抽查、牌匾制作、组织培训等，其他以标准化名义组织的活动，应遵循企业自愿。

（赵昕）

【企业通过专家复评】 11月23日，北京现代海斯克钢材有限公司、北京安达泰克科技有限公司等25家企业在自评的基础上，通过北京市安全生产标准化评审单位组织的专家评审，成为“北京市安全生产标准化二级企业”。

（赵昕）

【19家单位取得标准化企业称号】 12月9日，北京光成汽车技术有限公司、MPS肉类加工机械（北京）有限公司等19家企业在自评的基础上，通过北京市安全生产标准化评审单位组织的专家评审，成为“北京市安全生产标准化二级企业”。

（赵昕）

【全国标准化建设现场会】 12月20日，国家安全监管总局在江苏省无锡市召开全国安全生产标准化建设现场推进会。国家安全监管总局副局长孙华山出席会议并讲话。会议考察部分企业安全生产标准化创建情况，8家单位作经验交流发言。孙华山在讲话中指出，在各单位的共同努力下，全国安全生产标准化建设取得明显成效，成为加强企业安全生产基础的有力载体、建立隐患排查治理和预警机制的有力推手、实施科学监管重点监管的有力依据，为全国安全生产形势持续稳定好转，实现本地区和企业的科学发展安全发展发挥重要促进作用。市安全监管局副局长陈清带队参加现场会。

（赵昕）

【交通行业标准化建设】 2013年，市交通委成立安全生产标准化工作领导小组以及考评员和考评机构认定委员会，指导全市交通行业安全生产标准化工作。明确安全督查事务中心为全市交通行业安全生产标准化工作的组织单位，制订北京市交通运输企业安全生产标准化“一个方案、四个办法”，即建设工作方案、考评管理办法、考评员管理实施办法、考评机构管理实施办法、抽查考评管理办法，并联合市安全监管局以正式文件的形式下发到各区县安全监管部门和企业。市交通委先后举办5次标准化考评员培训班，首批认定458名考评员。市交通委投入36万余元组织专家力量编写交通运输企业标准化考试题库，开发考试软件，已有19家单位申请交通运输企业标准化二级、三级考评资质。

（张聪）

安全社区

【安全社区创建评估会】 1月5日，大兴区兴丰街道办事处安全社区创建办组织召开安全社区工作评估会，兴丰街道办事处主管领导、职能部门负责人、各个项目组负责人参加会议。会议邀请市安全生产协会、北京城市系统工程研究中心和区安全监管局有关负责人参加。通过听取工作汇报及现场察看安全促进项目实施效果，指出存在问题，对落实整改工作提出要求。

（王素琴）

【安全社区工作例会】 1月25日，市安全社区建设促进委员会办公室召开工作例会，市安全生产宣传教育中心和市安全生产协会主管领导及有关人员参加会议。市安全生产协会汇报2012年安全社区创建工作，提出2013年安全社区创建工作计划和推进方案。

（王素琴）

【指导创建全国安全社区】 2月26日，市安全生产协会到大兴区庞各庄镇指导全国安全社区创建工作。根据庞各庄镇的安全特点和安全需求，将市级安全社区现场评定作为一次全面的效果评估，并落实整改。根据辖区重点问题策划新的促进项目，扩大安全社区宣传，提高安全社区知晓率；完善伤害监测机制，建立运行畅通的伤害监测网络；发挥志愿者的作用，努力创建北京第一个体现农村特点的全国安全社区。

（王素琴）

【安全社区建设调研】 3月6日，中国职业安全健康协会副理事长杨中带队到本市进行调研。座谈会上，市安全生产协会汇报北京市安全社区建设推进情况及存在问题，杨中一行就全国安全社区建设情况进行介绍，对北京市近年来推进安全社区工作给予肯定，并表示全力支持北京市安全社区建设工作。

（王素琴）

【安全社区命名】 3月12日，经市安全生产协会综合审定，并报市安全社区建设促进委员会办公室批准，命名石景山区八角街道、八宝山街道，海淀区万寿路街道、花园路街道和大兴区庞各庄镇为“北京市安全社区”。

（王素琴）

【兴丰街道现场评定】 3月26日至27日，市安全生产协会组织专家评定组，对大兴区兴丰街道进行安全社区现场评定。首次会上，听取兴丰街道办事处安全社区创建工作汇报，与街道创建办、项目组负责人进行交流，分组察看项目实施情况。通过现场访谈，查阅档案资料，全面考察安全促进实施效果，并在末次会议上进行评定意见反馈。

（王素琴）

【安全社区创建交流会】 4月16日，市安全生产协会会同门头沟区安全监管局召开安全社区创建工作交流会，与会单位就安全社区理念及安全社区在国内外的发展与创建方法进行深入交流，并发送《北京市安全社区建设工作指南手册》。

（王素琴）

【安全社区建设培训】 4月25日，市安全生产协会和北京城市系统工程研究中心联合举办全市安全社区建设培训班，邀请中国职业安全健康协会全国安全社区办公室主任欧阳梅和北京城市系统工程研究中心马英楠授课。培训内容为市级安全社区创建标准解读和如何开展社区诊断与策划实施安全促进项目。各区县及北京经济技术开发区安全监管局、乡镇街道安全社区创建负责人125人参加培训。

（王素琴）

【安全社区创建推进会】 5月7日，大兴区安全监管局组织召开安全社区创建工作推进会。会议邀请市安全生产协会有关负责人讲解安全社区理念和建设方法，庞各庄镇和兴丰街道安全社区促进办负责人介绍创建安全社区工作思路和创建方法。安全社区创建单位新媒体产业基地和瀛海镇负责人作表态发言。

（王素琴）

【新媒体产业基地调研】 5月30日，市安全生产协会到大兴区新媒体产业基地调研安全社区创建工作。基地管委会领导及有关部门负责人介绍基地的整体情况和安全生产工作特点、企业进驻情况，调研组实地察看基地环境。根据基地现状，调研组提出创建工作思路，建议重点问题要优先解决，根据辖区实际，有针对性地开展安全社区创建工作。

（王素琴）

【市级安全社区评定】 7月18日，经市安全生产协会综合审定，并经市安全社区建设促进委员会办公室核准，大兴区兴丰街道被评为“北京市安全社区”。

（王素琴）

【全国安全社区复评】 7月23日，中国职业安全健康协会全国安全社区促进中心派出专家评定组，对东直门街道进行全国安全社区复评，9月18日，经过综审委员会的审定，再次被命名为“全国安全社区”。9月、10月，中国职业安全健康协会派出专家评定组，分别对新街口街道和德胜街道5年来安全社区持续推进情况进行现场评定，11月7日，经过综审委员会的审定，两街道再次被命名为“全国安全社区”。

（王素琴）

【安全社区创建交流】 8月15日，市安全生产协会协调昌平区百善镇安全社区创建办到大兴区庞各庄镇进行安全社区创建工作交流，向已获得“北京市安全社区”命名的庞各庄镇学习创建工作经验。庞各庄镇政府有关负责人就如何进行安全社区创建，从广泛宣传和突出特色，结合实际有针对性地实施安全促进等进行介绍，并组织参观安全促进特色项目。双方进行深入交流。

（王素琴）

【青岛安全社区考察】 8月26日，市安全生产协会组织部分区县安全监管局安全社区创建工作负责人到青岛市进行安全社区创建工作交流考察。大兴区、海淀区、昌平区、门头沟区安全监管局有关部门负责人和街道乡镇创建办负责人共21人参加学习考察。考察组实地考察青岛市市南区珠海路街道澳门路社区心理健康咨询中心的心理健康干预项目，香港花园社区的全方位网格化综合社区管理便民服务及儿童安全促进项目，与市南区安全监管局和珠海路街道就安全社区创建工作进行交流。

（王素琴）

【安全社区创建启动会】 9月25日，门头沟区安全监管局与大峪街道办事处举行安全社区创建启动仪式，副区长李昕出席会议并宣布安全社区创建工作正式启动。市安全生产协会负责人参加会议。大峪街道办事处负责人与成员单位代表签订责任书，进行工作动员。会议发放《门头沟区创建安全社区指导手册》。

（王素琴）

【全国安全社区评定】 10月，中国职业安全健康协会派出专家组对白纸坊街道整改情况进行复评，通过专家现场察看和效果验证，11月7日，经过综审委员会的审定，被中国职业安全健康协会命名为“全国安全社区”。

（王素琴）

【推荐先进单位和个人】 10月，市安全监管局根据中国职业安全健康协会《关于推荐全国安全社区建设先进单位和先进工作者的通知》要求，通过综合评定，推荐本市海淀区马连洼街道办事处、大兴区安全监管局为全国安全社区建设先进单位，推荐市安全生产协会王素琴、朝阳区安贞街道董会生、海淀区学院路街道杨国柱、西城区社工委贾冬梅、西城区安全监管局余丙华为全国安全社区建设先进工作者。

（王素琴）

【安全社区创建启动会】 11月6日，门头沟区安全监管局会同石龙开发区管委会举行石龙开发区安全社区创建启动会。市安全监管局、市安全生产协会有关负责人参加启动会。

（王素琴）

【创建安全社区试点】 11月14日，丰台区安全监管局推进市级安全社区创建，在3个街道开展安全社区创建试点工作。市安全生产协会为推进安全社区创建，指导创建试点单位采用科学方法实施安全社区促进工作，发送《北京市安全社区建设工作指南手册》。

（王素琴）

【参加全国安全社区工作会】 11月21日，市安全生产协会和安全社区代表20人参加中国职业安全健康协会在江苏省南京市组织召开的全国安全社区建设工作会议。国家安全监管总局副局长杨元元出席会议并讲话。中国职业安全健康协会理事长张宝明总结2013年全国安全社区建设工作，提出2014年安全社区建设思路和工作目标。会上，新命名全国安全社区98个（北京市西城区白纸坊街道），再命名全国安全社区26个（北京5个）。截至2013年11月，全国安全社区共有458个（北京39个）。大会表彰21个全国安全社区建设先进单位、52名先进工作者（北京市先进单位2个，先进个人5名）。

（王素琴）

【国际安全社区命名仪式】 11月21日，亚洲国际安全社区命名仪式在江苏省南京市举行。6个社区获得“国际安全社区”称号，包括北京市东城区东华门街道、西城区西长安街街道。截至2013年11月，全国已建成国际安全社区68个（北京24个）。新西兰认证中心乔治·费尔贝恩宣读国际“国际安全社区”命名决定，与获得命名的社区签署协议，成为国际安全社区网络成员，并向获得命名的社区授牌、授旗。

（王素琴）

【安全社区证后管理】 12月19日，市安全生产协会为加强证后管理，走访石景山区八角街道。与八角街道安全社区促进办进行工作交流，了解获证后持续改进情况，并察看八角街道正在试运行的综合社区服务网络一体化管理中心。中心覆盖社区所有人、地、物、事、组织为核心的基础信息数据，整合辖区资源，实施安全生产跟踪管理，有效加强对社区全方位的安全管理。

（王素琴）

【安全社区再命名】 根据安全社区评定管理办法，全国安全社区评定组对获得全国安全社区称号满5年的申请单位八里庄街道和安贞街道进行复评，经综合审定委员会审定，再命名为“全国安全社区”。

（王素琴）

【市级安全社区评定】 11月27至28日，市安全生产协会组织专家评定组对昌平区百善镇进行市级安全社区现场评定。评定组听取社区创建工作汇报，与镇政府领导及项目负责人、职能部门进行现场交流。评定组分组分别走访卫生院、派出所、消防站、百善镇学校、幼儿园、敬老院、善缘社区、平房农户家庭、辖区重点企业、六小场所等21个项目点位，与相关负责人深入交流，全面了解安全社区创建过程，查阅创建工作档案，对发现的问题及不足提出整改意见。

（王素琴）

【全国安全社区创建评估】 12月26日，大兴区安全监管局及安全社区促进办负责人对庞各庄镇进行全国安全社区创建工作评估，听取庞各庄镇政府关于创建全国安全社区和安全促进项目的工作进展情况，实地察看建筑施工工地、伤害监测点、重点生产企业和新居民区社会治安及新农村环境改造项目，了解评估方法、伤害数据统计及安全促进工作等，对发现的问题，提出整改意见。通过评估，找出创建工作中存在的问题，为策划新的安全促进项目提供依据。

（王素琴）

【编印《北京安全社区报》】 2013年，市安全生产宣传教育中心和市安全生产协会编辑完成《北京安全社区报》6期，共印发5200份，发送到市、区安全监管部门、安全社区促进办公室、市安全社区建设促进委员会成员单位和市安全生产协会理事单位，交流创建经验，通报创建进度，为创建安全社区起到宣传服务作用。

（王素琴）

【年度安全社区建设】 2013年，市安全监管局指导市安全生产协会开展安全社区建设工作。突出资源整合，以街道为单位，调动辖区内企业、学校、工厂、社区等多方资源，提升社区群防群治组织的整体效能，开展安全应急演练，打造防灾减灾避难场所，组织“五进”（进农村、进社区、进单位、进学校、进家庭）行动等多个伤害预防和安全促进项目。突出教育培训，聘请专家讲解安全社区的由来与发展、程序与标准，组织学员观摩国际安全社区及安全教育基地。突出经验共享，成立专家组，赴门头沟、昌平、大兴等区县开展调研指导，打造试点单位，破解创建难点问题，推动国家级安全社区建设。2013年，本市新增国际安全社区2个（西城区西长安街街道和东城区东华门街道），月坛街道、金融街街道通过国际安全社区复评，获得国际安全社区再命名；新增全国安全社区1个（西城区白纸坊街道），6社区获得北京市安全社区命名。本市已创建国际安全社区24个，全国安全社区39个，市级安全社区46个，在加强基层安全生产工作、降低事故与伤害率、提高居民和从业人员安全意识方面成效显著。

（王宇）

纪检监察

【营造纪检监察氛围】 2013年，驻市安全监管局纪检组监察处除按计划与局内主要处室逐一座谈研讨廉政建设工作，开展党风廉政建设责任制检查外，还特别注意加强向上级机关的主动汇报，争取市纪委监察局、驻国家安全监管总局纪检组监察局的指导和帮助。注意加强与有关部门的联系，学习和借鉴好的经验和做法。结合工作衔接调整的契机，驻局纪检组监察处注意发挥组织和协调作用，着力营造纪检监察工作的良好环境和氛围。

（侯宝琪）

【明确监察重点】 2013年，驻市安全监管局纪检组监察处围绕全局安全监管监察中心工作，落实北京市纪委监察局、驻国家安全监管总局纪检组监察局关于党风廉政建设的总体部署和要求，以改进工作作风、加强监督检查，健全完善规章制度，落实党风廉政建设责任制为重点，各项工作扎实有序推进。驻局纪检组监察处通过回顾历年来纪检监察工作的主要做法和经验，结合新形势、新要求，研究分析本年度工作内容，明确提出年度工作重要内容，形成《2013年党风廉政建设重点工作任务》，经局党组通过后，以党组文件形式印发全局。重点工作任务定位于围绕中心、服务大局，将纪检监察部门的教育、制度、监督、纠风、改革、惩处等全年工作细化分解为21项具体任务，逐一明确工作目标、责任主体和完成时限，做到全局全年党风廉政建设重点突出、任务明确、责任落实。

（侯宝琪）

【党风廉政大会】 3月22日，北京市安全监管监察系统召开2013年党风廉政建设大会。会议主要任务是深入学习贯彻“十八大”、中纪委二次全会和市纪委十一届二次全会精神，总结2012年党风廉政建设和反腐败工作，部署2013年主要任务。市安全监管局机关副处级以上干部和事业单位班子成员，各区县、北京经济技术开发区安全监管局局长，纪检组组长或主管副局长，160余人参会。市安全监管局党组副书记、副局长蔡淑敏主持会议，局党组成员、纪检组组长高翔作工作报告，市纪委常委、监察局副局长杨小兵和市安全监管局局党组书记、局长张家明讲话。

（侯宝琪）

【警示周廉政教育】 8月至9月，反腐倡廉警示教育周活动，市安全监管局主要领导为局机关和局属事业单位全体党员上党课；组织机关党员到市第二中级人民法院旁听机关公务人员职务犯罪现场审判；开展集中学习研讨3次，560人次参加学习；播放廉政教育影像专题片4次，440人次观看；组织党员干部80余人参观北京市反腐倡廉警示教育基地，通过参观集体私分国有资产、贪挪公款、商业受贿、卖官鬻爵、滥用职权等案例，进一步增强反腐倡廉意识。

（侯宝琪）

【日常廉政教育】 2013年，驻市安全监管局纪检组监察处按照工作计划，开展党风廉政建设书画展和党风廉政建设展板教育活动。开展干部选拔录用前和职务晋升廉政谈话和党章、廉政准则测试，重点抓好廉洁从政规定教育。坚持纪检监察重要事项定期通报制度，利用典型案例进行警示教育活动，发挥廉政教育预防功能。

（侯宝琪）

【廉政风险防控管理】 2013年，驻市安全监管局纪检组监察处进一步落实党风廉政建设责任制，组织开展责任制落实情况自查和抽查。坚持和完善具有安监特色的廉政风险防控管理“534”工作格局，围绕加强权力制约和监督，组织各部门、各单位完成廉政风险防控点位补充、完善和调整工作，清理确权事项74项，《职权目录》231项、风险点336个，编制《廉政风险识别及防控表》台账24套，权力运行流程图92份，制定防控措施266项。

（侯宝琪）

【人事工作监督】 2013年，驻市安全监管局纪检组监察处严格执行党内监督条例和各项制度规定，完善用制度管权、管事、管人机制。加强干部人事事项的工作监督，重点对机关公务员招聘、遴选、军转干部安置以及职务晋升、期满转正、选调挂职等人事工作进行全过程监督。

（侯宝琪）

【特约监督员管理】 2013年，驻市安全监管局纪检组监察处完成市安全监管局安全生产特约监督员聘任工作，制定《特约监督员管理办法》，组织协调特约监督员开展工作，发挥特约监督员在安全生产工作中的监督作用。6月28日，市安全监管局召开特约监督员聘任会议，局领导、局机关各处室（总队）和局属事业单位负责人参加会议。市委统战部党派处负责人应邀参加会议。会议由局党组书记、局长张家明主持。会上，市委统战部党派处负责人介绍特约监督员人选产生的有关情况，并就特约监督员工作开展提出要求。局党组成员、驻局纪检组组长高翔对特约监督员管理办法草案以及3项监督工作作说明。局党组成员、副局长陈清向特约监督员简要介绍市安全监管局监管监察工作的基本情况。特约监督员代表作表态发言。张家明分别向10名特约监督员颁发聘书。

（侯宝琪）

【纪检监察制度建设】 2013年，驻市安全监管局纪检组监察处提出加强和完善制度体系的总体计划目录，从全局党风廉政建设和反腐败工作的角度，推进纪检监察工作制度建设。先后完成《党风廉政通报制度》《项目比选办法》《执法车辆管理规定》等制度的起草或修订工作。

（侯宝琪）

【落实八项规定】 2013年，市安全监管局党组贯彻落实中央关于改进工作作风密切联系群众八项规定和市委十五条意见精神，细化贯彻落实市委、市政府办公厅关于改进工作作风密切联系群众有关规定的8个方面18项具体要求。驻局纪检组监察处制定《关于改进工作作风密切联系群众有关规定实施细则的监督检查办法》，建立监督检查机制，落实各级领导责任，狠抓各项措施落实的检查监督。严格公务用车管理，加大行政经费支出和使用的监督管理力度，厉行勤俭节约、制止奢侈浪费。机关纪律作风建设取得明显进展，各种会议同比减少32%，文件数量同比下降24%，接待费减少65.6%，会议费减少52.1%，车辆运行费减少4.5%，出国经费减少24.5%，印刷经费减少3.3%。

（侯宝琪）

【行政执法监察】 2013年，驻市安全监管局纪检组监察处采取明察暗访、会议座谈、现场督导、填写测评表和个别谈话等方式，接触京煤集团所属企业的各个层级代表，对煤矿监察执法工作中执法程序、廉洁自律、行为规范等方面进行跟踪监察。从连续两年的监督检查结果看，煤矿企业对北京煤监局的执法行为廉洁满意度达99%。

（侯宝琪）

【专项效能监察】 2013年，驻市安全监管局纪检组监察处对全局行政审批制度改革进行专项行政效能监察。研究拟定行政审批制度改革工作效能监察的工作意见和《市安全监管局行政审批制度改革工作行政效能监察的实施方案》，组建局效能监察工作领导机构，明确效能监察主要内容、责任主体、工作实施步骤和规定完成时限。配合法制部门开展行政审批制度改革方案推进情况的专项监察，从减少环节，明晰事权，规范许可行为监督管理入手，及时协调处理工作中出现的问题，保证全局行政许可事项统一受理、统一审核、统一印章和统一审批。

（侯宝琪）

【项目经费使用抽查】 2013 年，驻市安全监管局纪检组监察处会同局财务处，对全局大额经费使用预算情况、执行情况、财务支出规范等进行专项检查。通过随机选择的方式，对 8 个部门的 6 项一般性预算项目和 8 个会议开支情况，开展经费使用情况专项抽查，涉及项目资金约 80 多万元。存在问题已经整改。

（侯宝琪）

【案件线索清理】 2013 年，按照市纪委《关于在全市纪检监察系统开展案件线索清理工作的通知》要求，驻市安全监管局纪检组监察处开展 2002 年建局以来信访举报线索清理工作。对所有信访举报件进行全面梳理，对照信访举报件办理的规范要求，对所有信访举报件的办理过程和档案归集情况进行检查。通过集体研究、逐一审核，提出分类意见并报送市纪委案管室。梳理建局以来信访举报件 28 件。其中，属于反映问题不具体、基本不具备可查性，留存类 4 件，其余 24 件均进行了相关调查了解等处理，完成相关情况报告办结。

（侯宝琪）

【信访件投诉办理】 2013 年，驻市安全监管局纪检组监察处收到信访举报和投诉 4 件。严格按照有关规定和要求，及时进行研究分析，按照信访件的办理程序，履行相关手续，制订初核方案，进行核查，其中 3 件完成处理，1 件按方案要求进行初核调查。

（侯宝琪）

【落实领导检查调研】 2013 年，驻市安全监管局纪检组监察处向市纪委主管派驻干部管理工作、联系安全监管部门的主管领导和市纪委书记叶青纯分别汇报市安全监管系统党风廉政建设和反腐败工作情况、队伍建设情况，与市纪委案件、执法、干部等主管部门建立沟通渠道，与有关部门的业务沟通交流明显加强。先后完成市委常委、市纪委书记叶青纯，市纪委副书记、市监察局局长王海平，市纪委常委、市监察局副局长杨小兵，市纪委常委钱华杰等领导调研的组织协调和保障工作。

（侯宝琪）

【制度建设】 2013 年，驻市安全监管局纪检组监察处加强纪检监察工作内部制度建设，把 2013 年定位为“制度建设年”，狠抓制度建设，夯实纪检监察工作制度基础。先后完成《组处工作规则》《学习制度》《效能监察制度》《廉政谈话制度》《纪检监察案件线索集体排查制度》《礼金上交登记管理制度》《信访工作规则》《一案两报告》等制度的起草或修订工作，进一步规范纪检监察工作程序，提高工作效能。

（侯宝琪）

机关建设

【机构设置和人员编制】 11 月 6 日，

市编办《关于调整市安全监管局内设机构设置的通知》（京编办函〔2013〕7号）就市安全监管局内设机构设置进行调整。一是设立职业卫生综合处、职业卫生监督处，撤销职业安全健康监督管理处，核定职业卫生综合处、职业卫生监督处行政编制各4名，其中处级领导职数各1正1副，所需编制使用原职业安全健康监督管理处7名，新增1名；二是将法制处等承担的行政审批职责与职业卫生行政审批职责整合，设立行政审批处，核定行政审批处行政编制4名，其中处级领导职数1正1副，所需编制新增；三是核销研究室（科技处）正处级领导职数1名，核销原职业安全健康监督管理处处级领导职数1正1副。调整后，市安全监管局机关行政编制从87名增至92名，内设机构从12个增至14个，处级领导职数从14正14副增至15正（含机关党委专职副书记1名正）16副。11月21日，市编办《关于同意为市安全监管局增加人员编制的函》（京编办行〔2013〕233号）同意为市安全监管局2012年度接受军队转业干部增加行政编制1名，增加行政执法专项编制2名。调整后，局机关行政编制从92名增至93名，执法监察总队行政专项编制从37名增至39名。

（孙雷、李子扬）

【局级干部任免】 1月9日，中共北京市委《关于高翔同志任职的通知》（京委〔2013〕30号）决定，高翔同志任中共北京市安全生产监督管理局党组成员、中共北京市纪委驻北京市安全生产监督管理局纪律检查组组长。1月29日，市政府《关于刘岩同志免职的通知》（京政任〔2013〕48号）决定，免去刘岩同志的市安全监管局副巡视员职务。3月10日，中国农工民主党第十五届中央专门工作委员会组成人员任职函，常纪文同志为中国农工民主党第十五届中央社会与法制工作委员会副主任。5月6日，市政府《关于谢清顺同志任职的通知》（京政任〔2013〕113）决定，谢清顺同志任市安全监管局副巡视员职务。5月9日，第11次局党组会研究决定，同意推荐钱山同志作为副巡视员职位考察人选。7月1日，市政府《关于钱山、高士虎同志任职的通知》（京政任〔2013〕141号）决定，钱山、高士虎同志任市安全监管局副巡视员职务。9月30日，国家安全监管总局《关于唐明明同志任职的通知》（安监总任〔2013〕51号）决定，唐明明同志任北京煤矿安全监察局副局长。9月30日，国家安全监管总局党组《关于唐明明、高翔同志任职的通知》（安监总党任〔2013〕29号）决定，唐明明同志任北京煤矿安全监察局党组成员；高翔同志任北京煤矿安全监察局党组纪检组组长、党组成员。11月14日，中共北京市委《关于张家明同志免职的通知》（京委〔2013〕522号）决定，免去张家明同志中共北京市安全生产监督管理局党组书记职务。11月19日，市政府《关于张家明同志免职的通知》（京政任〔2013〕234号）决定，免去张家明同志的市安全监管局局长职务。12月4日，中共北京市委《关于张树森同志任职的通知》（京委〔2013〕566号）决定，张树森同志任中共北京市安全生产监督管理局党组书记。12月17日，市政府《关于张树森同志任职的通知》（京政任〔2013〕253号）决定，张树森同志任市安全监管局局长。12月23日，国家安全监管总局党组《关于张树森、张家明同志职务任免的通知》（安监总党任〔2013〕44号）决定，张树森同志任北京煤矿安全监察局党组书记，免去张家明同志北京煤矿安全监察局党组书记职务。12月23日，国家安全监管总局党组《关于张树森、张家明同志职务任免的通知》（安监总任〔2013〕54号）决定，张树森同志任北京煤矿安全监察局局长，免去张家明同志北京煤矿安全监察局局长职务。

（孙雷、李子扬）

【处级干部任免】 1月7日第1次局党组会研究决定，同意毛宇权、孙雷、高云飞结束试用期，按期转正。毛宇权任安全监督管理二处副处长，孙雷任人事教育处副处长，高云飞任事故调查处副处长。1月14日第2次局党组会研究决定，仲俊生任北京市工伤及职业危害预防中心副调研员职务。5月22日第12次局党组会研究决定，杨春雪任法制处调研员，免去其法制处处长职务；吕海光任安全生产协调处调研员，免去其安全生产协调处处长职务。7月9日第17次局党组会研究决定，李刚任法制处处长，试用期一年；靳玉光任安全生产协调处处长，试用期一年；张震国任北京市安全生产信息中心主任，试用期一年；田志斌任执法监察总队副总队长，试用期一年；时会佳任安全监督管理一处副处长，试用期一年；免去吕海光安全生产协调处调研员职务，并办理退休手续。7月22日第19次局党组会研究决定，何虎啸任安全监督管理三处副调研员职务。9月9日第23次局党组会研究决定，徐文寿任执法总队副调研员职务。12月11日第32次局党组会研究决定，同意张鹏结束试用期，按期转正。张鹏任北京市工伤及职业危害预防中心副主任。12月25日第33次局党组会研究决定，免去蔚小芸机关党委调研员职务，并办理退休手续；免去段纪伟北京市安全生产举报投诉中心副主任职务。

（孙雷、李子扬）

【科级以下干部任免】 3月19日第8次局党组会研究决定，同意胡乃涵辞去公职。4月23日第10次局党组会研究决定，刘琨任办公室（财务处）主任科员，静国佳任安全监督管理二处副主任科员，李子扬任人事教育处副主任科员，叶楠、杨梅任执法监察总队副主任科员。6月3日第14次局党组会研究决定，张子晋任安全生产协调处副主任科员，王雷任执法监察总队主任科员，何鹏程任执法监察总队主任科员，孙立双任执法监察总队副主任科员，张皞任执法监察总队副主任科员，钟杰任执法监察总队副主任科员，侯廷卫任执法监察总队副主任科员，马永华任执法监察总队科员，石大亮任执法监察总队科员，陈阳任执法监察总队科员。6月14日第15次局党组会研究决定，刘曦任科技处主任科员。7月9日第17次局党组会研究决定，戴贺霞任法制处主任科员，俞峻勇任法制处副主任科员，免去刘阳法制处主任科员职务。7月15日第18次局党组会研究决定，张德武任科技处主任科员，邵柏任事故调查处主任科员，朱伟任矿山安全监督管理处主任科员，杜金颖任矿山安全监督管理处主任科员。9月9日第23次局党组会研究决定，党喜红任应急工作处（值班室）主任科员，饶守国任安全监督管理一处主任科员。12月25日第33次局党组会研究决定，陈阳、马永华、石大亮任执法监察总队副主任科员。

（孙雷、李子扬）

【干部挂职锻炼】 3月，市安全监管局选派耿双、赵争春参加全市老旧小区综合整治工程项目工作。7月，选派屈玥到海淀区基层街道挂职锻炼两年。7月，选派何虎啸对口支援西藏安全监管系统。

（孙雷、李子扬）

【安置军转干部】 4月，市安全监管局根据市委、市政府关于2012年军队转业干部安置工作要求和计划，对221名报名军队转业干部进行资格审核，其中190人符合审核条件，通过笔试、面谈、考察、体检，确定录用徐文寿1名团职转业干部到局执法监察总队工作，确定录用党喜红到应急工作处（值班室）、饶守国到安全监督管理一处工作。

（孙雷、李子扬）

【干部遴选】 2013年，市安全监管局通过全市公务员公开遴选录用10名干部。其中张子晋到安全生产协调处工作，钟杰、张皞、侯廷卫、王雷、陈阳、石大亮、何鹏程、孙立双、马永华等9人到执法监察总队工作。

（孙雷、李子扬）

【干部轮岗】 2013年，市安全监管局处级干部轮岗1名（贾兴华），科级干部轮岗5名（戴贺霞、俞峻勇、张德武、董伟、钟杰）。

（孙雷、李子扬）

【干部调动】 2013年，市安全监管局机关调出2人（刘阳、胡乃涵），北京市工伤及职业危害预防中心调出3人（杨琳、赵英纯、王瑞芳），北京市安全生产宣传教育中心调出2人（段纪伟、莫妮）。

（孙雷、李子扬）

【党的思想建设】 2013年，市安全监管局机关党委按照北京市委、市直机关工委统一部署和局党组工作要求，围绕安全生产监管监察工作和党员队伍建设，贯彻"十八大"和市委十一届二次全会精神，以"三进两促"活动为载体，以党员队伍建设为重点，开展党的群众路线教育实践活动。通过辅导讲座、专题培训等形式，组织党员干部学习贯彻"十八大"精神，把党员干部的思想和行动统一到党的十八大精神上来，统一到市委、市政府的决策部署上来，统一到局党组的工作要求上来。与此同时，在局域网开设机关党建专栏，宣传安全生产工作取得的新成就，宣传机关党建工作取得的新进展。

（耿双）

【经常性思想教育】 2013年，市安全监管局机关党委采取参观践学、专题辅导、制作宣传板、举办学习交流会等形式，不断丰富学习内容和方法。全年为党员领导干部和党支部配发1000余册学习书籍，举办以学习、宣传、教育为主要内容的报告会6场次，组织全局职工观看专题教育片11次，组织机关党员干部观看展览4次，制作宣传板42期。

（耿双）

【党的群众路线教育实践】 7月，按照中央和北京市委的统一部署和要求，市安全监管局全面开展党的群众路线教育实践活动。市安全监管局党组严格按照"照镜子、正衣冠、洗洗澡、治治病"的总体要求，以为民务实清廉为主要内容，以领导班子和领导干部为重点，以创建“五型机关”和“争做安全发展忠诚卫士，创建为民务实清廉安监机构”主题实践活动为载体，全力抓好“学习教育、听取意见”“查摆问题、开展批评”“整改落实、建章立制”等环节工作的落实。在组织全局党总支（支部）认真完成“规定动作”的同时，做好“自选动作”。通过开展“向党说说心里话”、谈心交心、建立基层联系点，下基层送服务等活动，党的群众路线教育实践活动热潮在全局迅速掀起，呈现出上级带下级、一级抓一级、层层抓落实的工作局面。经统计，教育实践活动中，组织局领导班子学习研讨会14次、全局范围集中学习11次，以各党总支（支部）为单位组织学习120余次，组织广大党员观看影像专题片65次，组织参观活动4次，“一把手”讲党课1次，印发征求意见函119份，收集整理各方意见建议277条，收到党员干部对照检查材料200余份，编辑局内信息78期，上报市委和国家安全监管总局工作简报33期，编制教育实践活动《半月刊》3期。通过边学边查边改，教育实践活动取得实实在在的效果。

（耿双）

【党组织结对共建】 市安全监管局和怀柔区杨宋镇太平庄村党支部开展结对共建活动以来，城乡两级党组织联动，共建成绩显著。根据市安全监管局2013年结对共建实施方案，协助太平庄村修建村路照明工程，为村里部分街道安装LED照明设备，对20户困难党员群众进行走访慰问。通过开展结对共建活动，形成党员干部深入实践、服务基层、服务群众、服务发展的素质养成机制；形成党员干部密切联系群众、求真务实、艰苦奋斗、批评与自我批评的作风建设机制；形成责任明确、领导有力、运转有序、保障到位的创新党建机制。

（耿双）

【“共产党员献爱心”捐款活动】 2013年，按照市委和市直机关工委的统一部署，市安全监管局认真开展“共产党员献爱心”捐款活动。“七一”前夕，全局186名党员25名群众共计捐款1.5万元。

（耿双）

【深入开展“三进两促”活动】 2013年，结合党的群众路线教育实践活动，市安全监管局制定持续深化“三进两促”活动的具体措施，建立健全机关结对、领导联系点、领导干部下基层调研等联系群众制度。

（耿双）

【党务干部培训班】 根据2013年党员教育计划，6月18日至19日，市安全监管局在市安全生产教育培训基地举办2013年度党务干部培训班。局机关党委委员、局机关和局属事业单位各总支（支部）书记、委员和设总支的二级支部书记和局机关党委专职党务干部等45名专兼职党务干部参加培训。

（耿双）

【发展党员】 2013年，市安全监管局注重建立健全党员教育、管理、监督、服务机制，健全落实党务公开、“三会一课”、民主评议党员、党员党性定期分析、党员教育培训等制度，建立党内激励关怀帮扶机制，探索和建立支部建设检查考核办法。推行发展党员纪实制、公示制、票决制。进一步加强对入党积极分子的培养、教育和考察工作，按照

“坚持标准、保证质量、改善结构、慎重发展”的方针，发展8名新党员。

（耿双）

【学习型工会建设】 2013年，市安全监管局以深化学习型工会建设为主题，营造学习氛围，教育广大职工增强大局意识、责任意识和使命感，激励职工爱岗敬业，提高工作效率和质量。采取集中学习、辅导讲座、分组讨论等多种形式，组织广大职工学习贯彻党的十八大和十八届三中全会精神。按照“围绕中心、提高素质、学以致用”的原则，开展读书学习活动，通过读书小组平台，为职工购买或推荐优秀书籍，营造爱读书、善读书、读好书的良好氛围。

（吴振宇）

【文化建设】 2013年，市安全监管局开展富有特色、寓教于乐的文体活动，营造团结和谐氛围，展示安监系统职工良好精神风貌。充分发挥全局12个文体活动兴趣小组的作用，开展文体活动。一是以工间操、快步走为主的群众性健身活动，号召全体职工加入健身活动中，实现局党组提出的“每人参加一个健身项目，每年改善一项健康指标”的要求。二是推进机关文体兴趣小组建设，落实《机关文体兴趣小组管理试行办法》，完善书画、摄影、读书、乒乓球、篮球等12个文体兴趣小组的活动章程，健全活动机制，调整人员，切实做到“组织健全，制度完善，活动经常”。三是组织迎新春文体活动，开展篮球、乒乓球、羽毛球、棋牌等7项比赛活动，活跃机关文化生活，营造和谐机关氛围，增强机关工会的凝聚力和向心力。四是倡导健康生活理念，邀请著名学者崔志光教授作“传统文化中的生命管理”专题讲座。为充分掌握全局职工的健康状况，有针对性地开展健身活动，依据3年来的体检情况起草职工体检情况报告和建议。五是对近年来机关文化建设进行讲评，对表现突出的组织者和参与者给予表彰和奖励，激发广大职工参加文体活动的热情。六是为进一步提高广大职工的团队、协作、健身意识，组织全局职工开展“拥抱春天，亲近自然”登山健身活动。

（吴振宇）

【职工权益】 2013年，市安全监管局机关工会密切联系职工，听取和反映职工意见和诉求，维护职工合法权益，全心全意为职工服务。一是切实维护职工的合法权益。通过各种途径和形式，及时向职工通报局机关重要工作情况，对各项重大决策及重要制度进行审议，提出意见和建议，维护广大职工的参与权、知情权和监督权。二是开展合理化建议活动。为配合机关内部建设，鼓励职工参与机关内部管理，不断强化民主参与意识，开展合理化建议活动，采取问卷、座谈走访、个别谈话等形式，倾听职工意见，收集合理化建议。全年，机关广大职工就机关内部管理、办事效率、改进作风等方面提出合理化建议30余条。三是建立服务职工的长效机制。通过问卷调查、座谈会、个别访谈等形式，深入了解职工意愿和需求，进一步明确机关工会工作方向，确定工作重点，找准工作难点，实现工会工作的计划性、针对性和有效性。

（吴振宇）

【送温暖活动】 2013年，市安全监管局落实市委组织部和市直机关工会工委关于做好送温暖活动要求，以元旦、春节传统节日为契机，以开展送温暖、送文化、送健康活动为切入点，加强和谐机关建设。一是举办“三八国际妇女节”慰问系列活动，召开女职工代表座谈会，组织女职工参加妇女健康知识讲座，观看电影。二是拓宽送温暖渠道，从职工子女入托上学等具体问题入手，协调解决职工在工作、生活和学习中遇到的困难和问题，制定并印发《机关职工特殊困难专项帮扶资金管理办法（试行）》。三是组织开展重大节日前走访慰问活动，坚持“五必访”制度，在元旦、春节前夕走访慰问退休职工、生活困难家庭及困难职工 74 名，“六一”前夕为全局 57 名职工子女发放慰问金，“八一”建军节召开转业军人座谈会。全年，机关工会先后走访慰问职工 105 人次，发放慰问金及慰问品 6 万余元；及时组织全局职工参加在职职工、在职女职工重大疾病和特殊疾病互助保障计划，为全局职工购买发放公园年票、书卡和电影卡 877 张。四是组织完成全局在职职工继续办理重大疾病保险（3 年保期）的工作，使 215 名职工受益，让每个会员享受到工会组织提供的优惠服务。五是按照市直机关工会的统一部署，组织市级劳模吕海光、王保树等参加市直机关工会的疗养活动。六是组织 257 人次的职工疗养，使职工在疗养活动中达到身心愉悦，增强全局的归属感和凝聚力。七是组织全局 243 名职工进行全面体检。

（吴振宇）

【创先争优活动】 2013 年，市安全监管局机关工会引导职工广泛开展创先争优活动，营造人人赶先进、处处是模范的良好氛围。通过局域网、宣传板、信息等平台，大力宣传先进人物事迹，引导广大职工学先进、赶先进、当先进，促进各项工作任务的完成。动员职工积极参与“三进两促”活动，做好先进典型推荐工作，注重挖掘和推选具有时代精神的先进典型。通过宣传先进人物事迹，大力弘扬先进人物精神，积极营造创先争优的良好氛围。

（吴振宇）

【自身建设】 2013 年，市安全监管局机关工会始终把自身建设作为工会工作的一项重要内容，着力在健全工会组织、完善规章制度、提高能力水平上下功夫，促进工会工作逐步走向制度化、规范化。发挥工会委员会集体领导的作用，健全机关工会的服务、参与、协调机制，疏通工作渠道，落实工作责任。对机关工会各项规章制度进行梳理和完善，定期召开工会小组长会议，对工会各项工作进行安排部署。严格管好用好工会经费，贯彻工会财务工作“三服务”方针，坚持“量入为出，略有结余”的原则，严格经费预算支出审批程序，将有限工会经费用于为职工服务和为职工群体办实事上。响应党中央关于改进工作作风、密切联系群众的八项规定，以简朴的方式组织迎春团拜会。

（吴振宇）

▲ 12 月 6 日，市经济信息化委副主任姜贵平（右二）指导检查海淀区软件企业安全生产工作

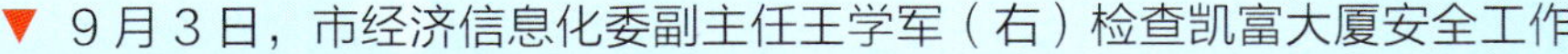

▼ 9 月 3 日，市经济信息化委副主任王学军（右）检查凯富大厦安全工作

▶ 2013年安全生产月活动中市住房城乡建设委组织建设工程质量安全生产现场观摩

▲ 9 月 27 日，市市政市容委委员蒋志辉（左二）到燃气集团检查国庆节安全保障工作

▼ 7 月 30 日，市市政市容委督查组督查西城区特种作业及特种设备作业人员“双打”专项执法行动

地铁军博站暑期志愿服务活动

国际志愿者日志愿服务活动

▲ 市水务局局长金树东（右一）检查门头沟区防汛安全

▼ 市水务局水务安全生产大检查工作情况汇报会

▲ 11 月 4 日，市商务委主任卢彦（左二）检查长安商场安全工作

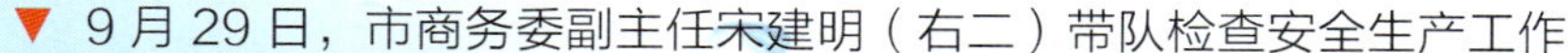
▼ 9 月 29 日，市商务委副主任宋建明（右二）带队检查安全生产工作

全市商务行业安全生产暨"两会"保障工作会议

4月10日，全市商务行业安全生产培训

全市商务行业安全生产大课堂

市旅游委主任周正宇（前右二）带队检查北京洲际酒店安全工作

市旅游委副主任于德斌（前右一）带队检查节日安全工作

市旅游委委员赵广朝（中）带队督查延庆旅游业安全大检查工作

市质监局副局长张巨明检查国际园林博览会现场

北京市宣传贯彻《中华人民共和国特种设备安全法》培训班

市质监局、市市政市容委、市公安局消防局联合开展液化石油气充装站应急救援演练

▶ 北京市高危体育项目行政许可工作会

▲ 市体育局副局长陈杰（中）带队检查水立方戏水乐园安全

◀ 市体育局检查游泳场馆安全工作

▲ 市民防局安全生产月宣传咨询日活动

▼ 市政府督查室检查人防工程综合整治情况

▶ 消防安全检查

◀ 5 月 11 日，防灾减灾日消防安全宣传活动

▶ 11 月 3 日，消防官兵在消防嘉年华暨“119”启动仪式上向市民传授消防安全知识

▲ 消防安全知识专栏

▼ 检查企业消防安全

1月26日，市公安局副局长、市公安局交管局局长张兵（右二）和市公安局交管局副局长刘恕（左一）带队到白庙检查站检查春运安全工作

12月7日，市公安局交管局民警在京承高速路进京收费站检查进京大客车

5月24日，市公安局交管局民警走进校园宣传交通安全

6 月 14 日，"三夏"农机安全生产宣传咨询日活动

8 月 29 日，市农机监理总站组织开展农机安全联检路查

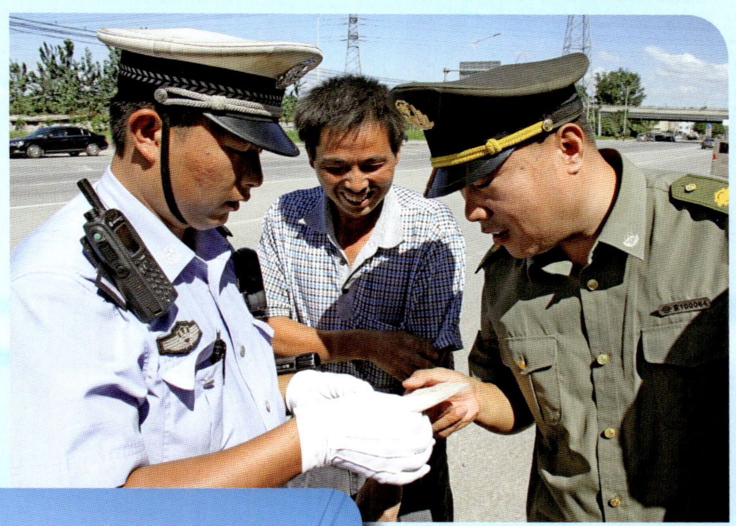

▲ 10 月 23 日，市农机监理总站联合工商、质监部门开展农机维修网点安全生产大检查

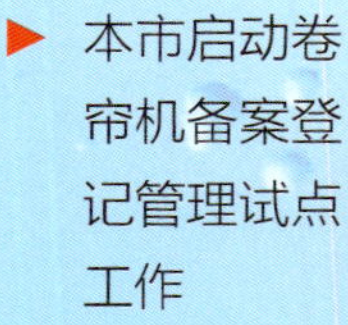

► 本市启动卷帘机备案登记管理试点工作

重点行业领域安全生产工作

北京市经济和信息化委员会

2013年，市经济信息化委贯彻市安委会安全生产各项工作部署和工作要求，认真履行职责，以全面落实安全生产综合考核加强对工业、软件信息服务业企业的安全生产指导，突出抓好民爆物品生产销售和武器装备科研生产领域安全监管，确保了责任领域安全生产形势的总体稳定。

【“一岗双责”】 2013年，市经济信息化委党组出台《关于部门具体工作任务分工的通知》，明确责任领导和牵头处室、责任处室，进一步落实主任全面负责、分管主任统筹协调、业务主管主任直接领导、各相关处室具体推进的责任分工，针对主体责任领域、监管责任领域、指导责任领域安全生产各方面工作，进一步落实工作职责、责任性质、工作任务、责任人和联络员，安全生产工作体系和机制进一步完善。加强重点考核，印发《市经信委落实2013年市政府有关部门安全生产综合考核任务分解方案》，明确组织领导、基础工作、监督管理、事故处理、宣传培训、工作亮点等方面16项具体任务，提出了落实工作要求，由相关处室负责组织落实。

【“五第一”和“九落实”】 2013年，市经济信息化委采用了安全生产“五第一”和“九落实”工作方式。“五第一”是指：对于市安委会及市安办的有关文件和会议精神，“第一时间汇报、第一时间批示、第一时间学习、第一时间部署、第一时间落实”。“九落实”是指：安全生产工作的文件落实、会议落实、调研落实、重要活动落实、准入落实、服务落实、培训落实、重要时点落实、配合落实。全年办理安全生产来文39件，向区县经济信息化委（发改委、经信办）、北京经济技术开发区、市属工业控股公司（集团、总公司）和直属单位等发文和转发文件25件；及时传达市委、市政府以及市安委会有关安全生产工作的指示，对贯彻落实工作进行部署；委领导及相关专业处室深入企业调研，要求企业切实履行主体责任，狠抓隐患排查治理和整改；围绕强化安全基础主题，在军工及民爆领域开展安全生产月活动，邀请专家就安全生产标准化达标考核评级进行专题讲座培训，编制《军工单位常见事故案例分析读本》；在项目核准备案中明确提出“项目单位须按要求做好安全生产相关工作”；支持中介机构围绕重大项目建设“三同时”“企业安全生产标准化”和保障作业场所职业健康安全等工作，为200多家企业和单位进行安全生产标准化技术咨询和评审，为企业建立各种规章制度、表格、记录、台账等200多份，为企业“出诊把脉”提出整改措施8000多条，举办标准化培训班21期，为400多家企业近6000人次进行培训；在重大节假日、重大活动和关键时期，对安全生产工作进行专门部署，要求各单位切实开展安全自查，组织力量开展抽查和安全生产大检查；积极配合市安委会办公室、市安全监管局等有关部门开展工作，推进“一岗双责”和安全生产标准化建设，切实加强安全监管。

【民爆行业安全检查】 6月22日至26日，由各方面专家组成的民爆行业百日安全生产专项整治联合检查组一行6人，对京煤化工公司及4个所属子公司进行了民爆行业“打非治违”安全生产专项整治大检查，针对存在的问题提出立即整改或限期整改要求。

【军工行业安全检查】 6月24日至28日，市经济信息化委组织专家组对中航工业集团公司503厂，航天科工集团公司206所、207所，兵器工业集团公司5424厂，兵器装备集团公司208所，电科集团公司12所6家单位集中进行安全生产大检查。对检查中发现的36项隐患和问题提出整改建议，并要求相关单位按时间节点完成整改。

【安全生产月】 6月，市经济信息化委制定《北京地区军工及民爆行业安全生产月活动方案》，召开军工及民爆单位安全生产月暨标准化培训会，对北京地区军工及民爆单位安全生产月活动进行了再动员、再部署。邀请专家就《北京地区军工单位安全生产标准化达标考核评级管理办法》及《工作指南》进行专题讲座培训。通过《军工报》《安全生产工作交流》和委政务网站及办公内网等媒介进行宣传。组织相关单位观看安全生产警示教育片，编制《军工单位常见事故案例分析读本》。

【大检查】 8月，市经济信息化委按照市安委会《安全生产大检查实施方案》要求，研究制订实施方案，委领导带领相关部门做好民爆领域和军工行业安全生产大检查；做好本委机关和委属事业单位安全大检查；集中开展工业、软件和信息服务业企业安全生产现场指导。

【工业、软件信息服务业安全指导】 12月，市经济信息化委召开安全生产专题会议，研究制订工业、软件和信息服务业企业安全生产现场指导工作方案，利用2天时间，由委领导带队，分8个组，对14个区县和北京经济技术开发区的工业、软件和信息服务企业集中进行现场指导。

【联动工作机制】 2013年，市经济信息化委与各军工集团公司对接沟通，研究落实《国防科技工业安全生产监督管理规定》的推进措施，初步形成北京地区国防科技工业安全生产监管联动机制。依托中介机构，探索民爆安全生产监管方式方法，研究推进民爆行业安全生产监管体系建设，保障安全生产各层级、各环节有效运行。在开展安全生产大检查行动中，实施百日安全生产专项整治，得到军工集团公司和受检单位的肯定。大检查和专项整治行动共检查军工、民爆单位46家，查出问题235项，并实施闭环整改；完成13家军工单位安全生产标准化达标评审；对中航工业集团4家单位进行安全生产标准化审核指导，促进企业安全生产主体责任的落实。

【消防安全检查】 根据市防火委工作部署，市经济信息化委制定印发《关于做好2013年度可燃物清理专项行动工作的通知》，要求各单位立即召开专题会，部署相关工作；制定专项清理工作方案，开展全领域自查自纠；加强检查督查，推动可燃物清理专项行动工作的落实。及时转发市防火办相关文件，在区县经济信息化委、市属工业总公司层面，落实市防火办有关防火安全的相关工作部署。

【科技兴安】 2013年，市经济信息化委制发《2013年北京市两化融合重点工作任务计划》，加强信息化支撑环境建设，健全信息安全保障体系。坚持加强政策引导，注重通过国家科技重大专项、物联网发展专项、中小企业发展专项和电子发展基金、工业发展基金等专项的组织实施，支持企业安全生产技术改造，支持提高安全生产水平的新技术应用，促进提升企业的本质安全水平。

【军工与民爆标准化建设】 2013年，市经济信息化委贯彻工信部《民用爆炸物品企业安全生产标准化管理通则》及《国家国防科技工业局和国家安全生产监督管理总局关于印发军工系统安全生产标准化建设实施方案的通知》等文件要求，有序推进安全生产标准化建设。航天科工集团、兵器工业集团、兵器装备集团、船舶重工集团所属在京单位已完成确认工作。航空工业集团已完成4家在京单位“6S”管理现场审核工作，确保了安全生产标准化工作的有效运行。根据国防科工局关于《军工系统安全生产标准化考核评级办法（试行）》通知的职责分工，省市国防科技工业管理部门负责本行政区域内军工单位安全生产标准化二级、三级单位审核公告，各军工集团公司组织评审。为有序推进工作开展，主动与航天科技集团及评审中心进行沟通协调、有效对接，建立了安全生产标准化考评审核联动机制，完成计划评审工作。根据工业和信息化部《民用爆炸物品企业安全生产标准化管理通则》的要求，制定《北京民用爆炸物品生产企业安全生产标准化管理考评细则》和《北京民用爆炸物品销售企业安全生产标准化管理考评细则》，对北京地区民爆企业进行评审。截至2013年底，现有的民用爆炸物品生产、销售企业全面实现安全生产标准化达标。

北京市住房和城乡建设委员会

2013年，市住房城乡建设委严格履行建筑施工行业安全生产监管职责，有效遏制较大及以上安全生产事故，压减一般事故。全年建设系统共发生生产安全事故16起，死亡16人（其中，轨道交通工程发生生产安全事故2起，死亡2人），事故起数和死亡人数分别比去年同期（17起，23人）下降5.88%和30.43%。安全生产形势总体平稳，事故死亡人数在控制指标之内。

【建设工程管理办法】 《北京市建设工程施工现场管理办法》经2013年4月11日北京市人民政府第6次常务会议审议通过，2013年5月7日北京市人民政府令第247号公布，自2013年7月1日起施行。此《办法》分总则、安全施工、绿色施工、法律责任、附则5章41条，进一步规范施工现场和绿色施工管理工作，规范建筑起重机械租赁市场行为，明确违法行为责任认定。市住房城乡建设委组织对《绿色施工管理规程》及《施工现场安全资料管理规程》进行修订。

【宣传教育】 4月8日，永定塔火灾事故后，市住房城乡建设委对在京从业的“三类人员”进行安全消防知识和相关地方标准的培训，共培训1.5万余人。组织全市建设系统开展安全生产月宣传活动，开展“2013年北京市建筑业职业技能竞赛（电工、电焊工）”。向各建筑工地发放6000张消防安全宣传挂图、2600张烟花爆竹安全管理宣传挂图。

【消防安全管理】 4月，市住房城乡建设委在北京住总集团召开建设工程施工现场消防工作联席会，对全市各集团、总公司进一步提出加强施工现场消防安全管理的工作要求。按照市防火委统一部署，组织建设系统开展“消防安全大排查大整治专项行动”和“火灾隐患攻坚整治‘铁拳’行动”，全面开展消防隐患排查，吸取火灾事故教训。11月、12月，市住房城乡建设委会同市公安局对朝阳区在施工程开展了消防安全联合督查，共抽查工程60项，总建筑面积647.9万平方米。

【建设工程施工现场安全度汛】 5月，市住房城乡建设委印发《关于进一步加强建设工程防汛安全管理的通知》，在施工单位自查、区（县）住房城乡建设委检查的基础上，组织专家采取对10米以上深基坑抽查等方式全面消除防汛安全隐患，要求与既有地铁线路连通的15处轨道交通工程，在其连通处设置混凝土挡水墙，防止雨水倒灌、浸泡既有地铁线路。开展以深基坑坍塌为背景的应急抢险演练，要求建设系统各单位制定防汛预案，建立防汛物资台账值班计划，做到雨前预警、雨中巡查、雨后报信息。成立3支市级建设工程抢险队并拨付抢险备勤费，储备砂石料6023立方米、水泵25台等物资，同时配备了5台大型水泵。本年汛期，未发生防汛安全事故。

【建设系统大检查】 8月至12月，市住房城乡建设委组织建设系统贯彻国务院及市委、市政府关于开展安全生产大检查的有关部署，按照“全覆盖、零容忍、严执法、重实效”的总体要求，共抽查房屋建筑工程、市政工程（包括轨道工程）489项，发现安全隐患946条，下发责令改正通知书89份，立案处罚51起。各区、县住房城乡建设委在安全生产大检查中组织督查组673个，参加检查人员11814人次，监督检查企事业单位和场所8053家，发现隐患19102项，责令整改4007起，责令停产249家，关闭非法违法企业1家，罚款162万元。

【执法检查】 2013年，市、区（县）住房城乡建设委共检查工地40313项次，对施工安全管理不到位、存在安全隐患的工地责令限期整改8325项，责令停工整改933项，依法处罚1816起，罚款1183.2万元。依法对安全生产事故进行调查处理，配合市安全监管局对怀柔塔吊倒塌事故、永定塔火灾事故、东山墅坍塌事故进行调查处理，暂扣安全生产许可证20起，吊销安全生产许可证1起，停止投标资格35起，暂停个人执业资格11人次。

【起重机械及地铁工程安全监管】 2013年，市住房城乡建设委深入开展起重机械专项检查，经实体检测整机合格的建筑起重机械294台，整体合格率为84%；不合格56台，停机整改合格后方可使用。对存在严重安全隐患的机械产权单位实施了立案处罚，责令拆除5台存在严重安全隐患的塔式起重机。在观光塔工程塔吊倾覆事故发生后，立即委托检测单位对事故塔吊进行检测。在确定该公司生产的同批塔吊存在质量问题后，立即函告住房城乡建设部工程质量安全监管司和市质监局，责令该公司的塔吊全部暂停使用。做好起重机械备案管理工作，登记备案的起重机械共计33459台。强化地铁工程安全监管，全年开展安全质量评估338项次，发现4072个不符合项，下发执法建议书119份。

【生产安全事故分析】 2013年，全市发生的建筑施工生产安全事故类型主要是高处坠落事故，共发生高处坠落事故9起，死亡9人，占全部事故死亡人数的56.25%。基础施工阶段发生事故2起，死亡2人，占死亡总人数的12.5%；主体结构阶段发生事故13起，死亡13人，占81.25%；装饰装修阶段发生事故1起，死亡1人，占6.25%；拆除施工阶段没有发生事故。住宅工程发生事故8起，死亡8人，占死亡总人数的50%；公共建筑工程发生事故8起，死亡8人，占死亡总人数的50%（其中，轨道交通建设工程发生事故2起，死亡2人）。大兴区、平谷区、密云县、延庆县连续2年未发生亡人事故；海淀区、门头沟区、顺义区、怀柔区和经济技术开发区事故死亡人数同比下降；东城区、丰台区、石景山区、房山区事故死亡人数与去年同期持平；西城区、朝阳区、通州区、昌平区事故死亡人数同比上升。

北京市市政市容管理委员会

2013年，市市政市容委贯彻落实安全生产、燃气管理、供热管理等法律法规和市政府安全生产工作部署。从强化安全基础，健全管理体系入手，积极推进安全生产标准化建设工作；集中开展安全生产大检查，深入实施动态隐患排查治理机制；严格行政许可，开展特种作业“双打”、餐饮业场所燃气使用、有限空间作业等专项检查和执法行动；加强宣传教育，开展安全应急管理综合培训和应急志愿者专项培训；强化应急体系建设和演练，有效处置城市公共设施突发事件。

【制度体系建设】 2013年，市市政市容委围绕燃气安全治理，制定《北京市瓶装液化石油气供应和使用安全管理办法》，已完成立法项目建议书，申报列入市政府2014年立法工作计划。修订《北京市燃气管理条例》，已申报列入市人大5年立法工作计划。组织开展《北京市燃气供应安全和服务标准研究》《北京市燃气居民用户室内安全装置安装维护和管理要求》课题研究。督促、指导各专业企业建立健全安全生产管理制度，落实企业主体责任，市属企业已经形成完备的安全生产管理制度体系。

【行政许可】 2013年，市市政市容委严格行政许可，按照《北京市安全生产条例》的规定，细化安全生产条件，发布《关于修订办理燃气行政许可事项申请人提交材料目录的通知》，提高前期立项、规划、消防和安全生产等方面的要求，严格控制新建液化气充装站点的审批，建立健全企业信用信息归集和公布管理办法、燃气供应单位安全生产约谈制度。对2012年度综合评价不合格的108家燃气供应企业进行复评。组织对63家液化气充装站的162个样品进行气质检查，查封6家在液化气掺混二甲醚的违法企业。组织对违法违规的燃气供应企业进行燃气服务与安全生产约谈38次。

【餐饮场所燃气使用专项执法检查】 2013年，市市政市容委结合年度安全生产重点执法检查计划，会同市有关部门成立联合执法组，对餐饮经营单位、学校、建筑工地、宾馆饭店、民俗度假村等餐饮场所燃气使用及液化石油气供应企业供应情况进行联合执法检查。抽查东城、西城、朝阳、海淀、丰台、石景山、门头沟、房山、通州、昌平、怀柔、大兴、延庆13个区县的62家餐饮经营单位、4所学校、7个建筑工地、4家星级饭店、3家民俗度假村、9家液化石油气供应企业，发现各类安全隐患350余处，抽样检测气质15份，查扣不合格钢瓶37只，下达限期整改指令书等执法文书39份，约谈违规供气企业27家。各区县市政市容委牵头、配合检查、抽查餐饮经营单位、建筑工地等餐饮场所9718家次，下达执法文书1910份，消除各类安全隐患6300余处，查扣超期未检等不合格钢瓶1600余只，消除违规使用瓶装压缩天然气等重大安全隐患10余起，罚款65万余元。

【有限空间作业安全专项检查】 2013年，市市政市容委制定《2013年有限空间作业专项安全检查工作方案》，组织各区县、各企业集中开展有限空间作业专项安全检查。成立督导小组，对四季青、西道口、黄土岗、酒仙桥粪便消纳站，西城、门头沟、海淀、顺义、平谷、丰台、通州、朝阳环卫中心所属站、点，会城门、玉泉营和中关村南路附近的燃气、热力消隐改造工程作业现场，颐和山庄、亿方小区和通州新华西街55号院等热力老旧管网改造工程现场，科利源北重供热厂，成宏物业公司等30余处有限空间作业单位和现场开展了夜查和督导检查。对于管理不到位、不按规定作业的单位当场纠正，对于监护人员未参加培训取证的，现场帮助作业单位与有限空间特种作业培训机构进行了对接。

【隐患排查治理机制】 2013年，市市政市容委围绕“市区部门协同、动态分类排查、分级逐项挂账、及时整改销账”的动态隐患排查治理机制，将安全生产、反恐、消防、交通、防汛等工作相结合，在重大节日和重要活动前夕，组织开展综合安全检查。开展安全生产大检查，检查生产经营单位23216余家次，发现并消除各类隐患19173余项；开展地下管线隐患排查治理工作，排查治理地下管线隐患1838项、399公里、设备1100余套，同时协调行政许可部门推进市级地下管线自身结构性隐患消除工作的落实；吸取青岛“11·22”中石化东黄输油管道泄漏爆炸特别重大事故教训，确保地下管线安全运行，以市政府名义印发《北京市地下管线安全专项治理工作方案》（京政发〔2013〕39号），在全市开展地下管线安全专项治理工作，并对输油气管道与城市地下管线交叉、相邻或重叠区域，开展安全状况风险评估，逐一制定风险控制方案；在全市公共区域开展检查井盖隐患排查治理专项行动，14 家市级公用服务企业累计安装防坠落安全装置 70 余万套；开展供热设施、设备普查检修和老旧管网改造工程，全年完成供热设备检修改造 10244 处、19622 项，同时完成 303 个小区的老旧供热管网改造。排查、协调解决供热矛盾纠纷 857 件。

【城市公共设施突发事件应急处置】 2013 年，市市政市容系统（城市公共设施事故应急指挥部）处置突发事件 61 起，其中燃气 37 起，供热 9 起、自来水 14 起、排水 1 起。直接组织相关部门及区县政府，现场处置“1·9”朝阳区大望桥下 DN600 自来水管线漏水、“1·12”高井热电厂干线 11 号小室热力管线漏水、“2·22”北清路 DN500 次高压燃气管线泄漏、“4·14”北京饭店热力管线漏水烫伤员工等 8 起社会影响较大的突发事件。充分发挥“应急抢险工程占、掘路施工”配合机制作用，协调路政、交管、城管等部门全力保障各类管线抢修工程，发送配合单 282 份，其中，燃气 36 起、热力 50 起、自来水 85 起、排水 48 起、通信 50 起、电力 8 起、灯杆 5 起。

【应急演练】 2013 年，市市政市容委组织开展市政市容系统第三届有限空间作业大比武活动，各区县市政市容委和市燃气集团、市热力集团、北京环卫集团等单位 40 支作业队伍，200 名一线职工参赛；组织市燃气集团、市热力集团和市自来水集团开展管线事故防汛应急演练，检验应急预案的实用性和可操作性，提高应急队伍在极端天气下处置管网突发事故的组织、指挥和协调能力；参加市维稳办组织的重大群体事件应急处置综合演练，在演练准备期间，完成了分脚本细化、11 次预演和正式演练工作，受到主办方好评，同时也磨合了维稳系统群体性事件应急处置时响应机制和配合处置机制。

【宣传培训】 2013 年，市市政市容委开展安全应急管理综合培训和应急志愿者专项培训，培训 200 余人次；继续推进有限空间作业监护人员培训取证，全年全系统 209 人在委培训中心通过考核取证，其中环卫行业 82 人，供热行业 127 人；举办餐饮场所燃气使用安全专项检查业务知识培训 18 期，全市市政市容系统、城管执法系统、各乡镇、街道以及相关委办局执法人员和安全管理人员共计 2100 余人参加培训；举办燃气安全使用知识培训 25 期，164 个区县属委办局、363 个街道、142 个企业、3800 余人参加培训；“5·12”防灾减灾日、安全生产宣传咨询日，接受群众咨询 1000 余人次，发放燃气安全使用常识宣传品 800 余份；燃气执法检查期间，邀请中央电视台、千龙新闻网、《京华时报》《法制晚报》《劳动午报》等新闻媒体记者随行进行采访报道，加大媒体宣传报道，曝光违法违规经营行为，营造安全使用燃气的社会舆论氛围；在朝阳区蓝岛大厦举办“做文明有礼的北京人燃气安全在我身边走进朝阳”主题宣传活动；与顺义区联合举办“燃气安全系万家，规范使用靠大家”主题宣传活动，摆放展板 20 块，发放宣传材料 2 万余份，接受群众咨询 1000 多人次；向各区县发放致液化石油气用户、天然气用户、燃气热水器用户、餐饮经营单位的一封信16万份。在《北京日报》刊登《致餐饮经营单位的一封信》，会同中央电视台科技频道《科技之光》栏目拍摄播放燃气使用安全宣传片。组织召开燃气安全管理、燃气行业重点工作新闻发布会3次，参加广播电台直播节目1次。

【标准化建设】 2013年，市市政市容委推进安全生产标准化建设工作，印发《北京市供热行业安全生产标准化企业评定标准的通知》，全面开展供热企业安全生产标准化达标创建，计划2015年底前，完成规模以上供热单位二级安全生产标准化企业达标评定工作，规模以下供热单位完成三级安全生产标准化企业达标评定工作。完成《燃气行业安全生产标准化建设》和《环卫行业安全生产标准化建设》课题研究，并制定燃气行业安全生产标准化评定指标体系和实施方案。

北京市交通委员会

2013年，市交通委深化“人文交通、科技交通、绿色交通”建设，面对进一步推进首都交通科学发展、加大力度缓解交通拥堵的严峻形势，按照“讲实际、出实招、见实效”的要求，秉持“越位思考、本位操作”的理念，进一步创新方式，提高效率，基层基础建设稳步推进。按照交通运输行业“平安交通”创建活动有关要求，开展安全生产大检查，深化交通行业隐患排查治理。

【监管规定规范】 2013年，根据《北京市安全生产“一岗双责”暂行规定》及相关法律法规制度文件，按照交通行业“委督查，局（总队）监管，企业承担主体责任”的原则，制定《北京市交通委员会安全生产监督管理“一岗双责”暂行规定》，促进交通系统各单位安全生产监管责任落实。为监督检查市交通委“两局一队”（路政局、运输局、执法总队）等行业监管部门交通安全监管的落实，制定《北京市交通行业安全督查工作规则》。完善督查流程、督查文书管理和督查结果移送等制度，逐步探索出一套符合督查实际的工作落实机制。

【行业管理标准】 2013年，结合本市山区公路建设规模加大、山区隧道工程项目增多的实际，市交通委开展北京地区山区公路隧道施工常见事故类型、安全防范、救援标准等方面研究，出台《北京市山区公路隧道工程施工应急救援技术指南》。继续规范自由裁量权，制定印发市交通执法总队《道路客运处罚裁量标准实施工作方案的通知》，起草《道路货运违法行为处罚裁量标准》，细化并规范处罚标准。

【路政监管】 2013年，围绕交通运输部“农村公路管理养护年”活动，市交通委有针对性地开展了乡村桥梁技术状况评定和道路安全隐患排查；实施危险点段安保工程，有效提高了乡村公路安全通行能力；结合地铁机场线、房山线、亦庄线等线路桥梁支座病害以及5号线、10号线相继出现钢轨异常波磨的情况进行了治理；加强路政执法力度，加大流动治超频率，加大对私占私掘查处力度；建立与地下穿越工程第三方检测单位会商机制，加大地下穿越工程监管力度。完成公路工程平安工地建设工作，探索公路工程联合检查机制。探索铁路监护道口安全管理新思路，变事后治理为事前预控，实现人防、物防向技防和全过程监控转变，实现连续3年全市道口安全无事故。

【运输监管】 2013年，市交通委加强对公交、轨道、“两客一危”等重点行业的安全监管，完成外埠进京省际客车GPS监控系统平台建设。加强对轨道交通运营单位的监管，制定年度安全控制指标和运营服务控制指标，印发《北京市城市轨道交通运营指标百分制考核办法（试行）》。多举措整治省际客运行业运营秩序，重点时段加强联合执法，春运和国庆之前，对站外揽客问题突出的京内外企业集中进行约谈，通过北京站前邮通街配载点、房山区长阳配载站点的运行净化运营秩序。狠抓汽车喷烤漆房设备实施准入管理，强化在用设备安全使用综合评价，组织制作了汽车喷烤漆房设备安全使用培训课件，安排专业技术人员到区县和企业进行面向行管执法人员、企业从业人员的培训。

【交通运输安全大检查】 2013年，根据全市及市交通委安全生产重点执法检查计划，市交通委组织开展了对机动车维修企业、危险品运输企业、物流企业、交通枢纽的重点执法检查，共出动执法检查人员5027人次，检查企业1455户，发现安全问题349个，下达责令限期改正通知书320份，吊销企业1户、注销企业1户。根据国务院提出的“全覆盖、零容忍、严执法、重实效”要求，在运输行业系统组织开展了安全生产大检查，7月至12月，各级运输管理部门共出动检查人员9870人次，检查运输企业4781户次，发现安全问题317个，其中移送市交通委执法总队19件，下发责令限期整改通知书78份，吊销道路运输经营许可证3户、注销1户。

【维护运输市场秩序】 2013年，市交通委执法总队查处各类违法违章3.9万起，查扣“黑车”12566辆，收缴罚没款8000万元；各郊区县交通局共查处违法违章1.6万起，查扣各类“黑车”6013辆，处罚总额2326.6万元。加大出租车投诉受理力度，共处罚投诉案件4680起，同比增长531.6%；严查出租车违章，多次开展出租车运营秩序专项行动，全年查处出租车违章18178起，警告出租车驾驶员7195人，52名驾驶员进“黑名单”；查处长途车违法违章案件1511起，查扣省际客运黑车442辆；查扣“黑旅游车”303辆，查处“非法一日游”案件93起；查扣“化危黑车”380辆，查处违章汽修企业73户，“黑汽修”50户；查处货车违章、渣土遗撒和社会车辆酒驾等问题1800余起。

【重点时期安全保障】 十八届三中全会、春节和汛期等重要时期，市交通委强化交通基础设施安全运行保障工作，出动各类巡查养护及抢险人员3.76万人次，巡查335674公里，出动巡查、养护作业等车辆9221车次；铁路监护道口共出动800人次，检查道口1243次；轨道交通基础设施维修养护单位全线投入安全人员8255人次。完成雨雪天交通基础设施保障任务，逐项落实“积水点一处一预案，下凹式立交桥一座一预案”工作要求，加大重点部位管控力度，增设自动检测监控系统，实现桥下路面积水实时视频监控、抽水水位自动控制、故障平台报警等功能。全年累计备勤人数11.9万余人次、备勤车辆及设备3.2万辆（台）次、出动巡查人员1.1万人次、巡查车辆4000余辆次，投入抢险人员12631人次、投入抢险机械设备4000余辆（台）次。修复水毁路基239.7公里/15168.6立方米，路面125.8公里/134475.8平方米，桥涵10座，挡墙28处/8035.6立方米；处置塌方4267处/19135.1立方米；储备固体融雪剂3105吨，液体融雪剂1470吨，除冰液1200吨等。

【管理体制】 2013年，市交通委组建安全督查事务中心，按照市交通委安全工作的总体发展思路，本着“管行业必须管安全”“管业务必须管安全”的原则，通过“闭环管理”的工作模式，采取日常督查、专项督查、决策督查和联合检查4种督查形式，对“两局一队”基层监管单位和交通运输行业企业两类督查对象有针对性地开展安全督查，并通过督查企业安全生产状况间接反映“两局一队”监管职责的落实，着力提升交通行业安全生产管理水平。

【标准化制度】 2013年，市交通委起草并联合市安全监管局下发《关于印发北京市交通运输企业安全生产标准化建设工作方案和管理实施办法的通知》，明确安全生产标准化建设工作方案、考评管理办法、考评员管理办法、考评机构管理办法和抽查考评管理办法。在交通运输部达标考评指标实施细则的基础上，结合北京交通行业实际，制定包括公交、地铁、省际客运、省际客运场站、机动车维修、出租、道路普货运输、道路货运场站、道路危险货物运输、交通工程建设10个专业的考评指标实施细则。制定《北京市交通运输企业安全生产标准化建设工作实施细则（试行）》与《北京市交通运输企业安全生产标准化现场考评督查实施办法（试行）》，确定考评工作模式，规范和监督考评机构工作程序和方法；出台《北京市交通运输企业安全生产标准化考评费使用管理办法》，加强考评经费管理；制定《北京市交通运输企业安全生产标准化考评工作程序（试行）》，加强考评机构管理，规范达标考评工作程序，提高企业考评工作质量。从企业角度出发，制定《道路危险货物运输企业安全生产标准化考评指标实施细则（适用安全评价达标企业）》，印发《关于开展道路危险货物运输企业安全生产标准化达标考评工作的通知》，简化考评认定程序，减轻企业负担，提高工作效率。

【标准化创建】 2013年，市交通委完成全市277家交通运输企业安全生产标准化二级、三级达标任务，包含本市公交集团所属10家分公司、祥龙公交公司、北京地铁所属4家运营分公司、京港地铁公司、18家出租车企业、14家道路旅客运输企业、198家道路危险货物运输企业、20家机动车维修企业和11家汽车客运站企业。

为了理顺标准化层级布局及相关工作程序，搭建了市交通委统筹管理、安全督查事务中心组织实施、行业监管部门分类推动、考评机构现场考评、行业企业达标创建的6级管理体系。认定了2期919名安全生产标准化考评员（其中道路运输专业324人，城市客运专业312人，交通工程建设专业134人，水路运输专业59人，港口营运专业90人）；按照“资料初审、现场核查、资质答辩”3个步骤，遴选12家考评机构。

北京市水务局

2013年，市水务局在市委、市政府的领导下，以科学发展观和“十八大”精神为指导，围绕北京水务中心工作，以预防和治本为着力点，落实主体责任，强化政府监管，夯实安全基础，狠抓重点工作，加大宣传培训，提高安全意识，全面开展安全生产大检查，大力推进安全生产标准化建设，不断夯实安全生产基础工作。

【安全生产部署】 2013年，市水务局确定安全生产总体目标：围绕水务中心工作，重点加强中小河道治理和水库运行的安全生产监督管理，保障水利工程建设和水务工程运行安全，实现年度安全生产“零事故”。局长金树东和局属单位党政一把手签订了安全责任书，各单位层层落实工作目标和责任，把责任分解落实到岗、到人。定期召开安全生产片会和季度安全形势分析会，把局属单位分为东片、中片和西片3大管理区域，每月由组长单位召开片会，通报片内安全生产情况，传达上级安全生产要求和精神。每季度召开全局安全生产形势分析会，总结上季度安全生产工作，指出存在的问题和不足，分析研判安全生产形势，提前部署安排。通过片会和季度会动态掌握水务系统安全生产形势，及时发现解决问题。

【日常检查制度】 2013年，市水务局完善检查流程，加强内部安全的日常检查，对重点部位，薄弱环节增加检查频次。做到每日小检查，每周重点检查，每月大检查，并详细记录检查台账，定期分析存在的隐患及整治情况，力求寻找各类隐患产生的原因，从源头上治理消除隐患。市水务局备案的市属施工项目15个，对这些备案施工项目加强了施工现场的安全检查，对安全交底、上岗人员的培训、劳动保护措施的落实、特种作业设备的使用及违章指挥、违章作业和违反劳动保护纪律“三违”行为等进行了重点检查，每个施工项目都到现场检查3次以上，共赴施工现场检查50余次。由于加强了对在建项目施工的安全监管，年内备案施工项目实现了安全建设无事故的良好成绩。

【汛期安全生产】 4月，市水务局根据《水利部关于开展汛前水利安全生产检查的通知》精神，制定《北京市水务局汛前安全生产检查方案》，4月至6月，在全市开展汛前水利安全生产检查。要求水利生产经营各单位结合本单位实际制订实施方案，对责任制的建立和落实、安全生产规章制度和强制性标准执行、施工作业现场安全防护、职工培训等情况进行了自查，对排查出的安全隐患，建立了详细的台账，并开展整改工作。汛期，下发《北京市水务局关于加强汛期安全生产监督管理工作的通知》，要求各区县、各单位切实落实主体责任和政府监管责任，督促度汛工程的项目法人、监理、施工单位遵守安全生产法律法规和操作规程，履行各自承担的安全职责，严格按照施工组织设计和度汛方案要求安排施工，加强对高处坠落、坍塌、滑坡、淹溺、触电等安全事故的防范。同时对汛期水库大坝及机电设备的安全监测与分析、水文测验、河道保洁维护等汛期安全生产管理工作提出具体要求。

【有限空间作业专项督查】 5月至6月，市水务局联合市安全监管局在全市开展供排水有限空间作业专项督查行动，共随机抽查施工现场21处，纠正违规违章作业行为26起。

【起重机械、脚手架安全检查与整治】 6月，市水务局开展水利工程建设领域预防施工起重机械脚手架等坍塌事故专项整治工作。6月至11月，对全市水利在建工程项目起重机械、脚手架等进行全面检查和整治。各区县和各项目法人单位对所管辖的在建水利工程项目进行了自查，全市共自查施工工地80余个。9月，组织督查，对潮白河综合治理工程、永引渠二热节制闸改造工程、榆林庄闸改造工程进行检查，共排查隐患11处，均进行整改。

【安全生产月活动】 6月，安全生产月活动期间，以“强化安全基础、推动安全发展”为主题，按照贴近实际、贴近生活、贴近群众，面向基层、面向企业、面向职工原则，在全市水务系统全面开展安全生产月活动，通过开展安全生产事故警示教育周，安全文化周、应急演练周，隐患排查周，宣传咨询日，送安全生产知识到基层、进工地、入班组等活动，提高水务行业全员安全防护、防灾减灾及自救意识。市水务局荣获2013年北京市安全生产月活动优秀组织奖。

【大检查】 6月，市水务局按照水利部和市安委会的部署和要求，召开了全市水务安全生产大检查工作会议，下发《北京市水务安全生产大检查工作方案》，对安全生产大检查进行部署。要求各区县水务局、局属各单位把会议精神和大检查要求传达到每一个职工，每一个岗位。此次安全生产大检查不仅覆盖水利工程建设、水利工程运行、供水排安全、有限空间作业、防汛安全等重点工作领域，还覆盖水文测验、水利工程勘测、水利科研与检验、人员密集场所、危险化学品储存运输使用、工作及生活场所等各个领域，切实做到检查范围全覆盖，无死角。安全生产大检查的方式：一是根据不同类型的安全生产工作的流程和重要节点，分类别制订施工现场检查、有限空间作业检查、人员密集场所检查等工作方案和检查表格，按照工作流程查找隐患。二是邀请有经验一线作业的电工、起重机械驾驶员、土方作业人员及监理安全工程师、现场安全员等专业人员参加检查工作，提高检查的实效性。三是建立检查台账，填写各类检查表单，各检查人在表单上签字，对检查结果负责。并建立隐患动态电子台账，对隐患整改情况进行实时跟踪。

【联合督导检查】 安全生产大检查期间，市水务局联合市安全监管局、市住房城乡建设委等单位开展联合督导检查12次，共检查建设项目、水利工程和企事业单位48个。检查采取随机抽查或不打招呼直奔现场检查等方式，了解掌握水务系统安全生产情况，对查找出的隐患，提出整改建议和意见。此次安全生产大检查，共查处各类隐患286项，其中一般安全隐患282项，重大安全隐患4项。

【标准化建设】 2013年，市水务局市水务局制定《北京市供水行业安全生产标准及评分细则》《北京市排水管网安全生产标准》《北京市污水处理（再生水）厂安全生产标准》《水利工程项目法人安全生产标准化评审标准》《水利施工企业安全生产标准化评审标准》《水利工程管理单位安全生产标准化评审标准》等标准和评分细则。组织全市水务行业安全生产标准化培训，对《国务院关于进一步加强企业安全生产工作的通知》（国发〔2010〕23号）、《国务院安委会办公室关于深入开展企业安全生产标准化建设的指导意见》（安委〔2011〕4号）、《北京市关于进一步推进企业安全生产标准化建设工作的意见》（京政办发〔2013〕10号）及《企业安全生产标准化基本规范》（AQ/T9006-2010）等文件和标准进行学习培训。

【日常培训与宣传】 2013年，市水务局组织开展了安全生产监管人员培训班2期，培训240余人次。举办农村安全供水培训班、有限空间作业监护人培训、水务安全生产标准化建设培训班各1期，培训人员320余人次。通过悬挂横幅、布置安全橱窗、发放宣传材料等传统方式进行专题宣传。通过在报刊、广播、电视、网站、微博等媒体刊登或滚动播放安全生产宣传口号和知识进行广泛宣传。通过脚手架坍塌应急演练、防汛应急演练及专题报道方式进行深度宣传。

【大型活动和会议供排水保障】 2013年，市水务局落实“四个服务”精神，协调市自来水集团、城市排水集团，高效、无差错完成了十八届三中全会、全国“两会”等重大会议、重要活动和重要时期的供排水保障任务。共制订保障方案11份，现场检查会议、活动场所及驻地96处。

北京市商务委员会

2013年，全市商务系统实现了年度安全工作零事故目标。全年全市商务部门出动安全生产执法检查人员24441人次，检查经营单位9318家次，发现并消除安全隐患3842项，行政处罚16起。全市商务部门组织开展了“两个规定”“安全生产月”“安全生产大课堂”等各类安全生产宣传培训活动，组织安全生产检查、安全生产标准化建设、安全生产法规等专题讲座，对全市商务部门安全监管、执法人员和大型连锁企业集团安全负责人进行授课培训。全市商务部门共发放各类宣传材料15万多份，指导企业开展应急演练1500多次，组织培训安全生产管理人员2万多人次。

【安全保障】 元旦、春节、全国“两会”、十八届三中全会、京交会等重要节日和重大活动期间，市商务委启动了市、区商务部门领导带队检查的工作机制，实施台账管理，对重点街区、重点单位和重要活动场所周边商业零售和餐饮经营单位的安全生产工作进行反复检查、督查，及时消除整改安全隐患和问题，确保了重大节日期间商务行业安全稳定。全国“两会”期间对“两会”代表、委员驻地周边200米范围内商业零售和餐饮经营单位进行调查摸底、建立台账；对会议场所、代表委员驻地周边规模以上商业零售和餐饮经营单位安全生产工作进行反复检查，实行动态管理；启动“两会”期间商务行业生产安全事故“零报告”机制，确保全国“两会”期间行业安全生产平稳有序；京交会期间及时启动重大活动期间行业安全生产工作机制，加强应急值守，集中对繁华商业街区和京交会周边的商业零售和餐饮经营单位开展安全生产检查，为第二届京交会的成功举办创造了安全稳定的运行环境。

【协调联动】 2013年，市商务委先后制发了《安全生产工作指导意见》《安全生产隐患排查整治工作方案》《区（县）商务部门安全生产监管工作综合评价方案》等文件，每季度召集各区（县）商务部门召开重点工作推进会，分析季度工作形势，听取区县重点工作进展情况和下一步工作打算，安排部署下季度重点工作；每半年召开一次全市商务行业安全生产工作会，对行业安全生产工作及时进行安排部署和推进。各区（县）商务部门根据统一部署有针对性地进行了部署和落实。各连锁企业集团也结合单位实际和特点落实市商务部门安全生产工作要求。形成上下联动、政企联动的工作格局。

制定《2013年区（县）商务部门安全生产互查互访活动方案》，组织各区（县）商务部门，分组开展相互学习交流活动。各牵头区（县）商务部门在形式和内容上不断创新，通过安全生产互查互访活动，加强了区（县）商务部门间安全生产工作的交流，促进了行业安全监管水平提高。

组织各区（县）商务部门在全市规模以上商业零售和餐饮经营单位开展企业安全生产联组建设活动，先后在西城区复兴商业城和怀柔区京北大世界召开联组工作推进暨现场观摩会。各区（县）商务部门积极会同相关部门指导企业组建联组，通过联组活动，企业安全生产主体责任意识和管理水平得到进一步提高，全行业企业安全生产联组达115个，参加经营单位1391家。

【大检查】 2013年，市商务委按照“全覆盖、零容忍、严执法、重实效”的总体要求，从6月下旬到年底组织开展安全生产大检查。组织召开8次动员会、推进会、汇报会对区（县）商务委和全市大中型连锁集团企业安全生产大检查工作进行部署、推进。从7月开始启动委领导带队检查安全工作机制，市商务委领导轮流带队检查经营单位安全生产大检查工作落实，组织成立19个督导组，采取不发通知、不打招呼、不听汇报、不用陪同和接待，直奔基层、直插现场的形式对428家经营单位进行明察暗访，对永辉、家乐福等大检查工作不落实的连锁企业集团负责人进行了约谈，行业安全生产大检查工作取得预期成效。区（县）商务委多次召开规模以上商业零售、餐饮经营单位安全生产行业大会、未参会企业约谈会、违法违规企业约谈会等，全面部署安全生产大检查工作，确保安全生产大检查工作动员部署到所监管的每一个企业。

【“两个规定”宣传月活动】 4月1日，市、区商务部门组织安全生产主题宣传咨询日活动，现场向广大市民开展安全生产法规、安全生产知识宣传咨询活动。结合系列专题培训和专项安全检查活动，市商务委开展“两个规定”主题宣传月。先后举办以餐饮经营单位烟道和燃气安全管理为内容的行业安全生产培训班；以行业“两个安全生产规定”为主题，通过贴标语、挂横幅、发放安全生产法律法规和安全生产事故图片，讲解安全生产知识、意外情况自救方法等形式，用鲜活的事例提醒广大消费者在购物及消费中增加安全自我保护意识。昌平区商务委采取视频培训和现场讲解的形式，吸引2200多名员工踊跃参加，并进行了安全生产知识考试，及格率100%。

【安全生产大课堂】 6月19日，市商务委举办商务行业安全生产培训，各区（县）商务部门安全生产工作主管领导和科室负责人，市商务执法监察大队、商联会、餐饮行业协会、部分大中型商业零售和餐饮连锁企业集团安全生产负责人及企业安全生产联组组长等150余人参加。邀请了市安全监管局有关负责人围绕全国安全生产形势和国务院、市政府对加强当前安全生产工作的要求，结合商务行业安全生产工作特点，对安全生产法律法规体系和企业安全生产标准化达标创建工作内容进行了全面具体地解析。

【安全生产月】 6月，市商务委根据市安委会的统一部署，组织开展安全生产月活动。在安全生产月活动期间，制定《商务行业2013年安全生产月活动方案》，开展以“强化安全基础，保障商务安全发展”为主题的商务行业安全生产月系列活动。开展了安全生产宣传咨询日；举办了商务行业安全生产检查培训班，各区（县）商务部门安全生产主管领导和科室负责人，市商务执法监察大队负责人、部分大中型商业零售和餐饮企业集团安全生产负责人参加了培训；部署企业隐患排查治理等相关工作。通过系列活动，进一步提高了行业安全生产防范能力，促进了经营单位安全生产主体责任落实，在全行业营造了浓厚的安全生产氛围。

【连锁企业培训指导】 2013年，市商务委根据对连锁企业集中检查的结果，制订培训计划，分别对华联、华堂、小肥羊等大中型商业零售和餐饮连锁企业集团所属59个门店130个店长和安全生产负责人进行安全生产法规培训，强化安全意识，推动企业主体责任的落实。

【科技创安活动】 2013年，市商务委根据首都综治委创安办的统一部署，在部分重点商业零售和餐饮连锁企业集团组织开展技防系统普查活动，对31家连锁企业集团所属企业技防系统设置情况开展摸底调查工作并建立台账，规范重点经营单位技防工作。

【标准化建设】 2013年，市商务委组织召开商业零售和餐饮经营单位二级标准化企业建设工作座谈会，起草《北京市商业零售和餐饮企业二级标准化评审工作方案（征求意见稿）》，确定组织工作流程。各区（县）商务部门也积极推动辖区内商业零售和餐饮经营单位三级标准化创建工作，组织制定评定标准、工作方案，动员部署和开展试点工作，行业安全生产标准化建设工作已取得初步成效，全行业已有279家经营单位申请三级评审，其中190家通过评定达标。二级评审工作也已经完成了前期的准备工作。

北京市旅游发展委员会

2013年，市旅游委坚持“强化属地管理、突出主体责任、深化隐患排查”的原则，市区两级、区县与企业，层层签订安全与应急管理责任书，及时召开安全形势分析会，传达贯彻上级会议精神，部署各项工作任务，在行业内部形成了人人有责任、层层抓安全、全面抓落实的良好氛围。

【制度建设】 2013年，市旅游委依据《中华人民共和国旅游法》相关条款，结合全市旅游行业发展实际，重新修订“三个规范、一个预案和一个规定”，即《北京市等级旅游景区安全管理规范》《北京市旅行社安全管理规范》《北京市星级饭店安全管理规范》《北京市旅游突发事件总体预案》和《北京市旅游突发事件报告制度规定》。编制完成《北京市旅游业安全标准化规范》星级饭店、A级景区部分，旅行社安全生产标准化规范部分将在年底全部启动编制工作。研究制定《市旅游委防汛应急预案》《北京市旅游行业安全标准化达标评审管理办法》和《北京市旅游行业安全标准化工作方案》等。通过管理制度和规范建设，进一步完善本市旅游行业安全与应急管理体系，提高行政管理部门依法行政能力和管理水平。

【重点执法行动】 2013年，市旅游委相继开展全国“两会”安全保障专项执法行动、餐饮场所燃气治理专项执法行动、区域集中执法检查行动、人员密集场所专项执法行动。在执法行动中，联合公安、安全监管、质监、消防、市政市容、市燃气集团等部门，充分发挥联动机制作用，加大执法力度，形成监管合力。通过行动，摸清行业安全底数，建立燃气使用、宾馆饭店监控系统和防汛等基础台账，消除了安全隐患，提高了应急管理能力。

【大检查】 6月至12月，市旅游委按照“全覆盖、零容忍、严执法、重实效”的总要求，在行业内部开展以消除安全隐患为主要内容的安全生产大检查行动。按照市安委会工作要求，代表市安委会对延庆县安全生产大检查工作先后进行了4次督查。每次督查，都能够积极发挥牵头单位作用，加强沟通协调，严格督导检查，及时反馈信息，注重督查效果。

【大型活动安全保障】 2013年，市旅游委结合大型活动工作实际，突出工作重点，实地勘察协调，提前筹划部署，强化督查落实，认真审核方案，圆满完成全国“两会”“京交会”、世界旅游城市联合会峰会、第十四届国际旅游节、“旅博会”“旅商会”等大型活动的安全保障任务。

【安全生产月】 2013年，市旅游委结合历年来安全生产月活动工作经验和旅游行业安全工作实际，及早部署安全生产月活动各项工作，组织开展安全生产大型公开课活动、安全警示教育、安全与保险知识竞赛等活动，增强了安全生产月活动的吸引力、感染力和影响力，活动主题鲜明、效果明显，在全市旅游行业营造出关爱生命、关注安全的良好氛围。荣获全市安全生产月优秀组织奖和“最佳实践活动奖”。

【企业宣传培训】 2013年，市旅游委制订宣传培训计划，明确各类企业安全培训标准。通过安全培训周、安全生产月活动、安全与保险知识竞赛、消防铁拳行动、燃气专项治理、“打非治违”、安全生产大检查等有效载体，采取走出去、请进来、岗前培训、安全大课堂等方式，对宾馆饭店、旅行社、景区等旅游企业从业人员进行培训。在各类安全生产活动宣传中，充分体现旅游特色，以人为本，利用各类媒体、电子屏幕、横幅、应急指挥平台，发布旅游安全警示信息，为保障游客人身和财产安全起到积极作用。

【旅游安全与保险知识竞赛】 5月至7月，市旅游委组织开展全市旅游行业从业人员安全与保险知识竞赛活动。竞赛活动分为预赛、复赛和决赛，涉及北京市星级饭店、A级景区、旅行社及社会旅馆、民俗户、旅游咨询站等旅游各业态的1700名从业人员。竞赛内容以贴近从业人员日常安全生产常识为主，涉及旅游安全、治安保卫、法律法规、消防常识、应急救护、旅游保险等内容。参与竞赛人数多、普及面广、竞赛知识丰富成为此次活动的主要特点。为扩大这次竞赛活动影响力和针对性，市旅游委还邀请了首都文明办、市应急办、公安局、安全监管局、公安局消防局、园林绿化局、公园管理中心、红十字会和江泰保险经济股份有限公司9个单位联合主办此次赛事。通过电视、网络、平面等媒体宣传，此次竞赛活动旅游行业从业人员和市民受众人数达到上百万人次。

【防汛应急管理】 2013年，市旅游委牵头，成立了由市水务局、国土局、文物局、园林绿化局、气象局、公园管理中心等部门组成的市旅游行业防汛专项指挥部。研究制订了市旅游行业防汛工作方案和应急预案，对组织机构、任务职责、预警提示、应急响应、信息发布等，进行了明确和分工。建立了防汛台账。据统计，全市A级景区共有7000余名防汛应急人员，150余辆指挥车辆，2000余个通讯设备，20辆吊车，400台水泵，60余艘冲锋舟，2万余件救生衣，2000余个救生圈，7万个编织袋，3万个吸水麻袋。

【跨区联动假日旅游应急保障】 为做好黄金周、小长假期间假日旅游安全与应急保障工作，在2012年六省（自治区、市）区域联动会商会的基础上，2013年又联系增加了山东、河南两省，由北京市旅游委牵头组织召开了八省（自治区、市）假日旅游区域合作联席会，此次会议进一步加强了河南、河北、山东、山西、辽宁、内蒙古、天津和北京八省（自治区、市）间的假日旅游联动机制。互通联络、信息共享、应急处置、异地旅游投诉等机制进一步健全，旅游市场秩序和旅游突发事件处置得到有效保证。

【旅游产业运行监测调度】 2013年，市旅游委以应急管理需求为目标，创新应急管理手段，扩充宾馆饭店、景区等业态监控基础数据，视频监控、应急调度、视频会议等功能进一步完善。每逢节假日，中央电视台、北京电视台以及互联网和广播电台等媒体都把旅游监测调度大厅作为报道现场，根据大屏幕集中显示的视频信息和监测数据连续发布节假日期间旅游出行、游览安全等提示引导信息，取得了良好的社会效益，受到了国家旅游局和市政府领导的充分肯定。

【景区应急避难场所建设】 2013年，市旅游委按照《实施〈北京市“十二五”时期应急体系发展规划〉重点工作分工方案》的工作安排和要求，通过专题会议部署、与旅游企业座谈研讨、实地调研勘察等不同方式，在A级景区推动建设一定数量的应急避难场所。据统计，共有33个A级景区设立了50余个应急避难场所，避难场所面积为55万平方米，可容纳20余万人防灾避难。

【标准化编制规范和评审办法】 2013年，市旅游委编制完成安全生产标准化部分规范、评审管理办法及实施工作方案，并在6月份安全生产月活动中进行试行。先后完成了4星级以上饭店、4A以上景区总经理、副总经理400多人参加的培训工作，以及评审组织单位、评审单位审查筛选工作。计划于翌年年初开展全市星级饭店、A级景区达标创建先行试点工作。市旅游委是市安委会成员单位中第一个编制完成规范并组织实施的单位。

北京市质量技术监督局

2013年，全市质监系统对特种设备使用单位实施日常监督检查3557家次，对特种设备生产单位实施定期监督检查261家次，对7713台套特种设备实施重点监督检查，完成定期检验特种设备14.7万台套，考核作业人员7.3万人次。受理特种设备类投诉举报共1125起，其中涉及电梯投诉举报1056起，占特种设备投诉举报总量的94%。完成全国“两会”、十八届三中全会、国庆等重要节假日、重大会议、活动特种设备安全保障工作27次。全市发生特种设备事故1起，死亡1人。发生相关事故10起，死亡9人，受伤25人。其中，游乐设施事故1起、气瓶相关事故3起、电梯相关事故4起、起重机械相关事故2起、锅炉相关事故1起，气瓶事故多发生于气体使用环节，电梯事故多发生于安装维修施工环节。与去年同期相比，特种设备事故下降1起，特种设备相关事故下降12起。全年未发生较大及以上特种设备事故，特种设备安全形势平稳。

【特种设备安全法宣传培训】 《中华人民共和国特种设备安全法》由第十二届全国人民代表大会常务委员会第3次会议于2013年6月29日通过，6月29日中华人民共和国主席令第4号公布，2014年1月1日起施行。市质监局组织在《北京日报》面向政府部门进行专版政策解读，并通过首都之窗网站转载面向公众宣传。面向社会有奖征集、免费印制发放《电梯安全提示标志》17.2万张，张贴范围覆盖全市14.1万台乘客电梯和自动扶梯。制作《中华人民共和国特种设备安全法》宣传公益广告，通过北京广播电台交通广播，在收听率最高的《一路畅通》栏目进行连续15天播放和提示。制作10集电梯安全宣传动画，通过地铁、机场、车站、公交等公共场所的固定及移动媒体进行播放。走进电视台、广播电台直播间，邀请检验机构、制造单位等行业专业技术人员，全面解答百姓关注的特种设备安全知识。印制《特种设备安全法》知识海报、折页近4万份，通过行政许可办事窗口、气瓶充装单位、社区宣传栏进行张贴和发放。召开贯彻落实《中华人民共和国特种设备安全法》新闻发布会，通报法律实施的重点内容，获得中央、市属主要媒体的深度报道。通过一系列宣传活动，实现了政府、企业、公众等社会各方周知《中华人民共和国特种设备安全法》的工作目标，为法律实施后发挥政府相关部门协调、群众监督和社会监督作用奠定基础。市质监局、各区县质监局、特种设备行业协会分别组织，面向监察、检验、考试、评审机构、生产单位及3.6万家特种设备使用单位进行宣贯培训，免费发放法律读本4万余册，实现教育培训向执法人员和行政相对主责人的全覆盖。

【气瓶压力管道及涉氨行业安全检查】 2013年，市质监局联合区县政府、相关部门开展液化石油气钢瓶专项检查治理活动，共检查餐饮场所417家，移送至专业检验机构处置钢瓶672只，检查充装单位104家，气瓶检验站7家，处罚气瓶充装站3家，取缔无资质充装站1家，撤销充装站资格1家。吸取吉林、上海、青岛等省市压力管道事故教训，及时跟踪了解、分析原因、吸取教训、防患未然，组织落实国务院安委会安全大检查的工作要求，开展涉氨行业特种设备安全隐患检查。第一时间梳理压力管道安全管理现状，分析面临的难点问题和强化压力管道安全管理措施。

【特种作业"双打"执法行动】 2013年，按照市安委会工作部署，市质监局与市安全监管局联合开展"双打"专项执法行动，严厉打击特种设备作业人员、特种作业人员持假证上岗、无证上岗行为。专项行动共检查特种设备使用单位359家，检查特种设备作业人员1584人，有效打击了非法上岗和无证作业行为，进一步落实了特种设备作业人员在岗培训的工作要求。

【住宅电梯安全】 2013年，市质监局建立老旧居民住宅电梯安全风险评估模型，完善居民住宅电梯安全评估标准、方法，建立居民住宅电梯安全隐患通报机制。老旧居民住宅电梯应急维修使用住宅专项维修资金得到解决。协调市住房城乡建设委印发《关于简化程序方便应急情况下使用住宅专项维修资金有关问题的通知》，明确"电梯故障危及人身安全"等6种危及房屋安全使用的紧急情况下使用住宅专项维修资金的简化程序，确保及时消除电梯安全隐患，初步解决了困扰居民住宅电梯安全工作的多年难题。落实全市住宅电梯维修改造更新使用住宅专项维修资金1.28亿元，较2012年增加81%，占当年住宅专项维修资金使用总额的33%。

【人员密集场所电梯安全】 2013年，市质监局联合商务委等相关部门组织开展北京市商业公共场所、公共交通领域等人员密集场所电梯安全专项执法检查，依法查处违法行为，提高安全管理水平。其间，检查电梯使用单位390家，发现并督促整改安全隐患48处。加强超高层建筑电梯安全管理。对全市超高层楼宇电梯情况进行摸底排查，组织编制《超高层建筑乘客电梯困人专项应急救援预案编制指南》，制作救援演示宣传片，指导、督促责任单位，建立完善针对性电梯应急救援预案，做到全市超高层建筑电梯“一楼宇、一预案”，提高电梯突发事件应急处置能力和处置水平。

【电梯物联网技术研究及应用】 2013年，市质监局组织开展东城区电梯物联网应用示范工程完成项目初步验收。申报国家科技部、财政部“科技惠民计划”项目，获批1410万元项目资金支持。参与国家重点产品质量安全追溯物联网应用示范工程建设，获得特种设备监管物联网试点城市资格，进一步提高了北京电梯物联网技术的影响力。指导区县稳步推进扩大电梯物联网技术试点，取得阶段性进展。

【“大气治理”和“清洁空气行动”】 2013年，市质监局配合环保部门开展燃煤锅炉清洁能源改造工程。全年共完成燃煤锅炉清洁能源改造2407.5蒸吨，可减少燃煤使用约60万吨，减少二氧化硫排放1680吨。牵头完成LNG撬装加气站验收，服务机动车排放污染控制工作。会同市安全监管局、公安局消防局、市政市容委、交通委运输局等部门完成了17个LNG橇装加气站的联合验收工作。已有1261部新能源LNG公交车投入运行，燃油消耗量减少91万升，在落实市政府首要折子工程中发挥质监部门的重要作用。

【锅炉节能源头监管】 2013年，市质监局开展锅炉设计文件节能审查，锅炉定型产品能效测试工作，完成设计文件节能审查239份，确保在北京地区新安装的锅炉能效指标符合要求。开展在用锅炉能效测试，根据测试结果，协助企业提出锅炉节能改进建议和措施，评选出16家市级标杆锅炉房，推进节能减排示范锅炉房建设和锅炉节能技术应用。

【加强特种设备安全管理】 2013年，市质监局依托北京市综合应急救援队伍（即公安消防部队）承担特种设备应急救援任务，解决了特种设备数量多、分布广、救援力量不足等问题，进一步提升特种设备应急救援能力。委托市特种设备行业协会、市工商联电梯商会等社会组织，完成对17个区县、179家特种设备生产单位的监督抽查，重点核查许可后资源条件、质量保证体系运转情况、安装维保质量等情况，为强化证后监管，研究建立企业诚信体系做好准备，为发挥社会中介组织参与特种设备安全管理工作和扩大政府购买服务进行有益探索。

北京市体育局

2013年，市体育局安全生产工作以“科学发展、安全发展”为总要求，以强化落实安全生产主体责任为主线，加大各项法规制度和政策措施落实力度，加强体育运动项目经营单位（以下简称体育经营单位）和局系统单位安全生产管理、安全保障能力建设，依法治理、提升水平，进一步履行好体育行政部门安全生产监管职责和局系统单位安全生产管理职责，有效防范和坚决遏制重特大事故，促进全市安全生产形势持续稳定好转。

【落实责任】 2013年，市体育局重视体育经营单位的安全生产工作，明确局长李颖川为市体育局安全生产第一责任人，各分管领导具体负责各自业务范围内的安全生产工作。建立市体育局“一岗双责”制度，李颖川与各分管局领导签订安全生产责任书，各分管领导分别与各分管部门签订安全生产责任书，层层分解安全生产工作任务。每季度召开局长办公会，听取各分管领导安全生产工作汇报，分析全市体育行业安全生产形势，研究和协调解决安全生产工作存在的有关问题。制定印发《关于2013年体育运动项目经营单位安全生产重点工作任务的通知》，召开全市体育经营单位安全生产工作会，市体育局与区县体育局、开发区签订辖区内体育经营单位安全生产责任书，强化对各区县体育局安全生产监管责任的落实。

【安全风险管理】 2013年，市体育局制定了《北京市体育局重大决策社会稳定风险评估工作实施方案》，明确重大决策的评估原则、范围、内容和程序，提出了体育重大决策风险报备要求。完成了芦城体校、体彩中心、网球中心的安全风险评估工作，对1000人以上的体育赛事全部进行安全风险评估，实现风险识别、风险控制、风险预警、应急处置全过程的安全管控。

【冬季安全检查】 1月21日至2月28日，市体育局制定印发《关于做好滑雪场所安全生产大检查工作的通知》，成立了由主管局长为组长的执法检查领导小组，组织各区县体育局、各滑雪场所开展安全生产大检查工作，通过全面、深入地开展检查活动，进一步落实各滑雪场所的安全生产主体责任，指导和督促冬季体育项目经营单位完善各项应急预案和安全保卫方案，明确安全责任及岗位职责，增强安全意识，有效地防止各类安全事故的发生。

【高危险性体育项目行政许可】 5月1日，国家体育总局颁布《经营高危险性体育项目许可管理办法》，同时，国家体育总局、人力资源和社会保障部、国家工商行政管理总局、国家质量监督检验检疫总局、国家安全监管总局联合发布第16号公告，将游泳、高山滑雪、自由式滑雪、单板滑雪、潜水、攀岩确定为第一批高危险性体育项目。市体育局制定《关于做好经营性高危险性体育项目管理工作的通知》《关于明确经营高危险性体育项目行政许可有关工作的通知》，负责对区县体育局开展高危险性体育项目经营活动行政许可工作进行指导、督促和检查，对全市从事高危险性体育项目经营活动的单位进行安全执法监管。区县体育局依据属地管理的原则对辖区内经营高危险性体育项目活动的单位开展行政许可工作，并进行安全监管。

【安全生产月】 6月，市体育局制定实施《2013年体育运动项目经营单位安全生产月活动方案》，要求各区县体育局和全市体育经营单位高度重视安全生产月工作，强化安全生产主体责任，加强突发事件的应急管理工作，有效预防和减少安全生产事故的发生。各区县体育局分别召开了所属体育经营单位动员大会，制定工作方案，成立了安全生产月领导机构，加强体育项目经营单位安全生产宣传教育工作，营造“科学发展，安全发展”“关爱生命，关注安全”的舆论环境和社会氛围。市体育局组织16

个区县体育局开展安全生产月各项活动。全市参加安全生产月活动人数达15万人次，参加活动的体育经营单位达1468家，张贴宣传海报2万余张，发放各类宣传材料10万余份，参加安全生产宣传咨询日活动达20余万人。在安全生产月活动期间，对经营单位开展执法检查368次，下发整改通知书70余份，消除安全隐患80余项。组织体育经营单位开展应急演练1000余次，开展安全培训教育300场次，在市及区属媒体刊发安全生产月新闻报道40余篇。

【大检查】 7月至12月，市体育局按照“属地负责、行业协同、联合检查、综合治理”的原则，成立了由分管局领导任组长，相关处室负责人、各区县体育局、经济技术开发区社会发展局主管领导组成的安全生产大检查领导小组。制定印发《关于集中开展安全生产大检查的通知》，召开全市体育经营单位集中开展安全生产大检查动员部署会，要求各单位在安全生产大检查中按照“全覆盖、零容忍、严执法、重实效”的总要求，牢牢把握制订检查方案、进行动员部署、排查问题及隐患、制订整改方案、落实整改措施、总结检查成效、建立长效机制等重点工作环节。在全市集中开展体育经营单位大检查活动，主管局领导带队，对东城、朝阳、丰台、海淀、昌平等区县的体育经营单位进行检查。全市共出动执法人员356人次，开展综合执法、专项执法、暗访检查250余次，对全市1230余家体育经营单位进行执法检查，下达整改通知书60余份，查处各类安全生产隐患100余项。其间，检查单位内部所有区域、所有安全生产环节及承办或牵头组织的体育赛事和群众性体育活动。重点检查枪弹库、飞机库、油料库、危险化学品存放处等重点部位，突出了射击运动领枪、取弹、登记、保管等环节，突出高层建筑、地下空间、建筑施工、出租房屋、排烟管路、水电气热等场所，突出体育赛事和群众性体育活动全程、全域的组织，突出所属部门、科室、班组、运动队等各个岗位人员安全责任的落实。

【重要活动和节假日安全检查】 全国“两会”“五一”等重要节日和活动时期，市体育局分别制定印发《关于做好全国“两会”期间体育运动项目经营单位安全生产工作的通知》《关于做好“清明”“五一”小长假期间安全生产工作的通知》《关于做好2013年“中秋”“国庆”假日期间安全生产工作的通知》等文件，强调督促区县体育局加强重要节日和重要活动时期辖区内体育经营单位的安全生产工作，防范和遏制重特大事故的发生，确保节日期间安全生产形势稳定，让全市人民过一个平安、欢乐、祥和的节日。市体育局组成督查组对部分区县体育经营单位的规章制度、教育培训、设施设备、应急预案的准备和演练等进行现场检查，对在检查中发现的问题提出整改意见和建议。

【射击竞技体育运动单位资格审查】 7月至11月，市体育局围绕核对枪弹数量、审查涉枪人员资格等内容，先后对市射击运动技术学校、怀柔区射击学校、房山区射击学校、中国残联、北京市残联、朝阳区第二少儿业余体校、门头沟区体育运动学校的资格及运动枪弹安全管理工作进行检查，要求自下而上开展自查工作，进一步规范运动枪支弹药存放、使用、运输过程中的安全管理。

【游泳场所执法检查】 8月1日至2日，按照《关于进一步加强游泳场所安全管理工作的通知》要求，市体育局副局长、安全生产大检查领导小组组长陈杰带领执法检查组对魔锐水世界、水立方嬉水乐园、水魔方嬉水乐园的场地设施、人员疏散、救生员的配备以及应急预案的准备和演练等进行检查，听取3家嬉水乐园负责人关于开展安全生产大检查工作汇报，对发现的问题提出整改意见和建议，对存在问题较为严重的单位下达了限期整改通知书。检查组强调，随着近来气温的升高，各类游泳场所人流增加，各级体育行政部门要高度重视游泳场所安全生产工作，加强对游泳场所的执法检查力度，在执法检查中要本着对人民群众生命财产负责的态度，落实安全管理责任，切实履行好安全监管监察职责。游泳场所负责人要强化安全主体责任意识，严格落实安全生产责任制，加强对安全生产隐患的排查力度，严格按照法律法规控制好最大人流量，认真做好应急救援预案的准备工作。

【“打非治违”督查】 8月，按照《关于开展体育运动项目经营单位“打非治违”工作的通知》要求，市体育局组成督查组对东城、西城、朝阳和海淀区等区县体育局开展“打非治违”工作情况进行督查。通过督查，提高了区县体育局对体育经营单位安全生产工作重要性的认识，有效地开展各项执法检查工作，确保体育经营单位的安全生产。

【随机暗访检查】 11月29日至12月1日，市体育局副局长陈杰带领检查组，以实地察看、询问等形式，对本市体育经营单位进行随机暗访检查。此次暗访一共检查5个区县的10家体育运动项目经营单位，暗访检查组对体育经营单位的场地设施、器材使用、卫生救护、防火防盗、应急通道以及应急预案的准备和演练等情况进行检查，对发现的问题提出整改意见和建议，并当场通知所在区县体育局要求对其进行行政处罚和督促整改。检查组指出，各级体育行政部门要高度重视体育经营单位的安全生产工作，要强化属地管理责任，加强体育经营单位安全生产主体责任。

【大型体育活动安全管理】 2013年，市体育局积极抓好加强大型体育活动安全管理意见落实，会同公安机关研究制定了全国足球比赛北京赛区安全管理工作实施细则，对从事体育活动安全管理人员进行资质培训，圆满完成了“环京赛、田径赛、北马、CBA联赛、中超以及第九届全民健身节、全国全民健身日、登高健身、假日休闲体育”等390项体育赛事和群众体育活动。

【平安消防铁拳行动】 2013年，市体育局制定《打基础除隐患创平安消防安全大排查大整治专项行动实施方案》《关于吸取火灾事故教训加强火灾防控工作的紧急通知》《关于印发火灾隐患攻坚整治“铁拳”行动实施方案的通知》《关于进一步做好安全生产工作坚决杜绝重特大火灾事故的通知》，在全市体育经营单位中开展“打基础、除隐患、创平安”专项行动。深刻吸取重特大火灾事故教训，按照国务院常务会议和全国安全生产电视电话会议部署及市委、市政府和公安部工作要求，结合全市体育经营单位消防火灾的特点，市体育局成立分管局领导任组长、相关处室负责人任副组长，各区县体育局主管领导为成员的打基础、除隐患、创平安消防安全大排查大整治专项行动领导小组，指导督促各区县体育局和体育经营单位开展专项行动，全力维护首都消防安全形势稳定。市体育局在行业系统主管部门落实消防工作责任制考核中，获得优秀等级。

北京市民防局

2013年，市民防局在市委、市政府的领导和国家人防办的指导下，始终把人防工程安全管理工作放在突出位置，狠抓工作落实，确保了人防工程的安全，实现了“零事故”的工作目标。全市民防系统强化日常管理，根据不同时期的不同特点抓好以防火、防汛、维稳为重点的日常安全管理工作，认真开展了“安全生产年”“安全生产月”和人防工程隐患排查治理等工作，注重制度落实，确保措施到位。以落实专项行动为抓手，打牢管理的基础，着力做好“打非治违”全国“两会”安保、安全生产重点执法检查、全国安全生产大检查等专项行动。组织集中隐患排查4次，参与隐患排查人员3.2万人次，排查工程25612处次，整治隐患2155处。督促检查，促进管理工作落实。市民防局分8个督导组组织专项督导检查8次，牵头组织相关委办局联合督导检查4次。

【地下空间安全管理与综合整治】 2013年，市民防局进一步完善市、区县、街乡镇地下空间三级管理体制，同市公安局、住房城乡建设委、卫生局、工商局、安全监管局联合制定下发《北京市地下空间综合整治工作联合执法实施方案》，开展全市人防工程综合整治执法行动，共同对人防工程的安全隐患进行治理。形成了建设、公安、消防、安全监管、工商、商务、卫生、民防等部门协调联动、联合执法，风险防控、科技创安的综合管理机制。针对地下空间综合整治工作的形势和特点，坚持与维护稳定、与阶段性重点工作、与公益化利用、与联合执法及法律诉讼相结合，平稳推进，在地下空间综合整治工作中，结合实际，多措并举，主动作为，成效显著，完成人防工程挂账整治416处。

市民防局开展综合整治工作以来，检查人防工程3.09万处次，消除安全隐患4万余处，关停1095处；检查普通地下室3.51万处次，停业整顿5处，关停66处。公安部门刑事拘留383人，治安拘留823人，抓获在逃人员37人。消防部门检查地下空间29352处，发现整改火灾隐患42315处，查封462处，“三停”252家，拘留158人。地下空间住人数量得到控制，由2011年34.75万人下降到目前的28.1万人，减少6.65万人，下降23.6%。

【制度规范】 2013年，市民防局依据《北京市人民防空工程使用规划指导性意见》，指导各区县制订完成了本区县人防工程使用规划，严格限定人防工程的使用方向，从源头上控制管理风险。

制定下发《北京市人民防空工程平时使用行政许可办法》，从审批环节控制管理风险。与市住房城乡建设委、安全监管局共同研究修订了《北京市人民防空工程和普通地下室安全管理规范》，明确使用管理标准和要求，提高工程使用的管理门槛，加强了人防工程的规范管理与使用。编印下发《北京市人防工程使用管理培训教材》，加强人防工程安全管理行业培训，促进持证上岗度的完善。

【宣传培训】 2013 年，市民防局加强管理人员培训，组织全市民防系统工程管理科长、管理干部培训班，强化一线管理人员实际工作能力，提高人防工程的管理水平。强化使用人员培训，委托北京民防协会组织人防工程管理单位、使用单位（个人）负责人及从业人员进行安全教育培训，提高人防工程使用管理人员的安全意识和管理水平。加强社会宣传教育，宣传人防专业知识、公共安全知识和地下空间综合整治工作，提高广大市民的安全意识。

【标准化建设】 2013 年，市民防局贯彻落实市政府关于在全市推进安全生产标准化工作的有关指示精神，全面推进全市人防工程安全生产标准化工作，结合民防工作实际，在西城区试点基础上，制订了《北京市人防工程安全管理标准化建设实施方案》，推进人防工程安全管理标准化建设，提高人防工程安全管理的水平。

北京市公安局消防局

2013 年，市公安局消防局紧紧围绕建设最安全城市总目标，深入贯彻落实《中华人民共和国消防法》等法律法规，《国务院关于加强和改进消防工作的意见》《国务院办公厅消防工作考核办法》等文件要求，始终坚持“预防为主、防消结合”方针，不断加强和改进消防工作，持续强化消防安全责任制，大力提升社会化水平，城市火灾防控能力得到进一步提升，消防事业实现新发展。全年，全市发生火灾 4255 起，死亡 53 人，受伤 18 人，直接财产损失 5238.5 万元。上级领导针对消防工作作出批示、指示 106 次，召开专题会议 120 余次，调研 100 余次；中央在京单位、全市行业系统、各级政府和公安机关召开部署会议 2000 余次；全市 1.01 万家消防安全重点单位、7397 栋建筑完成“户籍化”管理档案建立和系统录入；创新建设最小防灭火单元 2.3 万个，将火灾防控触角延伸到最基层，“96119”受理举报 32448 个，对 446 名群众发放奖励经费 36 万元，群众满意率 94.65%；圆满完成 1412 场次重大活动消防安全保卫任务；开展火灾隐患专项治理 30 余次，大规模“零点”夜查 31 次，消除火灾隐患 54.1 万余件，查封 6166 处，“三停”4834 家，拘留 3258 人；举办宣传活动 1.6 万余场次，微博粉丝突破 410 万，发布信息 3800 余条，刊播专题稿件 9000 余篇。

【统筹推进】 2013 年，国务院消防工作考核办法出台后，市政府专门成立落实领导小组，市委书记郭金龙、市长王安顺亲自研究部署，出台北京市消防工作考核办法和任务分解账单，将责任制落实与党政主要领导年度政绩评价和干部晋职任免挂钩，对消防工作推动不力、发生重特大火灾事故的，实施扣分或一票否决。其间，公安部副部长、市委常委、市公安局局长傅政华多次开会强调消防工作。副市长张延昆召开4次全市消防工作联席会议和20余次专题会，与主管副区县长逐一签订责任状，强力推进重点工作。郭金龙、王安顺、吉林、傅政华等市委、市政府领导，孙华山等国家安全监管总局领导，陈伟明、杨建民等部局领导均带队督导北京消防工作。市属相关部门及各区县（地区）党政领导分别带队深入重点区域、重要场所、薄弱环节实地检查消防安全工作，党政领导对消防工作重视程度空前。

【部门共管】 2013年，市公安局消防局高于国家标准修订6项北京市地方标准；推动市、区两级建设、民政、文化、教育、卫生等20余个部门建立定期情况互通制度；通过互联网向社会公布行业系统消防工作动态70条，检查单位明细5771条；会同安全监管、商务、工商、城管等部门，建立商品批发市场消防安全工作定期调度、问题通报、联合执法机制；推动相关职能部门制定《行业系统消防安全标准化管理规定》，修订《商品交易市场安全生产标准化评定标准》，施行《北京市消防技术服务机构和执业人员备案办法（试行）》，印发《关于加强全市消防检测机构管理工作的通知》，汇编《消防电气防火、设施检测定量元素》，整体提升行业、系统消防安全管理水平。

【基层自防】 2013年，市公安局消防局编制《消防安全重点单位标准化管理指导手册》，在133家市级消防安全重点单位先行推广消防安全组织制度规范化、标准管理统一化、设施器材标志化、重点部位警示化、培训演练经常化、检查巡查常态化“六位一体”标准化管理模式；建立“三公布”制度，全市18万余家社会单位通过互联网实名制公布自查自纠情况。制定《公布消防安全不良行为信息工作规定》，在互联网专栏公布消防不良行为信息2400条；167家重点单位安装运行物联网消防安全远程监控系统，实现远程动态监管；广泛开展调研，深挖驻街制、网格化管理经验做法，大力推广西城、海淀、大兴最小防灭火单元创建经验，创新管理模式，规范调整“网格”管理实体，全面推行最小防火单元和最小灭火单元“双元”建设，出台《北京市消防安全网格化管理工作规范（试行）》，推行标准化、规范化、程序化管理，系统整合消防监督员驻街制，“五到位”工作法，街、乡消防工作站等创新机制，发挥网格化管理最大效能。

【预警研判】 2013年，市公安局消防局建立市、区县、街乡镇三级全数据火灾预警分析体系，研判评估34个火灾高风险区和63个中风险区，推动16个区县支队对116个治安重点地区开展消防安全专项评估；建立日分析、周总结、月研判、季通报制度，累计收集重点火灾隐患情报信息102564条，形成分析研判报告1218份。创新推行火灾隐患情报信息员工作机制，设立重点情报信息员139人，一般情报信息员2542人，建立基层火灾隐患搜集平台和隐患抄告制度，将一线隐患情报信息与消防监督员核查工作机制紧密结合、一体运作，实现了情报与执法无缝衔接。

【专项整治】 2013年，市公安局消防局制定发布商市场、高层建筑、易燃易爆场所等10类重点单位排查整治标准；出台彩钢板建筑“三个严查”管控措施，易燃易爆化危场所“十项治理重点”，商市场“五个严禁”“十项工作措施”和专项整治“八项重点”；制定“八个一律”刚性执法措施、战时纪律“五条要求”，落实重大和“抢工期”项目实名制监管，明确要求对指使、强令他人冒险作业和违规用火、用电、用气两类违法行为一律实行行政拘留，设定打击整治高压线。不间断开展“除火患、保平安”“打基础、除隐患、创平安”“大排查大整治”，夏秋火灾防控攻坚决战，“铁拳”行动等系列围剿行动以及城乡结合部、“合用场所”、出租房、消防产品等专项治理行动，严格落实“两排一清”，按照“一阶段、一地区、一重点”原则，对31类重点场所、区域和薄弱环节集中整治，建立连锁企业负责人、基层政府主管领导约谈机制。全年，对176件重大火灾隐患实施市区两级挂牌督办，配合市规划委、住房城乡建设委清理拆除违法建设19453处，近1088.6万平方米，累计约谈56名主要负责人，全力清剿毒瘤顽疾，对全社会形成持续强力震慑。

【重点防控】 2013年，市公安局消防局结合首都特点，以致灾因素多、人员相对密集、一旦发生火灾极易造成群死群伤和较大社会影响的场所为重点，出台《北京市火灾高危单位消防安全管理规定》，明确火灾高危单位界定范围、管理职责和监管措施，高于国家现行标准实施超常管理。同时，向社会公告发布《北京市火灾高危单位界定标准》和《北京市火灾高危单位火灾风险评估导则（试行）》，部署全面开展火灾高危单位界定和消防安全评估工作，已确定火灾高危单位1210家。

【宣传引导】 2013年，市公安局消防局开设北京电视台消防直播、《橙色警戒线》等电视品牌节目；开通“北京消防”“三微一信”，荣获2013年度“全国十大政法机构微博奖”和“全国十大公安微博奖”，并在巴黎“城市消防安全的挑战与创新”论坛作典型经验介绍。持续开展“认识火灾，学会逃生”119宣传周、“开学第一课”“百队百车进人员密集场所”“生命通道体验”“新青年城市体验营”等一系列互动性、参与性强的宣传活动；与北京公交集团建立消防公益宣传长效机制；在地铁站台设立600块消防公益宣传广告牌和LED显示屏。联合市旅游委、农委启动星级宾馆和农村地区消防应急疏散演练和培训活动；在东城建成全市首家市民消防培训学校；启动运行全国首个群防群治公益消防协理志愿协会。联合市委宣传部、主流媒体建立消防宣传和舆情处置联动机制，成功应对了永定塔、“10·11”“11·19”等火灾事故舆情。

【教育培训】 2013年，市公安局消防局全面推进教育培训工作。市公安局、教委、人力社保局联合下发《社会消防安全教育培训大纲（试行）》，将消防安全知识课件纳入全市干部在线学习内容，按学分进行培训。将消防安全纳入科普教育，消防宣传车在科技周活动中巡回展览。制定《北京市社会消防安全教育培训实施办法》，明确工作职责，全面推进各行业、各领域消防教育培训工作，先后组织星级饭店、各类学校、社会单位开展演练4000余场、培训1500余场。按标准建成消防行业特有工种职业技能鉴定站，开展初、中级建（构）筑物消防员职业技能鉴定，累计鉴定80000余人次。

北京市公安局公安交通管理局

2013年，市公安局交管局充分发挥全市各级交通安全组织作用，顺应首都经济社会和交通形势发展需要，明确“事故少、秩序好、道路畅通、群众满意”奋斗目标，广泛开展一系列主题安全宣教活动，及时排查治理道路安全隐患，强化源头监管和路面执法，确保全国“两会”、党的十八届三中全会期间安全稳定。全年发生交通死亡事故791起、死亡860人，同比减少54起、58人。

【预防道路交通事故】 2013年，全市各级领导重视事故预防工作，公安部副部长、市委常委、市公安局局长傅政华，副市长张延昆等领导多次亲临一线检查指导，为事故预防工作开展作出重要指示。市交管局加强道路交通安全管理，坚持周分析、月部署，科学研判事故规律，抓准事故“三高”特点，7次召开全市交通安全大会，对不同时期交通安全工作深入动员部署。主管局领导先后15次组织召开全局预防事故例会、专题会，推进各项事故预防工作开展。局属各职能部门发挥职能作用，根据公安部关于开展道路交通安全大检查、集中排查治理各类交通安全隐患等工作部署，积极组织开展安全监管、隐患排查等专项行动。各区县、各部门、各交通支队、大队细化方案、加强配合，进一步推动预防事故工作深入开展，确保了交通事故的连续减少。

【改善路面交通环境】 2013年，市公安局交管局依托三大秩序整治、夏秋治安秩序整治以及“一号、二号”专项行动，按照“9+1”“3+4”模式，整合交管、治安、城管等执法力量，持续不断整治摩的、残三、乱停车、违法摆摊设点等扰序类违法，集中治理路面秩序乱点。组织开展货车“大排查、大教育、大整治”、摩托车“三无一遮挡”“中国式过马路”、渣土车遗撒、外埠车辆违反禁限行规定等专项行动，整治路面突出问题。全年查处各类交通违法行为1327.9万起，扣留违法车4.9万辆，拘留4811人，大红门、海户屯路、五棵松、永定路、望京、双桥、潘家园、苹果园等一批乱点秩序明显改观，因乱致堵、人为造堵问题得到有效遏制。同时，坚持“疏堵结合”，组织施划3600余个停车泊位，增设632个出租车专用停车位，设置600处出租车扬招站，切实解决群众实际困难。

【缓解交通拥堵】 2013年，市公安局交管局加强交通预测预报，结合交通流量变化规律，日均发布信息6100余条次，科学指导市民合理出行。创新实践“远端分流、交替放行、动态导流、临时渠化、活用锥桶”等针对性疏导方法，均衡了主辅流量、区域流量。深入挖掘道路资源，通过推进30项疏堵工程改造、增设41条单行道路、在朝阳路开通全市首条潮汐车道、在15条出城联络线实施信号滤波协调控制、优化40处区域交通组织、调整3720处次信号配时、施划3.1公里公交专用道、允许机场大巴走公交车道等综合措施，疏通拥堵节点，提高通行效率。早晚高峰期间市区道路平均车速同比上升7.3%、拥堵路段减少18.6%；儿童医院、小街桥、十里河等一批常规堵点明显缓解，特别是有效化解了清明、“五一”、端午小长假、“十一”长假以及9月份可能出现的最堵日，实际交通运行状况明显好于预期。

【应急交通保障】 2013年，市公安局交管局针对极端恶劣天气、市政设施故障等严重拥堵诱发因素，以及重大抢险救援、群众紧急求助等紧急出行需求，与市应急办、防汛、消防、医疗、市政抢险等部门协作配合，交管指挥大厅开通122、119、120、999电话联勤指挥平台，集成反恐处突、自然灾害、市政事故、群众求助等6大类25个交通应急保障预案，确保在各类突发紧急情况下“生命通道”一路畅通，抢险救援工作顺利进行。应急勤务启动以来，共开展应急交通保障800余次（包括雨雪雾霾等恶劣天气，园博塔着火等灾害事故），开展紧急救助358起。

【多警种联勤联动机制】 2013年，市公安局交管局先后启动了交巡警联勤联动、空地一体指挥、交通支队长参加属地分局党委会、交通执法即核录、交通肇事逃逸案件侦查联动等新型警务机制，实现了管控力量、防控效果倍增。组织多警种综合夜查362次，空地一体化指挥113次，特别是3月份启动交通执法即核录工作后，不仅成为交警融入公安工作大局、推进多警种联勤联动机制的有力抓手，而且为加强公安基层基础建设发挥了重要作用。截至年底，交警日均核录1万余次，共发现红色警示信息592条，查获网上在逃和一级临控人员86人、盗抢车11辆，非法携带枪支、爆炸物、管制刀具、毒品等179起。

【交通安全大检查】 2013年，市公安局交管局根据公安部关于开展“安全生产月”“道路客运安全年”“集中排查治理校车”等部署，组织开展安全监管、隐患排查等专项治理。特别是6月份，坚决贯彻习近平总书记重要指示和国务院及公安部等统一部署，组织各区县、各部门、各系统，重点围绕人、车、路、单位、管理5大方面，深入开展交通安全大检查工作。对交通违法、事故突出、存在安全隐患的单位，严格落实发放《责令限期改正通知书》《禁止机动车上道路行驶通知书》、挂黄牌警告、媒体曝光等执法措施，有效消除了安全隐患，提升了单位负责人落实交通安全主体责任的意识。

【宣传培训】 2013年，市公安局交管局以各种形式组织开展宣教活动17.9万场次，发放各类宣传品767万份。对专业运输驾驶人、中小学生、私车驾驶人等重点群体开展交通安全大培训587场，培训2.1万人。进一步深化“五进”活动，特别是以“交通安全进学校”为突破口，开展“交通安全小课堂”“我是首都小交警”网上征集、“交通安全嘉年华”等主题宣教活动，力争通过122万中小学生带动全市千万市民文明守法出行。组织参观交管局指挥中心 73 场次，交通民警先后深入 436 所中小学、幼儿园，面向 25.1 万学生开展宣教实践活动 758 场次，51.7 万名小学生报名参与网上活动，初步营造了“大手牵小手，小手拉大手，影响到家庭，辐射到社会”的良好局面。成立交通安全文艺小分队，深入社区居民、外埠来京人员、专业运输驾驶员、部队官兵、环卫工人等基层群体，举办大型主题宣教活动，得到群众认可和好评。

北京市农业局

2013 年，全市累计报告在国家等级公路以外发生的农机事故 24 起，受伤 3 人、直接经济损失 177.52 万元。与去年同期相比，事故起数和受伤人数分别下降了 4% 和 40 %，直接经济损失上升 111.48%。全年未发生死亡事故，未突破市安委会下达的农机安全生产控制考核指标，全市农机安全生产形势持续稳定。全市在册拖拉机检验率达到 80.1%，圆满完成农业部全国农机监理“十二五”规划中对北京市提出的完成 77.8% 的指标要求，超出了 2.3 个百分点，拖拉机年度检验工作取得前所未有的成绩，彻底结束本市在册拖拉机检验率持续偏低的历史。为着力强化在册农机特别是在册拖拉机的年度检验工作，在往年行政审批免费管理、北京 B 牌证注销换发、国补机具专用号段管理和农机检测上门服务等各项惠民政策、措施持续推进的基础上，市农业局提出“总结经验、分析问题、开拓思路、克服难题”的工作要求和四项重要措施，极大提升了在册农机检验率。

【逐级考核】 2013 年，市农业局根据本市在册农机保有量数据和农业部相关要求，印发《关于做好 2013 年农业机械检验工作的通知》（京农机监字[2013]1 号），将检验率指标进行分解，按在册拖拉机、在册联合收割机和在册农机总保有量 3 个统计类别分别下达，并首次将检验率指标完成情况列入区县年度考核；各区县按照市农机监理总站统一部署分别向乡镇下发检验工作通知，将检验率指标进行二次分解，并列入区县和乡镇监理人员年度考核，有效强化市和区县、区县和乡镇的两级工作约束机制。

【法规体系建设】 2013 年，市农业局为扩充本市农机监理立法资源，拓展农机安全监管范围，推进农业机械监管由拖拉机、联合收割机监管向其他类型农业机械监管转变，推进《北京市农业机械安全监督管理办法》修订工作。通过前期调研和专家论证，起草《北京市农业机械安全监督管理办法》（草稿），编制《制定地方性法规和政府规章项目建议书》并上报市政府法制办。同时，探索固定式农业机械安全监督管理机制，以卷帘机安全监管为突破口，开展试点，完成 1 万台卷帘机备案登记管理工作。

【农机执法程序】 2013 年，市农业局严格执法程序，制定《北京市农机监理执法技术操作规程》，规范执法人员行为，统一执法检查记录和档案；审查案卷制作，开展区县农机行政处罚案卷评查，规范全市农机行政处罚程序，着力提升行政处罚案卷制作水平；规范事故处理，制定《北京市农业机械事故报送处理工作规范》，细化农机事故处理程序、规范事故责任认定书；记录执法过程，为执法人员配备执法设备，有效督促执法人员依法依规开展工作。

【牌证档案管理】 2013年，市农业局根据农业部工作部署，制定《北京市拖拉机联合收割机牌证业务档案管理实施细则》，并于翌年1月1日正式实施；完成《北京市农机监理业务管理平台（一期）项目》，整合现有牌证管理系统，实现电子档案互通，及时将档案管理规范和实施细则具体内容更新和固化进管理平台，并试运行。2013年，共完成行政审批19856件，未发生超时限、不按登记规定办理等违法、违规现象，未发生因许可不公产生的投诉事件。

【农机检验督导检查】 2013年，市农业局以全市农机监理系统工作例会为依托，以“春播、三夏、三秋”等重要农时为节点，及时通报各区县农机检验工作进度；检验高峰时段，定期开展农机检验督导检查；农闲时段，集中检修、维护检测设备，并督促各区县深入落实“送检下乡”，三种手段有效提升了在册农机检验率。

【联合检查】 2013年，市农业局继续深入开展联合检查行动，召开工作协调会，明确部门职责目标，畅通信息沟通渠道。持续强化平安农机创建，对顺义和平谷等10个区县23家重点农机服务组织和设施农业园区进行入户检查和实地考评，达标率100%；适时开展“回头看”活动，确保平安农机创建工作的持续性和效果。继续加大执法检查力度，根据不同农时，加大对田间、大棚、果园和设施园区等重点地区、重点机型、事故多发时段的隐患排查和执法检查。全年，共组织执法检查1120次，出动执法人员8692人次，检查各类农机生产场所7824个，发现事故隐患896项，整改852项，整改率95%。

【教育培训】 2013年，市农业局深入落实市级和区县两级培训工作考核机制，全面强化农机监理员、农机检验员、农机考试员和农机事故处理员四类从业人员资质培训和证件管理。按照农业部和市农业局要求，制定并严格落实《北京市农机监理系统农业机械化教育培训2013年度工作计划》。2013年，市农机监理总站累计培训人员15000余人次，其中管理人员600余人次，专业技术人员2200余人次，一线驾驶操作人员12200余人次；区县累计培训人员8000余人次。培训内容涉及农机行政处罚案卷制作、农机安全技术检验标准和操作规程、牌证管理业务、农机事故处理、隐患排查、农机政策性保险等方面，进一步丰富了农机监理从业人员的业务知识，有效提升了全市农机监理队伍主动服务的能力和水平。

【宣传活动】 2013年，市农业局结合重点农时开展农机安全宣传教育活动。围绕“3·15”国际消费者权益日、“放心农资下乡进村宣传周”和“农机安全生产月”等专项活动，组织开展“绿剑护农—农机打假”“创建平安农机、弘扬安全文化、服务科学发展”等主题宣传咨询活动89次，接待群众咨询8000余人次，制发各类宣传材料40余万份。通过中央七套“聚焦三农”栏目、央视网络电视对“放心农机进村入户宣传周”活动、农机检验与维修现场演示等进行电视宣传报道；通过《京郊日报》《中国农机监理》和《北京农业》报纸、杂志和网站发表稿件324篇（次）。

【畅通保险理赔渠道】 2013年，市农业局重点对“三夏、三秋”期间农机服务组织、设施农业示范园区和农机大户开展农机政策性保险培训，加强典型案例分析与警示，提高农户对保险政策的认知水平。在机手投保前，联合保险公司在农机年检、国补机具发放同时，为农机户办理保险业务，方便投保；在事故处理完毕后，主动帮助投保户联系保险公司，方便理赔，畅通了农机政策性保险投保和理赔的渠道。2013年，全市投保农机合计1452台次，保费96.84万元，保险金额累计2.76亿元；24起事故中，已结案件19起，赔偿16.68万元，未结案件5起，预计赔偿196.31万元。

4月15日，东城区安委会第一次全会

5月20日，东城区安全监管局检查地铁广渠门站建设施工工地

5月8日，东城区安全生产标准化创建工作交流会

▲ 6 月 20 日，东城区安全监管局组织开展加油站防汛应急演练

▼ 6 月 9 日，东城区安全生产月宣传咨询日活动

2月6日，西城区区委书记王宁（左三）、区长王少峰（左一）、副区长吴铁男（右一）检查烟花爆竹销售网点安全工作

6月7日，西城区人大代表检查有限空间安全管理工作

3月1日，西城区安全生产执法人员对餐饮企业进行安全检查

▶ 2月25日，西城区安全监管局局长陈国红带队检查“两会”驻地周边生产经营单位安全生产情况

◀ 6月9日，西城区安全生产月宣传咨询日活动现场

▶ 8月14日，安全生产执法人员夜查加油站安全生产情况

▲ 9 月 27 日，朝阳区区长吴桂英（右三）带队检查国庆节前安全生产工作

▼ 6 月 9 日，朝阳区安全生产月宣传咨询日活动现场

▶ 6月20日，朝阳区安全生产月应急演练周活动现场

◀ 8月7日，朝阳区安全生产大型公开课暨安全生产培训班

▶ 8月27日，朝阳区开展综合监管调度系统和执法终端使用培训

6月9日，海淀区副区长刘长利（中）参加安全生产月宣传咨询日活动

海淀区安全监管局冒雨向群众宣传安全生产知识

6月25日，海淀区金码大厦应急演练现场

▲ 6 月 21 日，海淀区加油站应急演练现场

▼ 执法人员检查餐饮企业消防设备情况

9月28日，丰台区区长冀岩（前中）带队检查安全生产工作

9月18日，丰台区安委会办公室组织安全生产大检查综合督查

7月4日，丰台区安全监管局检查园博园地下空间作业安全

▲ 4 月 8 日，丰台区工业企业安全生产标准化培训

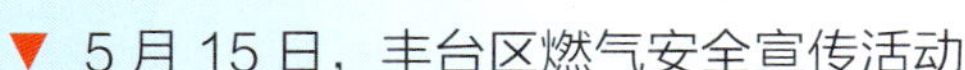
▼ 5 月 15 日，丰台区燃气安全宣传活动

9 月 24 日，石景山区区长夏林茂（前中）带队检查建筑工地安全生产工作

2 月 5 日，石景山区政府领导检查烟花爆竹网点安全

6 月 21 日，石景山区安全监管局组织企业应急演练

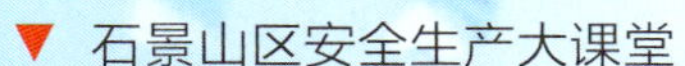
▲ 石景山区安全生产月动员部署会

▼ 石景山区安全生产大课堂

2月4日，门头沟区区委书记韩子荣（前右二）检查农副产品市场安全工作

1月6日，门头沟区副区长张满仓主持召开安全生产标准化建设工作会

6月20日，门头沟区安全监管局检查安置房项目施工现场

▶ 6月19日，门头沟区有限空间作业应急演练现场

▶ 3月26日，鲁坨路项目安全应急知识培训现场

6月9日，房山区区长祁红（前左一）参加安全生产月宣传咨询日活动

11月29日，房山区人大常委会主任史全富（前右三）检查燃气安全

12月2日，房山区政协主席唐淑荣（右二）检查商市场安全工作

▶ 11月4日，房山区安全监管局局长张海生带队检查北京化工四厂安全生产工作

◀ 9月26日，房山区安全监管局检查人员密集场所安全

▶ 12月30日，房山区城乡结合部地区安全生产专项整治工作动员部署会

12月10日，通州区区委书记王云峰（左一）带队检查安全生产工作

9月30日，通州区区长岳鹏（中）带队检查安全生产工作

6月9日，通州区副区长肖志刚（左一）参加安全生产月宣传咨询日活动

▲ 9 月 17 日，通州区人大代表检查安全生产工作

▼ 4 月 14 日，通州区基层安全生产宣讲活动启动仪式

▲ 5 月 23 日，通州区安全生产执法技能“大比武”活动

▼ 6 月 25 日，通州区“安全形象小天使”评选活动

▲ 9 月 26 日，顺义区副区长于庆丰（左三）带队检查人员密集场所安全工作

▼ 1 月 30 日，顺义区副区长盛德利（右二）带队检查烟花爆竹安全工作

▶ 6 月 18 日，顺义区安全生产月宣传咨询日活动

◀ 4 月 25 日，顺义区安全监管局到企业开展《职业病防治法》宣传活动

▼ 6 月 27 日，顺义区安全监管局组织液氨泄漏应急救援综合演练

▶ 9月25日，大兴区区长谈绪祥（前右三）参加安全生产大检查督查工作

◀ 11月13日，大兴区副区长沈洁（前右二）带队检查服装加工企业安全生产工作

▼ 6月9日，大兴区安全生产月宣传咨询日活动

12 月 26 日，大兴区安全监管局局长张福长带队夜查城乡结合部加油站安全

8 月 21 日，大兴区安全监管局检查餐饮企业燃气安全

7 月 17 日，大兴区安全监管局举办职业卫生培训班

9 月 29 日，昌平区区委书记侯君舒（左二）带队检查安全生产工作

6 月 19 日，昌平区副区长周云帆（左二）带队检查液氨使用单位安全生产工作

4月12日，昌平区安全生产大会

▶ 6月9日，昌平区安全生产月宣传咨询日活动

◀ 7月9日，昌平区安全监管局参加区电视台《百姓话题》节目访谈

▶ 6月25日，昌平区安全监管局组织液氨使用单位应急演练

7月27日，平谷区代区长姜帆（前左二）检查人员密集场所安全

6月3日，平谷区副区长底志欣（右三）检查汛前尾矿库安全工作

7月3日，平谷区安全生产大检查工作动员部署会议

6月9日，平谷区安全生产月宣传咨询日活动

1月31日，平谷区安全监管局局长王浩文参加平谷电视台举办的政府与市民访谈节目

10月18日，平谷区烟花爆竹仓库应急演练

▲ 9 月 30 日，怀柔区区长常卫（前右三）带队检查商市场安全工作

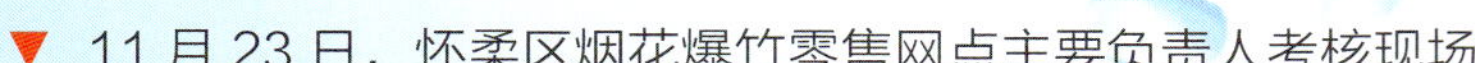

▼ 11 月 23 日，怀柔区烟花爆竹零售网点主要负责人考核现场

6 月 9 日，怀柔区安全生产月宣传咨询日活动

▲ 密云县副县长郭鹏（中）带队检查安全生产工作

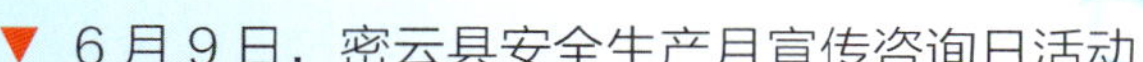
▼ 6月9日，密云县安全生产月宣传咨询日活动

▲ 5 月 8 日，密云县安全生产标准化培训班

▼ 8 月 2 日，密云县万名工人安全承诺宣誓

北京市安全文艺基层巡演活动走进密云

6月28日，建筑施工现场突发事件应急疏散演练

9月29日，延庆县县长李先忠（后中）带队检查安全生产工作

6月9日，延庆县安全生产月宣传咨询日主会场，副县长刘兵（右一）向群众发放安全生产宣传材料

4月13日，“平安延庆”主题宣传日活动

5 月 12 日，延庆县防灾减灾日宣传活动现场

6 月 18 日，延庆县安全监管局检查汛期施工安全生产

5 月 31 日，组建延庆县危险化学品事故应急抢险救援队

▲ 6 月 9 日，开发区管委会主任张伯旭（左一）在安全生产月宣传咨询日活动现场向群众发放宣传材料

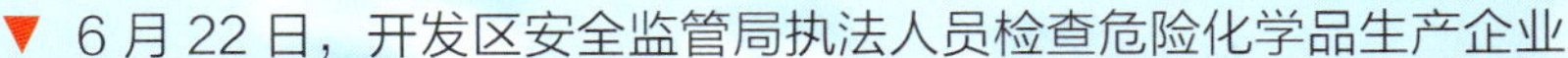
▼ 6 月 22 日，开发区安全监管局执法人员检查危险化学品生产企业

► 12 月 5 日，开发区对“五小场所”开展安全生产联合检查

◄ 5 月 13 日，开发区安全生产管理人员培训

► 11 月 5 日，开发区职业卫生管理员培训

区县安全监管

东城区

概述

2013年，东城区安全生产工作紧密围绕全区中心工作，以“科学发展、安全发展”为总要求，突出“立足平时、立足防范、立足法治”，狠抓各项措施和要求的落实，有效发挥安委会的综合协调作用，组织开展全区性安全生产大检查以及重点行业领域安全生产专项整治活动，打击非法违法生产经营建设行为，按照执法检查计划有针对性地开展专项执法检查，圆满完成节假日以及大型活动的安全生产保障任务。全区安全生产形势继续保持稳定，未突破市安委会下达的安全生产控制考核指标。

一、安全生产机制建设。将安全生产工作纳入政府年度考核工作计划，明确工作任务书和折子工程中的要求，确保政府安全监管责任落实到位。区安委会主任与各成员单位主要领导签订安全生产责任书，把安全生产工作纳入区委常委会和区政府常务会议重要议题，定期听取安全生产工作汇报，研究解决安全生产重大问题。全区充分发挥社会服务管理创新优势，将安全生产日常执法检查、隐患排查治理、“发现补强”等纳入网格化管理，安全生产精细化管理水平和事前防范能力得到进一步提升。

二、重点行业领域安全专项整治。有效统筹全区安全生产执法力量，将安全生产大检查与“打非治违”、燃气治理、特种作业“双打”、商品交易市场和地下空间整治等专项行动有机结合，按照“全覆盖、零容忍、严执法、重实效”的总要求，推动专项整治工作深入开展。特别是光明楼中街金凤成祥蛋糕店发生“7·24”燃气爆燃事故之后，全区组织部署为期3个月的安全生产隐患大排查、大整治行动，将安全生产大检查工作引向深入。

三、安全生产执法检查。研究制订《2013年安全生产重点执法检查计划》，根据行业、季节等特点明确不同时段的执法检查重点，并将具体检查任务层层分解，逐级落实。全年，区安全监管局先后开展对辖区内综合楼宇安全、汛期重点建筑工程安全、华润万家连锁超市、金凤成祥连锁面包店、速8酒店、七天连锁酒店、节能改造工程、公园游乐设施、机动车维修行业等14项专项执法检查行动，共检查各类生产经营单位2489家次，下达责令改正指令书793份，下达强制措施决定书12份，对生产经营单位进行行政处罚78起，处罚金额42.44万元，处理安全生产投诉举报107件。

四、安全生产标准化试点。按照“试点先行、全面铺开、整体推进”原则，全区确定区城管委、商务委、文化委、旅游委、体育局、17个街道办事处及3个地区管理机构为企业标准化创建试点。在试点行业、街道等单位的精心组织下，通过开展培训、经验交流会、督促指导等形式，积极推进企业达标创建活动，完成二级达标企业7家、三级达标企业47家、岗位达标企业117家。

五、安全生产宣传咨询日。以安全生产月活动为契机，开展安全生产宣传活动，在地坛公园西门设立主会场，全区17个街道设立分会场，举办安全生产月宣传咨询日活动。在街道、机关、企业、宾馆、工地、食堂等场所悬挂、张贴、发放、展览各类安全生产宣传横幅、宣传画、宣传读本和宣传卡片，营造“强化安全基础，保障城市运行安全”为主题的宣传氛围。邀请国家安全生产专家就“加大政府监管执法力度，确保一方平安”作专题报告，对全区400多名领导干部进行专题培训。先后4次对街道安全检查员进行隐患排查业务培训，使街道安全检查员业务能力得到进一步提高。

六、查处安全生产事故。按照“四不放过”的原则，调查处理生产安全死亡事故4起，年内结案3起，对事故责任单位及相关责任人行政处罚26.49万元。配合市调查组完成“7·24”事故的调查处理工作。

2013年，东城区被市安委会评为“2013年度北京市安全生产工作先进区县”。东城区安全监管局被市安全监管局、市国资委、市总工会授予“北京建工杯”百万一线职工安全生产知识竞赛活动优秀组织奖，印制的《居民安全实用手册》荣获2013年（市级）安全生产题材优秀宣传作品平面类二等奖。

综合监管

【控制考核指标】 2013年，市安委会下达东城区安全生产控制指标为21人。其中道路交通事故12人（含生产经营性道路交通事故5人），生产安全事故7人，生产经营性火灾事故1人，铁路交通事故1人。全年，东城区共发生安全生产死亡事故12起，死亡17人，占控制指标的80.95%。其中，生产安全死亡事故4起，死亡6人，占控制指标的85.7%；道路交通事故死亡7起，死亡9人，占控制指标的75%。未发生铁路交通死亡事故。

（孙溪之）

【全国“两会”安全保障】 全国“两会”期间，东城区安全监管局共检查驻地周边生产经营单位153家次，下达执法文书154份（其中下达责令整改指令书30份），发现安全隐患48处，复查整改率100%。

（曾庆蔚）

【安委会第一次全会】 4月15日，东城区安委会召开2013年第一次全体会议，总结全区5年来的安全生产工作，部署2013年安全生产重点任务。区长、区安委会主任牛青山与安委会各成员单位签订《2013年度安全生产工作责任书》。会议充分肯定5年来安全生产工作取得的成绩，对做好全区安全生产工作提出明确要求：一要思想认识到位，树立首都核心区安全稳定比GDP更重要的思想，扎实做好安全生产工作；二要明确工作思路，立足平时，立足防范，立足法制，始终保持安全生产监管的高压态势；三要突出重点工作，以推进企业安全生产标准化建设为切入点，推动企业主体责任落实。

（孙溪之）

【打击持假证无证行动】 6月，东城区安委会办公室组织区安全监管局、住房城乡建设委、质监局在建筑施工、宾馆饭店、商市场、文化娱乐场所、工业企业、物业管理单位6个重点行业领域，开展打击特种作业及特种设备作业人员“持假证上岗、无证上岗”专项执法行动。出动执法人员380人次，检查生产经营单位125家，抽查特种作业人员361名，其中持北京证316人、持外埠证39人，发现未持证人员6名，立案查处3起，处罚金额1.7万元。

（孙溪之）

【部署开展大检查】 7月4日，东城区安委会办公室制发《东城区安全生产大检查实施方案》，明确各成员单位的职责和任务，统筹全区安全生产执法力量，将“打非治违”、燃气治理、商品交易市场、消防安全、“平安交通”、建筑、危险化学品、特种作业“双打”、地下空间、人密场所等专项行动进行整合，按照“全覆盖、零容忍、严执法、重实效”的总要求，推动安全生产大检查深入开展，实现“五个100%”：重点地区执法覆盖率100%、重点行业领域执法覆盖率100%、重点企业执法覆盖率100%、企业自查自纠覆盖率100%、隐患整改销号率100%。对排查出的每一个隐患和薄弱环节，要求企业做到整改措施、责任、资金、时限、预案“五到位”。市安委会第2督查组，于7月至11月共5次对东城区安全生产大检查工作进行督查。针对督查中的问题，区安委会办公室定期通报并督促各相关单位进行整改和复查。

（孙溪之）

【安委会第二次全会】 7月24日，东城区安委会召开紧急会议暨第二次全体会议。会上，东城消防支队通报“7·24”燃气爆燃事故有关情况，布置消防安全工作。区安委会办公室向各成员单位下发《关于开展液化石油气使用的安全大检查的紧急通知》和《东城区安全生产大排查、大整治统一行动工作安排》，部署有关工作。区政府领导金晖、朴学东、王中华分别就开展安全大检查以及宣传和舆论引导等工作提出要求。区长牛青山强调，要把安全稳定作为首都核心区的头等大事来抓，开展为期3个月的安全隐患大排查、大整治，全面防止和减少安全生产事故。

（孙溪之）

【燃气安全大检查专题会】 7月24日，东城区副区长朴学东、王中华召集区安全监管局、消防支队、城管委、工商分局、质监局、卫生局、公安分局、燃气公司和7个街道办事处主要负责人，召开燃气安全大检查专题部署会。采取事前不通知的突击方式，对簋街、东花市、西花市等地的餐饮企业进行燃气安全专项夜查，重点检查餐饮企业与液化气供应商的供气合同、液化气钢瓶使用期限、液化气瓶阀门及软管使用、气瓶存储间运行等情况。

（孙溪之）

【安全隐患排查治理行动】 7月26日，东城区副区长朴学东、王中华召集区委组织部、区政府办（督查室）、城管委、商务委、监察局、卫生局、安全监管局、公安分局、工商分局、质监局、消防支队、交通支队、城管执法局及17个街道办事处、3个属地管理机构，共计33家单位的主要负责人，部署为期3个月的安全隐患大排查、大整治行动，结合全市安全生产大检查，重点对辖区范围内餐饮服务门店，尤其是液化石油气钢瓶使用单位进行安全隐患排查整治。7月26日至8月15日4次统一开展夜查行动，北京市燃气集团抽调20名专业人员组成技术协助组参与检查。其间，副区长朴学东、王中华带领督查组，对各属地街道进行现场督查。4次夜查门店818家，责令整改391家，处罚158家，罚款33.75万元，责令停业113家，暂扣燃气钢瓶72个，约谈企业86家。

（孙溪之）

【餐饮场所燃气检查部署】 9月9日，东城区安委会召开餐饮场所燃气安全专项治理联合检查部署会，副区长朴学东、王中华出席会议，区安委会32家成员单位主要领导参加会议。会议总结安全生产大检查开展情况，部署下一阶段工作任务。要求各单位、各地区开展安全生产大检查工作力度不减，强度不降，加强安全工作的预判性和前瞻性，分析和探索安全生产规律，有效预防安全生产事故发生。

（王湘辉）

【十八届三中全会安全保障】 11月5日，东城区安委会办公室召开动员会，部署东城区十八届三中全会安全生产保障工作。11月6日，区委书记杨柳荫带队，到北京站、王府井大街、东直门交通枢纽检查安全保障工作，要求各有关单位按照“五个坚决防止”和“大事不出，小事及时妥善处置”的要求，切实做好重点地区的安全保障工作，确保万无一失。全区各行业、专业和属地部门严格落实安全监管责任，制定保障工作方案，成立“九横八纵”主要街区安全生产巡查队伍，突出对天安门、王府井、前门、北京站等重点部位，重点行业，重点时段的安全生产执法检查工作，分成8个网格组进行拉网式安全大检查和巡查，及时发现、消除安全隐患，会议期间东城区未发生有影响的安全生产事件。

（孙溪之）

【安委会第三次全会】 11月24日，东城区召开安委会第三次全体会议，区领导以及全区90家相关单位主要负责人和安全工作主管领导参会。会议通报全国发生的重特大安全生产事故情况，传达中央及北京市有关会议精神。会议要求，在全区范围内开展安全大检查统一行动，对全区水、电、气、热等市政管线和运营，各类人员密集场所和地下空间、出租房屋、仓库、建筑施工、汽修场站、医院、学校、楼宇物业及其他场所的用电、用气、消防、治安等内容进行全面治理，排查各类安全隐患。市安全监管局局长张家明出席会议并提出工作要求：一要切实增强做好安全工作的紧迫感和责任感，确保首都功能核心区安全稳定；二要牢固树立建章立制与抓好落实、事前审批与后续监管、消隐与防隐、注重总结与加强创新四个“同等重要”的意识，夯实安全生产工作思想基础；三要全面推进各负其责与综合执法、突出重点与全面覆盖、日常监管与专项整治、宣传教育与实战演练、专业监管与群防群治“五个结合”，落实安全生产综合监管责任。

为全区经济发展和社会稳定营造一个安定、和谐、有序的发展环境。

（孙溪之）

【“打非治违”】 2013年，东城区安委会组织开展安全生产“打非治违”工作，累计出动执法检查人员28899人次，检查企业24328家次，打击非法违法行为14551起，其中给予警告3620次，责令改正10074起，没收违法所得及非法生产设备60起，责令停产、停业473家，行政拘留51人，罚款580.1万元。

（孙溪之）

【安全生产综合考核】 2013年，东城区安委会办公室根据《东城区2013年安全生产综合考核实施方案》，采取部门自评，区安委会、区防火安全委员会、区交通安全委会员、区城管监督中心分别评议，综合考核领导小组办公室审核评定的方式，客观、公正地考核评价区政府有关部门落实安全监管职责及安全生产重点工作情况。考评结果分优秀、良好、合格、不合格四个档次。龙潭街道办事处因光明楼中街金凤成祥蛋糕店发生“7·24”爆燃事故，社会影响较大，当年考评为不合格。

（孙溪之）

危险化学品安全监管

【液氨制冷企业整治调查】 10月9日，东城区安全监管局通过数字东城网站，向全区所有单位发布《关于开展液氨经营及使用单位信息统计工作的通知》，全面开展涉氨使用摸底调查。通告截止日期内，全区无企业报告有液氨使用情况。11月，区安委会办公室制发《关于深入开展液氨专项治理调查涉氨企业的通知》，向区安委会成员单位、重点单位开展涉氨制冷企业调查。区安全监管局对有可能涉及液氨使用单位进行重点摸排，并与区体育局、质监局、商务委、卫生局等部门进行沟通。经了解，均无液氨使用情况。

（冯岩）

【行政许可】 2013年，东城区安全监管局严格按照法律法规及区域总量控制的要求，共计完成危险化学品经营许可证审批30家，第二、三类非药品类易制毒化学品经营备案7家，共注销危险化学品企业10家，其中涉及兼有易制毒经营备案的3家。全区危险化学品经营单位数量维持在80家以内。

（冯岩）

【危险化学品大检查】 2013年，东城区安全监管局面向全区危险化学品经营单位开展“安全主体责任强化行动”。对危险化学品经营单位台账，进行重新核实梳理，及时掌握危险化学品单位的经营动态，建立信息沟通渠道，将安全大检查工作与危险化学品领域重点监管工作紧密结合。开展加油站安全整治、企业进口危险化学品登记普查、液化石油气钢瓶使用情况普查、危险化学品经营单位“一书一签”安全整治、易制毒化学品经营安全整治等多项重点监管工作，特别是制作《安全生产大检查工作备忘录》下发给加油站，落实加油站自查工作重点及员工应掌握的基本要求，保障危险化学品重点领域的安全。全年共检查单位125家次，下达责令改正指令书52份，消除事故隐患58处，行政处罚3起。

（冯岩）

【打击违法经营】 2013年，东城区安全监管局组织辖区17个街道办事处和3个地区管理部门，开展小五金建材商店非法经营危险化学品整治工作。共查出问题单位47家，安全隐患47处，其中46处在街道层面整改解决，其余1项由区安全监管局直接督促整改完毕。组织区公安分局、工商分局、消防支队召开会商会，建立“属地街道排查治理，监管部门联合执法整治”的长效工作机制。

（冯岩）

【易制毒化学品专项整治】 2013年，东城区安全监管局对辖区内的非药品类易制毒化学品企业进行重新摸排，摸清底数，整理企业登记信息档案。对辖区内的所有非药品类易制毒化学品企业管理制度、销售台账等逐一开展专项检查，并结合“一书一签”专项整治活动，检查易制毒化学品“一书一签”的存档情况。执法人员督促企业定期登录信息平台管理系统，及时登记产品购进与销售情况，并进行跟踪检查。经检查，各单位经营情况基本良好，对部分单位易制毒化学品“一书一签”材料反映不清晰的情况下达整改指令书，对1家注册地址迁移到外区、申请注销的企业办理危险化学品和易制毒证照的注销手续。

（冯岩）

烟花爆竹安全监管

【安全培训】 1月，东城区安全监管局召开专门会议，部署烟花爆竹经营单位主要负责人培训工作，就培训计划，师资、课时安排，培训内容做出具体安排，对申请烟花爆竹销售单位主要负责人资格考试的16名人员进行安全培训。对3家批发企业和所有零售网点从业人员进行安全生产培训考核工作。系统学习烟花爆竹安全管理法律法规、事故预防及应急救援、典型事故案例等。通过学习培训，提高了烟花爆竹零售单位从业人员的安全意识和管理水平。

（冯岩）

【零售网点布点行政许可】 1月14日，区安全监管局组织召开2013年烟花爆竹经营许可工作部署会，经有关街道初审合格的24家烟花爆竹零售网点主要负责人，熊猫、逗逗、北京烟花3家批发单位有关负责人，中国人寿财产保险股份有限公司、北京交通银行、中电华通通信有限公司有关人员参加会议。会议部署2013年烟花爆竹零售网点经营许可阶段的流程，明确烟花爆竹安全管理工作要点。东城区安全监管局在街道初审的基础上，严格按照申请、受理、公示、审核、复核、审定、告知7个程序，组织行政许可工作，向23家零售网点发放烟花爆竹零售经营许可证，督促各销售点缴纳10万元风险抵押金及600元烟花爆竹企业安全生产责任保险，并签订《烟花爆竹经营单位安全生产承诺书》。

（冯岩）

【销售及回收】 2月27日，元宵节夜，东城区安全监管局出动两个检查组对全区销售点进行夜查，23个烟花爆竹销售点剩余的2406箱烟花爆竹圆满完成回收工作。视频监控设备及大棚全部拆除清理完毕。2013年，东城区烟花爆竹销售6693箱，销售金额361.707

万元，未发生因烟花爆竹经营引发的安全生产事故。

（冯岩）

【物联网系统建设】 2013年，东城区安全监管局督促烟花爆竹零售经营单位按照《烟花爆竹零售网点设置安全要求》，做好网点视频监控设备安装和调试工作。协调区信息办做好烟花爆竹零售网点的数据、视频汇总上传工作，按时完成市、区两级烟花爆竹图像平台对接工作。督促中电华通公司制订春节期间视频监控运行应急预案，安排技术人员应急值守，保证烟花爆竹销售高峰期间视频监控设备运行正常。

（冯岩）

【烟花爆竹安全检查】 2013年，东城区安全监管局制定《2013年烟花爆竹安全生产工作要求》，督促烟花爆竹零售经营单位完成零售大棚搭建工作，对烟花爆竹销售网点大棚搭建、视频设备敷设、消防器材配备、电气线路敷设等进行全覆盖检查。销售后期，为防止各销售点出现松懈情绪，区安全监管局强化夜查工作，督促并监督销售点组织人员对网点及周边进行24小时巡查和看护。检查销售网点1034家次，下达执法文书41份。

（冯岩）

隐患排查治理

【自查自报体系建设】 2013年，东城区加大资金投入，对公共安全管理平台进行升级改造。全区充分发挥社会服务管理创新优势，将安全生产日常执法检查、隐患排查治理、“发现补强”等纳入网格化管理，安全生产精细化管理水平和事前防范能力得到进一步提升。扩大企业信息采集范围，除规模以上企业外，还将“六小”企业纳入隐患自查自报范围，使隐患自查自报工作扩展到30个部门共55个责任领域，涉及2.5万家企业，累计组织各行业、领域企事业单位完成上报28108家次，与2012年同期相比增加140%。3年多以来，自查上报累计完成53605家次，上报企业数量在全市位居前列。

（孙溪之）

应急救援

【防化应急分队建设】 4月，东城区安全监管局对防化应急分队在编人员进行核对、编组，确保应急队伍人员在位率和完整性。5月2日至13日，组织13名应急分队队员参加防化团的集训和授旗仪式。训练内容包括专业装备操作、防核化救援等，进一步增强防化分队的综合素质。在训练过程中有8人表现突出，被评为“训练标兵”。

（姚广发）

【危险化学品防汛演练】 6月20日，东城区安全监管局联合区消防支队、体育馆街道办事处，在中石油天坛东路加油站进行模拟突发强降雨天气站区积水的防汛应急演练，有效地检验区有关部门处置汛期突发事件的指挥、应急响应能力，提高应急救援实战技能，锻炼应急队伍安全意识，强化各部门之间的协调联动机制。

（姚广发）

【预案备案专题培训】 10月31日，

东城区安全监管局在区公共图书馆二层多功能厅组织召开生产安全事故应急预案备案培训会。市安全监管局和区文化委、旅游委、体育局、商务委等相关领导参加会议。会议通过讲解正反面案例使企业充分认识到制订生产安全事故应急预案以及开展演练的必要性，对生产安全事故应急预案相关法律、法规、规章、国家标准和预案内容、格式等进行讲解，并解答关于生产安全事故应急预案管理的问题。

（李勇策）

【应急志愿者注册考核】 12月，东城区安全监管局开展局机关应急志愿者注册和在线考评工作，共有26名机关干部参加。12月20日，26名应急志愿者全部网上注册并通过在线考核。

（李勇策）

执法监察

【春节庙会及觐香安全检查】 1月21日至2月16日，东城区安全监管局对地坛、龙潭庙会临时设施搭建与拆除、庙会期间和雍和宫觐香，每天保证一个执法小组现场检查，确保春节活动安全有序。

（曾庆蔚）

【连锁超市执法检查】 6月，东城区安全监管局、商务委、消防支队，对区内17家华润万家连锁超市中的14家进行安全检查，出动执法人员48人次，查处各类安全隐患51项，下达责令限期整改指令书11份。6月24日，针对检查中发现的安全隐患，区安全监管局、商务委、消防支队共同召集华润万家北区营运部、华润万家北京公司标超运营部，进行警示约谈。

（曾庆蔚）

【食品门店安全检查】 7月25日，东城区安全监管局对辖区内11家北京金凤成祥食品有限责任公司各门店进行全面安全检查。共发现15项安全隐患，执法人员下达10份限期整改通知书，立案处罚3起，处罚金额0.6万元。

（曾庆蔚）

【校舍工程执法检查】 8月8日至13日，东城区安全监管局对辖区内校舍加固改造工程施工现场进行专项执法检查，重点检查29处施工现场，发现各类安全隐患48项，下达责令限期整改指令书19份，下达强制措施指令书1份，立案查处4起。

（曾庆蔚）

【商品交易市场整治】 8月14日至23日，东城区安全监管局、商务委、消防支队开展辖区内商品交易市场专项整治行动。对辖区内17家商品交易市场进行检查，重点检查商市场的安全管理情况、安全疏散情况、市场内商户安全用电情况、消防安全情况。通过检查，共发现各类安全隐患37处，下达责令限期整改指令书16份，立案查处3起。

（曾庆蔚）

【连锁酒店专项整治】 9月，东城区安全监管局开展连锁酒店专项整治行动。对区内9家7天连锁酒店和速8酒店进行检查，重点检查安全管理情况、安全疏散情况、安全用电情况以及消防安全情况。通过检查，发现各类安全隐患33处，下达责令限期整改指令书8份，立案查处4起。隐患已按期整改。

（曾庆蔚）

【国庆专项检查】 9月16日至28日，

东城区安全监管局开展国庆节前安全生产专项检查。重点对区属5所公园（地坛公园、龙潭公园、青年湖公园、柳荫公园、南馆公园）内游乐设施和王府井商业区内22家宾馆饭店、商场超市、餐饮企业等人员密集场所进行检查，重点检查安全管理、安全疏散、安全用电以及消防安全情况。通过检查，发现各类安全生产隐患14处，下达责令限期整改指令书6份。各类隐患均在节前整改消除。

（曾庆蔚）

【连锁店执法检查】 10月9日至13日，东城区安全监管局对辖区内18家味多美食品有限责任公司连锁店开展安全生产专项执法检查。重点检查各门店的安全生产管理、安全生产教育、安全用电、消防安全情况。通过检查，查处各类安全隐患17项，下达责令限期整改指令书11份，立案查处3起。均已按期整改。

（曾庆蔚）

【采暖锅炉专项检查】 10月17日至31日，东城区安全监管局、城管委、质监局等部门，对区内燃气、燃油采暖锅炉房的安全生产情况进行专项检查。对隶属区房地一、二中心的20个采暖锅炉房的安全生产情况进行抽查，其中燃油锅炉房3个（锅炉5台），天然气锅炉房17个（锅炉59台）。重点检查锅炉房的安全生产管理、从业人员安全生产教育、安全用电、消防设施配备及使用情况。检查中发现问题隐患30个，下达现场执法文书20份，责令现场整改10家。

（曾庆蔚）

【节能改造工程执法检查】 10月12日至11月10日，东城区安委会办公室组织区安全监管局、住房城乡建设委、房管局对区内老旧小区节能改造项目施工现场进行安全生产专项执法检查。共对12个标段施工现场安全生产工作进行抽查。此次检查以安全生产基础管理、施工现场临时用电安全、施工现场安全防护、工程质量安全保障体系等为重点。通过检查，查处各类安全隐患22项，下达责令限期整改指令书9份，立案查处3起。已按期整改。

（曾庆蔚）

【三星级以下酒店专项整治】 11月20日至25日，东城区安全监管局开展三星级以下星级酒店安全生产专项整治行动。共抽查酒店21家，其中三星级酒店16家，二星级酒店5家。重点检查安全生产相关制度建设、从业人员安全生产教育培训及档案记录、特种作业人员持证上岗及培训管理、安全设备设施配置、电气线路敷设。检查中发现问题和隐患29项，下达责令整改指令书13份。已按期整改。

（曾庆蔚）

【游泳场馆检查】 2013年，东城区安全监管局、体育局、卫生局、消防支队对游泳场馆进行检查，检查中发现10余项安全隐患，下达现场检查记录4份，下达责令限期整改指令书1份。均已按要求整改完毕。

（曾庆蔚）

【重点工程执法检查】 2013年，东城区安全监管局、住房城乡建设委、消防支队对重点建设项目及在建地铁项目进行专项执法检查，检查4个重点建设项目、2个在建地铁施工现场，共发现30

余项安全隐患，下达现场检查记录10份，下达责令限期整改指令书4份。均已按要求整改完毕。

（曾庆蔚）

【投诉举报查处】 2013年，东城区安全监管局坚持“有举必查、查实必究、纠其必严”的工作方针，及时查处市安全监管局、区政府和群众电话举报的安全隐患。全年，累计查处安全生产投诉举报107件，其中属实61件，实现结案率和回复率两个100%。

（孟庆喜）

职业卫生监督检查

【职业安全健康管理员培训】 10月25日，东城区安全监管局完成2013年度职业健康管理员培训工作，30家单位参加职业卫生培训，56名企业负责人和职业健康管理员通过考试并取得资格证书。

（李学峰）

【职业病危害项目申报】 2013年，东城区安全监管局及时督促用人单位，按照新版申报系统的工作要求申报职业病危害项目，并严格审核用人单位填报内容的真实性和准确性。30家用人单位均完成网上再次申报工作。

（李学峰）

【法律法规宣传】 2013年，东城区安全监管局以《职业病防治法》宣传周和安全生产月宣传活动为契机，深入开展职业健康宣传教育活动，加大职业健康法律法规的宣传力度，全面提升全社会对职业健康的关注度。结合《职业病防治法》宣传周活动，印制《职业病防治法》《职业卫生监督管理相关法规》等宣传材料，走访4家职业卫生重点用人单位，发放宣传材料300余份。

（李学峰）

【有限空间安全检查】 2013年，东城区安全监管局制订《有限空间执法检查计划》，加强辖区内有限空间，特别是地下空间的安全生产检查，每周一次对辖区内有限空间进行安全检查，每次检查时间不少于6小时。每月进行两次夜间检查。共检查地下空间生产经营单位43家次，发现安全隐患10项，下达执法文书28份，立案处罚2起。

（曾庆蔚）

宣传培训

【安全生产宣传咨询日】 6月9日，东城区安全监管局在地坛公园西门举办以“强化安全基础，保障城市运行安全”为主题的安全生产月宣传咨询日活动。副区长王晨阳、政协副主席王红及安全生产月活动组委会、安委会成员单位的领导出席。活动以摆放宣传展板、折页、发放书籍、印有专题的环保袋、围裙等形式展开，辖区内17个街道设置安全生产宣传咨询日活动分现场，现场讲解安全知识、发放安全材料，共计悬挂宣传横（条）幅50幅、宣传画500幅、发放宣传读本11000本、宣传卡片4000张，受教育群众2万余人。

（姬燕婷）

【检查员业务培训】 8月14日，东城区安全监管局对辖区街道43名安全生产检查员进行业务培训，集中讲解危险化学品监管和违法经营查处，施工现场执法工作要点等实用性较强的内容，推动辖区安全生产属地监管能力提升。

（姬燕婷）

【安全生产执法专题报告会】 9月26日，东城区区委理论学习中心组邀请国家安全生产专家石少华，就“加大政府监管执法力度，确保一方平安”作专题报告。区委书记杨柳荫、区人大常委会主任冯熙、区长牛青山、区政协主席徐鸿达及党政机关、事业单位、群团组织、区属国有企业正处职及以上领导干部，区委办局宣传工作主管领导，各街道理论中心组成员，各单位理论中心组成员等400余人参加报告会。

（姬燕婷）

【“北京建工杯”优秀组织奖】 9月至11月，东城区安全监管局组织参加“北京建工杯”首都百万一线职工安全生产知识竞赛活动，获得优秀组织奖。

（姬燕婷）

【优秀宣传作品奖】 2013年，东城区安全监管局组织区各有关单位参加“2013年北京市安全生产题材优秀宣传作品征集评选”活动，推动安全生产宣传工作，调动安全生产宣传创作积极性，推选的《居民安全实用手册》荣获平面类二等奖。

（姬燕婷）

【安全生产月系列活动】 2013年，东城区安全生产月系列活动分为警示教育、安全文化、应急演练和隐患排查治理四个阶段，区安全生产月活动组委会以召开会议和印发文件的形式，要求各街道（地区）、企事业单位和部门以安全生产宣传咨询日为重点，采取多种形式向企业员工和社会公众集中开展安全生产知识宣传教育。各部门及企业召开动员部署会议127次，张贴各种宣传画2万余张，发放宣传材料25万余份，设置专栏、板报等宣传园地近700余个，专项检查重点企业2300余次，查处隐患270余项，罚款4万余元，全区参与及受教育人数达15万余人。

（姬燕婷）

【特种作业培训考核】 2013年，东城区安全监管局在特种作业人员较为集中的单位实行“进厂培训”，在全区企业中继续推行全员培训，举办危险化学品、烟花爆竹、非煤矿山及工商贸企业主要负责人和安全管理人员培训班10期，累计培训1800人。设立特种作业考试点，主要进行全区理论考试、电工实操考试、焊工实操考试。完成10次特种作业安全资格考试工作。其中，理论考试部分，考核20954人次，合格人数17060人次，合格率为81%；实操部分，考核19360人次，合格人数17，409人次，合格率为90%。

（姬燕婷、曾庆蔚）

法制建设

【执法案卷培训】 9月10日，东城区安全监管局举办行政执法案卷制作知识培训，授课老师就行政执法案卷制作程序、规范及注意事项，结合实例对10多种常见行政执法文书容易出现的错误、问题进行讲解和分析。

（姬燕婷）

【依法行政】 2013年，东城区安全监管局制定《东城区安全生产监督管理局工作手册》《东城区安全生产监督管理局监督检查要点》和《行政执法权运行廉政监督检查制度》，对安全监管工作涉及的各个方面内容，做出明确规定和说明，健全执法程序，规范执法行为。

（孟庆喜）

【自由裁量标准】 2013年，东城区安全监管局通过梳理裁量事项、明确裁量条件、分解裁量权限、量化裁量标准，编制《东城区安全生产行政处罚自由裁量标准》和《安全生产行政处罚自由裁量权工作制度》，其中自由裁量标准涉及执法依据5类25个，违法行为218种，自由裁量阶次570个。

（孟庆喜）

科技与信息化

【公共安全监管新体系】 2013年，东城区进一步完善公共安全信息平台功能，对9大系统进行调整，新增地理信息系统，建立执法人员数据库，完成系统改造及设备换发工作，升级风险评估计算机子系统，扩展风险评估范围、调整评估指标、完善评估模型。风险评估子系统通过风险评估计算模型，自动计算风险等级，提高风险评估的科学性和客观性，获得中国职业安全健康协会科学技术三等奖。

（孙溪之）

标准化建设

【达标创建试点部署会】 4月15日，东城区安委会对全区开展安全生产标准化工作进行动员部署，制定《东城区安全生产标准化达标创建试点工作实施方案》，明确全区安全生产标准化达标创建重点任务和工作措施，推进重点行业达标试点工作。

（王湘辉）

【标准化创建交流会】 5月8日，东城区安全监管局组织召开全区安全生产标准化创建工作交流会，东城区达标创建试点行业部门（区商务委、文化委、体育局、旅游局、城管委）和17个街道办事处、3个地区管理机构主管领导、中石化和中石油北京分公司安全负责人、东城区13家加油站站长、北京中安质环技术评价中心有限公司负责人参加会议。会议总结辖区加油站安全生产标准化三级达标工作，介绍工作步骤、方法和经验，向13家加油站颁发安全生产标准化达标标牌，对下一步全区推广安全生产标准化达标创建试点工作进行部署。

（王湘辉）

【重点行业标准化创建例会】 6月6日，东城区安委会办公室组织召开重点行业安全生产标准化达标创建工作例会，区城管委、文化委、旅游委、商务委、安全监管局、体育局主管领导和标准化科室负责人参加会议。会议听取各行业主管部门标准化达标创建工作进展情况汇报，重点梳理达标创建工作开展过程中出现的重点难点问题和试点企业反映的实际困难。会议要求各创建单位要强化对安全生产标准化的思想认识，发挥行业主管部门的监督管理作用，推进达标创建工作，引导试点企业发挥安全生产主体责任和企业安全生产基础。

（王湘辉）

【小微企业标准化创建工作会】 12月2日，东城区安委会办公室结合全区小微企业工作实际，联合第三方中介机构，编制《东城区小微企业安全生产标准化岗位达标工作手册》，组织召开达标创建工作部署会，进行贯彻落实。属地街道、地区管理机构主管领导和科室负责人参加会议。区安全监管局对《东城区小微企业安全生产标准化岗位达标工作手册》进行讲解，明确小微企业安全生产标准化岗位达标流程、评审办法、岗位达标标准等内容。

（王湘辉）

【标准化达标创建试点】 2013 年，东城区按照“试点先行、全面铺开、整体推进”步骤，推进重点行业领域安全生产标准化工作。区城管委、商务委、文化委、旅游委、体育局、17 个街道办事处及 3 个地区管理机构为 2013 年安全生产标准化创建试点行业及地区。通过重点行业部门和属地街道的密切配合，7 家企业完成二级达标创建、47 家单位完成三级达标创建、117 家单位通过岗位达标评审。

（王湘辉）

安全社区

【安全社区创建】 2013 年，东城区推进安全社区创建工作，秉承安全社区建设的核心文化理念，在积累经验的基础上，不断整合资源、建立机制、优化项目、完善体系，有针对性地推动安全社区创建。参与国际安全社区和国家安全社区创建的学习交流，创新理念，完善措施。

（姬燕婷）

【平安社区创建】 2013 年，根据东城区平安社区创建工作部署，区安全监管局作为审核认定平安社区的成员单位，完成了对各街道第一轮申报的 90 家平安社区审核认定工作，重点对安全生产管理工作开展情况进行审核认定，指出社区在安全管理工作方面的问题，指导社区进行完善和加强，努力营造平安祥和的社区环境。

（姬燕婷）

西城区

概述

2013 年，西城区安全生产工作紧紧围绕一个目标，以建设一支队伍、落实两个责任、强化 3 个领域、完善 4 项制度为重点，推动安全生产工作再上新台阶，为全区经济社会发展营造良好的安全生产环境。

一、强化基础管理，突出安委会作用。一是强化安全生产工作职责，区安委会定期研究安全生产重大问题，区领导分片包干带队检查地区安全生产工作，落实“一岗双责”，签订责任书；梳理无主管部门行业领域监管职责，建立生产安全事故“模拟追责”机制。二是优化体制机制建设，坚持安全生产形势分析、季度例会等各项工作制度；完善区安委会会议、文件管理等相关制度；探索联合执法、执法数据分析机制，整合综合、行业和属地安全监管力量。三是加强安全监管机构建设，通过组织培训考核、统一细化工作制度、建立信息管理机制推进街道安全生产工作，“科队合一”机制见成效，15支街道执法分队共实施行政处罚49起，罚款10.5万元。

二、强化执法手段，落实行业、属地及综合监管责任。全区针对人员密集场所、地下空间等重点行业领域开展18项专项安全生产执法行动，完成全国“两会”等25项大型活动和节日安全生产保障任务。严把烟花爆竹许可、培训、监管和回收四关，丰富、完善烟花爆竹管理视频监控科技安防手段，对烟花爆竹零售网点进行高频次、全覆盖的安全检查，确保烟花爆竹经营销售安全。春节期间共出动926人次、316车次、日常检查1538户次，夜查356户次；下达责令整改指令书42份，查出并监督整改安全隐患46处。深入开展安全生产大检查，区安委会加大综合督导检查力度，各单位迅速部署落实，强化道路交通、燃气等11个重点行业领域隐患排查，按照“11·20”会议精神，围绕“查、告、罚、关、停、改、帮”七字方针，坚持执法检查情况一日一报，做到检查全覆盖，隐患治理无漏项。安监、消防、商务、城管等部门联合对47家商品交易市场开展专项治理，推进政府监管与市场自管“两个平台”建设，实现市场安全管理硬件和软件“两个提升”。开展餐饮企业燃气安全调研，实施液化石油气使用安全治理。狠抓工程建设领域事故专项整治，严查施工现场“三违”行为。开展“铁拳”行动，排查治理火灾隐患。采取“四个统一”，强化烟花爆竹领域标准化监管，突出对危险化学品销售单位的监管，治理整顿全区装饰装修建材门店。开展普通地下室及人防工程综合整治，加大对城市运行过程安全监管。全区各部门、各街道共检查各类生产经营单位10万余家次，处罚705.1万元；查出各类隐患和问题76389项，已整改75648项，整改率99.03%。

三、强化隐患治理，督促企业落实安全生产主体责任。一是推进安全生产标准化建设，修订并公示八类行业三级标准，建立专业评审队伍，推广多元化评审方式。建立涉及燃气、有限空间等九类行业的安全生产智囊专家库，开展烟花爆竹销售网点标准化工作，筹备小微企业岗位达标工作。完成三级达标企业200家、二级达标企业1家、一级达标企业2家。二是巩固拓展安全生产隐患自查自报工作，纳入隐患自查自报系统的生产经营单位6321家，上报隐患344项。三是加强网格化管理，发挥网络监督员发现报告和区街执法队伍全响应的快速查处机制作用，接报处理案件79件，首次网络曝光违规作业单位。四是发挥社会监督作用，完善安全生产举报投诉工作制度，对举报信息实施分类分级管理，接报举报投诉239件，办结率100%，5日内办结率84.9%。

四、强化法制建设，深化安全生产宣传教育培训。一是“四项创新”完善宣传教育工作制度、形成公益广告宣传机制、利用媒体加大宣传力度、依托网络评论员队伍做好舆情发布。全年共制作完成《安全警示标志》等6部公益片，在重点地区14块户外显示屏播放。二是开展安全生产月及有限空间作业事故应急救援演练等活动，安全生产月宣传咨询日，共接待咨询7735人次，摆放展板135块，发放宣传材料162150份。建立安全生产宣传教育工作例会、人员密集场所安全生产知识宣传例会等工作制度，制定安全生产宣传三年规划。三是开展安全生产教育培训，成立西城区特种作业考试中心，组织考试10400人。四是推进依法行政，加强行政规范性文件管理及新闻发布工作，规范80项行政处罚自由裁量权，网上公示45件行政处罚案件，开展区街两级行政处罚案卷评查工作，联合全国服务标准化技术委员会、市质监局、市标准化研究所、市劳保所等单位，制订高处悬吊作业强制性地方标准。

2013年，西城区安全生产形势持续稳定好转。西城区被市安委会评为“2013年度安全生产工作先进区县”，西城区安全监管局获得2013年度基础管理创新奖和安全生产月活动优秀组织奖。西城区安全监管局制作的高处悬吊作业操作规范宣传、安全生产公益广告分获北京市安全生产优秀宣传作品视频类一等奖、三等奖。

综合监管

【控制考核指标】 2013年，西城区共发生各类安全生产死亡事故17起，死亡17人，占市安委会下达控制指标的73.91%。其中，道路交通事故死亡12人，同比增加3人，占控制指标的85.71%；生产安全事故死亡4人，同比减少1人，占控制指标的50%。未发生铁路交通死亡事故。

（潘海燕）

【区政府常务会部署安全生产】 2月27日，西城区区长王少峰主持召开第41次区政府常务会，对2013年安全生产工作进行部署。一是坚持区政府安全生产工作季度例会及相关部门主管领导参与研究安全生产问题的工作机制，充分发挥安委会办公室协调作用。二是加强重点行业领域、重点地区的安全监管，每月开展一次拉网式重点行业领域专项整治，集中治理安全生产隐患和问题突出的重点地区。三是加大安全生产教育培训力度，提高执法人员的业务能力，重点抓好对生产经营单位安全责任人、管理人的教育培训工作。四是强化企业安全生产主体责任落实，建立企业黑名单制度，严格市场准入，督促企业提升安全生产管理水平。五是充分发挥舆论监督作用，调动群众举报安全隐患的积极性，动员全社会关注、支持、参与安全生产工作。

（许东）

【安全生产大会】 3月20日，西城区政府召开2013年安全生产工作会，总结回顾2012年工作，部署2013年工作，对安全生产先进典型进行表彰。区长王少峰出席会议并讲话，副区长吴铁男主持会议。王少峰要求：一是把安全生产作为区域发展的头等大事，各单位要增强做好安全生产工作的责任感、使命感和紧迫感；二是结合首都功能核心区定位，切实提高安全生产工作水平，树立安全生产大局观念及战略意识，加大安全生产监管力度，提高执法检查的针对性和有效性，强化企业安全生产主体责任落实，加强安全生产宣传教育和社会监督；三是扎实推进安全生产各项工作，各部门、各街道结合三定方案、相关法律法规及分管行业领域存在的薄弱环节，通过建立“模拟追责”机制，进一步强化安全监管各环节责任落实，全面实现西城区安全生产形势持续稳定。

（许东）

【落实政协委员提案】 3月20日，西城区安全监管局接到《关于在安全稳定领域中重视群防群治组织建设的建议》的政协委员提案，区安全监管局领导落实西城区“四访制度”，采取三项措施全力做好提案办理工作。一是召开局长办公专题会议，明确提案办理工作由主要领导牵头，两位主管领导组织推进，事故应急科、办公室具体落实；二是第一时间与政协委员取得联系，并于3月22日召开政协提案对接会，详细征求委员意见，对提案问题及办理事项进行探讨；三是结合职责狠抓落实，针对委员提出的具体问题，相关负责人研究办理办法，制订具体推进措施。区安全监管局对提案内容分阶段开好研讨会、现场会、推进会和汇报会，做好情况沟通和反馈，把提案工作落实到位。

（刘洋）

【燃气安全调研部署】 3月20日，西城区安全监管局组织召开燃气安全使用调研工作会，区市政市容委、商务委、质监分局等单位参加会议。会议明确了燃气安全使用调研工作的基本思路，重点对燃气使用现状、地下管线情况以及燃气使用监管措施进行研究，制订了燃气调研方案。

（张璐）

【“科队合一”监管模式】 3月28日，西城区安全监管局召开街道安全生产联席会议，建立“科队合一”的监管模式。会上，对“科队合一”的监管模式做了解释，明确了街道执法分队检查目标，下发了执法文书制作及管理规范和行政执法管理办法，举行了安全生产执法设备发放仪式，并为街道执法人员颁发安全生产监管执法证。会议指出，要加强制度建设，规范执法工作秩序；要继续加大投入力度，提高执法装备水平；要加强队伍素质建设，提高监察执法效能。

（许东）

【事故模拟追责】 5月至12月，西城区安全监管局会同区监察局实施安全生产事故模拟追责。一是召开专题会对安全生产事故模拟追责工作进行全面部署，确定一名主管领导负责本项工作；二是结合安全生产事故模拟责任追究的特点和意义，选取事故多发的燃气爆燃为模拟事故案例，多次与区监察局开展研讨，最终确定事故模拟涉及单位及工作方案；三是会同区监察局召开安全生产事故模拟责任追究部署会，向事故模拟涉及单位通报安全生产事故模拟追责工作内容，并对本项工作的开展进行全面部署。四是结合案例充分研讨，理清各部门在日常监管工作和模拟事故中所负责任；五是会同区检察院、法制办、编办对各部门提交的自查报告提出修改意见。

（赵常华）

【推进重点任务落实】 7月，西城区安全监管局结合季节特点及辖区实际，推进安全生产工作。一是突出区安委会统筹协调作用，对无主管部门监管的行业领域进行职责梳理，完善“科队合一”监管模式，推进安全生产事故“模拟追责”机制，开展餐饮场所燃气使用专项调研；二是强化重点行业领域监管力度，推进各项既定执法任务落实，做好重点时段、重大活动安全生产保障，有效防范和遏制重特大事故发生；三是强化企业安全生产主体责任落实，完成规模以上工业企业标准化达标，完善有限空间、高处悬吊作业网格化监管，推动高处悬吊作业地方标准制订，建立企业黑名单制度；四是加大安全生产宣传教育培训力度，开展针对安全生产执法人员、各生产经营单位从业人员、特种作业人员的培训教育，探索行政处罚自由裁量权信息公开工作的常态化机制，推动安全社区建设。

（许东）

【安全生产调研】 11月21日，西城区区委常委、纪委书记王力军带领区纪委领导班子一行11人到区安全监管局进行调研。调研组听取区安全监管局安全生产重点工作、党风廉政建设和安全生产事故模拟行政问责开展情况等工作汇报，并进行座谈交流。王力军对区安全监管局在落实安全生产责任，加强重点行业领域监管，全力压减事故，保持安全生产形势持续稳定方面所取得的成绩给予肯定。提出工作要求：一是强化意识，增强安全生产工作的紧迫感和责任感；二是夯实基础，推进安全生产标准化工作；三是明晰责任，加大依法行政问责力度；四是注重创新，探索事故模拟问责制度；五是强化责任，加强党风廉政建设工作机制；六是注重实效，确保党风廉政建设工作落到实处。

（何爱民）

危险化学品安全监管

【加油站安全部署】 4月27日，西城区安全监管局组织辖区17家加油站站长召开安全管理防范工作会议。学习新版《汽车加油加气站设计与施工规范》，就做好“五一”期间危险化学品安全管理防范工作进行部署。一是要重视危险化学品安全生产工作，深刻吸取“4·8”火灾事故教训，进一步落实企业安全生产主体责任；二是对全体从业人员开展安全培训教育，把从业人员特别是新上岗人员培训工作做到实处；三是完善应急预案、安全管理制度，开展防火、防恐、防自然灾害等应急演练；四是做好设备设施的自检自查工作，严格执行24小时值班制度，尽职尽责，确保信息畅通。

（张文）

【易制毒化学品专项整治】 6月14日，西城区安全监管局组织辖区23家第二、三类易制毒化学品经营单位主要负责人召开易制毒专项整治部署会。观看《当前易制毒化学品监管面临的形势与任务》视频讲座，听取生产经营单位关于非药品类易制毒化学品经营备案管理工作汇报，对第二类、三类非药品类易制毒化学品备案过程具体操作进行详细提问。全面部署专项整治工作，要求各经营单位加强隐患自查自报，严禁非法存储易制毒危险化学品；如实登记生产、经营、使用及储存的易制毒危险化学品数量、流向，严格易制毒危险化学品销售、购买监督管理及运输监督管理；对危险化学品经营许可证到期未换证仍擅自从事易制毒危险化学品的经营行为，进行全面清查，一经发现，严肃处理，并追究相关责任人的法律责任。

（张文）

【加油站夜查】 11月5日，西城区安全监管局对辖区5个加油站的安全生产大检查落实和火灾隐患排查整改情况进行夜间执法检查。检查发现个别单位存在安全巡查记录未按时填写、重点时段人员值守力量不足、部分从业人员对应急预案责任分工不明确等问题。执法人员当场下达责令整改指令书并监督整改落实。要求有关单位结合自身问题，扎实开展隐患自查，完善细化应急预案，加大员工培训及安全教育力度，开展防火、反恐、防盗等应急演练。

（张文）

【执法检查】 2013年，西城区安全监管局根据《开展危险化学品安全生产大检查》《危险化学品“打非治违”专项行动》及《关于开展危险化学品“一书一签”专项整治工作》等通知精神，组织执法人员对全区危险化学品企业和加油站开展执法检查。检查危险化学品经营单位360家次，下达责令改正指令书55份，排查治理隐患62项，隐患整改完成率100%。与市安全监管局开展危险化学品专项联合执法检查1次，与区公安分局开展危险化学品专项联合执法检查7次。

（孙立）

烟花爆竹安全监管

【烟花爆竹行政许可】 2013年，西城区安全监督局联合区烟花办、监察局、治安支队、工商分局、消防支队、交通支队、城管大队等部门组成联合检查组，多次对各街道规划预设的零售网点地址进行实地勘察。考虑实施的新标准，以及城市发展、旧城改造等因素的影响，从辖区15个街道初选的50个零售网点中勘察筛选出41个确定为西城区2013年烟花爆竹零售网点。经过对申请2013年烟花爆竹零售网点严格审查，区安全监管局于1月4日至7日为符合申报条件的41家烟花爆竹零售网点办理了行政许可受理手续，受理名单在区安全监管局互联网公示。

（张文）

【安全教育培训】 1月24日，西城区安全监管局组织41家烟花爆竹网点从业人员进行培训。培训主要围绕《烟花爆竹安全管理条例》《北京市烟花爆竹安全管理规定》等相关法规和制度，着重讲解烟花爆竹安全知识、购买储存安全知识、岗位安全操作技能、零售单位安全检查、零售场所安全要求、从业人员的权利和义务，介绍危险化学品燃烧爆炸的过程与自救逃生、灭火安全技术、紧急处置措施以及自救互救知识。参加培训人员达400余人。

（张文）

【市级安全检查】 2月6日，市监察局牵头，市烟花办、安全监管局、工商局、公安局消防局等单位组成的市烟花爆竹安全管理检查组到西城区检查烟花爆竹安全管理工作。检查组观摩了全区烟花爆竹视频监控对讲系统的现场演示，听取区安全监管局和区监察局主管领导对全区烟花爆竹安全管理工作总体情况的汇报，并对部分烟花爆竹销售网点进行检查。市烟花爆竹安全管理检查组对西城区烟花爆竹安全管理采取的各项措施及做法给予肯定。

（张文）

【执法检查】 2013年烟花爆竹销售期间，西城区安全监管局采取日常检查、夜间抽查、各街道每日巡查和各职能部门联合执法检查等多种监管形式督促烟花爆竹零售网点做好安全工作。区安全监管局设立指挥部，由局长任总指挥长，负责全面工作；各主管领导分别担任片区指挥，带领检查组对全区41个烟花爆竹销售网点及17家加油站进行全覆盖、高频次的安全执法检查。烟花爆竹销售期间，区安全监管局牵头组织相关部门联合检查5次。2月5日至24日，出动执法人员926人次、车辆316台次，日常检查1538家次，夜查356家次。下达责令整改指令书42份，查处安全隐患46项。

（张文）

【回收、撤点】 2月24日，西城区安全监管局组织烟花爆竹批发企业做好剩余烟花爆竹回收工作。25日，全区41家烟花爆竹零售网点剩余烟花爆竹全部回收完毕。

（张文）

隐患排查治理

【自查自报管理系统培训】 3月14日，西城区安全监管局组织召开安全生产隐患自查自报管理系统培训会，培训各街道安全监管人员30人。培训内容围绕隐患自查自报系统管理办法、操作手册和填报说明，相关人员掌握系统各模块功能和操作要求等，就实际工作中属地与行业管理划分等问题开展讨论并提出合理化改进建议。此次培训为稳步推进西城区安全生产隐患自查自报工作，依规开展登记和上报工作提供了技术指导。会议要求各街道对辖区生产经营单位开展的隐患自查自报工作及时进行业务培训和宣传教育，增强主体责任意识，提高隐患上报工作的自觉性。

（宋志娟）

【燃气安全联合检查】 9月5日，西城区安全监管局牵头组织区市政市容委、质监局、区城管执法监察局、展览路街道办事处、展览路工商所、展览路派出所对中国印刷总公司承租的6家餐饮经营单位液化石油气使用情况进行联合执法检查。通过检查发现：一是部分液化气钢瓶过期未检验；二是未设置单独液化气瓶储存间；三是未与本市正规燃气经营许可供应企业签订供用气合同。检查组召开隐患治理现场会，强调开展安全大检查工作的重要性，相关部门提出整改意见，要求承租的6家餐饮单位在隐患消除前立即停止使用液化气钢瓶，待安全隐患整改消除后恢复营业。12月初，区安全监管局联合有关部门对6家生产经营单位进行复查，隐患全部整改完毕。

（张璐）

【隐患排查治理】 2013年，西城区安全监管局稳步推进安全生产隐患排查治理工作，与各属地街道、行业管理部门沟通，对重点行业领域展开调研，深入分析产业发展结构，及时督促企业开展隐患排查工作。截至12月底，西城区城市运行安全生产风险管理平台共注册企业5733家，其中已上报企业总数3031家，上报隐患265项，隐患排除率100%，有效降低了城市运行安全风险。

（宋志娟）

【举报投诉核查】 2013年，西城区安全监管局完善举报投诉制度，建立快速查处机制和街道执法联动机制，加强安全生产举报投诉现场核查工作。截至12月底，举报投诉共接报275件，办结275件。其中，接市安全监管局“12350”举报投诉中心145件，区城管运行指挥中心95件，市“12345”非紧急救助服务中心7件，其他28件，属实174件，5日内办结234件，10日内办结41件。

（何爱民）

应急救援

【市、区应急研讨会】 3月7日，市安全监管局与西城区安全监管局召开2013年度应急工作交流研讨会，市安全监管局副局长唐明明参加会议。唐明明从制度建设、事故防范检查、应急管理及演练等方面对应急管理工作提出具体要求。西城区安全监管局表示着力推进生产安全事故应急预案备案工作，修订完善西城区生产安全事故应急救援预案，全面开展应急救援演练，探索高层商务楼宇和人员密集场所应急救援演练的时效性，全面做好2013年应急管理工作。

（赵常华）

【有限空间应急演练】 6月20日，西城区安全监管局在西城区大吉危改项目C地块拆迁工地，组织开展有限空间作业应急救援演练活动。市安全监管局副局长常纪文，西城区副区长吴铁男，区政协副主席姜立光等领导到演练现场观摩指导。此次有限空间事故应急救援演练遵循“立足实际，整合资源，发挥部门联动优势”的指导思想，完善事故应急处置机制，科学有效地调度救援力量，主要模拟2012年“7·3”有限空间事故展开。演练由现场救援、现场人员互动等部分组成。通过演练活动进一步提升了全区有限空间作业应急处置能力和水平，扎实推进了有限空间作业工作规范化、监管体系化、应急机制化、处置流程化。

（王之波）

执法监察

【地下空间专项检查】 1月9日至11日，西城区安全监管局联合区民防局对区属人防地下空间开展为期3天的专项检查行动。检查单位10家，下达执法文书7份，发现各类安全隐患21项。检查组重点检查了人防地下空间的消防设备设施、安全通道及疏散指示标志、安全生产管理制度等。检查中发现的主要问题：一是部分单位地下空间管理混乱，疏散通道被员工更衣柜等物品挤占；二是疏散指示标志及应急照明灯的设置不符合安全要求；三是部分单位安全出口封闭，紧急情况下无法逃生。执法人员要求生产经营单位明确人防地下空间的责任人，加强对地下空间的管理与使用，及时消除各类安全隐患，确保人防地下空间不发生任何生产安全事故。

（潘俊国）

【文化娱乐场所专项检查】 2月4日，西城区安全监管局、质监局、消防支队、公安分局、文化委组成联合检查组，对辖区内文化娱乐场所安全生产开展联合执法检查。执法人员依据监管职责，对安全设备设施、安全生产制度、从业人员教育培训等进行了全面的安全检查，根据生产经营单位特点，提出了加强安全生产工作的建议。检查发现个别单位存在安全生产检查巡查制度落实不到位的现象，执法人员当场下达整改指令书，要求立即整改。区安全监管局对存在问题单位进行了复查，隐患全部整改到位。

（潘俊国）

【全国“两会”专项执法检查】 2月25日，西城区安全监管局领导带队，对“两会”代表驻地周边生产经营单位进行专项执法检查，重点检查了生产经营单位安全生产规章制度，餐饮单位后厨火源、烟罩清洗、临时电路及液化石油气瓶储存间等。要求生产经营单位加强对员工的安全教育培训，提高安全防范意识，严格落实各项安全生产制度，制订“两会”应急预案并组织员工开展应急演练，为全国“两会”召开创造良好的安全环境。

（周杰）

【全国“两会”安全保障】 2月，西城区安全监管局制订了西城区2013年全国“两会”安全生产保障工作方案，副区长吴铁男担任“两会”安全保障工作领导小组组长，28个部门和街道周密配合，重点开展3项工作。一是加强对西城区“两会”会场及驻地周边、代表行车路线的安全管控；二是加强对烟花爆竹零售网点、危险化学品、加油站、建筑工地、燃气使用单位、地下空间、工业企业、电梯等重点行业领域的安全监管；三是强化应急值守机制，严格落实领导带班制度，做到组织到位、人员到位、分工明确、责任落实，确保“两会”期间安全稳定。

（潘俊国）

【安全生产执法周】 2月至11月，西城区安全监管局先后与展览路街道、月坛街道、广内街道、牛街街道、白纸坊街道、广外街道、德胜街道、什刹海街道、西长安街道、大栅栏街道、天桥街道办事处开展了11次安全生产执法周行动。区安全监管局执法队为街道执法分队培训执法流程，指导办理行政处罚事宜，提升街道安全生产执法水平。

（何爱民）

【国际电影节安全检查】 4月12日，为做好第三届北京国际电影节安全生产保障工作，西城区安全监管局联合区文化委对北京青年宫电影城、首都电影院大悦城店开展安全生产检查。检查中听取了影院负责人对电影节展映期间的安全工作汇报，查阅了应急预案，重点检查了影院中控室人员值守和设备配备情况，确保电影展映期间安全。

（潘俊国）

【装饰建材专项检查】 5月28日，西城区安全监管局组织执法人员对全区装饰建材生产经营单位开展专项执法检查行动。重点检查了各单位经营许可条件、货物摆放、消防设施等。检查中发现部分单位管理人员安全意识薄弱、货物摆放不符合规范要求等问题。执法人员当场下达了整改文书，责令有关单位负责人立即整改，确保经营安全。此次专项行动出动执法人员62人次，检查单位105家次，发现并消除各类安全隐患70余项。

（周杰）

【特种作业“双打”专项行动】 6月10日，西城区安全监管局全面开展特种作业及特种设备作业人员“双打”专项执法行动。一是组织召开西城区特种作业及特种设备作业人员“双打”专项执法行动会议，对专项行动进行动员并提出要求；二是制订《西城区特种作业及特种设备作业人员“双打”专项执法行动方案》，确定执法内容和检查数量；三是联合区住房城乡建设委、质监局成立执法检查组，深入开展执法检查，确保“双打”行动取得实效。出动检查人员134人次，检查企业48家，检查特种作业及特种设备作业人员384人，下达执法文书27份，查处隐患39项，查处持假证、无证人员44人。

（徐卫军）

【国际茶业展安全保障】 6月20日，西城区安全监管局加强“2013北京国际茶业展”安全生产保障工作，成立了安全生产保障工作小组，重点对施工单位资质、展台搭建、应急预案建立、现场施工临时用电、企业安全教育培训及特种作业人员持证上岗情况等内容进行检查，及时对活动会场周边生产经营单位安全生产情况进行摸排建档。检查中发现个别临时展台搭建不符合规范要求，临时用电使用混乱，临时库房堆放易燃品等问题，检查人员现场监督进行了整改，确保活动期间安全稳定。

（周杰）

【餐饮场所燃气专项检查】 6月至7月，西城区安全监管局、市政市容委、质监局、城管执法局等9个部门对西城区宾馆饭店、医院餐厅、在施工地食堂、学校食堂等28家餐饮经营单位液化石油气使用情况进行了联合检查。此次检查采取抽查方式，重点检查教育、旅游、建设、文化、卫生5个行业所属餐饮单位。检查中发现部分餐饮经营单位与燃气供应企业签订的供气合同内容不规范、气瓶间堆放易燃物品、燃气连接软管违规穿越墙壁、使用非防爆型电气设备等问题和隐患。检查组依法下达了执法文书，督促生产经营单位立即整改，及时消除隐患。

（张璐）

【商品交易市场专项检查】 6月至10月，西城区安委会在全区范围内组织开展商品交易市场安全专项整治行动。区安全监管局、商务委、消防支队等部门及各街道办事处组成商品交易市场安全专项整治工作协调小组，按照“属地主责、部门联动、综合治理”的原则，以安全生产基础管理、用电安全、特种作业安全管理以及消防安全“五个严禁”和“十项工作措施”为重点，排查整治市场安全隐患，规范市场经营行为，防范各类事故发生。

（张璐）

【电气安全专项检查】 7月18日，西城区安全监管局全面开展了电气安全隐患专项执法检查行动。一是组织召开电气安全隐患专项执法检查工作动员部署会、区属企业及重点企业电气隐患自查工作动员会，统一安排专项行动并提出要求；二是制订西城区《电气安全隐患专项执法检查工作方案》，确定执法内容和检查数量；三是组织执法人员及街道执法分队进行电气安全专项培训，掌握电气专业知识及检查要点；四是聘请电气安全专家参加执法检查，提高检查的专业水平；五是利用户外大型广告宣传屏、标语、横幅等进行广泛宣传，营造安全生产舆论氛围。

（徐卫军）

【中秋节安全监管】 9月19日，西城区安全监管局要求全体干部中秋节小长假期间强化责任，落实好各项安全监管工作。一是加强中秋节期间执法、值守工作，坚持领导带班制度，由带班领导和值班人员负责应急值班，同时安排2名执法人员对辖区重点单位开展安全巡查；二是按时反馈信息，进行信息报送及总结，及时传达上级领导安全指示精神，填写并及时反馈各项报表及信息，确保沟通顺畅；三是要求全体人员保持备勤状态，遇突发事件及时到岗处置，降低事故损失。

（何爱民）

【全国政协会议安全保障】 11月15日，为保障政协第十二届全国委员会第三次会议顺利召开，西城区安全监管局加强对全国政协办公区周边生产经营单位的安全监管，对全国政协办公区周边200米范围内生产经营单位进行摸底调查，建立企业基本信息台账，全面掌握企业基本情况。对录入台账的单位展开拉网式安全检查，及时消除安全隐患。加强对重点单位监控，确保重点企业安全监管到位。

（刘春祥）

【大型活动安全保障】 2013年，西城区安全监管局先后完成“十八届全国中小学安全教育日”“永远的雷锋大型主题展览”“乒超联赛”“全国助残日”等大型活动安全保障任务，执法人员分别对大型活动施工方资质、特种作业人员（电工、焊工、架子工等）操作证件、施工现场搭建等进行检查。共检查施工单位44家，下达执法文书43份，查处隐患71项，为大型活动顺利开展创造良好的安全生产环境。

（刘春祥）

职业卫生监督检查

【有限空间作业研讨会】 4月12日，西城区安全监管局联合区监察局召开会议，分析全区有限空间作业现状，研究部署有限空间专项整治工作。一是摸清底数，全面掌握有限空间作业现状；二是明确产权，对个别产权尚不明确的有限空间进行重点勘察、登记与管理；三是加强监管，加大对金融街、西单等重点敏感区域的执法检查力度，坚决遏制事故发生；四是加大财政投入，购进专业设备，提高隐患排查效率；五是检查从业人员持证上岗情况，对未按照要求落实各项安全管理措施和不及时消除有限空间作业隐患的企业依法予以查处；六是利用广播、电视、报纸、网络等多种媒体对相关从业人员以及社会公众开展有限空间安全作业知识普及和培训教育，把安全措施宣传落实到每个环节、每个岗位、每个人员；七是完善有限空间作业事故责任倒查制度，明确有限空间作业每个具体操作环节的责任人以及责任范围。

（张文）

【职业卫生专项治理】 5月25日，西城区安全监管局按照市安全监管局统一部署，开展机动车维修行业职业危害专项治理工作。制订《西城区开展机动车维修行业职业危害专项治理行动工作方案》，并召开专项整治工作会。全区涉及机动车维修的企业共有21家，其中一类汽修企业8家、二类汽修企业13家。此次专项治理工作以确保治理范围内用人单位职业危害申报率、主要负责人和职业健康管理人员职业卫生知识培训率、工作场所定期检测率、个人防护用品符合职业卫生要求率达到100%为工作目标。

（王之波）

【职业病核查】 7月18日，西城区安全监管局根据市安全监管局关于职业病确诊病例数据核查的工作要求，对区内职业病确诊患者所在单位进行实地走访调查。一是对新确诊的职业病患者相关数据进行全方位调查核实，确保数据库数据准确无误；二是对新确诊的职业病患者合法权益保障情况进行深入了解，督导用人单位落实好职业病患者合法权益保障；三是对用人单位主管职业病负责人和具体管理人员宣传职业病防治法；四是根据调查数据科学地分析研究职业病患者数据管理工作，撰写调查报告，进一步加强对职业病危害单位的监督检查和法制宣传工作。

（靳交瑞）

宣传培训

【执法系统培训】 1月6日，西城区安全监管局组织召开西城区安全生产执法检查系统培训会。西城区安全生产执法检查系统分两批正式推广应用，第一批由区安全监管局一线执法科室应用，第二批由15个街道安全生产办公室执法科队应用。

（佘丙华）

【培训机构资质审核】 1月17日，西城区安全监管局组成核查组，对本辖区三级安全生产培训机构北京市劳动保护科学研究所申请二级资质的有关工作进行现场核查。核查组首先听取了有关工作汇报，根据二级安全生产培训机构认定标准对申请必备条件进行审查，在实地检查教室、教研室、实操场地、教材设备、消防设施等评分项目后，对培训管理、辅助设施、培训教师、培训师资、后勤服务等权重指标进行客观、公正打分。结合评分结果，核查组要求尽快更换阅读书籍，并希望该单位充分发挥人才资源优势，做好安全生产培训工作。

（佘丙华）

【街道执法人员资格管理】 2月3日，西城区安全监管局实施街道执法人员资格管理工作。一是组织街道执法检查人员参加市安全监管局举办的执法资格培训班及公共法律知识考试；二是加强行政基础法知识、调查取证、法律规范适用、执法文书制作和执法道德规范内容培训；三是细化区街两级安全生产行政执法队伍职责、目标考核人员管理与培训等各项工作制度，深化“科队合一”的监管工作模式；四是为每一位执法人员建立个人电子档案，记录行政执法人员的培训考核及执法证件情况，有效运用培训考核结果，使之成为依法行政考核的重要依据。

（佘丙华）

【宣传咨询日】 6月9日，西城区区委宣传部、安全监管局、应急办、文明办等部门在庄胜崇光百货广场共同主办以“强化安全基础，推进西城安全发展”为主题的安全生产月宣传咨询日活动。此次活动以促进企业落实安全生产主体责任、提高全民安全意识和防范技能为目标，倡导“安全第一，预防为主，综合治理”的安全生产方针，营造安全稳定的社会氛围。宣传咨询日活动中，副区长吴铁男为活动致辞，企业代表宣读了倡议书，市、区领导及众多市民参观宣传展板，领取宣传材料，并与参加活动的31家单位进行交流。宣传咨询日当天设立15个分会场，接待咨询群众7735人，摆放展板90块，发放宣传材料10.8万份。

（佘丙华）

【大型公开课】 8月7日，西城区安全监管局举办“安全生产大讲堂”公开课，邀请北京市“安全生产大型公开课”讲师团郑智斌老师为各街道、社区安全员授课，共300余人参加。课程以燃气安全、居民自救知识、安全事故防范为主，采取“以案说教”方式，结合安全生产典型事故，围绕安全隐患排查、培训教育、事故防控等方面进行讲解，进一步增强了各街道、社区安全员安全意识，提高了广大从业人员安全防护和应急自救能力。

（佘丙华）

【街道执法分队业务培训】 11月6日，西城区安全监管局组织各街道办事处主管领导、街道分队执法人员、相关部门法制员共计71人，在西城区干部培训基地进行为期2天的行政执法业务集中培训。结合工作特点，分别组织学习加油站执法检查要点、烟花爆竹零售网点设置管理安全要求、执法平台系统操作使用等内容。为提高街道执法分队业务水平，适应安全生产执法工作提供了有力支撑。

（佘丙华）

【特种作业考核】 2013年，西城区安全监管局开展8期特种作业人员安全技术考试。为规范考场秩序，严肃考场纪律，采取3项举措规范特种作业考核工作。一是各考点在主入口处悬挂横幅，院内、楼内设置引导标示牌，并设立候考室，安排专人疏导人员；二是各考点指派专人负责技术问题，解决考试中出现的网络连接故障和系统问题；三是领导亲自带队，对全部考点进行考试巡查。各考点考场秩序良好，监考人员能够严格履职。全年安排考试23场次，共培训8476人，其中理论考核5893人，实操考核2583人。

（佘丙华）

法制建设

【移动执法终端】 6月11日，西城区安全监管局为新成立的街道执法分队配发移动执法系统终端，初步实现安全生产执法监察现场移动执法。通过对安全生产法律法规和检查项的电子化，形成客观的判断型电子化执法模式。利用3G

网络实现执法照片的现场拍摄与实时回传，全面提高行政执法效率。

（何爱民）

【行政执法制度】 2013年，西城区安全监管局先后出台《行政处罚程序规定》《行政处罚听证程序规定》《重大、复杂案件集体讨论制度》《行政执法文书制作及管理规范》和《法制员工作制度》5个制度及街道执法分队相关行政执法制度汇编。7月9日，西城区安全监管局召开行政执法制度培训会，明确了行政处罚案卷备案、审核制度，规范了听证、重大案件集体讨论的程序要求，促进依法行政工作有序开展。

（孙建明）

【行政权力公开】 2013年，西城区安全监管局作为西城区权力运行公开5个试点单位之一，对相关职权、执法依据、自由裁量标准、行政处罚结果等进行梳理。区安全监管局共有行政职权290项，其中行政处罚权281项、行政许可权2项、行政强制权4项、其他3项。梳理后的290项职权与廉政风险防控等级相挂钩，由区政府权力公开运行办公室统一在“西城区行政权力公开透明运行网”公示。对安全生产法律法规涉及处罚种类和幅度选择行政处罚条款逐一细化，制定具体处罚标准，压缩自由裁量空间，共规范自由裁量权80项。按照区政府权力公开运行办公室的要求，自1月起，开始在“西城区行政权力公开透明运行网”录入行政处罚结果，截至12月底，录入符合自由裁量权范围内的行政处罚案件45件。

（孙建明）

标准化建设

【标准化部署】 3月6日，西城区安全监管局按照“政府推动、行业指导、企业主体、社会参与”的基本工作原则，全面推进全区企业安全生产标准化建设工作，在人员密集场所、交通运输、建筑施工以及工业企业等重点行业中推进安全生产标准化达标工作。一是做好宣传发动工作，研究建立规范的评审工作机制、统筹协调工作机制和激励约束机制。二是协调行业部门做好安全生产标准化推广工作，建立企业安全生产长效机制，有效遏制事故的发生。三是定期听取有关部门安全生产标准化创建进展汇报，确保安全生产标准化工作任务顺利完成。

（宋志娟）

【标准化专家队伍】 4月25日，西城区安全监管局成立了12名专家学者为骨干的安全生产标准化专家组，汇集了安全、消防、建筑等方面的专业技术人才。专家组为全区各行业主管部门开展安全生产标准化建设提供技术支持，协助做好相关行业领域安全生产标准化教育培训和评审工作，指导帮助企业排查隐患、提出整改建议，对照有关标准及时整改各类隐患，指导服务企业不断提高安全生产管理水平。

（宋志娟）

【普通地下室标准化培训】 8月7日，西城区安全监管局邀请有关专家协助区房管局对15家普通地下室进行安全生产标准化培训，推进企业安全生产标准化达标创建工作。培训针对标准化工作提出4点要求：一是立即成立安全生产领导小组，按照《西城区普通地下室安全生产标准化评定标准》分专业、类别，梳理、制定《企业安全生产责任制》；二是迅速组织全员培训，向职工讲解安全标准化知识；三是切实加大安全生产投入，及时消除隐患，努力实现本质安全；四是积极开展企业自查自评活动，为评审工作提前做好准备。

（宋志娟）

【标准化创建协调会】 11月，西城区安全监管局、旅游委、商务委、文化委、国资委、房管局等9部门召开西城区标准化建设工作协调会。会上听取了7家单位标准化创建工作阶段性汇报，就共性问题进行研讨。区文化委、房管局及体育局初步完成本行业现场评审，区住房城乡建设委完成了市级绿色工地评比与三级企业安全生产标准化达标对接。其他行业均已进入评审申报阶段。截至12月底，西城区一级达标企业2家，二级达标企业1家，三级达标企业206家（其中区住房城乡建设委30家、区商务委31家、区旅游委31家、区体育局31家、区文化委32家、区民防局30家、区安全监管局21家）。

（宋志娟）

安全社区

【安全社区创建】 2013年，西城区安全社区创建工作采取“自愿、推进”原则，西城区安全监管局下发了《关于做好2013年安全社区创建申报工作的通知》，加强已创建和未创建安全社区街道间的沟通与联系，发挥“手拉手”的作用，推进创建工作开展。实行一套总结、一套资料、一本画册、一张光碟、一个现场的迎检“五个一”工作，完善安全社区创建体系。加强与国家职业安全健康协会和北京市安全社区建设支持中心的联系，为创建国家和北京市安全社区创造条件。2013年，全区安全生产社区完成国际级安全社区的街道办事处有6个，已完成国家级安全社区的街道办事处有2个。新增国际级安全社区的街道为西长安街街道、新增国家级安全社区的街道为白纸坊街道办事处。完成国际级安全社区复审工作的街道为金融街街道和月坛街道，完成国家级安全社区复审工作的街道为德胜街道和展览路街道。

（孙建明）

朝阳区

概述

2013年，朝阳区安全生产工作以落实企业主体责任和政府监管责任为主线，不断加强队伍建设，认真履行安全监管职责，狠抓各项工作落实，最大限度地遏制了各类安全生产事故的发生。

落实安全生产责任。区委、区政府

10次召开安全生产例会和专题会议，研究部署安全生产工作。区政府及时调整区安全生产委员会组成人员。春节、“两会”、国庆节等重大节日、重要时期，区领导坚持带队深入基层检查、指导、督促安全生产工作落实。区安委会坚决贯彻区委、区政府的决策部署，召开安委会扩大会议5次，下发各类文件58个，全面部署安全生产重点工作。与各街乡主管领导签订《安全生产任务书》，做到任务明确、责任到人。区各部门、各街乡增强主动配合和统筹协调意识，做到安全工作齐抓共管、联动协作。

完成执法监察任务。检查生产经营单位28万家次，占任务计划14.3万家次的195%。其中43个街乡共检查单位2.8万家次，占任务计划2.2万家次的127.2%。下达执法文书11万份，占任务计划9.37万份的117%。其中43个街乡共下达执法文书2.3万份，占任务计划1.55万份的148.3%。查处生产安全事故34起，立案57件，行政处罚251.1万元，追究刑事责任4人。

深化专项整治。以人员密集场所、交通运输、危险化学品、建设施工等10项执法检查专项行动和安全生产大检查为重点，按照“全覆盖、零容忍、严执法、重实效”的要求，加大执法频率和处罚力度。全区立案处罚5752起，处罚金额3741.9万元，行政拘留和刑事追究违规违法人员352名。其中，安全监管系统共立案处罚1217起，处罚金额951.15万元。

排查治理隐患。坚持安全隐患“企业自查自纠、政府挂牌督办、执法督促整改”的工作机制，结合安全生产大检查工作，做到整改措施、责任、资金、时限和预案“五落实”，全区整改各类安全隐患21万余项。受理市“12350”举报、网络举报、群众来信来电和区政民互动平台投诉计276件，办结率和回复率均达到100%。

开展宣传培训。以安全生产月活动为契机，有序开展安全生产宣传教育培训工作。共组织7.2万人参加“同煤杯”安全发展战略，被国家安全监管总局评为优秀组织奖；参加北京“建工杯”首都百万一线职工安全生产知识竞赛活动。培训各类人员16.2万人次。

提升应急救援能力。完成5个重大危险源企业“一对一”生产安全事故应急预案的编制工作。在规模以上工商贸企业开展生产安全事故应急预案备案评审和备案工作。进行1487场次应急演练，其中实战演练1368次，桌面演练119次，投入资金50余万元，参演人数超过15万人。配合市安委会办公室在朝阳区呼家楼地区开展高层商务楼宇应急疏散演练。

推动标准化创建。按照“统筹规划、突出重点、分类指导、分步推进、全面实施”的工作方法，加快推进企业安全生产标准化创建工作。区政府投入资金1100余万元，各相关行业部门、街乡对照创建标准和规范督促企业自查整改，全面促进。全区有6138家企业完成了达标工作。

推进信息化系统。全面推进《朝阳区安全生产综合监管调度系统平台》升级改造，5500家生产经营单位登录平台自查自报隐患1200条。全面使用系统配套的PDA“执法宝”。安装24小时全方位视频监控装置对烟花爆竹零售网点进行监管。

开展安全生产大检查。组织检查组

12877 个（暗查、突击检查组 2217 个，交叉检查组 548 个），出动检查人员 87838 人次，检查生产经营单位（场所）76471 家次，排查发现隐患 134377 项，督导整改 119110 项，责令改正、限期整改、制止违法行为 25882 项，责令停产、停业、停止建设 1014 家，暂扣或吊销有关许可证、职业资格 10 个，关闭非法违法企业 785 家，处罚金额 1118 万元。

启动安全发展示范城市创建。成立区级创建工作指挥部，下设创建工作办公室和 9 个专项工作组，43 个街乡设立分指挥部，形成“1+10+43”的创建工作指挥体系。

重大节日、重要活动、重点时段安全保障。针对“两节”“两会”及“五一”“十一”长假和党的十八届三中全会、“北京国际电影节”“京交会”“婚博会”“CBD 商务节”等特殊敏感时期的特点，协调各街乡、各有关部门积极采取应对措施，加大督导检查力度，推动工作落实，确保安全生产。组织各类大型活动安全检查 116 次，消除各类隐患 368 项。

加强职业卫生安全监管。加速推进职业危害申报检测，开展职业卫生基础建设活动，编写《朝阳区职业卫生基础建设活动指导手册》，对存在职业危害企业单位的 981 名主要负责人和监督员进行培训，对 5 起职业病诊断的举报案件进行查处，完成 14 起职业病病例调查工作。

综合监管

【控制考核指标】 2013 年，朝阳区发生道路交通、生产安全、火灾、铁路交通死亡事故 168 起，死亡 189 人，同比分别上升 4.3% 和 7.4%，死亡人数占市安委会下达控制指标的 103.85%。其中：道路交通事故死亡 154 人，同比增加 3 人；生产安全事故死亡 15 人，同比减少 6 人；生产经营性火灾事故死亡 12 人，同比增加 9 人；铁路交通事故死亡 3 人，同比增加 2 人。

（唐璐）

【总结部署会】 1 月 16 日，朝阳区安全监管局召开 2012 年度安全生产工作总结暨 2013 年工作部署大会。副区长汪洋出席会议并讲话。会议全面总结朝阳区 2012 年度安全生产工作完成情况，指出存在的 5 个方面问题并提出改进建议，部署 2013 年度全区安全生产 10 项重点工作。即：弘扬安全文化，开展全员培训；加强综合监管，形成监管合力；深化专项整治，落实隐患治理；严格安全标准，推动企业达标；创新监管方式，提高监管效能；强化职业卫生监管，预防和减少职业危害；规范危险化学品行政许可，夯实安全生产基础；提高应急救援能力，严肃查处事故；加强队伍建设，严格依法行政；完善目标考核，规范监管责任。

（唐璐）

【区领导节前安全检查】 2 月 4 日至 9 日，朝阳区区委书记程连元，区委副书记、区长吴桂英带领区委、区政府相关部门和街乡负责人、安全专家等人员，前往烟花爆竹零售网点、加油站、餐饮企业、百货商场、文化娱乐场所、建筑工地、公园、别墅区等重点区域，检查春节前安全生产工作。重点察看防火器材、经营证照、用电安全、监控设备、安全通道、特种设备、警示标志、应急预案等内容。

（唐璐）

【安全生产大会】 3月22日，朝阳区安委会召开2013年安全生产工作会，区安委会各成员单位和各街乡主管安全生产工作领导参加会议。副区长汪洋出席会议并讲话。会议传达了北京市安全生产大会精神，部署安全生产重点工作，包括安全生产标准化创建、安全生产大培训、重点行业领域执法检查专项行动和餐饮业燃气使用安全专项执法检查行动。

（唐璐）

【安全发展示范城市座谈会】 5月30日，朝阳区安全监管局召开安全发展示范城市座谈会。会议邀请国家安全监管总局和市安全监管局有关领导、中国安科院专家对《北京市朝阳区安全发展示范城市创建规划》《创建方案》和《分组创建标准》进行研讨。

（唐璐）

【安委会安全生产部署会】 6月21日，朝阳区安委会召开安全生产大检查、安全生产标准化创建部署会。会议通报第二季度安全生产工作情况，重点对安全生产大检查、安全生产标准化创建、餐饮场所燃气安全专项治理等工作进行部署。副区长汪洋出席会议，会议要求强化“四个责任”，履行管理职能，将“安全发展、科学发展”理念贯穿到社会经济发展全过程，以创建安全发展示范城市和安全生产标准化为契机，提高安全监管工作水平。

（唐璐）

【安全生产调研】 7月24日，市安全监管局局长张家明带队对朝阳区安全生产工作进行调研。副区长汪洋、区政府办及区安全监管局负责人陪同，就朝阳区安全生产形势、重点工作开展情况、存在问题和下一步工作安排进行汇报。张家明对朝阳区安全生产工作表示肯定，并提出4项工作要求：一是保持强力执法态势，形成特色和经验；二是认真研究部署11项执法专项行动；三是加强宣传，敢于曝光违法生产经营情况；四是总结安全监管、安全社区等亮点工作经验。

（唐璐）

【市安委会督查】 7月25日，由市住房城乡建设委、市教委、市气象局和市安全监管局等单位组成的市安委会综合督查组对朝阳区安全生产大检查工作进行综合督查，随机抽查望京街道、将台乡及大屯街道贯彻落实安全生产大检查工作情况。11月26日，督查组再次检查朝阳区安全生产工作，检查了小红门乡、太阳宫街道、平房乡、北空干休所、城外诚家居广场、嘉程添富汽修、凯德MALL、百盛西坝河店、云南大厦、大悦城和北京润江南餐饮管理有限公司生产经营单位。

（唐璐）

【区领导安全检查】 8月1日，朝阳区区委副书记、区长吴桂英和副区长汪洋对朝阳大悦城商场进行安全生产检查。区商务委、安全监管局、消防支队等部门主要领导参加检查。重点检查商场内消防中控室、配电室、电影院、商场餐饮区。吴桂英强调：结合安全发展示范城市和安全生产标准化创建工作，企业应进一步强化主体意识，夯实安全基础，完善应急预案。各职能部门要针对检查中发现的问题提出整改意见，督促企业加强对从业人员的安全教育，加强燃气安全使用管理，杜绝各类事故发生，确保安全形势稳定。

（唐璐）

【国务院安委会督查】 9月24日，国务院安委会第16督查组到朝阳区督查安全生产大检查工作，对孙河地区、王四营地区、金盏地区、豆各庄地区部分企业进行安全生产检查。督查组对朝阳区安全生产工作予以肯定，并强调要继续做好安全生产大检查工作，查漏补缺，及时整治，绝不放过任何一处隐患。

（陆玉鹤）

【安委会组成人员】 10月22日，朝阳区安委会办公室下发《关于调整区安全生产委员会组成人员的通知》。区安委会主任由区长吴桂英担任，副主任由常务副区长甘靖中、副区长王春、张立新、苑文新、汪洋、张维刚担任。区安委会办公室主任由区安全监管局局长刘炳起担任。

（唐璐）

【区领导督查】 11月20日至22日，朝阳区四套班子领导带队督查安全隐患大检查工作。督查突出“两个重点”：一是各单位落实全市公共安全工作紧急视频会议、区委、区政府紧急电视电话会议精神和工作部署，按照“全覆盖、零容忍、严整治、重实效”的总要求，开展出租房屋、违法建设排查整治和消防安全“铁拳”行动、流动人口管理情况；落实“四个必须做到”情况；推进“三个一批”工作情况。二是各乡落实领导责任和工作责任、建立工作台账、采取措施排查整改安全隐患等情况。

（唐璐）

【安委会扩大会议和视频会】 11月27日，朝阳区安委会召开区安委会扩大会议，对全区进一步开展安全生产大检查工作进行部署。会上，副区长汪洋指出：一要高度重视，全力以赴确保安全；二要认真履职，确保安全生产各项工作落实；三要守土有责，确保辖区和管理部门（行业）不发生重大安全事故。是日，又召开全区视频会，部署持续开展安全大检查工作。会议要求：一是认清形势，汲取事故教训，牢牢绷紧安全生产这根弦；二是进一步加大力度，继续深化安全生产大检查工作，全面深入开展消防、一氧化碳中毒、违法建设、违法出租、安全生产“五位一体”大检查，做到“五个切实”。切实履行安全责任、切实加强组织调度、切实做到检查全覆盖、切实做到整改到位、切实做到标本兼治。

（唐璐）

【安全隐患联合检查】 11月28日，朝阳区安委会办公室召开十八里店地区安全隐患联合检查专项工作会，部署十八里店地区安全隐患联合检查。会议通过了工作方案，明确了安全隐患联合检查工作的目标、原则、范围、内容、标准等内容。会议决定抽调160余人，成立8个包村联合检查小组，组长分别从区市政市容委、安全监管局、综治办、流管办、公安分局、消防支队、城管执法局、工商分局等参与检查执法的干部中选派。会议要求采取有效措施加大整改和执法力度，消除安全隐患，做到“全覆盖，无死角”。

（唐璐）

【城乡结合部专项整治部署】 12月12日，朝阳区政府召开全区安全生产工作电视电话会议，传达党中央、国务院和北京市主要领导指示及有关会议精神，通报重特大安全生产事故情况，部署集中开展城乡结合部地区专项整治工作。会议要求，全区上下要按照“底数未清不放过，重大安全隐患未及时整治不放过，整治方案未落实不放过，长效机制未明确不放过”的“四个不放过”原则和违法建设一律上账处理，“三合一”场所一律立即关闭，出租大院一律收回，群租房屋一律清理，低级次市场一律有序升级，托幼园所一律纳入监管的“六个一律”要求开展专项整治工作。全区各部门、各单位1200余人参加会议。

（唐璐）

危险化学品安全监管

【从业人员安全培训】 5月22日至29日，朝阳区安全监管局组织危险化学品从业单位负责人集中培训，邀请专家解读新修订的《汽车加油加气站设计与施工规范》及《危险化学品经营许可证管理办法》《危险化学品登记管理办法》等法规标准，参加培训420人次，发放相关宣传材料1000余份。

（夏旭昀）

【液氨使用单位专项检查】 9月2日至6日，朝阳区安全监管局派出专项检查组对全区7家液氨使用单位进行全面检查和复查，重点检查液氨储罐及管道的泄漏报警、自动喷淋、图像监控等各项安全防护措施落实情况、企业安全责任制落实情况、人员培训情况、液氨设备检验及日常维护检查情况、监控报警情况及应急预案制定和演练情况等内容。9月5日，对北京自来水集团水源九厂和北京荷美尔食品有限公司等两家最大的液氨使用单位进行安全检查。检查发现液氨使用企业制冷系统普遍投入时间早使用时间长，达不到现行安全标准要求，主要集中在部分制冷系统液氨管线经过人员密集加工车间、未使用防爆电器、未设置事故状态下紧急停车开关、操作人员专业培训不到位、应急器材和消防设施配备不齐等问题。执法人员依法下达整改指令书，督促企业对检查发现的各类隐患制订整改方案、落实整改资金、完善整改措施。

（夏旭昀）

【市领导带队安全检查】 9月23日，副市长张延昆带队检查朝阳区奥运村的北京市自来水集团有限责任公司第九水厂，重点检查液氯、液氨车间、中心控制室以及危险化学品管理。市安全监管局、公安局、市政市容委、交通委、城管执法局、公安局消防局负责人陪同检查。张延昆指出：安全供水工作责任重大，是保障城市安全运行、推动首都经济社会发展的基础。要高度重视安全生产工作，严格落实责任制，完善各项应急预案，保障广大市民用水安全；要加紧对中心控制室的升级改造，不能只有监控的功能，更要具备应急指挥的功能；要有效预防对公共供水设施和河道、水库及其他地表、地下水源的破坏，保障公共用水安全。

（夏旭昀）

【易制毒易制爆管控】 11月5日，朝阳区安全监管局召开易制毒易制爆等重点管控单位负责人会议，区住房城乡建设委、公安分局、商务委、民防局、工商局等单位参加。会议对易制毒易制爆管控工作进行部署：采取“停管限”措施，降低危险化学品突发事件的发生率和不良影响；严格落实重点品种的销售流向实名登记制度，严防危险品流入非法渠道；加强应急管理，提升对突发事件的处置能力。做好十八届三中全会期间安全保障工作，确保安全无事故。

（夏旭昀）

【规范许可审批】 2013年，朝阳区安全监管局完成原由市安全监管局负责的危险化学品甲种经营许可权限移交工作。规范许可审批，重新修订许可文书，分解细化各类许可事项的条件、程序和时限。审批办理危险化学品经营许可157件、易制毒备案17家，无申诉复议。

（夏旭昀）

【执法检查】 2013年，朝阳区安全监管局对危险化学品从业单位（含烟花爆竹网点）开展安全检查1867家次，下达各类执法文书936份，处罚违法单位7家，处罚金额12.01万元。

（夏旭昀）

烟花爆竹安全监管

【经营许可证核发】 2013年，朝阳区安全监管局累计审批许可烟花爆竹零售网点141家，网点数量同比下降8.5%。具体分布为：二至三环网点18家，三至四环网点35家，四至五环网点48家，五环以外网点40家。

（夏旭昀）

【配送销售】 2013年，朝阳区所有烟花爆竹销售网点配送进货7万多箱，同比下降27%；实际销售5.9万箱，同比下降26.6%。

（夏旭昀）

【培训考核】 2013年，朝阳区安全监管局累计组织烟花爆竹零售网点申请单位主要负责人61人参加培训考核；组织烟花爆竹零售网点主要负责人141人、从业人员1057人参加培训考核，销售人员均做到持证上岗。

（夏旭昀）

【执法检查】 2013年，朝阳区安全监管局制订烟花爆竹销售期间执法检查工作方案，按照工作日、非工作日、重点时段3种模式细化检查安排，在安排专人负责在线监控平台值守的基础上，坚持“四定”监管模式，即定岗位、定街乡、定标准、定人员，对全区141家销售网点开展不间断安全检查。农历三十、十五等重点时段，由局领导带队，执法人员全员上岗，分成22个检查组在燃放高峰期对销售网点落实安全管理措施情况反复进行检查，确保销售网点不发生火灾、爆炸等各类安全生产事故。检查中主要发现部分网点现场管理不够认真，对上级要求传达落实不及时等问题，均已责令立即整改。

（夏旭昀）

隐患排查治理

【安全隐患大排查】 11月20日至30日，朝阳区安全监管局对仓储场所、再生资源回收、“三合一”及“多合一”场所、地下空间、商品批发市场、加工制造、出租大院、建筑施工、彩钢板建筑、电力线下隐患、私搭乱建12类场所开展安全隐患大排查。组织检查组2083个，出动检查人员37272人，检查单位（场所）27398家次，发现隐患21704项，已整改15120项，下达执法文书1143份，立案处罚170起，罚款106.36万元，临时查封21处，停业整顿43家，拘留21人。

（唐璐）

【安全生产大检查】 6月至12月，朝阳区安全监管局开展为期7个月的安全生产大检查工作。截至12月20日，全区43个街乡和行业主管部门组织检查组12877个（暗查、突击检查组2217个，交叉检查组548个）、组织检查人员87838人次，检查生产经营单位（场所）76471家次，排查发现隐患134377项，督导整改119110项，责令改正、限期整改、停止违法行为25882项，责令停产、停业、停止建设1014家，暂扣或吊销有关许可证、职业资格10个，关闭非法违法企业785家，处罚金额1118万元。

（唐璐）

应急救援

【事故应急救援处置】 4月28日，原北京焦化厂遗址在拆除3座“脱硫塔”过程中发生着火燃烧，朝阳区安全监管局参与此次突发事件的现场应急处置工作，并邀请化工、消防、安全方面专家对原拆除方案进行修订评审，现场监督完成剩余装置安全拆除。

（夏旭昀、于松）

【“防灾减灾日”活动】 5月12日，朝阳区安全监管局在酒仙桥久隆百货大厦举办以“识别灾害风险，掌握应急技能”为主题的“防灾减灾日”应急演练活动。久隆百货600余名员工参加应急疏散和火灾自救演练，武警消防中队开展消防灭火演练，区危险化学品应急抢险队进行危险化学品救援示范演练。酒仙桥街道辖区企业负责人和社区负责人等300人进行观摩，现场发放防灾减灾宣传材料2000余份。

（于松）

【应急救援培训】 5月12日至13日，朝阳区安全监管局组织预备役防化连成员60人进驻北京预备役防化团训练基地进行封闭式训练，以化学救援器材的使用和防化分队协同演练为主要训练内容，提高防化分队的应急救援能力。

（于松）

【商务楼宇应急疏散演练】 6月20日，北京市高层商务楼宇应急疏散演练活动在朝阳呼家楼地区泰达时代广场举行。演练设定以泰达时代广场商务楼某酒楼发生不明原因火灾、火情波及周边楼宇为背景，开展企业启动预案、实施自救，属地街道应急响应、组织人员疏散，消防、医疗专业力量增援等科目演练活动，以检验企业现场处置及自救互救能力、属地街道、消防、医疗卫生等部门应急联动机制以及消防等专业救援能力。演练活动结束后，参会领导向企业员工和现场群众发放安全知识手册1000余份，消防部门为参会领导和市民展示本次演练中使用的缓降器等新型应急装备，并讲解安全绳使用、防毒面具佩戴等内容，红十字会进行心脏复苏急救法等自救互救技能的演示和传授。

（唐璐）

【“一对一”应急预案】 11月，朝阳区政府发布《朝阳区人民政府与重大危险源企业“一对一”生产安全事故应急预案》，明确辖区内5家重大危险源单位生产安全事故应急救援工作的程序和政府有关部门职责。区安全监管局聘请中国安全生产科学研究院承担“一对一”应急预案编制工作，先后对5家重大危险源企业进行实地调研考察、收集相关资料、组织论证评估，最终完成预案的编制。

（于松）

【应急预案评审和备案】 2013年，朝阳区生产经营单位安全生产应急预案评审和备案工作采取召开相关专题部署会、与设在各街乡的安全生产工作站统一联动、结合媒体与信息平台等多种方式，加大工作力度，对1800家生产经营单位进行应急预案的评审与备案。

（于松）

执法监察

【全国“两会”安全保障】 2月25日至3月15日，朝阳区安全监管局派出15个执法组，深入“两会”代表委员驻地及周边人员密集场所、地下空间、液化气钢瓶使用单位、危险化学品使用、储存和生产经营单位进行执法检查。出动执法人员819人次，检查各类生产经营单位873家，发现各类安全隐患988项，督促落实整改795项，下达执法文书798份。

（刘宁）

【燃气安全专项治理】 3月至12月，朝阳区安全监管局开展餐饮场所燃气安全专项治理工作。治理范围为使用天然气、液化石油气等燃气的餐饮场所及液化石油气供应、充装、运输企业，重点为餐饮经营单位、宾馆饭店、施工工地等使用液化石油气钢瓶的餐饮场所。检查2765家次，消除安全隐患1575项。

（刘宁）

【“双打”专项行动】 6月，朝阳区安全监管局开展严厉打击特种作业及特种设备作业人员“持假证上岗、无证上岗”专项执法行动。出动执法人员2692人次，检查企业1431家，检查特种作业及特种设备作业人员2508人，发现、消除隐患817项，下达执法文书1327份，查处持假证、无证人员26人，对存在违法行为的25家生产经营单位进行处罚，罚款10.5万元。

（刘宁）

【暗访夜查专项行动】 12月，朝阳区安全监管系统开展安全生产暗访夜查专项行动。检查范围突出城乡结合部地区的单位安全生产状况，重点涉及3个方面：一是城乡结合部地区各类生产经营单位；二是“五小企业”（小化工、小木器、小服装、小加工、小作坊）和“六小场所”（小歌厅、小餐饮、小网吧、小洗浴、小旅馆、小市场）；三是烟花爆竹批发及零售网点。重点检查内容为：生产经营单位许可范围与实际条件是否相符；安全生产管理制度建立和落实情况；安全标志的设置情况；消防器材设置和配备情况；安全生产教育培训情况；劳动防护用品配备和使用情况；特种作业人员持证上岗及值守情况；各种安全生产设施设备的运行情况；应急值守及应急演练情况。

（唐璐）

【执法检查】 2013年，朝阳区安委会组织有关成员单位以人员密集场所、交通运输、危险化学品、建设施工等10项执法检查专项行动和安全生产大检查为重点，按照“全覆盖、零容忍、严执法、重实效”的要求，加大执法频率和处罚力度。立案处罚5752起，处罚金额3741.9万元，行政拘留和刑事追究违规违法人员352名。其中，安全监管系统立案处罚1217起，处罚金额951.15万元。43个街乡立案处罚809起，处罚金额451.54万元。

（唐璐）

【重点时期安全保障】 2013年，朝阳区安全监管局在春节、“两会”等重要节假日、重要会议及重大活动期间，开展旁站式检查，全年配合区政府及各相关职能部门参与保障各类大型活动125次，出动人员345人次，车辆289台次，消除各类隐患547项，立案处罚1起，罚款金额0.5万元。

（刘宁）

【举报投诉】 2013年，朝阳区安全监管局受理安全生产举报投诉事项333件，其中“12350”受理311件，区县举报电话受理22件，结案率100%。

（刘宁）

职业卫生监督检查

【职业危害调研】 2月26日，市安全监管局副局长常纪文带队调研朝阳区玉石加工企业职业危害防护情况，实地走访2家玉石加工企业，分别从加工工艺、危害因素种类、防护设备设施的设置、防护用品的配备以及安全生产管理等方面进行调研。常纪文指出：现有玉石加工工艺相对简单，主要依靠近距离手工抛光和打磨，从业人员在工作过程中要加强粉尘和噪声防护，正确佩戴个人防护用品。要求有关部门加强玉石加工企业职业卫生监管，督促用人单位切实落实《职业病防治法》的规定，逐步改进工艺，保障从业人员职业健康权益。

（蒋昌启）

【有限空间安全培训】 5月29日至31日，朝阳区安全监管局连续举办3期有限空间作业安全管理培训班，物业单位和化粪池清掏单位负责人428人参加。培训内容包括有限空间作业安全管理规范、防护设备和应急救援设备的配备使用以及事故案例。

（蒋昌启）

【有限空间日夜联查】 7月2日至4日、7月31日至8月2日，市安全监管局副局长常纪文两次带队到朝阳区开展有限空间作业日夜巡查。检查中发现，部分有限空间作业单位在作业过程中存在监护人员擅离职守、应急救援设备器材配备不到位，有毒有害气体检测结果记录不完整等问题。区安全监管局对两家作业单位因监护人员擅自离岗的违规行为责令停工整改并给予行政处罚。5月至9月，区安全监管局安排有限空间作业夜查5次，检查有限空间作业现场16家次，及时督促整改发现的各类隐患。

（蒋昌启）

【职业卫生培训】 8月至11月，朝阳区安全监管局举办职业卫生主要负责人和管理人员培训班13期，培训651人，经考核全部合格。其中，517人获得《职业卫生主要负责人培训合格证》，134人获得《职业卫生管理员培训合格证》。培训工作由市安全监管局认定资质的4家培训学校承办，培训内容按照市安全监管局和市劳保所编写的《用人单位主要负责人和职业卫生管理人员职业卫生管理培训教程》进行。

（蒋昌启）

【职业卫生交叉检查】 10月31日，国家安全监管总局职业卫生交叉检查组河南省安全监管局带队到朝阳区检查职业卫生工作。市安全监管局副局长常纪文陪同检查。检查组深入4家单位的作业场所进行检查，并查阅职业卫生工作档案。检查组对朝阳区职业卫生监管工作给予肯定，认为朝阳区领导重视，监管机构健全，部门配合顺畅，工作思路清晰、目标明确，工作中有创新、有突破，监管措施针对性强，执法检查到位，具有很强的借鉴意义。

（蒋昌启）

【职业危害指导手册】 11月29日，朝阳区安全监管局完成《朝阳区存在职业危害因素企业职业卫生基础建设活动指导手册》制发。指导手册进一步细化基础建设活动的所有60项内容，对其中41项制作统一的模板，19项内容明确整改措施，指导街乡和企业开展职业卫生基础建设活动。

（蒋昌启）

【职业病危害项目申报】 2013年，朝阳区安全监管局对职业病危害项目申报数据库进行整理，通过查阅工商注册信息，结合日常检查和街乡摸底信息，对注销或搬迁到其他区县的生产经营单位的申报进行注销，组织534家重新申报，审核新申报110家。

（蒋昌启）

宣传培训

【总局调研】 1月14日，国家安全监管总局培训中心主任徐汉才、市安全监管局副局长常纪文到朝阳区安全监管局调研安全生产全员大培训工作。朝阳区安全监管局主要负责人就朝阳区安全生产培训工作进行专题汇报。

（姚遥）

【安全生产月】 6月，朝阳区安全生产月活动组委会以“强化安全基础，保障城市运行安全，创建安全发展示范城市”为主题，开展安全生产月活动。其间，开展各类宣教活动43780场次，受教育人数131万人；悬挂横幅标语6150条，张贴海报、挂图、宣传画84632幅；发放宣传材料72种约31万份；开展各类安全教育培训4353场，参加人员13万人次；开展各类应急演练1487次，参加人员15万人次。

（唐璐）

【安全生产公开课】 8月7日至9日，朝阳区安委会办公室连续组织两期安全生产大型公开课暨安全生产培训班。副区长汪洋出席培训班并作开班动员。负有安全生产监管职责的部门和街乡主管领导及执法人员参加培训。本次培训以“政府部门具有哪些安全生产监管职责、如何才能切实履行好职责”为中心，设置安全生产法律法规、安全监管及事故预防、安全生产执法程序等相关课程。

（姚遥）

【知识竞赛】 9月至10月，朝阳区安委会办公室组织7.2万人参加“同煤杯”安全发展战略知识竞赛和北京“建工杯”首都百万一线职工安全生产知识竞赛活动。在“同煤杯”竞赛中，被国家安全监管总局授予优秀组织奖。

（唐璐）

【特种作业培训】 2013年，朝阳区10家特种作业培训机构培训电工作业、焊工作业、建筑脚手架拆装、高处悬挂建筑物表面清洗、企业厂（场）内机动车辆驾驶、制冷与空调作业、地下有限空间特种作业人员19731人次，合格发证15309人次。

（陈宣英）

法制建设

【依法行政会议】 2月4日，朝阳区安全监管局召开2013年朝阳区安全监管系统依法行政工作会，副区长汪洋出席会议，200余人参加会议。会议宣读《2012年度朝阳区安全监管系统依法行政工作报告》，表彰2012年度安全生产先进单位及先进个人，向各街乡下达2013年依法行政工作任务，并签订《安全生产任务书》。

（姚遥）

【行政处罚案卷评审】 2013年，朝阳区安全监管局开展行政处罚案卷评查工作，对初审的92本案卷逐一进行复核，对案卷中存在的普遍性、突出性问题进行总结通报。

（姚遥）

【执法资格管理】 2013年，朝阳区安全监管局向33名参加全市安全监管系统业务培训并成绩合格的执法人员颁发了《安全生产执法监管证》；完成了局内91名证件到期复审执法人员的换证工作，规范了安全生产行政执法资格管理工作。

（姚遥）

科技与信息化

【综合监管调度系统】 8月23日，朝阳区安全监管局召开安全生产综合监管调度系统和PDA执法终端使用培训会，区安全监管局和43个街乡的执法人员参加。标志着安全生产综合监管调度系统的正式启用。会议要求区安全监管局各科室（队）和各街乡安全监管部门通过安全生产综合监管调度系统上报执法检查情况，包括隐患数量、整改文书下达数量、立案情况、行政处罚数额等内容，没有通过系统上报的数字将不计入年度考核范围。

（马海鹏）

【区委书记调研信息化】 9月26日，朝阳区区委书记程连元到区安全监管局进行安全生产信息化专项调研，了解安全生产隐患综合监管系统和PDA执法终端的使用情况，并要求加快推广使用进程，提高全区安全监管水平。

（马海鹏）

标准化建设

【标准化创建整体推进】 2013年，朝阳区政府投入资金1100余万元，各相关行业部门、街乡对照创建标准和规范督促企业自查整改、全面促进。6103家企业完成标准化达标工作。其中，规模以上企业达标1715家，占全年任务的94%。小微企业达标4388家，占全年任务的102.5%。全区非煤矿山、交通运输、建筑施工、危险化学品、冶金、机械、热力、燃气、电力、旅游、商贸、文化、体育等行业规模以上企业全面完成达标创建。

（陈京）

【小微企业标准化评审】 2013年，朝阳区安全监管局针对小微企业及个体工商户特点，组织专家和企业代表经过反复论证，编发《朝阳区小型企业安全生产标准化岗位达标评审标准（试行）》和《朝阳区微型企业及个体工商户安全生产标准化岗位达标评审标准（试行）》，提高标准化评审标准的实用性、针对性，增强小微企业及个体工商户参与安全生产标准化建设的主动性、积极性，加快小微企业安全生产标准化创建工作的步伐。

（陈京）

【规范标准化评审程序】 2013年，朝阳区安全监管局加强和规范安全生产标准化评审工作。签订一份承诺书即《朝阳区安全生产标准化咨询和评审机构承诺书》；编印两本工作指南和文件汇编，起草审查规则和编制导则；实行评审工作例会制度、评审工作抽查制度、创建工作通报制度、创建工作信息报送制度；编制《工业企业安全生产基本信息表》《安全标准化评审工作事故隐患排查统计分析报表》《安全生产标准化评审单位业绩周报表》《企业安全生产标准化咨询服务工作进度表》《企业安全生产标准化咨询服务工作评估表》。

（陈京）

【标准化培训】 2013年，朝阳区安全监管局举办有关行业领域企业、街乡和有关委办局主管人员培训班9期，配合街乡组织培训班54期，开展安全生产标准化宣传培训，普及安全生产标准化知识，累计培训6000人次。通过培训宣传，建立了“三支标准化队伍”：一支熟悉安全生产标准化工作的安全监管队伍、一支熟悉企业标准化建设的企业自评员队伍、一支熟悉安全生产标准化考评工作的专家队伍。

（陈京）

【“三类人员”持证上岗】 2013年，朝阳区安全监管局推行安全生产标准化“三类人员”持证上岗：一是企业开展安全生产标准化工作的人员都要佩戴工作证，评审人员要佩戴“评审员证”；二是评审组织单位人员佩戴“审核员证”；三是区标准化办公室人员佩戴“督察证”开展工作。此举既有利于社会各界的监督，也有利于规范评审管理工作。

（陈京）

【标准化评审管理】 2013年，朝阳区安全监管局加强企业安全生产标准化评审管理工作，规范标准化评审单位评审工作秩序，更好地发挥评审单位的技术支撑作用。编制《关于加强企业安全生产标准化评审工作管理的指导意见》《关于规范安全生产标准化评审工作的意见》《加强安全生产标准化咨询服务机构管理的指导意见》《企业安全生产标准化评审工作审查规则》《企业安全生产标准化评审报告编制导则》等规章制度。

（陈京）

【标准化评审讲评会】 10月24日，朝阳区安全监管局召开安全生产标准化评审机构评审工作讲评会，评审单位主要负责人、评审组组长参加会议。会议对评审单位的现场抽查情况以及评审报告审查和评分审查等进行通报，并针对评审案卷审查中发现的问题进行讲评，对各评审人员工作中遇到的疑惑进行解答。对评审工作提出要求：一是安全生产标准化的评审工作要坚持标准，坚持数量服从质量的原则，严格把关，决不能为达标而达标。二是各评审机构对评审工作要准确定位，坚守职业道德，在规范上下功夫，进一步完善评审过程控制和质量控制体系，现场评审必须全覆盖，评审结论必须客观、公正。三是各评审机构要以诚信立业，坚决杜绝“假签名、假照片、假材料、假承诺、假结论”等不诚信行为，确保出具的评审结论的真实性和准确性。四是强化监管，加强安全生产标准化评审报告和评审现场的审查，对存在问题的评审报告，不予受理，发现存在虚假或失实等严重问题的人员和机构，取消其评审资格。

（陈京）

海淀区

概述

2013年，海淀区安全生产工作紧紧围绕中关村国家自主创新示范区核心区建设，以贯彻落实党的十八大精神为核心，以创建全国文明城区为目标，以督促企业落实安全生产主体责任为主线，着力探索完善安全生产宣传教育、安全生产委托执法和企业安全生产标准化3项长效机制建设，有效压减事故总量，预防较大以上事故发生，全区安全生产形势总体保持平稳。

发挥督促指导和服务协调作用。编印全区安全生产重点执法检查计划，明确了全区安全生产执法检查3个重点时期、12个重点行业领域的专项执法行动和1个重点区域专项整治及委托执法工作主要内容，为全年安全监管设定了目标和任务；先后在区委常委会、区政府常务会和区政府办公会上专题汇报安全生产工作，召开6次安委会全会，部署安全生产工作任务；协调有关部门和属地街镇，研究解决四季青碧森里小区、蔚蓝邑海岸歌厅、风机二厂厂房、明光寺非法幼儿园等重点安全隐患和问题，切实发挥安委会综合协调职责；通过完善管理制度、下达执法任务、开展执法培训、统一执法服装、帮带现场执法、点评执法案卷等措施，建立委托执法长效机制，街镇安全监管能力明显提升。

夯实企业安全生产基础建设。推进全区企业安全生产标准化创建，编印实施方案和工作办法，编写培训教材和指导手册，修订行业安全生产三级标准化评审标准34个；举办行业、属地、区属企业主管领导和相关负责人安全生产标准化培训班和街镇小微企业岗位达标评审员培训班4期，培训320人；协助行业主管部门举办7期标准化建设工作培训班，培训企业800余家；组织29个街镇的1500家小微企业进行岗位达标培训，年底前实现规模以上工业企业全部达标。创新推广职业卫生管理示范企业经验交流形式，组织全区汽修、印刷、家具、电子、制药等重点行业150家企业开展职业卫生管理示范企业经验交流活动，发挥11家示范企业引领和典型带动作用，推进生产经营单位职业病防治工作逐步走向规范化、标准化。加强危险化学品企业应急工作检查指导，为辖区内液氨使用单位配备应急救援器材；完成重大危险源单位“一对一”安全生产事故应急预案的编制工作；完成47家危险化学品生产经营单位应急预案备案工作，备案率100%。

强化重点行业领域专项整治。深入开展对危险化学品生产经营单位、有限空间作业、职业危害、重点建设工程、特种作业、中关村西区等重点行业领域的专项整治行动；协调配合区安委会各成员单位开展人员密集场所、商品交易市场、餐饮单位燃气使用安全、电气使用安全、交通运输、制造业安全等行业领域联合执法检查65次；完成大型活动安全保障33次；在全区范围内组织开展安全生产大检查活动，打击各类非法违法生产经营行为，强力推进重大隐患的整改。全年，全区各有关部门、各街镇组成督查检查组2042个，其中暗查、夜查、突击督查检查组494个，交叉督查检查组166个，出动检查人员15360名，监督检查生产经营单位和场所13985家，整改隐患18595项，责令整改4687起，责令停产停业192家，吊扣资质资格75个，关闭非法违法企业194家，实施行政处罚329万元，有力震慑了各类非法违法生产经营行为，消除了一大批事故隐患。全年，区安全监管局共执法检查生产经营单位4576家，查处事故隐患2968处，下达执法文书1419份，检查行政罚款131.69万元；调查处理生产安全事故23起，事故行政罚款350.4万元。累计查处群众举报生产安全隐患178件，办结率100%。

深入开展安全宣传培训。创新开展了特种作业培训考前安全警示教育工作，编发《强化特种作业培训考前安全教育活动方案》，制作培训教材和警示教育展板，在全区3家特种作业培训教育机构开展特种作业岗前安全警示教育。实地授课42课时，播放光盘教学105小时，开展警示教育巡展活动100余场次，受教育人数3万余人次。组织全国安全生产月宣传活动，承办了北京市安全生产月宣传咨询日主会场，开展“警示教育巡展”“安全文化培训”“应急演练”“联合执法”活动，检查生产经营单位5000余家次，出动检查执法人员10745人次，发现事故隐患4145处；开展系列应急演练439次；组织安全生产宣传教育培训6.7万余人，张贴、发放各类宣传材料（宣传品）23万份；在市、区各级新闻媒体、网络发布安全生产月新闻、安全生产常识500余条，播放安全文化专题片4部；全区4000多家单位，30余万人参加了安全生产月各项活动。探索安全生产宣传教育新途径，联合海淀区超市发总公司，印制安全生产宣传标语购物袋40万个，于中秋节前投放区内超市发所有门店销售使用，取得良好宣传效果。深入推进安全生产长效机制培训素质工程，举办4期街镇和区委办局安全生产负责人培训班，培训150人；2期街镇安全生产委托执法及检查员考证换证培训班，40名街镇安全监管骨干全部考取了执法检查证；举办烟花爆竹销售、职业卫生管理、铁路道口监护员、工业企业标准化、有限空间作业、特种作业等重点行业企业负责人专项培训班80余期，培训各类人员4.1万余人次。

落实区委、区政府重要部署。落实创建全国文明城区工作任务，建立了创建文明城区工作月汇报协调会、档案整理、督查制度机制，收集整理2012年档案材料129份，召开培训、协调会议20余次，撰写报送计划、方案、总结等材料40余份，工作信息90篇；制定建立了《区安全监管局实地考察点位台账》，对32个实地考察点位进行全覆盖检查，督促不符合企业完成整改；区安全监管局承担的5项指标任务顺利推进。开展“深入基层知民意、服务群众聚民力”主题活动，区安全监管局领导确定街镇、企业联系点各5个，科室确定街镇联系点8个，企业联系点16个，走访联系点

60余次，走访慰问困难家庭10户，投入资金1500元。

在区安委会各成员单位和各街镇的共同努力下，全区各类事故死亡总数控制在市政府下达的控制考核指标以内，海淀区被评为2013年度北京市安全生产工作先进区县。

综合监管

【控制考核指标】 2013年，海淀区发生道路交通、生产安全、火灾、铁路交通死亡事故84起，死亡90人，死亡人数占市安委会下达控制指标的87.38%。其中，道路交通事故死亡64人，同比减少4人；生产安全事故死亡17人，同比增加2人；铁路交通事故死亡1人，同比减少3人。未突破市安委会下达的控制指标，未发生较大以上和有影响的安全生产事故。

（李婧）

【安委会电视电话会】 1月17日，海淀区安委会召开安全生产电视电话会议。会议由区政府办副主任王凌志主持，区安委会副主任、安全监管局局长王勇禄代表区安委会总结了2012年全区安全生产工作，对2013年安全生产重点工作进行了部署。副区长刘长利出席会议并讲话，指出安全生产事关人民群众生命财产安全，各部门要清醒地认识到当前海淀区安全生产工作存在的问题和面临的形势，要进一步增强责任感和紧迫感。会议强调，要切实做好春节、“两会”期间的安全生产工作，谋划2013年重点工作，各执法部门要加大执法力度，进一步落实监管责任，督促企业增强安全生产责任意识。

（李婧）

【春节期间安全保障】 1月23日，海淀区安委会办公室发出《关于开展春节期间安全生产大检查工作的通知》，部署春节期间安全生产大检查工作，要求全区各有关委办局、街镇按照通知要求，结合本地区、本部门实际，周密组织、深入排查、严格执法。根据春节期间特点，对重点行业领域开展执法检查。检查重点包括：危险物品管理、安全设备设施保养维护储备、应急疏散、特种设备管理、从业人员培训、应急预案编制和应急值守等，严防爆炸爆燃和人员密集场所群死群伤事故。本次检查确定区安全监管局、商务委、文化委、市政市容委、公安分局为牵头主责单位，各配合部门依照监管职责对被检查单位做到全覆盖检查。各主责部门、配合部门要严格执法，凡是发现安全隐患和问题的，必须下达执法文书，责令整改，必要时采取停业整顿和行政处罚措施。

（傅君）

【全国“两会”安全保障任务】 3月，海淀区安全监管系统落实市安委会、区委、区政府关于做好全国“两会”期间区安全生产保障的各项要求，印发了《关于做好2013年全国“两会”安全生产保障工作的通知》，明确工作任务，确保“两会”期间安全生产形势稳定。根据“两会”代表驻地情况，落实了涉及直接保障任务的7个街道，并通过摸底调查，建立了驻地周边及沿线生产经营单位基础台账，涉及企业659家，准确掌握了驻地周边200米范围内企业基本情况和保障重点。为确保万无一失，区安委会办公室对负有直接保障及外围保障任务的街道和9个主责委办局，逐一明确保障工作任务和职责，做到了全方位、立体式保障，强化“两会”保障各项任务的落实。

（傅君）

【全国“两会”期间安全监管】 “两会”期间，海淀区安全监管局与区各有关职能部门和街道联动，全力做好“两会”期间安全生产监管工作。成立由副区长刘长利任组长，区安全监管局局长王勇禄任常务副组长，区安委会各成员单位主要负责人任副组长的海淀区“两会”安全生产保障工作领导小组，负责协调、落实全国“两会”期间区安全生产保障工作。由区安全监管局协调安全生产保障工作。将各成员单位划分为直接保障成员单位和外围保障成员单位，要求各镇、街道和区政府有关部门成立相应的安全生产保障工作组，负责本辖区和本行业领域保障工作。区安委会办公室对负有直接保障任务及外围保障任务的街道和9个主责委办局，逐一明确保障任务和职责。区安全监管局配合市区上级部门，会同区属有关单位、街道组成联合检查组，对重点地区、重点行业进行重点监管，对检查发现的问题及时督促整改，对一时整改不了的派专人盯防，确保“两会”期间安全稳定。截至3月15日，区安全监管局共出动执法人员478人次、执法车辆224车次，检查生产经营单位657家次，查处隐患126处，约谈生产经营单位17家。

（李婧）

【铁路道口安全检查】 3月5日，市交通委路政局副局长李亚宁带队，在听取海淀区安全监管局关于“两会”期间铁路道口安全管理情况汇报后，对四季青镇旱河路铁路监护道口安全运行情况进行了检查。李亚宁检查了道口信号设备、电动栏门等道口安全设施，询问道口监护员日常生活和工作情况，提出要加强“两会”期间铁路监护道口安全管理工作；要汲取黑龙江省黑河市铁路道口事故教训，克服麻痹思想；要加强道口监护员培训，不断提高监护员素质；要加强铁路监护道口日常维护和管理，确保铁路道口安全运行。

（陈刚）

【安全生产例会】 4月17日，海淀区召开第一季度安全生产例会暨安全生产执法工作部署会。区安委会办公室主任、安全监管局局长王勇禄主持会议，副区长刘长利出席会议并讲话。区安委会办公室对全区一季度安全生产工作情况进行了通报，对第二季度安全生产形势进行了综合分析，部署了第二季度安全生产重点工作。会议要求：一是突出工作重点，深化专项治理。要紧盯建筑工程等事故高发领域，加大对违章作业查处力度，严防坍塌、高处坠落、物体打击等事故。要深入开展餐饮场所燃气安全专项治理工作，严防燃气爆燃事故。要关注人员密集场所安全，重点检查消防、游船、游乐设施、电梯等安全运行情况，严防群死群伤事故。二是加大执法力度，形成监管合力。各有关部门要强化属地、部门监管责任，结合全国文明城区建设和产业结构调整升级，坚决依法取缔一批不具备安全生产条件、破坏环境秩序、“小、低、散”的生产经营单位，把事故隐患消除在萌芽中。三是扎实推进街镇安全生产委托执法工作。各街镇要排查本辖区事故隐患，明确重点，做到心中有数。委托执法人员要严格执法、规范执法、公正执法，树立执法权威。四是全面启动企业安全生产标准化建设。各部门、街镇要按照北京市安全生产标准化建设工作推进大会精神，根据区政府制定的《海淀区进一步推进企业安全生产标准化建设工作实施方案》要求，全面推进重点行业及小微企业安全生产标准化建设工作。五是进一步强化全区火灾防控工作。要继续加强社会面火灾防控工作力度，利用街镇消防安全网格化管理组织和工作机制，加大群防群治工作力度，突出加强对居民社区、流动人口聚居区、出租房屋、大型活动、危险物品单位、行业场所和内保单位的安全检查。要加大宣传教育和联合执法力度，督促社会单位严格落实消防安全主体责任。

（傅君）

【商品交易市场专项整治】 6月28日，海淀区安委会办公室召开会议，对全区商品交易市场安全专项整治行动进行部署，整治工作在全区正式展开。区安委会结合商品交易市场特点，印发关于开展全区商品交易市场安全专项整治行动的通知，明确工作目标，提出工作任务和重点内容，分解各相关职能部门和街镇的工作职责。

（刘玉勇）

【餐饮场所燃气治理调度会】 7月2日，海淀区安委会召开餐饮场所燃气治理工作专题调度会。通过对各街镇的摸排，确定海淀区共有使用燃气餐饮场所3403家，建立了基本信息台账；区市政市容委、城管监察大队、消防支队对第一阶段工作进行了总结和汇报。区安委会对下阶段燃气治理工作提出了两项要求：一是各职能部门要根据区安委会通知要求，加强对餐饮场所燃气专项检查，严肃查处违法违规行为；二是加强信息报送，及时报送燃气专项检查信息和统计报表，真实反映治理工作情况。

（傅君）

【安全生产大检查】 7月9日，海淀区安委会印发了《关于在全区范围内集中开展全行业全领域全区域安全生产大检查大治理工作的通知》，部署覆盖全行业、全领域、全区域的安全生产大检查大治理工作，旨在全面加强海淀区安全生产工作，切实排查和消除各类事故隐患，有效防范和遏制较大以上群死群伤事故发生，确保全区安全生产形势稳定。通知要求，各镇政府、街道（地区）办事处，各委、办、局及区属各单位迅速行动起来，采取有效措施，对存在的安全生产隐患进行全面整治，做到横向到边、纵向到底，不留死角、不留盲区。一是高度重视，落实责任。各街镇、各部门和各单位要结合各自实际制定方案、细化责任、落实到人，扎实开展安全生产大检查大治理工作。二是深入检查、及时整改。坚持边检查，边整改，以检查促整改的原则，深入推进安全生产大检查大治理工作。三是广泛宣传，舆论监督。充分利用广播、电视、报纸等各种媒体，加大对大检查大治理工作的宣传和舆论引导，教育引导企业和广大职工增强做好安全生产工作的主动性和自觉性，加大安全隐患曝光力度，形成齐抓共管的社会氛围。四是严格追究，落实责任。要严格责任追究，坚决防止“走过场”，坚持“谁检查谁签字、谁签字谁负责”。五是动态监管，构建长效。

建立完善隐患排查治理体系，督促企业建立横向到边、纵向到底、细化到每个岗位的隐患排查整改制度，着力提升企业安全保障水平。

（傅君）

【安全生产集中督查】 8月1日至2日，海淀区监察局会同区安委会办公室、区防火委办公室对全区21个委办局及29个街镇开展安全生产大检查大治理情况进行了集中督查。督查组听取了区住房城乡建设委等6个单位关于安全生产大检查专项治理的汇报，察看了各单位安全生产大检查大治理实施方案、通知、会议纪要、台账、检查记录、执法文书、处罚案卷等材料。就督查反映出的问题向各单位进行了反馈，并要求立即进行整改。

（傅君）

【消防安全标准化动员】 8月16日，海淀区安委会组织召开社会单位消防安全标准化建设动员会，副区长刘长利参加会议并讲话，区属各相关委办局、街镇派出所主要领导，消防安全重点单位负责人参加了会议。参会人员共同观看了石景山喜隆多商场火灾事故多媒体片，海淀消防支队通报全国、北京市突出火灾事故，对标准化管理推广工作进行了动员部署。区安全监管局通报了第三季度安全生产工作和第四季度重点工作任务。海淀公安分局部署火灾隐患攻坚整治“铁拳”行动工作。刘长利在讲话中强调要牢固树立“安全第一”的思想，扎实抓好消防安全工作。要落实安全监管责任，贯彻习近平总书记提出的“落实行业主管部门直接监管，安全监管部门综合监管，地方政府属地监管”“坚持管行业必须管安全，管业务必须管安全，管经营必须管安全”“党政同责，一岗双责，齐抓共管”指示精神。

（傅君）

【安委会扩大会议】 8月21日，海淀区安委会召开扩大会议。会议通报了生产安全事故情况，部署下阶段事故防范工作，安全生产大检查大治理集中督查和第一次分组督查情况，部署全行业企业安全生产标准化创建和社会单位消防安全标准化管理工作，并对深化安全生产大检查大治理工作提出要求。副区长刘长利对发生伤亡事故的街镇逐一点名警示，并就重点工作进行了再动员再部署。一是认清形势，切实压减各类安全生产事故。二是落实责任，深入推进安全生产大检查大治理活动，区安委会办公室要加大对各单位的暗访抽查力度，对工作不实、落实不彻底的单位倒查追究责任。同时，区安委会要对各街镇、各部门大检查大治理开展情况进行评估，在区委常委会、区政府常务会上汇报。三是提高认识，扎实推进安全标准化建设。各行业领域主管部门和各街镇要进一步增强推动安全生产标准化建设的自觉性和主动性，加强领导，明确职责，细化措施，保障安全生产标准化建设有序推进。

（傅君）

【市安委会督查】 8月28日，市安委会第10督查组到海淀区督查安全生产大检查及安全生产重点工作落实情况。督查组采取抽查方式，赴北下关街道听取了安全生产情况汇报，察看了相关档案，深入大钟寺中坤广场生产经营单位进行了检查。督查组对海淀区安全生产工作给予肯定，同时要求进一步完善地区台账，督促生产经营单位开展隐患自查，加强实战演练。副区长刘长利及区安全监管局、消防支队、体育局、北下关街道有关负责人参加督查。

（傅君）

【中秋国庆期间安全检查】 9月16日，海淀区安全监管局召开会议，传达贯彻海淀区中秋、国庆安保维稳暨廉政建设工作电视电话会精神，研究确定采取四项措施加强中秋、国庆期间的安全生产工作。一是加强“两节”期间安全生产工作指导，以区安委会办公室名义下发《关于切实加强中秋、国庆期间安全生产工作的通知》，对“两节”的安全生产进行总体部署，提出明确要求。二是深化安全生产大检查大治理活动，组织各街镇、行业主管部门围绕建筑工地、危险化学品、人员密集场所、道路交通运输等6大行业领域，开展大检查大治理活动，全力消除安全隐患。三是加大安全生产督促检查力度。在各行业、属地增加安全生产检查密度的基础上，采取联合执法、专项督查、重点抽查等多种形式，加强安全生产检查。区安全监管局在节日期间，每天安排执法人员对重点单位、重点部位巡逻抽查。四是严格值班值守和请示报告制度。区安全监管局制发了值班表，明确了带班领导、值班人员、工作内容、注意事项，充分做好应对各种突发事件的准备。

（李婧）

【十八届三中全会安全保障】 11月6日，海淀区安委会办公室组织各相关部门，召开十八届三中全会安全生产核心保障单位再动员再部署工作会，进一步明确部门职责和保障范围，并就做好保障工作提出具体要求。按照《十八届三中全会海淀区安全生产保障工作方案》要求，区安全监管局完成了重点地区周边500米范围内生产经营单位安全生产基础台账排摸建立工作，并将台账涉及的所有生产经营单位分解到每个行业领域主管部门。要求各相关部门开展全面执法检查，全力做好重点地区及周边地区的安全生产保障工作，重点地区属地街道要对涉及的生产经营单位开展不间断安全检查，确保万无一失。区安全监管局制订了重点保障时期应急预案，强化领导带班制度，确保24小时在岗；畅通信息报送渠道，对每日执法检查情况进行汇总会商，上报市区相关部门；加强对投诉举报的查处力度，做到快接快查，及时回复。区安全监管局及有关部门分别派遣执法人员到重点地区和属地街道，全时段开展安全生产联合检查。

（傅君）

【安全生产大检查回头看活动】 12月3日，海淀区安委会部署在全区开展安全生产大检查大治理“回头看”活动。“回头看”活动主要内容为：一是对重点行业领域进行检查，包括人员密集场所和出租房屋消防安全、水电气热等城市运行安全、道路客货运输和轨道运输安全、危险化学品生产经营和运输安全、建筑施工安全、烟花爆竹销售和燃放安全，以及城乡结合部“多合一”建筑、城市棚户区和易燃物品密集区等。二是对重点属地街镇进行排查，包括街镇（村、大队）产权房屋从事生产经营活动的单位，“二合一”“三合一”“多合一”场所，“十小场所”和使用燃煤取暖的生产经营单位等。三是对各街镇、各部门开展安全生产大检查情况进行督查，包括各街镇、各部门开展安全生产大检查大治理、安全生产领域“打非治违”，重点行业领域安全生产专项执法行动和专项整治工作开展情况。通过举一反三、查缺补漏，确保“全覆盖、零容忍、严执法、重实效”的总体要求和各项措施落到实处，消除各种安全隐患。

（傅君）

【部署冬季安全生产】 12月11日，海淀区召开2013年公共安全电视电话会，全面部署冬季安全生产工作。区安全监管局局长王勇禄通报近期安全生产事故情况，部署冬季及“两节”安全生产工作；消防支队支队长柳国忠部署商市场消防安全整治及冬季消防安全工作；公安分局副局长葛士亮部署春节烟花爆竹安全监管工作。副区长刘长利出席会议并讲话。会议对全区重点行业领域主管部门执法检查及各街镇委托执法情况进行了通报，就作好全区安全生产工作提出了具体要求。

（傅君）

危险化学品安全监管

【“一对一”应急救援预案备案】 3月，海淀区组织开展全区重大危险源单位安全生产事故“一对一”应急救援预案编制工作，由区安委会牵头，区安全监管局具体组织实施。应急预案初稿形成后，区安全监管局两次召开专家评审会对预案进行评审和修订。12月底完成了预案备案和发布工作。

（陈晓文）

【加油站应急演练】 6月21日，海淀区安全监管局在中石化卧佛寺加油站开展了事故应急演练。演练模拟油罐车卸油时胶管脱落冒油，计量员立即关闭卸油阀门，将卸油油管与车辆分离，现场安全员发现险情后立即向站长报告，加油站随即关闭油罐车阀门，停止卸油作业，同时油站停止营业，立即启动应急预案，迅速有效地进行处置。随后演练模拟车辆加油时引擎突然起火，加油员立即大声呼救，并使用干粉灭火器进行扑救，现场安全员发现险情后立即报告单位负责人，启动应急预案，收银员立刻发出警报并拨打119，相关人员疏散加油车辆和闲散人员，并封锁进口和出口，遇到人员受伤，员工拿出站内急救箱进行包扎。演练结束后，区安全监管局给予点评。辖区内各加油站负责人等相关人员共计100余人参加了观摩。

（陈晓文）

【液氨使用单位安全检查】 6月至9月，海淀区安全监管局在全区范围内开展了两次液氨使用单位大检查，制订了液氨使用单位专项执法检查方案，全面部署辖区涉氨单位安全检查行动；向辖区涉氨企业下发了安全生产提示，要求企业迅速开展安全自查和隐患排查治理；迅速组织开展全覆盖安全检查，由区安全监管局主管领导带队，分两个检查组对辖区使用液氨的企业进行安全大检查。检查主要内容包括企业安全管理制度落实、涉氨单位的设施设备本质安全条件、防泄漏措施、防雷防静电、应急救援物资储存、防洪排涝、人员防护、防汛措施、应急救援演练、落实重大危险源“一对一”预案编制工作10个方面。

（陈晓文）

烟花爆竹安全监管

【安全监管培训】 2013年，海淀区安全监管局组织各街镇分管烟花爆竹安全管理工作领导及相关科室负责人参加了市安全监管局组织的执法检查培训视频会议。一是解读《烟花爆竹安全级别、类别和标示标注》（DB/11385-2013）；二是传达北京市贯彻国家安全监管总局65号令有关规定和市安全监管局62号文件有关内容；三是培训执法检查重点。

（陈晓文）

【经营许可证与销售】 2013年，海淀区共发放烟花爆竹经营许可证166家，其中，五环内111家，五环外55家，海淀区各烟花爆竹零售网点，共销售烟花爆竹46738箱，同比减少8803箱，下降15.85%。

（陈刚）

【销售网点安全监管】 2013年，全市推广海淀区2012年烟花爆竹销售安全管理经验。海淀区在销售网点安装视频监控探头和单项语音呼叫的基础上，由区安全监管局协调区经信办和城管指挥中心等部门，为166个零售网点全部加装了视频探头并实现了双向语音对讲系统。在除夕、初一、初五、十五等重点时段，区主要领导及烟花办、安监、公安、消防、交通、工商等部门相关领导在区政府应急指挥大厅，利用烟花爆竹视频监控平台及全区社会面原有的1900余个视频监控探头，察看各零售网点的视频监控实时情况，发现隐患和违规行为，立即通过双向语音系统和零售网点负责人沟通，责令立即改正。手段的创新，提高了安全监管水平和工作效率，有效防范了安全事故。

（陈刚）

【烟花爆竹安全检查】 2013年，海淀区在烟花爆竹销售安全管理工作中除采取技防手段外，多措并举强化执法检查，形成高压态势，督促烟花爆竹销售人员依法安全销售。春节前夕，区四套班子主要领导，分别带队检查烟花爆竹安全管理情况，对零售点负责人提出具体工作要求。区安全监管局在区烟花办的统一领导下，构建起五级执法检查体系。一是区烟花办组织相关部门组成联合检查组进行重点检查和随机抽查；二是区安全监管局组织5个烟花爆竹检查组，对全区27个街镇实行分片包干负责，进行不间断检查，重点时段，局领导带队检查；三是区公安、工商等部门分别组织专项检查组进行检查督促；四是27个街镇专项检查组，对辖区分区划片进行安全监管；五是区安全监管局23名安全生产专职检查员，对烟花爆竹零售网点进行不间断检查，根据各阶段工作内容不同，细化检查重点，开展销售前、销售中的重点时期、撤棚回收等阶段的三批拉网式全覆盖检查。区安全监管局共检查烟花爆竹零售网点502个次，出动检查人员180人次，车辆80台次，发现安全问题和隐患130个，下达责令改正指令书70份。烟花爆竹零售网点对存在的安全隐患和问题，全部按照执法人员的要求及时完成整改，整改率100%。

（陈刚）

【烟花爆竹回收及撤点】 2月24日，海淀区开始零售网点烟花爆竹回收撤点工作。3月1日12时截止，海淀区已顺利完成烟花爆竹退货、视频监控设备和销售大棚拆除工作，共回收烟花爆竹14662箱，实现了“不爆炸、不燃烧、保安全、零事故”的目标。

（陈刚）

隐患排查治理

【隐患自查自报部署】 4月17日，海淀区安全监管局召开2013年隐患自查自报工作部署会。会上，区安全监管局通报了海淀区2013年隐患自查自报工作方案，明确了全年工作的总体思路、工作目标、职责分工、实施步骤、时间安排及要求。会议提出，为确保企业能够正常使用系统各项功能，区安全监管局有针对性地选取试点街镇及企业，选派专人深入基层一线，采取座谈会、实地调研等形式，查找系统不足和问题，及时研究解决办法和措施。全区各街镇安全生产办公室主任及工作人员参加了会议。

（郑臣）

【隐患自查自报启动】 4月24日，海淀区安全监管局启动了企业隐患自查自报工作，在全区推广应用隐患自查自报系统，分期分批组织企业参加系统应用培训。企业隐患自查自报系统以企业分级分类管理为基础，以企业隐患自查自报系统为核心，以安全标准体系为支撑，作为一项系统工程深入推广，并成为落实企业主体责任，实现安全生产全覆盖、无缝化、动态化管理的有效手段。通过企业自查、部门属地评估核查、执法监察、绩效考核，形成一整套安全事故预防体系。

（郑臣）

【隐患自查自报再部署】 10月17日，海淀区安全监管局召开安全生产工作会，再次部署全区隐患自查自报系统建设相关工作，下发相关工作调整的通知，明确海淀区统一使用北京市隐患自查自报信息系统,要求各街镇强化系统培训和指导，及时汇总接受系统培训的企业名单，督促企业开展工作。区安全监管局建立隐患自查自报工作通报制度，定期对各街镇系统使用情况进行通报，确保此项工作取得实效。会后，由专业培训老师对北京市隐患自查自报系统街镇用户使用方法进行了现场演示和讲解。各街镇安全生产办公室主任及系统使用联络员参加了会议。

（李婧）

【隐患自查自报系统建设】 11月，海淀区安全监管局聘请专业培训老师，对全区29个街镇有关人员进行隐患自查自报系统应用全覆盖培训，各街镇组织辖区内企业参加培训（辖区企业数较多的街镇组织100家企业，企业数较少的街镇组织全部企业）。截至12月20日，海淀区29个街镇的系统培训工作已完成，共组织培训会30场，2600余家企业参加培训，下发系统使用手册、隐患自查自报相关法律法规等材料3300多份。全区有542家企业在北京市安全监管平台,完成上报工作,上报隐患192项，整改隐患192项，隐患整改率100%。

（李婧）

【隐患举报查处】 2013年，海淀区安全监管局及时查处市安全监管局、海淀区非紧急救助中心转办和群众电话举报的安全隐患，切实做到接到一起调查一起，查实一起处理一起，件件反馈调查结果，全年累计查处群众举报的生产安全隐患163件，其中，市安全生产举报投诉中心转办141件，区非紧急救助中心转办4件，直接接收群众投诉举报18件。按监管行业分，人员密集场所91件，建筑业16件，烟花爆竹类6件，危险化学品类7件，职业卫生类2件，其他类41件。截至12月底，已办结163件，立案调查10起，办理结果均已答复署名举报人，办结率100%。

（李婧）

应急救援

【专家组年会】 1月17日，海淀区安全监管局召开2012年海淀区安全生产专家组年会暨2013年第一次全会，海淀区新一届安全生产专家组专家出席了本次会议。会上，区安全监管局局长王勇禄为新一届专家组专家颁发了专家聘书，副局长贾宁代表区安委会办公室通报了海淀区2012年安全生产工作情况，介绍了海淀区2013年安全生产工作重点。

（傅君）

【应急演练活动】 6月，海淀区广泛开展安全生产应急演练活动。区安全监管局指导瑞萨半导体（北京）有限公司开展工业企业应急救援演练；区质监局联合区房管局，在鼎好大厦组织开展了电梯困人应急救援演练活动；区文化委、旅游委、住房城乡建设委分别牵头在大型文化娱乐场所、旅游酒店及施工工地开展了演练活动；永定路街道、四季青镇、北下关街道、海淀街道等分别组织属地重点生产经营单位开展了多种形式的应急救援演练活动。截至6月26日，海淀全区已开展各类应急演练114次，参与演练及观摩人员超2万人次。

（任海源）

【应急信息报送】 2013年，海淀区安全监管局在节假日和重点时期，严格执行24小时局领导在岗带班制度、值班人员双岗在岗值班制度和工作人员24小时通信畅通备勤制度，及时掌握全区安全生产工作动态；“两节”“两会”等特殊时期，每日增加一组检查人员，充实应急值守力量；严格落实事故信息快速报告制度和综合信息每日报告制度，确保通信联络畅通，及时传达市、区应急工作部署和要求，保证市、区各项工作层层落实和重点时期全区安全生产形势稳定。

（李婧）

执法监察

【人员密集场所执法检查】 1月13日至28日，海淀区安全监管局对全区人员密集场所开展专项执法检查。本次检查的重点是生产经营单位的应急预案制定、应急疏散条件、特种设备管理检测、从业人员培训、应急人员编制和应急值守情况。检查发现，部分人员密集场所存在未建立健全员工安全生产培训档案、消防通道堵塞等安全隐患，针对发现的隐患，检查组提出整改意见，责令相关单位立即整改。区安全监管局共出动执法人员160人次，车辆80台次，检查生产经营单位90余家，下达执法文书30余份，行政处罚6家，处罚金额2.3万。

（刘玉勇）

【“双打”专项执法行动】 6月，海淀区以保障城市运行安全为核心，以专项执法检查为突破口，多措并举开展“双打”行动。一是制订方案、明确目标。区安委会办公室按照市安委会统一部署，制发了《海淀区特种作业及特种设备作业人员“双打”专项执法行动方案》，组织召开了“双打”专项执法行动动员会，根据发证单位（安监、住建、质监）把“双打”行动细化为三大工种类别，结合安全生产月舆论宣传，在全区建筑施工、宾馆饭店、商市场、文化娱乐场所、工业企业、物业管理单位6个重点行业开展专项检查。二是强化宣传、集中执法。区安监、住建、质监部门面向全区有关生产经营单位和社会，发布特种作业及特种设备作业人员“双打”专项执法行动工作通告，并分别牵头成立执法检查组，针对人员持证上岗、设备档案、劳动防护用品配备及教育培训等情况开展执法检查。三是创新思路、细化任务。制定“双打”行动检查表，各部门有针对性地开展检查工作，每周定期上报统计汇总表，及时总结交流执法行动经验，分析特种作业安全管理存在的突出问题，严厉打击了特种作业及特种设备作业人员持假证上岗、无证上岗行为，有效遏制由违章操作引发的生产安全事故。

（傅君）

【十八届三中全会安全保障】 11月中旬，海淀区圆满完成十八届三中全会期间安全生产保障任务。区安全监管局联合各相关部门组成联合检查组，对重点地区生产经营单位实现全覆盖检查4遍，出动执法人员4800余人次，查处安全隐患50余处，全部及时整改完毕。

（李婧）

【安全生产大检查】 2013年，海淀区开展安全生产大检查大治理行动，安排检查人员11443人次，组成检查组1494个其中暗访组334个、交叉检查组118个，检查企事业单位和场所10312个次，发现各类安全隐患13618项，责令改正、限期整改、停止违法行为3464起，责令停产、停业、停止建设企业116家，暂扣或吊销许可证、职业资格企业30家，行政罚款229.9万元，安全生产大检查大治理工作取得明显成效。

（傅君）

【农村工作会安全保障】 12月，中央农村工作会议召开期间，海淀区安全监管局对会议驻地周边生产经营单位进行了摸底调查，围绕驻地划分责任区，包片负责，强化各项保障的落实；通过与街道、行业主管部门的联动，排查各类生产经营单位安全隐患，对每天执法检查汇总会商，加强对投诉举报工作的接待处理，做到快接快查，及时回复。共检查生产经营单位32家，查处安全隐患26处。

（刘玉勇）

职业卫生监督检查

【职业卫生专家库】 2013年，海淀区安全监管局结合本区职业卫生监管工作实际情况，完成了海淀区职业卫生专家库组建工作，10名职业卫生专家成为专家库首批入选成员，此举完善了海淀区职业卫生技术支撑体系和职业卫生专家组织，强化了职业卫生“三同时”技术审查力量。按照相关法规文件要求，入选专家库的10名专家将参与海淀区6大项职业卫生监管工作：一是对海淀区职业卫生监管工作提出意见和建议，提供信息和决策咨询；二是参加职业病危害专项治理、专项督导检查；三是参与建设项目职业病危害预评价、严重职业病危害建设项目职业病防护设施设计专篇、职业病危害控制效果评价、职业病防护设施竣工验收、用人单位职业病危害现状评价等技术审查工作；四是参与职业病危害事故的调查处理；五是参与职业卫生技术服务机构资质认可过程中的技术评审工作；六是参与职业卫生宣传教育、培训和科普工作。

（徐春兰）

宣传培训

【宣传咨询日】 6月9日，以“加强应急演练，提高自救互救能力”为主题的北京市安全生产月宣传咨询日活动在中华世纪坛隆重举行。北京市市长王安顺，国家安全监管总局副局长杨元元，副市长张延昆，市委秘书长李伟、市政府副秘书长周正宇出席活动。活动由全国安全生产月活动组委会指导，市委宣传部、市安全监管局、应急办、首都精神文明办、教委、公安局、文化局、广电局、民防局、总工会、共青团市委、妇联和海淀区政府共同主办，市科学技术研究院和歌华文化发展集团协办。活动中，与会领导和群众冒雨参加了现场各项咨询活动。在工作人员指引下，市长王安顺和国家安全监管总局副局长杨元元到北京市安全生产成果展板展示区，听取了安全生产工作介绍，了解基层单位开展安全生产工作的情况，并参观了应急知识、安全论文、书法漫画等。在媒体直播区，与会领导重点参观了“北京安监”官方微博以及新闻媒体直播区域，了解安全监管部门利用微博这一新媒体开展安全生产宣教工作所取得的成效。随后，市长王安顺到“12350”安全生产举报投诉现场受理区，接听举报投诉电话，与市民零距离沟通。在互动体验区，同企业职工、社区群众一起参加了互动体验项目，为群众发放了应急救援包，体验模拟操作使用灭火器、消火栓、车辆安全驾驶等设备，参观并听取工作人员介绍了家庭燃气及液化气瓶安全使用，应急逃生绳索、呼吸器具等常用应急自救设备的使用，以及触电心脏复苏救护方法。工作人员还为与会领导展示了由人民日报社和市安全监管局联合开发的“安全生产智慧宣传服务平台”相关功能。市安委会有关部门、各区县安全监管局、部分中央及市属企业（集团）总公司、企业职工和社区群众代表共计800余人参加了活动。

（任海源）

【安全生产志愿者培训】 12月19日至20日，海淀区安全监管局组织全区安全生产志愿者进行了安全生产法律法规培训。培训以人员密集场所的安全生产检查要点为主要内容，采取以案说法的方式，结合安全生产法律体系，从怎样科学地抓好人员密集场所安全生产工作，以及安全生产志愿者的工作内容与职责等方面进行了全面、生动的讲解。通过培训，提高了志愿者的服务意识、服务能力和服务水平，为深入开展安全生产志愿服务打下基础。

（李婧）

【宣教形式创新】 2013年，海淀区安全监管局坚持“安全生产宣教先行”的工作理念，不断丰富安全生产宣教形式，联合超市发连锁股份有限公司，在超市塑料购物袋上印制安全生产提示标语，自10月起，在全区超市发各门店使用，向市场投放印有“安全生产记心间，平安幸福每一天”字样的安全生产提示标语塑料购物袋40万个。宣传活动是海淀区安全监管局与企业合作，加强安全生产宣传的一次尝试，一是提高了安全生产宣传覆盖面；二是以超市发公司营业网点为平台，建立新的宣传渠道；三是利用有限的资金投入，争取到更好的宣传效果；四是实现政府与企业的双赢，政府达到了宣传目的，企业树立了承担社会责任的良好形象。

（任海源）

【信息宣传多样化】 2013年，海淀区安委会各成员单位扎实开展安全生产信息宣传工作，及时主动反映本部门工作动态，报送了大量有价值的安全生产信息。海淀区安全监管局全年印发安全生产信息《专刊》《普刊》共40期，获得区主管领导批示1期；向市安全监管局、区委、区政府报送信息1545条次；在市安全监管局网站、简报信息采用量达309条次，区委、区政府采用信息111条次；在报纸、刊物刊发新闻稿件51篇，其中《中国安全生产报》2篇、《劳动保护杂志》2篇、《海淀报》47篇；在海淀有线播放专题片4部。

（李婧）

法制建设

【委托执法专题培训】 4月17日，海淀区安全监管局举办街镇安全生产委托执法人员培训班。重点对安全生产委托执法检查和行政处罚案件办理流程、行政执法程序相关规定、执法文书填写等业务知识进行了辅导培训。

（刘玉勇）

【规范基层执法行为】 海淀区安全监管局在开展街镇安全生产委托执法的基础上，为街镇安全生产监管监察执法人员统一配发了执法服装。要求安全生产监管监察执法人员在安全生产执法监察、参加集体或集中执法等重大活动时必须穿着执法服装，保持仪容严整。根据《北京市安全生产监督管理局执法监察人员礼仪规范（试行）》的要求，区安全监管局对街镇安全生产监管监察执法人员执行《礼仪规范》情况进行不定期抽查，对贯彻执行不到位的单位予以通报批评，加强全区执法监察队伍的正规化建设，增强安全监管执法的严肃性和权威性，树立安监队伍的良好形象。

（李婧）

【执法案卷评查】 3月22日至4月8日，海淀区安全监管局开展了行政执法案卷评查工作。区安全监管局成立了案卷评查工作小组。评查小组严格按照《北京市行政处罚案卷标准》《北京市行政处罚案卷评查评分细则》，通过科室自评、互评、集中总评三个步骤，对各业务科室自2012年10月以来的办结案卷进行了抽查，抽查结果在全局进行了通报。评查结果显示，区安全监管局行政处罚案卷的整体质量较好。一是注重行政执法主体的合法性。实施行政处罚主体适格，行政执法人员均持有效执法证件。二是适用法律依据准确，行政执法内容适当。实施的行政处罚执法行为基本做到事实清楚，证据充分，依据正确，内容适度。三是行政执法程序比较规范。行政处罚案件履行了立案审批、调查取证、处罚决定审批、处罚决定事先告知、送达等程序。四是案卷制作做到了一案一卷，案卷封皮、文书资料统一规范，卷内材料整齐完备，案卷装订基本符合要求。评查过程中也发现一些问题，评查小组经过分析、讨论，要求各业务科室针对问题进行整改，着手建立执法案卷评查长效机制。

（任海源）

【委托执法长效机制】 2013 年，海淀区安全监管局探索建立委托执法工作长效机制。一是开展了安全生产监管执法培训。区安全监管局启动了街镇委托执法人员行政执法培训工程，截至 12 月底，共开展 5 期街镇执法资格培训班，对 170 余名街镇执法工作人员进行了培训。二是探索建立长效工作制度。在完成行政执法检查培训的基础上，7 月份，区安全监管局与全区 29 个街镇签订了《安全生产行政执法委托书》，明确委托执法的依据、对象、范围、权限和责任，由街镇安办负责行使安全生产检查权、违法行为责令整改权及复查权，下发统一印制的《安全生产行政委托文书》。印发了《海淀区委托街镇安全生产行政执法实施办法（试行）》《责令限期整改指令书常用规范用语》等一系列文件，规范街镇委托执法工作流程。建立了执法检查月报告制度，各街镇每月向区安全监管局报送执法检查月报表，详细说明当月开展安全生产检查的单位数量、处罚单位数量及执法案卷数量，对委托执法工作进行全程监管。三是机构和人员配备到位。海淀区 29 个街镇中，绝大多数街镇已经成立安全生产办公室，各街镇基本配备 2 名以上的专职安全生产工作人员，全区共计 118 人取得了安全生产委托执法证。区安全监管局为各街镇执法人员配发了执法服装、执法文书和应急包，为委托行政执法工作提供了人力、物力保障。

（刘玉勇）

【委托执法检查】 2013 年，海淀区全面推进安全生产监督管理委托行政执法工作，全区各街镇均按要求完成执法工作任务，其中北太平庄街道、羊坊店街道、甘家口街道、八里庄街道、紫竹院街道、田村路街道、学院路街道、永定路街道、上地街道、海淀街道、四季青镇、西北旺镇、苏家坨镇、东升镇，工作程序规范、案卷质量较高。截至 12 月 24 日，全区 29 个街镇共检查生产经营单位 3659 家，下达责令整改指令书 856 份，上报执法案卷 354 个，立案调查 30 起。

（刘玉勇）

科技与信息化

【监管平台通过验收】 12 月，海淀区投资 133 万元建设的安全生产监督管理平台（一期）通过了海淀区经信办专家验收组终期验收。海淀区安全生产监督管理平台以街镇为基础建立了数据采集和管理系统、行政执法系统、应急管理系统、标准化管理系统、综合指标上报系统、电子市场综合监管系统、GIS 综合展示系统、领导决策系统，实现了联合执法、案件移送等业务的统筹指挥和协调管理，充分利用物联网等新技术提高安全监管水平和信息采集能力。通过平台建设，一是利用现代信息技术创新政府监管模式，扩大安全监管覆盖面，使安全监管工作从应急转向预防，从被动转向主动，从单纯监管转向监管与服务并举，全面提高监管能力；二是满足了基层安全生产监督工作的实际需要，缓解区安全监管局人手不足的压力，提高安全监管工作效率；三是做好数据采集，基本业务信息化、标准化、规范化，为未来在海淀区安全监管领域实施物联网建设创造了必要条件。

（李婧）

标准化建设

【标准化达标总结会】 1月23日，海淀区安全监管局召开全区危险化学品从业单位安全生产标准化达标总结会，对全区危险化学品从业单位安全生产标准化创建工作进行了总结，为达标的90家企业颁发了《安全生产标准化三级标准》证书和牌匾。标准化建设达标企业代表作了经验介绍。会议就巩固标准化成果，持续提升安全生产管理水平提出三点要求：一是牢固树立安全发展理念；二是巩固标准化建设成果；三是持续改进和提升安全生产标准化水平。针对春节期间安全管理工作，会议要求各单位要做到“六个一”，即：召开一次安全生产专题会、进行一次节日安全教育、安排一次安全生产大检查、组织一次周边易燃物大清理、进行一次应急预案演练、安排一份节日值班表。

（陈晓文）

【标准化创建征求意见】 上半年，海淀区安委会办公室按照“政府组织推动、行业分类指导、属地负责托底、企业全面负责、专家技术支撑”的原则，拟定了《海淀区进一步推进企业安全生产标准化建设工作实施方案（征求意见稿）》，面向各成员单位广泛征求意见和建议。方案拟定稿共包括9项基本内容，涉及政府监管指导职责及企业主体责任，明确了组织机构、任务目标及评审原则等内容。根据反馈，区安委会办公室进行完善并定稿印发，全面推行企业安全生产标准化建设工作。

（郑臣）

【企业标准化建设】 下半年，海淀区重点推进商业、餐饮、宾馆饭店、文化娱乐、体育运动场所、工业企业等行业领域企业标准化建设工作。一是细化方案，成立机构。街镇、行业管理部门将本地区、本行业企业安全生产标准化推进工作实施方案报区标准化创建工作领导小组办公室。二是摸清底数，建立台账。各镇街、行业管理部门结合全区实有人口服务管理“四个实有”基础信息平台建设工作，摸清本地区、本行业企业数量、规模类型，建立企业基础数据台账。三是开展培训，加强宣传。标准化创建工作领导小组办公室分批次组织完成对行业、属地、区级评审人员的多层次培训。各属地、行业管理部门按计划对本地区、本行业岗位达标、三级标准化创建企业负责人和安全管理人员进行培训。四是分步实施，稳步推进。各街镇、行业管理部门按照全区推进企业安全生产标准化建设工作的目标、任务，突出重点、分步实施、稳步推进。

（郑臣）

丰台区

概述

2013年，丰台区安全生产工作深入开展“安全生产年”活动，强化企业安全生产基础工作，全面开展安全生产标准化建设，深化“打非治违”和重点行业领域专项整治，加大对重点工程和高危行业的安全监管力度，有效防范和坚决遏制重特大事故的发生。

一、强化综合监管建立健全机制。2013年，在区委、区政府的领导下，围绕办好一届高质量的园博会为中心，扎实开展安全生产各项工作。制订下发了《2013年安全生产工作意见》和安全生产执法检查、教育培训、标准化活动等工作方案。召开2013年安全生产工作大会，进行工作总结和部署，区政府与区安委会各成员单位和各街乡镇签订《安全生产目标管理责任书》，每季度向区委常委会和区政府常务会汇报安全生产工作，研究部署安全生产重点工作。区领导带队开展安全生产大检查，推进全区安全生产形势持续稳定好转。

二、突出工作重点保障“园博”安全。一是对工程建设进行重点监督检查，加强监管，督促施工单位及时整改隐患。二是对试运营期间的装修扫尾工程和设备运行安全实施全面检查。三是对餐饮、住宿等服务类设备设施进行全面检查，对人员密集场馆场所开展不间断检查。

三、统筹执法力量深化专项整治。制订工作方案，建立会商制度，摸排上账重点商市场33家，商户18958个，开展宣传教育，印发周刊，建立台账。年内，上账的150项日常管理类安全隐患全面整改完毕，硬件设施改造施工7处，拆除两个市场及部分违法建设5.2万平方米，整改消除事故隐患，各商市场安全管理水平和从业人员安全意识明显提升。加大“打非治违”力度，年内完成拆除违章建设500处，94.23万平方米。对分钟寺地区、京深海鲜市场、大红门地区商市场存在的隐患和问题进行了联合执法检查和专项整治。重点对液氨使用单位、有限空间、人员密集场所、特种作业以及工程建设领域开展安全生产大检查，组织检查组1.2万余个，出动检查人员3.5万余人次，检查生产经营单位和场所1.9万余家，发现和整改隐患2.7万余个，限期整改8314家，责令停产停业223家，取缔22家，行政处罚385.05万元，约谈通报4家，拘留161人。完成对重大节日、重大活动期间的安全检查，针对园博会举办期间的21项大型活动，提前介入，对重点区域的舞台及临建设施搭建、用火用电、有限空间作业、特种设备及燃气使用、食品制售等进行不间断的安全检查。圆满完成了“两节”“两会”清明“五一”、第二十一届北京种子大会、2013北京国际铁人三项赛、2013北京“卢沟晓月”中秋文化旅游节等各项安全保障工作。

四、强化工作措施遏制安全事故。周密部署，落实责任。召开工作会议进行部署，与街乡镇、烟花爆竹零售网点分别签订责任书。从严把控，全员培训。集中10天时间，对全区154个网点逐一审核，分三批对各街乡镇主管科室负责人、烟花爆竹销售网点负责人及从业管理人员等近700人进行安全技能培训。多措并举，严格监管。实行安全生产责任保险制度、缴纳风险抵押金制度，运用物联网技术，推行音、视频监控系统等，使用分片包干的办法，采取领导带队检查、突击检查、夜查、联合检查、超常规检查等方式，对零售网点进行拉网式检查。其间，区安全监管局出动检查人员398人次，车辆132台次，检查462家次，开具现场检查记录462份，下达执法文书36份，消除安全隐患68项。烟花爆竹销售期间未发生任何安全事故。

五、提高安全素质营造良好氛围。举办了烟花爆竹销售、危险化学品企业负责人、工业企业负责人、执法人员依法行政、街乡镇安全主管领导及监管人员等安全生产培训，有效提升了全区安全监管人员及企业负责人等相关人员的专业素质和技能。以“强化安全基础，排查治理隐患，服务保障园博”为主题，相继开展宣传咨询日、应急演练周、职业卫生防治宣传周、知识竞赛、各类培训等系列活动。围绕春节烟花爆竹销售网点安全监管、第九届园博会筹建运营安全保障、大红门地区安全隐患专项整治等全区性重点安全生产工作开展策划宣传，进行专题报道，编印《安全监管动态》期刊42期、发布信息稿件近500篇。

六、强化安全基础提升本质安全。重点推进工业企业三级标准化创建和小微企业标准化建设工作。成立专项工作办公室，制发全区工作方案，制订评定细则，明确职责、任务、步骤及评审形式，安装标准管理系统平台。年内，40家工业企业通过复评验收。2010年以来，全区共有124家工业企业开展了安全生产标准化创建工作，市级以上达标企业12家，区级达标112家，其中区级优秀单位74家，区级合格单位38家，合格率100%，优秀率66%。小微企业标准化工作摸排建账621家，编制规章制度模板，组织培训，采用“以点带面，试点先行”的模式，深入企业进行现场指导。年内，60家小微企业通过达标验收。

2013年，在区安委会各成员单位和各街乡镇的共同努力下，丰台区未发生重特大安全生产事故，安全生产形势基本平稳，被评为“2013年度北京市安全生产工作先进区县”。区安全监管局荣获“2013年全国安全生产领域‘打非治违’知识竞赛优胜单位奖”“2013年北京市安全生产月活动优秀组织奖”“2013年北京市安全生产宣传作品评选平面类三等奖”“2013年‘北京建工杯’首都百万一线职工安全生产知识竞赛优秀组织奖”等荣誉。

综合监管

【控制考核指标】 2013年，丰台区发生安全生产死亡事故63起，死亡68人，同比分别下降7.35%和6.85%，死亡人数占市安委会下达控制指标的76.4%。其中，道路交通死亡事故54起，死亡58人（发生一起死亡5人的较大事故），同比分别上升8%和9.4%；生产安全死亡事故5起，死亡5人，同比分别下降44.4%和54.5%；铁路交通死亡事故1起，死亡1人，同比均下降85.7%。安全生产形势基本平稳。

（李颖）

【安全生产例会】 1月7日，丰台区安委会办公室、防火委办公室召开例会。会议通报市政府消防工作专题会议精神，部署“除火患、保平安”冬春专项行动和2013年春节前安全生产重点工作。

（李颖）

【京深海鲜市场联合检查】 2月5日，丰台区安委会组织区安全监管局、拆违办、消防支队、工商分局和大红门街道，对京深海鲜市场开展联合安全检查。检查组针对市场存在的储气库房储气量过大、气罐未安装安全设备、照明设施不防爆、市场局部消防通道不畅、应急标志不全、购物通道违规操作叉车等问题，严令市场管理部门抓紧进行整改，并要求增加巡检人数和检查频次，切实加强安全管理。

（李颖）

【安委会第一次全会】 3月1日，丰台区安委会召开全会，会议宣布增补副区长高峰为区安委会副主任，调整部分成员单位新任领导成为区安委会组成人员。

（李颖）

【安全生产大会】 3月1日，丰台区安委会召开2013年安全生产工作大会及标准化工作部署会，副区长李军会出席会议，区安委会成员单位、各街乡镇、驻区中央及市属企业、区属企事业单位、村及乡镇企业、基层社区等单位和企业负责人共200余人参加会议。会议播放了《2012年丰台区安全生产事故案例摘录》专题片，通报了全区2012年安全生产工作情况及2013年工作计划，并对安全生产标准化工作进行动员部署。

（卢晨霖）

【园博园安全检查】 3月25日，丰台区副区长李军会带领区政府办、安全监管局、住房城乡建设委、消防支队、质监局等职能部门，检查园博园安全生产工作。检查组先后到锦绣谷、园林博物馆、指挥中心等重点建设项目施工工地，对现场安全管理、教育培训、应急演练、事故防范、特种作业人员持证上岗等方面进行检查。李军会强调，园博会筹建与运营的安全保障工作至关重要，要时刻注意工程衔接过程中可能发生的安全问题，安监、消防、质监等部门要严格把关，对所有重大活动的舞台搭建、会场布置、外围环境等工作加强监管，提前发现问题，及时消除隐患，为此次盛会的成功举办保驾护航。

（李颖）

【电影节期间安全检查】 3月26日，市广电局、市安全监管局对马家堡保利影城的国际电影节影展筹备及安全生产工作进行联合检查。检查组对影展演示厅、影城放映厅的消防设备、疏散通道等硬件设施逐一进行察看，听取相关负责人安全生产工作汇报。检查组强调，要加强影展期间安全巡检工作，定期检查用电线路及机器设备，定期进行消防及疏散演练，加强员工日常培训，保障国际电影节影展顺利进行。

（李颖）

【校区安全联合检查】 4月10日，丰台区政府办、教委、安全监管局、住房城乡建设委、消防支队组成联合检查组，对十二中科丰校区安全情况进行综合检查。经检查，校区安全情况整体良好，施工过程规范有序，楼宇消防设施齐全，对发现的施工瑕疵能做到及时维修整改。检查组针对发现的围挡稳定性低、部分消防设施调试不到位等问题提出了具体整改要求。

（卢晨霖）

【拆除违法建设督查】 5月9日，市严厉打击违法用地违法建设专项行动指挥部办公室联合市安全监管局、市规划委、市农委等部门组成检查组，对丰台区拆除违法建设工作进行督查。检查采取抽查、核查、随机检查的方式，重点对丰台区2013年以来是否存在在建或新增违法用地和违法建设、上账重大安全隐患违法建设是否存在在建或新增、在建项目是否停工、违法用地和违法建设是否实现并保持零增长等进行检查。检查组先后察看了丰台街道城建九公司出租房院内、卢沟桥街道岳家楼桥东南侧院内、卢沟桥乡大瓦窑中路西侧五队电机维修出租大院和小市场、花乡夏家胡同亚之杰奥迪4S店和加油站南侧花圃、南苑乡南四环中路南侧广汽销售中心院内等35处违建拆除现场。

（李颖）

【国务院安委会督查】 7月12日，由国家安全监管总局副局长孙华山带队的国务院安委会第16督查组，对丰台区大红门地区商市场进行检查，副市长张延昆、市安全监管局局长张家明、丰台区区长冀岩、副区长李军会等陪同检查。督查组听取了区政府及大红门服装商贸城落实安全生产大检查情况的汇报，察看了工作记录等档案资料，现场检查了大红门服装商贸城的安全运营及消防演练。孙华山指出，此次在全国范围内开展的安全生产大检查是党中央、国务院关于安全生产工作的重要决策部署，各级政府、部门和企业要严格按照规定，全面贯彻落实监管和主体责任，决不能搞形式主义，要彻底扫除存在安全隐患的盲区和死角，确保安全生产大检查工作取得实际成效，最大限度地提高和改善整体安全生产水平，为国家安全发展和人民安居乐业创造良好安全环境。

（李颖）

【督导安全生产大检查】 7月22日，丰台区安委会办公室组织4个督导组到全区21个街乡镇督导安全生产大检查工作。各督导组逐一听取汇报，查阅记录档案资料，并随机前往企业进行现场抽查。督导组与各属地、企业负责人就工作难点问题进行了交流，指出存在的不足，提出改进意见。要求各街乡镇保证每一个社区、行政村和生产经营单位开展大检查工作，保证大检查覆盖到每个登记在账的企业，保证检查过程中有执法记录及影像资料留存，保证配备足够的人员和装备，主动联合区监管部门的专业执法力量，共同排查消除各类安全隐患。

（李颖）

【市安委会督查】 7月26日，由市质监局副局长张巨明带队的市安委会第7督查组，对丰台区安全生产大检查工作进行综合督查，副区长李军会及区政府办、安全监管局、质监局、城管大队等部门负责人参加督查。督查组随机抽查了丰北加油站、物美大卖场丰体西桥店、万隆汇洋家居建材市场、鑫伯龙汽车4S店等企业，查阅了区政府及卢沟桥街道、卢沟桥乡的大检查工作档案资料，并听取区安全监管局关于开展安全大检查工作的汇报。督查组认为，丰台区安全生产大检查起步良好、部署到位、落实有效，值得肯定。张巨明强调，一是要把工作落实到每家企业、每个岗位、每名员工，让生产一线的劳动者真正重视安全；二是在工作部署实现全覆盖的同时要突出执法检查重点，加大对危险化学品行业、人员密集场所、建筑工地、客运站、园博会等重点行业领域及重大活动的检查力度；三是对大检查过程中发现的安全隐患及违法行为，必须严格执法、严格处罚，保证大检查工作落到实处，取得实效。

（李颖）

【大检查汇报会】 8月5日，丰台区常务副区长高朋主持召开区安委会安全生产专题工作会。会议听取区安全监管局、旅游委、体育局、方庄地区、卢沟桥乡、长辛店镇关于安全生产大检查和安全生产标准化建设汇报。高朋指出，区前期大检查工作比较扎实，但也存在一些问题，离上级要求仍有差距，各单位绝不能松懈，要把开展安全生产大检查作为工作的重中之重，按照“全覆盖、零容忍、严执法、重实效”的要求，全面深入排查治理安全生产隐患，同时确保信息及时、迅速、准确上报。他强调，各单位必须建台账、做计划、有记录、抓整改；区安委会每周开一次专题会，每月开一次全会，对各单位的工作进展进行排名点评；要加大宣传力度，通过报纸、电视广泛宣传安全生产大检查，制造声势，营造氛围。

（李颖）

【大检查工作推进会】 8月12日，丰台区安委会召开全区安全生产大检查工作推进会，常务副区长高朋、安委会各成员单位及21个街乡镇参加。会上，区政府办传达了市安委会第6次工作会议精神，区安全监管局对安全生产大检查工作进行了阶段总结，消防支队对消防安全大排查大整治专项行动进行了阶段总结。高朋对安全生产大检查工作提出要求。

（李颖）

【商务部督导丰台商务行业大检查】 8月14日，由国家商务部流通发展司副司长吴国华带队的安全生产督导组，对丰台区商务行业安全生产大检查工作进行督导检查，市、区商务委相关领导陪同检查。督导组在新发地农副产品批发市场实地察看了蔬菜批发、菌类批发、蔬菜交易信息平台等工作大厅的安全生产情况，沿途听取了区商务委及新发地批发市场关于安全生产大检查工作的汇报。督导组肯定了丰台区商务行业安全生产大检查取得的成效。吴国华强调，新发地在北京影响大、名气大，但同时人员密度大、安全压力大，企业肩负的责任也就更大。企业一定要认真贯彻落实安全生产大检查的工作要求，层层建立安全生产责任制、签订安全生产责任书，加强安全生产教育培训，加大安全隐患排查治理力度，确保首都最重要的农副产品批发市场安全。

（李颖）

【暗访基层大检查】 8月14日，区安委会办公室4个分片督查组对全区21个街乡镇的安全生产大检查工作进展情况进行抽查暗访。检查企业11家，涉及餐饮、商场、建筑工地、综合楼宇、危险化学品、特种设备等行业领域，重点针对企业是否知晓大检查工作、是否制订大检查方案、是否建立隐患排查治理台账、是否由企业负责人签字公示隐患整改结果等内容。在抽查暗访结束后，召集属地反馈检查情况。

（李颖）

【督查基层属地和企业大检查】 8月19日，丰台区常务副区长高朋带领区安全监管局、市政市容委、住房城乡建设委、商务委、卫生局、质监局、消防支队等部门，督查基层属地和企业安全生产大检查工作进展情况。督查组在东铁匠营街道听取了安全生产大检查工作情况汇报并查阅了相关检查记录和档案资料，在右安门街道检查了大鸭梨烤鸭店、地铁14号线8标段施工工地安全情况，指出企业安全生产大检查工作存在的不足，并针对发现的安全问题向企业下达责令整改指令书。

（李颖）

【液氨企业安全检查】 9月3日，丰台区常务副区长高朋带队到北京市二商健力食品科技有限公司冷藏货运中心进行实地检查，区安全监管局、质监局、商务委、消防支队等部门负责人陪同检查。检查组察看了企业档案资料，进行了现场核查，对企业存在的安全管理制度不健全、消防设施不规范等问题提出了整改意见。高朋要求，各单位要吸取事故教训，迅速开展专项检查，严格落实安全生产规章制度和操作规程，加强液氨的监测、监控，定期检查设备设施，完善事故应急救援预案，确保液氨使用安全。

（卢晨霖）

【文化娱乐场所安全检查】 9月16日至17日，市文化局、文化市场行政执法总队、安全监管局、公安局消防局联合丰台区文化委对洋桥周边20家文化娱乐场所进行了安全生产大检查。执法人员对经营场所是否建立健全6项制度、场所安全出口和疏散通道是否畅通、应急照明和疏散指示标志是否齐全有效、是否按照《人员密集场所安全生产标准化达标》的各项要求规范经营等方面进行了检查。联合执法出动执法人员10名，检查歌厅10家、网吧7家、电子游艺厅3家，责令2家存在安全隐患的经营场所限期整改，并提交整改报告。

（卢晨霖）

【十八届三中全会安全保障】 10月31日，丰台区区委、区政府召开十八届三中全会安全服务保障工作大会，区委书记李超钢对全区工作进行动员部署。会后各委办局、街乡镇按照“全覆盖、零容忍、严执法、重实效”的总体要求，制订安全保障方案，集中执法力量，全面开展安全保障工作。区应急办于11月4日启动24小时应急值守机制。消防支队于11月5日展开“铁拳”行动零点夜查，对检查中发现的火灾隐患及时督促整改。区市政市容委联合属地街乡镇，对使用燃气的餐饮企业进行突击检查，严防燃气事故发生。区安全监管局建立战时会商机制，每天由局领导带队，对人员密集场所、重点工程建筑工地、长途客运站、危险化学品单位等进行安全生产检查。花乡政府为辖区内安全检查员配备执法记录仪，全面提升整体安全检查能力。各部门在加大检查力度的同时，加强应急值守工作，强化应急准备，突出信息报送，确保及时掌握全区的安全生产动态信息，迎接十八届三中全会的胜利召开。

（卢晨霖）

【大检查集中督查】 11月26日，丰台区安委会办公室组织4个督查组对安全生产大检查工作进行集中督查，重点抽查商品交易市场、餐饮场所和加油站。督查组对东高地物美大卖场下达执法文书，责令限期整改应急通道堆放货物、广告宣传牌遮挡安全标志、燃气管道间堆放杂物等安全隐患。对卢沟桥街道部分饭馆存在的燃气贮存间无照明设施等安全隐患，依法责令整改。抽查结束后，督查组与属地街乡镇，就安全生产大检查“回头看”阶段的工作落实情况进行了探讨交流,指出存在的不足,并提出改进意见。

（吴洪）

【市领导突击检查安全生产】 11月30日，副市长张延昆带队对丰台区部分企业的安全生产情况进行突击检查，副区长高峰及区相关部门领导参加检查。检查组随机抽查东方友谊配送公司和东方家园玉泉营店两家企业，听取企业负责人对应急预案及应急设备运行情况的汇报，重点检查了液氨制冷机房防火分隔、线路敷设、电气防爆、安全疏散通道等，询问了部分营业人员“四个能力”等有关常识。张延昆对丰台区落实“11·20”会议精神情况给予肯定，要求各单位继续保持高压态势，铁腕打击，铁面执法，加大安全生产指标考核权重，加强安全生产知识普及和宣传，提高人民群众安全意识。

（吴洪）

【城乡结合部、商市场专项整治】 12月18日，丰台区副区长高峰主持召开全区安全生产工作会议，动员部署城乡结合部地区和商市场的安全生产专项整治工作。会议提出，自12月起至2014年9月，全区集中开展对城乡结合部、“五小企业”“六小场所”，以及“三合一”“多合一”经营单位的专项整治，由区领导带队定期展开督查。会后，高峰带队到宛平城北路6号大院进行督查。检查发现，该处存在违规使用聚苯夹芯板等安全隐患，责令立即停产整顿。随后召开协调会，要求各单位严厉打击违法违规行为，彻底铲除安全隐患“毒瘤”，充分发动基层群防群治力量，发现安全隐患绝不姑息手软，对安全生产工作实行网格化全覆盖管理，确保全区安全生产形势稳定。

（李颖）

危险化学品监管

【液氨专项检查】 6月5日至7日，丰台区安全监管局对辖区8家使用液氨的重大危险源单位开展安全检查。检查采取听取汇报和现场检查的形式，重点检查企业的安全生产责任制和规章制度制定、作业人员培训、安全设备及应急救援器材配备、液氨储存及使用安全装置、视频监控设置、固定喷淋和机房排风设施安装、夏季防汛等内容。针对发现的隐患，责令企业限期整改。经复查，企业按要求完成整改。

（李建鹏）

【危险化学品行政许可】 2013年，丰台区安全监管局办理危险化学品经营行政许可88件，其中首次申请18件、延期55件、变更15件，办理第二、第三类非药品类易制毒化学品备案和变更5件，办理烟花爆竹经营（零售）行政许可审批146件，办理危险化学品经营企业装修、维修、改造等备案15件。

（李建鹏）

【执法检查从业单位】 2013年，丰台区安全监管局共检查危险化学品从业单位493家次，其中危险化学品经营单位227家次，烟花爆竹零售网点266家次，下达整改指令书65份，强制措施决定书3份，对12家危险化学品从业单位进行行政处罚，罚款12.117万元。

（陈勇）

烟花爆竹安全监管

【安全管理部署】 2013年，丰台区安全监管局组织召开烟花爆竹销售网点安全管理部署会，制订《丰台区烟花爆竹行政许可安全监管工作实施方案》，成立由区安全监管局局长任组长的烟花爆竹销售安全管理工作领导小组。领导小组先后召开办公会、部门联席会、街乡镇会、烟花爆竹批发公司会和烟花爆竹销售网点负责人会12次，研究部署烟花爆竹工作。与各街乡镇、各烟花爆竹零售网点分别签订了烟花爆竹安全管理目标责任书，明确各自安全管理职责和应当采取的安全措施。各街乡镇为每个网点派驻了安全督导员，确保每个网点有专人负责，形成了区、街乡镇、社区、督导员四级网格化安全监管体系。

（张振淮）

【网点审批准入】 2013年，丰台区安全监管局对全区网点采取一比一审核的方法，从严把控销售大棚的面积和储存箱数，严格现场安全条件审核。审核确定后，对154个符合安全条件的网点在区政府网站和区安全监管局网站同时进行公示。在许可期间，对参加全市统一考试且符合申请许可条件的200余人采取申请材料审核、安全资格证书认证、推行不良记录制度等办法进行筛选，最终通过154人的申请许可。

（崔爽）

【网点监管措施】 2013年，丰台区安全监管局制定网点从业人员安全操作规程及安全生产责任制等9项规章。采取主渠道销售模式，从源头上对零售网点安全条件加以控制。实行安全生产责任保险制度，全面推行“公众责任险”和“销售人员意外险”。推行缴纳风险抵押金制度，每个零售网点须缴纳风险抵押金5万元至指定银行专户。推行烟花爆竹安全管理承诺书，零售网点负责人承诺按要求做好安全管理工作，并按标准销售合法烟花爆竹。推行层层签订安全责任书，区安全监管局与街乡镇、街乡镇与属地各烟花爆竹零售网点签订责任书，落实安全责任。推行零售网点全部安装音视频监控系统，耗资150多万元建立监控系统平台，每个网点安装6个摄像头，对网点及周围环境进行全覆盖监控。推行值班巡逻看守制度，每个网点销售人员实施24小时看守（夜间2人以上），各街乡镇、社区对每个网点选派督导员进行监管。推行区安监、公安、工商、城管等相关部门派员实行定期和不定期巡查等措施。

（张振淮）

【安全提示】 2013年，丰台区安全监管局统一制作以安全管理、消防器材操作规程及安全责任等9项规章为内容的308

块硬质版面悬挂牌，在每个网点显著位置悬挂，并要求从业人员熟知熟背。印制下发154份每日自查记录簿让每个网点每日开展自查自纠。下发1540份烟花爆竹宣传画在大棚的醒目处张贴。把区域内154个销售网点的代码、网点位置、法人姓名、联系方式、街乡镇科室负责人编入信息管理平台，通过音视频和群发系统发送通知和安全提示，编写发送短信3006条。

（崔爽）

【网点负责人安全培训】 1月15日至16日，丰台区安全监管局在丰台鸿基培训中心分三批对烟花爆竹销售网点负责人及从业管理人员700余人安全培训，培训内容为烟花爆竹安全知识、零售网点安全管理、规章制度落实和严禁销售违禁烟花爆竹知识等。

（崔爽）

【区领导安全检查】 春节期间，丰台区区委、区政府、区人大、区政协领导分组督导，对零售网点进行检查；各街乡镇由主要领导带班，管控力量全部上街巡查。区安全监管局成立6个专项执法检查小组，实行分片包干，采取领导带队检查、突击检查、夜查等方式，对154个零售网点进行了拉网式检查。全区累计检查销售网点2628家次，出动检查人员1568人次，车辆534台次，开具现场检查记录1236份，下达执法文书16份，消除安全隐患36项。烟花爆竹经营销售期间未发生任何安全事故。

（张振淮）

隐患排查治理

【自查自报专项检查】 2013年，丰台区安全监管局开展针对餐饮、宾馆、超市、汽车4S店等行业的安全生产事故隐患自查自报专项执法检查行动6次。隐患自查自报系统纳入企业664家，排查隐患32167项，企业上报率45%，整改率100%。接收举报159件，其中市安全监管局投诉举报中心交办152件，内部受理7件，结案率100%。

（张舒静）

【大红门地区整治】 2月，丰台区安委会组织开展大红门地区安全隐患专项整治工作。摸排上账重点商市场33家、商户18958个。整改完成日常管理类安全隐患150项。完成消防硬件设施改造施工7处，消减墙壁摊170个，疏通消防通道22条。拆除2个市场及9处违法建设52460平方米，关闭商场1家。暂扣“黑摩的”、三轮车500余辆。对商标侵权、假冒伪劣产品等非法违法行为进行打击，罚款44.42万元。

（李颖）

【分钟寺地区整治】 2月，丰台区安全监管局制订分钟寺地区安全隐患排查治理方案，区消防、安监等部门和南苑乡联合对商市场、公寓楼、宾馆旅店、出租大院、生产加工作坊进行全面排查，重点查处应急照明设施缺乏、疏散通道堵塞、安全出口锁闭、私搭乱接电线、消防设施缺乏、违章用火用电、违规设置员工宿舍等火灾隐患和违法行为。共检查商市场和公寓楼17家、出租大院13家、生产加工作坊105家，发现安全隐患129处，下发整改通知书32份，当场整改安全隐患86处，限期整改43处，关停隐患单位3家，行政处罚5起，罚款3.5万元。

（李颖）

【输油管线隐患排查】 11月，丰台区安全监管局对全区输油管线安全隐患排查，重点检查老旧输油气管道、距离生产生活设施和市政管网较近的输油气管道。检查后，区安全监管局约谈了长辛店油库、燕山石化储运一厂两家企业的安全负责人，要求企业对管网系统开展自查，加强巡线力量，加大巡线频次，加强对管网监控系统的值守维护，着力解决管线占压问题，及时排查隐患，完善突发事件应急预案并进行演练，严厉打击各类违法违规行为。

（卢晨霖）

【高铁沿线隐患治理协调会】 11月5日，丰台区安委会办公室主持召开高铁沿线安全隐患整治工作协调会，区拆违办、经济信息委、园博办、长辛店镇、南苑乡、花乡等相关部门和属地参加会议。会议对京沪高铁、京广高铁沿线存在加油站、彩钢房、塔杆等安全隐患整治工作进行研究部署，听取了区安全监管局的实地勘察报告，通报了北京高铁工务段转来的安全隐患整治函。各相关部门和属地分别汇报了隐患整治意见。会议要求，有关部门和属地要开展全面检查，及时治理安全隐患，严厉打击违法建设行为。

（卢晨霖）

应急救援

【互联网经营场所消防演练】 5月14日，丰台区安委会办公室在北京瑞得在线仙人指点上网服务中心组织“2013年度丰台区上网服务场所消防应急疏散演练”。区文化委、消防支队、安全监管局、网吧协会及105家企业负责人参加现场演练。演练分为消防安全培训、消防知识问答、紧急疏散、消防灭火四部分，以知识问答的形式对消防安全和法律法规知识进行普及。

（李颖）

【特种设备应急演练】 6月21日，丰台区安委会办公室在北燃液化石油气有限公司组织特种设备安全事故应急救援演练，区质监局、安全监管局、消防支队等部门参加。演练模拟某石油气贮罐阀门损坏并发生泄漏。事故发生后，运行工马上发出事故警报，并关闭罐区紧急切断阀门，负责人立即组织人员开展现场抢救和事故处理，经过救援人员紧密配合和有效处置，历时15分钟，抢险堵漏成功。

（李颖）

【预案备案管理】 2013年，丰台区安全监管局将应急预案备案与日常执法、标准化达标、法制培训相结合，将应急预案备案工作列为安全生产检查重要内容。完成应急预案备案企业179家。

（薛波）

【“一对一”应急预案管理】 2013年，丰台区安全监管局加强重大危险源管理，成立“一对一”预案编制领导小组，指导企业制定有针对性和操作性的预案。完成了8家液氨使用企业和2家成品油储存企业的综合预案、专项预案、事故现场处置方案、紧急疏散预案等预案编制，并组织有关部门和专家组对预案进行了评审、修订并签署发布。

（薛波）

执法监察

【全国“两会”安全保障】 全国“两会”期间，丰台区安全监管局制发《丰台区全国两会安全生产保障工作方案》，联合卢沟桥街道和太平桥街道办事处对“两会”代表驻地周边200米范围内131家生产经营单位和驻地500米范围内的123家生产经营单位进行执法检查。共下达执法文书52份，消除安全隐患102项，立案处罚1起，确保核心保障区域零事故。对区域范围内的危险化学品、烟花爆竹、工业企业、人员密集场所、交通运输、燃气使用单位、地下空间等重点行业和领域进行执法检查。两会期间，全区共出动检查人员11892人次，检查生产经营单位7562家，消除安全隐患2076项，下达检查记录单2533份。

（肖勇）

【园博会筹建期间安全监管】 2013年，丰台区安全监管局采取“四抓”措施保障园博会生产安全。一是抓部署，成立园博会安全保障工作小组，全天候进行现场检查。聘请专家对工程建设及后续重大活动进行安全会诊。定期召开筹建安全工作会。二是抓重点。组织街乡镇对园博会周边及沿线生产经营单位进行摸底，明确工作重点。加强对园博会相关工程的安全检查，共检查生产经营单位600余家次，下发执法文书150余份，发现并整改隐患500余处。三是抓培训，组织开展各种培训教育62次，培训讲课9次，总计1万余人次参加。四是抓责任主体落实，协助园博会筹备办制定安全生产各项规章制度9项，签订相关安全责任书12份，督促各单位制定突发事件应急处置方案，建立专项安全制度，强化企业职工安全意识。

（韩庆泽）

【园博会安全隐患排查】 2013年，丰台区安全监管局组成园博会安全监管组，将园内区域划分为5个片区开展执法检查，定岗定责，检查生产经营单位640余家次，下达责令整改指令书29份，查处隐患101项，下达强制措施3份，行政处罚1家，罚款1万元。

（韩庆泽）

【园博会安全保障誓师大会】 4月10日，丰台区副区长李军会主持召开园博会安全生产保障工作誓师大会。园博会园区管理部和区安全监管局、住房城乡建设委、消防支队、质监局、卫生局等部门参加会议。会议分析了安全生产形势，梳理了可能存在的重点问题及隐患，明确了相关职能部门的职责任务。会议要求：一是目标明确，坚守安全底线。强调安全是园博会筹建运营工作的唯一目标，是最高目标。二是责任落实，保障有力。各部门要履行职责，团结协作，从严、从简、从快，严格履行审批程序。三是严格执法，坚决杜绝事故。制定落实规章制度、应对措施，建立联合检查队伍，深入开展安全检查，确保安全稳定。

（卢晨霖）

【特种作业“双打”执法检查】 6月，丰台区安全监管局在全区开展严厉打击特种作业及特种设备作业人员持假证上岗、无证上岗“双打”专项执法行动，重点检查建筑施工、宾馆饭店、商市场、文化娱乐场所、工业企业、物业管理单位65个类别和项目特种作业人员持证上岗和管理情况。出动执法人员435人次，完成监督检查202家次，发现安全隐患280项，下达整改指令书78份。

（李颖）

【重点领域专项整治】 6月，丰台区安委会办公室组织商务、民防、房管、建设、环保、质监等部门开展液氨、商市场、电气、地下空间、环境安全、有限空间、工程建设等专项整治行动。组织各种检查组16754个次，出动检查人员43494人次，监督检查生产经营单位和场所23710家次，其中暗查、突击抽查单位709家，交叉检查单位537家，发现和整改隐患33652项，限期整改10849家，责令停产停业489家，取缔22家，罚款541.45万元，约谈通报3家，拘留70人。

（李颖）

【电气隐患专项检查】 7月，丰台区安全监管局在全区范围内开展电气安全隐患专项执法行动。共出动检查人员1200余人次、车辆190余台次，重点针对商市场、宾馆饭店、综合楼宇、危险化学品经营、工业企业、建筑施工等生产经营单位的电气线路敷设、配电箱柜运行、配电室运行、电气作业人员管理等内容进行全面检查。检查生产经营单位564家，发现电气方面及其他安全隐患725项，下达执法文书121份，行政处罚8起，罚款3.6万元。

（李颖）

【交通运输安全检查】 7月，丰台区交通支队、安全监管局、消防支队、丰台运管处及执法七大队成立联合检查工作组，对辖区省际客运站、危险品运输企业、货物运输企业进行现场检查。检查单位229家，下达隐患整改通知书121份。查处出租车违章171起，省际客运车辆违章27起，查处非法运营17起。

（李颖）

【园博会特殊工种安全检查】 8月13日，丰台区安全监管局联合园博会安全保障部、工程保障部、宣传活动部、游客服务中心等相关部门，对园内维保电工、电瓶车驾驶员、花车基地员工等特殊工种，开展安全专项检查。执法人员重点对特种作业人员的安全生产教育培训以及证件资质管理等情况进行检查，并督促所属单位要严格落实安全生产主体责任，加强对特种作业人员的安全管理。针对发现的问题，下达责令限期整改指令书2份，并监督落实整改。

（韩庆泽）

【园博园电瓶车安全检查】 10月18日，丰台区安全监管局联合区质监局、消防支队、公安分局等部门并聘请电气专家，对园博园6家电瓶车使用单位及充电场站进行专项检查，及时整改检查中发现的安全隐患。检查的同时，请专家讲解电瓶车和充电场站使用安全常识和注意事项。检查组要求各使用单位必须及时办理验车、牌照手续，没有办理牌照的车辆不得上路行驶，驾驶员须持有《特种设备作业人员证》，保证园博会电瓶车使用安全。

（韩庆泽）

【“打非治违”专项行动】 2013年，丰台区安全监管局持续开展安全生产领域“打非治违”专项行动。全区上报违建1908处，136.94万平方米，拆除500处，94.23万平方米。取缔花乡非法制售洗涤灵窝点和假药制售窝点各1处，取缔和义街道非法自办幼儿园1处，取缔卢沟桥街道黑电玩城1处，关停花乡非法小餐馆9家，取缔南苑乡和花乡非法液化气瓶存放窝点各1处，取缔南苑乡和方庄无证照废品回收站点32家，取缔卢沟桥乡非法旧货市场无照摊点1000余个，关闭东铁匠营街道顺四条路非法经营商户10余家，拆除私搭乱建店棚300余平方米。

（李颖）

【餐饮场所燃气专项整治】 2013年，丰台区安全监管局共摸排建立餐饮场所台账2766家，其中使用天然气930家，液化石油气1611家，其他225家。检查单位3355家次，查处隐患1389项，下达执法文书1739份，停业停产21家，关停取缔6家，罚款20.5万元，发放宣传告知书1000余份。

（李颖）

职业卫生监督检查

【职业病哨点监测】 2013年，丰台区安全监管局确定13家有电焊作业的企业作为哨点监测单位，其中大型企业3家，中型企业4家，小型企业6家，合计监测人数704人。

（郭卫平）

【职业卫生培训】 7月30日至8月1日，丰台区安全监管局举办2013年职业卫生培训班，全区存在职业病危害的用人单位主要负责人和职业卫生管理人员300人参加。培训聘请职业卫生专业教师，采用市安全监管局指定教材，重点对职业卫生法律法规、岗位职业危害及防护设施、应急救援知识、劳动者权利义务等内容进行授课。培训24学时，参训人员经闭卷考试合格，颁发由市安全监管局统一印制的《职业卫生培训合格证》。区安全监管局要求，各参训单位在培训结束后，要组织开展企业内部的职业卫生培训，督促培训合格人员及时进行网上职业病危害申报，并在所属街乡镇进行登记备案。

（郭卫平）

【职业病危害企业台账】 2013年，丰台区安全监管局建立完成《作业场所职业病危害企业台账》，确认403家企业存在职业病风险，完成录入数据库企业271家，申报率67%。

（郭卫平）

宣传培训

【安全生产宣传咨询日】 6月9日，丰台区安委会在玉泉营“居然之家”广场举行以“强化安全基础，排查治理隐患，服务保障园博”为主题的安全生产月咨询日宣传活动。40余个区安委会成员单位，根据各自承担的安全监管职责，利用展板、广播和发放宣传折页或挂图等形式，宣传“科学发展，安全发展”理念以及安全生产法律法规、应急自救互救、安全科普、职业健康知识等，活动现场设立了“12350”举报投诉受理咨询台南郊罐瓶厂、消防支队在活动现场组织开展消防应急演练，现场展示消防器材，演示煤气罐灭火。中央和市属驻区重点单位代表，各街乡镇代表，各社区（村）安全生产宣传教育志愿者1200人参加现场活动。同时，各街乡镇、区属重点单位在各自属地开展宣传咨询日活动。

（李颖）

【安全生产检查员培训】 4月9日至11日，丰台区安全监管局举办街乡镇安全生产检查员培训班，全区21个街乡镇和科技园区共120余名基层安全生产工作人员参加。培训邀请市安全监管局执法人员以及相关法律专家、企业安全顾问，重点针对人员密集场所、建筑工地、事故预防、法律责任等知识进行了讲解。

（刘凤英）

【燃气安全培训】 5月15日，丰台区安委会办公室组织开展燃气安全专项治理业务培训班，区市政市容委、商务委、质监局、消防支队、城管大队、安全监管局等部门及21个街乡镇的主管领导、负责人、工作人员共220余人参加。培训针对国家和北京市的燃气安全管理法规及标准规范的基本内容、使用燃气示范合同及购气凭证的使用要求、餐饮场所燃气使用安全专项检查要求、现场检查记录表单的填写等方面进行了讲解，利用宣传板、实物钢瓶等对燃气安全监管的方法手段进行了展示。

（卢晨霖）

【企业负责人安全培训】 5月21日至23日，丰台区安全监管局举办工业企业主要负责人和安全生产管理人员培训班。培训针对各项安全生产法律法规、安全生产管理基本知识、安全生产标准化建设、应急管理知识及事故案例等重要内容进行了全面讲解，播放了《2012年丰台区生产安全事故案例》教育片和《丰台区安全生产标准化》专题片，进行了理论知识闭卷考试，并为考试合格的安全管理人员颁发了资格证书。

（刘凤英）

【乡镇干部安全培训】 12月1日，丰台区安委会办公室举办全区乡镇干部安全生产工作培训会，各乡镇村、企业公司负责安全生产的三管领导和安全监管人员210余人参加。培训结合具体安全隐患和事故案例，分析了安全生产形势和特点，阐明培训工作在安全生产工作中的重要性，并对2014年的重点工作进行了部署。首都经贸大学教授、消防支队专家及部分企业主管领导分别对安全生产有关知识进行了讲授。

（刘凤英）

【特种作业考核】 2013年，丰台区安全监管局制订《2013年特种作业培训考核工作方案》，成立丰台区特种作业培训考核工作领导小组，共组织特种作业培训考核班9期。培训考核通过16344人，其中取证8970人，复审7374人。

（刘凤英）

法制建设

【依法行政培训】 2013年，丰台区安全监管局制订《2013年依法行政教育培训计划》，举办4期执法人员依法行政培训班，参加培训180余人次。培训班邀请市安全监管局有关领导及安全生产专家，对行政执法文书的制作与注意事项、安全监管法规、标准和执法检查程序进行讲解和指导。

（刘凤英）

【区级案卷评查】 6月，丰台区法制办抽取区安全监管局2个行政处罚案卷进行评查，参评案卷经初评、复评和核定，案卷优秀率为100%。

（刘凤英）

【市级案卷评查】 9月，丰台区安全监管局向市安全监管局报送2012年9月1日至2013年8月31日期间结案的一般程序行政处罚案卷237件，市安全监管局随机抽取了4个行政处罚案卷，经评定案卷优秀率为100%。

（刘凤英）

标准化建设

【工业企业标准化大会】 3月27日，丰台区安委会办公室组织召开2013年工业企业安全生产标准化工作大会。会议通报了2012年度安全生产标准化工作，重点部署了2013年工作任务。宣布了2012年度安全生产标准化验收的38家工业企业，播放了《丰台区工业企业安全生产标准化活动》专题片，优秀企业代表介绍了标准化创建经验。会议要求各属地要统筹安排，确保辖区企业全面贯彻落实标准化创建工作，相关委办局要全力支持、配合企业，为企业提供所需的各种专业指导与服务，争取年内完成100%规模以上和50%规模以下工业企业的达标创建工作。区安全监管局、质监局、文化委、消防支队、各街乡镇、科技园区等单位主管领导，部分驻区中央、市属和乡镇企业负责人近200人参加会议。

（刘凤英）

【工业企业标准化培训】 4月17日至19日，丰台区安全监管局组织召开工业企业安全生产标准化培训工作会，各街乡镇主管领导、安全生产工作人员、工业企业安全负责人230余人参加。培训会上播放了《2012年丰台区安全生产事故案例摘录》专题片，邀请专家讲授安全生产标准化的自评和复评标准，应急预案的制订等内容。

（刘凤英）

【标准化交流会】 6月25日，丰台区安全监管局在北京北方华德尼奥普兰客车股份有限公司组织召开2013年丰台区工业企业安全生产标准化活动现场交流会，安全生产领域专家学者、各街乡镇安全生产工作负责人及140余家工业企业负责人共200余人参加。会议通报了丰台区安全生产标准化工作开展情况，评审专家进行技术指导，北京北方华德尼奥普兰客车股份有限公司就安全生产标准化建设工作的经验进行典型发言，参会人员共同观摩了公司生产车间的标准化工作流程。

（刘凤英）

【标准化评审】 7月至12月，丰台区安全监管局组织首都经贸大学20余名专家，分5个小组对工业企业安全生产标准化单位进行评审。共评审企业60家，其中新创建企业36家，复审24家，有37家企业被评为丰台区标准化创建优秀单位，23家企业被评为丰台区标准化创建合格单位。

（刘凤英）

【标准化创建大型公开课】 8月1日，丰台区安委会办公室组织区安全监管局、商务委、文化委、旅游委、体育局等部门，举办安全生产大型公开课，对全区21个街乡镇及60余家小微企业，进行安全生产标准化工作培训。各单位主管领导、相关工作人员及企业负责人120余人参加。此次培训对小微企业安全生产标准化创建进行了全方位解读与梳理，为企业提供了实用有效的技术指导。

（刘凤英）

【小微企业评定标准培训班】 8月27日，丰台区安委会办公室举办“丰台区小微企业安全生产标准化评定标准培训班”，全区21个街乡镇安全主管领导、科长以及小微企业标准化创建单位负责人100余人参加，培训主要针对小微企业标准化评定标准的基础管理、评定细则进行了解读。

（刘凤英）

【标准化工作调研】 9月13日，市安全监管局副局长陈清带队，到丰台区丰华实机械有限公司进行安全生产标准化工作调研，各区县安全监管局主要领导参加调研。调研组参观公司标准化车间现场，察看了车间举升机、喷烤漆房、消防设施和监控设施，听取公司负责人关于开展安全生产标准化工作的汇报。随后在丰台区二七车辆厂召开全市安全生产标准化工作推进会。各区县安全监管局汇报安全生产标准化工作推进情况。陈清在讲话中肯定了全市推进企业安全生产标准化工作成效，要求各单位从政策角度鼓励企业参与标准化工作，建立区县标准化基础台账，严格评审流程，树立典型先进企业。

（刘凤英）

【首家小微企业授牌】 10月25日，丰台区安全监管局在位于卢沟桥乡的北京京仪液压机械厂举行仪式，为该企业颁发安全生产标准化证书并授牌。区安全监管局要求各属地和企业借鉴示范企业和属地的创建经验，抓好学习培训，搞好思想发动，做好自查、自纠、自评，全面推进丰台区小微企业安全生产标准化创建工作。仪式结束后，参会人员到京仪液压机械厂参观标准化建设成果并交流了创建经验。

（刘凤英）

【小微企业达标】 2013年，丰台区安委会成立安全生产标准化专项工作办公室，制订工作方案，明确职责、任务、步骤及评审形式，建立管理系统平台，制订《丰台区小微企业安全生产标准化评定表细则（试行）》，指导各街乡镇和相关行业进行摸底建账，确定创建单位。组织培训，并采用“以点带面，试点先行”的模式，为每个属地树立标杆单位。共完成小微企业达标57家。

（窦爱国）

【工业企业标准化复评】 2013年，丰台区安全监管局组织专家对工业企业安全生产标准化单位进行复评，复评企业41家，其中优秀企业27家，合格企业14家。

（刘凤英）

石景山区

概述

2013年，石景山区安全生产工作坚持“安全第一、预防为主、综合治理”的方针，开展安全生产大检查、隐患排查治理、宣传教育培训等项活动；加强监管体制机制、监管队伍建设；扎实推进企业安全生产标准化建设，着力提升企业本质安全；加强综合协调，落实安全生产责任，严格目标管理控制；加强应急保障能力建设，夯实基层基础，安全生产工作得到进一步加强。

调整安委会组成人员。区长夏林茂任区安委会主任，副区长刘亚泉任副主任。对区安委会领导及成员单位进行了补充调整，区安委会成员单位增加到62家。

加强基层安全生产监管力量。全区各街道充实了安全监管人员，并在规模以上工业企业全部配备了专（兼）职安全生产管理人员。

区领导带队检查安全生产。区委、区人大、区政府、区政协四套班子24名区领导结合春节、中秋、国庆期间及重要时段、敏感时期的特点，采取不打招呼的方式，突击检查辖区内企业的安全生产工作。

开展安全生产宣传培训。提高社会从业人员安全生产意识和技能，区安委会办公室以“年有主线、季有主题、月有专题”为思路，制订下发了《2013年石景山区安全生产宣传工作方案》，把培训作为搞好安全生产基础性工作和重要环节来抓。联合区广电中心摄制《安全在我身边》宣传片，并在区电视台播放，达到了宣传、教育、警示的目的。区安全监管局共举办特种作业培训班11期，培训近万人，取证率85%以上。组织开展安全生产大课堂活动，通过培训，使广大职工“我要安全”的意识和“我会安全”的能力得到提高。

做好职业病防治工作。石景山区安全监管局组织开展形式多样的宣传活动，宣传《职业病防治法》，增强一线职工职业安全意识。

开展安全生产大检查。全区执法检查生产经营单位13616家，发现并整改隐患17088项，责令停产、停业、停止建设224家，关闭非法违法企业268家，罚款254.15万元。开展职业卫生和有限空间专项检查、城乡结合部专项执法行动、特种作业“双打”行动、“打非治违”专项行动、电气安全专项行动等专项行动，为安全生产形势平稳发展打下了坚实的基础。

排查治理安全生产事故隐患。石景山区安全监管局在制订下发了《关于做好2013年生产安全隐患排查治理工作的通知》的基础上，全面部署并开展了隐患排查治理和重点行业领域专项隐患排查治理工作，消除了一批安全生产隐患，全面促进了安全生产工作。

2013年，石景山区已连续5年被市委会评为“安全生产先进区县”；石景山安全监管局在安全生产月活动中获得优秀组织奖和最佳实践活动奖。

综合监管

【控制考核指标】 2013年，石景山区发生各类安全生产死亡事故16起，死亡18人，占市安委会下达控制指标的85.71%。其中，道路交通事故死亡11人，占控制指标的91.67%；生产安全事故死亡5人，占控制指标的71.43%。未发生铁路交通死亡事故。

（王树伟）

【安全生产大会】 2月28日，石景山区安委会组织召开了区安全生产大会，区安委会成员单位主要领导和主管安全生产工作领导，以及相关人员共510余人参加。会议总结了2012年全区安全生产情况，部署了2013年安全生产重点工作；对区住房城乡建设委等10家安全生产先进单位及“安康杯”活动优胜单位和28名安全生产先进个人进行了表彰。副区长刘亚泉出席会议并讲话，与区安委会成员单位现场签订了安全生产责任书。

（王树伟）

【全国“两会”安全保障】 全国“两会”期间，石景山区安委会办公室制发了“两会”期间安全生产保障工作方案，确定相关安全防范和应急保障措施，严格落实24小时值班和“零报告”制度，各应急救援分队24小时在岗备勤。其间，联合有关行业部门和街道，对综合楼宇、人员密集场所、地下空间等场所进行了安全检查，重点对全国“两会”代表驻地及其周边和代表行车沿线的生产经营单位进行了全方位的检查。出动检查人员245人次，检查单位599家次，下达执法文书126份，行政处罚3家，查处整改安全隐患237处，确保了全国“两会”驻地及周边的安全稳定。

（王树伟）

【安委会组成人员】 2013年，石景山区安委会下发了《石景山区安全生产委员会关于进一步加强安全生产工作的意见》以及《石景山区安全生产委员会人员调整的通知》，区长夏林茂任区安委会主任、副区长刘亚泉任区安委会副主任，区安委会成员单位62家。区安全生产组织机构得到进一步完善，有效督促相关行业主管部门以及街道办事处进一步落实综合监管、行业监管、属地监管职责，促进企业安全生产主体责任的落实。

（王树伟）

【区领导带队检查安全生产】 2013年，按照“全覆盖、零容忍、严执法、重实效”的总要求和《石景山区领导带队开展安全生产大检查工作方案》，石景山区4套班子24名领导结合中秋、国庆期间安全生产监管工作，带队组织15家重点行业部门对60余家生产经营单位的安全生产情况进行了全面检查。全区23个行业主管单位、9个街道发挥行业监管优势，高频次组织联合检查和交叉检查，全面查处安全生产隐患。

（王树伟）

【大检查推进会】 2013年，根据国务院和北京市安全生产大检查工作部署，石景山区安全监管局制订了《安全生产大检查工作实施方案》《安全大检查专项工作督查方案》，于6月14日召开安全生产大检查工作部署会，分别于7月22日、8月21日、10月18日、11月23日4次召开安全生产大检查工作推进会。印发了2万份安全生产大检查宣传页，营造了浓厚工作氛围。有效推动了安全生产大检查工作有序开展。

（王树伟）

【“打非治违”专项行动】 2013年，石景山区安全监管局坚持多渠道整治辖区内违法用地违法建设，建立动态巡查发现机制，搭建城管、建设、公安、司法等部门联动平台，综合运用强拆、帮拆、自拆的方式，重点整治城市重点地区、居住区和河湖沿岸等违法建设，对全区范围内的违法建设行为保持了高压态势。2013年全区查处非法违法生产经营建设行为11598起，关闭、取缔生产经营单位255家，停产（业）整顿337家，拆除违法建筑21.73万平方米，罚款437.8万元，行政拘留36人。

（王树伟）

【城乡结合部专项整治】 12月20日，石景山区政府下发了《关于印发石景山区集中开展城乡结合部地区安全生产专项整治工作实施方案的通知》，组织18个相关行业部门和9个街道办事处，召开了石景山区城乡结合部地区安全生产专项整治工作动员部署会。各单位按照区委书记牛青山提出的安全生产要立足防范、立足平时、立足严管重罚、立足落实责任的要求，重点对城乡结合地区各类商品批发零售市场、工业大院、“五小企业”“六小场所”、仓储场所、再生资源回收站（点）及“三合一”“多合一”生产经营场所开展专项整治，严厉打击非法、违法生产经营行为，有效整治各类安全生产隐患。

（王树伟）

【特种作业“双打”行动】 2013年，石景山区安全监管局组织区住房城乡建设委、质监局按照区安委会办公室关于《特种作业及特种设备作业人员“双打”专项执法行动方案》部署，坚持“行业分管，部门联动，突出重点”的原则，对建筑施工、危险化学品、宾馆饭店、商市场、文化娱乐场所、工业企业、物业管理和有限空间作业等重点行业领域的特种作业及特种设备作业人员安全管理情况进行了全面的检查。检查生产经营单位158家次，检查特种作业人员1535人次，治理纠正特种作业和特种设备作业人员违规违章行为142起，查处假证或无证人员15人次，下达执法文书60份，行政处罚14起，罚款2.1万元。

（王树伟）

【调查摸底】 2013年，为准确掌握全区生产经营单位底数，区安委会办公室制订了《关于开展对生产经营单位调查摸底的工作方案》,发动各街道办事处（鲁谷社区）力量，对全区生产经营单位开展了调查摸底工作。摸清了9700余家企业信息，其中规模以上企业1110家，补充完善了基础台账。

（王树伟）

危险化学品安全监管

【涉危企业专项治理】 2013年，石景山区安全监管局制订下发《关于开展全区危险化学品安全使用许可企业基础情况摸底调查的通知》，对全区危险化学品从业单位进行了全面普查，准确掌握全区危险化学品的生产、经营和使用情况，进一步完善了全区涉危企业台账和非药品类易制毒化学品经营备案和监督管理工作。按照《石景山区安全生产委员会办公室关于深入开展涉氨制冷企业液氨使用专项治理工作实施方案》和《关于下发危险化学品安全监管大检查实施方案的通知》部署，对全区17家在营的社会加油站和10家非经营性加油站以及两家涉氨单位开展“地毯式”安全隐患排查治理，确保安全生产。

（王树伟）

烟花爆竹安全监管

【烟花爆竹监管】 2013年，石景山区烟花爆竹许可、销售、储存及安全管理工作，贯彻落实《北京市烟花爆竹安全管理规定》《北京市烟花爆竹经营许可实施办法》及市、区烟花办和市安全监管局关于2013年春节烟花爆竹安全管理工作的精神及相关要求，坚持“统一部署、属地监管、企业自律、群众监督”的原则，区政府投入80万元，对所有网点加装了音频、视频监控装置，实现了全时段动态监管。各商户交纳保证金，并购买安全生产责任险，提升了烟花爆竹销售（储存）安全管理水平。

（王树伟）

【网点分布设置】 2013年，石景山区许可烟花爆竹零售网点53家（同比减少4家，下降7%），其中，五环路内20家，五环路外33家（包括3个固定点）。按照属地划分，鲁谷社区9家，老山街道2家，八宝山街道9家，八角街道10家，古城街道5家，苹果园街道12家，五里坨街道1家，金顶街街道5家。按照烟花爆竹供应商划分，逗逗烟花公司27家，燕龙烟花公司13家，熊猫烟花公司13家。

（王树伟）

【执法检查】 烟花爆竹销售期间，石景山区安全监管局共出动执法检查人员1080余人次、车辆240余台次，检查烟花爆竹零售网点及企业1620余家次，下发执法文书236份，查处隐患270余项并组织整改。处理群众举报2件。发放宣传广告、有关材料2300余份，向零售网点负责人群发短信420余条，报送工作信息20余条。各街道办事处按照属地管理的要求，积极投入检查管控力量，共出动检查人员810余人次，车辆270余台次，检查销售网点1590余家次。

（王树伟）

【应急值守】 “除夕、初五、十五”等重点时段，石景山区安全监管局在区公安、消防、工商等部门配合下，采取全员上岗和高频次监管形式，每天对烟花爆竹网点全覆盖检查不少于2次，确保烟花爆竹网点销售（储存）安全、平稳、有序。2013年春节烟花爆竹销售（储存）做到了“六未”。即：未发生任何安全生产事故；未出现超标、伪劣、不符合规定的产品；未出现零售网点参与燃放活动；未出现视（音）频监控设施丢失、损坏、起不到监控作用的事件；未出现网点失控的情况；未出现销售举报问题。

（王树伟）

【配货销售及回收】 1月26日，逗逗、熊猫、燕龙3家烟花公司按照配货计划进行首批配货，截至销售期结束，全区53家零售网点累计配货23640箱（去年同期27140箱），销售数量21820箱（去年同期26810箱），同比分别下降12.9%和18.61%。剩余烟花爆竹1820箱，按照3家烟花公司的回收计划，2月25日零时起组织网点逐个回收并于当日回收完毕。

（王树伟）

隐患排查治理

【隐患排查治理部署】 3月，石景山区安全监管局制订下发了《关于做好2013年生产安全隐患排查治理工作的通知》，组织全区重点行业、街道、驻区大企业重点排查辖区内道路运输、危险化学品、建筑施工等企业以及商场、学校等人员密集场所生产安全隐患。督促生产经营单位按照相关安全生产法律、法规和标准认真开展隐患自查、整改和上报工作。纳入安全生产事故隐患自查自报系统填报范围的618家企业大多数能够按时上报，上报率在65%以上。

（王树伟）

【重点行业领域隐患排查治理】 2013年，石景山区质监、工商、旅游、教育、文化、市政、电力等部门结合自身特点，履行安全生产监管职责，针对道路交通、消防、人员密集场所、建筑施工现场等重点行业领域多次开展隐患排查专项治理行动，及时消除隐患。

（王树伟）

【举报投诉】 2013年，石景山区安全监管局共接到群众安全生产举报投诉64件，整治安全隐患64项，举报办结率100%。

（王树伟）

应急救援

【应急演练】 2013年，石景山区安全监管局根据安全生产工作实际，对生产安全事故应急救援预案和危险化学品应急救援预案进行了修订完善，相关行业主管部门结合实际修订了专项应急预案。区相关行业部门、各街道及部分企业组织开展了以消防灭火、火灾逃生、通信联络、防踩踏、防洪、紧急救护等为内容的各种应急演练近600次，参加应急演练近1.5万人。

（王树伟）

执法监察

【职业卫生和有限空间专项检查】 2013年，石景山区安全监管局制定下发了《石景山区关于做好2013年有限空间安全生产工作的通知》《石景山区关于开展机动车维修行业职业卫生专项治理工作方案》和《石景山区开展存在职业危害因素企业职业卫生基础建设活动工作方案》，对全区存在职业危害因素的单位进行全面检查，对重点有限空间作业单位、宾馆饭店及部分物业企业进行了执法检查，对承包协议不完整、无安全管理制度、无警示标志、防护设施不符合规定的企业，下达了限期整改通知书。对部分未及时整改的工业、汽修企业实施了行政处罚。

（王树伟）

【生产经营单位执法检查】 2013年，按照《2013年石景山区安全生产重点执法检查计划的通知》，石景山区安全监管局准确把握安全生产法律法规和标准，采取领导包片、科室包街道的方式，突出涉危企业、职业危害场所、有限空间、人员密集场所等重点部位，开展“链条式”执法检查。对现场整改的一般隐患，及时开展回头看，防止整改不到位或出现反弹；对限期整改的隐患，明确专人负责监督管理，确保在规定期限内整改到位，做到了宣传教育到位、责任落实到位、依法监察到位、案件办结到位。区安全监管局全年检查生产经营单位1951家，查处并整改各类隐患1904项。行政处罚68家，罚款53.3万元。

（王树伟）

【联合执法检查】 2013年，石景山区安全监管局充分发挥综合监管职能，加强各行业部门之间的信息沟通，开展联合执法检查。针对检查中发现的难点问题，及时协调相关部门召开联席会，现场商讨解决方案。区安全监管局先后联合商务、建设、工商、公安、消防、市政等行业和街道，对交通运输、消防安全、人员密集场所、地下空间、建筑施工、市政设施等领域多次开展了联合执法检查。

（王树伟）

【电气安全专项检查】 2013年，石景山区安全监管局结合商场安全专项整治行动，在各类生产经营单位开展了以电气线路敷设、配电箱柜和配电室运行安全以及电气作业人员安全管理为主要内容的电气隐患专项执法检查。检查生产经营单位270家次，发现整改安全隐患306项，行政处罚7起，罚款1.8万元。

（王树伟）

宣传培训

【职业病防治法宣传周】 4月26日，石景山区安全监管局组织北重公司、京能热电厂、北重阿尔斯通公司、高井热电厂、北京巴威公司5家单位开展了《职业病防治法》宣传周活动。为营造安全生产氛围，开展了形式多样的宣传活动，有效提升了一线职工职业安全意识。

（王树伟）

【安全生产月部署】 5月27日，石景山区安委会办公室召开动员部署会，部署安全生产月活动。活动以“夯实安全生产基础，筑牢安全生产防线”为主题，坚持“以人为本、安全发展”的理念，遵循“安全第一、预防为主、综合治理”的方针，按照“以月促年，全年保稳”的总体工作思路，深入落实企业安全生产主体责任和政府监管职责。区安委会办公室制订了《2013年石景山区安全生产月活动方案》和《2013年安全生产月宣传咨询日活动方案》，安全生产月活动坚持“四进”“五面向”“三贴近”活动，即，进企业、进工地、进社区、进学校；面向基层、面向企业、面向一线、面向外来务工人员、面向社区百姓；贴近实际、贴近基层、贴近群众，全面开展安全生产月宣传教育活动。

（王树伟）

【宣传咨询日】 6月9日，石景山区组织开展了安全生产月宣传咨询日活动。主会场设在八宝山街道四季园社区小广场内，8个街道办事处（鲁谷社区）同时开展了咨询日“一条街”活动。副区长刘亚泉和区安全监管局、区消防支队等相关部门领导参加了咨询日主会场活动。各街道办事处（鲁谷社区）党政主要领导及所属地区单位领导同时出席了各街道安全生产月咨询日“一条街”宣传咨询活动。宣传咨询日当天，石景山区9个咨询日活动现场均设置了安全宣传展板区、安全常识咨询区、装备演示展示区等区域，活动以歌舞、咨询、发放宣传材料、现场急救、消防器材展示等群众喜闻乐见的形式展开，区总工会、国资委、教委、质监局、卫生局、旅游委、民防局、首钢总公司、巴威公司、北重公司等40余个区安委会成员单位参加了宣传咨询日活动。各活动现场悬挂条幅累计100余幅，展出安全知识展板近200块，发放宣传资料2万余份，接受企业及群众咨询2万余人次。活动现场气氛热烈，宣传内容具体丰富，各类演练生动逼真。

（王树伟）

【安全生产月活动】 安全生产月活动期间，石景山区组织开展了法律咨询、安全生产大型公开课、巡回演讲、科普影视片展映、主题征文、知识竞赛、隐患排查、专项执法、应急演练等一系列内容新颖、形式多样、社会广泛参与的活动。并以安全生产月活动为载体，深入开展安全生产法律法规和技能知识宣传教育，精心组织安全知识“进企业、进社区、进学校、进家庭”等活动，增强全社会的安全意识；建立健全各级安全生产责任制，从基础工作抓起，从细微之处入手，完善各类应急预案，加强日常演练，有效应对各种突发事件；做好隐患排查治理工作，深入安全生产重点领域、重点行业和重点部位，查找安全隐患和薄弱环节，强化安全隐患治理，夯实安全生产工作基础，在全社会营造了“科学发展、安全发展”的良好氛围。

（王树伟）

【安全生产月活动获奖】 2013年，石景山区安全生产月活动以“夯实安全生产基础，筑牢安全生产防线”为主题，分4个阶段进行，具有参加人员多、宣传形式多、覆盖范围广的特点。在市安委会安全生产月活动评比中，石景山区安全监管局和八宝山、八角街道办事处被授予优秀组织奖，区安全监管局和高井热电厂、京能热电厂被授予最佳实践活动奖，区广电中心被授予优秀新闻报道奖。

（王树伟）

【宣传教育大课堂】 2013年，石景山区安委会办公室以“年有主线、季有主题、月有专题”为思路，制订下发了《2013年石景山区安全生产宣传工作方案》，把教育培训作为搞好安全生产最基础性工作和重要环节来抓。6月17日，邀请北京市安全生产演讲团成员、安全生产专家为北京京能热电股份有限公司安全生产管理人员60余人开展安全生产大课堂讲座活动，授课以“落实安全生产主体责任，加强安全生产管理”为主要内容，得到了广大职工的一致好评。9月17日，邀请市安全监管局有关负责人就职业病防治、监管重点和技术手段等进行了详细的讲解，区安委会成员单位主管领导及区安全生产协会会员单位负责人310余人参加了培训。

（王树伟）

【安全生产专题片】 2013年，石景山区安全监管局每月一个专题，联合区广电中心摄制《安全在我身边》宣传片，在区电视台进行专题播放。拍摄的主要内容包括，施工工地安全监管及需要注意的问题、加油站安全管理及需要注意的问题、人员密集场所安全防控等，进一步提升了从业人员及广大市民的安全生产意识。

（王树伟）

【特种作业培训】 2013年，石景山区安全监管局共组织高低压电工、电气焊等特种作业培训班11期，培训近万人，取证率85%以上。

（王树伟）

标准化建设

【标准化创建】 2013年，石景山区企业安全生产标准化建设工作在区委、区政府直接领导和市安全监管局的指导下，按照“统一规划，分类指导，典型引路，分步推进，全面实施”的总体思路，落实“提高认识，加强领导，认真研究，抓好协调，周密组织，落实责任”的工作要求，协调推进开展工作，在危险化学品、机械、建材等行业取得了初步成效。截至年底，全区规模以上工业企业达标86家。其中，一级1家、二级42家、三级43家。由区安全监管局直接监管的16家危险化学品生产经营单位全部达到三级标准，规模以上工业企业的评审工作全部完成。

（王树伟）

【标准化组织领导】 2013年，石景山区成立安全生产标准化领导小组，副区长刘亚泉任领导小组组长，区安全监管局局长任副组长，领导小组下设办公室，负责具体安全生产标准化建设的组织协调与日常指导管理等工作。

（王树伟）

【制订方案与技术指导】 2013年，石景山区安全监管局在前期调研的基础上，制订了《石景山区工业企业安全生产标准化建设实施方案》《石景山区工业企业安全生产标准化建设评定标准》及《石景山区工业企业安全生产标准化微型企业岗位达标评定标准》，并编辑成册下发，明确了安全生产标准化建设的总体目标与工作部署。为使标准化建设系统化、标准化与规范化，区安全监管局加强技术指导，认真遴选并确定了专业咨询机构作为石景山区标准化建设的技术支持，形成了区安全监管局协调指导、街道（社区）检查督促、企业具体实施、专家团队咨询服务的“四位一体”组织架构。先后6次组织规模以上工业企业单位负责人、企业内审人员和各街道办事处负责人327人次，对安全生产标准化评定标准进行讲解和培训，为标准化创建奠定了基础。

（王树伟）

【大检查与标准化督导】 8月20日，石景山区安全监管局局长韩从笔带领安全生产督导组就安全生产大检查和安全生产标准化工作开展情况到石景山区科委园区进行督导检查。对园区安全生产大检查的方案、培训资料、日常检查、隐患排查治理、标准化建设等方面进行了检查。对园区企业标准化建设工作提出要求：一是底数要清楚，分类要详细；二是宣传部署要到位；三是做好督促检查和整改治理；四是做好记录报告；五是做好安全生产标准化推进工作；六是加大执法检查力度，确保实效。

（王树伟）

门头沟区

概述

2013年，门头沟区安全生产工作坚持“科学发展、安全发展”理念，深化“打非治违”专项行动和重点行业领域专项整治，推动企业主体责任进一步落实，顺利完成安全生产大检查行动，全区安全生产形势继续保持平稳态势。

一、开展安全生产大检查。制发安全生产大检查方案、督导检查通知等文件，建立区领导及各部门行政一把手安全生产大检查履职记录。全区共出动检查人员10534人次，组成3297个检查组，监督检查企业事业单位6693家次，发现并督促整改各类安全隐患4658项，下发限期整改指令书668份，行政罚款115.4万元。

二、监督管理责任落实。年初，区安委会对2013年安全生产工作进行全面部署，将《2013年安全生产重点工作任务》20项措施，分解至各相关职能部门，明确工作目标和职责分工，制订《2013年门头沟区安全生产重点执法检查计划》，实施《安全生产监管工作述职评议制度》和《安全生产函告制度》。区委、区政府加大对安全生产的投入，建立100万元“门头沟区安全生产综合奖励资金”，重点对安全生产工作中表现出色的优秀企业进行奖励。

三、推进隐患排查治理。2013年，全区在各行业领域检查生产经营单位10052家次，发现并消除各类安全隐患4467项，下发执法文书1505份，行政处罚502起，罚款225.27万元。其中，区安全监管局检查各类生产经营单位2216家次，发现并整改隐患3788项，下达责令限期整改指令书968份、立案87起，罚款162.22万元。区公安消防支队针对北京双峪农副产品批发市场中心存在的突出火灾隐患进行指导，协调其上级主管单位北京龙华实业公司投入200万元整改火灾隐患。区公路分局落实整改资金132.12万元，整改完成39项市级挂账道路交通安全隐患。

四、专项整治行动。全区挂账违法建设251处，79524平方米，其中9处1694平方米被列为重大安全隐患，全部拆除完毕。开展燃气专项治理行动及特种作业及特种设备作业人员“双打”行动，全区各单位共出动执法人员450人次，检查单位143家，检查特种作业及特种设备作业人员950人，查处持假证、无证人员13人，发现安全隐患146处，下达执法文书70份，罚款0.8万元，行政拘留7人。加强安全生产应急管理工作，编制印发《门头沟区防范和应对自然灾害引发生产安全事故应急预案》，明确强降雨、大风等8类自然灾害预警信息发布范围、程序和内容，切实强化企业事前预警和应急响应能力。全区各部门开展危险化学品、防汛、交通、消防等应急救援演练12次，参加演练人员7510人次。

五、标准化达标创建。印发《门头沟区进一步推进企业安全生产标准化建设实施方案》，制定《门头沟区企业安全生产标准化评定标准》，并起草小微企业安全标准，指导企业开展安全生产标准化创建工作。截至12月底，完成标准化创建的达标企业42家，实现危险化学品、矿山企业全覆盖达标。

六、加大宣传培训力度。充分发挥安全生产月、“北京建工杯”竞赛、防灾减灾宣传、普法等宣传活动作用，在全区营造良好的安全氛围。其中，在安全生产月宣传咨询日共设置24个宣传站，发放各类宣传资料2万余份，印制并发放安全生产大检查应知应会告知卡9800余份。培训企业负责人、安全生产管理以及特种作业人员2346名。推进大峪街道办事处和石龙开发区试点单位安全社区创建工作。认真做好群众举报投诉查处工作，全年接到举报投诉27起，接待职业卫生、烟花爆竹等咨询42起，办结率和群众满意率均为100%。

2013年，经市安委会考核，门头沟区被评为“2013年度北京市安全生产工作先进区县”，并获得“2013年度北京市安全生产重大进步奖”。门头沟区安全监管局被评为“首都安全生产新闻宣传工作先进单位”。在肯定成绩同时，也清醒地看到，在快速发展建设形势下，安全生产监管工作呈现新的特点和挑战，安全生产形势仍然严峻。安全生产主体责任落实不到位问题依然存在，企业安全生产保障能力依然不足，务工人员的安全意识和技能需要进一步提高；生产安全事故由传统行业领域向城市建设和运行领域转移，城市建设和运行管理中的安全生产问题日益突出，传统安全管理模式不适应城乡建设的新要求；安全生产监管体制机制还需要进一步完善，监管水平和能力还需进一步提升。

综合监管

【控制考核指标】 2013年，市安委会下达门头沟区安全生产总体控制指标22人。其中，道路交通事故死亡人数控制在14人以内，生产安全事故死亡人数控制在4人以内，生产经营性火灾事故死亡人数控制在1人，铁路交通事故死亡人数控制在3人以内。全年，门头沟区共发生安全生产死亡事故14起，死亡14人，死亡人数占控制指标的63.6%。其中，道路交通事故死亡8人，生产安全事故死亡4人，铁路交通事故死亡1人。均控制在年度目标范围之内。

（林劲北）

【春节期间安全保障】 2月5日，门头沟区安委会召开会议，通报河南连霍高速烟花爆竹爆炸造成义昌大桥坍塌事故情况。对春节期间安全生产检查工作进行部署。副区长、区安委会副主任张满仓要求各部门统一思想，提高认识，加大执法检查力度，加强应急值守工作，确保春节期间安全稳定。

（谷征）

【全国“两会”安全保障】 2月27日，门头沟区安委会办公室组织召开全国“两会”期间安全检查及隐患排查治理专项工作会。会上，区住房城乡建设委、公安分局交通支队等部门通报全国“两会”期间安全检查及隐患排查治理工作部署情况。区安委会办公室对全国“两会”期间安全生产隐患排查治理工作进行全面部署，要求各部门根据职责细化工作方案，深入开展安全大检查及隐患排查治理行动，为全国“两会”创造安全稳定的社会氛围。

（谷征）

【安全生产大会】 3月1日，门头沟区安委会召开全区安全生产大会，各部门、各镇街以及重点企业主要负责人226人参加。会议通报全国安全生产工作会议和北京市安全生产大会精神，对2012年安全生产工作进行总结，对2013年工作及全国“两会”期间安全生产工作进行部署，对2012年度安全生产先进单位和先进个人进行了表彰。区安委会与成员单位签订了2013年安全生产目标管理责任书，要求强化安全生产综合监管，增强事故应急救援能力，深化重点行业领域安全整治，加大责任追究力度。

（谷征）

【安委会办公室工作会】 4月9日，门头沟区安委会办公室组织召开全区安全生产工作会暨餐饮场所燃气安全专项治理部署会。会议总结全区一季度安全生产工作，并对下一阶段工作进行部署，特别是对“五一”期间安全监管工作进行安排。会议对全区餐饮场所燃气安全专项治理工作进行部署。副区长、区安委会副主任张满仓参加会议并讲话，要求各部门、各镇街切实落实安全生产责任，推进安全生产标准化建设，强化各项安全措施。

（谷征）

【安全生产月部署】 6月3日，门头沟区安委会召开2013年安全生产月活动动员大会。会议对2013年安全生产月活动和特种设备及特种作业人员“双打”行动进行部署。副区长、区安委会副主任张满仓要求全区各单位要高标准落实安全生产月各项活动，高质量开展燃气治理和特种作业“双打”专项行动。

（谷征）

【检查建筑施工安全】 6月9日至14日，门头沟区副区长张满仓带领区有关部门，实地检查了石龙开发区利德衡环保工程有限公司、巨擎大厦、石龙孵化中心二期、汇江大厦、曹各庄安置房等项目施工现场。检查组要求各参建主体单位强化安全生产意识，按照全市特种作业及特种设备作业人员“双打”专项行动要求，坚决杜绝使用假证和无证等违法违规行为，在保质保量加快施工进度的同时，要增强汛期施工的防汛安全意识，采取有效措施，排除各类安全隐患，落实工程质量终身负责制，确保工程高品质按期完工。

（刘福明）

【大检查工作会】 7月4日，门头沟区安委会召开安全生产工作会。会议对第二季度全区安全生产工作进行总结，并对安全生产大检查，安全生产标准化和信息化、安全社区创建以及安全生产教育培训等工作进行部署。副区长、区安委会副主任张满仓参加会议并讲话，要求各部门以安全生产大检查为契机，加强人员密集场所、道路交通等重点行业领域安全监管工作，健全应急联动机制，全力消除安全隐患。

（谷征）

【国务院安委会督查】 7月11日，国务院安委会办公室副主任、国家安全监管总局副局长孙华山带领国务院安委会第16督查组对门头沟区和京煤集团落实国务院安全生产大检查工作情况进行督导检查。副市长张延昆和市安全监管局局长张家明，副局长陈清、贾太保，门头沟区副区长张满仓等陪同检查。督查组听取了门头沟区、京煤集团落实安全生产大检查情况汇报，查阅了相关材料。检查组对中国建筑股份有限公司西北分公司（农业科技综合服务中心项目）、北京住总第六开发建设有限公司（永定镇居住项目）两个工地和物美大卖场、熙旺中心大厦等单位进行实地检查并提出整改意见。

（谷征）

【市安委会督查】 7月23日，市安全监管局副局长贾太保带领市安委会第14督查组，对门头沟区和京煤集团安全生产大检查工作开展情况进行了督导检查。督查组分别对工业企业、危险化学品、人员密集场所等行业领域及大峪办事处落实安全生产大检查情况进行检查，听取情况汇报，并对相关材料进行现场查阅，提出整改意见。副区长张满仓和区安全监管局、公安分局、国资委、住房城乡建设委、市政市容委以及京煤集团等相关单位领导陪同检查。

（谷征）

【大检查再部署】 7月25日，门头沟区政府召开常务会议，对安全生产大检查工作进行再动员、再部署。会议对大检查工作提出3项要求：一是全区各部门、各单位要深刻反思工作不足，提高安全生产认识；二是加强安全生产基础工作，细化本单位安全生产大检查工作方案，责任到人，并立即组织相应督导检查工作；三是加大宣传力度，在全区掀起安全生产大检查的高潮。

（谷征）

【大检查督查】 7月26日，门头沟区副区长石军、张满仓带队对燃气行业落实安全生产大检查工作进行督查。共检查4家单位，发现安全隐患14项，下达责令限期整改指令书4份，立案1起。区燃气办、城管大队、商务委、安全监管局、质监局、公安消防支队等部门参加了此次检查。发现的问题已按指令进行整改。

（谷征）

【大检查阶段工作会】 8月23日，门头沟区安委会组织召开全区安全生产大检查阶段工作会。会议组织观看安全生产宣传片《国家意志》，通报国务院安委会督查组对门头沟区安全生产大检查工作复查的反馈意见，各镇街及石龙管委分别汇报安全生产大检查工作情况。会议要求，各单位要认真落实国务院安委会督查组复查反馈意见，加大督导检查力度，稳步推进安全生产大检查工作。

（谷征）

【督导检查】 8月28日，门头沟区安全监管局会同区监察局组成督查组，对区国资委落实安全生产大检查工作进行专项督查。督查组听取区国资委落实安全生产大检查情况汇报，查阅工作方案、安全例会、安全检查、隐患台账等相关基础资料。督查组对区国资委开展安全生产大检查工作给予充分肯定，并就存在的不足和下一步安全生产工作提出4项要求。一是落实部门安全监管、企业安全生产主体责任，全面排查各类安全隐患。二是进一步细化检查方案及台账，建立健全风险评估机制。三是密切配合，提高检查的频次和力度，确保大检查取得实效。四是加强信息报送。

（刘福明）

【国庆安全保障】 9月27日，门头沟区安委会召开国庆期间安全保障工作会。会议传达市安委会工作会议精神，通报全区前三季度安全生产情况，并对第四季度、国庆期间及十八届三中全会安全生产工作进行部署。各部门领导汇报安全生产大检查情况和下一阶段工作计划。副区长、区安委会副主任张满仓提出3项要求：一是强化责任意识，落实“一岗双责”；二是深入开展安全大检查，视隐患为事故，严格执法；三是加强国庆期间安全生产工作，确保安全稳定。

（谷征）

【落实全市大检查部署会】 11月27日，门头沟区安委会组织召开落实全市安全生产大检查工作部署会。副区长、区安委会副主任张满仓主持会议。区委副书记付兆庚，常务副区长陈国才，副区长张永、陈卫东、石军等参加会议。会上，传达全市安全生产工作会议精神，付兆庚、陈国才分别对门头沟区出租房屋管理和安全生产工作进行部署。区安全监管局、市政市容委、住房城乡建设委负责人作大会发言。会议要求立即开展安全隐患大检查，做好隐患排查上账治理相关工作，集中开展安全检查专项行动，确保不发生重大安全事故。

（谷征）

【城乡结合部地区整治部署会】 12月18日，门头沟区安委会组织区公安分局、监察局、住房城乡建设委、有关镇街等29部门召开城乡结合部地区安全生产专项整治工作会，副区长、区安委会副主任张满仓出席会议并讲话。区安全监管局对《门头沟区关于集中开展城乡结合部地区专项整治工作实施方案》进行说明，部署城乡结合部地区专项整治工作第一阶段任务。张满仓要求各相关单位严格落实一把手责任制，彻查整治各类安全生产隐患，全面提升城乡结合部地区安全管理水平。

（谷征）

危险化学品安全监管

【非法存销醇基燃料案件查处】 1月21日，门头沟区安全监管局联合斋堂镇政府、斋堂镇派出所查处一起非法储存、销售醇基燃料案件。执法人员责令当事人立即停止非法经营行为，对剩余的醇基燃料进行封存处理。

（谷征）

【液氨企业安全检查】 6月，门头沟区安全监管局对液氨使用单位开展安全检查，指导企业做好警示标志设置、作业场所通风和应急物资储备等工作。会同石龙开发区组织北京格兰中创液压泵有限公司开展液氨泄漏应急演练，演练以一线作业人员为主，实施堵漏、泄漏物处理等现场处置程序实际操作。

（谷征）

【经营单位专项检查】 9月，门头沟区安全监管局会同区公安消防支队开展危险化学品经营专项检查。检查15家危险化学品经营单位，其中加油站13家。主要检查各经营单位的安全生产规章制度落实、设备设施维修制度和岗位安全操作规程落实、消防应急演练情况，以及安全管理人员持证上岗和日常经营记录、实时监控运行情况、事故应急处理演练及站区现场情况等。检查组要求各单位进一步加强日常管理，确保危险化学品生产经营形势安全稳定。

（白璐）

烟花爆竹安全监管

【网点负责人培训考核】 1月8日，门头沟区安全监管局会同区公安分局等相关部门组织42家烟花爆竹零售网点主要负责人进行集中培训，并对163名从业人员进行全员培训考核，经考试合格，统一制发上岗证，做到持证上岗。同时与各销售网点签订安全责任书和安全生产承诺书，督促各销售网点全部参加安责险。

（谷征）

【违规存放烟花爆竹处罚】 1月22日，门头沟区安全监管局在烟花爆竹安全检查中发现北京经二小商店、北京立云众和商店存在违规提前存放烟花爆竹行为，检查人员责令北京市熊猫烟花有限公司、北京逗逗烟花爆竹有限公司立即将配送的烟花爆竹运回，并依法给予北京市熊猫烟花有限公司、北京逗逗烟花爆竹有限公司罚款1000元的行政处罚，给予北京经二小商店、北京立云众和商店罚款500元的行政处罚。

（谷征）

【网点安全检查】 1月25日，门头沟区安全监管局对全区42家烟花爆竹零售网点及1家烟花爆竹批发单位进行配送前安全检查。针对检查中发现个别零售网点存在安全制度未张贴、灭火器未年检等安全隐患，执法人员当场下达责令限期整改指令书。存在问题网点均按期完成整改。

（谷征）

【零售网点视频监控】 2月1日，门头沟区安全监管局全部完成26家烟花爆竹零售网点音视频监控系统安装工作。在总结2012年烟花爆竹零售网点视频监控工作的基础上，区安全监管局对门城地区及军庄镇、潭柘寺镇的26家烟花爆竹零售网点继续安装视频监控系统，并加装语音通话系统。

（谷征）

【汛期安全检查】 6月4日，市安全监管局副局长唐明明带队到门头沟区烟花爆竹库就汛期安全生产工作进行检查。重点检查爆竹库日常管理、视频监控设备运行和汛前准备情况。并到北京市供销社燕龙烟花爆竹库新址，听取烟花爆竹库新址的设计方案等汇报。检查组要求相关单位落实工作机制，加强重大危险源“一对一”应急预案组织工作，确保能够有效处置突发事故。

（谷征）

【行政许可与监管】 2013年，门头沟区安全监管局会同区公安分局治安支队、公安消防支队、交通支队、工商分局以及各相关镇街，对申请办理烟花爆竹销售许可单位的经营现场逐个进行检查验收。经过审查，确定42家烟花爆竹零售点。销售期间，出动检查人员386人次、出动车辆186台次、检查烟花爆竹零售单位和批发仓库247家次，排查整改各类安全隐患39项、下发限期整改指令书17份、立案4起、罚款3000元。春节期间，3家烟花爆竹批发单位批发烟花爆竹7353箱，各零售网点销售5825箱，销售收入167.59万元，同比分别减少1528箱、1279箱、116.41万元，下降17.21%、18%、41.01%。

（谷征）

矿山安全监管监察

【“打非”联合执法排查】 2月，门头沟区“打非”督查组、区综治办组织区流管办、公安分局、森林公安、国土分局、安全监管局、经济信息化委、工商分局、交通局，在斋堂镇开展打击私挖盗采专项执法行动。出动车辆10辆、人员50余人，对皇城峪沟、大曹沟、煤窝沟、火石巷沟、新桥沟5条重点沟峪进行巡查。联合执法组对东、西斋堂村20户出租房及流动人口，逐一排查，并进行信息核实与登记。

（刘福明）

【销毁盗采工具】 3月1日，门头沟区政府召开打击非法盗采销毁罚没车辆现场会，区有关部门和镇街主管领导参加大会。区委政法委副书记、综治办主任马星强调，打击非法盗采是一项长期艰巨的任务，各有关部门、属地镇街要高度重视，加强执法巡查和协作，发现非法盗采行为要立即处理，对非法盗采工具要坚决予以销毁。现场对打击非法盗采执法过程中收缴的12辆盗采车辆进行集中销毁，有力震慑非法盗采行为。

（刘福明）

【矿山专题培训】 8月2日，门头沟区安全监管局对非煤矿山企业6名一线员工开展安全大检查专题培训，通报安全生产形势，讲解安全大检查目的意义及非煤矿山安全检查重点等内容，编制“安全生产大检查应知应会试卷”，对非煤矿山企业全体人员进行考试、测评。

（刘福明）

【巡查关闭矿山】 8月10日，门头沟区安全监管局会同区国土分局及有关镇政府对潭柘寺镇、妙峰山镇等5个镇22家已关闭非煤矿山尾料清除情况进行巡查。经查，个别企业设备未完全拆除，仍存有尾料。截至8月底，已督促企业拆除设备及清理剩余尾料。

（刘福明）

【矿厂关闭联合验收】 9月6日，门头沟区安全监管局会同区国土、公安、环保、工商、监察和清水镇政府对北京邢洪选矿厂关闭情况进行联合验收。清水镇为确保关闭到位，自筹资金，对北京邢洪选矿厂的11个遗留矿硐进行封堵，组织工作人员拆除矿厂生产设备和矿区范围内建筑物，清理存料，切断供电电源，并设置关闭标志和警示牌。在矿厂必经路段安装视频检测报警系统，含4个摄像头，监控系统与总控室连接，车辆、行人进入监控范围，监视系统设备自动提醒报警并拍照留档，实行24小时监控制度。经现场勘察，北京邢洪选矿厂符合关闭标准，验收合格。

（刘福明）

【打击私挖盗采】 11月28日，门头沟区安全监管局会同军庄镇政府对灰峪地区已关闭的2家采石场进行巡查，会同永定镇政府对北岭北坨、南区果园、瓜草地等地区进行夜间巡查。经查，未发现盗采行为。

（刘福明）

【打击盗采联合执法】 12月19日，门头沟区“打击非法盗采”督查组组织区安全监管局、国土分局、公安分局、交通局、园林绿化局等部门，对王平镇、永定镇涉及私挖盗采重点区域、重点出租房屋进行巡查。经查，未发现盗采迹象。

（刘福明）

【矿山监管】 2013年，门头沟区安全监管局召开矿山安全监管工作会议15次，制发文件45份，报送信息46份。检查企业336家次，查处安全隐患756项，下发限期整改指令书167份，立案26件，罚款114.7万元，其中行政处罚5件，对5家单位罚款1.1万元。事故处罚4起21件，对8家单位和13名责任人罚款113.6万元。打击非法开采巡查24次，制发“每周一刊”50期。调查处理举报投诉12起，办结率和满意率均为100%。

（刘福明）

隐患排查治理

【隐患排查治理部署会】 2月27日，门头沟区安委会办公室组织召开门头沟区全国“两会”期间安全检查及隐患排查治理专项工作会。区安委会办公室对“两会”期间隐患排查治理工作进行全面部署，要求各部门细化工作方案，深入开展安全生产大检查及隐患排查治理行动，为“两会”顺利召开创造安全稳定的社会氛围。

（谷征）

【推进隐患排查治理】 2013年，门头沟区推进隐患排查治理工作，排查各类生产经营单位10052家次，发现并消除各类安全隐患4467项，下发各类执法文书1505份，行政处罚502起，罚款225.27万元。其中，区安全监管局共检查各类生产经营单位2216家次，发现并整改隐患3788项，下达责令限期整改指令书968份，立案87起，罚款162.22万元。

（谷征）

【火灾隐患排查治理】 2013年，门头沟区公安消防支队针对北京双峪农副产品批发市场中心火灾隐患进行指导，协调其上级主管单位北京龙华实业公司投入200万元整改火灾隐患。

（谷征）

【挂账隐患销账】 2013年，门头沟区排查出市级较大安全隐患39项，均为道路安全隐患。区政府主管领导每月听取整改情况汇报，及时协调解决存在问题。区安委会办公室设专人督促隐患整改，随时掌握进展情况。截至9月底，落实整改资金132.12万元，39项挂账安全隐患全部整改完毕。

（谷征）

应急救援

【组织应急演练】 2013年，门头沟区健全完善应急救援体系，组织开展各类实战性应急综合演练。区应急办、安监、公安、水务等部门，相继开展危险化学品、防汛、交通、消防等12次应急救援演练。督促生产经营单位开展消防，紧急疏散等专项实战演练，参加演练人员7510人次，提升企业的救援能力，提高群众的自救互救技能。

（白璐）

【应对自然灾害预案】 2013年，门头沟区安全监管局编制印发《门头沟区防范和应对自然灾害引发生产安全事故应急预案》，明确强降雨、大风等8类自然灾害预警信息发布范围、程序和内容，切实强化企业事前预警和应急响应能力，加强了与区应急办、水务部门的应急联动机制。

（谷征）

【有限空间应急演练】 6月19日，门头沟区安全监管局会同区市政市容委、石园社区等单位开展有限空间作业突发事件应急演练，区热力和燃气应急救援队分别演示有限空间作业程序和应急处置程序。演练整体衔接有序，达到预期效果。演练结束后，区安全监管局要求各相关单位，特别是物业企业要扎实做好井下及有限空间作业安全管理，严控事故发生。市、区有关部门和相关镇街，40家重点企业近200人参加演练，共发放宣传材料240余份。

（谷征）

【消防疏散应急演练】 6月27日，门头沟区龙泉宾馆联合区公安消防支队开展消防疏散应急演练。此次演练提高了员工消防应急处置能力和逃生自救能力。常务副区长陈国才，副区长洪家志、张满仓和市旅游委领导一同观摩演练。

（谷征）

【加油站应急演练】 11月6日，门头沟区安全监管局组织全区13家加油站从业人员开展针对不同突发情况应急演练。演练整体衔接有序，达到预期效果。演练结束后，区安全监管局要求各单位切实落实应急物资储备，加强应急救援队伍建设，及时有效处置突发事故。各加油站共80余人参加了此次演练。

（谷征）

执法监察

【地下空间联合检查】 1月7日，门头沟区安全监管局、民防局、住房城乡建设委、公安消防支队对重点地区地下空间开展联合执法检查。联合检查组先后检查区医院地下人防工程、物美大卖场地下人防工程、奥新天地网吧等4处经营场所，对地下空间内使用危险化学品、消防设施状况和安全制度落实等内容进行专项执法检查，针对警示标志不齐全、日常检查记录不完善等隐患和问题，检查组分别下达执法文书，责令经营单位严格落实安全管理制度，消除各类安全隐患。

（白璐）

【冬季施工执法检查】 1月6日至25日，门头沟区安全监管局、住房城乡建设委、公安消防支队等部门，对冬季建筑施工地进行安全检查。共检查21家企业，检查发现脚手板未满铺未固定、临电走线防护不到位、电焊机直接从二级箱用电、安全网有破损、现场物料堆放混乱、临边防护不到位等安全隐患，检查组责令立即整改并复查整改情况，要求各单位开展安全自查，确保节日期间生产安全。

（陈观刚）

【加油站专项执法检查】 1月，门头沟区安全监管局对辖区14个加油站进行全面检查，主要检查各项安全管理规章制度、应急预案及落实情况，站点HSE工作记录及交接班记录，监控设备、配电室以及站区现场安全运行情况。通过检查，各加油站都能够落实安全管理制度，未发现违法行为。检查组要求各经营单位加强日常安全管理，做好自查自检工作，确保加油站运行安全。

（白璐）

【全国“两会”安全保障】 3月5日至12日，门头沟区安委会办公室组织各相关部门、各镇街在全区开展公共隐患排查治理专项行动。重点对消防、道路交通、建筑施工、危险化学品、非煤矿山、人员密集场所等重点行业领域进行安全大检查。共检查生产经营单位2143家次，出动执法人员1300余人次，车辆350余台次，行政处罚4.6万元。

（谷征）

【拆除现场安全检查】 3月至4月，门头沟区安全监管局对门城地区房屋拆除现场进行安全检查。城子地区CD地块有7家拆除公司负责房屋拆除征收。检查拆除现场10家次，发现安全隐患后，要求拆除公司立即整改，做到文明作业，规范作业。

（陈观刚）

【建筑施工联合检查】 4月，门头沟区安全监管局、区住房城乡建设委对在施建筑工地进行联合检查。检查施工工地68家次，下发责令改正指令书45份，查处各类安全隐患185项。检查中发现的问题主要集中在施工人员未佩戴安全防护用品、护头棚顶板及脚手板铺设不严、施工现场内杂物未及时清理等。对于存在的安全隐患，施工单位在规定期限内整改完毕，保证了施工安全。

（陈观刚）

【“五一”安全检查】 4月29日至5月1日，门头沟区安全监管局由局领导带队，分为3个检查组，对危险化学品生产经营单位、人员密集场所、施工工地等重点行业领域开展安全检查。共检查危险化学品单位4家，商场、超市6家，建筑工地4家，查出各类问题和隐患13项，下达责令改正指令书4份。

（谷征）

【水务工程专项检查】 5月12日，门头沟区安全监管局会同区水务局，对门城地区河道治理工程施工现场进行安全检查。检查组重点检查各施工队伍的资质证照、规章制度的建立落实、施工现场安全管理等情况。针对检查中发现的配电线路不规范、安全防护不到位、检查记录不健全等问题，当场下达整改指令书4份，责令整改。

（刘福明）

【建筑行业“双打”行动】 6月，门头沟区安全监管局以安全生产月活动为契机，联合区住房城乡建设委开展建筑行业特种作业及特种设备作业人员“双打”专项执法行动。共检查企业30家次，出动执法90人次，检查各类特种作业证件330个。

（陈观刚）

【端午节安全检查】 6月10日至12日，门头沟区安全监管局由局领导带队，分3个检查组，对危险化学品单位、人员密集场所、施工工地进行安全检查。检查危险化学品生产经营单位4家，商场、超市6家，建筑工地4家，下达责令改正指令书3份，查出问题和隐患11项，通过复查，全部整改完毕。

（谷征）

【餐饮燃气联合检查】 6月20日至9月28日，门头沟区安全监管局、市政市容委、商务委、工商分局、公安消防支队、城管大队等部门及属地镇街，对全区13个镇街餐饮场所燃气使用安全进行联合检查。针对发现的问题下达整改指令书，要求生产经营单位认真做好隐患自查自纠工作，确保生产安全。

（谷征）

【商品交易市场安全整治】 6月至9月，门头沟区安全监管局、商务委、工商分局、公安消防支队、城管、属地镇政府等部门，对全区注册的13家（因拆迁暂停营业3家）商品交易市场进行调查摸底，对10家经营单位进行专项整治。下发整改指令书10份，查处安全隐患59项。

（刘艳峰）

【养老服务机构专项检查】 7月26日至30日，门头沟区安全监管局为吸取黑龙江省海伦市敬老院火灾事故教训，结合电气安全、燃气专项整治，会同区民政局及有关部门对全区10家养老服务机构采取“推门入，不通知”的方式进行安全检查。下发整改指令书9份，查出安全隐患35项。对各镇主管养老服务机构科室负责人及养老机构负责人进行培训，对大检查工作进行再部署。

（刘艳峰）

【地下管线专项检查】 8月，门头沟区安全监管局、市政市容委等部门对全区运行中地下管线使用及维护作业情况进行全面检查。检查组检查了区电力公司、歌华有线门头沟分公司、联通公司等，重点检查日常运行维护情况，发现问题，立即整改。要求有关单位按照"谁所有、谁使用、谁负责"的原则，对各类地下管道及设施制定严密安全防范措施，定期检查运行情况，及时消除安全隐患。

（白璐）

【国庆、中秋节安全保障】 9月9日至10月7日，门头沟区安全监管局由局领导带队，不间断地对危险化学品单位、人员密集场所、施工工地等重点行业领域开展国庆、中秋节安全生产专项检查。检查各类生产经营单位111家，发现安全隐患181项，下达责令限期整改指令书46份。相关单位已按指令整改。

（谷征）

【第四届徒步大会安全保障】 9月10日，门头沟区安全监管局联合区体育局、斋堂镇对第四届北京国际山地徒步大会与会嘉宾、运动员、赛会工作人员集中住宿的中坤斋堂山庄、北京广电旅游服务中心、京煤集团斋堂物业公司及赛道沿途临街商户进行安全检查。检查经营单位7家、发现并消除安全隐患11项。

（刘艳峰）

【市政工程专项执法检查】 12月3日，门头沟区安全监管局会同区市政市容委对重点地区市政工程联合执法检查。检查组先后检查了曹各庄地块市政配套工程、石泉砖厂采空棚户区河道治理工程、棚改石泉砖厂A地块室外工程等4处施工场所，对市政工程内安全制度落实、消防设施状况、用电安全管理、使用危险化学品及现场施工情况等内容进行专项执法检查。检查中发现部分单位存在临边防护不到位、临电线路不规范等安全隐患，针对以上问题检查组下达了责令整改指令书。经复查，各类问题和隐患整改完毕。

（白璐）

【老旧小区综合整治】 2013年，门头沟区安全监管局联合区公共工程服务中心、京煤集团等单位，对老旧小区综合整治、抗震节能综合改造、非节能居住建筑综合改造在施工地进行拉网式安全检查。检查施工工地73家次，查出各类安全隐患126项，下达责令改正指令书38份。经复查，各类隐患整改完毕。

（陈观刚）

【建设工地执法检查】 2013年，门头沟区安全监管局共检查施工工地576个次，下发责令改正指令书214份，查出存在隐患1008项。对所有隐患进行了复查。对查出隐患逾期未改和不符合行业安全标准的河南红旗渠建设集团有限公司、北京京西建设集团有限公司、北京市日盛达建筑企业集团有限公司、中扶建设有限公司北京六分公司、中国建筑股份有限公司西北分公司等22个生产经营单位及负责人的违法行为依法给予行政处罚，立案22起，罚款25.9万元。

（陈观刚）

【人员密集场所电气安全整治】 2013年，门头沟区安全监管局结合安全生产大检查工作，做好景区、商场、宾馆、饭店、歌厅等人员密集场所电气安全专项整治。强化配电室人员配备、电工持证上岗、电源电线安全敷设等方面安全执法检查，检查生产经营单位55家，下发限期整改指令书29份，查出安全隐患83项。存在的问题已按指令进行整改。

（刘艳峰）

职业卫生监督检查

【部门协调会】 2月18日，门头沟区安全监管局组织召开职业安全卫生工作协调会，区卫生局、人力社保局、总工会等部门主管领导参加会议。会议总结2012年职业卫生监管情况，重点就门头沟区2013年职业卫生监管工作进行部署。

（赵轩）

【《职业病防治法》宣传筹备会】 4月22日，门头沟区安全监管局、卫生局、人力社保局、总工会、各镇街、石龙开发区管委会、京煤集团等有关部门召开了《职业病防治法》宣传活动筹备会，对2013年在全区范围内集中开展《职业病防治法》系列宣传活动进行部署。

（赵轩）

【宣传活动进厂矿】 4月26日，门头沟区安全监管局、卫生局、人力社保局、总工会在京煤集团昊华公司木城涧煤矿和大台煤矿开展以“贯彻落实《职业病防治法》，维护劳动者健康权益”为主题的职业安全大型宣传进厂矿活动，发放新修订的《职业病防治法》《职业病防治知识解答》、工伤保险和职业卫生知识主题宣传画等各类宣传材料5300余份，悬挂横幅2条，摆放宣传展板32块，解答群众咨询近80人次，木城涧、大台煤矿2000余名职工参加活动。宣传活动收到良好的效果。

（赵轩）

【职业安全咨询日】 6月7日，门头沟区安全监管局在石龙经济开发区开展“职业安全咨询日”宣传活动，深入宣传职业卫生法律法规和安全知识。共发放《职业病防治法》《职业安全灾害事故案例汇编》《班组安全学习必读》和职业卫生主题宣传画等材料1270份，摆放宣传展板25块，解答职工咨询30人次。石龙经济开发区企业职工400余人参加活动。

（赵轩）

【总局考核职业病防治】 6月28日，国家安全监管总局统计司和中国安科院职业危害研究所一行4人，对门头沟区职业病防治工作进行考核。考核组听取区安全监管局负责人关于门头沟区职业病防治工作汇报，现场抽查20家企业职业病防治资料，并对北京精雕科技有限公司、北京金潮汽车修理厂进行实地检查。考核组对门头沟区职业病防治工作给予肯定。

（赵轩）

【职业卫生基础建设会】 7月22日，门头沟区安全监管局组织召开职业卫生基础建设工作动员大会，印发《门头沟区存在职业危害因素企业职业卫生基础建设活动方案》《门头沟区职业卫生基础建设活动指导手册》等文件，重点讲解企业创建职业卫生基础建设活动的各项标准。全区各有关部门、镇街和职业危害申报企业负责人180余人参加会议。

（赵轩）

【防暑降温检查】 7月至9月，门头沟区安委会组织各有关部门重点对全区大型建筑工地、露天作业场所、高温作业车间进行安全生产大检查。共查建筑工地135家次，高温作业企业78家次，发放防暑降温宣传材料1500份，下达责改指令书42份，消除安全隐患178处，罚款2.1万元。

（赵轩）

【职业病危害监管】 2013年，门头沟区安全监管局检查职业病危害企业291家，下发指令书135份，消除安全隐患497项，立案12起，罚款6.1万元。处理职业安全投诉举报83起，接待上访群众和现场调查取证149人次，督促协调有关部门和责任企业依法为劳动者解决实际困难，及时纠正用人单位违规行为，及时把调查处理情况回复给投诉举报人，案件办结率和回复率100%。深化粉尘与高毒物品职业危害、电子行业职业危害、机动车维修行业职业危害、高温天气防暑降温安全专项治理，组织力量开展督导检查15次。2013年全区未发生职业中毒事故和相关群体上访事件。

（赵轩）

【职业卫生培训】 2013年，门头沟区安全监管局组织企业负责人和安全管理人员参加北京市职业卫生培训班，全区241名企业负责人和安全管理人员通过考试取得资质证书。

（赵轩）

【职业卫生宣传】 2013年，门头沟区安全监管局以区有线电视台“直击安全现场”栏目为宣传主题，联合《京西时报》、北京广播电台等新闻媒体，围绕重点行业和领域职业卫生检查情况，进行8次宣传报道，对全区职业安全工作起到积极推动作用。

（赵轩）

【机动车维修职业危害治理】 5月至11月，门头沟区安全监管局开展机动车维修行业职业危害专项治理行动，印发《门头沟区机动车维修行业职业危害专项治理行动工作方案》，会同有关部门重点检查机动车维修企业职业卫生管理制度、职业健康监护档案、作业场所警示标志、职业病危害因素合同、职业病防护设施运转和维护、个人防护用品配备和使用等工作情况。共出动执法人员261人次，检查企业87家次，下达执法文书35份，消除安全隐患134项，罚款2.9万元，有效预防各类安全事故和职业病的发生。

（赵轩）

宣传培训

【专题培训】 3月26日，门头沟区公路分局、安全监管局在鲁坨路项目工程施工现场组织开展“安全应急知识”专题培训，有关施工、监理单位及一线工人110人参加培训。区公路分局、区安全监管局强调此次培训的重要性，并对下一步安全生产工作提出要求：一是切实抓好安全教育培训工作，使每一位工人熟悉和掌握安全生产基本常识和基本专业知识，增强自我保护意识和能力，树立“不伤害自己、不伤害别人、不被别人伤害”的安全生产观念；二是强化施工现场的安全管理，施工中严禁机械设备带病运转，坚决杜绝“三违”行为；三是确保工程质量安全，各施工、监理单位要进一步落实安全措施，做到安全施工、科学施工、文明施工，严防由于抢进度、抢工期引发各类事故，确保鲁坨路项目顺利完成。

（刘福明）

【企业标准化培训班】 4月15日，门头沟区安全监管局会同区石龙管委组织辖区30家争创市级达标的企业负责人进行安全生产标准化专题培训。区安全监管局传达市、区安全生产标准化相关文件和会议精神，讲解《门头沟区企业安全生产标准化建设指导手册》，印发《门头沟区石龙经济开发区企业开展安全生产标准化建设的实施意见》。

（刘福明）

【镇街标准化培训班】 4月17日，门头沟区安全监管局组织全区各镇街安全科长及负责标准化建设工作人员30人，举办安全生产标准化专题培训班，市有关专家就企业如何开展标准化创建工作进行讲授。

（刘福明）

【燃气安全培训会】 4月27日，市市政市容委培训中心对门头沟区餐饮场所燃气使用企业进行安全培训。市液化气公司讲解燃气使用相关法律、法规、标准及餐饮场所燃气使用安全检查要点，市燃气办对《北京市瓶装液化石油气供应合同》《北京市液化石油气钢瓶租赁合同》及现场检查记录表填报进行宣讲，区市政市容委、安全监管局对餐饮场所燃气使用提出具体要求。区商务委、质监局、公安消防支队、各镇街等相关单位参加此次培训。

（谷征）

【安全生产月活动】 6月9日，门头沟区区委宣传部、政府办、应急办、安全监管局等17个职能部门，在滨河公园开展以“强化安全基础，保障城市运行安全”为主题的安全生产月宣传咨询日活动。各有关部门领导到场发放宣传材料，并与工作人员一起解答过往群众有关安全方面的问题。安全生产月宣传咨询日共设置24个宣传站，设置安全宣传展板344块，发放宣传材料10万余份，悬挂横幅436幅，张贴标语、宣传画7400余张，设宣传栏、板报2000余块，印制并发放安全生产大检查应知应会告知卡9800余份，受教育人数10万余人。安全生产月活动期间，培训企业主要负责人、安全生产管理人员以及特种作业人员2346名。通过广泛宣传，营造浓厚的安全生产社会氛围。

（谷征）

【电气安全培训班】 11月19日，门头沟区安全监管局特邀市有关专家举办电气安全知识培训班，专家结合本市发生的事故案例，就变配电室、电气线路敷设、配电箱柜管理、电气设备和设施安全运行等进行讲解。通过培训，进一步提升执法人员识别电气安全隐患的能力。

（刘福明）

【人员密集场所安全培训】 2013年，门头沟区安全监管局配合区商务委、教委、民政局、王平镇等单位举办行业和属地人员密集场所安全生产培训及现场观摩活动6次，培训人员377人次。

（刘艳峰）

标准化建设

【标准化工作会】 1月6日，门头沟区副区长张满仓主持召开进一步推进企业安全生产标准化建设工作会。会上，印发《门头沟区进一步推进企业安全生产标准化建设实施方案》，明确工作任务，确立示范行业、示范地区和技术支撑单位。

（刘福明）

【标准化推进会】 5月21日，门头沟区安全监管局组织召开安全生产标准化推进会，要求各镇街、各企业增强推进安全生产标准化创建的自觉性和主动性，将标准化创建工作与安全生产隐患排查治理、隐患自查自报等工作有机结合，确保企业安全生产标准化创建目标任务按期完成。

（刘福明）

【网上申报系统再培训】 10月22日，门头沟区安全监管局组织石龙管委、妙峰山镇及区国资委所辖56家企业标准化网上申报系统再培训。针对各企业在标准化网上申报过程中遇到的问题和困难，区安全监管局从“企业登录”开始，到最后一步“提交申请”的操作环节进行网上实操演示，并在演示过程中，对各填报项要求及如何填写进行讲解。对企业申报过程中上传资料较多，不明确如何制作相关资料等问题，区安全监管局统一制定标准制式，进行详细讲解。

（刘福明）

【小微企业标准化推进会】 11月19日，门头沟区安全监管局组织召开小微企业标准化推进会，对小微企业标准化工作进行全面部署。会议要求各镇街按照《门头沟区小微企业安全生产标准化达标管理办法》，做好调查摸底，推进达标创建，全面提升小微企业安全生产管理水平。

（刘福明）

安全社区

【创建培训会】 3月26日，门头沟区安委会办公室组织各镇街、石龙管委召开安全社区创建培训会。邀请北京市科学技术研究院、北京城市系统工程研究中心社区研究室主任马英楠讲解安全社区创建的意义、创建工作流程等相关知识。要求大峪街道办事处和石龙管委作为安全社区试点单位，开展安全社区创建工作。

（谷征）

【大峪街道创建启动】 9月25日，门头沟区安全监管局会同大峪街道办事处举行安全社区创建启动仪式。副区长李昕致辞并宣布安全社区创建工作正式启动，大峪街道作发言，市安全生产协会领导和全国安全社区北京支持中心专家，区社会办、区政府有关委办局、属地派出所、教育和医疗机构主管领导和大峪辖区居委会主任参加启动仪式。

（谷征）

【石龙开发区创建启动】 11月6日，门头沟区安全监管局会同石龙管委会举行石龙开发区安全社区创建启动会。石龙管委会领导宣读安全社区创建方案，市安全监管局、市安全生产协会对安全社区创建工作提出要求。

（谷征）

房山区

概述

2013年，房山区安全生产工作不断加强和改进的一年。全区各乡镇街道、各单位贯彻落实党中央、国务院和中央领导重要指示精神，以党的群众路线教育实践活动为动力，以开展安全生产大检查为抓手，紧紧依靠人民群众，深化专项整治，建立安全生产长效机制，转变作风，积极探索，真抓实干，全年重点开展了6个方面的工作。

一、量化目标管理，加强运行监控。进一步完善目标考核机制，细化考核方法、考核内容和评分标准，使之更科学更具可操作性。加强目标监控，定期通报目标完成情况，并分别于半年（安全生产月）和年终组织安全生产目标考核。根据各部门、各单位目标完成情况，分析全区安全生产目标运行形势并提出决策建议。

二、持续开展安全生产大检查。区政府制订下发《房山区安全生产大检查实施方案》，8月14日，召开全区安全生产大检查工作部署会，进一步明确了工作目标、任务、职责和时限。区委常务会、区政府常务会多次听取安全生产大检查工作的汇报。11月底至12月初，区委、区人大、区政府、区政协领导分别带队，组成25个督查组，对全区25个乡镇街道安全工作进行督查。与此同时，各部门均成立了安全生产大检查工作小组，确保了大检查工作扎实、有序、高效开展。安全生产大检查期间，全区组织检查组1189个，出动检查人员18684人次，检查企事业单位11092家，查处隐患6457项，下达整改通知书1944份，责令停产停业整顿72家，暂扣或吊销许可证42个，关闭非法违法企业7家，罚款128.87万元。

三、加强宣传教育，营造良好的安全生产氛围。制作《安全生产人命关天》的警示教育片，收录了房山区年初发生的生产安全、煤气中毒、道路交通等事故情况以及在执法过程中发现的各类安全隐患。在“4·15”全区安全生产大会上播放后，各级领导受到了深刻的教育和启示。组织开展安全生产月活动，宣传咨询日活动当天，区长祁红带领区安全生产月组委会成员到拱辰街道、燕山办事处参加安全生产月宣传咨询日活动，向群众宣传安全生产知识，取得了良好的效果。

四、结合专项执法，督导企业贯彻法律法规。深入开展危险化学品行业隐患排查治理、特种作业及特种设备作业人员“双打”专项执法行动、机械等行业用电安全专项检查、建筑施工领域起重机脚手架等专项整治、餐饮场所燃气安全专项治理、商品交易市场安全专项整治、机动车维修行业职业危害专项治理等工作。全年，检查企业4383家次，查处隐患4995项，完成整改隐患4746项，下达执法文书3627份，下达责令改正指令书1440份，行政经济处罚149起，罚款164万元。

五、加强应急管理，安全生产应急处置能力进一步提高。房山区应急指挥部完成了全区24家53处重大危险源及153家危险化学品企业事故应急预案的备案。组织、指导5家区内企业开展了危险化学品、烟花爆竹应急救援演练，并参与市级应急演练活动。全区172家危险化学品生产经营单位，开展应急演练700余次，参演人员3.5万人次。由燕化公司、北京东方工贸有限公司、化工四厂等组成14支危险化学品专业应急救援队，规范管理和演练，确保危险化学品事故的有效救援。

六、积极探索、转变作风，安全监管取得新成效。房山区涉及“一重大两重点”危险化学品专项整治的油库数量12家，占全市总数的40%。按照市安全监管局关于对成品油库专项整治的要求，组织召开工作推进会议13次，跟踪检查企业30余家次，油库改造投资总额6000万元，保障了专项整治工作稳步开展。成立危险化学品审定委员会，严格规范审定程序。年初成立了危险化学品和烟花爆竹行政许可审定委员会，明确了委员会审定范围、组成人员及工作职责，对审批的所有许可事项严格进行审定，召开审定会议8次，审定危险化学品经营许可161家，经营备案28家，审查危险化学品建设项目39家次。

综合监管

【控制考核指标】 2013年，房山区发生道路交通、生产安全、火灾、铁路交通事故死亡112人，同比增加13人，占市安委会下达控制指标的101.82%。其中，道路交通事故死亡95人，同比增加4人；生产安全事故死亡12人，同比增加9人；铁路交通事故死亡2人，同比持平。

（任国鹏）

【安全生产部署会】 1月18日，房山区政府召开会议，分析2013年全区公共安全总体形势，部署重点工作，确保“两会”和春节期间社会和谐稳定。区公安、消防、安监、交通、国土、园林绿化等职能部门分别就各自的重点工作进行了部署。会议要求各单位加强领导，结合自身职责，开展安全生产大检查，对重点行业和重点场所，尤其是人员密集场所、交通运输、烟花爆竹、危险化学品、餐饮娱乐、商场超市等开展安全隐患排查治理，防范和遏制重特大事故发生。加强节日值守，执行领导干部到岗带班和关键岗位24小时值班制度，有效处置突发事件。

（安东）

【全国“两会”安全保障】 全国“两会”期间，房山区安全监管局采取措施，全面加强安全生产保障工作。一是加强重点行业领域安全监管工作，对危险化学品、非煤矿山、烟花爆竹批发零售、人员密集场所等重点行业领域进行执法检查，严厉打击各类安全生产违法违规行为。二是督促各行业企业按照安全生产相关法律法规、规章制度，加强全国“两会”期间安全管理工作。三是加强与公安、消防、工商、质监等部门间的联动机制，加大执法检查力度，重点打击非法生产经营危险化学品行为。四是加强值班值守工作，严格执行安全生产应急值守和领导带班制度，及时掌握各行业领域安全生产隐患排查治理和事故情况。

（安东）

【区委书记带队检查安全】 2月28日，房山区区委书记刘伟带队检查全国“两会”安全服务保障工作。刘伟前往长阳碧波园社区、拱辰街道梅花庄村和琉璃河镇检查站检查社会面防控工作。刘伟在检查中强调，房山区是首都的西南大门，也是全国“两会”服务保障、安保维稳的重点，社会面防控工作必须做到精益求精。各部门要加强统筹协调、密切配合，发扬北京精神，高标准落实各项工作任务，高标准做好服务保障，确保各项工作万无一失。

（安东）

【安全生产大会】 4月15日，房山区安委会召开2013年安全生产工作会。副区长吕守军总结2012年全区安全生产工作，并对2013年工作作了部署。会议对生产安全、消防安全的先进单位和个人给予表彰，签订安全生产目标管理责任书。区长祁红指出，首都安全无小事，群众利益无小事。在房山区发展的新起点上，各级领导干部要居安思危，充分认识安全生产工作的长期性、艰巨性、复杂性，进一步增强紧迫感和责任感。

（安东）

【事故分析会】 5月10日，房山区生产安全事故调查组召开事故分析会，区监察局、公安分局、人力社保局、总工会、检察院和有关乡镇主管领导参加了会议。会上，各与会单位深刻剖析发生事故的直接、间接原因，并提出了处理意见。会议针对季节特点，提出预防措施，加强日常检查中对电气线路、机电设备、电动工器具等的监管工作，加大宣传力度，强化企业责任，尽全力压减事故。

（安东）

【区人大代表检查安全生产】 6月18日，房山区人大常委会常务副主任刘欣国，副主任刘顺林、段维鹏带领部分区人大代表到区安全监管局和企业指导检查安全生产工作。人大代表到北京润福通商贸中心、中煤北京煤矿机械有限责任公司听取企业安全生产工作汇报，实地察看现场，观摩了润福通商贸中心的事故应急演练。听取了区安全监管局关于全区安全生产工作的汇报。代表们建议，要加大安全生产宣传力度，增强广大群众的安全防范意识，不断提高全区安全生产水平。刘欣国强调，房山区应当全力发展现代化安全监管手段，进一步加强安全生产宣传工作，动员社会力量，建立常态化的宣传机制。宣传工作到点到位、家喻户晓、人人皆知。要全面落实各级安全生产责任制并常抓不懈，加大对安全生产好方法、好经验的普及推广力度，在全社会形成以人为本、关爱生命的良好氛围。

（安东）

【副区长带队安全检查】 6月27日，房山区副区长吕守军带领区安全监管局、公安分局、商务委、综治办、监察局、环保局、交通局、工商分局、质监局、交通支队、消防支队、应急办等部门，对房山区危险化学品生产、储存、运输企业的安全生产工作进行检查。重点检查了东方石油化工四厂应急救援队、危险化学品生产设备监控，燕山集联公司和燕房石油化工公司危运车辆实时监控、厂内日常安全管理等，现场听取石楼镇政府安全生产工作情况汇报。吕守军要求各部门、各单位切实做好“三个强化”：一是强化认识，摆正安全与发展、安全与效益的关系，牢固树立安全第一的理念；二是强化责任，狠抓安全生产各项工作的落实；三是强化管理，做到安全管理严格化、管理手段精细化、覆盖范围全面化。

（安东）

【季度安全生产工作会】 7月3日，房山区安全监管局召开三季度安全生产工作会，总结上半年安全生产工作，并对三季度各专项整治行动进行部署。会议通报了生产安全事故情况，要求各乡镇街道充分吸取事故教训，加大安全管理力度，严查建筑工地施工单位资质。会议对餐饮场所燃气安全专项治理、商品交易市场安全专项整治及机械与冶金等行业安全监管工作进行了部署。

（安东）

【区政府常务会听取大检查汇报】 8月7日，房山区区长祁红主持召开区政府常务会议，专题听取区安全监管局关于安全生产大检查工作汇报，对下阶段检查和督查工作提出要求。一要深刻领会并落实中央和市、区政府关于安全生产大检查的要求，充分认识此次大检查的重要性和必要性，巩固房山区安全生产工作成果。二要落实领导干部“一岗双责”制度，对发现的安全生产问题找准根源、及时处理，从根本上消除隐患。三要做到全覆盖、零容忍、严执法、重实效，严格按照计划开展大检查工作，真正做到不走形式、不留死角，同时加强督导检查工作，明察暗访，狠抓落实，全力遏制事故发生，确保人民群众生命财产安全。

（安东）

【安全大检查再部署】 8月14日，房山区安委会召开安全生产工作会，通报1月至7月事故及安全生产大检查综合督查情况，对安全生产大检查工作进行再部署。区长祁红，公安分局局长鹿进宝，副区长刘胜国出席会议。会议明确全区安全生产大检查的下一步工作，要求各乡镇街道、各部门正确认识当前所面临的特殊形势和艰巨任务，努力实现排查治理安全隐患、遏制安全事故、落实安全生产责任、提高全民安全意识、建立长效机制、提升本质安全水平6大工作目标。

（安东）

【突击检查施工现场安全】 8月27日，房山区副区长刘胜国带领区商务、质监、安监、公安、公路、消防等部门，先后对华冠商贸中心、北京博源包装制品有限公司、京石二通道八标段等地进行突击检查。察看消防设施、安全通道、警示标志、应急通道、防火设备设施及施工现场安全等，并询问相关人员关于安全生产大检查贯彻落实情况，针对问题提出了整改意见。随后，检查组对琉璃河镇政府落实安全生产大检查工作进行监督检查。刘胜国指出：各单位要认真落实国务院安委会、市安委会督查组提出的整改意见，将安全生产大检查工作落实到每个企业，做到“全覆盖、零容忍、严执法、重实效”。

（安东）

【现场办公】 8月30日，房山区安全监管局到燕山新材料基地现场办公，实地了解基地建设发展及燕山地区安全生产基本情况，针对相关问题开展业务指导，为推进燕山地区安全生产工作提出建设性意见。

（安东）

【专题会研究安全生产工作】 9月4日，房山区政府召开专题会议，研究安全生产工作，并听取贯彻落实国务院安委会督查组整改意见的报告。区长祁红主持会议。会议要求：各部门、各单位要正视问题，提高认识，明确整改方向，切实履行职责，督促企业深入开展自查，及时总结分析发现的突出问题，逐项梳理，举一反三，狠抓整改措施落实，确保大检查工作取得实效。

（安东）

【区人大调研大检查工作】 9月5日，房山区人大常委会常务副主任刘欣国带队就安全生产大检查工作到区安全监管局调研。人大代表对区安全监管局近年来的工作及取得的成绩表示肯定，并对安全监管工作提出意见和建议。刘欣国指出，房山区社会经济快速发展，安全监管工作面临着新的挑战，希望安全监管局能够抓住安全工作的根本，扎实开展安全生产大检查工作，同时进一步加强队伍建设和机制建设，全面加强行业监管，消除监管死角和盲区，确保全区安全生产形势稳定。

（安东）

【安委会扩大会议】 9月10日，房山区安委会召开扩大会议，通报国务院安委会、市安委会安全生产大检查综合督查反馈情况。区长祁红，副区长刘胜国出席会议。祁红要求区安委会各成员单位尽快落实基层安全监管队伍，推动落实企业安全生产主体责任，切实开展好安全生产大检查活动，为首都安全稳定和房山区“一区一城”新房山建设营造良好环境。

（安东）

【中秋、国庆安全保障】 9月，房山区安全监管局采取措施，加强中秋、国庆期间安全监管。一是加强组织领导，针对中秋、国庆放假时间长、重大活动多的特点，层层落实安全责任，明确职责分工，强化监管措施，加大检查力度，切实做到组织领导到位、工作任务到位、工作措施到位，坚决防范各类事故发生。二是突出重点行业，开展拉网式排查和整治，对查出的事故隐患立即组织整改。三是全力做好安全生产大检查阶段工作，继续保持高压态势，严厉打击非法违法生产经营建设行为，将安全生产大检查推向深入。四是加强应急值守，坚持24小时值班和领导干部带班制度，充实救援力量，确保有效处置突发事件，确保社会稳定。

（安东）

【夜查安全工作】 9月26日晚，房山区副区长曹蕾带领区安监、文化、消防、城管、工商等部门，对区重点人员密集文娱场所开展联合夜查。检查组现场抽查企业员工对消防设备设施使用的熟练情况，对发现的问题和隐患，要求企业立即整改。曹蕾指出，各单位、各企业要全面落实责任，加强安全管理，及时排查整改安全隐患，坚决防止事故发生。

（陈莉莉）

【区领导带队安全检查】 9月27日至29日，房山区区委书记刘伟、区大人主任史全富、区长祁红、区政协主席唐淑荣，分别带领区安监、商务、质监、旅游、市政市容、公安、消防等有关部门组成四个检查组，对长阳奥特莱斯、燕山集联石化、首都师范大学、城关美廉美超市等12个单位（场所），落实安全生产责任制、现场安全管理、隐患整改、应急预案等进行检查，对存在问题提出了整改要求。区领导指出，要持之以恒地把安全生产工作抓紧、抓实、抓出成效，强化安全监管职责，抓好基层基础工作，深入开展安全生产大检查，保持全区安全生产形势持续稳定。

（安东）

【节日安全检查】 10月1日，房山区安全监管局对国泰百货、家乐福、良辰百货进行节日期间安全检查。在现场检查中，发现库房货物码放不符合安全规定、卖场缺少应急疏散标志、监控室值班人员配备不足等问题，执法人员责令立即整改。

（安东）

【烟花爆竹存储单位调研】 10月8日，房山区安全监管局到熊猫烟花房山仓库进行调研，听取了仓库负责人对安全管理各项工作的汇报，重点询问了库存现状、货物配送、视频监控、安保队伍等情况，并实地察看了烟花爆竹存储仓库。

（安东）

【区领导带队突击检查安全】 11月26日，房山区区长祁红，常务副区长李江，副区长吕守军、曹蕾分别带队，对重点地区安全工作进行突击检查。突击检查涉及农贸市场、人员密集场所、建材加工、废品收购站以及城乡结合部的“三合一”，“多合一”场所，区安监、消防等部门执法人员对突击检查中发现的安全生产和消防安全隐患，当场依法进行处理。共检查生产经营单位17家，依法查处各类安全隐患29处，对隐患严重的8家单位当场责令停止作业，清退人员，予以查封。区领导要求，各单位要把安全管理工作关口前移，进一步加大隐患排查治理力度。

（安东）

【市安委会督查】 11月27日，市安委会第4督查组，对房山区安全生产大检查工作进行督查。督查组分两个小组，分别对商务委、交通局、城关街道、西潞街道、物美大卖场、大众4S店6家单位进行实地检查。重点察看了各单位落实大检查工作以及企业日常安全管理、消防中控、配电室、应急措施等情况，对企业的消防应急响应进行了现场测试。检查结束后，督查组就检查情况与区政府交换意见。督查组指出，房山区安全生产工作基础扎实，安全生产大检查效果进一步显现，但是仍存在一些问题，包括消防中控和配电室值守，持证上岗以及日常检查记录还需进一步完善。督查组要求房山区进一步加强对人员密集场所、燃气使用、过境输油管线的监督检查，确保年终岁尾安全生产形势稳定。

（安东）

危险化学品安全监管

【加油站安全管理】 2月4日，房山区安全监管局组织全区加油站站长及片区经理参加安全生产工作会。传达市安全监管局《关于做好2013年春节烟花爆竹燃放期间危险化学品生产经营单位安全管理工作的公告》，并对节日期间安全生产工作提出要求：一是各单位要立即悬挂禁止燃放烟花爆竹的标志；二是做好节日期间特别是初一、初五、十五重点时段的应急值守，加油站站长必须在岗；三是派专人负责对加油站周边燃放人员的劝阻，防范事故的发生。

（韩学军）

【危险化学品工作会】 2月22日，房山区安全监管局召开2013年危险化学品和烟花爆竹安全生产工作会，总结2012年危险化学品和烟花爆竹安全工作，对2013年工作进行部署。区安监、公安、消防、交通、环保、质监等部门，各乡镇街道，危险化学品企业主要负责人200余人参加了会议。会议要求2013年房山区危险化学品和烟花爆竹安全管理工作要以“一标准、两重点一重大”安全监管为主线，以提升危险化学品领域本质安全水平为抓手，以夯实安全生产标准化运行为平台，坚持制度化监管，深化专项整治，持续开展“打非治违”和隐患排查治理，落实企业主体责任，深入贯彻《危险化学品安全管理条例》等相关法规，严格建设项目审查，严格行政许可，确保全区危险化学品领域安全生产形势持续稳定。会上，3家危险化学品企业就“两重点一重大”安全设施改造、安全生产标准化工作及应急救援工作作了典型发言。

（安东）

【石油交易所安全管理座谈会】 3月7日，房山区安全监管局召开北京市石油交易所产业发展座谈会，就北京石油交易所现阶段安全管理、协助市场发展等相关情况进行座谈。北京石油交易所对现阶段发展情况及经营许可办理工作等进行了介绍，区安全监管局对日常监管及许可办理过程中发现的问题进行通报，并提出了针对性意见。

（马振）

【标准化培训】 3月22日，房山区安全监管局组织安全标准化未达标企业进行培训。重点讲解了《房山区2013年危险化学品企业安全产标准化工作方案》《评审标准》及《通用规范》，并下发培训教材。通过培训，使危险化学品企业主要负责人、安全管理人员和从业人员，正确理解开展标准化工作的重要意义、程序和方法，提高开展标准化工作的积极性和主动性。

（韩学军）

【约谈加油站负责人】 4月，房山区安全监管局集中力量，对所辖边远地区加油站进行专项检查。此次检查涉及9个乡镇，40座加油站，检查反映出个别加油站安全管理不到位、员工安全意识淡薄、标准化工作延续性不强、未定期进行避雷检测、现场设施设备缺乏维护保养等问题。针对这些情况，4月16日，区安全监管局对中石化房山分公司加油站负责人进行了约谈，要求中石化房山分公司严格按照标准化建设要求，全面提高所辖加油站的各项安全生产工作，对2座问题比较严重的加油站站长进行处理。中石化房山分公司负责人表示，一定认真落实此次约谈提出的工作要求，举一反三，对本系统加油站进行一次全面整改。

（李杰）

【重点企业工作会】 4月26日，房山区安全监管局组织全区重点危险化学品企业负责人，召开安全生产工作会。会议通报了一季度全区危险化学品行政许可工作，分析总结一季度日常检查中发现的突出问题和4月以来国内外几起生产安全事故。会议要求，各企业负责人要充分认清当前安全生产形势，全面加强安全生产各项工作，结合国内外危险化学品行业生产安全事故，举一反三，切实加强企业安全管理；扎实开展危险化学品企业安全生产标准化建设工作，严格按照标准化要求落实企业主体责任；要求各加油站进一步加强从业人员培训、现场管理、设备设施维护保养等基础安全管理工作。

（安东）

【安全使用许可调查会】 5月22日，房山区安全监管局组织辖区25个乡镇街道及相关单位的负责人召开会议，传达市、区有关危险化学品安全使用许可的文件精神，进一步明确了房山区调查工作的范围和流程，要求各单位指定专人，在规定时间内完成自查，做到情况清楚，数据准确，为下一步许可工作奠定基础。

（马振）

【油库整治施工方案审查】 5月27日，房山区安全监管局组织危险化学品专家和8家相关企业召开油库专项整治施工备案审查会，对企业编制的施工安全保障方案进行审查，通报施工方案编写的相关要求，印发《北京市房山区油库专项整治施工安全保障方案（提纲）》，进一步明确施工过程中安全管理工作重点，强化企业施工前安全保障工作。

（马振）

【涉氨专项检查】 6月3日，房山区安全监管局抽调骨干，成立2个检查组，分别赶赴各涉氨企业进行检查。利用危险化学品监管平台通报“6·3”吉林省德惠市宝源丰禽业有限公司液氨泄漏事故情况，要求企业吸取事故教训，落实主体责任，立即开展隐患排查治理，切实消除安全隐患，严防各类事故。检查组重点对涉氨企业的液氨设备设施进行检查，查出隐患11条。针对检查发现的问题，区安全监管局联合相关职能部门和乡镇街道，对存在隐患的涉氨企业进行专项督查，确保涉氨行业安全稳定。

（韩学军）

【危险化学品使用单位专题会】 7月9日，房山区安全监管局召开危险化学品使用单位专题会议。会议通报危险化学品使用单位专项检查情况。此次检查，共检查26家单位，下达责令限期整改指令书12份，查出安全隐患68条。其中涉及人员教育培训、应急预案编制及演练、现场管理、危险化学品库（罐）区设备设施管理四个方面的共性问题15条。区安全监管局要求：一是企业要进行一次全面的安全大检查，针对共性问题查漏补缺；二是做好日常检查工作；三是做好企业员工教育培训、应急处置、现场管理等工作。

（李杰）

【打击油罐车非法经营协调会】 7月9日，房山区安全监管局组织区检察院、公安分局、住房城乡建设委、交通局、交通支队、燕山安监分局以及西潞街道、城关街道、阎村镇、长阳镇、窦店镇、青龙湖镇等部门，召开打击利用油罐车非法经营成品油专项整治工作协调会。会议通报了房山区2013以来利用油罐车非法经营成品油违法及犯罪情况，分析相关案例，并对违法犯罪行为的成因、特点及分布区域，进行分析、汇总、整理，提出打击方法和手段，形成专项整治工作方案。区安全监管局协调组织相关部门，对重点单位、区域进行专项整治，充分发挥村、镇两级政府的属地管理及协查功能，采取联合执法、突击检查等多种形式，严厉打击利用油罐车非法经营成品油的违法犯罪行为，确保全区生产经营秩序稳定。

（安东）

【部署行业大检查】 7月23日，房山区安全监管局制定《房山区危险化学品和烟花爆竹安全生产大检查工作方案》，按照“全覆盖、零容忍、严执法、重实效”的工作要求，对全区危险化学品及烟花爆竹企业进行全面排查。此次大检查坚持“企业自查自改、政府督查整治、消除安全隐患、遏制生产事故”的工作原则，加大监督检查力度，从企业一线安全管理抓起，加大危险化学品设备设施及重点区域的隐患排查力度，严厉打击各类违法生产经营行为，重点加强对危险化学品生产、使用、经营和储存单位，烟花爆竹批发和长期零售网点，油库以及加油站的检查力度，对隐患整改不到位的企业依法进行处罚，对存在安全隐患较多或存在重大生产安全隐患的企业责令停产停业整顿。

（安东）

【易制毒化学品专项整治】 9月，房山区安全监管局利用安全生产大检查的有利时机，全面加强易制毒化学品监管工作。一是制订并下发专项整治工作方案，明确工作目标、步骤、整治重点和工作要求。二是组织相关企业主要负责人召开会议，专题部署易制毒化学品整治工作，要求企业全面开展自查。三是发挥部门联动机制，加强与公安、药监等部门的协作，通力配合，联合执法，形成监管合力。四是严格执法，严厉打击证照不齐、超期超限等违法生产经营行为，构成犯罪的，依法移交公安机关处理。通过整治，进一步加强全区易制毒化学品管理工作，规范行业生产经营秩序，防止和遏制易制毒化学品流入非法渠道。

（李杰）

【约谈企业负责人】 10月9月，房山区安委会第4督查组对北京燕山东炼石油化工有限公司在建项目（20万吨大〈混合〉碳四改扩建项目）施工现场进行突击检查，发现施工现场存在交叉作业、无统一调度、电焊吊车作业人员无证上岗、电气线路混乱、土建作业无护坡、作业人员无劳动防护等多项安全隐患。区安全监管局立即对现场4家施工单位下达责令整改指令书，并进行立案处理。10月11日，区安全监管局就项目施工现场问题，约谈企业负责人。通报现场存在的安全隐患，要求企业举一反三，加大隐患排查力度，制定落实整改措施，并报区安全监管局备案。被约谈单位已按指令书要求整改。

（安东）

【十八届三中全会安全检查】 11月8日，区委常委、区政法委书记曾赞荣，副区长刘胜国带领区安监、公安、商务、工商、消防等部门主要领导，对危险化学品行业安全生产和“四停一封”（液氯使用单位及烟花爆竹批发零售单位的暂停生产、经营、运输、使用活动，烟花爆竹入库封存）工作进行联合检查，相关乡镇党政领导陪同检查。区领导一行实地检查了中石油千石玉加油站、中恳远东油库、北京市熊猫烟花有限公司3家单位的安全生产及安保工作，并现场观摩了烟花爆竹仓库举行的防恐应急演练。刘胜国要求各单位高度重视安全生产工作，认真开展隐患排查治理，切实消除隐患。曾赞荣强调，各单位要加强安全管理和应急值守工作，严防各类生产安全事故和暴力恐怖活动，确保十八届三中全会期间首都安全稳定。

（安东）

【液氨专项治理协调会】 11月14日，房山区安全监管局召开了制冷企业（项目）专项治理协调会，区工商分局、规划分局和消防支队等24个相关委办局及12个重点乡镇主管领导参加会议。会议通报了《关于深入开展涉氨制冷企业液氨使用专项治理的通知》的相关内容，讲解《制冷企业基本情况登记表》填写方式。区安全监管局要求：为全力做好制冷企业专项治理工作，将扩大普查范围，对涉氨、涉氟及二氧化碳制冷企业都要进行摸排，要做到“横向到边、纵向到底”；各相关委办局要做好本系统（管辖企业）普查工作，认真填写《登记表》，重点乡镇街道要认真摸排辖区内制冷企业数量、性质等情况，按要求填写《登记表》；普查结束后，将细化房山区液氨、制冷企业专项检查工作方案，并组织相关单位全面落实专项治理工作。

（李杰）

【危险化学品行政许可】 2013年，房山区危险化学品生产企业19家，经营单位551家，其中加油站150家，油库14家，其他储存单位18家，贸易单位369家。行政服务大厅窗口受理许可申请461家，其中烟花爆竹经营零售许可180家，审查合格178家，危险化学品经营许可207家，审查合格188家，其中19家不符合要求已退回申请，组织召开建设项目审查会议32次，参加评审专家160人次，审查46家次，审查合格39家。非药品类易制毒备案申请28家。2013年，完成行政许可档案255份。

（马振）

烟花爆竹安全监管

【烟花爆竹安全管理】 2013年，房山区安全监管局按照“总量控制，适当调整”的工作思路，采取5项措施推进烟花爆竹安全管理工作。一是贯彻地方标准做好零售网点设置。按照《烟花爆竹零售网点设置管理安全要求》，对春节期间烟花爆竹零售网点的选址、设置、销售及大棚搭建等工作进行科学分析，既满足广大人民群众的购买需求，又做到符合整体规划和安全要求。二是推广、完善零售网点视频、音频监控。辖区内所有长期网点及临时网点全面实行视频监控，增加音频管理功能。三是良乡、城关城区内只设立长期零售网点，不设立临时销售网点。四是固化零售经营安责险制度。把安责险投保作为行政许可的必要条件。五是统一零售网点制度模板，规范日常检查日志。模板包含网点基本信息、相关责任制、管理制度以及24小时隐患投诉举报电话等内容，进一步落实各网点安全责任，便于群众监督。

（安东）

【烟花爆竹安全部署】 1月17日，房山区烟花办召开会议，部署2013年春节烟花爆竹安全管理工作，区烟花办、公安、安监、工商、市政市容、质监、交通、城管、消防，各乡镇街道主管领导，烟花爆竹批发（零售）网点负责人200余人参加会议。会议要求：一是各烟花爆竹批发单位要认真落实主体责任，加强库区安全管理，定期检测储存环境，遵守配送工作要求，做好人员教育培训，提升应急处置能力。二是烟花爆竹零售网点要做好售前安全准备，严格落实各项制度，严禁销售违规烟花爆竹。三是各有关乡镇街道要认真落实属地责任，定期巡查本地区烟花爆竹销售网点，确保安全。

（安东）

【元宵节烟花爆竹安全监管】 元宵节期间，房山区安全监管局采取有效措施，确保烟花爆竹燃放、销售、储存安全。一是延续春节假期每日检查制度，对烟花爆竹批零网点进行日常检查，尤其加强重点区域的监督检查，坚持检查标准不放松。二是加强与公安、工商、城管等部门的联动机制，严厉查处非法烟花爆竹销售、储运等违法行为，有效净化首都市场。三是依托视频监控系统，加强对零售网点的销售区、存储区以及周边环境的实时监控，发现问题第一时间通过音频监控管理系统责令销售网点整改，增强隐患整改的时效性。

（安东）

【烟花爆竹回收】 2月25日至27日，房山区安全监管局督促3家批发单位，集中3天时间对未销售的烟花爆竹进行回收、清点、入库。各批发单位按照安全规范，出动专用运输车辆逐点回收，确保回收过程安全、快速、高效。同时，零售网点销售大棚由经营者安全拆除，现场视频监控设备由供应商拆除、清理，并妥善保管。

（安东）

【全国“两会”期间安全监管】 3月1日至20日，房山区3家批发仓库和39家零售网点停止一切烟花爆竹配送、经营活动。其间，区安全监管局安排专门力量，联合公安等部门对辖区内零售网点进行随机抽查，保障全国“两会”期间安全稳定。

（安东）

【长期销售点专项检查】 7月，房山区安全监管局针对夏季高温天气，成立专项执法检查组，对全区21家烟花爆竹长期零售网点进行专项检查。检查重点内容，销售现场、仓库安全管理，销售流向，防汛及用电安全等情况。因夏季是烟花爆竹销售淡季，多数销售点未进行烟花爆竹售卖，主要问题是销售现场及库房杂物较多，个别销售点临时电气线路不符合安全规定。对此，检查组责令存在问题的销售点立即整改。

（韩学军）

矿山安全监管监察

【非煤矿业行政许可】 2013年，房山区固体非煤矿山企业由2012年整合后的10家，减少到3家。型材企业1家、红砂岩企业1家、石灰岩企业1家。地热、矿泉水企业14家。

（魏绪星）

【金属非金属矿山整治】 5月7日，房山区安全监管局召开金属非金属矿山专项整治工作会，贯彻《北京市人民政府办公厅关于进一步做好金属非金属矿山整顿工作的通知》精神，听取各矿山企业整改工作情况，并对企业安全生产许可申办和标准化建设工作提出要求。区安全监管局要求各企业按照“绿色和谐·安全健康”矿山建设理念和安全生产标准化要求，全面加强安全管理、安全技术、安全装备、职业病防治和环境保护等工作，开展安全生产标准化建设，加大整改力度和进度，为按时保质达到安全生产许可证申报条件打下坚实基础。

（魏绪星）

隐患排查治理

【隐患自查自报】 1月18日，房山区安全监管局召开会议，部署安全生产隐患自查自报工作。会议要求各乡镇街道统一思想，提高认识，站在推进全区安全发展的高度，认识健全隐患自查自报系统的重要性，按照工作要求，严格开展隐患自查自报工作。要求各单位迅速行动，对已注册企业，核实注册信息，并督促未注册企业尽快登记注册，确保隐患自查自报系统企业注册工作取得实效，为企业安全生产标准化建设打好基础。

（郑德雨）

【举报投诉查处】 2013年，房山区安全监管局按照“有举必查、查实必究，究其必严”的原则，全力做好安全生产举报投诉工作。全年，共受理举报投诉

77件，其中市安全生产举报投诉中心分办54件，区政府批办2件，本局受理21件。办结率为100%。

（刘景山）

应急救援

【组建应急救援队伍座谈】 3月12日，房山区安全监管局邀请12家危险化学品单位负责人进行交流座谈。座谈会上，区安全监管局结合房山区危险化学品运输、工程作业、储存单位分布等实际情况，就应急救援队伍建设同12家单位负责人交换了意见。与会单位负责人一致表示，支持应急救援队伍组建，全力配合应急救援工作。遇有突发事故，能够形成统一指挥、合力应对、优势互补的局面，为危险化学品应急救援工作提供坚实有力的保障。

（马振）

【救援协议签约】 5月14日，房山区安全监管局与辖区14家危险化学品企业举行应急救援协议签约仪式，标志着房山区危险化学品应急救援工作朝着更科学、更专业的方向迈进。作为危险化学品产、储、运的集中地，房山区从事危险化学品生产经营活动的企业逾千家，运输车辆1300余台。面对如此众多的危险化学品企业，建立一套行之有效的应急救援体制势在必行。鉴于此，区安全监管局通过协调各方支持，充分整合资源，与辖区14家在储存、运输、现场处置等方面各具优势的危险化学品企业签订协议，使其成为房山区应急救援协作单位。这些应急救援能力优秀的企业按照统一指挥、快速响应、协助抢险、高效救援、有偿征用的原则，全面加强与应急管理部门的协调配合，强化演练，磨炼队伍，总结经验，提升实战能力，确保关键时刻拉得出、冲的上、打得赢。

（安东）

【事故应急实战演练】 5月29日，房山区生产安全事故应急指挥部组织辖区危险化学品生产企业开展事故应急实战演练。演练模拟北京高盟新材料股份有限公司燕山分公司复膜胶车间可燃液体发生泄漏并起火，造成一人受伤为背景，演练企业先期处置、报告事故、启动应急预案。房山区生产安全事故应急指挥部指挥调度、组织应急救援队伍现场处置、伤员救治、群众疏散、新闻发布等工作。通过应急演练，检验了房山区区级危险化学品事故应急指挥组织体系和企业现场应急处置能力，完善了应急预案，提高了从业人员和社会公众应急意识和自救互救能力，增强了专业救援队伍应急处置能力。市政府副秘书长周正宇、市安全监管局局长张家明、市政法委副书记闫满成、房山区人大常委会主任史全富、市应急办主任杨战英等有关部门的领导观摩了演练。

（安东）

【危险化学品防汛演练】 6月6日，房山区安全监管局在北京东方石化公司化工四厂举行了危险化学品行业防汛应急演练。演练模拟输送丙烯所用地下管线遭强降雨冲刷，露出地表，致使生产现场安全条件受到严重威胁为背景。发现险情后，立即启动汛期突发事件应急预案，指挥部果断下达关闭进料阀门、进行倒空操作、警戒现场、检测可燃气体浓度等一系列命令。组织专业技术人员，在确保安全的前提下，使用沙袋固定并掩盖管线，持续警戒现场、监测可燃气体浓度，直至确认隐患消除。此次演练重点检验厂级、车间级等基层一线应急预案的科学性、可操作性和实效性，磨合企业内各部门间协作处置突发事件的能力。

（李杰）

【应急预案评审】 8月1日，房山区安全监管局组织重大危险源“一对一”突发事故应急预案编制评审小组，对编制完成的燕山石化公司26项重大危险源“一对一”应急预案进行了评审。经过分析和讨论，评审小组初步通过了《燕山石化重大危险源突发事故“一对一”应急预案》的评审，并针对预案中存在的问题，提出了补充和修改建议。

（马振）

执法监察

【重点乡镇派驻执法人员】 3月4日，房山区安全监管局抽调16名执法人员，分成8个检查组，派驻16个重点乡镇，实行“主管领导包科室、科室包片、派驻人员包乡镇”的原则，加强与属地乡镇政府的协调配合，开展执法检查工作。通过派驻执法，加大执法检查的力度，加大打击非法违法生产建设行为的力度，加大对违反安全生产法律法规的行政处罚力度，实现政府部门监管责任与属地政府管理责任的有机统一，进一步落实企业主体责任，全面排查、集中解决突出安全生产隐患，遏制安全生产事故发生。

（李劲松）

【全国“两会”安全检查】 全国“两会”期间，房山区安全监管局全面加强人员密集场所、危险化学品、烟花爆竹等重点行业安全生产执法检查。检查工作分3个检查组，采取日常执法检查和夜间突击检查相结合的方式，分别对窦店、青龙湖、长阳、河北、阎村、拱辰、西潞、良乡8个乡镇街道的烟花爆竹零售网点，加油站、百货商场等重点部位进行安全检查。共检查烟花爆竹网点242家次，加油站95家次，商场43家次，下达责令限期整改指令书22份，查处并整改各类安全隐患80项。

（安东）

【大检查紧急部署】 3月25日，房山区安委会召开紧急会，部署安全生产大检查工作。此次大检查自3月26日开始，为期一个月。区安委会成立了以主管安全工作副区长吕守军为组长的领导小组，下设办公室，专门负责此次大检查的协调组织工作。会议要求，各行业主管部门牵头组成联合检查组，对全区包括道路交通、危险化学品、建筑施工、人员密集场所消防安全、餐饮场所燃气安全、旅游、特种设备、学校、民爆器材、电力、商市场等在内的11个重点行业领域开展全面安全大检查。各乡镇街道要落实属地监管责任，加大安全检查力度，切实消除隐患。区委督查室、区政府督查室、区监察局组成督查组，对大检查开展情况进行专项督查，确保大检查取得实效。吕守军要求，各单位要提高认识，针对安全生产方面出现的突出问题，结合季节特点，及时制订本地区、本系统的安全生产检查方案，并组织落实。同时强化责任、加强宣传、提高管理、严格督查，通过安全生产大检查工作，切实消除一批安全生产突出问题。

（安东）

【房车露营展安全检查】 3月27日，房山区安全监管局会同长阳镇政府，对北京国际房车露营展览会搭建现场进行安全检查，并对承建单位提出要求，一是落实安全生产责任制及各项安全生产规章制度。二是加强施工现场安全管理工作。三是严格搭建过程中高空作业操作规程。四是加强施工现场安全用电管理。五是承建单位要落实相关资质备案制度。

（陈莉莉）

【“浴佛节”安全保障】 5月17日，房山区安全监管局对云居寺“浴佛节”圣火迎请现场设备设施进行安全检查，察看僧团台搭建施工队伍资质，并对台子的稳固性进行重点检查，加强“浴佛节”现场的设施安全，确保活动安全顺利举行。

（孙建成）

【特种作业“双打”行动】 6月3日，房山区安委会办公室印发《房山区特种作业及特种设备作业人员“双打”专项执法行动方案》，协调区广电中心、《房山报》等新闻媒体，进一步加大宣传力度，依托安全生产月的宣传优势，在全区营造提高特种作业和特作设备作业人员安全生产条件的良好氛围。“双打”专项行动期间，各部门出动执法人员276人次，检查企业103家次，查出涉及特种作业的隐患102项，下达执法文书63份，行政处罚4起，罚款2.6万元。

（安东）

【夏季安全检查】 6月至8月，房山区安全监管局以全国安全生产大检查为契机，开展多个专项检查。一是电气安全隐患专项执法检查。在全区范围检查电气作业违章行为，依托乡镇安全监管力量，严查防护措施、电气线路、配电箱柜管理方面的违法违规行为。检查单位50家，查处安全隐患81项。二是烟花爆竹专项检查。对全区烟花爆竹零售网点进行专项检查，重点检查烟花爆竹销售现场、仓库管理、销售流向、用电安全等，检查销售点21个，下达责令限期整改指令书11份，查处安全隐患22项。三是施工起重机械及脚手架专项检查。此项工作由全区多部门联合开展，通过检查，进一步规范施工起重机械、脚手架租赁等建筑市场秩序，遏制施工现场“三违”行为。检查工程57项，治理深基坑18个，起重机械69台，整治违章160余项。四是燃气安全专项检查。通过建立台账、自查自改、加强宣传、执法检查等措施，严厉查处餐饮场所燃气使用违法违规行为。检查企业97家，下发检查指令书68份，排查治理安全隐患178项。

（安东）

【国庆安全检查】 9月，房山区安全监管局组织对全区多个行业领域开展国庆前安全生产大检查。组成3个检查组，对重点危险化学品企业开展全面检查。共检查企业8家，人员密集区域加油站5家，查出隐患25条，对2家存在重大事故隐患的企业进行立案处理。分3个组集中突击检查餐饮、商场、超市经营现场，共检查企业27家，查处有关疏散通道、警示标志、应急预案、用电、燃气、消防安全、货物码放等方面问题60余项，下达整改指令书16份。查出问题和隐患均完成整改。

（安东）

【“寻找最美村干部”活动安全保障】 9月29日，中央电视台“寻找最美村干部”活动颁奖典礼在房山区大石窝镇云居寺静琬广场举行。房山区安全监管局对本次活动舞台搭建现场施工队资质、特种作业持证上岗、施工过程安全防护等进行了全面检查，要求施工单位主要负责人对舞台搭建及拆除过程进行全程安全监控，落实安全生产规章制度，确保活动安全有序。

（陈莉莉）

【“京安工程”执法系统】 10月31日，房山区安全监管局召开执法工作会。按照市安全监管局关于全面启用“京安工程”执法系统要求，自11月1日起，房山区安全监管局一线执法全部使用京安执法系统，包括数字统计及报表。会议要求执法人员熟悉掌握“京安工程”执法系统相关工作流程，相互交流，在应用中学习，在学习中提升应用水准。

（刘景山）

【十八届三中全会安全保障】 11月7日，房山区安委会组织召开全区十八届三中全会安保工作会，研究部署安全检查工作。会议要求全区各部门采取有效措施严格监管、严格检查、严格执法。加强危险化学品和烟花爆竹安全监管，以生产、储存、销售、运输等环节为检查重点，全面加强涉毒、涉爆、易制毒、烟花爆竹大宗销售等的实名制管理工作。加强燃气安全检查，对辖区使用天然气、液化石油气等的餐饮场所，以及供应、充装、运输单位进行全面的联合检查，严厉查处违法、违规使用燃气行为。加强人员密集场所安全检查，以商场超市、旅游景点、宾馆饭店、体育经营、网吧歌厅为重点，在全区进行拉网式检查，及时发现并消除事故隐患。

（安东）

【暗访夜查重点单位】 12月26日，房山区安全监管局分4组对辖区内危险化学品、餐饮、商场等重点单位开展暗访夜查，检查生产经营单位9家，发现各类问题隐患15项，下达整改指令书4份，责令整改，并就相关问题约谈企业负责人。对夜查现场发现的涉及消防、特种设备等方面的问题和隐患，执法人员协调区相关部门予以查处。

（安东）

【城乡结合部专项整治】 12月30日，房山区安委会召开会议，部署城乡结合部安全生产专项整治工作。按照全市统一部署，落实“查处一批、取缔一批、关停一批、行政问责一批”的工作要求，严厉打击非法违法生产经营建设行为，彻查整治各类安全生产隐患，坚决遏制重特大生产安全事故发生。区长祁红、市安全监管局副局长陈清、区政法委书记曾赞荣等出席会议并讲话。

（安东）

职业卫生监督检查

【《职业病防治法》宣传周】 4月27日，房山区安全监管局在昊天广场组织开展“《职业病防治法》宣传周”活动，为职工群众发放宣传材料并回答相关问题。此次活动共计发放各类宣传材料1000余份。

（敖俊华）

【有限空间安全部署】 5月8日，房山区安全监管局组织全区各有关单位负责人召开会议，部署2013年有限空间安全生产工作。针对房山区城市化进程加快，涉及有限空间的基础设施数量不断增加，区安全监管局协调各行业主管部门，全面加强有限空间作业执法检查力度。要求涉及有限空间作业的单位加大安全投入，提升保障能力。加强培训教育，规范作业流程，提高从业人员素质。落实承发包责任，加强作业现场安全管理，确保作业安全。区安全监管局启动有限空间监管约谈机制，对有限空间安全管理工作不到位的单位负责人进行约谈，通报问题并督促整改落实。

（敖俊华）

【职业病危害项目申报】 6月3日，房山区安全监管局召开职业病危害项目申报推动会。会议传达了职业病危害项目申报工作有关文件精神，通报前一阶段的申报情况，部署下一步申报工作。会议要求涉及职业危害项目的用人单位提高认识，落实责任，自觉进行职业病危害项目申报，对未按要求申报的，依法进行行政处罚。

（敖俊华）

【职业卫生专家组】 7月，房山区安全监管局通过遴选，确定专家11人，成立了首个职业卫生专家组，为全区职业卫生监管和职业危害因素识别等工作提供专业的技术指导。并召开职业卫生专家座谈会，就房山区企业职业卫生监管现状和问题进行了探讨，提出解决对策。

（敖俊华）

【职业卫生工作会】 10月11日，房山区安全监管局召开职业卫生安全工作会，全区25个乡镇街道安全科长参加会议。会议通报职业卫生基础建设落实情况，传达市安全监管局关于建设项目职业卫生“三同时”行政许可有关文件精神，并对职业卫生安全监管和培训工作进行部署。

（敖俊华）

【有限空间安全检查】 10月，为深刻吸取“10·29”房山供暖所城西供热厂有限空间作业事故教训，房山区安全监管局采取措施，严查有限空间作业单位安全生产。一是约谈有关行业管理部门领导。二是下发《关于“10·29”房山供暖所城西供热厂有限空间作业事故的通报》，要求各单位举一反三，加强相关企业有限空间作业事故防范工作。三是对全区有限空间作业重点单位进行安全生产大检查。

（敖俊华）

宣传培训

【“一对一”应急预案编制培训班】 3月26日，房山区安全监管局举办“一对一”预案编制培训班，聘请危险化学品专家从预案编制目的、目标和作用等多个方面进行讲解。全区25家重大危险源企业主要负责人和重点乡镇工作人员参加培训。此次培训以《北京市属地人民政府与重大危险源企业“一对一”生产安全生产应急预案编制和管理导则》为主要内容，使参加培训人员准确把握预案编制过程中的关键和重点，指导企业能够结合自身实际，制订科学有效措施，使预案在应对重大危险源突发事件上发挥重要作用。

（马振）

【燃气安全执法培训】 5月28日，房山区安委会组织所辖乡镇街道和成员单位的110余名业务骨干开展燃气安全执法业务培训。此次培训，邀请了市市政市容委培训中心的专家，结合案例对燃气安全执法检查的重点和相关法规标准进行了讲解，为下一步专项执法检查打下了基础。

（郭玉栋）

【安全生产月部署】 5月28日，房山区安全监管局召开安全生产月活动部署会，要求各乡镇街道、各安委会成员单位以安全生产月活动为契机，按照“推进企业标准化，强化安全基础，建设安全房山”的活动主题，牢牢把握各行业领域的安全生产工作重点，通过开展形式多样、内容丰富的宣传活动，在全社会营造浓厚的安全生产氛围。

（郑德雨）

【宣传咨询日】 6月9日，房山区举行2013年安全生产月宣传咨询日活动，区长祁红，区人大常委会主任史全富及安全生产月活动组委会主要领导出席活动。宣传咨询日主会场设在燕山办事处和拱辰街道办事处。活动当天，全区各乡镇街道、安委会成员单位及重点企业设立宣传咨询一条街或宣传资讯站，采用悬挂横幅标语、图板展览，发放宣传材料，设立咨询台等形式，向过往市民群众宣传普及安全生产知识。

（安东）

【大检查专题培训】 9月2日，房山区安委会办公室召开全区安全生产大检查工作专题培训会，各乡镇街道安全生产检查员约80人参加培训。会议通报了安全生产大检查情况，并就大检查工作具体要求对与会人员进行了培训。通过培训，提高了乡镇安全生产检查人员的工作能力。

（安东）

【职业卫生培训】 11月13日至14日，房山区安全监管局举办职业卫生健康管理员培训班，对职业卫生现状、职业卫生基础及其管理、职业病危害控制技术、个体防护用品等几方面进行了讲解。培训结束后，参加培训人员进行职业病防治法律法规知识的考试。

（敖俊华）

【年度培训考核】 2013年，房山区安全监管局组织高危行业主要负责人、职业卫生健康管理员、安全管理人员、烟花爆竹零售单位主要负责人及特种作业人员的培训考核，全年共培训6538人，其中，组织高危行业主要负责人、安全管理人员考核10期，考核1232人。组织职业卫生健康管理员培训考核1080人。组织烟花爆竹主要负责人及销售人员考试4期，考核653人。组织特种作业人员考核10期，考核3573人。

（郑德雨）

法制建设

【依法行政】 2013年，房山区安全监管局坚持严格执法、热情服务的工作理念，不断提高行政执法工作能力和服务水平。一是召开全局执法工作会，总结行政执法工作现状，通过剖析案例、以案说法等形式深入分析各个执法环节中存在的问题，并就如何规范执法行为提出要求。二是提高对依法行政实质及其重要意义的认识，切实增强依法行政的自觉性，做到有法可依、违法必究、执法必严。三是严格执法程序，规范执法过程，落实执法责任和考核追究制度，保证重大处罚的科学性和合法性。

（杨茹）

【案卷评查】 2013年，房山区安全监管局加大对行政处罚案件的审查力度，对被处罚主体、违法的法律依据、处罚的自由裁量等内容进行严格审核。全年审核案卷330件次，作出行政处罚155件，罚款164万元。在市区两级案卷评查中均为优秀，并代表房山区参加市法制办组织的案卷评查。

（张春芳）

【全国法制宣传日活动】 12月4日，房山区安全监管局、公安分局、交通局、法院、检察院共同参加以“做讲法制守秩序的好市民，共筑伟大中国梦”为主题的“12·4”全国法制宣传日大型宣传活动。在活动中，向过往群众讲解安全生产知识，发放《北京市安全生产条例》《房山区企业安全生产标准化知识问答》手册及危险化学品、烟花爆竹安全生产宣传挂图等宣传材料5000余份，现场展示安全生产展板3块。

（张春芳）

标准化建设

【标准化建设摸底调查】 5月6日，房山区安全监管局邀请市劳保所专家，就企业安全生产标准化工作进行深入交流。房山区安全生产标准化工作自开展以来，已对全区所有企业进行摸底调查，按照行业、属地、规模进行分类，建立企业台账，为深入开展标准化建设工作奠定基础。市劳保所专家针对房山区特点，提出建设性意见，并为开展标准化建设工作提供咨询服务和技术支持。

（安东）

【标准化交流学习】 10月15日，房山区安全监管局由主管领导带队，就安全生产标准化建设工作到丰台区学习交流。房山区安全监管局参观北京南车集团丰华实机械有限公司生产车间，现场听取企业安全员标准化取得成果介绍。在交流研讨会上，丰台区安全监管局介绍本地区标准化工作经验，房山区安全监管局就标准化工作的进展和方式方法作简要介绍。双方就各自开展标准化工作中遇到的难点和问题进行深入务实交流和探讨。

（安东）

通州区

概述

2013年，通州区安全生产工作坚持“科学发展、安全发展”的指导原则和“安全第一、预防为主、综合治理”的方针，紧紧围绕建设北京城市副中心的发展战略，扎实落实各项安全工作措施，全区安全生产继续保持平稳有序发展态势。

一、加强安全生产组织领导。坚持区安委会季度例会制度，先后组织召开8次全区性安全生产工作大会、30余次专题会议对安全生产重点工作进行动员部署。根据年度工作任务和市政府下达的安全生产控制指标，分别向交通、消防、安监、农业等部门分解落实，并加强安全生产调度统计，为落实控制考核指标工作打下坚实基础。同时，加强安全生产综合考核，于年中、年末分两次对各乡镇街道和27个政府工作部门安全生产工作情况实施督查考核，并将考核结果作为全年评优评先的重要依据。

二、深化安全生产“一岗双责”。在年初安全生产大会上，区政府向各乡镇政府、街道办事处和政府27个部门下达《安全工作任务书》，明确“一岗双责”具体内容，各乡镇街道和各部门也层层分解落实到村、社区、企业。各乡镇街道和各有关部门均以文件形式制订了本单位、本部门“一岗双责”制度具体实施意见和办法。

三、统筹开展安全生产执法行动。坚持安委会办公室统筹、部门引领、属地负责和联合联动的工作原则，全面落实《2013年通州区安全生产重点执法检查计划》，整合协调39个政府工作部门和乡镇街道执法资源和力量，在重点行业领域统筹开展10项执法检查专项行动。

四、安全生产大检查。从6月份开始，全区各部门、各单位认真贯彻落实习近平总书记批示精神和市、区的决策部署，按照“全覆盖、零容忍、严执法、重实效”的工作要求，全面开展了安全生产大检查。大检查过程中，充分发挥区镇两级安委会统筹调动作用以及安全监管系统大检查工作主力军作用，区、乡镇街道、村（社区）和网格四级安全监管队伍全面出击、协调作战，全区各行业执法人员、220余名基层专职安全员、1173名村（社区）安全巡查员和网格安全管理人员以及区级危险化学品专家组队伍全部投入到大检查工作中，形成“政府统一领导、部门各负其责、属地逐一检查、企业自查自纠、专家参与检查”的工作格局。充分发挥区监察局和区政府督查室职能，整合公安消防、规划、工商、国有资产、交通、商务、安监、市政市容、交通支队等30多个行业部门力量，组成16个督查组，按照“四个全覆盖”督导标准，“线面结合”对乡镇街道和各行业部门每月进行一次综合督查。为深刻吸取其他省市和区县事故教训，区领导带队，采取“四不、两直”方式，深入乡镇街道重点行业领域进行了两轮次的督导检查，对发现的隐患和问题立即责令相关部门和单位整改。各委办局也按照“管行业必须管安全、管业务必须管安全、管生产经营必须管安全”的原则进行督导检查。安全生产大检查期间，全区共组织检查督导组383组次，其中暗查、突击检查124组次，交叉检查74组次，参加检查人员6721人次，监督检查企事业单位和场所9853家，发现并整改隐患数量10994项。其中责令整改、限期整改、停止违法行为2148起，责令停产、停业、停止建设86家，暂扣或吊销有关许可证、职业资格5个，关闭非法违法企业27家，罚款440余万元。通过大检查有力地打击了非法违法生产经营建设行为，安全生产事故得到有效遏制。由于部署到位，措施得力，国务院安委会督查组和市安委会督查组在督导通州区情况时均给予肯定。

五、重点行业领域安全工作。按照“政府牵头、部门联动、联合执法、齐抓共管”原则，全区安全生产重点行业主管部门及乡镇街道紧紧围绕北京城市副中心建设，先后开展了建筑施工、商市场、有限空间、危险化学品、烟花爆竹、餐饮场所燃气安全、特种设备、交通运输、用电安全等集中专项检查整治行动20余次，有效遏制了事故发生。建筑施工方面，结合城市副中心建设大面积开工建设实际，区住建、安监、水务、消防等部门联合属地，深入开展新城建设安全监管，对“一核五区”重点建设工程项目、轨道交通建设项目、水利建设工程项目开展了不间断专项执法行动。有限空间方面，建立了有限空间作业安全管理台账、内部审批和事前备案等制度，推行“把隐患当事故处理”的管理模式，区安监、发展改革、市政市容、水务等部门联合集中开展有限空间作业场所专项整治。危险化学品方面，对全区159家危险化学品企业、17家液氨经营使用单位、3家储油库开展了多轮次全覆盖执法检查，树立了北京展辰化工有限公司等6家市级标准化达标示范企业。餐饮燃气场所方面，成立由区市政市容、商务、住建、教委、城管等13个部门组成的专项治理领导小组，开展了贯穿全年的燃气专项治理。电气安全整治方面，区安全监管局联合乡镇街道对综合楼宇、工业企业、城乡结合部的中小型加工制造企业等单位电气使用安全开展了专项执法检查。

六、安全生产监管队伍建设。广泛开展安全生产执法技能“大比武”活动。通过理论考试和实操比武考试，对乡镇街道安全生产检查员和基层专职安全员的基本素质和专业水平进行全面考查，提升了基层安全监管队伍的依法行政能力、业务知识水平和现场检查能力。建立由34名基层专职安全员组成的基层安全生产宣讲员队伍，充分发挥基层专职安全员队伍覆盖面广、方便深入基层的优势，结合日常检查实际情况，对企业进行问诊把脉，“一企一方”，有针对性地制作培训课件，深入企业（车间、班组）、工地、社区开展宣传300余次。成立全市区县首家危险化学品专家组队伍。结合市安全监管局下放危险化学品经营许可证等情况，从市化工协会、市级评审机构和大型企业聘请29名危险化学品专家，5月份组建了通州区危险化学品专家组，为通州区危险化学品企业行政许可现场审核环节、排查处置各类危险化学品安全事故隐患提供专业分析和技术指导。

七、标准化三级达标工作。制发了《关于开展安全生产标准化建设工作的方案》，明确了2013年至2015年工作目标，以行业部门评审为主、属地政府配合为辅、“金安企业”评审为推手，制定了涵盖全区40个行业领域的《通州区安全生产标准化三级达标企业评定标准》。对工贸行业企业进行调查摸底，建立台账。选取通州区经济开发区西区和光机电产业基地作为安全生产标准化示范园区。组建了由35名电气、机械、职业卫生、消防安全、化工等行业领域专家组成的工贸行业安全生产标准化评审委员会，对标准化网上申报企业严格按照达标标准进行对标评审。截至年底，正在进行网上申报企业550家，完成评审企业392家。同时继续发挥典型引领作用，2013年评选出安全生产标准化“金安企业”30家，全区已累计评选“金安企业”139家。

八、夯实基础，创新发展。结合文明城区创建，对近两年来抓安全生产工作的体会和经验进行梳理总结，市委研究室《决策参考》专题刊发了《通州区提高城乡安全管理水平的做法与启示》，副市长张延昆和区委书记王云峰先后批示予以肯定，市安委会全文转发了通州区的经验做法，并在全市推广。

九、安全生产大培训工作。深入开展了领导干部、安全生产检查人员、企业主要负责人和安全生产管理人员、企业从业人员四个层面的安全培训。在全区各乡镇街道巡回开展了安全生产大型公开课活动，培训企业主要负责人和安全管理人员3000余人。以“学安全知识，享安全之福”为主题广泛组织开展一线职工安全生产知识竞赛，进一步提高了安全意识。

十、宣传教育推陈出新。在区级、区域级、生产经营单位三个层级，开展了“百、千、万”（百场安全生产宣传基层行、千场安全生产影片集中展映、安全生产万人大培训）、“四个周”（警示教育周、安全文化周、应急演练周、隐患治理周）和“五个一”（组织一次隐患排查治理、开展一次应急演练、开展一次安全知识培训、组织一次安全知识答卷、提一条安全生产合理化建议）特色活动及“安全文化节”“安全生产宣传咨询日”等活动，受教育群众达30万人。深入开展第二届“安全生产卫士”争创活动和“安全形象小天使”评选活动，扎实推进安全生产月各项宣传教育活动。

综合监管

【控制考核指标】 2013年，市安委会下达通州区安全生产控制指标110人，其中，道路交通97人，生产安全（工矿商贸）7人，生产经营性火灾2人，铁路交通4人。全年，通州区安全生产事故共死亡92人，占控制指标的83.64%。其中，道路交通事故死亡85人，占控制指标的87.63%；生产安全事故死亡1人，占控制指标的14.28%；铁路交通事故死亡2人，占控制指标的50%。

（杨镜坡）

【安委会会议】 1月17日，通州区安委会召开会议，通报全区安全生产情况，分析安全生产形势，部署安全生产工作，确保全区冬季及春节期间安全生产形势稳定。区市政市容委、商务委、台湖镇、马驹桥镇、漷县镇、中仓街道等单位就安全生产工作进行发言。副区长肖志刚出席会议并讲话。

（杨镜坡）

【安全生产大会】 3月1日，通州区政府召开2013年安全生产大会。会议贯彻全国安全生产电视电话会议和全市安全生产大会精神，总结2012年工作情况，深刻分析面临形势和任务，重点对2013年工作进行研究部署。区政府向11个乡镇、4个街道办事处和区政府各有关工作部门行政一把手下达2013年安全工作任务书。区商务委、梨园镇等单位作大会发言。区安全监管局局长曹树常作安全生产工作报告，副区长肖志刚对全区安全生产工作提出明确要求。

（杨镜坡）

【安全生产季度工作会】 4月26日，通州区政府召开安全生产工作会议。会议对事故高发期的安全生产工作进行部署，重点开展餐饮场所燃气安全专项治理、有限空间作业以及安全生产标准化建设，有效防范和全力压减各类事故。副区长肖志刚出席会议并讲话。

（杨镜坡）

【安全生产表彰大会】 7月17日，通州区政府召开安全生产暨"安全生产卫士""大比武"表彰大会。会议总结上半年全区安全生产工作，分析安全生产形势，部署下半年任务。对安全生产执法技能"大比武"活动中取得优异成绩的集体和个人以及"安全生产卫士"进行表彰。潞城镇以及安全生产卫士代表作交流发言。市安全监管局副局长蔡淑敏出席会议并讲话，副区长肖志刚参加会议并对全区安全生产工作提出要求。

（杨镜坡）

【安委会扩大会议】 11月7日，通州区安委会召开扩大会议。会议学习、传达习近平总书记关于安全生产工作的批示、指示精神及第60次区长办公会会议精神，重点对十八届三中全会期间和年底前的安全生产工作做出部署。副区长肖志刚出席会议并就做好安全生产工作提出要求。

（杨镜坡）

【安全生产紧急会议】 12月18日，通州区政府召开安全生产工作紧急会议。会议通报了近期全区安全生产事故情况，分析全区安全生产薄弱环节和面临的严峻形势，动员全区力量全面加强各行业领域安全生产工作，坚决遏制和有效防范事故的发生。副区长肖志刚参加会议并对全区安全生产工作提出要求。

（杨镜坡）

【区安委会督查】 7月至12月，通州区安委会组成16个督查组，每月中旬对安全生产大检查各牵头单位、乡镇街道进行督导检查。督查组由区安委会成员单位组成，区监察局、住房城乡建设委、市政市容委等12个部门为组长单位，并分别安排1名处级干部任组长。区政府督查室、发展改革委、国资委等20个部门为督查组成员单位。主要采取集中听取汇报、分组检查、随机抽查等方式进行督查。通过督查全面掌握全区安全生产大检查和消防安全大排查大整治、隐患排查整改、安全生产各项保障措施落实情况。

（杨镜坡）

【市安委会督查】 7月至12月，市安委会第13督查组由市安全监管局领导带队，相关专家和执法人员组成，对通州区开展安全生产大检查情况进行督查。督查组采取听取汇报、现场核查、随机抽查、突击检查、密查暗访等形式，先后对中仓街道、梨园镇、漷县镇、台湖镇安全生产大检查情况进行督查，对工业企业等重点行业领域和餐饮、商场、宾馆饭店等人员密集场所安全生产工作进行抽查。督查组对通州区安全生产工作给予肯定。

（李璇）

【国务院安委会督查】 9月25日，国务院安委会第16督查组到通州区督查，通过实地随机检查与听取专题汇报相结合的方式，对通州区安全生产大检查工作进行督导检查。听取了区政府关于通州区安全生产大检查工作开展情况的汇报，对北京阿科玛化学有限公司、北京天龙钨钼科技有限公司、神州长城通州新华大街京杭广场项目进行了现场检查。对通州区安全生产工作给予肯定。

（杨镜坡）

【区委、区政府督查】 11月25日，通州区区委办公室、区政府办公室印发《关于区领导带队开展安全生产督导检查工作的通知》，即日起至年底，由区委、区政府领导班子成员带队，区政府各有关部门领导及工作人员联合组成15个督导检查组，采取明察与暗访相结合、“四不两直”（不发通知、不打招呼、不听汇报、不用陪同和接待，直奔基层、直插现场）与随机抽查的方式，分赴各乡镇街道开展2轮次督导检查，重点对安全生产大检查、消防安全隐患排查整改以及“打非治违”工作情况进行督查。

（李璇）

【综合考核】 11月1日至12月20日，通州区安委会办公室对各乡镇政府、街道办事处安全生产工作情况进行年终综合考核。考核采取乡镇街道自评与综合评定相结合的方式，依据《2013年安全工作任务书》，围绕组织领导、责任落实、机构建设、监督检查、隐患排查、重大危险源监管、宣传教育、应急管理、事故处理、基础工作、工作创新等11项内容，以及区政府确定的安全生产重点工作进行考核。考核结果作为2013年度各乡镇街道安全生产评优评先和通州区社会治安综合治理工作考核的重要依据。

（杨镜坡）

【基层安全员队伍建设】 3月、9月，通州区安全监管局分别组织开展2013年度专职安全员招录工作，经过报名、笔试、面试等程序，最终分别招录15人和21人，录用人员分别自2013年4月1日和10月1日正式上岗。2013年，全区15个乡镇街道共有基层专职安全员223人。

（白华）

【村（社区）级监管体系建设】 12月，通州区安全监管局对乡镇街道的村（社区）安全巡查员基本情况进行了调查摸底，要求各乡镇街道加强对安全巡查员队伍管理，建立健全人员档案，并将队伍建设情况定期报区安全监管局备案。2013年，通州区共有专兼职安全巡查员1162名，其中，专职安全巡查员86名，兼职安全巡查员1076名。4个乡镇街道共有兼职安全巡查员119名。

（白华）

【城乡网格化管理】 2013年，通州区安全监管局利用全区推进城乡网格化社会服务管理的有利契机，积极探索安全生产进网格工作。将基层专职安全员和村（社区）安全巡查员等专业力量融入网格，对网格中发现的安全生产隐患逐级上报、分级处理、及时消除，初步构建起了区、乡镇街道、村（社区）、网格四级安全监管体系。9月，为贯彻落实北京市和通州区关于推进网格化社会服务管理工作要求，了解安全生产进网格工作进展情况，推进制度化、规范化的安全生产网格化管理长效机制建设，区安全监管局对全区安全生产网格化管理工作进行调研，形成《关于通州区安全生产网格化管理的调研报告》。

（白华）

危险化学品安全监管

【执法检查】 2013年，通州区安全监管局检查危险化学品单位和烟花爆竹零售网点986家次，其中，检查危险化学品单位833家次，检查烟花爆竹零售网点153家次，发现和处理各类安全隐患680处，下达各类执法文书385份，行政处罚28家，罚款48.7万元。

（辛晋峰）

【火灾隐患排查】 4月至5月，通州区安全监管局对全区159家危险化学品企业落实防火安全管理制度，重点生产、储存装置配备消防器材和设施情况，企业对从业人员进行消防安全培训考核等情况进行了专项排查。检查发现各类火灾隐患138处，下达责令整改通知书115份，对存在安全隐患整改不达标和安全隐患限期未进行整改的2家企业进行了行政处罚。

（辛晋峰）

【汛期专项检查】 6月至9月，通州区安全监管局对全区危险化学品生产单位（含停产）、经营单位（有储存）、油库、液氨经营使用企业开展汛期安全检查，制发《通州区危险化学品企业汛期专项检查和液氨企业专项检查工作方案》，明确各类型企业的具体排查标准和要求。排查企业152家，发现各类安全隐患138处，下达责令整改通知书115份，对防汛隐患整改不合格的11家企业进行了行政处罚。

（辛晋峰）

【涉氨企业专项整治】 6月至10月，通州区安全监管局依照《北京市液氨使用与储存安全管理导则（试行）》的标准要求，对全区17家涉氨单位（2家经营企业，15家使用企业）进行了专项治理，对每家液氨企业开展了6轮定期专项检查，下达执法文书32份，发现各类安全隐患36处，行政处罚1家，罚款1万元。液氨经营和使用企业先后投入设备、设施隐患整改资金700多万元。

（辛晋峰）

【危险源专项整治】 2013年，通州区安全监管局对全区12家重大危险源企业开展专项整治工作，督促各重大危险源企业完善安全防护设备设施，开展重大危险源设备实施的技术改造升级，截至年底，全区重大危险源企业数量已经消减至9家。6月至9月，重点对3家储油库的储油设备设施升级改造工作监督检查。各油库重点对防泄漏、防腐蚀、防火、防雷设施装备进行了改造，储油设施分别加装了液位报警、自动连锁和自动停泵切断装置，确保储油设施的安全。

（辛晋峰）

【“一书一签”专项治理】 6月至8月，通州区安全监管局对全区危险化学品生产企业和经营（有储存）企业生产和经营的危险化学品是否按照“一书一签”要求进行管理和销售情况进行专项治理。检查企业75家次，对存在生产、销售产品安全说明书和产品标签不符合要求的4家企业责令其限期完成整改。

（辛晋峰）

【易制毒化学品专项整治】 8月至10月，通州区安全监管局对全区10家危险化学品经营企业开展易制毒化学品销售流向管理和产品储存管理情况进行了检查，发现未及时办理生产、经营易制毒化学品备案手续的企业督促其限期完成备案申请。

（辛晋峰）

【大检查督查】 2013年，通州区安全监管局制发危险化学品企业和烟花爆竹安全生产大检查实施方案，召开乡镇街道和企业负责人安全生产大检查工作部署会议，对大检查进行专项督导检查。区安全监管局对张家湾镇开展安全生产大检查工作进行督导检查，检查企业334家，发现各类安全隐患384处，下达责令整改通知书265份，对14家企业进行了行政处罚，罚款24.8万元。

（辛晋峰）

【组建专家组】 5月16日，通州区安全监管局正式聘任北京化学工业协会付林、北京恒聚化工集团安志棠等29名专业工程技术人员为通州区危险化学品专家组成员，组建了通州区安全监管局危险化学品专家组，制定了专家组管理办法和专家组外出配合区安全监管局开展执法工作流程等。专家组职责包括参与危险化学品事故调查，提供技术支持，配合有关部门对危险化学品企业进行安全管理，为危险化学品安全生产工作提供信息、技术和决策咨询，参与危险化学品企业所有项目的设立、设计、运行备案审查、项目竣工验收，危险化学品经营、储存、使用等相关行政许可和易制毒危险化学品备案审查，参与危险化学品安全生产培训教材编写和培训讲座等，以此提高全区危险化学品安全监管水平。

（辛晋峰）

【企业标准化运行】 2013年，通州区安全监管局对全区危险化学品155家安全标准化达标企业进行检查，对存在问题较多的24家企业进行了督促整改，树立6家标准化典型达标示范企业。按照市安全监管局通知要求，对危险化学品企业自查整改和对标自评工作进行了检查。

（辛晋峰）

烟花爆竹安全监管

【烟花爆竹监管部署】 2013年，通州区安全监管局制发《2013年烟花爆竹销售（储存）工作方案》，成立了烟花爆竹安全监管工作领导小组。组织召开乡镇街道和区相关部门以及各零售网点负责人会议，同时组织召开了烟花爆竹批发、搭棚、视频技术等公司会议，对烟花爆竹监管和销售工作进行部署。

（辛晋峰）

【安全许可及布点】 2013年，通州区安全监管局对全区烟花爆竹零售网点进行登记报名，逐一进行审核并统一开展培训考核，严把准入关。区安全监管局联合区公安、交通、消防、市政等部门完成对全区64个零售网点的联合审查布设、行政许可和增项手续办理等工作。对城区内23家重点网点加装了视频、音频监控装置，并抽调专人进行实时监控。

（辛晋峰）

【从业人员安全培训】 2013年，通州区安全监管局组织各乡镇街道执法人员和烟花爆竹零售网点负责人、从业人员进行安全生产法律法规和安全管理培训，并统一组织考核。参加培训1500余人。

（辛晋峰）

【销售网点安全检查】 2月，通州区安全监管局成立6个烟花爆竹执法小组，按照《烟花爆竹零售网点安全考核标准》，对全区64个烟花爆竹零售网点进行执法检查和考核评分。特别是“除夕、初五、十五”等重点销售时段，对烟花爆竹零售网点、批发企业和储存库进行不间断检查和夜间突击排查。共检查烟花爆竹零售网点128家次，下达执法文书123份，暂扣销售许可证1家。

（辛晋峰）

【回收清理现场】 2月，通州区安全监管局督促各零售网点将剩余产品打包封存，由烟花爆竹批发单位统一储存，将烟花爆竹许可证照和零售网点标志牌上交区安全监管局。并督促各零售网点于2月25日至3月1日完成室外零售棚、视频监控设备拆除和回收工作，清理现场恢复原有环境秩序。销售结束后，各零售网点对工商营业执照经营范围中涉及烟花爆竹经营行政许可项目予以销项处理。

（辛晋峰）

隐患排查治理

【隐患排查】 1月，通州区安委会发出《关于开展安全生产隐患排查治理工作的通知》，要求各部门和单位于1月中旬至3月上旬，围绕重点行业领域、重点场所和重点部位，在全区范围内深入开展安全隐患排查治理工作。据统计，全区检查各类生产经营单位3448家，排查出各类隐患3646项，所有隐患已全部督促完成整改，整改率100%。

（杨镜坡）

【吸取事故教训】 4月，根据《国务院安委会关于深刻吸取近期事故教训进一步加强安全生产工作的通知》和全市通报“4·8”火灾事故电视电话会议精神，通州区制发《关于立即开展全区安全生产大检查的通知》，组织全区各部门和单位于4月至5月围绕消防、有限空间作业、建筑施工、燃气、危险化学品、道路交通、人员密集场所、“三地”（地下空间、地下管网、地铁运营）、用电及特种设备10大重点行业领域，开展为期一个半月的地毯式安全生产大检查。出动检查人数9132人次，监督检查生产经营单位5642个，下达行政执法文书3497份，发现隐患4031处，当场整改隐患3901处，限期整改隐患130处（均挂账进行督办治理，目前已全部整改完毕），罚款14.5万元，依法停业整顿企业21家，取缔单位8个。

（杨镜坡）

【“打非治违”】 2013年，通州区安全监管局动员全区各部门和单位集中力量，严厉打击安全生产非法违法生产经营建设行为。全区“打非治违”出动检查人员18750人次，检查企业21826家次，责令改正、限期整改违法行为16321起，责令停产停业停止建设485家，没收违法所得、非法生产设备10起，关闭非法违法企业231家，行政拘留124人，罚款819万元。

（杨镜坡）

应急救援

【应急预案备案】 2013年，通州区安全监管局高标准稳步推进生产经营单位应急预案备案工作，起草、拟订全区生产安全事故应急预案备案工作方案，对备案范围、备案程序、预案编制、完成时限等内容进行详细安排。邀请专家深入到各乡镇街道为生产经营单位讲解预案编制方法及预案备案程序。引入专业安全中介机构，全过程参与到生产经营单位预案编制及评审过程。2013年进行应急预案备案登记的生产经营单位1100余家。

（杨镜坡）

【突发事件应急救援联动机制】 6月24日，通州区安全监管局制订《通州区突发危险化学品事件应急救援联动机制》，明确与区公安消防支队通过定期联席会、相互通报事故信息、定期组织开展救援培训、明确事故现场应急救援机制等措施，提高通州区突发危险化学品事故应急处置能力。

（辛晋峰）

【“一对一”预案编制】 10月22日，通州区安全监管局组织各有关乡镇街道和全区9家重大危险源单位召开重大危险源“一对一”应急预案编制工作动员部署会，部署任务，聘请安全生产评价机构对“一对一”预案编制与评审全程把关，保证一个重大危险源有一个高质量的应急预案，提升全区重大危险源监管监控水平。

（杨镜坡）

【应急救援演练】 6月27日，通州区安全监管局联合永乐店镇政府在该镇辖区内的北京展辰化工有限公司举行危险化学品事故应急演练。演练模拟展辰公司10号储罐因阀门垫片破裂导致泄漏，在抢修、堵漏过程中发生火灾，企业启动一级应急预案，同时向镇、区应急救援队报告事故情况并寻求救助。经区安监、应急、消防、镇政府、派出所、城管、宣传、卫生院、电管站等部门和单位协调配合，及时排除险情。各乡镇街道安监部门领导及全区148家重点危险化学品单位负责人共300余人观摩演练。

（辛晋峰）

执法监察

【安全生产大检查】 2013年，通州区各部门、各单位按照“全覆盖、零容忍、严执法、重实效”的工作要求，全面彻底开展安全生产大检查。大检查过程中，充分发挥区镇两级安委会统筹调动作用以及安全监管系统大检查工作主力军作用，区、乡镇街道、村（社区）和网格四级安全监管队伍全面出击、协调作战，全区各行业执法人员、基层专职安全员、村（社区）安全巡查员和网格安全管理人员以及区级危险化学品专家组队伍全部投入到大检查工作中，形成“政府统一领导、部门各负其责、属地逐一检查、企业自查自纠、专家参与检查”的工作格局。充分发挥区监察局和区政府督查室督导检查的职能作用，整合公安消防、规划、工商、国资委、交通、商务、安监、市政市容、交通支队等30多个行业部门力量，组成16个督查组，按照“四个全覆盖”督导标准，“线面结合”对乡镇街道和各行业部门每月进行一次综合监督检查。据统计，此次大检查共组织检查督导组383组次，其中暗查、突击检查124组次，交叉检查74组次，参加检查人员6721人次，监督检查企事业单位和场所9853家，发现并整改隐患10994项。其中，责令整改、限期整改、停止违法行为2148起，责令停产、停业、停止建设86家，暂扣或吊销有关许可证、职业资格5个，关闭非法违法企业27家，罚款440余万元。

（杨镜坡）

【重大节日、活动联合检查】 “春节”“五一”“中秋”及国庆期间，通州区安全监管局会同区公安、旅游、消防等单位组成检查组，对商市场、宾馆饭店、人员密集场所、重点危险化学品企业开展联合安全检查。春节期间，区安全监管局成立5个执法检查组，由局领导带队，对乡镇街道安全工作进行督导，推动属地责任和企业主体责任的落实。在华人羽毛球大赛、通州艺术节、运河森林公园游园活动等大型活动举办期间，区安全监管局牵头进行了先期检查和全程安全保障，对现场舞台、展台搭建，现场临时用电、挂件设置、安全设施等开展安全检查。活动期间，安排执法人员进行全程驻守，加大对活动现场重点设施、重点部位的检查和巡检力度。

（李璇）

【全国“两会”安全保障】 2月至3月，通州区安全监管局在“两会”召开期间开展安全生产大检查工作。针对新城建设重点项目、人员密集场所、危险化学品等重点行业领域开展各类专项执法行动。检查生产经营单位182家，发现安全隐患537处，下发责令限期整改指令书134份，出动157人次、61车次，对存在严重隐患和安全生产违法违规行为的7家企业进行暂时停工整顿并给予经济处罚，罚款5.8万元。

（张伟）

【餐饮场所燃气专项治理】 3月，通州区安委会办公室制发《关于深入开展餐饮场所燃气安全专项治理的方案》，成立由主管副区长任组长，区市政、商务、消防、质监等13个部门和各乡镇街道组成的餐饮场所燃气安全专项治理领导小组，启动贯穿全年的燃气专项治理工作。对餐饮燃气企业全面进行调查摸底，各部门各司其职，对本行业领域餐饮场所自查自改情况进行全面检查。7月30日，区安全监管局、市政市容、工商、消防、质监等部门开展联合执法，对各乡镇街道餐饮场所燃气使用情况进行监督检查，共检查餐饮经营场所60余家，排查隐患260余处，当场整改180余处，责令停业整顿3家，由消防部门查封1家。

（李璇）

【“双打”专项执法行动】 5月至7月，通州区安全监管局、质监局、住房城乡建设委开展打击特种作业人员及特种设备作业人员“持假证上岗、无证上岗”的“双打”专项执法行动。按照“属地负责，部门联动，突出重点”的原则，区安监、住建、质监部门分别成立执法检查组，采取联合执法和专项执法相结合的形式，对建筑施工、宾馆饭店、商市场、文化娱乐场所、工业企业和物业管理单位等重点行业领域的特种作业人员和特种设备作业人员进行执法检查。检查单位1225家，发现问题隐患1907项，下达执法文书1061份。

（张伟）

【商品交易市场专项整治】 6月至10月，通州区安全监管局会同消防、工商、商务、规划、城管开展商品交易市场专项整治行动。区安全监管局共检查商品交易市场15家，发现各类安全隐患47处，下发责令整改指令书10份。对于发现的严重隐患，一律予以公布和曝光，对属于其他部门执法范畴的，及时移送。

（张伟）

【电气安全专项执法行动】 7月至8月，通州区安全监管局以电气线路敷设及配电箱柜安全运行、配电室安全运行、电工管理和用电安全合同与协议4个方面为重点，在全区范围内集中开展电气安全隐患专项执法行动。检查各类生产经营单位50余家，查处电气安全隐患166处，下发执法文书50余份，行政处罚6起，罚款4.5万元。

（张伟）

【重点工程施工现场监督检查】 8月，通州区安全监管局、住房城乡建设委以及属地政府，对辖区“一核五区”重点工程施工现场开展现场监督检查。重点检查脚手架、起重机等设备使用、特种作业人员作业、劳动防护等安全状况。自春季开复工以来，全区共对建筑工地进行1100余次各项检查，查处安全隐患1636处，约谈企业60个，限期整改工地6个。

（张伟）

【重要会议安全保障】 11月，通州区各部门、各单位通过定期检查、突击检查、督导检查、“回头看”等方式，组织开展十八届三中全会期间安全生产大检查，加大对人员密集场所、危险化学品、建筑施工以及道路交通等重点行业领域的监督检查力度，确保各项安全监管工作落实到位。全区安全监管监察系统出动执法检查人员900人次，293车次，检查生产经营单位1279家，下达执法文书412份，消除各类问题和隐患1741项，确保十八届三中全会期间全区安全形势稳定。

（李璇）

【年度执法检查】 2013年，通州区安全监管局共检查生产经营单位2851家，下达责令限期整改指令书1460份，行政处罚立案起数157次（不含简易处罚起数），罚款377.4万元（其中，执法检查罚款338.4万元，事故罚款39万元），共制作行政处罚案卷160卷。存在隐患的企业均已完成整改，罚款全部缴入国库。

（白华）

职业卫生监督检查

【职业病危害监督检查】 2013年，通州区安全监管局以机动车维修、家具和化工等行业用人单位为重点，组织乡镇街道开展覆盖全区的职业健康监督检查。全年检查各类生产经营单位593家，下发执法文书294份（不含有限空间作业场所检查数据），排查各类职业病危害隐患898处。对北京亿通正龙工贸有限公司、北京卡卡门业有限公司等35家单位予以行政处罚，罚款45.1万元。

（杨钦然）

【职业病危害申报】 2月中旬，通州区安全监管局制发《关于启用新版职业病危害项目申报系统的通知》，全面开展职业病危害项目申报工作。一是针对全区升级改造后职业病危害项目申报系统的启用召开各乡镇街道安全科科长参加的座谈会，举办用人单位职业卫生管理人员培训班7次，对716人进行了申报培训；二是量化工作标准，不断强化用人单位的申报责任意识，明确和规范申报程序；三是通过日常执法督促用人单位完成新申报系统的相关数据补录；四是深入用人单位进行宣贯，并发放有关宣传材料。全年有695家用人单位完成新系统的数据更新和补录工作。

（杨钦然）

【有限空间作业安全培训】 4月11日，通州区安全监管局举办有限空间作业安全管理培训会。通报全市有限空间作业安全事故情况和安全生产形势，讲解安全作业知识，各部门及相关单位250多人参加培训。对各乡镇政府、街道办事处和有关单位举办有限空间作业安全培训班授课8次，培训930多人。先后在《通州时讯》登载了3期有限空间作业安全管理知识和执法检查等信息。制作有限空间作业安全专题2期，并在通州电视台《安全》专栏播出。张贴安全作业宣传挂图100张，扩大宣传面，提升人民群众整体防范意识。4月24日、5月10日，区安全监管局分别与区公路分局和水务局联合开展有限空间作业培训活动，各施工单位等有关人员200多人参加培训。

（杨钦然）

【有限空间专项治理】 4月，通州区安全监管局召开有限空间作业部门联席会议，制发《关于做好2013年有限空间安全生产工作的通知》，明确工作任务和措施。4月至5月，配合相关行业主管部门，对有限空间作业单位进行联合检查，夜查、巡查，对在检查中发现安全隐患的18家单位，全部约谈了单位负责人，督促其立即制定整改措施，并将整改情况及时报送行业主管部门。全年共检查有限空间作业单位242家次，行政处罚6家，罚款5.5万元。

（杨钦然）

【重点行业专项治理】 4月至10月，通州区安全监管局开展水泥加工、石材加工、陶瓷制造业职业卫生情况摸底调查。按照国家安全监管总局《关于开展水泥生产等四个行业企业职业卫生基本情况调查的函》要求和市安全监管局工作部署，召开专题会议，通过走访、实地调查、填表汇总等方式如实掌握全区有关单位的数据和动态。实现3个行业的单位数、从业人员数、接触粉尘人数及存在问题清楚，相关单位现场预防措施清楚，单位通风降尘设备、密闭隔离作业等隐患整改情况清楚。此次专项治理摸底检查72家，下达执法文书60份，发现问题100项，责令改正10家，经济处罚2家，罚款1.5万元。

（杨钦然）

【机动车维修行业专项治理】 5月，通州区安全监管局制发《关于开展机动车维修行业职业危害专项治理行动的通知》，对全区具有资质的134家机动车维修单位进行排查和全面检查，发现未建立职业健康监护档案、作业场所未检测、防护用品不符合国家职业卫生标准及劳动者配戴不规范等60多处隐患。经过隐患自查整改和复查，已全部达到治理标准。

（杨钦然）

宣传培训

【执法技能“大比武”】 5月，通州区安全监管局以排查治理隐患、锻炼队伍、提高能力为目标，开展乡镇街道基层安全执法人员检查技能“大比武”活动。全区11个乡镇、4个街道50余名基层安全员参加，活动以乡镇街道为单位，3人为一组，从基础知识掌握和案件办理能力两个方面，在全面考察参赛人员法律、相关政策、依法办案、证据采集、文书制作等方面能力的基础上，重点考察对机械、电气、防护、职业卫生等安全标准和安全规范等业务知识和隐患排查治理能力。5月21日，组织“大比武”理论考试，5月23日，举行“大比武”技能比武。经过专家组评鉴，最终评出一等奖1名，二等奖2名，三等奖3名。通过“比、学、赶、帮、超”的形式，提高基层安全监管人员业务能力，全面推进基层队伍建设，达到内练素质、外塑形象的目的。

（崔路棋）

【安全员培训】 3月至4月，通州区安全监管局整合培训资源，依托通州区安全生产培训中心，分4期对全区基层专职安全员进行专业知识和业务能力培训。培训内容包括电器设备、防雷、接地、接零、线路及操作的安全技术防护，焊接设备操作的安全技术防护等。全区202名基层专职安全员参加培训，培训结束后进行了考试。

（崔路棋）

【万人大培训活动】 4月至10月，通州区安全监管局以推进企业安全生产标准化建设、落实企业安全生产主体责任为主要内容，以各乡镇街道为单位，聘请资深教师授课，广泛开展万人大培训活动，推进企业安全生产标准化建设。完成全区11个乡镇、4个街道的安全生产大型公开课活动，培训企业主要负责人和安全管理人员3000余人。

（崔路棋）

【“小课堂讲大安全”活动】 4月15日，通州区安全监管局以“强化安全基础、推动安全发展，保障首都城市副中心安全”为主题，成立由34名基层专职安全员组成的基层安全生产宣讲员队伍。结合日常检查实际情况，对企业进行问诊把脉，“一企一方”，有针对性地制作培训课件，深入基层、企业、生产一线开展安全生产法律法规和安全知识宣传活动，结合企业车间、班组和员工实际有针对性地开展培训。全区安全生产宣讲员进入企业（车间、班组）、工地、社区宣讲300余次，有效传播了安全生产知识。

（崔路棋）

【“安全生产卫士”评选】 3月15日至5月31日，通州区安委会办公室在全区各乡镇街道和安委会成员单位广泛开展“安全生产卫士”争创活动。通过单位推荐、公示等程序，评选出92名通州区“安全生产卫士”，由区安全监管局进行表彰。“安全生产卫士”先进事迹通过电视台专题和《通州时讯》专版在全区范围内进行广泛宣传，形成学习先进、争创一流的良好局面。

（崔路棋）

【“安全形象小天使”评选】 3月至6月，通州区安全监管局开展了第二届“安全形象小天使评选”活动，经过层层选拔，全区15个乡镇街道共56名小朋友进入复试环节，评选委员会从器乐、声乐、舞蹈、语言等表演形式和安全常识两个方面，对入围小朋友进行评选，最终评选出冠军1名，亚军1名，季军1名，入围奖8名。通过“小手拉大手”的形式，在全社会营造了“关爱生命、关注安全”的良好氛围。

（崔路棋）

【宣传咨询日】 6月9日，通州区安委会组织开展全区安全生产月宣传咨询日活动。区安委会各成员单位深入乡镇街道进行宣传。宣传咨询日主会场设在潞城镇，副区长肖志刚参加宣传咨询活动。宣传咨询日活动中，各单位通过广播宣传、摆放宣传展板、悬挂宣传横幅、组织安全文艺节目演出、发放宣传产品和宣传资料等形式，对安全生产法律法规、安全科普知识、应急救援知识、职业健康知识等进行宣传。区安全监管局还在各宣传会场设立“12350”受理咨询台，集中受理安全生产举报投诉。活动期间，全区悬挂横幅1500余条，摆放展板3000余块，发放各类宣传资料20万余份，受教育人数30余万人。

（崔路棋）

【大检查宣教活动】 6月，通州区安全监管局组织各乡镇街道安监科长召开安全生产大检查宣教工作会，部署大检查期间安全生产宣教重点工作。充分利用电视、报刊、广播、网络等媒体，采取新闻和专题报道、刊发专版等方式，报道安全生产大检查活动中的先进典型和经验。安全生产大检查期间，全区悬挂安全生产条幅7000条，张贴宣传海报、挂图等1.6万张，发放宣传资料11万份，利用公共电子显示屏380个，播放警示教育片514次，滚动播放宣传口号6369次，设置安全生产大检查专栏、板报3083个，发放镇报、村报等大检查专题报道21期18.4万份。

（崔路棋）

【媒体报道安全生产】 2013年，通州区安全监管局紧紧围绕全区安全生产工作重点，及时宣传报道安全生产工作。全年在《通州时讯》刊载安全专题31期，在通州广播电台播出《安全之声》栏目52期，编辑印发《安全监管动态》47期，在《中国安全生产报》等市级以上媒体刊登稿件706条。

（崔路棋）

法制建设

【统筹执法检查】 3月，通州区安委会下发《关于印发〈2013年通州区安全生产重点执法检查计划〉的通知》，以“安办统筹、部门引领、属地负责、联合联动”为原则，统筹全区24个相关单位和各乡镇街道，开展“十项行动”，统筹开展安全生产执法检查。区安全监管局制发《2013年安全生产重点执法检查计划分工方案》，细化工作任务，明确责任人。

（白华）

【行政执法计划】 5月，通州区安全监管局制发《2013年度安全生产监管行政执法工作计划》，对全年行政执法工作日、其他执法工作日、非执法工作日和监督检查生产经营单位家次等有关数据进行了测算，将16家危险化学品生产企业、150家危险化学品经营企业、50家工业企业、70家涉及职业卫生企业列为重点检查单位，并选取10家单位重点检查隐患自查自报情况、选取20家单位重点检查生产经营单位应急预案备案情况。制发《关于依法履行安全生产监管职责制定委托执法工作计划的指导意见》，对各乡镇街道如何编制年度委托执法工作计划提出了指导性意见，并对各乡镇街道年度委托执法工作计划的报备和落实提出了具体要求。

（白华）

【行政执法责任制】 8月，通州区安全监管局根据区政府法制办梳理行政执法依据的有关要求，依据现行法律、法规、规章，重新审核执法依据和执法职权事项。经过梳理，确定了行政职权394项，并按照行政执法、行政许可、行政强制等类别分类绘制流程图，形成一套完备的安全生产行政职权体系。

（白华）

【案卷评查】 2013年，通州区安全监管局行政处罚案卷共160卷，其中，监督检查科95卷，危化科28卷，职安科37卷，法制科共审查案卷40卷。5月，通州区政府法制办有关领导到区安全监管局开展行政处罚案卷评查工作，对区安全监管局2012年7至2013年4月的100余本行政处罚案卷进行抽查，对区安全监管局的行政处罚案卷给予了高度评价，并对进一步规范行政处罚案卷制作提出具体要求。7月，在区政府法制办组织的年中案卷评查中，区安全监管局4本参评案卷（监督1本，危化2本，职安1本）均获得优秀成绩。9月，区安全监管局的1本案卷（职安）代表区政府参加市政府法制办案卷评查，获得优秀成绩。10月，在市安全监管局组织的年底案卷评查中，区安全监管局4本参评案卷（监督1本，危化1本、职安1本、事故1本），均获得优秀成绩。2013年，区安全监管局共实施危险化学品经营许可158个，对38个行政许可案卷进行了审查，区安全监管局共实施烟花爆竹零售许可64个，对7个行政许可案卷进行审查。

（白华）

【安全生产委托执法】 2013年，通州区安全监管局与各乡镇街道签订《通州区安全生产行政执法委托书》，共有安全生产委托执法人员76名。公布《安全生产委托执法文书范本》，包括《现场检查记录》《责令限期整改指令书》《整改复查意见书》《文书送达回执》《现场处理措施决定书》等5类委托执法文书的填写范本，制发《委托执法文书适用程序图示》。印发《2013年安全生产委托执法考评方案》，对检查企业数量、下达执法文书数量和移送案件数量等指标进行了量化。下发《关于开展2013年度安全生产委托执法考核工作的通知》，完成年度委托执法人员考核工作。2013年，各乡镇街道检查生产经营单位4219家次，下达《现场检查记录》3621份，下达《责令限期整改指令书》2426份，下达《整改复查意见书》2203份，各乡镇街道向区安全监管局移送安全生产违法案件71起。

（白华）

标准化建设

【推进三级标准化达标】 2013年，通州区安全监管局推进全区安全生产标准化三级达标工作。3月，制发《关于开展安全生产标准化建设工作的方案》，明确2013年至2015年工作目标。以行业部门评审为主、属地政府配合为辅、“金安企业”评审为推手，制定涵盖通州区40个行业领域的《通州区安全生产标准化三级达标企业评定标准》，提高“金安企业”评选的准入分值，继续执行对“金安企业”的奖励措施。依据中小微企业分类标准，对全区工贸行业企业进行调查摸底，建立台账。选取通州区经济开发区西区和北京市光机电产业基地作为安全生产标准化示范园区，完成对15个乡镇街道、2个重点园区以及部分行业部门标准化工作流程与申报系统使用的指导和培训。组建由35名电气、机械、职业卫生、消防安全、化工等行业领域专家组成的工贸行业安全生产标准化评审委员会，对标准化网上申报企业严格按照达标标准进行对标评审。2013年，通州区有537家工业企业在标准化系统中进行网上同步申报，211家符合申报条件。

（张伟）

【“金安企业”创建】 12月，通州区安全监管局圆满完成2013年安全生产标准化“金安企业”创建评选工作，历时8个月。全区500余家企业参与标准化网上申报，经过企业自评、乡镇街道初审阶段，进入到复审阶段企业共70家。为确保创建活动顺利进行，区安全监管局通过专题部署、专项培训、出动执法人员现场检查、组织专家一线核查、评审委员会研讨点评等形式，对10个乡镇街道、2个相关委局和3个园区上报的初审合格企业进行复评，依据“金安企业”评选细则和专家指导意见，最终评选出合格企业30家，先进个人30名，并进行了表彰。截至2013年底，全区累计评选“金安企业”139家。

（李璇）

顺义区

概述

2013年，顺义区安全生产工作以隐患排查治理为主线，以安全生产标准化创建和信息化建设为载体，以落实企业主体责任为重点，以企业安全条件持续改进为目标，夯实基层工作基础，固化长效监管机制，持续开展“打非治违”专项行动，有效消除安全隐患，保持全区安全生产形势总体稳定，为全面启动全国安全发展示范城市创建工作奠定基础。

一、持续推进隐患自查自报和标准化创建工作，企业安全条件不断改善。全年累计消除上报隐患75611件，企业自查自报率95.29%，隐患排查治理机制不断完善。重新修订7708条、47类三级标准化评定标准，并将设备设施考评表增至503套。聘请30余位专家组成17个评审组，现场评审844家三级创建企业，累计评审排查各类隐患8915项。截至2013年底，全区累计完成创建一级企业21家，二级企业160家，三级达标企业1613家，小微岗位达标企业8126家，完成3年创建任务的80%。

二、全覆盖开展安全生产大检查活动，社会环境保持和谐稳定。按照国务院安委会关于开展“全覆盖、零容忍、严执法、重实效”安全生产大检查活动的总体要求，成立以区长为组长、主管安全生产副区长为副组长的安全生产大检查领导小组，全面开展安全生产大检查工作。全覆盖检查全区18个行业领域的安全生产情况，集中开展重点行业领域专项执法检查。重点检查155家涉危使用单位、6家油气库的安全情况，开展夏季防雷电设施、餐饮场所燃气安全、电气安全等专项整治活动。全区各单位累计参与各类专项整治525次，累计检查生产经营单位14455家次，下达执法文书14758份，发现隐患14375项，整改率92.3%。“打非治违”工作保持高压态势，全年累计拆除违法建设1045宗，拆除面积126万平方米。

三、加强行业和属地绩效考核制度建设，行业和属地履职意识逐步提升。2013年，开发应用的绩效考核系统，实现对全区23个行业和40家属地的网上季度考核。通过建立考核机制，提升行业部门和属地的履职意识和能力。区市政市容委完成城区供热老旧管网改造工程。区交通局完成5家水运游船单位开航前安全检查。李桥镇发挥多部门联动机制，每周三组织召开一次例会，每周组织一次联合执法检查行动。高丽营镇发挥网格化作用进行全覆盖大检查，由全镇各副职包片巡查，130名机关干部下户检查，形成横向到边、纵向到底，不留死角的检查网络。空港街道发挥职能部门联动工作机制，重点对普通地下室、小市场和500平方米以上餐饮企业开展安全生产大检查。

四、加大安全生产宣传教育培训力度，企业主体责任意识不断增强。依托区安全生产协会，围绕安全生产标准化创建工作，采取实名培训、现场考试的方式，全年累计培训25期共7226名企业负责人和安全管理人员。组织开展全国第12个安全生产月活动，举办以“打造顺义安全文化品牌，创建安全发展示范城市”为主题的宣传咨询日活动，组织第八届顺鑫农业安全生产书画摄影作品展、第五届安全生产文艺演出、第一届安全生产优秀课件征集评比等活动。编辑安全生产工作简报、“两会”安全保障行动专报共29期。营造浓厚安全舆论氛围，落实企业主体责任意识。

五、持续健全安全生产监管机制，为安全发展示范城市创建工作奠定基础。2013年，国务院安委会将顺义区列为全国首批10个安全发展示范试点城市之一。为做好创建工作，区安委会办公室成立专门课题组，经政府专题会审议通过，以区政府文件形式印发《顺义区安全发展示范城市建设规划》和《顺义区安全发展示范城市创建实施方案》，成立以区长为组长的创建领导小组，确定66项重点安全工程，建立政府主导推进、企业全面实施、全社会共同参与的创建模式，加快推进安全发展示范城市创建工作。

综合监管

【控制考核指标】 2013年，顺义区安全生产控制指标为117人。全年发生安全生产事故死亡113人，占市安委会下达控制指标的96.58%。其中，道路交通事故死亡106人，同比减少1人；生产安全事故死亡5人，同比增加1人；铁路交通事故死亡1人，同比减少3人。各项指标均控制在年度目标范围之内。

（王雪）

【隐患自查自报系统改版】 1月10日，顺义区安全监管局组织召开事故隐患自查自报系统改版征求意见会。会议决定从3方面调整现有系统：一是升级自查标准，统一标准化、自查自报、行政执法3套标准，突出用电安全、涉危使用、特种设备、职业卫生4方面内容；二是推进标准化对标检查环节与企业自查自报系统相融合；三是量化企业自查自报指标，并将其结果纳入综合监管系统的绩效考核部分。

（王雪）

【安全生产总结会】 2月1日，顺义区安全监管局组织召开2012年安全生产工作总结大会。会议从3方面总结2012年工作完成情况：一是深化自查自报和标准化建设，完善隐患治理机制，持续改善企业安全条件；二是深入开展“打非治违”和“护航行动”，不断加大专项整治强度和执法力度，消除重大安全生产隐患，完成“十八大”安全保障工作；三是加大宣传教育培训力度，逐步提升安全理念。会议表彰27名安全生产先进工作者。

（王雪）

【安全生产大会】 3月1日，顺义区政府召开2013年安全生产大会，全区行业部门、属地及部分重点企业负责人310人参加会议。区委常委、常务副区长林向阳主持会议。会上，区安委会办公室总结2012年安全生产工作，部署2013年安全生产工作。区安全监管局等4家单位作了典型发言。会上，副区长盛德利强调，2013年度工作重点：一是认真贯彻国务院文件精神，坚持"科学发展、安全发展"理念；二是继续深入开展"安全生产年"活动，强化"打非治违"和安全生产执法监察；三是全力以赴推进国家安全发展示范城市建设。林向阳指出，各属地、行业要及时传达、学习、贯彻落实全区安全生产大会精神，完善属地负责、行业监管、企业落实责任主体的管理体系，群策群力，共同研究创建国家安全发展示范城市，进一步推进安全生产标准化创建。

（王雪）

【事故警示紧急会】 6月5日，顺义区副区长盛德利组织召开"6·3"吉林省禽业公司特别重大燃烧事故警示紧急会议，辖区内涉氨生产经营单位主要负责人、所在属地及相关行业部门负责人参加会议。会上，区安全监管局通报"6·3"事故发生经过，汇报涉氨生产经营单位分布情况及全区行业、属地部门监督管理工作的开展情况，并部署下一步工作。盛德利强调，要认真吸取事故惨痛教训，举一反三，切实消除涉危使用单位存在的隐患。在生产经营单位自查自改的基础上，属地政府、行业部门和安全监管部门要联合起来，请专家参与，严格执法，对隐患屡次出现、安全生产条件不符合要求的，坚决依法关闭，绝不手软。

（王雪）

【夏季防暑降温】 6月20日，顺义区安全监管局联合区人力社保局、卫生局和总工会等四部门，召开顺义区2013年夏季防暑降温工作协调会。会议讨论了《顺义区2013年夏季防暑降温工作方案》，针对夏季高温安全生产工作的特点，重点对冶金行业、建筑工地和露天作业场所等存在高温岗位的用人单位进行专项检查。检查内容包括用人单位防暑降温各项措施落实、高温津贴发放、中暑职工工伤保险待遇等。

（王雪）

【大检查督查部署】 8月5日，顺义安全监管局组织召开安全生产形势分析暨安全生产大检查督查工作部署会。会议分析全区安全生产形势，通报全市安全生产大检查情况，下发《安全生产大检查综合督查工作方案》，对下一步安全生产大检查及综合督查进行动员部署。会议要求各单位将安全生产大检查工作列为全年重点工作，与隐患自查自报、安全生产标准化、"打非治违"工作相结合，做到检查到位、整改到位、督查到位。

（王雪）

【大检查督查】 8月15日至23日，顺义区安委会办公室组织全区17个安全生产大检查督查组，分别到54家行业和属地部门，现场督导检查各单位工作开展情况。督查组采取听取汇报、查阅资料、现场检查、反馈交流的形式，重点对安全生产大检查工作贯彻落实情况、专项整治开展情况进行实地检查。

（王雪）

【示范城市创建部署会】 9月26日，顺义区安委会办公室组织召开安全发展示范城市创建工作动员部署会。区市政市容委、马坡镇、顺鑫农业3家单位作大会发言。副区长盛德利对安全发展示范城市创建工作进行部署，确定66项重点工程，并强调5个方面建设重点。国家安全监管总局副局长孙华山出席会议并强调指出，一是要把创建安全发展示范城市作为推动区域经济社会发展的重要抓手和保障，把创建安全发展示范城市融入“建设绿色国际港、打造首都国际航空中心核心区”的目标中；二是要进一步夯实安全生产基础工作；三是要举全社会之力共建共享，形成全民关注、全民参与、齐抓共管、全民共建的浓厚氛围；四是要建立健全经验交流共享、问题共商解决的有效机制，提高安全发展示范城市创建的质量，切实在全国发挥示范引领作用。

（王雪）

【十八届三中全会安全保障】 11月5日，顺义区安全监管局组织全区非煤矿山、危险化学品企业共147家，召开安全生产工作会。会议首先传达了市安全监管局十八届三中全会保障工作视频会议精神，对相关单位提出具体要求。二是部署和解读《顺义区安委会办公室关于做好十八届三中全会期间及冬季安全生产检查工作的通知》等相关文件。三是要求企业强化应急值守，加强隐患排查治理，完善标准化工作。四是增强首都安全意识和反恐意识。五是加强油库安防信息化改造和“一书一签”工作。

（王雪）

【示范城市创建例会】 11月6日，顺义区安全监管局组织召开安全发展示范城市创建工作第一次例会。会议根据创建规划、工作方案及各部门的工作计划，完善全区安全发展战略，将安全发展创建工作融入全区规划、建设和管理中。会上，21家行业部门逐项分解安全发展示范城市创建工作的66项重点任务，明确牵头部门、成员单位、工作内容。各部门还对各自的工作计划、工作进度和存在问题进行总结，拟定2014年创建工作实施子方案，并提出实施过程中存在的问题。会议确定顺义区安全发展示范城市创建工作联席会议制度、安全发展示范城市安全意识培训计划、安全发展示范城市创建工作行业职责分工，形成完善的工作机制，有力推进安全发展示范城市的创建工作。

（王雪）

【大检查再动员】 11月22日，顺义区安委会办公室组织召开安全生产大检查再动员部署会，全区38个属地和30家行业部门的相关负责人参加会议。会上，区安委会办公室通报安全生产工作进展情况和1月至10月全区安全生产事故总体情况，并部署下一步工作。副区长盛德利强调：一是统一思想，强化认识；二是深入检查，注重实效；三是突出重点，解决问题；四是广泛宣传，舆论引导。

（王雪）

危险化学品安全监管

【企业标准化评审】 1月，顺义区115家危险化学品生产经营单位全部通过三级安全生产标准化评审。区安全监管局对通过安全生产标准化的企业进行公示、发证。通过标准化创建工作，企业共发现和消除各类安全隐患4382项，投入整改资金330万元，为全区危险化学品行业安全发展奠定基础。

（王雪）

【全国“两会”安全保障】 2月22日，顺义区安委会办公室下发《关于做好“两会”期间危险化学品安全保障工作的通知》，要求各属地及行业部门统一思想、提高认识，全力做好全国“两会”安全保障工作。一是对涉及代表驻地周边500米范围内和社会面的危险化学品生产使用经营单位进行摸底排查，建立工作台账。二是对危险化学品重点单位进行分类建档，明确重点。三是开展危险化学品生产经营使用单位的全覆盖检查，并按照《关于加强危险化学品反恐怖防范工作的意见》的有关要求，开展反恐怖防范的专项检查，确保各项措施落实到位。

（王雪）

【专项整治部署】 6月14日，顺义区安全监管局组织召开危险化学品使用单位专项整治行动部署会。会议强调，专项整治的重点包括各项规章制度、操作规程的建立及落实情况，特种作业人员持证上岗，机械设备安全管理，危险化学品使用及储存，电气设施安全管理，应急预案与演练，应急救援物资储备，以及劳动防护用品的发放和使用情况等。

（王雪）

【突击夜查行动】 7月24日，顺义区安全监管局对3家危险化学品重点单位进行突击夜间检查。检查人员对企业的监控、配电及油罐区等重点部位进行全面检查，查阅监控、交接班及24小时巡检等记录资料，有效检查企业应急值守能力和对设备设施的安全保障能力。

（王雪）

【大检查督导会】 8月23日，顺义区安全监管局组织召开全区危险化学品生产经营单位安全生产大检查工作督导会。会议对全区危险化学品生产经营单位安全生产大检查工作进行分类专项督导，按照加油站、气体经营、化工经营、油气库和烟花爆竹等不同行业进行逐一落实。会议要求各危险化学品企业在第一阶段工作的基础上，以查找消除隐患为核心，坚决落实“全覆盖、零容忍、重落实”的总体要求，按照落实整改内容、落实整改标准、落实整改措施、落实时间进度、落实责任的“五落实”要求，彻底消除事故隐患。

（柳静）

【液氨治理专题会】 12月4日，顺义区安全监管局组织辖区内22家液氨使用单位安全生产负责人，召开涉氨制冷企业液氨使用专项治理专题会议。会议部署专项治理工作，明确持证上岗、安全培训、隐患排查治理、安全检查，实现100%的总体要求，为扎实开展治理工作奠定基础。

（王雪）

【液氨安全知识培训】 12月19日，顺义区安全监管局组织液氨使用企业主要负责人，召开液氨安全知识培训会。会议以《北京市液氨使用与储存安全管理导则》为指导，结合液氨事故案例，深入剖析事故发生原因、教训，并从企业职责、管理制度、安全投入、教育培训、隐患排查、应急管理等方面对液氨使用安全管理进行讲解。

（王雪）

【督导顺义液氨使用安全】 12月24日，国务院安委会涉氨制冷企业专项整治督导组由国家质检总局副局长高继轩带队，到顺义区督导检查液氨使用单位专项治理落实情况。督导组先后到北京鹏程食品有限公司和北京乔波滑雪场现场进行检查，重点检查企业落实液氨专项整治工作的具体措施、隐患排查治理的工作情况和应急救援方面的具体做法，并就企业设备设施管理和安全生产工作落实，要求区政府各职能部门做到“党政同责，一岗双责，既管行业又必须管安全，既管业务，又管安全，管生产经营必须管安全”。

（王雪）

烟花爆竹安全监管

【零售网点视频监控】 1月6日，顺义区安全监管局组织烟花爆竹零售网点负责人召开部署会。会议要求统一在城区及周边30个烟花爆竹零售网点安装24小时视频监控系统，网点销售区和储存区分别设置至少一个广角视频监控摄像头，零售网点外设置4个枪式摄像头，达到网点四周无盲区。监控网点新增音频设备，实现安全监管人员与网点负责人在线通话。

（王雪）

【市局检查烟花爆竹库】 1月23日，市安全监管局检查组到顺义区李桥烟花爆竹库进行安全检查。检查组听取企业相关负责人汇报，了解库房基础建设、安全储存条件及公司和库区两级安全管理。重点检查烟花爆竹存放、安全设备设施、人员配备与应急值守等环节，并察看视频监控系统、温湿度传感系统的正常运转情况。检查组要求通过库房日常基础管理，重点时段配备充足的值守人员，增设有效的安防措施等手段，充分落实主体责任，确保烟花爆竹储存不出问题。

（王雪）

【烟花爆竹销售与回收】 春节期间，顺义区烟花爆竹共配送9484箱，同比减少17.4%；销售7944箱，同比减少16.7%；回收1540箱（其中，北京益利农土产杂品有限公司回收372箱，北京市熊猫烟花有限公司回收800箱，北京市逗逗烟花爆竹有限公司回收368箱）。3家烟花爆竹批发单位均完成烟花爆竹剩余产品回收工作。

（柳静）

【撤点与清理】 2月21日，顺义区安全监管局制订并下发《顺义区2013年烟花爆竹回收工作方案》，对全区烟花爆竹回收工作提出要求：一是各烟花爆竹销售网点必须在2月24日24时停止销售；二是3家批发单位必须在3月1日前完成烟花爆竹剩余产品回收工作；三是各烟花爆竹销售网点对现场及其周边可燃物及时清理；四是各属地政府督促并协助3家批发单位做好烟花爆竹大棚和视频监控拆除、清理和保管工作。

（王雪）

【销售网点巡查】 2月24日，顺义区安全监管局组成5个专项检查组，对全区18个镇街的62家烟花爆竹销售经营网点和李桥烟花爆竹库进行全覆盖安全大检查。共出动204人次，72车次，累计检查烟花爆竹单位579家次，下达安全检查表64份，整改46份，复查46份，现检 95 份，发现问题和隐患 121 项。对 1 家零售网点进行处罚，罚款 5000 元。

（王艳林）

【应急值守】 春节期间，顺义区安全监管局坚持双班 24 小时值守，每日统计上报当日执法检查情况、烟花销售情况、举报情况、事故情况，要求 40 个属地春节期间坚持安全事故和检查情况日报告。从除夕到初六，40 个属地累计出动人员 488 人次、车辆 224 台次，检查生产经营单位 891 家次，整改隐患 70 项。

（王雪）

矿山安全监管监察

【矿山整合】 4 月 9 日，顺义区安全监管局联合区国土局、属地镇政府等部门，检查辖区内所有非煤矿山开采单位。检查发现北京市大段白灰厂、北京庞山采石场 2 家矿山暂未获得安全生产许可证，且生产规模投入较小，处于整合停产状态。执法检查后，大段白灰厂整合并入北京哲君科技开发有限公司，庞山采石场整合并入北京市玉林石灰厂。

（李建坡）

【矿山复工验收】 4 月 16 日，顺义区安全监管局组织区国土、环保等部门，对北京哲君科技开发有限公司、北京市玉林石灰厂、北京金隅顺发水泥有限公司等 3 家具备安全生产许可证的企业进行非煤矿山复工验收。验收过程中，区安全监管局重点检查企业职工教育培训考核、特种作业持证上岗、设备设施检验检测、用电安全、开采平台、安全防护等情况，国土、环保部门分别检查企业开采范围和环保措施等。3 家企业均验收合格。

（李建坡）

【矿山整顿工作会】 4 月 22 日，顺义区安全监管局组织 5 家非煤矿山企业召开整顿工作会。会议发放相关文件，并强调：一要保证采矿许可证、工商营业执照、安全生产许可证等资质证件合法有效；二要保证 9 月底前年开采量达到 50 万吨以上；三要保证年底前安全生产标准化等级达到三级以上；四要保证建设项目符合“三同时”规定；五要保证相邻矿山间安全开采、安全爆破。5 家非煤矿山企业均按要求进行了整改。

（李建坡）

【应急救援演练】 6 月 19 日，顺义区安全监管局组织北京哲君科技开发有限公司开展非煤矿山企业应急救援演练，北京市玉林石灰厂、北京金隅顺发水泥有限公司两家矿山开采企业主要负责人等 52 人观摩演练。此次演练模拟开采中发生坍塌事故，造成人员受伤，进行救援的场景。演练帮助救援人员进一步掌握救援程序，增强配合能力，明确救援工作中各岗位职责，提高人员安全意识。

（李建坡）

【矿山安全部署】 7 月 2 日，顺义区安全监管局、国土局等部门联合属地镇政府，组织辖区所有非煤矿山企业召开矿山安全生产工作部署会。会议通报了 4 月 1 日和 6 月 19 日门头沟、房山发生的两起非煤矿山伤亡事故，听取相关矿山企业汇报本单位防汛及整合工作的落实情况。会后，区联合检查组前往非煤矿山企业进行现场执法检查。

（李建坡）

隐患排查治理

【隐患自查自报】 2013年，顺义区生产经营单位隐患自查自报系统累计上报企业22110家次，企业上报率95.29%，上报隐患数75922项，隐患整改数75611项，隐患整改率达99.59%。

（王雪）

【轻纺行业专项整治】 4月至6月，顺义区安全监管局对全区范围内155家轻纺企业开展安全生产专项整治工作。区镇两级监管部门共检查155家企业，其中22家已停产。下达现场检查记录133份。下达责令整改指令书133份，发现隐患593项，消除隐患558项，整改率94.1%。下达行政处罚决定书11份，处罚企业11家，罚款11.2万元。

（王雪）

【火灾隐患整治督查】 10月29日，由顺义区防火委和区安全监管局组成的火灾隐患攻坚整治“铁拳”行动督查组到国门商务区进行检查。督查组察看火灾隐患攻坚整治“铁拳”行动工作资料，并对园区内各总包单位进行实地调查，对国门商务区安全工作提出了具体指导意见。

（王雪）

应急救援

【春节应急值守】 2月5日，顺义安全监管局对顺义石油公司、中石油昆仑液化气有限公司液化气分公司、顺义燃气公司等企业的3支应急救援队伍及3个应急救援物资储备库进行事故应急检查。检查结果显示，各应急救援队伍配备精良，安全状况良好，应急值守到位，队伍在职在位，时刻处于良好状态。各应急物资储备库内储备物资数量充足，确保随时调用。

（王雪）

【危险化学品应急培训】 5月13日，顺义区安全监管局组织152家危险化学品生产、使用企业负责人，举办事故应急管理工作培训班，就企业如何开展应急管理工作进行系统讲解，旨在提升企业应急管理能力。

（王绍荣）

【消防演练】 5月23日，顺义安全监管局联合天竺镇政府、区消防支队和空港中队开展消防应急演练活动，天竺镇安全科全体工作人员共55人参加此次演练。演练有效检验了消防应急处置和消防设施灭火能力。

（王雪）

【液氨综合演练】 6月27日，顺义区安全监管局组织20家液氨使用单位，参观北京大发正大有限公司液氨泄漏应急救援综合演练。演练内容为假定北京大发正大有限公司制冷车间高压储液罐阀门破裂造成液氨泄漏，巡检人员发现后迅速向值班经理报告。现场作业人员立即停止作业，关闭相应阀门，切断相关电源，撤离现场，并立即启动企业《液氨泄漏应急预案》，由总指挥根据预案要求逐级报告，应急救援人员接令后立即进入应急状态，分组进行处置。演练增强了企业应急处理能力及综合协调能力。

（王雪）

【矿山应急知识培训】 10月11日，顺义区安全监管局组织全区非煤矿山企业的15位兼职应急救援人员，参加市安全监管局举办的非煤矿山企业兼职应急救援人员应急知识专题培训。培训提升应急救援人员的非煤矿山应急救援知识水平，带动全区非煤矿山企业应急救援人员素质普遍提高。

（王绍荣）

【应急预案备案】 12月20日，顺义区安全监管局完成修改《顺义区危险化学品应急预案》及编制《顺义区非煤矿山应急预案》工作。应急预案备案工作按照市安全监管局要求，规范了任务受理文书下达、形式审查内容细化、主管领导审批程序等环节，增强应急预案备案工作的操作性。本年度共有11家危险化学品使用企业完成预案备案工作。

（王绍荣）

执法监察

【元旦执法检查】 1月2日，顺义区安全监管局、商务委组成检查组，检查辖区内5家大型商场、超市的安全生产情况。检查发现一些商场存在将货物堆放在安全出口两侧等安全隐患，检查组立即要求商场安全负责人进行清理，确保人流、物流畅通。

（王雪）

【社会福利机构安全检查】 1月8日至11日，顺义区安全监管局、民政局、卫生局、消防支队等部门组成安全检查组，深入全区各镇街的20家社会福利机构进行全面安全检查。检查组重点检查敬老院的安全出口、疏散通道、消防设施、应急疏散指示照明、安全用电、液化石油气使用、食品安全等情况。从检查结果来看，大部分社会福利机构的安全意识较强，安全防范措施到位，设施配备齐全，能够自觉开展安全自查等。但仍有少数机构存在消防器材维护保养不到位、应急照明损坏或缺少、安全通道不畅通等安全隐患，检查人员当场提出整改意见，并督促责任单位立即整改。

（王雪）

【人员密集场所联合检查】 1月29日，顺义区安全监管局、商务委、质监局开展人员密集场所专项联合检查。检查组对人员密集场所安全生产隐患进行逐一排查，重点检查企业对员工的教育培训考核、安全疏散标志、安全出口应急照明等。检查企业11家，下达责令限期整改指令书11份，现场检查记录11份，查处隐患45项。

（王雪）

【预防煤气中毒专项检查】 1月29日，顺义区安全监管局、环保局、供销社及属地政府组成专项检查组，检查大孙各庄、北务镇、杨镇和李遂镇4个属地的预防煤气中毒情况。检查组重点检查各镇预防煤气中毒宣传，一氧化碳报警器推广落实，以及简易取暖方式的使用情况，并逐个炉具张贴绿色安全贴，要求立即对存在安全隐患的供暖设施进行整改。

（王雪）

【节前安全检查】 1月29日至31日，顺义区常务副区长林向阳，副区长于庆丰、赵贵恒、盛德利分别带领区相关部门负责人，深入超市、饭店、市场等人员密集场所和危险化学品、市政、交通等企业进行安全检查。检查组听取各单位春节期间的工作部署汇报，了解相关资料和落实方案，并对现场进行实地检查。区领导要求各单位在春节期间周密计划，严密组织，严格落实各项安全措施，逐级抓好各项安全制度，将各项安全隐患消灭在萌芽状态，做好服务保障，加强应急值守，确保全区人民过一个祥和愉快的节日。

（王雪）

【全国“两会”代表驻地周边安全检查】 2月25日至26日，顺义区安全监管局成立“两会”保障安全生产领导小组和专项检查组，逐一检查代表驻地周边地区生产经营单位，检查覆盖率达到100%。经查，200米范围内有生产经营单位5家，500米范围内有生产经营单位21家，大部分企业尚未开展生产经营活动。检查中查处隐患24项，下达责令限期整改指令书7份。

（王艳林）

【全国“两会”安全保障夜查】 3月4日，顺义区安全监管局对本区重点行业、加油站等企业进行夜间检查。出动执法车辆2部，检查油站9家，发现隐患12条，下达整改指令书5份，现场检查记录9份。检查中发现的隐患主要是未对从业人员进行安全教育培训、加油机前柴油未及时处理、无巡检记录、应急预案不完善、员工职责不清等。对于发现的隐患，执法人员当场责令负责人进行整改。

（王雪）

【文化市场联合执法行动】 3月13日至14日，顺义区文管办、安全监管局等部门开展联合执法行动，严查辖区文化市场经营秩序，严格控制辖区文化市场环境安全。其间，出动执法人员32人次，执法车辆12台次，检查场所26家次，责令整改安全生产隐患企业3家，对2家印刷企业《图书、期刊印刷委托书》未备案情况进行立案调查。

（王雪）

【青少年科技创新赛安全保障】 3月21日至24日，顺义区安全监管局联合牛栏山镇政府安全生产执法人员，参与北京青少年科技创新大赛现场安全保障工作。赛前，区安全监管局与搭建方沟通，要求搭建方做好前期准备工作，并下发《大型活动临建设施需提供的相关材料》及文件，提出进一步工作要求。大赛期间，区安全监管局对此次活动进行监督检查，并组织属地和相关部门进行联合检查。对存在的问题下达行政执法文书，要求搭设方立即整改存在的安全问题，确保大赛的顺利举办。

（王雪）

【安全生产大检查部署】 4月10日，顺义区安全监管局组织区消防支队、商务委、质监局、住房城乡建设委、市政市容委等部门，召开全区安全生产大检查工作部署会。会议传达市政府通报“4·8”火灾事故电视电话会议精神，要求各单位加强组织领导和部门联动，落实安全监管责任，在全区范围内开展安全生产大检查，坚决遏制恶性火灾事故，确保安全生产稳定形势。

（王雪）

【有限空间安全检查】 5月15日，顺义区安全监管局检查中国联通公司顺义分公司地下有限空间通信管线施工作业现场。检查组重点检查作业场地布置、通风检测及应急救援设备正确使用、从业人员安全生产培训、作业监护人持证上岗等情况，并指导作业人员进行现场操作演练。本次现场检查未发现安全生产隐患。

（赵建平）

【企业食堂燃气使用检查】 5月27日，顺义区安全监管局联合区市政市容委、质监局、消防支队、卫生局组成检查组，检查物流企业食堂燃气使用情况。检查6家企业食堂，重点检查燃气使用情况、液化石油气钢瓶是否合格、是否与正规液化石油气企业签订供用气合同等内容。经检查，6家企业食堂中有4家使用天然气，2家使用液化石油气。检查组要求各企业务必与供气单位签订供用气合同，对不符合安全规范要求的企业进行宣传教育。各企业均按要求整改。

（王艳林）

【汽车基地安全专项检查】 5月29日，顺义区安全监管局与汽车基地安办组成联合检查组，对汽车基地园区内3家单位进行安全生产专项检查。检查组重点检查各单位消防、用电、用火、特种作业、培训教育等情况。通过检查发现，主要安全隐患为用电不规范、消防设施损坏、消防通道占用、教育培训落实不到位等。区安全监管局对此下达限期整改指令书3份，要求有关单位在规定期限内完成整改工作。经复查，均按期完成整改。

（王艳林）

【网吧联合安全检查】 7月24日，顺义区安全监管局、文化委、消防支队，公安分局网管分队集中开展网吧安全生产检查。检查组重点检查各网吧安全生产责任制落实、从业人员安全生产教育培训考核、安全生产应急救援预案、安全出口标志、安全用电等情况，下达责令限期整改指令书7份，现场检查文书10份，查处各类事故隐患30项，并对网络负责人提出要求。

（王雪）

【预防煤气中毒联合检查】 11月20日，顺义区安全监管局联合区环保局、供销社及属地政府，开展辖区内取暖季预防煤气中毒安全检查。重点对各镇煤炉取暖户进行摸底排查，并对取暖户预防煤气中毒安全情况进行实地检查。

（王雪）

【印刷行业安全检查】 12月4日，顺义区安全监管局、文化委、消防中队联合检查14家印刷企业安全生产情况。检查过程中，逐一排查印刷企业安全生产隐患，重点检查企业员工教育培训考核、特种作业人员持证上岗以及车间警示标志、机械操作规程、安全出口应急照明等安全情况。下达责令限期整改指令书10份，现场检查记录10份，查处隐患41项。

（王艳林）

【滑雪场安全检查】 12月25日，顺义区安全监管局、体育局、质监局、旅游局等部门对莲花山滑雪场进行联合检查。检查内容包括员工安全教育培训、突发事件应急救援预案、现场设备设施及滑雪场内部用电用气使用安全等。检查发现事故隐患7项，执法人员现场下达执法文书，责令整改。

（王雪）

职业卫生监督检查

【有限空间安全治理部署】 4月7日，顺义区安委会办公室下发《顺义区2013年有限空间安全生产专项治理工作方案》。方案对各属地政府和区属行业管理部门提出具体工作要求：一是宣传贯彻“两个地方标准”，即《地下有限空间作业安全技术规范第1部分：通则》和

《地下有限空间作业安全技术规范第2部分：气体检测与通风》，在一线作业队伍推行有限空间作业规范化。二是开展每周不少于两次的日夜巡查行动，加大对违章作业单位的查处力度，并警示约谈违章作业单位。对于警示约谈无效的作业单位，通报其上级主管单位的管理责任。

（王雪）

【《职业病防治法》宣传活动】 4月25日，顺义区安全监管局联合南彩镇政府，在北京曲美家具有限公司东厂区开展以“防治职业病，幸福千万家”为主题的《职业病防治法》宣传活动。曲美家具有限公司组织车间班、组长和一线员工，共计84人参加了宣传活动。活动讲解家具行业职业病危害因素的辨识，以及个体防护知识，同时发放《职业病防治法》等宣传材料。

（王雪）

【职业健康技术支撑体系建设】 4月29日，顺义区安全监管局与区疾病预防控制中心、市工业技术开发中心和北京德康莱安全卫生技术发展有限公司3家检测机构签订《顺义区职业卫生技术支撑机构委托书》。3家检测机构成为区级职业卫生技术支撑机构，为顺义区内存在职业危害因素的企业进行工作场所职业病危害因素检测评价。

（赵建平）

【有限空间安全作业巡查】 4月7日至8月30日，顺义区安全监管局联合各属地和相关行业部门，开展全区有限空间作业日夜巡查行动，重点巡查市政工程建设、电力、通信、广电、燃气、热力、物业管理、环卫、污水处理等有限空间施工作业现场。检查内容包括：是否配备通风、检测、救援设备和个人防护用品，是否严格执行“先检测、后作业”原则，是否设置警示标志，以及作业监护人是否持证上岗等。检查中发现个别施工单位作业中未设置警示围挡、未进行通风检测、未对井下作业人员进行安全教育培训。对检查中发现的违规作业单位，检查组约谈其负责人并责令限期整改，整改不到位的依法给予行政处罚。相关单位在检查后均进行整改。

（赵建平）

【机动车维修行业专项治理培训】 6月20日，顺义区安全监管局联合区交通局，召开顺义区机动车维修行业职业危害专项治理动员培训会。21家属地安监科科长及辖区130家机动车维修企业主要负责人150人参加培训会。会议开展专项治理工作动员，提出机动车维修行业整治具体要求，并讲解《顺义区机动车维修行业职业危害专项治理工作方案》。

（赵建平）

【职业健康知识培训】 6月21日，顺义区安全监管局到北京利祥朗依制药有限公司进行职业健康知识培训。企业下属3家子公司的安全负责人和职业健康管理人员45人参加培训。培训内容包括职业健康专有名词的概念解释和知识普及，国家职业病防治方面的法律法规介绍，北京市部分行业职业健康规范解读，以及用人单位在职业病防治方面应尽的职责和义务。

（赵建平）

【有限空间安全作业培训】 6月26日，顺义区安全监管局组织召开有限空间安全作业培训会。全区各有限空间作业队、物业管理公司、建筑公司的安全负责人，各镇街、经济功能区及16家行业管理部门的安全科科长170人参加培训。会议发放《有限空间作业指南》教学光盘，介绍近年来北京市发生的几起有限空间作业事故案例，剖析事故发生的原因和教训，并进行《地下有限空间作业安全技术规范》、有限空间作业程序和要求、有限空间作业承发包管理规定等内容的培训。

（王雪）

【机动车维修行业执法检查】 7月15日至18日，顺义区安全监管局联合区交通局，在全区范围内开展机动车维修行业职业病防治执法检查行动。共检查机动车维修企业20家，重点检查各单位的职业危害管理制度、安全生产责任制、教育培训、涉及职业危害工种的体检及告知、职业危害项目申报、作业场所布局及警示标志、员工劳动保护用品发放、各类通风换气设备设施的维护管理及运行等情况。发现安全隐患87项，出具现场检查记录20份，责令整改指令书20份。均按指令整改。

（王雪）

【职业安全健康检查】 10月11日，市安全监管局检查顺义区6家机动车维修企业职业安全健康情况。检查中发现企业存在调漆房和喷漆房外未张贴职业病危害因素告知卡、操作规程有缺项、工作场所内未设置职业卫生公告栏等问题。执法人员对存在问题进行现场记录，并跟踪企业整改，督促企业落实安全生产主体责任。

（赵建平）

【职业健康管理员培训】 10月30日至11月1日，顺义区安全监管局召开职业健康管理员培训会，邀请市化工职业病防治院和市安全监管局专家进行授课，全区450家存在职业危害企业的主要负责人和职业健康管理员参加培训。培训分3期，每期1天。培训内容包括粉尘危害识别与控制，化学毒物危害识别与控制，北京市职业卫生形势和职业健康管理员主要职责以及劳动防护用品选择和使用。培训结束后当场考核，并为450名考核合格者颁发《北京市职业健康管理员培训合格证》。全区已有持证上岗的职业健康管理员697人。

（王雪）

【职业危害专项检查】 2013年，顺义区安全监管局对区内生产汽车配件、家具、轻纺等行业的50家重点企业职业危害情况进行专项执法检查。检查发现生产汽车配件和木质家具的企业职业危害情况较重，存在问题包括：企业的规章制度不落实，喷漆、注塑、打磨等工作岗位的员工不正确佩戴劳动防护用品或佩戴的劳保用品不合格，企业未对接触职业危害的员工进行职业健康体检。区安全监管局对发现隐患的企业下达限期整改指令书，并且跟踪整改进度，确保整改落实。

（赵建平）

【机动车维修行业专项治理】 2013年，顺义区安全监管局在全区范围内开展机动车维修行业职业危害治理专项行动。专项治理期间，督促63家不符合安全生产条件的企业改善场所职业卫生条件，帮助80%以上机动车维修企业建立健全职业卫生管理制度，检测28家涉及职业危害因素的企业，体检455位涉及职业危害的职工，并督促检测评价结果不符合国家职业卫生标准要求的企业及时整改。

（赵建平）

宣传培训

【安全生产月部署】 5月21日，顺义区安委会办公室组织区委宣传部、区精神文明办等12家单位，共同研究顺义区安全生产月活动方案。2013年安全生产月的主题是“打造顺义安全文化品牌，创建安全发展示范城市”，围绕这个主题开展8项活动，分别是顺义区安全生产月宣传咨询日、第八届“顺鑫杯”安全生产书画展、第五届全区安全文艺巡演、安全文化示范企业建设、安全生产标准化培训、安全生产标准化企业现场观摩、安全应急演练观摩和安全生产宣教志愿服务。

（王雪）

【安全生产优秀课件比赛】 6月6日，顺义区安全监管局作为评委，参加区安全生产协会组织的安全生产培训优秀课件征集评选活动。比赛由24个单位、26名选手组成，分为3个阶段，第一阶段以属地、行业为单位将收集课件进行初步筛选；第二阶段由协会组织工作人员进行二次筛选；第三阶段入选者现场演示、授课，由顺义区安全监管局领导任评委进行评选。比赛中每位选手有5分钟时间，介绍个人信息、课件内容和授课对象等。

（张金月）

【企业安全生产培训】 6月7日至8日，顺义区安全监管局到张镇北京安期生技术有限公司鑫茂矿山机械制造分公司和北京迪蒙卡特机床有限公司，开展安全生产教育培训。企业一线工人、班组长、车间主任和企业领导共200人参加培训。培训结合生产安全事故案例，讲解事故发生经过和事故救援情况、事故发生原因及性质、事故责任及责任者处理情况以及事故防范和整改措施等。

（张晓静）

【燃气安全宣传】 6月15日，顺义区市政市容委在裕龙六区中心文化广场举办“燃气安全系万家，规范使用靠大家”主题宣传活动，区安全监管局、应急办、消防支队等相关单位及47家燃气企业负责人参加。活动现场，工作人员演示燃气设施漏气检查和应急处置方法，并设置安全用气知识问答环节，引起市民的广泛关注。活动通过摆放展板、发放宣传手册、设立咨询台等形式宣传燃气安全使用常识。其间悬挂宣传横幅4条，摆放展板20块，发放宣传材料2万份，接受群众咨询1000多人次。

（王雪）

【宣传咨询日】 6月18日，安全生产月宣传咨询日活动在顺义奥林匹克水上公园举行。通过宣传安全生产法律法规、传播安全知识，提高全体社会成员的安全意识，唱响“安全发展、科学发展”主旋律。区委常委、常务副区长林向阳致辞。启动仪式上，与会领导为2012年通过安全生产标准化级别评定的企业授牌，为属地执法人员配发服装，向安全生产优秀课件获奖人员颁发证书，启动安全文艺巡演，并参加顺鑫农业第八届书画摄影作品展开展仪式。

（王雪）

【安全生产检查员培训】 6月19日，顺义区安全监管局组织全区47名初任安全生产检查员，参加安全生产检查员教育培训。培训围绕安全生产法律法规适用、执法文书规范填写、案件移送流程及日常检查四个方面进行讲解。会后组织考试，并为47名成绩合格者颁发《顺义区安全生产检查员》执法证件。

（徐慧）

【安全生产检查员考试】 6月28日，顺义区安全监管局组织全区37名初任安全生产检查员，参加市安全生产执法证件的资格考试。此次考试的试卷内容由市安全监管局出题，主要围绕安全生产法律法规、日常执法检查等方面对检查人员进行考核，考试结束后，37名成绩合格者由市安全监管局颁发《北京市安全生产检查员》执法证件。

（徐慧）

【《安全发展之路》开机】 7月27日，由国家安全监管总局主办、顺义区政府承办的大型电视文献纪录片《安全发展之路》开机仪式在顺义区举行。该片是国家安全监管总局成立以来组织摄制的第一部以“安全发展”为主题的电视纪录片。分《生命的呼唤》《战略的诞生》《科技的巨手》《监管的力量》《责任的法则》和《文化的引领》6集进行摄制，该片的摄制填补了国内安全发展主题电视纪录片的空白。

（王雪）

【安全生产检查员大培训】 8月26日至29日，顺义区安全监管局分批对910名村委会、居委会安全生产检查人员开展大培训活动。培训主要围绕文书填写、检查程序、行为规范等方面进行讲解，强化村委会、居委会安全生产工作，使基层安全监管工作规范化、标准化。

（徐慧）

【卫生系统安全培训】 10月21日，顺义区安全监管局为全区卫生系统主要负责人进行安全生产培训，共有80名医院、卫生院、社区服务中心的主要负责人和安全管理人员参加培训。培训中，执法人员结合安全生产形势和日常执法工作，重点介绍安全生产法律法规、安全生产基本常识以及卫生系统常见隐患，并对具体事故案例进行深入分析。

（王雪）

【“北京建工杯”知识竞赛】 10月22日，顺义区安委会办公室组织开展“北京建工杯”首都百万一线职工安全生产知识竞赛，各镇街、经济功能区，各企事业单位52638人参与知识竞赛。区安全监管局制订工作计划，明确行业、属地分工，确定竞赛任务和要求，对一线职工特别是“六小”企业职工进行培训，并组织答题，成功举办了此次知识竞赛活动。

（李义）

法制建设

【安全生产法制总结会】 1月30日，顺义区安全监管局组织执法人员，召开2012年安全生产法制工作总结会。表扬了全区行政处罚案卷评查中获得优秀行政处罚案卷的承办人员，通报了2012年各项执法指标完成情况并进行分析，针对存在的问题提出具体解决建议。

（王雪）

【执法系统建设调研】 6月25日，市安全监管局到顺义区调研安全监管执法系统建设和应用情况。在观看执法检查、立案处罚、案卷归档等执法流程的演示后，充分肯定行政执法系统，并强调系统建设应充分考虑一线执法人员工作需求，延续现有系统的框架和特点，推进主要执法信息的数据对接工作。

（徐慧）

【法制宣传日】 12月4日，顺义区安全监管局联合旺泉街道办事处，在宏城花园社区开展以“做讲法制守秩序的顺义好市民，共筑伟大中国梦”为主题的法制宣传日活动，向市民发放《北京市安全生产条例》法规手册等各种宣传材料1000份。

（徐慧）

【行政处罚案卷审核】 2013年，顺义区安全监管局加强行政处罚案卷合法性审核工作。严把行政处罚案卷质量关，由每季度按比例抽查改为每本必查。加强重点环节的合法性审核，如执法检查程序、内部文书审批流程等。利用信息化手段进行监督，所有处罚案件从立案到结案整个程序在网上操作，实现操作快捷简单又达到过程监督的效果。

（王雪）

科技与信息化

【总局调研安全管理人才培养】 3月12日，国家安全监管总局人事司调研组调研顺义区安全生产人才培养工作。座谈会上，顺义区安全监管局介绍区安全监管人员的基本现状，讲解人才培养方面的主要措施和办法，并对现阶段人才培养、配置、流动等存在的问题提出意见。调研组肯定了顺义区安全监管局在人才培养、完善工作机制、创新工作方式上取得的成绩，对基层及企业人才培养工作提出建议和要求。市安全监管局有关领导参加调研。

（王雪）

【企业安防监控评审】 3月12日，顺义区安全监管局组织召开牛山油库改扩建工程安防监控信息化改造评审会，市、区安全监管部门领导、危险化学品专家等评审组成员及部分企业油库负责人参加。会议针对牛山油库现状及改扩建达到的效果进行讨论，由设计、施工、评价单位分别讲解工作程序、保障措施等，保证实用性与安全性同时具备。评审组专家指导并分析各工作方案，同时出具审查意见书。区安全监管局要求各相关单位依据标准修订，指导企业顺利施工。

（王雪）

标准化建设

【标准化建设调研】 4月12日，市安全监管局副局长陈清带队，调研顺义区安全生产标准化建设工作。调研组先后参观两家达标企业，听取顺义区安全生产标准化建设工作的汇报，了解顺义区安全生产管理体系的实践与创新，共同探讨评定标准。陈清指出：顺义区在安全生产标准建设上迈出了重要步伐，进一步巩固了“顺义模式”，为推进全市标准化建设起到了示范作用。

（王雪）

【标准化企业现场核查】 4月15日，顺义区安全监管局组织区市政市容委、药监局等部门，对二级标准化企业进行现场核查。会议现场，企业负责人简要介绍企业二级标准化工作开展情况，并就有关问题进行座谈。检查组查阅企业基础资料并检查生产现场，发现企业存在配电室劳保用品柜内物品混放、工厂车间消防通道指示牌安装位置不正确、新建施工项目无应急控制等问题。检查组要求企业尽快整改，并把整改内容填报至隐患自查自报管理系统。经跟踪了解，企业隐患整改完毕并录入自查自报系统，整改报告报送区安全监管局标准化办公室。

（张金月）

【标准化培训】 5月9日至17日，顺义区安全监管局组织开展标准化三级企业培训，18批次3000人参加本次培训。本年度培训针对两大类企业群体，分别是2012年参加过安全生产标准化培训的复训企业和2013年创建安全生产标准化的新训企业。对于新训企业，重点进行三级标准的讲解和操作流程的掌握，针对不同类别企业开展有针对性的标准化知识培训。对于复训企业，聘请市安全监管局和北汽工程研究总院专家讲解职业卫生安全知识和设备设施使用知识。

（王雪）

【标准化参观学习】 6月24日，顺义区安全监管局组织全区百余家企业，到李遂镇北京正和顺汽车配件有限公司参观学习三级标准化创建经验。通过经验介绍、现场参观等形式，全面了解企业三级标准化创建采取的主要做法和措施，并就创建标准化过程中遇到的问题进行交流和探讨。

（王雪）

【标准化整改核查】 7月3日，顺义区安全监管局走访核查天竺镇安全生产标准化典型示范企业，重点检查北京新悦商务会所有限公司、宜必思酒店2家三级标准化企业未达标项的整改情况。经检查，2家单位均对标准化评定中的扣分项进行了整改。（王雪）

【标准化评审员培训】 8月28日至29日，顺义区安全监管局组织安全生产标准化三级评审人员培训班，就系统操作、标准解读和应用进行讲解。有创建任务目标的16个行业部门、35个属地政府的科长和评审录入人员以及区评审人员和评审专家等135人参加培训。

（王雪）

【标准化现场评审】 9月2日至10月17日，顺义区安全监管局组织安全生产标准化三级评审工作。评审企业658家，涉及五大类、35个属地、15个行业。评审企业中达标企业650家，未达标8家，评审达标率98.78%，其中初评通过553家，复评通过97家。

（李义）

安全社区

【安全社区创建交流】 6月27日，顺义区安全监管局会同空港街道办事处一行9人，到海淀区花园路街道参观考察安全社区创建工作。在交流会上，花园路街道办事处介绍街道对安全社区的认识，从安全项目开展、人员配置、数据监测等方面介绍安全社区创建的主要做法和下一步工作打算，并详细介绍花园路街道安全生产和安全社区创建工作的开展情况，指出整合资源对街道安全社区创建工作的重要性。空港街道就创建工作的细节问题与花园路街道领导进行讨论。双方还就安全社区建设、隐患整改落实、持续改进、物业管理等工作展开交流。

（王雪）

【安全社区创建专家座谈会】 11月8日，顺义区安全监管局召开安全社区创建专家座谈会，聘请专家为顺义创建安全社区进行指导。会上，区安全监管局介绍顺义区安全社区建设和培训工作方案。专家对方案进行点评，介绍其他地区创建经验，并对各镇街提出的创建问题进行解答。

（王雪）

【创建方案征求意见】 12月5日，顺义区安全监管局召开安全社区创建方案征求意见会。会议通报北京市安全社区建设基本概况、安全社区建设意义、安全社区创建主体、安全社区创建准则，对全区安全社区创建提出具体要求。与会单位有针对性地提出意见。

（王雪）

【安全社区试点】 12月17日，顺义区安全监管局组织北小营镇、马坡镇、牛栏山镇、南彩镇、空港街道和旺泉街道等6个镇街的主管领导，召开创建安全社区试点启动工作座谈会，标志着顺义区安全社区创建工作正式启动。会议介绍了安全社区创建的意义和基本流程，明确安全社区建设创建主体，讲解安全社区创建准则、工作要求、组织机构及职责。会后，6个镇街的相关负责人均在两周内提交北京市安全社区创建申请表，并按照市级安全社区标准开展社区创建工作。

（王雪）

大兴区

概述

2013年，大兴区安全生产工作紧紧围绕“一体化、高端化、国际化”发展目标和区政府中心工作，按照“巩固、加强、完善、提高”的总基调，以科技创安为抓手，以安全生产大检查和重点行业领域专项整治行动为载体，深入开展各项安全监管工作。

一、开展安全生产大检查，全力推进隐患排查治理。按照全覆盖、全规模、全视角的原则，坚持“企业自查、属地巡查、行业检查、部门联合执法”与区委、区政府、镇街三级督导检查相结合，通过领导包片、指标量化、广泛宣传、不定期通报等措施，全面开展安全大检查和“回头看”工作。全年，共出动执法人员9万余人次，检查各类企业1.6万余家，发现各类隐患5.49万项，整改率96%，停产、停业、停止建设882家，行政处罚57万元。

二、加强执法检查，全力优化新区安全环境。区安委会统筹协调，强化安全执法检查。结合季节特点和各时段安全监管重点，建立安全风险月历，组织各行业部门和属地单位分7个重要时间节点，对全区16个重点行业领域开展46项专项检查。同时，结合区域实际，开展商品批发市场专项整治、餐饮经营单位燃气安全专项整治、特种作业人员“双打”行动和“厂改居、群租房”专项整治。

三、推进标准化建设，全力促进企业主体责任落实。年初，印发《关于进一步推进企业安全生产标准化建设工作的意见》和《大兴区安全生产标准化达标创建工作实施方案》，明确创建流程，建立“40+1”的评审标准体系，并组织开展宣传和培训工作。在此基础上，采取分组督导、指标量化管理、定期通报督办等措施，促进达标工作开展。2013年，全区通过一级达标企业2家，二级达标企业8家，三级达标企业871家，完成岗位达标企业2449家。

四、强化安全监管，全力提升安全管理水平。危险化学品行业，严格危险化学品许可办理，受理并办结《危险化学品经营许可证》换证申请87项。液氨使用单位安全检查“一书一签”专项整治等各类执法检查7次。职业卫生，企业主要负责人和职业卫生管理员大培训，1677人参培。依托镇街，开展职业卫生委托执法，加大处罚力度，对12家用人单位进行立案处罚，罚款57.8万元。自查自报，通过科室包镇街，向工作开展不力的属地发工作建议函，对不按规定开展自查自报的企业挂“安全生产隐患排查不达标企业”警示牌，并实施高限处罚等措施促进企业自查自报工作开展。2013年，全区企业安全隐患自查自报上报率和隐患整改率99.0%。应急管理，制订重点危险源“一对一”生产安全事故应急预案，完成183家危险化学品企业和375家机械、冶金、建材、轻纺、烟草等类型生产经营单位应急预案审核备案。开展了区级危险化学品交通事故应急桌面推演1次，各属地开展不同主题应急演练2762次。

五、强化宣教培训，全力营造良好舆论氛围。借助新闻媒体宣传平台和千人志愿者队伍，强化安全宣传。制作并播出《安全生产系列访谈》《爱我新区大讲堂·安全生产篇》《安监干部先进人物访谈》等栏目，开展志愿宣传8次。发挥安委会协调作用，组织区公安分局、农委、住房城乡建设委、旅游委、商务委等13个成员单位，采取集中宣传，组织培训，送安全进企业、进社区等多种形式，开展每月一主题宣传活动。组织各行业部门和属地单位安全生产月活动，安全生产咨询日发放各类宣传品6万余份，参加人数达11万人，大兴区被评为全国“安全生产月先进单位”。安全社区创建，庞各庄镇、兴丰街道被评为“北京市安全社区”。采育镇北京北汽模塑科技有限公司被评为“2013年北京市安全文化建设示范企业”。全年共组织基层、行业安全检查员培训班5期，培训1万余人次。举办企业主要负责人和安全管理人员、企业其他从业人员（含班组长）以及村居检查员培训班660期，培训134167人次。组织“三项岗位”特种作业高危行业安全管理人员培训考核19期，培训23247人次。

2013年，大兴区的安全生产工作得到了市区两级的充分肯定。被市安委会评为“安全生产工作先进区县”，并荣获“安全生产基础管理创新奖”。虽然取得了一定成绩，但也存在薄弱环节。一是企业安全主体责任落实不到位，企业安全隐患自查自报存在漏报、“零上报”现象。企业安全管理投入不足或根本没有安全投入，安全条件落后的问题还比较突出。二是安全生产基层基础工作仍然薄弱，基层安委会工作机制有待完善、监管水平仍需提高。三是保障城市运行领域安全生产情况日益复杂，地下空间、有限空间、商品批发市场、人员密集场所监管力度亟需加大，依托科技提升监管水平的进程仍需加快。这些给安全生产工作带来了巨大压力。

综合监管

【控制考核指标】 2013年，大兴区发生道路交通、生产安全等各类安全生产死亡事故43起，死亡50人，占市安委会下达控制指标的81.97%。其中，道路交通事故死亡47人，占控制指标的97.92%；生产安全事故死亡1人，占控制指标的12.5%。未发生铁路交通死亡事故。

（郑学雅）

【调研大兴“打非治违”】 1月8日，市安全监管局局长张家明带队到大兴区调研“打非治违”工作，实地察看了团河农场“打非治违”工作现状，针对如何推进“打非治违”工作与大兴区安全监管局、住房城乡建设委、“三场一基地”办公室、观音寺街道办事处座谈。张家明建议抓住源头问题深入研究，充分利用体制机制、规划限制等手段，遏制违法建设及非法经营。

（郑学雅）

【安委会第一季度工作会】 1月23日，大兴区安委会召开2013年第一季度工作会，通报2012年全区安全形势，部署2013年安全重点工作：一是加强燃气、在建工程、人员密集场所等重点行业领域安全监管工作；二是深入开展“打非治违”专项行动；三是在强化隐患自查自报工作的基础上推进安全生产标准化建设；四是做好综合安全宣传工作；五是以“智汇安全”信息系统建设项目为载体，加快安全动态监管体系建设；六是加强应急值守，做好重大节日和重点时段安全保障工作；七是认真开展春节期间安全大检查，落实检查人员、复查人员、被查单位实名制。

（宋新雷）

【安全生产大会】 3月6日，大兴区政府召开2013年安全生产工作大会，对2012年安全生产工作进行总结，并部署2013年安全生产工作。会上，庞各庄镇政府、区市政市容委分别代表属地和行业部门向区政府递交安全生产责任书。副区长沈洁在讲话中对2012年度安全生产工作予以肯定，对2013年工作进行了部署。会议强调，始终把安全生产摆在经济社会发展重中之重的位置，坚持“科学发展、安全发展”。重点抓好“打非治违”、联合执法、安全生产标准化建设、安全大培训、安全宣传教育、网格化动态安全监管等工作。

（郑学雅）

【总局到大兴调研安全生产】 3月12日，国家安全监管总局调研组到大兴区调研隐患自查自报和安全生产标准化工作，实地察看了庞各庄智汇安全信息系统建设情况。调研组对大兴区安全监管工作取得的进步给予充分肯定，并强调，一是转变传统监管方式，落实企业主体责任，切实帮助企业解决问题。二是推动安全工作，要上下联动，统筹协作，全面提高安全服务意识。三是推进安全生产标准化工作，完成企业转型升级，提升企业管理水平。四是建立安全监管体系，实现资源整合，将有限的财政资金用于关键点上。

（郑学雅）

【市领导调研烟花爆竹仓库】 3月25日，副市长张延昆带队到北京市烟花鞭炮有限公司魏善庄仓库调研烟花爆竹安全管理工作。调研组对仓库监控设备、应急管理、配送运输等重点部位和环节进行检查，指出要加大安全监管力度，查找薄弱环节，加大技术投入，加强操作人员素质教育，提升烟花爆竹仓库安保水平。市安全监管局局长张家明、大兴区区委书记李长友、市公安局消防局副局长谭林峰和大兴区有关部门领导陪同调研。

（杜蓓蓓）

【安委会第二季度工作会】 4月11日，大兴区安委会召开第二季度安全生产工作会。会议明确5项工作重点：一是加强联合执法，开展燃气安全、在施建筑工地、地下空间、商品批发市场等12项专项执法检查行动；二是全面动员部署安全生产标准化达标创建工作；三是实施隐患自查自报系统升级改造，强化动态监管及执法检查，督促企业开展自查自报工作；四是加强安全宣教，结合安全生产工作重点，继续开展“每月一主题”安全宣传和全员大培训活动；五是完善各项应急预案，开展应急实战演练，提高应急能力和水平。副区长沈洁出席会议并讲话。

（郑学雅）

【市局调研液氨使用安全】 6月5日，市安全监管局局长张家明带队就液氨使用单位安全管理到大兴区调研，实地察看北京资源亚太食品有限公司液氨管理情况，并对液氨使用提出要求，一要吸取吉林省德惠市液氨泄漏造成火灾事故的教训，加强企业液氨安全管理与使用。二要加强从业人员的安全教育培训。三要加强企业日常安全管理，发现隐患及时整改，保障安全生产。

（杜蓓蓓）

【安全生产大检查部署】 7月1日，大兴区政府召开安全生产大检查工作部署会。要求各镇街和行业部门按照“全覆盖、零容忍、严执法、重实效”和“抓落实、建机制、强督查”的原则，在全区开展全覆盖、全规模、全视角安全生产大检查。大检查行动以网格化管理为载体，突出“区领导包镇街，镇街领导包片，管理人员包网格”的管理机制，实行检查量化，各行业部门对本行业重点企业100%进行检查，对非重点企业进行抽查，抽查率不低于总数的10%。属地领导要亲自带队检查，包片领导检查率不低于本片区企事业单位总数的5%，包村居干部检查率不低于20%，网格巡查员按照企业自查自报频次开展日常检查，确保检查效果。会议对燃气安全专项整治和标准化创建工作进行再部署，明确4项工作重点：一是充分利用手机报、宣传栏等多种形式对安全使用燃气进行宣传，在燃气使用单位、居民小区推广使用安全优质的安全设备设施，做好燃气安全宣传和社会服务；二是推进餐饮经营单位燃气专项整治，对全区餐饮经营，建筑施工工地，学校、医院、企事业单位食堂等重点领域使用液化气安全状况进行全覆盖检查；三是落实属地牵头、部门配合的联合执法机制，深入开展联合执法，对不达标企业一律停产停业整顿；四是以行业管理部门、属地单位主管领导、科室负责人和工作人员及所有重点行业领域企业主要负责人、安全管理人员和自评员为重点，开展实名制标准化业务培训，促进标准化创建工作开展。

（郑学雅）

【安委会半年工作会】 7月17日，大兴区安委会召开安全生产工作会，对上半年安全生产工作进行总结，对安全生产大检查行动进行再动员、再部署。会议要求：一要强化企业主体责任的落实，对不开展自查自报的企业采取悬挂“隐患严重单位安全警示标牌”、责令停产停业整顿和高限处罚等措施；二要加大宣传力度，让每家企事业单位必须了解大检查工作，主动开展自查；三要将安全生产大检查行动与“打非治违”、动态安全监管、标准化创建、联合执法工作相结合，摸清企事业单位底数，做到一企一册，从严执法；四要按照网格化管理要求，明确工作责任和任务指标，对不能完成检查任务和发生安全事故单位，追究相关责任人责任。

（宋新雷）

【大检查督导】 大兴区安委会成立由区政府办公室、安全监管局、公安分局、综治办和消防支队分别牵头的5个安全生产大检查督查组，自7月起，每月对安全生产大检查工作进展情况进行检查。采取4项措施：一是实行百分制考核，将8个重点行业、属地、村居、企事业单位细化分解为4类33项具体指标，制发“检查卡”“督查卡”，明确检查重点；二是实行“听、查、看、暗访”方式，不打招呼、简化程序、保证效果；三是实行“月检查，周通报”制度，每周在《大兴安全动态——安全生产大检查专刊》对大检查进行通报；四是实行督办机制，根据发现的问题，制发督办单，建立督办台账，抓好工作落实。

（李新杰）

【市安委会督查大兴区安全生产工作】 7月至12月，市环保局副局长姚辉带领市安委会安全生产大检查第9督查组，对大兴区安全生产大检查工作进行每月一次督查。督查期间，检查了黄村镇、安定镇、西红门镇、清源街道、区住房城乡建设委、市政市容委、环保局、消防支队、北京中食兴瑞冷链物流有限公司、羽奥奥特莱斯商品市场、北京华腾天海环保科技有限公司、北京化工厂等安全生产大检查工作情况，并提出整改建议，促进了大兴区安全生产大检查工作开展。

（郑学雅）

【国务院安委会督查大兴区安全生产工作】 9月25日，国务院安委会第16督查组到大兴区督查安全生产大检查工作，北京经济技术开发区工委委员、管委会副主任王合生代表大兴区对大检查工作开展情况进行汇报，大兴区区委书记李长友、北京经济技术开发区管委会主任张伯旭分别对工作进行补充。督查组对北京金佰利个人用品有限公司、北京京东方显示技术有限公司、北京奔驰汽车有限公司3家企业进行检查，重点检查安全管理机制建设、隐患排查治理、职业卫生防护、液氨安全使用等情况，对安全生产大检查工作给予肯定。市安全监管局局长张家明、副局长唐明明，大兴区代区长谈绪祥、大兴区副区长沈洁陪同检查。

（郑学雅）

【节前安全检查】 9月中旬，大兴区四套班子领导分别带队深入镇街、人员密集场所、商市场、生产经营单位等重点领域开展国庆节前安全生产大检查，重点检查安全生产管理制度落实、应急预案制定和落实、节前安全措施制定、消防安全等。9月23日，区委书记李长友带队对黄村镇兴海隆华再生资源有限公司、桂村、呷哺呷哺公司进行安全生产拉练检查。对相关单位的日常安全管理和运营情况进行了解并要求，一要加强再生资源回收安全管理，严格准入制度，将安全生产、消防安全条件作为硬性标准，严把入驻安全关。加强易燃物品堆放限制，做到随时收购，随时转运，随时清理，坚决遏制火灾隐患。加强与村居对接，为居民提供正规的再生资源回收服务。二要深化流动人口管控和违章建筑管理，坚持“以制管人”“以业管人”“以房管人”。三要严格食品安全管理，强化食品生产源头管控和生产工艺筛查，并针对冷库、特种设备等危险点加强隐患自查，保障生产安全。

（郑阳）

【大检查总结会】 9月11日，大兴区政府召开安全生产大检查工作总结会，对三季度各类安全事故情况进行通报，对8月份安全生产大检查督查情况进行总结，对安全生产大检查督导工作进行部署和说明。副区长沈洁针对安全生产大检查及节前安全强调：一是认清形势，严格措施，抓好各项工作落实；二是要求各单位9月底前完成安全生产大检查第一轮全覆盖检查；三是严格督导，10月份集中开展安全生产大检查“回头看”，对挂账隐患跟踪督办；四是开展节前安全检查，旅游、住建、安监、文化、商务等部门，要对旅游景点、地下空间、危险化学企业、人员密集场所、商市场等进行严格排查，督促企业严格落实措施，确保安全。

（郑学雅）

【大检查“回头看”】 10月，大兴区政府组织全区开展安全生产大检查“回头看”工作，要求各单位按照“查漏补缺、隐患整改、督查督办”的原则，依托网格化安全监管网络，对已经排查出的隐患，严格实行闭环整改，重点落实七看：看安全生产大检查“三全”目标是否落实；看安全生产大检查排查的隐患整改是否到位；看本单位安全生产大检查任务指标是否完成；看治理纠正的违法违规行为是否出现反弹；看企业安全生产主体责任是否落实到位；看事故单位“四不放过”和“举一反三”是否落实；看安全生产大检查与重点工作是否有机结合。同时，突出建筑施工、人员密集场所、危险化学品企业、地下空间使用单位、废品回收、综合楼宇等重点行业领域开展再检查，集中力量打“歼灭战”，实现100%工作目标。

（郑学雅）

【安委会第四季度工作会】 10月15日，大兴区安委会召开第四季度安全生产工作会暨重点安全工作部署视频会。对前三季度安全生产工作进行总结，对第四季度安全生产、消防安全、交通安全、烟花爆竹、预防煤气中毒、建筑工地安全、燃气安全等重点工作进行部署。代区长谈绪祥出席会议并讲话。会议要求：第四季度任务重、挑战大、压力大，节日多、会议多、赶工多，各单位要未雨绸缪，坚持“抓落实、建机制、强督查”的工作原则，以建机制为中心，完善责任机制、联动机制，保障工作落实；各单位要结合本地区实际，明确工作重点，严肃工作责任，抓好落实，确保完成各项工作任务。区委常委贺安钢、副区长沈洁参加会议。

（郑学雅）

【市领导带队检查安全生产】 11月28日，副市长杨晓超带队检查大兴区安全生产工作，对兴全小商品市场、火神庙商业中心2家单位进行检查，重点检查安全管理机制建设、隐患排查治理、消防设施配备、重点部位管理等。提出四点要求，一要针对检查中发现的隐患和问题，立即整改，并对商品市场存在的隐患进行重新排查整治。二要完善措施，强化预防，全面提高企业安全意识。三要加强应急演练，提升企业自防自救和应急处置能力。四要健全安全管理制度，并抓好制度落实。市安全监管局、公安局消防局和大兴区领导参加检查。

（郑学雅）

【重点领域安全治理部署】 12月11日，大兴区政府召开全区重点领域安全专项治理工作部署会，对地下管线安全、群租房管控、违章建筑管控、建筑施工安全、城乡结合部等专项整治工作，2014年元旦、春节烟花爆竹安全管理工作及社会面管控工作进行部署。代区长谈绪祥强调，一要制订方案，建立高效顺畅的工作机制，统一指挥、统一调度、统筹把握。二要打好安全专项整治攻坚战，做到突出重点、转变作风、稳中求进。三要确保安全专项整治顺利进行，强化联合执法，敢于担当、敢于执法。区领导贺安钢、沈洁、金卫东，区相关部门行政一把手参加会议。

（郑学雅）

【城乡结合部专项整治】 12月，大兴区政府在全区开展城乡结合部地区专项整治行动，成立区长谈绪祥任组长、副区长沈洁任副组长的城乡结合部安全生产专项整治领导小组，抽调区安全监管局、工商分局、消防支队、住房城乡建设委等12家单位13人成立专项整治办公室，建立一支50人组成的专项执法队伍，以黄村、西红门、旧宫、瀛海、青云店、北臧村六镇和“三场一基地”等地区为重点，集中对各类商品批发零售市场，工业大院，“五小企业”“六小场所”，仓储场所，再生资源回收企业，设施农业项目，住宿与生产、仓储、经营合用场所进行整治。

（孙兴）

危险化学品安全监管

【危险化学品检查】 2013年，大兴区安全监管局检查危险化学品企业和烟花爆竹经营单位531家次，下达整改指令书36份、强制措施决定书15份，发现并消除隐患101项，对3家单位进行了立案处罚，罚款3万元。

（刘晓梅）

【行政许可登记备案】 2013年，大兴区安全监管局按照“依法许可、高度负责、便民高效、优质服务”的原则，依法审查危险化学品和烟花爆竹企业行政许可事项，严格危险化学品建设项目安全条件审查，严把危险化学品生产、经营许可准入关口。全年办理危险化学品经营许可证变更、新增及换证申请87项，办理非药品类易制毒化学品第二类及第三类生产、经营备案8项，协助市安全监管局完成生产企业换证审查1项，参加危险化学品建设项目审查2项，全部按规定时限办结。

（胡伟）

【节后复工安全检查】 2月，大兴区安全监管局开展为期一个月的危险化学品企业节后复工的安全生产检查。要求企业做好安全生产设备设施的检查维修，加强企业员工安全复工教育，落实通风、防火、防静电、防粉尘爆炸等安全防范措施，对自查的安全隐患，及时整改，严防危险化学品泄漏、中毒、火灾、爆炸等事故发生。

（张振杰）

【安全防暑、防汛】 5月30日，大兴区安全监管局向各属地单位和危险化学品企业发出《关于做好2013年暑、汛期危险化学品生产经营单位安全生产管理工作的公告》，并启动暑、汛期危险化学品，烟花爆竹生产经营单位安全生产专项检查，重点检查隐患排查治理、应急处置等内容，有效防范自然灾害引发的生产安全事故。

（胡伟）

【“一书一签”专项整治】 6月1日至9月30日，大兴区安全监管局在危险化学品生产经营单位中开展“一书一签”（即安全技术说明书和化学品安全标签）的专项整治工作，要求危险化学品生产单位依法履行危险化学品登记职责，危险化学品经营单位执行“一书一签”安全管理制度，不得销售没有“一书一签”的危险化学品。

（张杰）

【危险化学品大检查】 7月至12月，按照大兴区政府关于开展安全生产大检查工作的部署，大兴区安全监管局开展了危险化学品和烟花爆竹安全大检查工作，对全区危险化学品和烟花爆竹生产经营单位进行100%检查。共检查企业196家次，消除隐患52项，有效防范安全事故发生。

（张杰）

【涉氨使用单位专项治理】 11月，大兴区安全监管局对全区19家液氨使用单位开展专项治理工作。结合16项重点整治内容和《北京市液氨使用与储存安全技术规范》，要求：涉氨冷库严格遵守各项操作规程，增加重点部位巡查频次，确保机器设备正常运行；加大制冷系统保护装置的检修力度，确保灵敏、可靠、有效；其他液氨经营和使用单位要完善室外液氨储罐的遮阳和喷淋降温设施，严防高温暴晒；汛期，要注意防雷、防静电，厂（车间）内的液氨储罐应按《建筑物防雷设计规范》设置防雷、防静电设施；加强应急预案的演练，配备充足有效的应急物资和装备；强化领导带班和24小时值班，发现问题及时上报安全监管部门。

（张振杰）

【安全一体化建设】 2013年，大兴区安全监管局推动北京化工集团华腾化工园区安全一体化建设。从深化整体安全风险评估、科学规划园区产业链、优化园区内企业布局、严格企业入园条件等方面进行指导，帮助园区整合安全生产管理机构，利用园区内各企业的监测监控、应急救援等资源，构建园区一体化管理信息平台，为实现园区安全生产一体化管理奠定基础。

（张振杰）

【油库自动化控制】 2013年，大兴区安全监管局指导区内3座油库开展自动化控制改造工作。一是加强油库安全参数及信息实时监测，及时预测事故，并通过联动控制装置有效应急和控制。二是组织专家评议审查改造设计和施工方案等，确保方案可行。三是严格落实安全保障措施，以动火作业、打孔作业等关键环节为重点，加强施工单位安全监管，确保施工安全。

（胡伟）

烟花爆竹安全监管

【烟花爆竹零售网点】 2013年，大兴区安全监管局依据《烟花爆竹零售网点设置管理安全要求》设置并许可烟花爆竹零售网点88个，包括零售大棚80个、固定网点4个、提货点4个，分布在全区14个镇和5个街道办事处，其中五环路内网点30个。

（张杰）

【安全管理部署】 1月6日，大兴区安全监管局召开由各属地主管领导参加的烟花爆竹销售（储存）安全管理工作部署会，传达了市、区两级烟花爆竹安全管理工作具体要求，部署零售网点设置和安全监管等具体工作。

（张杰）

【行政许可】 1月7日至8日，大兴区安全监管局开展烟花爆竹经营零售许可受理工作，受理烟花爆竹经营零售申请98项，审查98项。1月13日，完成烟花爆竹经营零售许可审批工作，审批烟花爆竹临时零售网点88个。1月19日，向通过审批的商户发放了烟花爆竹经营零售许可证、标志牌和从业人员上岗证。

（张杰）

【经营负责人会议】 1月18日，大兴区安全监管局召开2013年烟花爆竹经营单位负责人安全管理工作会。区安全监管局、公安分局、工商分局、交通支队、消防支队，分别就烟花爆竹销售、储存、防火、证照等安全管理工作进行部署，并提出具体要求。销售网点负责人代表就网点销售期间的安全管理等相关工作做出10项承诺。3家烟花爆竹批发企业负责人及全区88家烟花爆竹零售、提货网点负责人参加会议。

（张杰）

【从业人员安全培训】 1月18日，大兴区安全监管局开展烟花爆竹零售网点从业人员培训，对全区352名零售网点从业人员进行法律法规和相关专业知识培训。组织从业人员进行执业资格考试，并为考试合格的人员发放上岗证。

（张杰）

【燃放高峰安全检查】 除夕、初五、元宵节烟花爆竹燃放高峰时段，大兴区安全监管局领导班子分4个检查组，带领执法人员对烟花爆竹零售网点以及禁放点周边进行巡查，督促零售网点及禁放点加强应急管理及安全疏导工作，避免引发事故。

（张杰）

【经营网点安全检查】 春节期间，大兴区安全监管局出动执法人员118人次，检查烟花爆竹经营网点457家次，其中检查批发企业5家次，发现并消除事故隐患47项。

（张杰）

隐患排查治理

【“打非治违”工作部署】 5月9日，大兴区政府召开“打非治违”工作部署会，采取多项措施深化“打非治违”工作。一是召开全区“打非治违”工作部署会，对安全生产隐患排查、建筑施工、道路交通等行业领域，打击非法违法、治理纠正违规违章行为提出具体要求。二是成立以主管副区长任组长，区工商分局、住房城乡建设委、公安分局、交通局等33个行业部门为成员单位的“打非治违”工作领导小组。三是明确整治工作重点，重点对无证、证照不全或过期、超范围从事生产经营建设等13项重点内容，道路和水上交通、建筑施工、消防、危险化学品、冶金等5个重点行业领域开展专项整治。四是分宣传动员和摸底排查、督查检查和落实整改、巩固提高和“回头看”三个阶段，推进工作开展，做到“台账全、底数清、销账快、处置好、责任清、重督查”，确保全区“打非治违”工作取得实效。全年出动执法人员4.9万余人次参与“打非治违”工作，检查企业3.6万余家次，打击非法违法行为3.17万起，关闭29家非法企业，责令847家生产经营单位停产停业整顿，行政拘留567人，罚款520.9万元。

（赵波）

【隐患自查自报】 2013年，大兴区安全监管局采取多项措施推进隐患排查治理和自查自报工作落实。一是制发《大兴区生产经营单位安全隐患自查自报实施办法》，进一步明确安全隐患自查自报的范围和方式。二是制发《大兴区安全生产隐患排查不达标企业悬挂警示标牌暂行办法》，对不按时上报的企业，实际情况与上报情况不符的企业，存在虚报、瞒报、谎报行为的企业悬挂警示标牌，督促企业有效开展工作。三是实施分片督导。区安全监管局各科室分片督导各属地单位，及时更新自查自报系统数据，指导监督企业主动开展隐患自查自报工作。2013年，大兴区审核企业9737家，其中9638家生产经营单位开展自查自报，上报率99%，上报安全隐患42098项，已整改41759项，整改率99.1%，其余安全隐患按要求限期整改。

（崔丽雅）

应急救援

【预案管理】 2月，大兴区安全监管局下发《关于进一步落实〈北京市生产安全事故应急预案管理办法〉的通知》《关于增加大兴区安全生产行政执法委托权限的通知》。8月，下发《大兴区生产安全事故应急预案备案程序》，进一步明确预案要求，增强预案针对性、实用性和可操作性，并将程序归纳汇总形成宣传折页，印发全区生产经营单位，开展宣传教育。截至年底，已对375家企业的综合预案和专项预案进行审核、备案。

（贾东）

【全国“两会”应急值守】 3月，大兴区安全监管局加强全国“两会”期间应急值守工作。一是利用短信平台给区应急队伍、应急专家和区应急物资储备库相关人员发送应急提示，要求做好应急备战工作。二是制定《大兴区安全生产监督管理局“两会”期间生产安全事故应急处置工作预案》，做好事故应急处置准备。三是强化应急值守，落实24小时值班带班，保证信息畅通。

（宋志光）

【应急救援机制建设】 6月5日，大兴区安全监管局制定《预防和应对自然灾害引发生产安全事故工作制度》，理顺职责和应急响应流程，提高应急处置效率。6月14日，制定《大兴区突发危险化学品事故应急救援联动机制》，建立联席会、事故信息通报、救援队伍调配和资源共享等制度，提高与区消防支队的协同作战能力。6月17日，制定《2013年防汛工作方案》，规范汛情引发生产安全事故预测、预警和应急响应工作程序。

（宋志光）

【危险化学品交通事故应急演练】 6月20日，大兴区安全监管局以“危险化学品交通事故”为题，采取屏幕演示与情况介绍相结合、动态与静态相结合、领导指挥与实际互动相结合的方式，模拟危险化学品运输车辆（环氧氯丙烷）交通事故，演习综合事故信息报告、现场集结、应急处置和实施救援等应急处置程序。此次演练由区政府应急办、安全监管局、公安分局、消防支队、环保局、卫生局、交通局、广电中心8个部门参加，参演人员30余人，指挥部成员单位的各位主管领导到场观摩，演练得到了市安全监管局和区领导的一致认可。已将桌面推演录像进行了剪辑处理并制作成光盘，下发至属地各单位，供交流学习参考。

（周堃）

【应急演练指导】 6月，按照大兴区安全生产月活动安排，区安全监管局加强应急演练指导。一方面，参与属地和企业组织应急演练3次，针对演练出现的问题进行全面点评，并提出合理化建议。另一方面，督促属地开展安全生产月应急演练周活动，作好应急演练周活动的总结。应急演练周期间，全区各属地、行业组织开展应急演练121次，充分营造了安全生产月活动的良好氛围。

（贾东）

【应急管理培训】 6月，大兴区安全监管局对全局工作人员就《大兴区危险化学品事故应急救援预案》《应对自然灾害引发生产安全事故响应程序》、应急值守系统、值班制度等应急知识进行培训。8月，组织全区21个属地单位50余名安全管理人员对《大兴区生产安全事故应急预案备案工作程序》进行培训，进一步提高应急管理能力。

（贾东）

【应急预案编制】 8月，大兴区安全监管局启动重大危险源“一对一”生产安全事故应急预案编制。制定下发《关于编制重大危险源“一对一”生产安全事故应急预案的工作方案》，组织存在重大危险源的6个属地政府和11家企业召开重大危险源“一对一”预案协调会，依托中介机构开展预案编制。通过专家评议和多次修改，于12月完成《大兴区重大危险源“一对一”生产安全事故应急案》编制，并经区应急委审查批准。

（贾东）

【事故应急处置】 12月4日，位于大兴区南六环主路京开高速公路西侧8公里处发生一起油罐车追尾事故。大兴区安全监管局迅速行动，紧急调配救援物资，配合现场处置，圆满完成应急任务。

（李青松）

【应急物资储备库建设】 2013年，大兴区安全监管局坚持每季度对应急物资进行一次盘点，保障应急物资的齐备、有效。同时，加强应急救援物资储备库建设，3月，购置电缆线盘、撑顶器、堵漏工具等补充到区应急救援物资储备库。9月，维修年检到期的灭火器24个。11月，与北京大风太好环保工程有限公司签订了油品还原剂委托保管协议，委托该公司对10吨油品还原剂进行保管，进一步完善物资储备。

（宋志光）

执法监察

【联合执法检查】 年初，大兴区安委会结合季节特点及安全监管工作实际，制定《大兴区安全生产联合执法月历》和《大兴区安全生产联合执法检查方案暨2013年大兴区安全生产重点执法检查计划》，分7个重要时间节点，对全区16个重点行业开展46项专项检查，形成安全生产“主动预防、科学监管、联合执法”的工作模式。全年，检查生产经营单位31311家次，发现隐患和问题32409项，对523家生产经营单位进行了处罚，处罚金额337.5万元。

（郑阳）

【节日安全检查】 1月至2月，大兴区安委会在全区开展春节期间安全大检查行动，以危险化学品生产经营单位、商场超市、批零市场、餐饮企业、文化娱乐场所、电影院、交通枢纽和游园活动等为重点，强化执法检查。其间，检查烟花爆竹零售网点和批发企业109家次，危险化学品生产经营单位46家次，人员密集场所233家次，交通枢纽和交通运输企业59家次，下达执法文书291份，发现隐患556项，罚款7万元，停产停业整顿22家。

（张帆）

【监管队伍建设】 2月28日，大兴区安全监管局印发《关于进一步加强安全生产监管队伍作风建设的意见》，从强化意识、改进作风、严肃纪律等八个方面对安全监管队伍的作风提出明确要求。6月5日，印发《关于进一步加强基层安全生产监管工作的意见》，从如何发挥基层安委会作用，加强安全监管人员业务知识培训、强化基础性工作落实等方面作出明确规定，强化基层基础工作。

（谷学宁）

【全国“两会”安全检查】 3月，大兴区安委会在全区开展全国“两会”安全保障专项执法检查行动。以建筑施工、危险化学品、人员密集场所等行业领域为重点，深入开展安全检查。两会期间，检查生产经营单位3277家，查处隐患和问题4911项，关停生产经营单位37家，对42家进行处罚。

（张帆）

【小锅炉安全整治】 3月，大兴区安全监管局、质监局开展“春季小锅炉”清查行动。截至3月底，完成三间房、孙村、磁各庄等8个村的清查工作，清查洗浴场所、服装厂等生产经营单位84家，检查锅炉104台，现场发现并消除隐患22项，当场拆除未登记蒸汽锅炉5台，责令停止使用锅炉9台，封停简易升降机4台、撤换无证司炉工3名并没收伪造作业证件1本，实施现场简易处罚5起，罚款4500元。

（郑阳）

【批发市场专项整治】 3月，大兴区安委会组织对全区71家商品批发市场进行摸底调查，建立台账。4月，区安委会组织制定《大兴区商品批发市场安全管理规范》，下发至所有商品批发市场，开展对标整改。7月至8月，区安全监管局牵头对63家商品批发市场进行验收，消除安全隐患445项。

（郑阳）

【餐饮场所燃气安全整治】 4月，大兴区安委会在全区范围内开展餐饮经营单位燃气安全专项整治工作。检查餐饮经营单位2244家，发现并消除各类隐患2459项，责令16家单位停业整顿，对10家单位进行立案处罚，罚款56290万元，要求燃气使用单位安装燃气泄漏报警器3608个，更新软管1499条。

（郑阳）

【地下空间专项治理】 4月，大兴区安全监管局制定《大兴区2013年地下空间专项整治工作方案》，明确各单位工作职责和年度工作目标。5月15日，召开全区地下空间治理工作部署会。以出租、散租住人、违法违规使用及存在安全隐患的地下空间为重点，加强违法违规行为清理整治。截至年底，清退出租住人普通地下室14处，清退租住人员548人，清空货物库房4处，规范人防工程8处。

（韦起鹏）

【“双打”执法检查】 6月，大兴区安委会以在建施工工程、工业生产企业和人员密集场所等6个重点行业领域为重点开展特种作业及特种设备作业人员“双打”专项执法行动。行动期间，组织各类执法检查236次，检查生产经营单位1631家次，发现特种作业违法违规行为1442项，持假证上岗15人，全部当场责令特种作业人员停止作业，立案查处10起，罚款10.44万元，拘留23人。

（郑阳）

【电气安全隐患执法检查】 7月15日，大兴区安全监管局成立以局长李延国任组长的领导小组，在全区开展电气安全隐患专项执法检查。对存在较大用电安全隐患的单位“走一遍、看一遍、整一遍”，对安全意识不强的生产经营单位提出了整改意见和整改措施。行动期间，检查生产经营单位560家，发现隐患和问题863项，立案处罚9家，罚款16.2万元。公安机关依法拘留2名持假证上岗人员。

（张帆）

【在建工程安全监管】 2013年，大兴区安全监管局加强全区老旧小区改造在施工程安全检查，全年检查改造工程5项，查处隐患13项，全部整改。

（吴思航）

【农村“两气”执法检查】 2013年，大兴区安全监管局、农委、质监局、气象局、消防支队等部门组成联合执法队，以农村“两气”站安全制度建设、安全责任和措施落实等为重点，对长子营镇、青云店镇“两气”工程安全状况进行联合检查，促进“两气”工程行业监管职责及镇村主体监管责任落实。

（郑阳）

【全年执法检查】 2013年，大兴区安全监管局检查生产经营单位1379家，查处各类隐患和问题2074项，下达执法文书915份，责令改正指令书874份，强制措施决定书41份，实施行政处罚132件，处罚金额144.9万元。

（郑阳）

【举报投诉查处】 2013年，大兴区安全监管局受理举报投诉事项100件，办结率100%，经查属实52件，依法立案处罚3件，罚款5.4万元。

（张志富）

职业卫生监督检查

【“标杆企业”创建】 年初，大兴区

安全监管局在全区开展区级职业卫生“标杆企业”创建工作，以点带面，促进全区职业卫生工作开展。通过指导创建、专家评审，最终北京宝旺印务有限公司、北京尚唐印刷包装有限公司、壳牌统一（北京）石油化工有限公司被评为大兴区职业卫生“标杆企业”。

（陈冰）

【《职业病防治法》宣传】 4月24日至5月1日，大兴区安全监管局开展以“防治职业病，幸福千万家”为主题的《职业病防治法》宣传周活动，通过送法进企业，职业病防治知识大讲堂和集中宣传等活动，向一线职工宣传职业病防治相关法律、法规及职业病防治知识。宣传周期间，发放宣传材料3万份，接受现场咨询3000人次，悬挂宣传横幅50条，举办职业卫生公开课2场，培训500人次。

（陈冰）

【有限空间安全监管】 6月，大兴区安全监管局制发《大兴区2013年有限空间安全生产监管工作实施方案》，明确工作重点，细化监管重点时段和任务。同时，制定《大兴区2013年有限空间安全执法巡查计划》，联合相关部门，在作业高峰期，开展昼夜不同时段的有限空间巡查活动，共巡查有限空间作业单位7家，整改违法违规作业行为11项。

（韦起鹏）

【机动车维修职业危害治理】 6月至10月，大兴区安全监管局、交通局开展机动车维修行业职业危害专项治理，对辖区内机动车维修行业进行摸底排查，检查企业160家次，下达执法文书201份，发现隐患和问题146项，责令15家单位停产停业整顿。均已按指令整改。

（李刚）

【职业卫生培训】 7月17日至9月5日，大兴区安全监管局委托北京市大兴区立业培训学校在北京兴核宾馆举办2013年大兴区用人单位主要负责人和管理人员职业卫生培训班。对全区21个镇街882家企业主要负责人和职业健康管理员1677人进行职业安全健康教育。

（陈冰）

【职业卫生达标示范企业创建】 10月，大兴区安全监管局启动职业卫生达标示范企业创建活动。一是对全区885家存在职业病危害的企业进行筛选，要求属地单位分别确定一家或两家企业作为2013年达标示范企业，开展创建工作。二是将职业卫生达标示范企业创建活动纳入安全生产综合考核，并作为加分项内容，实行考核加分制，激励属地工作开展。三是邀请职业卫生专家，制订包括危害项目申报、作业现场等7大项17小项的达标示范企业创建标准，指导企业达标创建。四是组织职业卫生专家深入企业进行指导，提出整改意见，促进企业尽快达标，提高创建工作效率。通过对职业卫生达标示范企业初评、复评，截至年底，已有21家完成创建工作。

（陈冰）

【指导职业健康管理】 2013年，大兴区安全监管局从全区职业卫生监管现状出发，制定了《大兴区用人单位职业病危害告知与警示工作指导意见》《大兴区用人单位职业卫生管理制度编制工作指导意见》《大兴区用人单位职业健康监护工作指导意见》，进一步指导区内用人单位规范职业病危害告知与警示、职业健康监护等工作，提高用人单位职业病防治工作水平。

（刘佳）

【职业病防治技术支持】 2013年，大兴区安全监管局以委托执法为依托建立了大兴区职业卫生监管体系，制定下发《大兴区用人单位职业卫生监督管理体系建设实施方案（试行）》及配套制度和办法，明确各单位工作职责和职业病防治工作执法检查流程及要点。10月30日，区安全监管局成立大兴区职业卫生技术支撑机构和12名专家组成的专家库，为用人单位职业病防治工作提供技术保障。

（陈冰）

【职业病危害执法检查】 2013年，大兴区安全监管局检查存在职业病危害用人单位200家次，下发整改文书101份，对存在严重隐患的12家用人单位进行行政处罚，罚款金额57.8万元。

（李刚）

【职业病危害项目申报】 2013年，大兴区安全监管局采取多项措施推动职业病危害项目申报工作。一是以职业病防治法宣传周为载体，以职业病防治法为主要内容，通过集中宣传、上街宣传、入企宣传等形式开展法规宣贯，实现属地宣传全覆盖。二是开通职业病危害项目申报绿色通道，现场受理、现场指导网上填报和审核，加强服务，提高工作效率。三是联合属地政府召开专项工作会，先后在8个镇街开展集中培训，指导企业申报工作。截至年底，全区885家企业完成职业病危害项目申报。

（杨凯）

宣传培训

【培训机构考核】 1月，大兴区安全监管局对全区22家安全生产培训机构进行年度考核。通过听汇报、现场检查、进企业抽查等方式，对培训机构开展安全生产培训、安全培训证书的管理及发放、安全培训档案的建立及管理等情况进行考核，为2013年安全生产培训工作奠定基础。

（黄述强）

【培训部署】 3月28日，大兴区安全监管局召开安全生产培训工作部署会，对2013年安全生产培训工作进行部署，要求各单位做好宣传、摸底工作，“分层次、分行业、分区域”开展培训。会上，区安全监管局与属地单位代表签订2013年《安全生产培训责任书》，西红门镇、黄村镇作为安全生产培训工作典型分别进行发言。

（黄述强）

【安全生产月】 6月，大兴区安委会以“强化安全基础，保障城市运行安全”为主题，按照警示教育周、安全文化周、应急演练周、隐患排查治理周4个阶段，在全区各行业、各属地、各生产经营单位开展安全生产月宣传活动。6月9日，在火神庙商业中心举行安全生产月宣传咨询日，设立咨询点21个，摆放大型展板15块，悬挂条幅16条，发放各类宣传品6万余份。荣获全国“安全生产月先进单位”奖。

（黄述强）

【培训专项检查】 6月26日至8月25日，大兴区安全监管局在全区开展安全生产培训专项执法检查。重点检查企业安全生产月活动，安全培训机构培训工作，生产经营单位全员培训，特种作业的人员持证上岗等情况。检查生产经营单位3054家，安全生产培训机构20家，消除隐患2933项，行政处罚119起，罚款14万元。

（黄述强）

【总局培训调研】 7月15日，国家安全监管总局培训中心调研组对大兴区安全生产培训工作调研。听取区安全监管局、兴南培训学校、西红门镇成人学校、瀛海镇成人学校安全生产全员大培训工作情况汇报。调研组对大兴区安全生产培训工作给予肯定。调研组建议，继续加强对培训工作的监督检查和考核。在区域内共享社会培训资源。政府部门要逐步从前置管理向过程和结果管理转化。

（黄述强）

【安全检查员培训】 2013年，大兴区安委会在基层安全检查员中开展季度培训，培训由区安委会办公室牵头，安全监管局、消防支队、住房城乡建设委、发展改革委、市政市容委、商务委、交通支队等15个部门共同组织，突出安全生产、消防安全、燃气安全、食品安全、交通安全等内容，结合季度特点，确定培训主题，每期培训2天。8月8日至9日，11月29日至30日，分别组织了三季度、四季度培训，全区各镇街安全检查员及行业主管部门安全科长和检查员450人参加培训。

（黄述强）

【企业安全培训】 2013年，大兴区安委会依托安全生产培训机构培训和企业自主培训，举办安全生产培训班660期，培训134167人，其中，主要负责人和安全生产管理人培训73期，培训13682人。其他从业人员培训（含班组长）571期，培训119647人。村（居）检查员培训16期，培训838人。

（黄述强）

【“三项岗位”培训】 2013年，大兴区组织“三项岗位”人员培训考核21期，25679人次。其中特种作业人员培训考核10期，25028人次。高危行业主要负责人和安全管理人员培训考核11期，651人次。

（黄述强）

【基层安全生产宣传教育】 2013年，大兴区安全监管局全面加强基层安全生产宣传教育工作。制定《安全生产宣传工作例会制度》《安全生产宣传工作通报制度》《安全生产宣传工作考核制度》3项管理制度。将属地、行业宣传教育工作纳入年度安全生产综合考核，实行量化管理，把电视、报刊、网站等媒体宣传指标分解量化到属地和行业部门，每季度对落实情况进行通报，督促宣传工作开展。

（黄述强）

【每月一个主题宣传活动】 2013年，大兴区安委会统筹安全宣传教育，继续在全区开展每月一个主题安全宣传教育活动。每月明确一至两个牵头单位，结合各自工作特点，开展特色安全宣传。2月，区公安分局以“安全绽放、幸福万家”为主题，开展了烟花爆竹安全燃放“十进”活动。在全区烟花爆竹禁放区域张贴警示图6000余张，对区域内居民、中小学生发放烟花爆竹一封信等各类宣传

大兴区副区长沈洁及全区行业部门、属地单位负责人、企业代表参加了会议。

（于洋）

【达标创建示范区调研】 5月7日，大兴区副区长沈洁带队对新媒体产业基地、生物医药产业基地和采育开发区3家区级标准化达标创建示范区调研，要求3家单位完善达标创建工作方案，摸清辖区企业底数，建立工作台账，采取有效措施推动标准化达标创建工作开展，切实发挥好示范作用。

（韦起鹏）

【达标创建培训】 7月2日至10日，大兴区安全监管局举办安全生产标准化达标创建实名制培训。培训以创建标准、创建流程等为重点，按照行业类别，分7批次进行，全区15家行业部门、21家属地单位、730家重点行业领域企业的负责人和管理人员1674人参加培训。

（于洋）

【评审机构】 7月22日，大兴区安全监管局与市劳保所等5家评审机构达成协议，由5家评审机构分区域负责全区重点行业领域企业对标整改及三级标准化评审工作。

（苗雅蕊）

【年度达标创建】 2013年，大兴区通过一级达标企业2家，二级达标企业8家，三级达标企业871家（其中重点行业领域企业698家，其他行业领域企业173家），完成岗位达标企业2449家。

（于洋）

安全社区

【安全社区建设】 3月，大兴区庞各庄镇被评为“北京市安全社区”，兴丰街道办事处接受市安全生产协会安全社区现场评定。5月，大兴区安全监管局确定瀛海镇和新媒体产业基地2家作为2013年安全社区创建单位，启动创建工作。12月，大兴区安全监管局被评为“全国安全社区建设先进单位”。

（黄述强）

【安全文化示范企业建设】 2013年，大兴区安全监管局在采育镇和庞各庄镇选取2家企业开展安全文化示范企业创建试点工作，并通过组织相关人员赴顺义区学习创建经验，邀请专家进企业指导等方式推进创建工作。9月，北京北汽模塑科技有限公司（采育镇）被评为“2013年北京市安全文化建设示范企业”。

（黄述强）

昌平区

概述

2013年，昌平区安全生产工作按照“科学发展、安全发展”的总体要求，紧紧围绕区委、区政府中心工作，以强化落实安全生产责任为重点，以有效防范和减少生产安全事故为目标，以安全生产标准化及信息化建设为抓手，加强执法检查，加大事故查处及宣传教育力度，圆满完成市安委会下达的各项执法指标及春节、全国“两会”、北京首届农业嘉年华等重大活动、重要节假日安全生产保障任务，实现昌平区安全生产形势持续稳定好转。

一、依法依规实施行政许可工作。审核颁发危险化学品经营许可证46个、烟花爆竹经营许可证141个、职业危害申报回执369个、非药品类易制毒化学品经营备案证明2个，审查备案职业卫生“三同时”预评价项目2个、应急预案39个，注销危险化学品经营许可证2个。全区有危险化学品生产经营单位130家、非药品类易制毒经营单位6家、危险化学品重大危险源单位6家、非煤矿山企业2家。审核职业危害单位369家。

二、深化重点行业领域专项整治行动。采取日常执法、重点执法、跟踪执法、联合执法、专项执法等形式开展危险化学品、烟花爆竹、有限空间、职业危害、非煤矿山、建筑施工、人员密集场所、拆迁工地等10余项安全生产专项整治行动，累计检查生产经营单位4095家7161次，查处各类生产安全隐患11273项，下达各类行政执法文书6685份，行政处罚143次，罚款58.62万元。责令停产停业整顿生产经营单位121家。

三、安全生产大检查。共组织全区性安全生产大检查专题培训11次，培训人员2067人次。组成检查工作组9209个，出动检查人员37093人次，检查各行业生产经营单位34860家，查处安全隐患36151项，责令改正、限期整改、停止违法行为13373起，责令停产、停业、停止建设98家，暂扣或吊销有关许可证、职业资格7起，关闭非法违法企业60家，罚款138.16万元。各行业、各镇街安全生产大检查工作教育培训率、自查覆盖率和隐患整改率均达到100%。

四、安全生产教育培训。通过昌平电视台《百姓话题》等栏目，《昌平报》《中国安全生产报》《平安昌平》《安全生产动态》等报纸杂志，开展安全生产月、大型公开课、知识竞赛、安全文艺演出、媒体采访、应急演练、隐患治理等活动，进一步增强全社会及企业安全生产意识。组织开展各类安全生产培训80余次，培训烟花爆竹、有限空间、标准化等管理及从业人员1万余人。举办电工、焊工等特种作业人员及高危行业培训班98期，培训特种作业人员6900余人。开展“有限空间知识万人答卷”活动，培训有限空间作业人员1万余人。对152名初任安全检查员进行了培训。

五、安全生产标准化建设。制定印发《昌平区推进安全生产标准化工作实施意见》，聘请专家对各镇街和职能部门小微企业安全生产标准化评审员60余人进行培训。开展小微企业安全生产岗位达标培训51次，培训各类企业1475家，培训人员2430人次。2013年，有41家工贸企业和17家人员密集场所达到安全生产标准化三级标准，531家小微企业达到安全生产岗位达标标准。

六、安全生产信息化建设。采取督查与检查相结合的方式，推动企业自觉使用“安全生产事故隐患自查自报系统”，提高企业安全生产主动性和责任意识，年内企业上报率75.12%。做好物联网监控系统推广应用，春节期间对城镇地区60个烟花爆竹临时销售网点进行24小时视频监控。首届农业嘉年华活动期间，利用闲置的烟花爆竹视频监控系统对活动场馆重要位置进行实时监控，有效预防生产安全事故发生。

七、2013年，昌平区被市安委会评为“2013年度安全生产工作先进区县”。区安全监管局被市安全生产月活动组委会授予“2013年北京市安全生产月活动优秀组织奖”、2013年“北京建工杯”百万一线职工安全生产知识竞赛优秀组织奖，被首届北京农业嘉年华筹委会指挥部授予“首届北京农业嘉年华最佳安全保障奖”。

八、2013年，昌平区安全生产工作虽然取得明显成效，但仍存在一些问题和不足。一是部分企业安全生产意识淡薄，片面追求经济利益最大化，重生产、轻安全的现象仍然严重，导致企业安全投入、设备设施改造、人员培训教育、应急救援等方面严重不足，安全生产基础管理薄弱。二是非法违法生产经营建设行为依然突出，低端产业无序发展，严重影响安全生产秩序，是导致事故多发频发的主要原因。三是城市运行领域安全生产问题日益复杂，地下管线纵横交错，部分设备设施老化，高负荷运转使用，给安全监管带来很大压力。四是流动人口聚集区问题严重，回龙观、北七家、沙河等镇街存在大量以出租房屋为主的村落，流动人口聚集，村民违法建筑现象严重、房屋质量安全得不到保障，公共消防通道被挤占，电线私搭乱接，一旦发生事故，易造成重大人员伤亡和财产损失。

综合监管

【控制考核指标】 2013年，昌平区发生各类安全生产死亡事故100起，死亡113人，占市安委会下达控制指标的98.26%，控制在年度目标范围之内。其中，道路交通事故死亡102人，占控制指标的97.14%；生产安全事故死亡2人，占控制指标的33.3%；铁路交通事故死亡3人，占控制指标的150%。

（樊朝花）

【年度重点任务】 2月17日，昌平区安全监管局召开会议，研究确定昌平区2013年安全生产工作重点。一是加大执法力度，深入开展危险化学品、建筑施工、人员密集场所、有限空间、非煤矿山、工业企业等安全专项行动，做好重点行业领域安全监管，落实企业安全生产主体责任。二是加大“打非”力度，及时查处各类安全生产举报事项，严厉打击各类安全生产违法违规行为，解决群众关心的热点、难点问题。三是加大宣传教育和培训力度，加强安全文化及安全社区建设，增强广大群众的安全意识，提高各级安全生产管理人员、从业人员的安全技能。四是以安全生产信息化、标准化建设为抓手，推动“科技创安”。五是充分发挥安委会办公室的综合协调作用，加强督查考核，巩固联合执法检查、“双例会”等安全生产长效机制，切实推动行业管理部门、属地政府落实安全生产监管责任。

（樊朝花）

【“嘉年华”安全保障】 3月11日，昌平区安全监管局召开专题会议，部署首届北京农业嘉年华举办期间安全生产保障工作。3月12日至活动结束，区安全监管局每天分成5个工作组，全面开展安全生产执法保障工作。一是加强对各场馆进行执法检查和巡查，对嘉年华活动现场周边加油站、建筑工地、重大危险源等重点生产经营单位开展拉网式执法检查。二是加大宣传力度，在农业嘉年华园内举行有限空间知识口袋书启动仪式，现场讲解“口袋书”的主要内容和有限空间作业注意事项。三是加强对属地政府农业嘉年华安全生产保障工作落实情况的督查，落实属地安全生产管理责任。四是加强执法检查和应急值守，实行“日值守、日巡查、日报告、日例会”工作机制。五是根据周六、周日及“清明节”游客流量，及时调整执法力量，全力做好各场馆安全生产保障。

（樊朝花）

【总局调研标准化】 3月13日，国家安全监管总局到昌平区调研安全生产标准化和隐患自查自报工作。调研组听取区安全监管局的汇报，察看安全生产标准化创建和事故隐患自查自报工作开展情况。总局领导肯定了昌平区安全监管工作取得的进步和在安全生产标准化创建及信息化建设方面取得的成果，并强调：一是注重政策研究，发挥政府推动作用，研究制订安全生产奖励机制，调动企业安全生产积极性；二是通过安全监管工作推进社会管理和城市运行的良好发展，进一步加强创新，固化机制；三是推进企业安全生产标准化创建工作，提升企业安全管理水平，推动企业转型升级；四是强化企业安全基础建设，落实企业主体责任，提升企业本质安全。昌平区副区长周云帆陪同调研。

（樊朝花）

【清明节安全保障】 3月27日，昌平区安全监管局在全区安全维稳形势分析会上，对清明节期间安全生产保障进行全面部署。要求各相关单位做好职工的安全教育，倡导文明祭扫、绿色祭扫，以实际行动为“安全生产、绿色环保”做出贡献。要求各镇街组织力量，加大安全生产检查、巡查和墓地看护力度，做好墓地周边可燃物清理及安全隐患消除，加强应急值守、信息沟通与报送，切实落实安全生产主体责任，防止安全生产事故，尤其是火灾事故的发生。区安全监管局增派执法力量，调动驻镇执法分队（站），加大对兴寿、崔村、十三陵、长陵、南口等重点镇街祭扫区域周边生产经营单位安全生产执法检查和巡查力度，做好祭扫区域内各项安全生产管理工作，确保清明节期间不发生事故。

（樊朝花）

【安全生产形势分析会】 3月29日，昌平区安委会副主任、区安全监管局局长兰剑波主持召开“昌平区安全生产形势分析会”，各行业主管部门、各镇街、北企公司、科技园区、未来科技城、沙河高教园区等45个安委会成员单位主管领导参加会议。会上，通报昌平区安全生产监管综合情况及安全生产形势，分析执法检查中存在的突出隐患及违法行为，部署下一步执法工作。会议要求各镇街、各部门摸清底数，建立台账，按照“一个原则，七项重点”要求，继续做好首届北京农业嘉年华安全生产保障工作，推进隐患自查自报及安全标准化建设工作，加大安全生产宣传培训、隐患排查治理、“打非”及执法检查力度，切实落实属地及部门监管责任，防止各类生产安全事故的发生和反弹。

（樊朝花）

【区政府常务会研究标准化创建】 4月1日，昌平区政府召开常务会，专题研究安全生产标准化创建工作。听取区安全监管局关于《昌平区推进安全生产标准化工作实施意见》专题汇报。常务副区长张燕友强调，安全生产是各项工作的头等大事，推进安全生产标准化建设是建立安全生产长效机制的重要措施。会议要求：各部门、各属地要重视标准化创建工作，明确责任，强化措施，加大标准化创建工作宣传培训力度，推动落实企业安全生产主体责任。

（樊朝花）

【安全生产大会】 4月12日，昌平区政府召开2013年全区安全生产工作大会。代区长张燕友，副区长周云帆等领导出席大会。大会通报昌平区2012年安全生产工作总体情况，部署2013年全区安全生产重点工作任务，并对2013年安全生产标准化建设和餐饮场所燃气专项治理工作进行专项部署。张燕友现场与区安委会成员代表签订《2013年度安全生产目标管理责任书》，并提出工作要求。

（樊朝花）

【总局职业卫生调研】 5月23日，国家安全监管总局监管一司副司长李峰一行，就昌平区北京水泥厂有限责任公司凤山矿职业安全健康相关情况进行调研。调研组听取凤山矿关于工作场所职业卫生工作开展情况汇报，对矿山开采现场进行实地调研，并就现阶段非煤矿山安全状况、建立职业安全健康管理体系、开展教育培训工作进行探讨。

（樊朝花）

【“双打”专项行动督导】 6月4日，市安全监管局对昌平区特种作业“双打”专项执法行动进行督导检查。督导组听取昌平区安全监管局“双打”行动落实情况汇报，并现场抽查3家企业。针对检查中发现的部分企业存在特种作业人员档案建立不完善、证件过期未审核、无特种作业操作证等问题，督导组要求有关单位限期整改。督导组指出，各企业要通过强化宣传培训和基础管理提高特种作业及特种设备作业人员安全意识。各行业管理部门要强化监管，严厉打击持假证、无证上岗行为。通过企业自查与政府监管双管齐下，全面提升全市安全监管工作水平。

（樊朝花）

【安全生产月部署】 6月7日，昌平区政府召开2013年安全生产月活动推进会。代区长张燕友、市安全监管局副局长蔡淑敏，区常务副区长周云帆等参加大会。会议对昌平区安全生产月活动阶段性工作进行总结，并对下一步安全生产大检查工作进行安排。重点行业、镇街及企业代表分别作大会发言。蔡淑敏对昌平区安全生产月工作给予肯定，希望昌平区牢牢把握活动主题，紧密结合“打非治违”专项行动，深入推进安全文化建设。张燕友强调，安全生产丝毫不能懈怠，全区各行业部门、各镇街、各单位要集中宣传安全生产政策、法规、安全生产知识，增强安全意识，为维护安定和谐作出新贡献。会后，进行了2013年安全生产文艺首场演出。

（樊朝花）

【大检查再部署】 7月16日，昌平区政府召开全区安全生产大检查工作再部署会，重点行业领域主管部门及各镇街安全生产主管领导参加会议。会议通报国务院安委会第16督查组对北京市安全生产大检查督查情况及反馈意见，对全区安全生产大检查工作进行再动员、再部署。要求各部门、各镇街，一是认真梳理存在问题和不足，完善制度、细化方案、强化责任、加强管理、严格监管，严防“有令不行、有禁不止、敷衍了事”。二是对存在隐患整改落实情况进行再检查，确保“责任、措施、工作”落实到位。三是加强对企业一线人员安全操作规程、应急处置方式、应急救援预案等培训情况的监督检查，防止培训工作流于形式。

（樊朝花）

【第二次安全生产大会】 7月22日，昌平区政府召开第二次安全生产大会，通报全区安全生产形势，按照市政府和市安委会指示精神，进一步部署全区安全生产大检查工作。代区长张燕友要求：一要深入开展安全生产大检查，结合“打非治违”专项行动，按照“全覆盖、零容忍、严执法、重实效”的原则，关停一批存在严重安全隐患的低端企业，处罚一批存在安全生产违法行为的企业；二要强化属地监管责任、行业监管责任、企业主体责任、从业人员岗位责任，提高整体安全管理水平；三要深化安全生产宣传教育，提升全员安全意识。

（樊朝花）

【大检查综合督查】 7月至12月，昌平区安全监管局、消防支队、交通局、住房城乡建设委、质监局、国资委、市政市容委、工商分局牵头，会同有关部门组成8个安全生产大检查督查组，对全区各行业领域、各属地政府安全生产大检查工作进行综合督查。一是牵头单位由主管领导带队开展督查；二是各督查组按计划完成督查任务，做到不留死角；三是及时解决督查中发现的问题，并将督查情况报区安委会办公室，区安委会办公室定期予以通报。

（樊朝花）

【国务院安委会督查】 8月22日，国务院安委会第16综合督查组由国务院安委会办公室副主任、国家安全监管总局副局长孙华山带队，对昌平区贯彻落实《国务院办公厅关于集中开展安全生产大检查的通知》进行综合督查。分别对城南、城北和马池口镇的北京水泥厂、北京壮大真谛工贸有限公司、北京中油华路石化投资有限公司等6家企业进行检查。督查组对昌平区落实安全生产大检查给予肯定，并要求加强基础建设和教育培训，加大安全生产投入，推进安全生产标准化建设，从源头上消除事故隐患。代区长张燕友，常务副区长周云帆，副区长孙启等陪同检查。

（樊朝花）

【市安委会督导检查】 10月23日，市安委会第5督查组对昌平区安全生产大检查进行督导检查。分别对南口镇及小汤山镇的北京安德鲁水果食品有限公司、北京顺达电子机箱厂和北京大发正大有限公司昌平分公司3家安全生产标准化达标企业进行检查。督查组要求属地政府和企业进一步落实安全生产责任，继续做好安全生产大检查各项工作。

（樊朝花）

【十八届三中全会安全保障】 11月4日，昌平区安全监管局全面启动十八届三中全会安全保障工作机制。全员出动、周末不停休，采取常态化执法检查与领导带队检查相结合方式，在全区范围内开展十八届三中全会安全生产保障专项执法检查行动。重点对非煤矿山、危险化学品、职业危害、重大危险源等行业领域，城乡结合部流动人口聚集区，未来科技城、TBD科技商务区等重点地区，拆迁工地，八达岭高速路沿线，重点旅游景点等重点部门、敏感地区生产经营单位落实安全生产主体责任、建立健全安全生产规章制度和操作规程、从业人员安全教育、领导值带班及应急物资储备等情况进行检查。加大处罚力度，对隐患严重且未按照规定及时整改的企业，依法从严从重进行处罚。启动会商机制，每天对专项执法检查中发现的主要问题、突出隐患、安全生产形势进行汇总分析，采取有效措施，保障十八届三中全会期间生产安全。

（樊朝花）

【综合考核部署】 12月11日，昌平区安委会召开2013年度安全生产综合考核工作会。会议通报2013年安全生产整体情况、安全生产大检查情况，对安全生产综合考核工作进行部署。参与考核部门对考核项目进行说明。综合考核突出“基础工作、平时工作、重点工作及创新工作”四个重点。

（樊朝花）

【城乡结合部专项整治部署】 12月20日，昌平区安委会召开城乡结合部地区专项整治工作动员部署会。播放《昌平区城乡结合部地区安全生产专项整治警示宣传专题片》，副区长苏贵光对专项整治工作进行全面部署。代区长张燕友要求，要认清当前安全生产形势，加大检查力度，对于重大安全隐患要挂牌督办。要严格执行“党政同责”“一岗双责”和“一把手”负责制，切实履行各自职责，将整治工作落到实处。

（樊朝花）

【区领导带队安全检查】 2013年，昌平区重大节假日和重要活动举办前，昌平区区委书记侯君舒、代区长张燕友分别带队对全区重点行业、重点企业的应急值守、安全教育、生产经营等情况进行检查。要求各单位加强安全管理，进一步落实安全生产主体责任，制订完善应急预案和安全措施，将安全生产大检查工作落实到位。区政府领导和相关职能部门负责人参加检查。

（樊朝花）

【吸取事故教训】 2013年，为了深刻吸取全国发生的生产安全事故教训，昌平区安委会办公室及时调整工作重点，制订《关于持续深入开展安全生产大检查及督查工作的通知》，要求各单位确保大检查不流于形式、不走过场，消除各类隐患。一是将督查结果汇编整理成专刊，在全区进行通报。二是成立6个专项检查组，分行业开展安全隐患排查。三是由区安监、商务、城管、工商、消防、卫生等职能部门组成联合执法检查组，每月开展联合执法20余次，排查小餐馆、商市场、临街“多合一”场所等小型经营场所存在的安全隐患，将专项执法检查与联合执法检查有机结合，形成长效机制。四是发挥广播、电视、报纸、宣传横幅、手机短信、电子显示屏等作用，广泛宣传安全生产、消防安全、交通安全、应急避险等知识，提高群众安全意识，宣传覆盖面100%。五是定期召开安全生产工作例会，总结分析安全生产大检查工作开展情况，查摆问题、分析研讨、会商解决。针对存在隐患企业，整改一批、关停一批、取缔一批，做到查有效果、惩有触动、改有提高。

（樊朝花）

【创新双轮驱动思路】 2013年，昌平区安全监管局确定“双轮驱动、三位一体、六项措施”的工作思路。“双轮驱动”是指把行政监督和执法检查作为双向驱动力，齐头并进、相互配合，各职能科室及时将新颁布、修订的行业法规、标准向执法队进行宣传解读，执法队及时与各科室沟通反映生产经营单位的现状和问题。通过加强监督科室和执法队的联系配合，激发监督管理动力，共同推进安全生产工作高效稳定开展。“三位一体”是指构建“企业自查、分类规范、部门监察”为一体的安全生产体系。依托隐患自查自报平台、安全生产标准化建设和基层执法队（站）优势，以隐患自查自报信息为基础，提高企业隐患排查治理能力，主动消除安全隐患。以企业标准化建设为抓手，分类规范，指导企业落实安全生产主体责任，推动各行业安全生产工作逐步走向规范化轨道。以加强考核、落实部门安全生产监管责任为重点，推动各行业管理部门认真履职，发挥部门监察作用，切实提高安全生产总体水平。“六项措施”：一是通过加大执法监管力度，督促企业落实安全生产主体责任；二是严厉查处和打击安全生产非法违法行为，规范生产经营市场行为；三是创新安全生产宣传方式，全面提高职工安全生产意识，营造良好的安全生产社会氛围；四是加强安全生产培训教育，加大特种作业人员持证上岗的查处力度，从源头上消除生产安全事故隐患；五是加快危险化学品“两重点一重大”单位自动化改造、安全生产信息化和标准化建设，推动科技创安；六是充分利用安委会办公室平台，加强对属地及行业管理部门督查考核，量化考核标准，切实推动安全生产管理责任落实。

（樊朝花）

【行政执法涉权事项汇编】 2013年，昌平区安全监管局严格按照法律、行政法规、地方性法规的分类排序，编制《行政执法主体资格、安全监管行政执法监督检查依据、执法权限职责、行政许可事项汇编》。纳入法律3部、行政法规9部、部门规章25部、地方性法规和政府规章15部。涉及一般性处罚296项，事故性处罚22项，行政许可类处罚6项。确定重点监督检查事项19项。编入行政许可事项和运行流程图，明确受理条件、办事时限、监督电话及权力运行流程图。《汇编》的制定为规范安全监管行政执法、行政许可行为，依法履行监督检查、许可事项职责，落实行政执法责任制起到指导规范作用。

（樊朝花）

【“一大四快”监管机制】 2013年，昌平区安全监管局建立完善“一大四快”安全生产监管监察机制。“一大”即覆盖面大，执法队分9个分队14个执法站派驻到重点镇街，根据镇街经济发展、人口密度、企业多少、监管任务等情况，每个执法站分别负责1至2个镇街安全监管工作，实现辖区安全监管全覆盖。“四快”即反应速度快、问题发现快、隐患消除快、信息反馈快。各执法站都在属地镇街办公，能及时对辖区内各类生产经营单位进行安全检查，及时处理举报投诉案件，及时配合属地镇街做好各项安全工作，做到反应迅速、配合到位。

各执法站每日检查、复查生产经营单位家数不得少于3家，在及时发现各类安全生产隐患的同时，能够了解掌握属地安全生产状况和存在问题；执法站作为执法队的基层单位，进驻属地政府办公，有效弥补昌平区南部经济发达地区和西北部山区各类生产经营单位与区安监部门距离远的缺点，保证隐患整改消除效率；对于执法过程中需要多部门共同解决的隐患，基层执法站可以迅速向上级汇报，通过区安委会办公室统一协调，及时解决各镇街重点、难点问题，有效遏制重大安全事故的发生。

（樊朝花）

【“四约谈”措施】 2013年，昌平区安全监管局采取安全生产“四约谈”措施，开展安全生产监管。与存在安全隐患和违法行为的企业进行约谈，剖析问题，督促落实整改；与事故多发镇街进行约谈，落实属地监管，持续开展安全生产大检查，完善事故报告制度和突发事件应急处置程序，杜绝事故发生；与高危行业主管部门进行约谈，强化行业监管，进一步健全管理制度，消除安全隐患；与有限空间从业管理人员进行约谈，提高安全生产意识，规范操作流程，提高防范能力。全年约谈280余人次。

（樊朝花）

危险化学品安全监管

【危险化学品使用单位调查部署】 3月15日，昌平区安全监管局召开由各镇街主管领导参加的危险化学品使用单位摸底调查工作部署会。从3月15日至4月20日，在全区范围内开展危险化学品使用单位专项摸底调查工作。调查对象为使用危险化学品从事生产的企业，并对载入《危险化学品安全使用许可适用行业目录（2013年版）》中的行业开展重点调查。调查内容主要包括企业基本信息、使用危险化学品品种、年使用量、仓库储存库房（个数、总面积）、罐区储罐（个数、总容积）等。

（樊朝花）

【液氨专项整治】 6月4日，昌平区安全监管局为吸取吉林省德惠市宝源丰禽业公司液氨事故教训，对区内液氨使用单位开展安全生产专项执法检查，制发《关于对液氨使用单位进行专项整治工作的通知》。6月6日，组织全区11家液氨储存、使用单位召开专项整治工作会，要求各相关单位按照“动员部署、自查整改和督查验收”三个阶段要求，重点对液氨存储设备维修保养等14项内容进行检查。对检查中发现的安全隐患，立即进行整改，做到措施、责任、资金、时限和预案“五到位”。

（樊朝花）

【联合执法检查】 7月9日至12日，昌平区安全监管局牵头，组织区环保、交通、质监、消防等部门，在属地政府配合下，对危险化学品企业进行联合执法检查。重点检查企业相关资质及证照，应急救援预案编制、演练及应急物资储备、安全管理人员及特种作业人员持证上岗、安全生产管理制度、从业人员培训教育、安全防护用品配备及使用，安全警示标志等。检查组对存在隐患严重的危险化学品企业进行查处。此次行动，出动执法人员50人次，执法车辆20台次，检查危险化学品企业17家，查处安全隐患36项，下达责令限期整改指令书6份，现场检查记录8份。存在问题相关企业已按指令整改。

（樊朝花）

【液化气储罐拆除】 8月，昌平区安全监管局加强北京市政威贸易有限责任公司液化气罐拆除及搬离的安全监管工作，责成有关单位制订专项拆除方案和事故应急预案，签订安全协议，安排专人负责拆除现场全程安全监督，并核查作业单位资质和特种作业人员操作证件，做好现场作业人员教育培训、安全技术交底等工作。8月28日至9月12日，区安监、燃气、公安、消防、环保、质监等部门，在回龙观镇政府配合下，顺利完成3个50m³液化气储罐拆除和搬离。

（樊朝花）

【液氨使用单位专项检查】 9月2日，昌平区安全监管局联合区质监局，组织全区11家液氨使用单位主要负责人召开专题会议，部署液氨介质特种设备专项检查工作，要求液氨使用单位克服麻痹心理，落实安全管理制度，加强安全生产教育，兼顾液氨设施、辅助设施及周边环境，全面开展隐患排查治理，提高应急管理水平，严防液氨事故发生。

（樊朝花）

【加油加气站改造】 9月6日，昌平区安全监管局召开汽车加油加气站落实GB50156-2012国家标准和加油加汽站改造工作部署会。要求各加油站按照换证时间不同，分期分阶段完成自身改造。特别强调改造工作应注意的几个时间节点，明确改造完成的时限。并对各加油站在改造工作中遇到的问题，研究提出切实可行解决方法，全面保障汽车加油加气站改造工作落实。

（樊朝花）

【地下输油管线安全检查】 11月29日，昌平区安全监管局组织相关人员对中国石油化工股份有限公司北京昌平石油分公司所属输油管线昌平段进行检查，听取该单位关于输油管线安全管理工作汇报，并对输油管线昌平段进行检查，重点检查该单位输油管线日常巡查、检查、监控等工作落实情况。

（樊朝花）

烟花爆竹安全监管

【烟花爆竹部署】 2013年，昌平区安全监管局召开烟花爆竹销售（储存）安全管理工作部署会，区烟花办、工商分局、各镇街和烟花爆竹批发单位主要负责人出席会议。会议下发《北京市昌平区2013年烟花爆竹销售（储存）安全管理工作方案》，明确各阶段工作任务，对烟花爆竹经营许可及安全监管工作进行全面部署。一是严格审查烟花爆竹申请单位资质。二是加强从业人员安全培训，提高安全管理水平。三是继续发挥视频监控系统作用，通过科技手段消除安全死角。四是各镇街要提前部署，整体筹划，提前完成各项工作。五是各批发单位要严格按照相关要求做好烟花爆竹配送工作，各部门要加强配送、储存、销售等环节安全管理。

（樊朝花）

【网点行政许可】 2013年，昌平区安全监管局经前期资质审查、网点安全条件现场审核，确定烟花爆竹零售网点141家（长期零售点13家，临时零售点

128家）。其中城镇地区的60个临时销售网点安装图像监控设备。

（樊朝花）

【岗前培训】 1月27日，由昌平区烟花办牵头，区安全监管局联合工商分局、城管大队、消防支队等相关职能部门，组织全区141家烟花爆竹销售网点405名从业人员进行岗前培训。

【签订禁放承诺书】 在做好烟花爆竹安全管理工作的同时，昌平区安全监管局组织全区109家危险化学品禁放单位填写2013年度禁放登记表，签订安全生产管理承诺书，做好危险化学品生产经营单位禁放宣传教育工作。

（樊朝花）

【春节烟花爆竹安全部署】 2月1日，昌平区安全监管局召开春节期间烟花爆竹安全工作专题部署会。一是通报2013年春节期间全区烟花爆竹行政许可、零售网点布设、视频监控安装以及检查100多家销售网点时发现的突出隐患情况。二是印发2013年春节期间烟花爆竹专项执法检查工作方案，要求属地政府按照方案，明确专人负责，配合执法人员做好执法检查工作，督促销售网点开展隐患自查，村（社区）安全员对销售网点逐一进行检查。三是加强宣传教育和信息沟通，全面提高广大市民安全购买、燃放意识，确保人民群众过一个欢乐、祥和的春节。

（樊朝花）

【烟花爆竹销售执法检查】 烟花爆竹销售期间，昌平区安全监管局配合市安全监管局对昌平陶瓷杂品公司烟花爆竹批发仓库进行检查。重点检查仓库应急救援设施、防静电设施、烟花爆竹摆放、仓库内电源线路等情况。联合属地政府对沙河、百善、崔村、东小口、回龙观等镇域内烟花爆竹销售点开展专项检查。重点检查销售网点安全警示标志及消防器材是否配备齐全、用电设备安全措施是否可靠、是否超量储存。共检查烟花爆竹批发企业、销售网点109家次，针对个别销售网点照明、开关、线路未做防爆处理，烟花爆竹无存放专库，销售未分专区，销售大棚底部悬空等隐患，下达执法文书，网点按要求立即整改。

（樊朝花）

【元宵节执法检查】 2月24日，昌平区安全监管局分为11个检查组，对全区141家烟花爆竹销售网点和重点禁放单位开展拉网式检查，出动执法人员63人次、检查单位179家、下达执法文书179份，消除安全隐患53项。

（樊朝花）

【烟花爆竹清理回收】 2月25日，昌平区安全监管局组织燕龙、逗逗、熊猫3家烟花爆竹批发单位及零售网点开展烟花爆竹清理回收工作。全区剩余烟花爆竹全部回收完毕，共计回收烟花爆竹10338箱，折合人民币约318.46万元。

（樊朝花）

【春节安全监管】 春节期间，昌平区安全监管局采用四项措施加强烟花爆竹安全监管工作。加强组织领导，提前制订春节期间烟花爆竹专项执法检查工作方案，成立专项执法检查领导小组，召开专题会议，明确检查时间、检查内容、检查标准、负责区域等，做到监管责任、措施、行动三到位，确保检查工作有序开展；加强重点时段，重点销售、燃放、禁放区域的安全监管，春节期间，除配合区烟花办组成6个检查组开展联合执法检查外，还成立7个检查组，由局领导带队，各科室、执法队配合，分片对烟花爆竹批发及储存仓库、零售网点进行全覆盖、拉网式检查，出动执法人员108人次，执法车辆39台次，对区内141家烟花爆竹销售点进行安全检查，检查316家次，下达执法文书37份，查处隐患123项；加强应急值守，值班人员同驻镇执法分队（站）人员密切配合，在接到举报投诉第一时间迅速赶到现场，及时消除存在的安全隐患；加强对烟花爆竹零售网点实时监控，并对隐患整改情况进行跟踪监督，确保各类安全隐患和不安全行为及时得到纠正。

（樊朝花）

【沈阳市安监局到京经验交流】 10月18日，沈阳市安全监管局调研组到昌平区进行烟花爆竹安全监管学习调研。昌平区安全监管局从前期行政许可和后期安全监管两个方面介绍北京市整体工作流程和昌平区具体工作措施，重点阐述摇号机制应用和视频监控系统功效。双方就监管过程中遇到的问题及经验进行交流。调研组还实地参观烟花爆竹批发企业安全管理。

（樊朝花）

矿山安全监管监察

【矿山安全检查】 5月9日，昌平区安全监管局对兴寿镇和延寿镇非煤矿山企业进行安全检查。重点检查矿山企业主要负责人履职、安全管理人员及特种作业人员持证上岗、安全管理制度及操作规程制订和执行、应急预案编制及演练、作业现场边坡安全防护等情况。针对检查发现的企业应急救援预案不规范、从业人员劳动防护用品配备不足、作业现场道路围挡不符合要求、安全警示标志配备不足、作业坡面浮石未清理等安全隐患，检查组责令企业进行整改。并要求企业严格落实安全生产规章制度，提高安全意识，遏制各类事故发生。

（樊朝花）

【非煤矿山专项检查】 7月24日，昌平区安全监管局、国土分局联合属地政府对全区4家非煤矿山企业安全生产情况进行全覆盖检查。检查组对照北京市非煤矿山安全生产大检查记录表，对企业各项制度、预案、档案、记录和开采作业现场进行逐项检查，查出各类安全隐患26项，并建立工作台账，针对检查中发现问题提出整改要求。

（樊朝花）

【汛期安全监管】 6月25日，昌平区安全监管局制订昌平区非煤矿山汛期安全生产工作要点，组织区气象、国土、公安、环保等部门对全区4家非煤矿山企业进行安全检查。组织开展以汛期边坡坍塌造成人员受伤为背景的应急演练，提高企业应急救治能力。

（樊朝花）

【大检查督导】 8月16日，昌平区安全监管局对北京水泥厂有限公司凤山矿和北京强尼特新型建筑材料有限公司采石厂两家非煤矿山企业安全生产情况进行督导检查。经检查，两家企业均已落实检查整改措施。

（樊朝花）

【从业人员培训】 9月3日至4日，昌平区安全监管局组织全区4家非煤矿山企业90名从业人员进行安全生产集中培训。培训主要内容包括全区安全生产大检查工作解读、非煤矿山安全生产管理知识等内容。

（樊朝花）

【采石厂安全检查】 10月10日，昌平区安全监管局对北京强尼特新型建筑材料有限公司采石厂和北京牛蹄岭石米厂2家非煤矿山企业进行检查。分别听取企业安全生产工作和安全生产大检查汇报，实地检查防护措施是否到位、制度是否落实等。要求企业结合自身特点，建立严谨、科学、系统的安全管理机制，严格执行安全管理制度，提升从业人员生产安全意识和操作技能水平,全力遏制安全生产事故。

（樊朝花）

【专项执法检查】 2013年，昌平区安全监管局结合“和谐矿山”建设，在全国“两会”安全生产保障、汛期等重要时段，组织执法人员对全区非煤矿山企业开展全覆盖执法检查，共检查非煤矿山企业12家次，查处安全隐患27项。

（樊朝花）

隐患排查治理

【隐患集中消除专项行动】 4月至5月，昌平区安全监管局组织开展隐患集中消除专项行动，对辖区重点行业领域生产经营单位进行集中执法检查。检查复查生产经营单位567家次，其中检查305家，整改各类安全隐患1292项，下达执法文书758份。复查生产经营单位262家，下达整改复查意见书262份，整改隐患1187项，立案51起，处罚金额28.4万元。

（樊朝花）

【商品交易市场安全专项整治】 8月1日至2日，昌平区商务委、安全监管局、消防支队、城管大队、工商分局、规划分局及属地镇政府，对辖区部分商品交易市场开展安全生产联合大检查行动。各部门按职责分工，重点对各市场经营资质证照、安全生产管理制度、用电安全、疏散通道、市场经营环境秩序等进行检查。共检查商品交易市场4家，查处各类安全隐患21处，要求限期整改，并进行复查。

（樊朝花）

【“打非治违”专项行动】 2013年，昌平区建立“打非治违”长效机制，严厉打击安全生产领域非法违法行为。出动执法检查人员42189人次，检查企业27854家次，打击各类非法违法、治理纠正违规违章行为19306起，其中停产、停业整顿228家，关闭437家，没收违法所得、生产设备229起，吊销相关许可16个，拘留841人，罚款192.08万元。拆除挂账违法建设46处，拆除面积20.4万平方米。

（樊朝花）

【企业隐患自查自报】 2013年，昌平区安全监管局加强宣传，制作、发放企业隐患自查自报系统登录卡万余张，连续1个月在昌平电视台滚动发布关于上报工作的通知，扩大知晓率。设立固定咨询电话，及时解答企业上报工作中存在的问题，指导企业主动上报，确保准确率。各镇街隐患自查自报上报情况纳入年终安全生产绩效考核，每季度对各镇街上报情况进行通报，落实属地责任。第三季度，系统内2604家企业自查自报率75.12%。

（樊朝花）

【举报投诉】 2013年，昌平区安全监管局发挥“617-12350”举报投诉电话、群众来电、市安全监管局及区政府转办、意见箱等各类举报监督平台作用，受理各类安全生产举报投诉案件230起。按照“有举必查、查实必究、究其必严”的原则进行查处和回复，查处率100%。

（樊朝花）

应急救援

【应急管理】 2013年，昌平区安全监管局定期对4个危险化学品应急物资储备库进行检查，及时对库内小苏打、活性炭及灭火器等应急物资进行更新和年检。修订完善《昌平区生产安全重特大事故应急救援预案》《昌平区危险化学品事故应急救援预案》《昌平区非煤矿山事故应急救援预案》，完成6部区政府与重大危险源企业“一对一”生产安全事故应急预案的编制、39家危险化学品企业和规模以上企业应急预案的网上审核备案。牵头组织旅游、环保、市政市容、交通等部门，重点对危险化学品、建筑施工、有限空间、人员密集场所等领域，开展形式多样、内容丰富的应急演练活动94次。重新修订应急值守值班工作制度，强化领导带班和值班责任，确保800兆电话、IP视频等应急设备运行正常，值班人员24小时在岗在位，通信设备24小时畅通，及时、有效处置突发事件。

（樊朝花）

【防汛防坍塌应急演练】 6月19日，昌平区安全监管局在北京水泥厂有限责任公司凤山矿举行“2013年防汛防坍塌应急救援演练”活动。市安全监管局、区政府应急办、区安全监管局、国土昌平分局等相关领导和单位负责人出席演练活动。演练模拟多雨天气导致发生山体滑坡事故并造成一人重伤的场景。现场安全员在组织自救同时，立即向上级汇报，总指挥接到报告后，立即启动《凤山矿防汛四级预警方案》，紧急撤离危险边坡处人员和设备，设立警戒区，紧急营救被滑坡岩石击中的伤员，最大限度地减少人员伤亡和灾害损失。

（樊朝花）

【重大危险源“一对一”应急预案】 7月17日，昌平区安全监管局组织全区6家重大危险源企业和3家应急预案编制机构召开会议，对危险化学品重大危险源“一对一”应急预案编制工作进行全面部署，进一步强调危险化学品重大危险源“一对一”应急预案编制工作的重大意义，要求各企业和编制机构在预案编制过程中，加强协调，通力合作，做好前期调研工作。编制机构要安排专人负责，确保预案的时效性和专业性。区安全监管局负责协调各职能部门，做好外围保障工作。6部危险化学品重大危险源“一对一”应急预案于8月底前编制完成。

（樊朝花）

【消防应急演练】 9月17日，昌平区安全监管局、消防支队、体育局、旅游委、小汤山镇等部门，在北京龙脉温泉度假村联合开展消防救护培训和应急演练。结合日常工作，向企业全体员工讲解灭火知识和扑救方法，并对灭火器正确使用进行现场培训。应急演练模拟发生火灾时员工应急处置系列行动，主要包括如何及时开展逃生自救、灭火扑救和应急救助等方面内容。

（樊朝花）

【专业运输应急演练】 12月24日，昌平区安全监管局组织全区所属10余家危险化学品专业运输单位，在北京环宇京辉京城气体科技有限公司，开展危险化学品运输车辆突发事故应急处置演练活动。演练活动模拟突发追尾事故，造成液化气泄漏，遇明火随时可能造成车辆起火甚至爆炸等情况。由车辆运输驾驶人员、车辆押运人员按照安全操作规程，快速进行现场保护、现场车辆推移、快速灭火等先期处置措施，控制泄漏现场，防止明火，指挥疏导后方车辆，立即将现场情况向单位管理人员报告，说明情况，请求支援。单位接报后，根据泄漏情况，立即组织力量赶赴现场，将泄漏车辆剩余燃气输送到安全车辆内，并清理现场。通过演练，进一步锻炼和提高危险化学品运输从业人员对突发情况应急处置能力。

（樊朝花）

【有限空间应急演练】 6月，昌平区安全监管局与区市政市容委联合组织开展180人参与的有限空间应急救援演练活动。演练模拟发生有限空间作业事故后疏散、救人、医疗救护等环节处置场景，进一步明确有关部门和单位在应急救援中的任务，提高全员安全意识和参与人员相关技能。

（樊朝花）

执法监察

【春节执法检查】 春节期间，昌平区安全监管局每天由局领导带队，出动执法检查组34个，执法人员220人次，执法车辆68台次，重点对烟花爆竹零售网点、加油站、油库、商场超市等生产经营单位应急值守、安全管理制度、培训教育、特种作业人员持证上岗、消防器材配备等情况进行安全检查，对沙河等重点拆迁区域、北四村等流动人口聚集区进行安全巡查，检查烟花爆竹经营单位316家次，加油站、油库、重点拆迁区域、北四村、商场超市等人员密集场所95家次，查处各类隐患135项，下达执法文书47份。针对检查中发现的货物码放不符合安全距离，未悬挂烟花爆竹经营许可及营业执照、从业人员未持证上岗、现场及周边易燃物未及时清理、棚外经营等安全隐患，执法人员责令相关负责人立即整改，并通过烟花爆竹视频监控系统对隐患单位隐患整改情况进行跟踪监督，切实消除各类安全隐患。

（樊朝花）

【“嘉年华”执法检查】 3月23日至5月12日，首届“北京农业嘉年华”活动期间，昌平区安全监管局采取“内外结合，双向促进，外部巩固，内部提高工作模式，开展安全生产执法检查。出动执法人员650余人次，执法车辆210余台次，每天对各场馆临建设施及各场馆检票口、安全通道、重要设备设施等安全运行情况进行全覆盖安全巡查，消除各类隐患800余项。检查周边重点区域生产经营单位246家，查处隐患967项，下达各类行政执法文书313份，有效防止生产安全事故发生，圆满完成首届“北京农业嘉年华”活动安全保障工作。

（樊朝花）

【“双打”专项检查】 6月，昌平区安全监管局集中开展严厉打击特种作业及特种设备作业人员持假证上岗、无证上岗“双打”专项执法行动，出动执法人员1366人次，检查各行业生产经营单位478家，检查特种作业人员2494人，发现无证上岗27人、持假证上岗2人，行政处罚6起，罚款2.55万元。

（樊朝花）

【网吧专项检查】 6月，昌平区安全监管局为深刻吸取“4·14”湖北省襄阳市迅驰网吧火灾事故教训，组织公安、工商、文化、消防、供电及部分属地政府开展网吧安全专项执法检查，检查网吧23家，下达现场检查记录7份、责令限期整改指令书18份，查处安全隐患60项。

（樊朝花）

【电气专项检查】 7月至8月，昌平区安全监管局在全区范围内集中开展为期一个月的电气安全隐患专项执法检查行动。检查生产经营单位103家，查处安全隐患459项，下达现场检查记录45份、责令限期整改指令书94份。

（樊朝花）

【燃气专项检查】 8月5日，昌平区安全监管局牵头，组织区市政市容、消防、质监、城管等职能部门，对昌平区城南街道、城北街道开展为期半个月的燃气安全专项检查。检查按照“横到点、纵到线”原则，采取社区工作人员入户调查、部门联合执法检查等方式，向居民发放燃气安全使用宣传手册、介绍燃气安全使用方法及燃气使用不当的危害、依法查处餐饮场所燃气使用违法违规行为。通过专项检查，建立完善居民燃气用户台账，规范辖区居民燃气安全使用，消除燃气使用安全隐患，有效防范安全事故发生。

（樊朝花）

【生产经营单位安全检查】 11月，昌平区安全监管局对全区生产经营单位进行拉网式安全检查，出动执法检查人员302人次，检查生产经营单位226家，消除各类隐患698项，下达执法文书182份。

（樊朝花）

【农民工生活区安全夜查】 11月8日晚，昌平区安全监管局联合公安、消防、城北街道等部门对城北地区施工工地农民工居住公棚开展专项执法检查。重点检查工地生活区防火、临时用电、燃气使用安全情况。针对检查中发现问题，检查组要求施工单位提高安全责任意识，加强领导带班和应急值守工作，维护重点地区安全稳定。

（樊朝花）

【混凝土搅拌站安全检查】 12月21日至24日，昌平区安全监管局按照“全覆盖、零容忍、严执法、重实效”的安全生产大检查总要求，对全区有资质的混凝土搅拌站开展为期3天的专项执法检查。检查混凝土搅拌站17家，查处安全隐患59项，下达现场检查记录7份、责令限期整改指令书15份。

（樊朝花）

职业卫生监督检查

【春节期间安全监管】 春节期间，昌平区安全监管局进行职业危害申报系统数据补录，解答企业申报中遇到难题，严把审核关，及时为企业开具回执。快速处理职业危害方面的举报投诉，督促企业在春节前完成隐患整改。要求各企业制定2013

年职业危害检测和体检计划，做到职业危害检测率100%，体检覆盖率100%。

（樊朝花）

【签订技术支撑协议】 4月11日，昌平区安全监管局与区疾病预防控制中心签订技术支撑协议。根据协议，区疾病预防控制中心受区安全监管局委托承担职业病防治机制措施研究、重大职业危害事故调查、工作场所职业病危害检测评价、劳动者职业健康体检等主要职能。

（樊朝花）

【职业危害专项检查】 5月至10月，昌平区安全监管局会同区交通局，在全区范围内开展机动车维修行业职业危害专项执法检查。检查内容包括职业卫生基础工作、劳动过程中的防护与管理、职业危害工程防护措施。5月15日，召开动员部署会。6月至7月，各机动车维修企业开展自查自纠，并针对本单位职业卫生管理方面存在问题进行整改、完善。8月至10月，开展机动车维修用人单位抽查，重点检查作业场所、重点工艺、重点环节和重点岗位，对问题突出、整改不合格或拒不整改的用人单位依法进行处罚。出动执法人员40人次，检查企业22家，查处隐患21项。

（樊朝花）

【有限空间知识竞赛】 6月18日，昌平区安委会组织开展第二届有限空间知识竞赛，区供电公司等7支参赛队参加比赛，来自各施工作业单位的200余名一线作业人员观看比赛。竞赛包括必答题、抢答题、观众有奖抢答、现场作业演练等环节，各参赛队围绕《有限空间作业规范》涉及安全知识展开激烈角逐，最终区供电公司获得一等奖。各参赛队通过答题，掌握有限空间相关知识，观众也在活动中加深了对有限空间作业的认识。

（樊朝花）

【职业卫生知识答卷活动】 二季度，昌平区安全监管局在全区范围内组织开展职业卫生知识答卷活动。由各镇街组织辖区内企业进行集中答卷，全区家具、印刷、塑料加工、加油站、汽修等行业企业主要负责人、分管负责人、职业卫生管理人员及接触各类职业危害岗位职工参与，覆盖面100%。知识答卷内容包括法律法规、单位职责、个人防护等基础知识，通过答卷使员工了解自身权利，增强防护能力。参加职工10307人。

（樊朝花）

【加油站行业基础管理】 8月，昌平区安全监管局针对加油站行业职业危害防控特点，对中石化、中石油、三元石油直营加油站实行统一培训、设立标杆、集中验收“三步走”管理流程。各直营加油站于8月完成统一培训，并分别设立标杆加油站，参照标杆完成自查自改。11月，区安全监管局对中石化直营加油站进行集中验收，46家加油站均达到合格标准。

（樊朝花）

【有限空间安全监管】 2013年，昌平区安全监管局定期与区旅游委、住房城乡建设委等部门开展联合执法，定期召开联席会议，解决工作中存在问题。继续开展有限空间施工工程及施工队伍登记备案工作，采取巡查与警示约谈相结合方式，检查有限空间施工队伍及人员管理，检查有限空间施工作业单位32家次，下达责令限期整改指令书15份、现场处理措施决定书4份，查处隐患73项，约谈19家单位共54人。免费向备案单位发放《有限空间知识口袋书》《有限空间执法检查提示单》和有限空间事故案例光盘等宣传资料，开展有限空间知识竞赛、“四进”、千人知识答卷等活动，共培训教育2000余人。

（樊朝花）

宣传培训

【安全检查员培训】 3月29日，昌平区安全监管局举办初任安全生产检查员培训班，邀请安全专家对全区21个镇街153名初任安全生产检查员进行岗前培训。培训结合全国、北京市、昌平区安全生产形势及安全监管情况，对《安全生产法》《职业病防治法》等法律法规进行解读，有效提高学员依法办事能力和执法检查水平。

（樊朝花）

【普法宣传】 5月10日，昌平区安全监管局参加2013年昌平区“市民普法大讲堂”启动暨“送法进企业”活动。活动中，区安全监管局结合自身工作，通过设置宣传展板、向广大市民发放安全生产法律法规和宣传手册、现场接受群众咨询等方式开展安全生产宣传工作。共发放安全生产法律法规读本和宣传手册600余份、宣传图200余张，设置展板4块。

（樊朝花）

【安全生产月活动】 6月，昌平区全面启动2013年安全生产月活动。围绕“强化安全基础，保障城市运行安全，推进昌平安全发展”主题，分为警示教育、安全文化、应急演练、隐患治理四个特色活动周，开展全区、区域、行业和生产经营单位等四类安全生产宣传教育活动。区安全监管局负责全区性活动组织实施，包括宣传咨询日、安全生产大型公开课、“安全在我身边”巡回演讲、安全生产影视片集中展映等13项内容。各镇街、行业主管部门、危险化学品等高危企业结合自身特点，在本辖区、领域和单位开展应急演练、知识竞赛、歌咏比赛等丰富多彩的宣传教育活动，安全生产月活动纳入年底安全生产综合考核。其间，全区36余万人、1万余家单位参加宣传教育活动，召开动员部署会520余场，电视台播放新闻、《昌平报》刊登新闻报道40余条，发放安全生产各种宣传材料23万余份，开展执法检查5160余次、安全生产培训360余次、各种安全生产应急演练4022次。

（樊朝花）

【安全生产知识万人竞答】 6月，昌平区安全监管局在安全生产月活动期间，面向全区组织开展“万人安全生产知识竞答”活动。答题以《安全生产法》《职业病防治法》《北京市安全生产条例》等法律法规以及应急自救互救知识为主要内容，设50道单选题。试题刊登在《昌平报》2013年6月5日第11版，共收到答题卡片12073份，从中抽取一等奖20名，二等奖30名，三等奖50名。

（樊朝花）

【“金秋送法”宣传教育】 10月17日，昌平区安全监管局积极参加2013年“金秋送法”流动人口法制宣传教育活动。发放安全生产法律法规宣传读本、安全生产宣传画1000余份，广泛宣传安全生产相关法律法规知识，弘扬安全文化。

（樊朝花）

【大检查宣传阵地】 2013年，昌平区安全监管局加大资金投入，加强宣传阵地建设，营造良好安全生产大检查氛围。一是在重要场所、重点地段、重要区域、过街天桥、道路隔离带、护栏等醒目位置，社区（村）主要出入口和广场、公园、公交等人员密集场所张贴悬挂安全生产横幅、标语、口号。二是在重点企业主要活动区域、厂房车间内张贴悬挂横幅标语，利用橱窗、黑板报等载体宣传安全理念以及安全知识。三是利用街道电子显示屏播出宣传片和滚动字幕。四是在昌平电视台生活频道滚动播放安全生产宣传口号。

（樊朝花）

【首都百万一线职工知识竞答】 昌平区安委会办公室根据《2013年“北京建工杯”首都百万一线职工安全生产知识竞赛方案》要求，组织各成员单位、各镇街开展安全生产知识答题活动。参加活动生产经营单位390余家，收集参赛答题卡34800余份。通过活动，广泛宣传安全生产法律法规、安全科普知识，提高广大从业人员安全素质和安全意识，预防安全生产事故发生，为全区经济社会发展营造良好氛围。

（樊朝花）

标准化建设

【标准化调度会】 7月12日，昌平区安全监管局组织各镇街召开调度会，传达区安委会办公室《昌平区中型以上企业安全生产标准化评审工作实施细则》《昌平区小微企业安全生产岗位达标评审工作实施细则》和《昌平区各镇街安全生产综合考核细则》3个文件，通报各镇街安全隐患自查自报系统上报情况。要求各单位深入一线服务企业，多措并举，推进安全生产标准化创建工作。

（樊朝花）

【标准化创建培训】 7月19日，昌平区安全监管局组织全区近200余家中型以上工贸企业，开展安全生产标准化创建工作培训，明确推进安全生产标准化工作的重要意义，阐述创建工作流程和评审工作实施细则，并邀请相关专家讲解工贸行业企业安全生产标准化三级标准。

（樊朝花）

【首家小微企业达标】 8月16日，昌平区安全监管局、沙河镇政府及有关专家共同组成安全生产岗位达标评审组，对沙河镇北京康洁之晨水处理技术有限公司进行安全生产标准化评审。通过对厂区及安全管理资料的检查，达到安全生产岗位达标标准，成为昌平区首家通过安全生产标准化评审小微企业。评审组对企业存在问题逐项说明，并提出整改建议。

（樊朝花）

【区政协委员调研标准化工作】 10月29日，昌平区政协社会治安综合治理民主监督小组成员对全区企业安全生产标准化工作进行调研。实地察看北京佑林永磁材料有限公司和北京水泥厂有限责任公司凤山矿，分别听取安全生产工作汇报，并进行座谈。区政协委员肯定昌平区安全生产标准化工作取得的成效，同时提出，安全生产标准化要常抓不懈，考评标准要及时修订调整，企业要做到全员参与，执法检查要作为重要保障措施。

（樊朝花）

【小微企业评审】 2013年，昌平区安

全监管局、有关部门和各镇街根据《昌平区推进安全生产标准化工作实施意见》工作要求，开展小微企业安全生产岗位达标评审工作，评审工作由属地政府牵头组织，属地政府工作人员、区安全监管局执法人员、相关行业监管部门执法人员和专家，共同组成评审组到企业实地评审。

（樊朝花）

平谷区

概述

2013年，平谷区安全生产工作，坚持“科学发展、安全发展”理念，以安全生产大检查工作为主线，深化执法检查、隐患治理、宣传教育培训和标准化创建工作，保持安全生产形势持续稳定的良好态势。

一、落实目标责任制。2012年12月25日，平谷区政府召开安全生产工作会，全面总结2012年安全生产工作，明确2013年工作思路、目标、任务和要求，并与各乡镇街道、管委会和安委会各成员单位签订《2013年安全生产责任书》。各乡镇街道、各部门也分别与本辖区、本行业重点企业签订了安全生产责任书，有效落实安全生产行政首长负责制和“一岗双责”制度。为进一步强化安全生产工作组织领导，区政府对安委会进行调整。成立由区长任主任，区安委会成员单位主管领导和乡镇行政一把手为成员的区安委会。各属地政府也相应成立由行政一把手任主任的安委会，并将村（居）委会主任列为安委会成员，形成完整的组织领导体系。

二、安全生产标准化创建。2013年，平谷区扎实推进安全生产标准化创建工作：一是制订方案，细化了工作目标、措施和步骤，制定《平谷区46类企业安全生产标准化评审标准》，为企业开展标准化创建提供参考依据；二是创新方法，把标准化创建工作和安全生产大检查工作相结合，以执法检查推动企业开展标准化创建工作；三是强化支撑，举办了三级安全生产标准化评审员培训班，共80名安全管理人员取得《平谷区三级安全生产标准化评审资格证》，为标准化创建工作提供组织保障；四是广泛宣传，聘请专业技术咨询服务机构专家，对规模以上企业的主要负责人和管理人员进行全覆盖培训，通过宣传标准化创建工作的目的、意义和重要性，调动了企业达标创建的积极性；五是典型引路，多次在已经达标的企业召开现场会，发挥典型示范作用，带动全区企业开展标准化创建工作。共有13家规模以上企业通过了二级评审，46家企业通过了三级评审。

三、安全生产宣传教育。一是持续开展安全生产“六进”活动。通过开展知识竞赛、播放警示教育片、举办安全展板巡回展览、文艺会演、应急演练等活动，广泛宣传安全生产法律法规和安全常识，全面提升全社会安全意识。二是精心组织安全生产月活动。各单位通过组织开展警示教育、安全知识讲座、隐患集中排查治理、应急演练等活动，进一步推广普及安全生产知识，提高广大人民群众的安全意识。安全生产月期间，全区出动宣传人员600余人，发放宣传资料10万余份，悬挂条幅200余条，张贴宣传画5000余张，近8万人参与安全生产月活动。6月9日，副区长刘晓光，区安全监管局、文化委、应急办等15个部门的领导和全区重点企业、社区居民代表300余人，参加了在世纪广场举办的安全生产月宣传咨询日活动。全区设置38个宣传分会场，通过摆放展板、悬挂条幅、印发公开信和发放安全知识手册等方式，营造“关爱生命、关注安全”的安全生产氛围。三是创新安全生产宣传方式。联合广电中心录制了《政府与市民》安全生产专题节目，就市民关心、关注的热点问题逐一进行解答，使安全生产工作更加贴近生活，贴近百姓，增强全社会对安全生产工作的关注度。区长姜帆以“弘扬安全理念，享受幸福生活”为主题，向全区人民发出一封公开信。倡议全区人民要牢固树立“安全第一，预防为主”的思想，行动起来，学习安全知识和自救互救常识，全面提高安全防范能力，共同建设和谐社会，打造平安平谷。

四、安全生产培训。一是参与“北京建工杯”知识竞赛活动。区安委会办公室制定了《关于参加2013年“北京建工杯”首都百万一线职工安全生产知识竞赛的通知》，要求全区“六小单位”、高危行业要全员参与，规模以上企业要全覆盖。各单位以此竞赛活动为契机，“以训促赛、以赛促学”，组织开展安全培训35次，培训企业安全管理人员1560余人次。竞赛活动收回试卷2万余份，超出市安委会办公室下达任务的25%。二是加大培训力度。按照《平谷区2013年安全生产培训计划》，各单位以安全生产事故案例、应急救援和重点行业领域岗位操作规程等为重点，采取专家讲授、分类分级、脱产学习等方式，开展培训活动。全年，举办安全生产培训班182期，培训企业主要负责人、安全生产管理人员3200人，特种作业人员5000余人次。通过培训，提高全区安全生产管理水平和从业人员的安全技能。

五、应急救管理。一是规范预案管理，区安委会对《平谷区生产安全事故应急救援预案》进行修订，进一步明确各部门的职责，提高预案的规范性。二是开展预案备案工作，各单位按照《北京市生产安全事故应急预案备案程序》要求，指导、帮助企业开展安全生产事故应急预案的编制和修订工作，并对预案进行备案。三是强化应急演练。为进一步提高全区应急救援水平，2013年，区安委会通过组织应急管理专题培训、桌面推演、实战演练等形式，开展应急管理工作。组织区级演练13次，各部门组织专项应急演练653次。通过演练，达到检验预案、锻炼队伍、磨合机制、教育公众的目的。

综合监管

【控制考核指标】 2013年，平谷区发生各类安全生产死亡事故24起，死亡28人，死亡人数占市安委会下达控制指标的100%。其中，道路交通事故死亡23人，同比持平，占控制指标的92%；生产安全事故死亡1人，同比减少1人，占控制指标的50%；火灾事故死亡1人，同比持平，占控制指标的100%。铁路交通事故死亡3人。

（杜春光）

【春节期间安全监管】 1月30日，平谷区安全监管局组织全区20个乡镇街道、管委会召开平谷区2013年春节期间安全生产工作会。会议要求，一是加强对烟花爆竹的安全管理。利用智能广播、张贴标语等形式，告知群众到合法网点购买符合规定品级的烟花爆竹，不购买非法烟花爆竹、不在禁放区燃放和禁止酒后燃放。二是深入开展节前安全生产大检查工作。要求主要领导亲自带队，对本辖区的重点企业和重点部位开展一次大检查，检查春节期间进行正常生产经营活动的企业和各企业在春节期间的应急值守工作情况。三是加强文化娱乐活动和集市的安全检查。要对本辖区春节期间组织开展的文化娱乐活动，制订安保方案，增加活动现场疏散人员力量，确保活动安全举办。四是切实做好春节期间值班工作。要严格执行领导带班值班、24小时值班制度和零报告制度，同时要做好安全生产应急救援预案启动准备工作，及时开展救援，妥善处置事故，把损失减小到最低程度。

（王艳娇）

【重点领域联合检查】 2月1日，平谷区安全监管局、住房城乡建设委、发展改革委、质监局、市政管委等部门组成联合检查组，对北京纽约建设发展有限公司在建工程、北京燃气集团平谷有限公司、北京绿都供暖有限责任公司第一供热厂、北京市电力公司平谷分公司4家企业进行检查。重点检查了春节期间领导带班和应急值守、员工应急演练和安全生产培训、应急预案和应急物资准备，春节期间水、电、热、气安全保障情况。

（李君）

【全国“两会”安全保障】 全国“两会”期间，按照平谷区区委、区政府部署，区安委会办公室决定在全区范围内开展安全生产保障工作。共分为3个阶段，2月21日至25日为动员部署阶段，各单位结合本辖区、本行业实际，制订工作方案，召开专题会议，对全国“两会”安全保障进行部署。2月26日至3月3日为检查整改阶段，各单位按照对安全隐患“发现一起，消除一起”的原则，全面开展安全生产大检查。3月4日至会议闭幕为应急保障阶段，各单位继续强化对重点企业、重点部位和重要环节的安全监管，区安委会办公室联合相关部门对全国“两会”安全保障工作进行督查。区安全监管局以危险化学品、烟花爆竹、建筑施工、交通、人员密集场所和水电气热等城市生命线为重点行业领域，集中开展安全大检查。共检查危险化学品经营单位26家、人员密集场所23家、建筑施工现场6处、交通运输企业8家，下达整改指令书62份。共查出安全隐患72项，完成整改68项。有力保证全区安全生产形势的平稳有序。

（王振新、王艳娇）

【区长调研安全生产】 4月25日，平谷区区长姜帆到区安全监管局调研安全生产工作，听取区安全监管局主要领导关于安全生产工作情况的汇报，对安全监管工作表示肯定。姜帆指出，重大危险源单位是重点监管对象，要常抓不懈。小散差企业是现阶段发展的客观存在，要加大监管力度，对违法违规行为绝不姑息纵容，严厉处罚或予以关闭。安全生产月活动要加大宣传力度，宣传方式和内容要生动活泼，让群众容易接受。区安全监管局要履行综合监管职责，配合区住房城乡建设委加强施工工地安全监管，严防建筑施工事故发生。

（杜春光）

【重要节日、重大活动安全保障】 4月至5月，平谷区安全监管局针对桃花节、音乐节、赏石文化节、丫髻山庙会、相亲大会等大型活动集中，又逢“五一”小长假，外来游客骤增的情况，采取4项措施保障安全。一是明确分工，落实责任。将执法科室分成4组，严格落实职责分工，制定工作方案并认真执行。二是全程保障，消除隐患。前期对各项活动准备阶段舞台搭建、用电安全、人员资质等严格检查，发现隐患立即整改。中期对活动现场进行检查，及时消除安全隐患。后期做好经验总结，查遗补漏。三是突出重点，有的放矢。要求各加油站完善桃花节安全保障应急预案，做好车辆高峰指挥疏导、增强应急值守力量、暴雨天气严禁加油、站内禁止社会车辆停泊、取消自助加油、检测消防设备设施、严格执行卸油操作规程、检查油罐排气管是否畅通、提前做好应急演练。四是由点及面，广泛排查。以桃花节开幕式、音乐节、赏石文化节、丫髻山庙会、相亲大会等活动现场和桃花节观景台为监管点，对周边500米范围内企业进行排查，形成活动保障衍射区。

（杜春光）

【餐饮场所燃气联合检查】 6月7日，平谷区安全监管局、区城管大队、工商分局、兴谷街道等部门对辖区内多家餐饮场所燃气使用情况进行联合检查。检查组重点针对使用燃气餐饮场所燃气管道安装和使用是否规范、管道与明火距离是否符合要求、房间通风是否良好、相应防爆设施设置是否满足消防要求、是否制定应急救援预案和配备必需的救援器材等进行检查。针对检查发现的问题，检查组要求各单位主要负责人认真履职，严格遵守各项安全管理制度，采取安全生产防范措施，开展安全生产自检自查自纠活动，及时消除安全隐患。通过联合检查，集中消除了一批餐饮企业燃气隐患。

（马鹏程）

【大检查取得实效】 上半年，平谷区安全生产大检查取得实际效果。一是实现对重大活动现场周围1000米以内以及沿线500米以内生产经营单位全覆盖检查，对活动现场临建设施进行全方位检查，发现隐患立即整改。二是实现对重点行业领域全覆盖安全检查，检查人员密集场所、餐饮场所、建筑施工、交通运输、危险化学品等重点行业领域生产经营单位569家次，发现各类隐患817项，整改796项，整改率97%。三是营造全区群防群治安全宣传氛围，利用电视、广播、报纸等媒体宣传安全生产信息45次，开展“走进企业”安全培训，为全区53家服装行业企业提供现场安全管理技能指导服务，在客流量较大景区、活动现场悬挂安全生产宣传标语和挂图。

（王艳娇）

【商品交易市场安全整治】 6月至9月，平谷区安全监管局、消防支队、工商分局、商务委、规划分局、城管大队等部门开展辖区市场安全专项整治，排查各类安全隐患，查处市场安全生产违法行为及违法违规建设行为。专项行动期间出动执法人员106人次、执法车辆37台次，检查市场37家、检查商户605户次，下发文书238份。通过排查，规范市场安全经营行为，有效遏制各类事故的发生。

（马鹏程）

【安全生产工作会】 7月3日，平谷区召开安全生产工作会。会议通报全区上半年安全生产工作，并对安全生产大检查及下一阶段重点工作进行部署。会议要求，一是各单位要吸取全国发生的重特大事故教训，认真研究部署本辖区、本行业安全生产各项工作。二是切实开展安全生产大检查和专项治理，及时消除各类事故隐患，持续打击非法违法生产经营建设行为，加强应急值守。三是各单位要按照各自职责，对发现的问题和隐患立即处理，严防事故发生。

（王艳娇）

【市安委会督查组督查】 7月23日，市安委会第12督查组督查平谷区安全生产大检查落实情况。督查组听取了汇报，并对属地政府和生产经营单位进行实地抽查。督查组对平谷区安全生产大检查工作给予肯定。

（王建雄）

【部署中秋节和国庆安全保障】 9月25日，平谷区安委会办公室发出通知，对中秋节、国庆节期间安全生产工作进行部署。一是切实加强组织领导。各单位主要负责人要对本单位安全生产工作亲自研究和部署，健全组织机构，开展安全保障工作。二是立即开展安全生产大检查工作。各单位主要领导要亲自带队，对本辖区、本行业重点企业和重点部位开展一次安全生产大检查。三是消除隐患。进一步加大隐患排查整改力度，对检查中发现的安全隐患，一定要处置到位。四是切实做好节日期间值班工作。要严格执行领导带班值班、24小时值班制度。一旦发生事故或紧急情况，领导要及时赶赴现场组织抢险和处置，确保社会稳定。

（王艳娇）

【民用燃气安全工作会】 10月12日，平谷区安监、市政、消防等部门联合召开民用燃气安全工作会，部署3项重点工作。一是确保设备安装有效。燃气使用单位应委托具备相应资质的安装单位实施安装。安装前，燃气使用单位应组织设计、安装、监理、燃气供应等单位共同制订施工方案，确保施工过程安全。安装过程中，安装单位应做好安装、检验、调试、设计变更等相关记录。二是明确供应单位责任。各燃气供应单位要建立和完善各项安全保障制度，将安装燃气浓度检测报警装置列入燃气使用单位通气、安全检查项目，对用户安全用气提供技术指导和服务。三是落实使用单位责任。燃气使用单位应当与取得相应资质的燃气供应企业签订供用气合同，明确供用气双方的安全管理责任。要与燃气浓度检测报警装置销售单位签订售后服务合同，明确燃气浓度检测报警装置安全管理责任。

（高红伟）

【餐饮燃气联合执法检查】 10月24日，平谷区安监、消防、商务、市政、质监等部门对全区餐饮单位燃气安全使用情况开展专项联合执法行动。重点检查餐饮单位与供气单位供气合同签订、燃气浓度检测报警装置安装、气瓶间设置、消防器材维护、电气设备漏电和接地保护、应急通道畅通、疏散标志配置、职工安全教育培训和应急预案演练等情况。检查金百万、丰宴楼、福成等17家餐饮单位，查处各类安全隐患和问题53项。针对燃气使用存在的隐患和问题，各部门依据职责责令相关单位整改，并约谈了丰宴楼、胜利阳坊、福成等4家企业，对存在安全生产违法行为的3家企业立案处理。

（杜春光）

【十八届三中全会安全保障】 11日5日，平谷区安全监管局联合相关部门对全区多家宾馆饭店开展安全执法检查。检查内容主要包括：各项安全管理制度及责任制落实情况；应急预案的制订和演练；从业人员安全生产培训教育及特种作业人员持证上岗；安全疏散标志设置情况。针对部分宾馆存在安全检查记录不及时、人员培训不到位和应急处置能力不强等问题，检查人员当场下发了整改指令书，责令隐患单位立即整改。并要求各有关单位：一要强化管理，认真落实企业安全生产主体责任；二要加大自查力度，确保防范措施落到实处；三要强化培训教育，不断提高员工的安全意识和防范能力，确保十八届三中全会期间安全稳定。

（马鹏程）

【安全生产紧急会议】 11月22日，副区长刘晓光主持召开安全生产紧急会议，对平谷区安全生产大检查工作进行部署。刘晓光要求各单位：一是加大对安全生产工作的宣传力度，提高企业从业人员和社会公众的安全意识、安全技能，在全社会营造良好的安全生产氛围；二是根据本部门、本辖区实际，立即开展一次全覆盖的安全大检查，查出的问题和隐患要抓紧时间进行整改，不能立即整改的要制定防范措施；三是强化执法检查，要以“六小”单位、城乡结合部、外来人员聚集区、职工宿舍、仓库、油漆店和“三合一”等场所为重点，有针对性地开展执法检查工作，并做好记录和档案资料收集等基础性工作，确保全区安全生产形势持续平稳有序。

（王建雄）

【区领导检查人员密集场所】 11月22日，平谷区区长姜帆、副区长刘晓光带领区商务、文化、安监、消防等部门主要领导对平谷区废品回收站、文娱场所、商品交易市场等劳动密集型企业和人员密集场所的安全生产工作进行检查。姜帆询问了各生产经营单位安全管理制度、应急管理工作的落实情况，并对现场进行检查。检查过程中，姜帆要求：一是各职能部门要按照“全覆盖、零容忍、严执法、重实效”的要求，深入开展消防安全生产大检查工作，确保全区安全生产形势持续平稳有序；二是继续加强火灾安全隐患排查治理，加大执法检查力度，督促隐患单位立即整改安全隐患；三是各企业要落实各项安全管理制度，进一步细化应急预案，当发生突发事件时确保及时启动应急预案，避免群死群伤事故的发生；四是要采取多种形式开展宣传活动，提高员工服务意识，为全区人民创造良好的安全环境。

（马鹏程）

【区领导带队检查安全生产】 12月4日，平谷区常务副区长李宝峰带队对位于兴谷街道和山东庄镇的北京华安双盈机械加工厂、北京金塔山建材有限公司、北京华颖服装厂、北京利源伟业纸制品有限公司4家中小工贸企业和上纸寨村外来人口聚居地进行检查。李宝峰针对检查中发现的安全责任不落实、消防通道不畅通、用火用电不规范、人员培训不到位等隐患，要求有关部门和属地政府重视消除隐患工作。在对上纸寨村外来人口聚居情况的检查过程中，李宝峰强调属地政府要重视外来人口居住密度较大，居住条件恶劣，存在安全隐患多的现状，重点加强对动火取暖、安全用电、预防煤气中毒3个方面隐患排查整改力度，进一步规范出租屋安全管理措施，保障全区安全形势平稳。12月5日，副区长刘晓光带领区安监、消防等部门和相关属地政府主要领导，对平谷区建筑施工工地、机械加工厂、老年公寓、印刷厂等单位进行检查。重点对现场管理、消防设施及个体防护等情况进行检查。针对存在的问题，刘晓光要求，各单位要把人民群众安全和利益放在第一位，严格落实各项规章制度。要重视安全生产大检查，明确工作重点，排查整改安全隐患。安全生产工作要动态管理，警钟长鸣，常抓不懈。

（马鹏程、高红伟）

危险化学品安全监管

【全国“两会”安全部署】 2月25日，平谷区安全监管局召开危险化学品企业全国“两会”期间安全保障工作会，紧急部署危险化学品企业重点工作，90余家危险化学品企业主要负责人参会。区公安分局刑侦支队部署易制毒化学品安全管理，区安全监管局要求各危险化学品企业要全面加强反恐和应急值守工作。一是油库、加油站。要落实各项人防、物防、技防措施，增派人员值守。设置自助加油的加油站，要确保驾驶员加油全程有工作人员看护，加油高峰期要安排足够工作人员现场值守。二是液氨使用单位全国“两会”前要对储存和使用场所的视频监控、报警、喷淋、通风、吸收等装置进行一次全面检查，消除安全隐患。三是危险化学品使用和经营单位要加强领导带班和应急值守；加强重点设备、区域和重点岗位人员的安全管理，严格遵守本市相关部门全国“两会”安全保障工作要求。四是危险化学品重大危险源单位要严格落实重大危险源实时监控和应急值守制度，对相关作业场所、设备设施以及温度、压力等重要技术参数和可燃、有害气体泄漏检测等进行24小时监控。五是烟花爆竹储存仓库要切实做好回收后库存清理，严禁违规、超标和包装破损产品入库存储，加强会议期间库区巡查，确保储存安全。

（杜春光）

【管控化学品安全管理】 全国“两会”期间，平谷区安全监管局全面加强对重点监管的化学品经营环节监管。一是凡未取得危险化学品经营许可证的单位，不准经营管控化学品。二是记录生产、储存的管控化学品数量及流向，严防丢失或者被盗。三是严禁向个人销售管控化学品（属于剧毒化学品的农药和第三类非药品类易制毒化学品除外）。四是不得向不具有相关许可证件或者证明文件的单位销售管控化学品。五是建立健全销售管理规章制度和销售台账。六是不得出借、转让其购买的管控化学品。七是加强从业人员安全技能培训。八是做好向区公安分局和区安全监管局备案工作。

（郭向东）

【液氨事故防范】 6月，平谷区安全监管局会同区消防支队召开液氨使用单位专项整治工作会，结合吉林“6·3”重大伤亡事故教训，重点讲解液氨的危险性和防治办法，对液氨使用单位资质提出要求。会议要求各液氨使用单位开展专项治理和隐患自查工作，重点检查操作规程、人员资质、设备设施运行、应急值守和防暑降温等情况，发现隐患及时整改。

（杜春光）

【易制毒化学品销售隐患排查】 8月，平谷区安全监管局对全区易制毒、管控化学品经营单位隐患排查。一是对易制毒和管控化学品销售单位进行销售情况调查，下发调查问卷，对所售危险化学品种类进行登记。二是对销售现场安全状况严格检查，重点检查销售现场是否存放危险化学品实物、是否及时在市安全监管信息平台填报购销记录、消防设备设施是否有效及超范围经营危险化学品等情况，对存在问题单位给予严肃处理。三是落实行政许可，严查企业擅自变更行政许可情况，对地址发生变动、销售物品增项、行政许可到期要求相关企业及时进行申请。四是严格实名登记，要求各销售单位对供货方、购买方及所售物品严格落实实名登记制度，索要对方资质证明备案。经查，各销售单位均落实实名登记制度，销售场所安全状况良好，无销售现场非法存放实物现象。

（杜春光）

【危险化学品防雷检查】 8月，平谷区安全监管局对危险化学品企业、重大危险源单位和易燃易爆场所防雷设施进行安全专项检查。抽查23家企业，发现安全隐患都及时得到整改，消除事故隐患。

（高红伟）

【国庆期间安全监管】 国庆节期间，平谷区安全监管局组织各加油站及油库企业负责人召开专题会议。一是对国庆期间应急值守、安全检查及反恐防控工作进行部署，确保主体责任落实。二是开展安全检查，确保事故隐患得到及时有效整改。三是组织开展危险化学品事故应急救援演练，提高应对突发事件的能力。国庆期间，区安全监管局共检查生产经营单位56家次，出动执法检查人员112人次，查处事故隐患78项。

（郭俊）

【液氨专项整治】 2013年，平谷区安全监管局采取4项措施开展液氨专项整治。一是明晰底数，全区有液氨使用单位4家，其中有两家单位构成重大危险源。二是建立隐患台账，进行销账治理，经液氨专家对两处重大危险源单位进行诊断，排查隐患。三是分期治理，对发现的安全隐患和问题，根据整改难度要求企业分级分批治理，做到整改责任、时限、人员、预案和资金“五到位”。四是动态监管，对各液氨使用单位每月巡查一次，重大节假日和重要时期进行一次全面检查，形成安全监管的高压态势。

（杜春光）

烟花爆竹安全监管

【销售网点设立】 2013年春节期间，

平谷区有10家烟花爆竹销售网点，其中长期销售网点两家，临时销售网点8家。

（郭向东）

【烟花爆竹仓库验收】 1月23日，平谷区烟花爆竹仓库经市安全监管局督查组现场审核，通过验收。督查组检查了烟花爆竹仓库防雷防静电措施、消防设备设施是否完备、应急值守人员在岗情况、视频监控是否清晰、应急预案演练、车辆及人员出入库登记、烟花爆竹储备、烟花爆竹等级规格是否符合规定等情况。对平谷区烟花爆竹仓库安全生产标准化达标工作给予表扬。

（杜春光）

【烟花爆竹销售】 1月24日，平谷区安全监管局、公安分局、消防支队、工商分局等部门对2013年春节烟花爆竹销售工作进行部署。区安全监管局要求取得销售资质的单位加强销售期间现场安全管理，对销售非法烟花爆竹和超许可范围经营给予严厉打击。公安分局结合事故案例讲解非法和超标烟花爆竹危害性，并告知违法行为的行政处罚。消防支队从消防设备设施配备、周边易燃物清理、电气线路安全距离等方面部署烟花爆竹消防安全工作。工商分局从市场管理、违法查处和非法销售查处部署销售及行政许可工作。

（杜春光）

【“联动+监督”机制】 1月30日，区安全监管局会同区公安、消防、工商、质监、城管等部门对烟花爆竹销售网点进行全方位安全联合执法，邀请区监察局对执法全程进行监督。经查，已有6家网点配送烟花爆竹，城区各网点全部接通高清视频监控设备，销售及储存场所已全部清理到位，安全用电和消防设备设施情况良好，各项安全管理制度已上墙公示，烟花爆竹仓库开展了应急演练。区监察局要求进一步加强春节期间烟花爆竹销售及燃放安全监管工作，强化痕迹管理留存相关记录，对销售人员防静电服穿戴和货品堆放进行严格审查。“联动+监督”监管机制强化了安全监管、隐患排查和依法行政工作。

（杜春光）

【烟花爆竹安全检查】 2月4日，平谷区安全监管局、公安分局、工商分局对10家烟花爆竹销售网点紧急开展排查，除1家销售网点未完成配送工作外，其余网点共查出熊猫和逗逗品牌各型号组合烟花35箱，在市烟花办下达超标组合烟花具体型号前，已责令各销售网点暂停销售熊猫、逗逗品牌组合烟花，并将查出的35箱产品封存。还对销售网点安全状况，消防设备配备，电气线路和周边可燃物清理情况进行检查，对存在问题责令进行整改。

（杜春光）

【依法销售检查】 2月7日，平谷区安全监管局、公安分局、工商分局和区城管大队等部门对全区烟花爆竹零售网点依法销售和农达丰烟花爆竹仓库安全储备情况进行检查，经查全区烟花爆竹销售以燕龙品牌为主，兼有少量熊猫和逗逗品牌产品，不存在市烟花办和市安全监管局通告的超标产品和敏感名称的型号产品，安监和工商部门通过电子扫描枪、HSDPA识读器和数据库查询、备案等技术手段对所售产品规格、型号、出入库记录等内容逐箱进行查询，除7

箱产品存在无出库记录情况外，均属合法依规产品。检查组要求销售网点核实无出库记录的产品，同时还对各零售网点安全状况、视频音频设备接通、周边可燃物清理及烟花爆竹仓库出入库登记、消防安全、周边禁放情况和应急预案可操作性等情况进行检查。

（杜春光）

【烟花爆竹收尾停售】 2月24日，平谷区安全监管局实施烟花爆竹销售网点烟花爆竹销售收尾工作，确定5家网点仍在销售，其余5家已全部售罄。为做好烟花爆竹销售收尾工作，有效防范事故，重点检查正在营业的5家销售网点消防器材良好性、电气线路安全性、值守人员在岗情况、销售网点周边可燃物清理情况等。各销售网点清点产品数量，统计销售数量，2月25日全面停止销售。

（杜春光）

矿山安全监管监察

【尾矿库汛期监管】 2013年，平谷区安全监管局加强尾矿库汛期安全监管。汛期前与相关乡镇和村委会联系，告知村民尾矿库危险性，劝说村民不圈占尾矿库库顶种植农作物。会同金海湖、刘家店镇政府对尾矿库安全状况进行检查，发现隐患及时治理，确保尾矿库安全度汛。要求各尾矿库相关管理单位加强应急值守，确保通信畅通，暴雨等极端天气提前预警告知。要求相关乡镇政府进一步完善尾矿库安全应急预案，聘请专家对应急预案进行评审，确保应急预案可操作性。

（郭向东）

【尾矿库安全度汛】 2013年，平谷区区安全监管局加强尾矿库汛期安全监管，有效保障尾矿库安全度汛。全区有封存尾矿砂的黄金尾矿库9座，经建造和加固治理，不断完善防范和管理措施，加强乡镇尾矿库监管队伍建设，建立检查档案，对尾矿库和尾矿砂堆进行不间断检查，发现问题及时处理。9座尾矿库处于安全状态，汛期库顶排水通畅，无积水现象，无滑坡现象，坝体无明显裂缝。

（杜春光）

隐患排查治理

【排查治理部署】 2013年，平谷区安委会对全区安全生产隐患排查治理工作进行部署。2月至3月，以全国“两会”安全生产保障工作为重点，对辖区、各行业安全隐患进行全面调查，对发现的隐患立即整改，暂时难以整改的，做到责任、措施、资金、时间、预案“五落实”并加强监控，不能保证安全的，必须停产停业整顿。4月至8月，围绕汛期和“桃花音乐节”等活动，深入推进隐患排查治理工作，确保安全度汛，同时加强活动期间和活动现场及周边隐患排查治理。9月至12月，以“国庆”“元旦”安全保障为重点，指导督促企业排查整改各类安全隐患，特别是危险化学品、建筑施工、人员密集场所等行业领域，严防高处坠落、中毒、踩踏等事故发生。

（王建雄）

【人员密集场所隐患排查】 1月30日至2月1日，平谷区安全监管局、消防支队等部门对辖区内29家重点人员密集场所进行隐患排查，排查工作坚持“五个到位”。一是部门联动到位。强化部门联动，全方位排查安全管理、用电、消防、应急等方面隐患。二是隐患排查到位。深入重点行业领域，扩大隐患排查范围，要求相关负责人加强电梯伤人、通道畅通、电路起火、人员挤踏、紧急救护和应急值守方面隐患排查治理。三是整改措施到位。做到检查结束后确定整改方案、整改时限、整改责任人。四是整改落实到位。对疏于隐患整改和走过场的企业加大惩处力度。五是坚持应急演练到位。督促重点单位开展应急演练，确保应急预案可操作性和完善性。排查整改各类安全隐患46项。

（郭明智）

【电气安全隐患排查】 7月至9月，平谷区各行业领域启动电气隐患专项执法检查行动，全面开展电气安全隐患排查。出动执法人员398人次，出动执法车辆198台次，检查各类生产经营单位266家次，发现并查处电气线路未穿管保护、电气设备未做接地接零保护、动力电气设备开关未加装漏电保护器、电工无证上岗和证件过期未检等安全隐患387项，下达责令限期改正指令书196份，立案处罚11家。

（郭俊）

【文娱场所隐患排查治理】 9月22日，平谷区安全监管局、文化委、消防支队等部门对全区12家网吧、歌舞厅等文娱场所集中开展专项执法检查。重点察看经营场所安全出口是否畅通、日常安全检查是否到位、用电设施是否规范。对存在安全隐患的单位，执法人员责令限期整改，并要求开展隐患自查自纠工作。通过专项检查，集中消除一批安全隐患，强化文娱经营单位安全生产主体责任意识，有效促进文娱经营单位安全管理水平的提高。

（马鹏程）

【火灾隐患暗查】 11月6日，平谷区安监、公安消防等部门组成检查小组，采取突击暗查的方式，对大型商市场、餐饮企业、在建施工工地、工业制造业等人员密集场所和重点单位进行突击检查。重点检查安全生产责任制落实，消防控制室值班值守、日常安全检查是否到位，安全疏散通道、安全出口是否畅通，消防设备设施是否完好，现场应急处置程序是否具有可操作性等。检查组要求存在隐患单位，切实整改消除各类隐患，营造良好安全环境。

（马鹏程）

应急救援

【建筑工程防汛应急演练】 6月19日，平谷区安全监管局联合区住房城乡建设委组织开展防汛应急演练。演练模拟传媒大厦建筑工地由于连降暴雨发生基坑坍塌事故，造成作业面被埋，坍塌现场有继续坍塌的趋势，区住房城乡建设委接到施工单位报告后，立即启动《建设工程防汛应急预案》，通知后备抢险救援队伍，赶赴事故现场实施抢险。通过演练，加强防汛安全大检查，推动应急预案及体系建设工作。

（马鹏程）

【企业应急演练】 6月19日，位于平谷区马坊镇的北京富乐科技有限公司，开展企业安全生产应急救援演练。应急演练模拟发生火灾，企业组织人员疏散，进行火灾扑救。重点对安全逃生、消防安全知识、灭火器材使用等进行培训和演练。通过应急演练，加强企业应急基础建设，提高企业从业人员自救互救意识和能力。

（李佳鹏）

【应急救援机制】 2013年，平谷区安全监管局完善《预防和应对自然灾害引发生产安全事故工作制度》，成立预防和应对自然灾害引发生产安全事故工作领导小组，明确各部门在预测预警和应急响应过程中的职能。建立“统一指挥、分级负责、专业处置”的应急机制，规范应对强降雨、降雪、大风、大雾（霾）、雷电、冰冻、地震等自然灾害引发事故预防和应对流程，全面防控事故风险。建立与乡镇属地政府和重点企业应急响应机制，要求各乡镇政府和重点企业做好应急救援队伍值班备勤工作，收到因自然灾害引发生产安全事故信息后，要及时做好启动应急准备，检查重点部位、重要环节的安全措施，疏散危险部位人员，加强防汛应急物资储备，确保及时有效处置因自然灾害引发的生产安全事故。

（王艳娇）

【应急预案管理】 2013年，平谷区安全监管局加强安全生产应急管理，按照《平谷区生产安全事故应急预案备案程序》，指导企业做好生产安全事故应急预案编制和修订，对应急预案进行备案。督促企业加强应急演练，及时解决预案存在问题，增强预案的针对性、实用性和可操作性。全年组织开展危险化学品、人员密集场所、建筑施工、交通运输等演练56次，2000余人参加。完善应急救援物资储备，设立3个危险化学品事故应急救援物资储备库，储备应急救援物资620余套。

（王建雄）

执法监察

【滑雪场联合检查】 1月29日，平谷区安全监管局、旅游委对北京国际渔阳滑雪场开展安全执法检查。检查组首先听取渔阳国际滑雪场相关负责人冬季安全生产相关工作汇报，随后对滑雪场各项安全生产管理制度建立，特种作业人员持证上岗、岗位责任制落实和事故应急预案制订演练等情况进行安全检查。检查组要求滑雪场落实企业安全生产主体责任，做好日常安全管理和安全检查，完善各项安全生产应急预案，确保国际冰雪节活动期间不发生任何安全事故。

（马鹏程）

【人员密集场所安全检查】 1月28日，平谷区安全监管局、商务委、消防支队对辖区部分餐饮企业进行检查。检查内容主要包括，各项安全管理制度及责任制落实情况，应急预案的编制和演练情况，从业人员培训及特种作业人员持证上岗情况，安全疏散标志设置等情况。检查餐饮企业11家。针对部分餐饮企业存在安全检查记录不及时、人员培训不到位和应急处置能力不强等问题，检查人员当场下发整改指令书，责令立即整改。

（马鹏程）

【“迷笛音乐节”安全检查】 4月23日，平谷区安全监管局联合东高村镇政府对“迷笛音乐节”活动现场及周边餐饮企业进行执法检查。执法人员重点对生产经营单位安全生产责任制的落实、应急照明和疏散标志设置、安全出口和疏散通道、电气线路安全管理等方面进行检查。对检查发现部分企业经营场所存在疏散标志损坏、电气线路管理不规范、从业人员教育培训不到位、应急预案不完善等问题，下达限期整改指令书6份，责令立即整改。

（马鹏程）

【音乐节临建设施检查】 4月26日，平谷区安全监管局、住房城乡建设委、旅游委、消防支队、东高村镇政府等部门，对迷笛音乐节活动现场临建设施的搭建进行安全检查。重点检查施工单位各项应急预案是否齐全、安全防护措施是否到位、临时用电是否安全等方面内容，对检查中发现的部分临建设施安全警示标志设置不齐全等问题，检查人员当即责令施工单位进行整改，并监督落实。检查组对相关单位提出要求：一是注意施工安全，遵守安全操作规程，确保搭建过程中不发生事故，二是承办单位、场地提供单位和施工单位要明确责任，互相监督、互相协作，确保安全责任落实到位。三是对检查组提出的问题要立即整改，彻底消除各类事故隐患。

（马鹏程）

【音乐节安全保障】 4月29日，平谷区安全监管局召开专题会议对“迷笛音乐节”安全保障进行专题研究、部署，成立安全生产保障领导小组，并制订《中国乐谷·2013北京迷笛音乐节活动安全生产保障工作方案》。区安全监管局按照区委、区政府的要求，在执法检查中突出对施工单位特种作业人员持证上岗，舞台灯光音响、背景墙等设备临时用电，搭架，高空作业安全防护和隐患排查措施等情况逐一进行检查。4月29日至5月1日，迷笛音乐节举办期间，区安全监管局每天安排12名执法人员分组包片，对活动现场各部位不间断检查，发现隐患责令相关单位进行整改，并监督落实。全体执法人员严格服从现场指挥部统一调动，手机24小时保持畅通，如遇突发事件及时与指挥部取得联系。

（马鹏程）

【“丫髻山庙会”安全保障】 5月，平谷区安全监管局实施“丫髻山庙会”安全生产保障。一是排查隐患，对刘家店镇11家重点生产经营单位进行隐患排查，查处各类安全隐患23项，全部整改完毕。二是完善预案，督促有关部门进一步完善庙会活动安全生产各类应急预案，并于刘家店镇政府保持联动机制，有效应对突发事件。三是派驻夜查，随着庙会的开始，每晚派驻执法人员坚守岗位，发现隐患及时处理，对道路陡峭和灯光不足等问题，建议主管部门整改。四是加强值守，成立庙会安全专项领导小组，每天对庙会现场安全状况进行检查，坚持24小时应急值守。

（马鹏程）

【机械加工企业安全检查】 5月15日，平谷区安全监管局联合消防支队、南独乐河镇政府等部门对南独乐河镇域内部分机械加工企业开展专项安全检查。此次检查以宣贯法律法规、整治安全隐患为目的，全面检查企业在用起重机械，确保及时发现和消除安全隐患。检查企业是否办理使用登记、是否按周期进行检验、特种作业操作人员是否持证上岗、是否建立机械管理档案和维修记录、是否建立事故防范措施和事故应急救援预案。经过检查，大部分企业总体情况较好，未发现重大安全事故隐患。对检查中发现的问题，执法人员对相关企业下达执法文书，责令整改。

（马鹏程）

【网吧突击检查】 5月22日至23日，平谷区安全监管局、文化委、消防支队对全区16家网吧进行突击检查。检查组主要检查各网吧安全基础管理是否到位、是否进行电气设备设施维护保养、场所安全出口是否畅通、安全疏散标志是否明显、日常安全检查是否到位、用电设施是否规范等。执法人员对存在安全隐患和问题的单位责令其整改，要求各单位认真开展隐患自查自纠工作。通过安全执法检查，强化各网吧经营单位安全生产主体责任意识，消除一批事故隐患，有效地促进网吧经营单位安全生产管理水平。

（马鹏程）

【夏季旅游安全检查】 6月8日，平谷区安全监管局、旅游委、公安分局等部门对全区旅游景区开展安全大检查。检查组重点检查各旅游景区的餐饮及住宿场所内有无违反用火、用电、用气、用油规定，消防设施、器材配置及完好情况，单位日常安全检查制度、安全疏散通道畅通等方面的落实情况。检查过程中，检查组要求各旅游场所：一是认真组织开展安全隐患自查自改，不留死角、盲区，消除各类安全隐患。二是认真做好旅游旺季期间的值班值守工作，严格落实安全检查制度，确保值班值守人员在岗、在位。三是充分利用海报、警示语、横幅等宣传手段，宣传安全生产知识，营造浓厚的安全学习氛围，正确引导游客、单位员工重视安全、学习安全知识。检查结束后，各部门进行交流总结，检查组要求景区各职能部门各司其职，加强监管，为广大游客营造安全、可靠的旅游环境。

（马鹏程）

【农机专项检查】 6月17日，平谷区安全监管局、农业局、工商分局、质监局、公安交通支队联合组成“创建平安农机，促进新农村建设”活动检查组，深入马坊镇重点村进专项检查。检查组实地察看英城兴隆农机配件门市部、顺兴昌农机服务站等企业，对农机安全生产工作情况和有关文件、会议、图片、档案等资料进行查阅，对发现的问题现场给予反馈，并开具现场检查记录。“创建平安农机，促进新农村建设”活动的开展，增强广大农机手的安全生产意识，基层农机监管工作得到规范，有效预防各种农机事故发生。

（马鹏程）

【打击假证和无证上岗行为】 6月1日至7月1日，平谷区安全监管局联合区质监局、住房城乡建设委重点打击建筑施工、宾馆饭店、商市场、文化娱乐场所、工业企业、物业管理单位等重点行业领域特种作业使用假证和无证上岗的违法违规行为，对检查中发现的违法违规行为，一律按照有关规定予以高限查处，有效遏制生产安全事故发生。检查生产经营单位412家，查处各项安全隐患和问题630项，查处非法经营单位2家。联合区文化委、消防支队执法人员对人员密集场所进行全面执法检查。检查歌厅、网吧和宾馆饭店73家，查处各类安全隐患和问题54项，对4家文娱场所进行通报批评。联合区住房城乡建设委、市政市容委对建筑施工作业现场进行特种作业专项执法检查，对3家施工单位存在的特种作业人员无证上岗行为进行行政处罚，并责令无证人员到指定培训单位参加培训考核。通过执法检查，强化特种设备作业人员安全监管，提升特种作业人员安全管理水平。

（郭明智）

【印刷企业安全检查】 7月3日，平谷区安全监管局、公安消防支队、兴谷街道等部门对兴谷开发区部分印刷企业进行安全生产大检查。检查组重点检查各印刷企业是否建立完善安全生产责任制及各项安全生产管理制度，消防设备设施、安全出口、疏散通道、应急照明是否符合安全要求，特别是安全通道是否被占用，电线、线路是否存在老化、裸露现象，厂区是否有消防水源等。检查发现部分印刷企业存在安全管理制度不健全、灭火器摆放位置不明显、消防通道被占用、纸张油墨乱堆乱放等情况，下达整改指令。企业按照整改指令书进行了整改。

（马鹏程）

【防暑降温专项检查】 7月，平谷区安全监管局对存在高温危害因素生产经营单位开展专项执法检查。重点检查高温作业环境防护措施落实、高温作业劳动制度建立、防暑降温劳动保护用品发放、高温作业安全培训、职业健康体检、劳动合同告知等情况。截至9月，检查相关生产经营单位78家，从检查情况看，大部分企业根据自身实际情况制订高温事故应急预案和防护措施，为一线工人提供防暑降温药物、清凉饮料等。对于高温作业安全生产制度落实不到位的单位，责令进行整改。

（王振新）

【交通安全检查】 8月12日，平谷区安全监管局、交通局、交通支队等部门对辖区部分客运公司和校车进行安全检查。检查组先后来到北京鑫通顺客运公司和区教委，对各单位生产安全事故应急救援预案、交通安全管理制度、客运车辆是否按期进行安全技术检验、从业人员信息和客运车辆进出站登记台账等进行检查。检查组对部分单位建立驾驶人及车辆管理台账等好的做法给予肯定，并要求各单位配合交管部门，抓好细微之处，强化工作责任心，切实做好全区道路交通安全保障。

（马鹏程）

【“世界小姐”分赛区安全保障】 8月24日，第63届世界小姐北京分赛在平谷区金海湖景区举行。平谷区安全监管局及时制订《关于第63届世界小姐北京分赛区安全生产保障工作的实施方案》，成立安全保障领导小组，将此项活动安全保障作为工作重点，从检查内容、实施步骤、责任分工、工作要求等方面做了规定，为活动期间安全生产保障工作提供严格制度保障。

（马鹏程）

【公路施工专项检查】 10月28日，平谷区安全监管局对新平北路和谷丰路施工路段开展专项执法检查。重点从施工企业负责人安全生产意识、安全生产等法律法规在企业安全基础管理中是否认真贯彻执行、施工现场的隐患和违章行为、安全生产应急救援预案等方面进行检查。通过检查发现部分施工路段围挡防护栏设置不齐全、安全警示标志设置不明显等问题。执法人员要求施工企业负责人要严格遵守和执行安全生产法律法规和制度标准，依法依规加强安全生产，加大安全生产投入，健全安全生产管理机构，落实安全生产管理制度，实施全员安全生产培训，把责任落实到每个岗位、每个职工、每个环节上。施工单位已按执法人员要求进行整改。

（马鹏程）

【汽车修理企业联合检查】 10月28日，平谷区安全监管局、交通局、消防支队等部门对辖区部分汽车修理企业开展了联合安全生产执法检查。此次专项检查从汽修企业安全生产责任制、管理制度、操作规程、安全生产管理台账以及消防器材、特种设备使用，喷烤漆作业、维修工段调漆、使用电气焊等区域现场安全操作几个主要方面入手，对各汽修企业安全生产工作开展全面执法检查。针对检查中发现的安全隐患和问题，执法人员依法下达了行政执法文书，企业已按期整改。

（马鹏程）

【重点行业消防突击检查】 11月21日，平谷区安全监管局、消防支队、王辛庄镇等部门对辖区建材商店、汽修市场等行业进行了突击安全检查。在检查中发现，部分建材商铺电气线路存在乱拉乱接现象，灭火器未配备到位、人员留宿及使用明火做饭现象，且部分员工消防应急救援日常训练不足，不能熟练操作消防器材，部分消防应急设施、设备缺乏日常维护。检查组下达责令限期整改指令书，被检查单位已按检查组责令整改指令书要求整改。

（马鹏程）

【废品回收站消防安全检查】 12月3日，平谷区安全监管局联合区商务委、公安分局、工商分局对辖区废品回收站开展安全执法检查。联合检查组重点察看各废品回收站是否存在特种作业人员无证上岗、机械设备有无安全操作规程、电线有无乱拉乱接、是否配备相应的消防器材、废品堆放场地与周边建筑物之间的防火间距是否符合要求、安全生产责任是否落实等情况。检查组针对存在的问题，提出安全隐患整改意见，责令相关单位限期完成整改，将安全措施落实到位。检查组还对各废品回收站负责人进行了安全生产宣传教育，督促其经常组织员工开展安全生产培训及逃生技能演练，切实提升生产安全事故防控能力。

（马鹏程）

【市安委会督查】 12月13日，市安委会督查组采取不通知，不打招呼，直奔现场，随机抽查的方式，对平谷区危险化学品行业和建筑施工企业开展安全生产大检查工作督查。督查组首先对各作业现场进行了检查，听取了企业负责人关于安全生产工作汇报，现场查阅从业人员安全生产教育培训记录、特种作业人员管理制度、安全操作规程、人员档案。针对存在的问题，下达了限期整改指令书，责令相关企业立即整改。督查组要求，安全生产是企业生存和发展的重要保证，关系到社会稳定和人民群众生命财产安全，各相关单位一定要提高认识、明确责任，时刻紧绷安全生产这根弦，强化日常监督检查，落实好安全隐患排查工作，严格落实各项安全生产管理制度，及时发现隐患、消除隐患，防止各类安全事故发生。

（马鹏程）

职业卫生监督检查

【有限空间专项检查】 1月22日，平谷区安全监管局对绿都供暖公司、北京联通公司平谷分公司、北京新奥京谷燃气有限公司进行了有限空间安全专项检查。重点检查各单位人员值守和领导带班情况、有限空间作业安全管理制度执行情况，要求各单位加强措施，强化有限空间作业安全管理。

（李君）

【有限空间整治】 5月至10月，平谷区安委会办公室针对燃气、电力、通讯、水处理等有限空间重点单位作业中存在的危险因素和薄弱环节，集中组织开展安全整治行动，防范和遏制事故发生。主要措施包括：一是加强有限空间作业单位安全生产主体责任落实，加强隐患排查整改力度；二是实现企业全覆盖、从业人员全员培训，使所有作业人员掌握有限空间作业安全知识和相关要求，提高安全素质，杜绝违规违章作业行为；三是督促单位建立健全有限空间作业安全管理规章制度和操作规程，配齐配全必要的安全设备设施，夯实安全管理基础，提高企业本质安全水平；四是建立健全有限空间作业安全监管的相关规定和标准，提升现场监管和服务水平；五是推行“把隐患当事故处理”的管理模式，逐步建立安全管理自律机制，有效遏制事故的发生。

（李君）

【机动车维修行业专项整治】 7月4日，平谷区安全监管局会同区交通局组织全区76家一二类机动车维修企业，召开机动车维修行业职业卫生专项整治动员部署暨培训会议。会议印发《平谷区机动车维修行业职业危害专项整治工作方案》，要求与会单位认真学习并集中组织开展职业危害申报和隐患自查行动。一是针对机动车维修行业一二类企业钣金、打磨及喷漆等，作业时产生的粉尘、噪声、化学毒物等职业危害，全面落实企业管理职责，完善防护设备设施，做好设备防护和人员防护。二是规范职业危害申报、培训教育、职业危害告知、职业健康监护、个人防护用品配备等工作。三是按照相关规定设置独立的调漆室和喷烤漆房，安装机械通风装置。四是针对职业卫生管理方面存在的问题开展自查自纠，完善、健全职业卫生管理制度，进行职业危害因素检测，开展职业卫生培训工作。

（李君）

【电力隧道施工安全检查】 7月12日，平谷区安全监管局对位于平谷区迎宾环岛西侧的滨盘110千伏线路工程施工隧道现场进行了安全检查，此项工程全程870.5米，其中包括2米×2.3米暗挖隧道820.7米，直径4米竖井3座，直径5.2米竖井3座和直径6米竖井1座，工期9个月，施工人员约400人。区安全监管局针对现场发现临时用电线路不规范、安全防护措施不到位和新进场员工未经培训等问题，下达限期整改指令书，要求工程施工方北京城建七建设工程有限公司立即进行整改。执法人员根据高温、高湿、多雨的特点，向施工方提出具体的安全要求：一是重点加强防汛准备工作，包括明确防汛责任人，制定防汛应急预案，加强防汛物资储备；二是严格落实员工安全教育，尤其是新入场员工的安全培训，提高员工安全责任意识和自救能力；三是强化工地用电安全，针对隧道高湿的特点，加强临时用电线路管理和防漏电保护措施；四是加强有限空间施工安全管理，防坍塌、防窒息、防坠落，及时更新相关专项应急预案，落实企业安全责任。

（李君）

【职业卫生基础建设】 7月，平谷区安全监管局按照市安全监管局统一部署，开展企业职业卫生基础建设活动。活动主要针对平谷区已经依法进行职业危害申报的270家企业，通过全面推进职业卫生基础建设，督促企业自觉落实职业病防治主体责任，提高职业卫生管理水平，改善劳动者的工作环境和条件。活动期间，一是广泛宣传职业卫生基础建设活动的重要意义和具体要求，提高企业参与基础建设活动的积极性和主动性。二是加强培训，督促指导企业学习《职业病防治法》及国家安全监管总局有关规章，找差距、定措施、抓整改，全面消除职业危害。三是在企业自查自纠的基础上，紧密结合日常监管，做好检查验收，确保达到基础建设活动目标。四是对重点企业加强监督检查，发现问题依法下达责令整改指令书，督促限期整改，逾期不改的，按照《职业病防治法》等法律法规进行处罚。

（李君）

宣传培训

【安全生产知识培训】 1月5日，平谷区安全监管局到刘家店镇进行安全知识培训。参加培训的有镇长、主管安全生产的副镇长、村委会书记、主任和各企业负责人、安全员。培训主要内容：预防煤气中毒、触电、高处坠落事故等安全生产知识，并列举安全生产事故案例，提高参加培训人员对安全生产的重视程度。

（李佳鹏）

【安全生产月部署】 5月28日，平谷区召开安全生产月活动协调部署会议。2013年安全生产月活动的主题是“强化安全基础，保障城市运行安全”。宣教活动包括警示教育、安全文化宣传、应急演练和隐患排查治理。成立由区委宣传部、区安全监管局、公安分局等12个部门组成的安全生产月活动组委会，加强对各行业、各属地政府和企业开展安全生产月活动进行监督指导，确保活动面向基层、面向企业、面向一线、取得实效。

（王振新）

【宣传咨询日】 6月9日，平谷区举办以“强化安全基础，保障城市运行安全”为主题的2013年平谷区安全生产月宣传咨询日活动。副区长刘晓光和区委宣传部、区安全监管局、教委、文化委等18个部门的有关领导参加活动。活动现场设立“12350”安全生产举报投诉、消防安全、交通安全、燃气使用安全等8个宣传咨询台，发放《平谷区市民安全知识手册》5000余份和宣传画2000余张，设置安全宣传展板60块。通过广泛宣传营造“关爱生命、关注安全”的氛围。

（王艳娇）

【安全知识进校园】 6月13日，平谷区安全监管局、消防支队和王辛庄镇政府以“安全伴我在校园，我把安全带回家”为主题，在王辛庄镇学区举办逃生应急演练和安全知识讲座活动。通过对用电、防火、交通和自然灾害等相关安全知识讲解以及学生亲身参与，掌握在遇到突发事件时如何预防、如何应对、如何处置，做到“不伤害自己、不伤害别人、不被别人伤害和保护别人不受伤害”，进一步营造了

"关爱生命、关注安全"的校园安全氛围。

（王建雄）

【安全生产知识竞赛】 9月6日，平谷区安委会组织开展以"学安全知识，享安全之福"为主题的一线职工安全生产知识竞赛活动。此次竞赛面向全区所有生产经营单位，特别是事故高发领域企业和"六小"企业，发放试卷2万份。通过知识竞赛，广泛宣传和普及安全生产法律法规和安全知识，有效地提高全区广大一线职工安全意识和安全素质。

（王建雄）

【执法培训】 10月29日，平谷区安全监管局举办执法技能培训班。培训内容主要涉及执法部门安全检查，职业卫生防护及有限空间作业检查等安全生产重要领域。通过此次培训，提高执法人员执法技能，丰富执法人员检查内容。

（李佳鹏）

【职业卫生培训】 10月30日至31日，平谷区安全监管局举办安全生产法律法规知识及职业卫生培训班，全区相关生产经营单位64名职业卫生管理人员参加此次培训。培训内容为：职业卫生相关概念、职业卫生工作应遵循的原则、职业卫生工作的具体内容、职业卫生防护知识和职业卫生管理概述5个方面。

（李佳鹏）

【"六五"普法宣传】 2013年，平谷区安全监管局采取多种形式促进安全生产法制宣传教育工作。一是通过举办"安全在我身边"演讲比赛和"安全在我心中"征文，发放《平谷区市民安全知识手册》，组织安全生产法律法规培训等活动，将安全生产法律法规送进了企业、学校、农村、社区和机关单位。二是通过组织安全生产月、"职业病防治周"、"12·4"全国普法宣传日等活动，向全区群众普及安全生产相关的法律法规、行政审批、行政许可、执法检查、安全生产标准化等知识，累计10万人接受安全教育。三是举办安全生产监管人员、企业负责人、安全管理人员、安全员、特种作业人员安全生产培训班180余班次，培训2万余人次，不断提高安全监管人员和从业人员法制观念。四是在危险化学品、建筑施工、人员密集场所等重点行业领域开展"亮剑""雷霆""双打""9+11"等联合执法行动，有效遏制了重特大事故发生。五是"六五"普法，各类媒体刊登安全生产普法信息400余条，宣传报道安全生产工作。

（王艳娇）

【农村安全生产宣教】 2013年，平谷区安委会办公室对辖区农村安全生产宣传教育工作进行部署。一是要求各乡镇结合辖区实际，制订方案，明确每个村的宣传重点、内容和形式，并将宣传活动记录在案。二是利用村级智能广播、致广大村民一封信、发放宣传品、组织安全文艺演出、悬挂横幅等形式，开展安全生产宣传教育活动，确保群众"看得见、听得到"。三是有的放矢开展用电、用气、燃气、农机等贴近百姓生产生活的宣传活动，让群众"记得住、用得着"。四是组建村级安全生产宣传队，开展安全知识进家庭活动。

（王艳娇）

法制建设

【行政决策制度】 2013年，平谷区安全监管局在行政决策方面，始终坚持“依法、科学、民主”原则，加强行政决策事项合法性体制建设，相继制订《平谷区安全生产监督管理局行政决策程序》和《平谷区安全生产监督管理局行政决策合法性论证制度》。严格要求在工作规划、财政预算和重大财政资金安排、重要决议、重大处罚等方面进行行政决策，并依规履行调查研究、专家论证、合法性审查、集体讨论等科学民主决策程序。

（郭明智）

【投诉举报案件查处】 2013年，平谷区安全监管局按照“有报必查、有报速查、违法必究”原则，针对各种形式举报案件，均能在最短时间内到达被举报单位进行调查，并将查处情况及时进行通报。全年共受理投诉举报案件17件，办结17件，办结率100%。全年未发生行政复议和行政诉讼案件。

（郭明智）

【学习培训制度】 2013年，平谷区安全监管局本着培养一支“政治过硬、业务精良、作风清正、纪律严明、行动快捷、人民放心”的监管队伍为目标，有计划地组织法律法规学习。制订2013年依法行政培训计划，坚持每月第一个周五与最后一个周五下午集中学习安全生产法律法规和方针政策，每次学习时间不少于3小时，如有特殊情况调整学习时间，每个月集中学习时间不少于6小时，全年不少于60学时。7月份举办一次法制讲座，请有关专家主讲。10月份举办一次学法用法专题讨论会。通过培训学习，切实提高全局执法人员运用法治思维和法律手段解决经济社会发展中突出矛盾和问题的能力。

（郭明智）

标准化建设

【制订标准化方案】 2013年，平谷区安委会制订《平谷区工贸企业安全生产标准化工作方案》，下发至各乡镇街道、管委会和行业主管部门。要求各单位按照方案，实行任务分解，有计划落实安全生产标准化动员和推进工作。一是明确分工，细化职责、责任到人，落实属地和行业监管职责。二是做好辖区、属地企业数据台账整理，做到底数清楚、情况明确、数据翔实。三是落实相关企业负责人和安全管理人员培训，培养一批掌握安全生产标准化基本内容、基本要求、基本方法的一线安全工作人员。四是制订本辖区、本行业内企业自评进度表，按照阶段要求，开展工作。五是加强督导检查，以查促改，以查促评，指导企业尤其是中小企业开展安全生产标准化自评和复评，推进安全生产标准化建设。

（李君）

【工业企业标准化建设】 5月，平谷区安全监管局推进工业企业安全生产标准化达标工作。一是摸清底数，突出重点。根据企业经营情况和规模，将工业企业安全标准化工作分为4个等级，重点推进192家规模以上企业达到二级标准。二是广泛宣教，提高认识。举办大型工业企业安全标准化宣教专题培训17次，组织各有关行业部门和属地政府培训会，就安全标准化创建工作提出具体要求，聘请高级安全工程师讲解安全标准化评审流程、考评标准。三是循序渐进，查处隐患。结合标准化建设相关要求，开展隐患排查治理，提升安全生产管理水平。

（王振民）

【标准化建设与安全检查】 7月12日，平谷区政府办公室印发《关于集中开展安全生产大检查的通知》，要求各单位将安全生产标准化达标与安全生产大检查相结合。一是对照安全检查重点，结合行业安全生产标准化评定标准进行检查，排查治理安全隐患，推进安全生产标准化达标工作。二是将规定期限内不能达标的企业列为安全生产执法的重点对象，加大检查频次。对达标典型示范企业，授予主要负责人"安全生产标准化创建标兵"荣誉称号，在政府招投标、政府采购、工商诚信企业、示范企业评比等活动中，予以优先推荐。三是将2013年安全生产标准化创建任务量化、细化到各行业管理部门。

（李君）

【标准化督查】 8月7日，平谷区安全监管局对施必安华兴开关厂、华都峪口禽业有限责任公司、富乐科技开发有限公司、永丰余家纸（北京）有限公司等正在进行安全标准化达标的企业进行督查。要求企业严格按照评审标准和专家组提出的整改意见进行整改，完善安全管理规章制度，加强对从业人员安全培训。通过此次督查，掌握企业的安全标准化达标进展，帮助企业解决存在的困难和问题，并将企业的意见和建议反馈给评审机构，要求加以完善。

（纪元）

【标准化培训班】 8月26日至28日，平谷区安全监管局举办人员密集场所标准化培训班，对全区80余家餐饮场所、娱乐场所、商超市场、网吧、星级宾馆、景区等人员密集场所，主要负责人、安全管理人员进行培训。培训采取法规宣传和案例讲解相结合方式，通报全区安全生产标准化开展情况，对安全生产标准化的目的、意义、内容和评分标准，企业开展安全标准化的步骤和方法，人员密集场所评审标准和问题整改注意事项等进行了讲解。区安全监管局要求各单位通过安全生产标准化评审，强化安全管理，筛查安全隐患，修订应急预案，增强企业安全生产事故防范能力。

（李君）

【标准化培训推进会】 8月30日，平谷区安全监管局召开工业企业安全生产标准化培训推进会，对大兴庄镇等7家乡镇街道、管委会80余家规模以上工贸企业负责人和安全管理人员进行培训。讲解国家安全监管总局、北京市政府和平谷区政府关于开展安全生产标准化工作的文件精神，要求企业按照标准化评定标准进行自查和整改。

（纪元）

【标准化台账】 2013年，平谷区安全监管局通过汇总乡镇街道和行业部门生产经营单位安全生产情况，不断完善平谷区安全生产标准化达标企业规划台账，确定年度达标企业名单，并按照乡镇街道、行业主管部门进行任务划分。据统计，平谷区计划达标企业1154家，其中，达到二级标准186家，达到三级标准418家，达到小微企业岗位标准的550家。区安全监管局加强与各乡镇街道、管委会，有关部门协调联动，通过建立台账，制订具体目标和阶段性工作任务，严格落实责任制，注重安全监管实效，保障安全生产标准化达标工作顺利进行。

（纪元）

怀柔区

概述

2013年，怀柔区安全生产工作坚持“以人为本，安全发展，科学发展”理念，按照“安全第一，预防为主，综合治理”的工作方针，以有效防范、坚决遏制重特大事故为目标，扎实开展安全生产宣传教育，全面启动安全生产标准化达标建设，深入开展安全生产大检查，强化重点行业和领域专项整治，狠抓各类隐患排查治理，各项工作稳步推进，全区安全生产形势总体稳定，被市安委会评为“安全生产工作先进区县”。

一、落实安全生产责任制。全年召开各项安全生产专题会议65次。对乡镇街道和部门安全生产工作实行精细化管理，全年召开安全生产专项工作部署会15次。采取集中联检方式对各属地安全生产履职情况进行督导检查63次。重大节日和重点时期主要领导参加安全检查制度化。严格落实责任追究，对1家违反安全生产法律法规的企业，在年终“经济发展突出贡献奖”评选中给予“一票否决”。

二、安全生产专项整治。2013年组织开展“安全生产大检查”、城乡结合部专项整治、10项专项执法行动、安全生产领域“打非治违”、特种作业“双打”专项行动、生态文明和城乡环境建设、低端业态产业清理等20余项重点行业领域专项整治以及“两会”、十八届三中全会、主要节日和汛期等重点时期专项执法检查工作。全区安全监管部门、属地管理部门共组织督查组和检查组2682个，出动检查人员18833人次，检查各类企事业单位和场所10506家次，整改隐患14311项，责令停产、停业整顿183家，行政罚款83.4万元，关闭非法违法企业5家。

三、安全生产基础建设。2013年，全区有1.4万家法人单位纳入“怀柔区安全生产智慧监察平台”数据库进行动态管理，企业隐患上报率50%以上。矿山、危险化学品、烟花爆竹批发以及工业制造企业和其他规模以上企业的基础台账完备率100%。全区1家非煤矿山、36家危险化学品、61家小微企业以及机械冶金等重点行业规模以上工业企业均完成标准化创建工作，超过70%的工业企业与评审单位签订协议，规模以上文化、商务企业全部开展达标建设工作。

四、应急救援指挥体系建设。强化生产安全、消防、建筑、交通等各类突发事件专项应急指挥部建设。督促指导5家重大危险源企业编制“一对一”生产安全事故应急预案。全年开展人员密集场所消防火灾、建筑坍塌、危险化学品泄漏、燃气泄漏、有限空间等重点行业、重点区域生产安全事故应急救援演练活动663次。

五、提高全民安全意识。精心组织策划安全生产月活动，举办宣传咨询日、安全生产公开课、巡回演讲等10余项大型活动，3.5万人参与。借助安全生产短信群发系统，全年发送安全生产法律法规、工作动态和预警信息8万余条，实现信息共享。在电视台制播《安全在线》

48期。举办生产经营单位主要负责人和安全生产管理人员安全培训，培训6360人。完成特种作业考核10批，考核1762人。2013年红牛股份有限公司被评为市级安全文化示范企业。

综合监管

【控制考核指标】 2013年，怀柔区发生道路交通、生产安全、铁路交通事故死亡32人，同比减少3人，下降8.57%，占市安委会下达控制指标的86.49%。其中，道路交通事故死亡24人，同比持平；生产安全事故死亡5人，同比减少3人；铁路交通事故死亡3人，同比增加1人。未发生生产经营性火灾死亡事故和农业机械死亡事故。

（田保海）

【安委会会议】 1月14日，怀柔区安委会召开2013年第一次工作会议，传达市安委会会议精神，通报2012年全区安全生产情况，对春节及下一步重点安全生产工作进行部署。区质监局、住房城乡建设委、商务委、市政市容委、交通支队、消防支队6个部门分别就本行业、本部门有关工作做出具体部署。副区长张勇结合怀柔区当前安全生产形势，对安全监管工作的重点、难点工作环节进行分析和强调，并对做好春节及下一步安全生产工作提出要求。

（李颖鑫）

【烟花爆竹批发仓库安全检查】 1月23日，怀柔区安全监管局配合市安全监管局，对怀柔区烟花爆竹批发单位怀欣合花炮公司烟花爆竹储存仓库进行安全检查。重点检查怀欣合花炮公司内、外部安全距离和储存量，以及库内烟花爆竹堆垛、摆放情况，现场测试库区内监控、报警设备运行情况。通过检查，要求企业在烟花爆竹配送旺季来临之前，做好从业人员安全教育培训，确保持证上岗，做好库区内安全检查、巡查，加强领导带班。对库区内监控报警设备、消防设施做好定期检查、维护、保养，提前检查配送车辆安全。

（田保海）

【油库安全检查】 1月30日，市安全监管局和怀柔区安全监管局对怀柔区庙城油库和218油库进行春节前安全生产执法检查。检查重点包括两大油库的消防泵房、油罐区、配电室、安全设备设施、人员管理、教育培训、特种作业人员持证上岗等情况。检查组对油库的安全管理工作给予肯定，并针对节日期间安全生产提出要求。

（田保海）

【安全生产大会】 2月26日，怀柔区召开2013年度安全生产大会。会议总结2012年安全生产工作，部署2013年安全生产工作。对2012年度安全生产工作成绩突出的27个先进单位、25个先进个人进行表彰。杨宋镇政府、商务委、奥瑞金包装股份有限公司分别作安全生产工作典型发言。副区长张勇对怀柔区2012年度安全生产工作给予肯定，对2013年工作提出要求。

（田保海）

【尾矿库防汛】 5月31日，市安全监管局副局长贾太保带队，对怀柔区京冀工贸尾矿库、前安岭铁矿尾矿库进行防汛安全检查。检查组要求加强对汛期安全生产工作的领导，做好防汛应急值守和应急救援物资储备，在汛期妥善安置尾矿库下游居民，有效预防因暴雨洪水等极端天气引发的矿山生产安全事故，确保安全度汛。

（田保海）

【闭库尾矿库安全检查】 6月6日，怀柔区安全监管局配合市安全监管局对长哨营七道梁村黄金闭库尾矿库和雁栖镇八道河村黄金闭库尾矿库两座废弃尾矿库的坝体、库面安全，以及排洪沟和导流洞等情况进行检查。要求各乡镇、废弃尾矿库主责部门，落实汛期巡查和日常看护工作，执行领导24小时带班值班制度，监视汛情变化，保障通讯畅通。

（田保海）

【安全生产大检查】 6月，怀柔区安委会按照“全覆盖、零容忍、严执法、重实效”要求，采取专项检查、联合执法、督查跟踪、日夜巡查等方式，在全区各行业领域集中开展安全生产大检查。成立主管副区长任组长，各部门、各属地行政一把手为成员的领导小组，建立联合执法、定期会商、责任考核、领导带队检查、综合督查、情况反馈6项工作制度。成立9个督查组，每月对18个属地安全生产大检查开展情况进行综合督查。在大检查活动期间，全区共出动检查人员18833人次，组织督查组和检查组2682个，检查督查各类企事业单位和场所10506家，整改隐患14311项，责令停产停业整顿183家，行政罚款83.4万元，关闭非法违法企业5家。

（李颖鑫）

【重大危险源企业防汛安全检查】 7月11日，怀柔区安全监管局配合市安全监管局对怀柔区重大危险源企业开展防汛安全检查。检查组分别到218油库、朝日啤酒、凤翔大都有限公司3家重大危险源单位，对企业应急值守、防汛物资配备、防雷检测以及安全设备设施运行等情况进行检查。针对检查现场发现的电气设备未使用防爆型、储罐机房与中控室未单独设置、未按要求对重大危险源进行辨识评估等问题和隐患，检查人员依法下达执法文书，责令企业立即整改。

（田保海）

【生态示范区商户专项治理】 7月18日，怀柔区副区长张勇带领区相关部门，对雁栖湖生态示范区联络线周边商户进行检查。重点对餐饮企业非法用气、安全生产及食品卫生等隐患进行全面排查。出动执法人员70人次，检查商户33户，停业整顿餐饮企业2家。

（田保海）

【尾矿库安全检查】 7月31日，市安全监管局局长张家明带队对怀柔区尾矿库安全生产情况进行检查。怀柔区委副书记、代区长常卫参加检查。检查组分别到长哨营乡七道梁村三岔口东沟废弃黄金尾矿库和琉璃庙镇前安岭铁矿尾矿库察看尾矿库坝体、排洪设施和有关安全生产记录，并询问相关负责人排水系统、监测系统、操作规程等情况。对检查中发现的问题，检查组当场责令企业立即整改，并责成区安全监管局和属地乡镇政府跟踪督办。张家明对近年来怀柔区尾矿库安全生产工作给予肯定，要求各部门、企业要落实尾矿库安全管理责任，做好日常巡查和值班工作，把排查治理隐患常态化。

（田保海）

【燃气专项检查】 8月13日，市安委会联合检查组对怀柔区北京迎宾大鸭梨酒店管理有限公司及北京市森源燃气有限责任公司开展燃气专项检查。区市政市容委、商务委、城管执法局、质监局、安全监管局参加检查。各部门根据职责对液化气配送及使用单位的气源、气质、瓶质和使用等情况进行检查。检查发现燃气使用场所电线敷设管路未使用防爆管、报警装置不符合规范、配送充气场所堆放杂物、消防设施未设置明显标志、避雷设施存在缺陷等问题。检查组针对问题下达执法文书，要求企业整改。区相关部门根据检查组指出的问题督促相关燃气配送及使用单位进行整改。

（张凤英）

【国务院安委会督查】 8月22日，国务院安委会办公室副主任、国家安全监管总局副局长孙华山，率领国务院安委会第16督查组一行11人，对怀柔区开展安全生产大检查工作进行督查。副市长张延昆，市安全监管局副局长蔡淑敏、陈清，怀柔区领导齐静、潘临珠、张勇，以及怀柔区有关安全监管部门和属地政府主要领导陪同检查。国务院督查组分为两组，分别对雁栖开发区的奥瑞金欣美制罐、东明兴业，北房镇的德瑞克斯，庙城镇的庙城油库、218油库，桥梓镇的怀欣合烟花爆竹仓库进行了现场安全生产检查。重点对企业安全生产规章制度建立健全、作业现场安全管理、劳动防护用品配备等方面进行检查，就检查中发现的问题，当场提出具体整改要求，由区安全监管局督促跟踪企业进行整改。

（田保海）

【区安委会综合督查】 8月至12月，每月1日至10日，怀柔区安委会组成9个督查组，分别由区安全监管局、交通局、商务委、旅游委、质监局、住房城乡建设委等部门牵头，区水务局、环保局、体育局、民防局、农业局、经济信息化委、市政市容委等部门配合，赴全区18个属地开展督查。督查组采取听取汇报、分组检查、随机抽查的方式，重点从组织领导、专项治理、检查落实、事故隐患、宣传教育5大项26个小项展开，每个属地至少检查4家企业。到12月底共对18个属地开展督查5次，检查企业332家。

（李颖鑫）

【油库安全检查】 10月29日，怀柔区安全监管局配合市安全监管局对北京中油国门油料销售有限公司218油库开展安全生产专项检查。对油库重大危险源安全监控系统自动化改造工程进展进行督导。针对改造工程，要求油库严格按照设计施工方案进行施工建设，在规定时间节点完成改造工作，同时要求企业主要负责人切实落实和履行安全生产主体责任，加强对进场工作人员教育培训，确保安全。

（田保海）

【市安委会督查】 10月31日，市安委会第15督查组对怀柔区安全生产大检查进行综合督查。通过听取汇报、查阅资料、随机询问、实地察看方式，督查组对庙城镇、怀柔镇、龙山街道以及红螺食品公司、瑞特沃斯机电建材市场、大星发农发地农副产品批发市场进行检查。市督查组对怀柔区安全生产大检查工作开展情况给予肯定，并要求怀柔区要进一步加大安全生产培训力度，切实落实企业主体责任，加强对存在隐患企业的跟踪，确保安全生产大检查工作落实到末端。

（田保海）

【生态示范区调研】 11月13日，市安全监管局就雁栖湖生态示范发展区工程建设安全监管工作进行调研。调研中，怀柔区安全监管局针对示范区建设监管成立专项指挥部、开展安全生产监督检查等情况进行介绍，特别对示范区核心岛及周边施工项目基础台账建立、安全执法检查、事故隐患跟踪整改等进行汇报。市安全监管局对怀柔区工作予以肯定，并就市级部门对示范区监管意向、如何依法开展监管进行交流。

（田保海）

【重点行业领域安全会】 11月22日，怀柔区安全监管局组织召开重点行业领域安全生产工作会。会上通报北京朝阳区小武基村库房重大火灾事故及怀柔区2013年生产安全事故相关情况。部署隐患排查治理、“铁拳”行动、液氨专项整治、安全生产标准化、烟花爆竹、危险化学品、非煤矿山等重点领域安全监管工作，要求各属地、各重点单位充分认清形势，按照区领导提出的“四个盯紧”（即：盯紧安全意识、盯紧措施到位、盯紧重点领域、盯紧责任落实）工作要求，落实好APEC会议核心区与日常监管各项工作职责，防患未然，确保安全。

（王晴）

【市领导检查安全生产】 11月28日，副市长林克庆带队到怀柔区检查安全生产工作，重点对怀柔区大星发农发地批发市场的监控室，进货来源，消防设施的配备及使用，是否组织消防演练和员工消防安全教育培训，灭火和应急疏散预案等工作进行了检查。林克庆要求，各部门要全力加强安全生产工作，提高全民安全意识，确保人民生命财产不受损失。

（田保海）

危险化学品安全监管

【油库监控系统改造】 1月11日，市安全监管局和怀柔区安全监管局组织相关区县以及有关专家、设计单位、施工单位、评价机构等一行46人，在北京中油国门油料销售有限公司218油库召开油库安全监控系统自动化改造工程方案论证会。会议对218油库安全监控系统自动化改造设计方案、油库安全监控系统自动化改造工程施工安全保障方案和油库安全监控自动化系统改造工程安全预评价报告进行现场评审论证，论证专家提交审查意见书，建议对相关设计和方案做进一步补充完善。

（田保海）

【危险化学品安全会】 2月1日，怀柔区安全监管局召开全区2013年危险化学品安全生产工作会。会上，区安全监管局总结2012年各项工作完成情况，部署2013年重点工作。向37家危险化学品禁放单位印发《2013年春节期间危险化学品烟花爆竹经营单位禁放安全管理工作通知》，发放禁放宣传画100余份。向危险化学品经营单位及液氨使用单位印发《怀柔区生产经营单位事故隐患自查自报系统告知书》。

（王晴）

【液氨使用单位专题会议】 6月4日，怀柔区安全监管局组织辖区内16家液氨使用单位负责人，召开液氨系统运行安全专题会议，部署有关安全生产管理工作。会议简要通报吉林德惠“6·3”特大火灾事故和燕山石化炼油一厂加氢裂化装置氢气泄漏事故情况，传达部署危险化学品单位汛期安全和特种作业及特种设备作业人员“双打”专项执法行动。

（田保海）

【防汛专项检查】 6月6日至7月5日，怀柔区安全监管局对辖区内6家重点液氨使用单位和1家油库及烟花爆竹仓库进行执法检查。重点检查液氨制冷企业的防雷检测，氨制冷系统运行安全的自查自改、隐患排查治理情况记录，制冷操作人员的特种作业操作证持证情况，油库、烟花爆竹仓库重点部位防汛措施落实情况。下达现场检查记录8份、整改指令书5份，消除事故隐患9项。

（王晴）

【运输企业专项检查】 6月，怀柔区交通局、安全监管局对7家危险化学品运输单位“一书一签”安全管理制度执行情况进行专项执法检查。要求7家单位负责人严格按照《道路危险货物运输管理规定》《危险货物运输包装通用技术条件》和《危险货物包装标志》等国家标准和有关规定，对所属90辆危险货物运输车辆110名驾驶员、押运员进行培训教育，严格执行要求托运方提供危险化学品安全技术说明书和安全标签的规定。

（王晴）

【“两重点一重大”】 7月，怀柔区35家危险化学品经营单位上报“两重点一重大”企业治理台账，企业自查消除隐患89项，投入整改资金500万元。

（王晴）

【电气安全专项检查】 7月，怀柔区安全监管局对辖区内11家危险化学品经营单位进行电气安全专项执法检查，下达现场检查记录11份、整改指令书11份、复查意见书11份，消除事故隐患42项。

（王晴）

【易制毒化学品专项整治会议】 9月4日，怀柔区安全监管局组织辖区非药品类易制毒化学品经营单位召开专项整治工作会。会议传达全国禁毒工作电视电话会议精神，组织各单位负责人学习《易制毒化学品管理条例》（国务院令第445号）、《非药品类易制毒化学品生产、经营许可办法》（国家安全监管总局令第5号）、《北京市安全生产监督管理局关于开展非药品易制毒化学品企业专项整治工作的通知》等相关法规、规章和文件，并发放宣传册及宣传挂图90余份。

（王晴）

【易制毒化学品专项检查】 9月，怀柔区安全监管局对辖区内5家非药品类易制毒化学品企业进行全覆盖执法检查。重点检查非药品易制毒化学品登记备案情况，非药品类易制毒管理制度，销售账目和流向台账、企业登录信息平台系统上报产品购进与销售等流向登记及零报告和年度报告信息、从业人员安全教育培训档案，安全生产检查及隐患排查治理制度及台账，安全生产检查记录等内容。下达现场检查记录5份、整改指令书4份，消除事故隐患10项。

（王晴）

【十八届三中全会安全保障】 11月5日至12日，怀柔区安全监管局对10家易制毒、易制爆单位及6家烟花爆竹长期零售网点及1家烟花爆竹仓库“四停一封”情况进行专项检查。下达现场检查记录17份、整改指令书14份、整改复查意见书 14 份、跟踪复查意见书 2 份，查出并整改事故隐患 38 项。行政处罚 3 起，罚款 0.3 万元。

（王晴）

【执法检查】 2013 年，怀柔区安全监管局开展危险化学品、烟花爆竹生产经营单位监督检查 404 家次，下达执法文书 648 份，检查并监督企业整改消除隐患 294 项，行政罚款 9 起 1.1 万元。

（王晴）

【液氨从业单位安全整治】 2013 年，怀柔区安全监管局开展液氨专项整治，两家涉氨制冷企业关停转产，拆除液氨设备。两家准备进行液氨制冷的企业关停转产，其他单位按要求进行隐患整改。据统计，全区 17 家涉氨单位进行关停、维护改造、隐患整改，投入整改资金 100 余万元。

（王晴）

烟花爆竹安全监管

【零售网点许可】 2013 年，怀柔区安全监管局许可烟花爆竹经营单位 59 家，其中烟花爆竹批发单位 1 家，烟花爆竹零售单位 58 家（长期零售网点 6 家，临时零售网点 52 家）。

（王晴）

【从业人员岗前培训】 1 月 18 日，怀柔区安全监管局组织开展 2013 年春节期间烟花爆竹经营单位从业人员岗前安全知识教育培训和考核工作。全区 58 家烟花爆竹经营零售单位主要负责人和从业人员 229 人参加培训并通过考核。

（田保海）

【春节前安全检查】 2 月 6 日，怀柔区副区长张勇带队，组织区安全监管局、交通局、质监局、公安分局、消防支队、工商分局、城管大队对辖区内两个烟花爆竹室内零售点和怀欣合花炮公司的两个直销零售点进行春节前安全检查。检查组重点检查销售网点安全警示标志及消防器材是否配备齐全、是否按规定悬挂摆放，用电设备安全措施是否可靠、是否超量储存，销售人员对安全知识掌握等情况。对检查发现的个别销售人员灭火器使用不熟练、个别室内零售点在室外摆放烟花爆竹进行销售等隐患，执法人员依法下达执法文书责令整改。

（田保海）

【消防培训演练】 2 月 7 日，怀柔区安全监管局针对烟花爆竹销售网点从业人员灭火器材使用不熟练的问题，组织开展灭火器材使用专项培训演练。针对各网点配备的均为 5 公斤 ABC 型干粉灭火器，培训从此类灭火器使用三步法、灭火过程安全事项以及灭火器扑救初期火灾的技巧等进行详细讲解。随后，全区各烟花爆竹销售网点从业人员逐一按照培训内容和要求，进行扑灭油火实战演练。全区各烟花爆竹销售网点从业人员共计 70 余人参加培训。区安全监管局向各网点发放灭火器使用方法标志牌和烟花爆竹普法宣传折页 9000 份。

（田保海）

【烟花爆竹回收】 2 月 25 日至 27 日，怀柔区安全监管局组织烟花爆竹批发单位完成对全区 34 户临时网点剩余烟花爆竹产品回收入库工作，共收回烟花爆竹产品 3900 箱，价值 93.6 万元。

（田保海）

矿山安全监管监察

【兴发水泥公司复产验收】 4月1日，怀柔区安全监管局、公安分局、国土分局、环保局、水务局、人力社保局和怀北镇政府组成复产验收小组，对兴发水泥公司进行复产验收。此次复产验收遵循“严格标准、严格程序、逐级把关、企业负责”的原则，按照企业自查、乡（镇）级验收、区级验收、区政府主管领导审批的程序进行。复产前，兴发水泥成立以企业主要负责人为组长的复产验收自查小组，制订复产工作方案，组织员工安全生产教育培训，对照有关验收标准进行2次复产前自查，查出安全隐患12项，均在递交复产申请前整改完毕。

（王佳贺）

【矿山企业执法检查】 2013年，怀柔区安全监管局执法检查非煤矿山企业18家次，填写现场检查记录13份，下达整改指令书5份，整改事故隐患12项。

（王佳贺）

【尾矿库安全监管】 2013年，怀柔区安委会办公室加强汛前、汛期安全监管工作，成立怀柔区非煤矿山防汛应急救援领导小组，下发《北京市怀柔区安全生产委员会办公室关于印发怀柔区非煤矿山安全度汛的通知》，成立应急救援组。区安全监管局在汛前、汛期就尾矿库的坝体、库面安全以及排洪沟和导流洞等情况对前安岭尾矿库、马圈子尾矿库及长哨营七道梁村黄金闭库尾矿库、雁栖镇八道河村黄金闭库尾矿库等防汛安全工作进行检查，每月至少对非煤矿山企业进行2次检查。汛期，对非煤矿山企业及尾矿库进行安全检查12次，出动执法人员40余人次。

（王佳贺）

隐患排查治理

【燃气安全专项整治】 5月至10月，怀柔区安全监管局对全区使用天然气、液化石油气等燃气的餐饮场所及液化石油气供应、充装、运输企业开展安全专项整治。建立餐饮场所基础台账2813家，检查企业1760家，整改隐患1597项。

（李颖鑫）

【城乡结合部专项整治】 2013年，怀柔区安委会以整治“非法生产、非法经营、非法储存”为重点，对怀柔区城乡结合部“五小企业”“六小场所”和“三合一”“多合一”生产经营场所开展专项整治。成立由怀柔区区长常卫担任总指挥的专项整治指挥部，负责对专项整治工作进行统一指挥部署。截至年底，全区各部门共出动执法人员2135人次，检查企业1120家，消除隐患1027项，停产、停业21家，关闭取缔2158家，行政罚款3.6万元，清退人员613人。

（李颖鑫）

【“双打”专项执法】 6月，怀柔区安委会办公室在各行业领域全面开展严厉打击特种作业及特种设备作业人员持假证上岗、无证上岗“双打”专项执法行动。共检查生产经营单位122家，特种作业人员640人，整改隐患89项，停产、停业2家，行政处罚6起，罚款7500元，行政拘留7人。

（李颖鑫）

【生态文明和城乡建设环境整治】 5月，

怀柔区安委会全面推进生态文明和城乡环境建设工作。全区各部门按照职责分工对城区“三纵十横”及雁栖湖生态示范区联络线开展环境整治，先后4次对南大街328家商户进行联合检查，整改隐患315项，当场关闭2家，取缔1家，停产、停业1家。对雁栖湖联络线周边地区怀北镇、雁栖镇176家生产经营单位进行执法检查，整改隐患105项，暂时停产、停业6家。开展低端业态产业清理工作，清理城区内铝合金销售加工商户82家，汽配轮胎经营商户96家。

（李颖鑫）

应急救援

【防暴反恐和消防应急演练】 4月26日，怀柔区安全监管局、公安分局在栖湖饭店组织开展安全生产防暴反恐和消防火灾自救应急疏散演练。防暴反恐演练模拟在栖湖饭店停车场发现一可疑爆炸物，饭店立即报警，公安部门出警，对可疑物进行排爆处置。火灾演练模拟宾馆二层某客房着火，宾馆立即启动应急预案，疏散着火楼内客人和员工，利用床单打结从二楼逃生，使用灭火器、喷枪水带扑救火灾，抢救受伤人员并立即联系120急救中心送往医院。此次演练为示范性演练，为使同行业企业清晰观摩应急程序，各个环节采取逐一进行的方式，有序组织开展，取得良好效果。

（田保海）

【山体滑坡应急演练】 6月19日，怀柔区北京兴发水泥有限公司开展矿山山体滑坡事故应急救援预案演练。此次演练模拟兴发水泥公司矿山120平台发生滑坡，一名员工受伤，公司立即启动应急救援预案，采取措施，停止生产，组织企业应急救援队伍赶赴现场开展自救。保卫组拉起警戒线，抢险队员现场抢险，运输队装载机、运输车装载运输砂石料，清理砂石，医疗救援组经过现场初步抢救包扎后将伤员送往医院救治。整个演练历时40分钟，共派出8个抢险组30人，出动运输车辆、抢险车辆4台，使用各类应急救援器材30件。

（王佳贺）

【尾矿库应急演练】 6月28日，怀柔前安岭铁矿有限公司开展尾矿库主坝渗漏事故应急救援演练。此次演练以企业自救方式开展，主要针对尾矿库主坝渗漏后，对主坝进行堵漏、加固。选矿车间主任通过对讲机报告，尾矿库主坝20米标高处发生局部渗漏，公司立即启动尾矿库应急预案，组织人员抢救，向区安全监管局、琉璃庙镇政府汇报尾矿库险情。有关部门和属地政府立即采取措施，组织附近村民撤离到安全地带。企业应急救援队伍立即赶赴尾矿库主坝渗漏现场，用草袋、石料等应急救援物资将渗漏处堵住，并对坝体进行加固，琉璃庙镇卫生院将伤员送往医院救治。整个演练历时45分钟，出动运输车辆、抢险车辆10台，使用各类应急救援器材200余件。

（田保海）

【重大危险源应急救援演练】 6月28日至29日，怀柔区安全监管局组织北京啤酒朝日有限公司、218油库、庙城油库，分别开展液氨泄漏和油罐火灾应急救援演练，同时邀请市级危险化学品专家就应急管理、预案编制等进行专题培训。液氨演练模拟北京啤酒朝日有限公司液氨机房某制冷机发生液氨泄漏，氨气体浓度报警仪报警，现场人员立即报告并按程序启动应急预案，设立警戒区，紧急疏散现场作业人员，处置小组初步判断险情，开展现场应急处置，排除事故险情。油库模拟某储油罐发现火情，某发油位发生油品泄漏，启动企业应急救援预案，进行现场应急救援处置，开展企业自救，启动消防泵，用水带对准着火油罐喷淋降温，同时，对相邻油罐进行降温处理。演练结束后，专家进行现场点评。

（王晴）

【有限空间抢修演练】 9月29日，怀柔区安全监管局、水务局联合组织有限空间抢修演练。此次演练模拟雁栖经济开发区污水管网出现故障。区水务局派出相关人员到达现场，经过现场查勘设备设施、确认之后开展抢修。整个抢修过程，严格按照有限空间作业安全规定，强制通风设备、有限空间空气检测仪等安全设备充分发挥作用。经过10多分钟的抢修，污水管网正常运行，抢修人员安全出井。

（田保海）

执法监察

【元旦安全检查】 1月1日至3日，怀柔区安全监管局组成执法检查组，局领导带队，对辖区内加油站、商场超市、餐饮饭店等危险化学品和人员密集场所进行安全检查，对检查发现的安全隐患，责令企业予以整改。

（田保海）

【春节安全检查】 2月9日至15日，怀柔区安全监管局组织检查组，由局领导带队，对烟花爆竹零售网点和加油站、油库、工业气体等重点危险化学品经营单位进行抽查。除夕夜组织4个检查组，初五夜组织2个检查组，由局领导带队开展夜查。同时利用3G无线网络视频、音频监控系统，对全区烟花爆竹销售网点安全状况进行实时监控。节日期间共组织检查组19个，出动执法车辆19台次，执法人员57人次，检查生产经营单位69家（其中烟花爆竹零售网点48家），下达执法文书69份，现场纠正、督促消除一般隐患和问题15项。春节期间怀柔区未发生生产安全伤亡事故。

（田保海）

【建材企业安全检查】 3月5日，怀柔区安全监管局对北京兴发水泥有限公司、北京丰怀轨枕有限公司、北京中科恒彬水泥制品有限公司进行执法检查。重点检查企业安全通道、特种作业管理档案、安全生产规章制度、员工培训等情况。整改消除安全隐患10项。6月5日至7日，聘请电气专家对怀柔区5家建材、家具企业进行电气安全专项执法检查，整改消除安全隐患20项。

（王佳贺）

【人员密集场所专项检查】 4月至8月，怀柔区安全监管局联合区卫生局、文化委等相关部门开展电影院、医院、网吧等人员密集场所专项执法检查，检查生产经营单位362家次，下达执法文书469份、整改指令书148份，整改消除隐患474项，行政处罚5起，罚款3.7万元。

（张凤英）

【“除火患、保平安”专项行动】 4月至6月，怀柔区安全监管局在危险化学品、非煤矿山、人员密集场所以及工业企业等行业集中开展“除火患、保平安”专项行动。在“两会”期间，采取联合检查、重点行业检查、专项检查与属地相结合的方式，开展拉网式检查行动。检查生产经营单位647家，下达整改指令书659份，整改消除隐患946项，行政处罚3起，罚款1.7万元。

（张凤英）

【燃气行业联合检查】 4月11日至12日，怀柔区安全监管局、市政市容委、质监局、城管大队、交通局、龙山街道办事处、泉河街道办事处对怀泉河燃气、世纪大地燃气液化气等6家辖区重点燃气企业和城区市政燃气管线施工现场进行联合安全检查。重点检查燃气企业充装、运输、人员持证上岗、员工安全培训教育以及施工现场特种作业操作、安全技术交底等情况。整改消除安全隐患30余项。

（王佳贺）

【电影嘉年华施工安全检查】 4月15日，怀柔区安全监管局联合杨宋镇政府对2013电影嘉年华施工现场进行安全生产检查。检查中发现施工单位管理不到位，现场电线连接及敷设不符合规范，检查人员责令整改并监督落实。

（张凤英）

【百日专项行动执法检查】 4月22日至8月5日，怀柔区安全监管局开展“打基础、除隐患、创平安”百日专项行动。成立百日专项行动领导小组，重点检查宾馆饭店、商场市场、公共娱乐场所、网吧等人员密集场所、高层建筑、地下空间、交通运输、施工现场、文物古建等易发生火灾的高危场所，严防火灾事故。检查生产经营单位272家，下达执法文书240份，整改事故隐患160项。

（张凤英）

【餐饮企业安全检查】 4月28日，怀柔区安全监管局联合区商务委、工商分局、消防支队对区内餐饮行业进行“五一”前安全生产大检查。检查组重点检查企业安全生产制度建立情况、特种作业人员持证上岗情况、员工教育培训情况及燃气间、操作间、消防设施配备和使用情况，检查生产经营单位59家次，下达执法文书4份，整改隐患17项。

（张凤英）

【应急避难场所联合检查】 5月8日，怀柔区安全监管局、住房城乡建设委、消防支队对九渡河镇、长哨营乡的两个应急避难场所建设工程进行联合安全检查。重点检查施工现场安全防护、制度建设、从业人员培训、特种作业持证上岗及劳动防护用品配备使用等情况。

（王佳贺）

【商品交易市场专项治理】 6月至10月，怀柔区安全监管局对全区各类市场进行安全专项治理。此次专项整治行动按照“区县主责、部门联动、综合治理”的原则，以安全生产基础管理、用电安全、特种作业安全管理以及消防安全“五个严禁”和“十项工作措施”为重点，排查整治市场安全隐患，规范市场经营行为。出动执法检查人员110人次，下达执法文书57份，其中整改指令25份，消除各类隐患66项。

（张凤英）

【“三夏”农机联合检查】 6月20日，怀柔区农业局、公安分局交通支队、安全监管局对怀柔区桥梓、庙城、杨宋、北房等镇投入“三夏”作业的联合收割机、播种机组、小型拖拉机等进行了安全检查。检查联合收割机20余台次、播种机组17台次、小型拖拉机27台次。出动执法人员15人次，发放《农机安全操作规程》《小麦收割机使用须知》等宣传材料200余份，免费张贴安全标志70余张。

（田保海）

【电气安全专项检查】 7月，怀柔区安全监管局开展电气安全隐患专项执法检查，成立了电气安全专项检查小组，对全区建筑、施工、非煤矿山、建材企业、危险化学品生产经营单位、商业零售单位、餐饮企业、综合楼宇、商品交易市场、规模以上工业企业、中小型机加工企业、机动车维修企业进行了执法检查。共出动执法人员153人，检查生产经营单位72家，整改消除隐患215项。

（张凤英）

【铝合金销售加工整治】 8月14日，怀柔区安全监管局联合区工商分局、城管执法局、公安分局治安支队、消防支队以及怀柔镇政府，对城区内“三纵十横”主干道及雁栖示范区联络线周边铝合金销售加工82家商户进行集中清理。对未按规定搬出的铝合金销售加工商户，要求立即搬出，并针对清理中部分无照经营和超范围经营商户的铝合金加工工具进行收缴。

（田保海）

【景区、宾馆饭店改造检查】 8月，怀柔区安全监管局联合区旅游委对旅游景区、宾馆饭店升级改造专项执法检查。共检查生产经营单位53家，下达执法文书70份，整改事故隐患180项。

（张凤英）

【中秋、国庆安全专项检查】 中秋、国庆节期间，怀柔区安全监管局对危险化学品企业、非煤矿山企业以及网吧、饭店、旅游景点等人员密集场所开展专项执法检查行动。出动执法人员42人次，检查企业21家，整改事故隐患19项。

（张凤英）

【人员密集场所隐患排查】 9月至11月，怀柔区安全监管局联合区卫生局、文化委对电影院和医院等人员密集场所、工业企业等开展执法大排查专项行动。检查生产经营单位51家，下达执法文书66份，整改事故隐患76项。

（张凤英）

【攻坚整治“铁拳”行动】 10月16日，怀柔区安全监管局在全区危险化学品、非煤矿山企业集中组织开展火灾隐患攻坚整治“铁拳”行动。截至12月底，检查生产经营单位87家，整改事故隐患139项，下达执法文书194份，行政处罚7起，罚款0.9万元。

（张凤英）

【举报投诉受理】 2013年，怀柔区安全监管局受理各类投诉案件64件，其中市安全生产举报投诉中心转办53件、举报投诉电话受理11件、区政府及区有关部门函转3件，所有举报投诉件均在规定时限内办结，办结率100%。

（李颖鑫）

职业安全健康

【喷砂行业安全检查】 1月15日至25日，怀柔区安全监管局对辖区内存在喷砂工艺用人单位进行职业卫生安全专项执法检查。重点检查用人单位各项职业卫生规章制度建立、职业病防护设备设施运行使用、劳动者个人防护用品配备使用等情况。检查存在喷砂工艺用人单位5家，下达整改指令书5份，整改消除隐患11项。

（田保海）

【网上职业病危害申报】 3月，怀柔区安全监管局在对全区存在职业危害企业逐一进行排查摸底的基础上，组织企业对接触职业危害劳动者数量、接触职业危害劳动者职业健康体检等进行网上职业病项目危害申报信息补录。全区355家存在职业危害的企业中，完成申报企业351家，申报率98.9%。4家未完成信息补录工作的企业为暂时停产、停业单位。

（于跃海）

【职业卫生技术服务】 4月8日，怀柔区安全监管局与区疾病预防控制中心召开协调会，开展职业卫生技术服务工作。会上，区安全监管局与区疾病预防控制中心签订委托协议，确定区疾病预防控制中心作为区级职业卫生技术支撑机构，对全区企业进行职业危害评价。

（于跃海）

【有限空间安全日夜巡查】 4月至8月，怀柔区安全监管局采取白天巡查、夜间抽查以及联合检查相互结合的方式，对怀柔城区至怀北镇、桥梓镇至杨宋镇、北房镇至雁栖开发区3条主要干道进行有限空间作业安全生产大检查。共开展巡查48次，出动检查人员106人次，对2家有限空间作业单位负责人作出2万元罚款的行政处罚。

（于跃海）

【“五一”节前执法检查】 4月23日至28日，怀柔区安全监管局对存在职业危害企业进行“五一”节前执法检查，重点检查用人单位职业卫生管理制度和操作规程建立落实、职业病防护设施及个人防护用品配备使用和职业卫生教育培训等情况。检查企业31家次，下达执法文书51份，整改消除隐患54项。

（田保海）

【职业危害全覆盖检查】 5月20日至7月11日，怀柔区安全监管局对雁栖经济开发区存在职业危害企业开展全覆盖职业卫生安全执法检查，检查企业115家，整改消除隐患87项。

（田保海）

【职业健康体检】 11月12日至13日，怀柔区安全监管局协调具有职业病体检诊断资质的国家安全监管总局职业安全卫生研究中心石龙医院在雁栖经济开发区为企业职工进行职业健康体检，32家单位600余人参加。

（于跃海）

【职业卫生执法检查】 2013年，怀柔区安全监管局共检查存在职业危害生产经营单位387家，下发执法文书964份，整改消除隐患611项，处罚14起，罚款9.1万元。

（于跃海）

宣传培训

【建筑施工安全培训】 3月14日，怀柔区安全监管局对雁栖核心岛工程总包单位及分包单位施工管理人员，进行有关安全生产法律法规及施工现场安全管理等方面的安全生产培训，29人参加。6月19日，怀柔区安全监管局联合区人力社保局、住房城乡建设委、卫生局、消防支队和雁栖镇政府，对雁栖示范区在建工地项目负责人、安全管理人员及相关人员60余人就建筑施工现场5大伤害，施工现场危险性较大分项工程及危险源的监控、防范及整治，建筑工地食品安全，消防安全等内容进行培训。

（王佳贺）

【乡镇街道检查员培训】 3月27日，怀柔区安全监管局对全区14个乡镇政府、2个街道办事处、慕田峪长城旅游区办事处及雁栖经济开发区管理委员会60名安全生产检查员开展继续教育培训，对20名取证人员进行培训考核。

（田保海）

【企业管理人员安全培训】 4月至6月，怀柔区安全监管局对全区14个乡镇、2个街道、雁栖经济开发区及慕田峪办事处的生产经营单位主要负责人和安全生产管理人员进行7期安全生产继续教育培训与考核，1030人参加。区安全监管局采取“送知识到基层、分行业讲安全”的方式，根据各属地生产经营单位安全管理重点，按照人员密集场所、工业企业、小微加工以及民俗户等进行分类，培训主要内容涉及安全生产标准化创建、消防安全知识、事故隐患排查治理、应急预案编制、职业卫生管理、有限空间作业以及事故案例分析等。

（田保海）

【职业病防治普法宣传周】 5月9日，怀柔区卫生局、安全监管局，在泉河社区服务中心联合开展《职业病防治法》宣传周活动。本次宣传周的主题是“防止职业病，幸福千万家”，在宣传周期间下发有限空间宣传材料3000余份，有限空间安全作业示范片及有限空间作业案例警示教育宣传光盘200余份。配合市安全监管局和北京电视台录制有限空间教育案例电视节目，于6月在北京电视台播出。11月制作有限空间警示片，在怀柔电视台《安全在线》节目滚动播出。

（于跃海）

【燃气安全培训】 5月20日，怀柔区安全监管局与区市政市容委联合组织辖区燃气供气、规模以上餐饮、星级宾馆、学校、建筑工地、医院等行业安全管理人员，有关职能部门和属地相关人员200余人，开展怀柔区餐饮燃气使用安全专项检查业务知识培训。

（张凤英）

【安全生产月部署】 5月31日，怀柔区安委会办公室召开专题会议，部署安全生产月活动。安全生产月期间，围绕“强化安全基础，保障城市运行安全”主题，开展宣传咨询日、安全生产大型公开课、巡回演讲、企业负责人培训、知识竞赛、应急演练等一系列活动，宣传安全生产法律法规和知识，营造安全氛围。

（田保海）

【宣传咨询日】 6月9日，怀柔区安委会在雁栖镇生态示范区核心岛建筑工地举行怀柔区2013年安全生产月宣传咨询日活动，300余人参加。区安全监管局通报2013年安全生产月活动开展情况，雁栖镇政府介绍开展安全生产宣传教育情况，生态示范区建筑施工单位汇报建筑施工安全管理和培训教育落实情况。在活动现场，展出生产安全、交通、消防、供电、卫生、燃气、特种设备等与生产、生活密切相关的安全法律法规知识及常识展板，向工人发放各类安全常识小折页、安全生产宣传画、安全法律法规单行本等各类宣传资料1万余份。建筑工人现场观看宣传展板，领取宣传资料。

（田保海）

【职业卫生培训】 6月19日至20日，

怀柔区安全监管局组织3期用人单位职业卫生培训。全区存在职业危害企业主要负责人和职业卫生安全管理人员670余人参加。

（于跃海）

【标准化信息系统培训】 8月29日至30日，怀柔区安全监管局和区安全生产协会组织各属地、评审单位和评审企业500余人分4批，进行安全生产标准化信息系统培训。

（田保海）

【建筑工地安全监管培训】 11月22日，怀柔区安全监管局和区住房城乡建设委联合召开全区建筑工地属地安全监管责任人培训会，区安全监管局和区住房城乡建设委分别就如何落实安全生产责任制，防范安全事故，从法律法规、安全标准、操作规程、规章制度等方面进行培训讲解。200人参加培训。

（田保海）

【社区居民烟花爆竹安全讲座】 12月18日，怀柔区安全监管局在丽湖社区举办烟花爆竹安全知识讲座，100余名居民参加。活动现场，摆放宣传展板，向居民发放《致全体市民的一封信》200余份。

（田保海）

标准化建设

【企业标准化体系运行】 4月15日，怀柔区安全监管局到利发盛稀料厂和中石化东环加油站两家危险化学品三级标准化达标单位进行督导检查。重点察看企业2013年标准化自评计划、相关记录和现场安全状况，与企业有关负责人就标准化工作进行座谈。

（田保海）

【标准化自评】 12月，怀柔区安全监管局开展危险化学品经营储存单位安全生产标准化自评工作专项执法检查。完成35家危险化学品安全生产标准化三级达标企业年度自评情况的审查和现场抽查。抽查结果表明，企业标准化运行情况良好。对13家标准化工作基础较好单位予以复评通过。

（王晴）

【标准化创建】 2013年，怀柔区1家非煤矿山、36家危险化学品企业完成安全生产标准化建设工作。5家工业企业完成一级企业达标，9家工业企业完成二级企业达标，15家工业企业完成三级企业达标，67家工业企业完成小微企业达标。另有170家申报并与评审单位完成签约。交通运输系统7家危险货物运输单位完成三级达标，3家建筑施工企业被评为“北京市绿色安全工地”。

（王明华）

【信息系统建设】 2013年，怀柔区安全监管局在区安全生产智慧监察平台的基础上开发建设安全生产标准化信息系统。结合怀柔区安全生产工作实际，对系统功能和流程进行优化调整，使企业、评审单位、属地能够依托信息化手段全面开展安全生产三级标准化建设和评审工作。怀柔区所有三级、小微标准化企业评审及管理工作依托系统进行。

（王明华）

【标准化培训】 2013年，怀柔区安全监管局举办安全生产标准化建设培训23次，生产经营单位主要负责人和管理人员2600人参加。

（王明华）

密云县

概述

2013年，密云县安全生产工作牢固树立“科学发展、安全发展”理念，实施“一岗双责”为核心的安全生产责任制，形成以综合监管与行业监管为构架的安全生产工作格局，构建三级监管队伍为基础的安全监管网络，建立以本质安全为目标的企业安全生产监管体制，营造“关爱生命、关注安全”为主旋律的安全生产文化氛围，积极开展各项安全生产工作，全县安全生产形势保持总体平稳的态势。

一、加强安全生产目标管理。一是层层签订安全生产责任书。县政府与43个责任制单位签订《2013年安全生产目标管理责任书》，各镇政府、街道办事处层层分解安全生产目标责任，《安全生产责任书》逐级签订到村、企业、班组，保证安全生产责任的全覆盖。二是明确安全生产工作重点。在全县召开的安全大会上，确定属地、行业、综合监管部门安全生产制度建设、队伍建设、宣传教育培训、重点行业监管、法制和信息化建设、安全生产标准化、执法监察、应急处置、重要时期安全生产保障等重点工作任务。三是制定全年重点执法检查计划。县安委会制订印发《2013年密云县安全生产重点执法检查计划》，全年组织实施12项执法检查行动。

二、加强宣传教育培训。一是组织安全生产宣传咨询日、万名工人安全承诺、电影集中展映、“安全伴我在校园，我把安全带回家”等15项活动，获得2013年北京市安全生产月活动优秀组织奖。二是强化新闻报道和信息工作，向各类刊物投送工作信息600余篇，编印简报21期，及时宣传报道全县安全生产工作情况。三是开展全员大培训。组织开展特种作业培训班36期，培训人数1449人；组织完成特种作业人员安全技术考试10期，参加人员1789人；高危行业培训考核10期，参加人数296人；参加市安全监管局举办的职业卫生授课教师培训考核，4人取得职业卫生教师培训合格证书；完成培训机构教师继续教育3期，参加培训18人，涉及6个作业类别8个操作项目。

三、强化隐患排查治理。一是深入开展“打非治违”专项行动。各镇街和有关部门按照分工，履行职责，开展行动，对各类违法违规行为进行严格查处和严厉打击。全县共打击非法违法行为9906起。二是根据市安委会实行安全生产隐患排查治理情况月通报分析制度要求，县安委会制定工作方案，召开专题部署会。检查生产经营单位3248家，查处安全隐患22125项，已督促整改隐患22011项，整改率99%，落实整改资金95.9万元。

四、深化安全专项整治。一是非煤矿山专项整治。督促企业建立完善地下矿山“六大系统”和尾矿库自动检测系统，创建“安全·健康·绿色·和谐”示范矿山建设。二是开展危险化学品专项整治。通过自查自纠、隐患排查、审核检查等方式，检查加油站及加气站 292 家次，查处安全隐患 182 项。三是开展消防安全专项整治。出动检查人员 10588 人次，对全县人员密集、公共娱乐、宾馆饭店、商市场、易燃易爆、旅游景点等场所开展消防安全检查 5291 家次，督促整改火灾隐患 5571 项，临时查封 146 家单位，责令“三停”单位 64 家，拘留 11 人，罚款 108.6 万元。四是公安、交通、建设、市政、质监、工商、文化、商务、旅游、体育、农业、民防等部门强化行业监管，分别开展各项安全整治活动，取得明显成效。

五、坚持安全生产“三同时”制度，把企业安全生产“三同时”作为行政许可的前置条件。扎实开展安全生产示范企业、安全生产标准化企业创建活动，不断推动企业安全管理和安全意识提升，改善企业安全生产条件。强化应急救援预案管理，结合实际修订非煤矿山、危险化学品等专项应急预案，开展应急救援演练活动，提高全县安全生产事故应急处置和应对能力。

六、强化队伍建设实现监管网格化。截至 2013 年底，县安全监管局已有安全生产监管监察人员 43 人，各行业监管部门均设立安全生产执法监管（管理）科室，为有效提高全县安全生产执法效能提供了保障。全县 21 个镇街（开发区）分别成立安全生产管理常设机构，截至 2013 年底，全县共有安全生产管理人员 109 名，平均每镇、街 5 名。高危企业、规模以上企业及其他生产经营单位均按规定建立安全生产管理机构或配备专（兼）职安全生产管理人员。

2013 年，密云县被市安委会评为“2013 年度安全生产工作先进区县”。密云县安全监管局获得国家安全监管总局、中华全国总工会颁发的“全国安全生产领域打非治违知识竞赛优胜单位奖”，还获得市安全生产月活动组委会颁发的“2013 年北京市安全生产月活动优秀组织奖”。

密云县安全生产工作仍然存在一些不足。有的单位安全发展、科学发展理念还不牢固。部分生产经营单位安全生产主体责任落实不够，资金投入不足，安全管理有待加强。

综合监管

【控制考核指标】 2013 年，密云县发生道路交通、生产安全、铁路交通死亡事故 37 起，死亡 38 人，占市安委会下达控制指标的 84.44%。其中，道路交通事故死亡 32 人，同比持平；生产安全事故死亡 3 人，同比持平；铁路交通事故死亡 2 人，同比增加 2 人。

（柳世杰）

【综合考核】 12 月，依据《密云县安全生产综合考核办法》，密云县安委会组织开展对 18 个乡镇、2 个街道办事处、1 个经济开发区、22 个政府部门安全生产综合考核。考核包括组织领导、责任落实、应急管理、隐患治理、事故控制、宣传培训、重点工作、县安委会办公室交办临时性工作 7 大项 35 小项内容。经考核评定，42 家责任制单位达到合格以上成绩，其中成绩优秀的单位 36 个，成绩合格的单位 6 个。1 家责任制单位成绩不合格，被列为重点整改单位。考核结果以《密云县安全生产委员会办公室关于 2013 年度安全生产综合考核工作情况的通报》的形式，在全县范围内进行通报。

（柳世杰）

【全国“两会”安全保障】 2月，密云县安全监管局采取四项措施加强全国“两会”安全生产保障工作。一是制订下发《关于切实做好“两会”期间安全生产工作的通知》，对安全生产工作进行部署，提出具体要求。二是督促企业落实安全主体责任，深入开展安全隐患排查整改工作，强化事故预防，从源头上遏制安全事故发生。三是联合相关部门组成执法检查组，开展安全生产执法检查。四是加强安全生产应急管理，制订“两会”安保措施，严格落实应急值守制度，确保各项安全生产应急工作及时有效。

（柳世杰）

【节日安全生产检查】 2013年，密云县安委会采取措施做好元旦、春节期间安全生产工作。一是开展安全生产大检查。各镇街、部门结合实际，针对本区域、本行业存在的安全生产薄弱环节，组织开展安全大检查，消除隐患。二是开展非煤矿山、危险化学品、消防、交通运输、在建工程等重点行业领域安全生产专项治理，有效防范各类生产安全事故。节日期间，全县出动检查人员5558人次，检查生产经营单位2779个，查处各类安全隐患2824项。

（柳世杰）

【综合监管联席会】 3月5日，密云县安全监管局组织召开一季度安全生产综合监管联席会议，县住房城乡建设委、商务委、文化委、旅游委、市政市容委、交通局、公路分局、体育局、工商分局、质监局、消防支队相关负责人参加。县安全监管局通报2012年安全生产综合监管工作，提出2013年主要工作思路，其他部门根据各自职责提出安全生产监管措施。综合各部门工作计划和想法，会议共同商定年度安全生产综合监管工作计划：一是更新、完善监管企业台账。二是定期召开联席会议。三是制定月度行业抽查计划。四是组织开展重要时期安全保障及对事故多发行业的专项整治工作。五是全力推动企业安全生产标准化创建工作。

（杨淑荣）

【国家煤监局督导检查】 3月21日，国家煤监局副局长黄玉治带领督导组，督导国家安全监管总局58号令贯彻落实情况。督导组实地检查北汽福田汽车股份有限公司北京多功能汽车厂和首云矿业股份有限公司。督导组对密云县安全生产工作及58号令贯彻落实情况给予肯定。对首云公司尾矿库安全管理及应急指挥中心的安全建设与管理给予高度评价，要求密云县继续巩固非煤矿山整顿关闭工作成果。

（张鹏鹏）

【安全生产工作大会】 4月2日，密云县政府召开2013年安全工作大会，县安委会副主任、安全监管局局长于庭满代表县安委会，通报安全生产工作情况，分析安全生产形势，部署2013年安全生产工作。县公安分局交通大队、公安消防支队分别就交通安全和消防安全工作进行总结，并对2013年工作进行部署。副县长郭鹏出席会议并提出：一是增强安全意识，保持清醒头脑，充分认识安全生产工作的重要性和紧迫性。二是明确责任，狠抓落实，打牢安全生产工作基础。三是加强协调配合，提高全县安全监管整体水平。会上，郭鹏代表县政府与河南寨镇政府、县住房城乡建设委2家责任制单位代表签订《安全生产目标管理责任书》。

全县各相关部门和镇街行政“一把手”、主管安全生产的副职领导参加会议。

（柳世杰）

【县政府常务会部署安全生产工作】 6月26日，密云县政府召开第34次常务会议，对全县安全生产工作进行部署。一是明确工作目标。确定6月至12月，在全县范围内集中开展安全生产大检查，对照目标要求查问题、查隐患、补漏洞。二是加强组织领导。成立密云县安全生产大检查领导小组，县长王海臣担任组长，常务副县长王稳东、副县长郭鹏担任副组长。三是强化责任落实。制订印发《密云县集中开展安全生产大检查工作方案》，明确时间步骤、责任单位等。四是确定重点内容。主要以落实年度重点执法检查计划、“打非治违”和13项重点行业领域专项整治作为重点内容。五是强化保障措施。县政府决定此次安全生产大检查活动列入县政府督查考核和年度安全生产责任制综合考核内容，对考核不合格单位予以通报批评，对未落实安全生产主体责任、自查自纠不彻底、安全隐患排查整改不及时的生产经营单位严格落实违法企业公示制度，公开曝光，依法进行严厉查处。

（柳世杰）

【半年督查考核】 7月22日至29日，密云县安委会办公室对全县43个安全生产责任制单位上半年安全生产责任制落实、安全生产大检查及上半年重点工作开展情况进行督查。督查组依据《2013年安全生产目标管理责任书》考评内容、安全生产大检查工作要求，通过听取工作汇报、查阅相关档案资料、实地抽查生产经营单位等形式，对各镇街、部门上半年工作情况逐项进行全面检查。通过督查，多数责任制单位均能按年初签订的《安全生产责任书》及安全生产大检查工作要求履行职责，较好地完成安全生产工作。个别镇街、部门大检查工作未落实，督查组对相关单位进行意见反馈，对存在的问题和薄弱环节逐一提出整改意见。

（柳世杰）

【市安委会督查组督查】 7月26日，市公安局消防局副局长谭林峰带领市安委会第11督查组到密云县，督导检查中央领导重要批示和《北京市人民政府办公厅关于集中开展安全生产大检查的通知》《北京市安全生产委员会办公室关于印发市安委会安全生产大检查综合督查工作方案的通知》落实情况。督查组听取密云县关于安全生产大检查的汇报，查阅相关资料，对密云县同方威视技术股份有限公司、中国石油化工股份有限公司北京石油分公司密云鑫溪凯旋加油站2家重点行业企业进行检查，并随机抽查北京安盛汽车维修有限公司。督查组对密云县安全生产大检查工作取得的成效予以肯定，并提出改进建议。

（柳世杰）

【国务院安委会综合督查】 8月20日，国务院安委会第16督查组对密云县安全大检查工作开展情况进行综合督查。督查组听取密云县政府关于安全大检查工作开展情况及落实第一轮督查整改意见的汇报。督查组分成2个检查组。第1组听取巨各庄镇政府工作情况汇报，检查2家企业。检查中与北京威克冶金有限责任公司各车间班组长座谈，并现场发放安全生产大检查试卷进行随机考核。随后对密云县黑龙潭风景区安全生产大检查落实情况、安全教育培训进行检查，抽查黑龙潭景区周边安全警示标志与防护栏安全设施。第2组对第一轮督查中伊利集团酸奶事业部北京乳品厂存在液氨泄漏检测仪送检周期内检测仪不足和轩雅阁火锅城固定式报警仪不足等隐患整改情况进行复查，经查2家企业均对隐患进行整改。

（柳世杰）

【中秋、国庆两节安全部署】 9月13日，密云县安委会办公室发出《关于做好中秋节和国庆节期间安全生产工作的通知》，要求各单位突出重点，强化监管，继续深入排查整治重点行业领域安全生产事故隐患，并督促限期整改。强化宣传教育，针对节日期间旅游景点和人员密集场所易发生火灾、人员踩踏等事故的特点，运用多种形式有针对性地开展安全生产宣传教育活动，普及群众性自救、互救和逃生等安全知识，营造关注安全、关爱生命的安全氛围。全面加强节日期间应急值守，建立信息沟通和反馈制度。切实提高防范各类生产安全事故水平和事故应急处置能力。

（柳世杰）

【公共安全形势分析会】 9月25日，密云县召开公共安全形势分析会，常务副县长、县安委会副主任王稳东出席会议。会议总结第三季度安全生产工作，对第四季度安全生产形势进行分析，对安全生产工作进行部署。王稳东代表县委、县政府通报北京市第四季度公共安全形势分析会议精神，并提出四点要求：一是认清安全形势。第四季度是事故高发季节，各项工作进入紧张时期，引发安全事故的因素增加，各单位要认清安全形势，增强安全生产责任意识，加大执法监察力度，加强日常监管，尤其要加强对重点行业领域的安全监管。二是落实各项安全措施。要结合实际，进一步制定和完善安全保障措施，确保各项安全措施落到实处。三是做好应急值守。要严格落实领导带班和应急值守制度，进一步完善应急预案，有针对性地开展应急演练活动，尤其要做好燃气、消防、旅游、建筑等重要领域突发事件预防。四是加强安全宣传教育。采取各种形式，加强对职工安全教育，增强群众安全意识；发挥电视、广播、报刊等新闻媒体宣传和引导作用，及时宣传报道安全工作情况，强化舆论监督作用。各相关部门、镇街、开发区负责人参加会议。

（柳世杰）

【十八届三中全会安全保障】 密云县安全监管局采取多种措施保障十八届三中全会期间安全稳定。一是制订下发《密云县安全监管局关于开展“十八届三中全会”安全生产保障工作方案》；二是召开专题会议，按照职能划分确定职责分工；三是制定“日报告”制度，每天由执法科室报告安全生产事故、举报投诉及执法检查情况。其间，监督检查生产经营单位72家，其中危险化学品企业37家，烟花爆竹存储企业1家，重点工业企业28家，职业卫生作业场所4处，有限空间作业场所2处，发现隐患110项，责令生产经营单位整改。

（柳世杰）

危险化学品安全监管

【危险化学品工作会】 2月28日，密云县安全监管局召开2013年度危险化学品从业单位安全生产工作会。加油站、工业气体经营、油漆化工销售、液氨从业单位41家企业负责人和区域代表参加会议。会议印发全国“两会”期间危险化学品安全保障工作方案，总结2012年危险化学品安全生产工作，对2013年重点工作进行部署。会议要求各单位：一要高度重视全国“两会”期间安全生产工作，认真制定工作方案，加强隐患排查，看护重点部位，领导要带班上岗，并设置专人应急值守；二要巩固危险化学品安全生产标准化成果，做到精细化管理；三要严格按照法定程序做好危险化学品经营许可证延期换证和改扩建项目申报工作；四要做好从业人员安全教育培训和考核工作。

（杨淑荣）

【液氨从业单位安全检查】 2月底至3月，密云县安全监管局开展液氨从业单位安全生产检查。重点检查液氨车间内设备运行、安全设施、监测报警、人员看护值守等情况。检查液氨从业单位9家，发现各类隐患12项。执法人员下达责令整改指令书，企业立即进行整改。

（杨淑荣）

【检查重大危险源企业】 3月19日，副县长郭鹏带队检查中国石油化工股份有限公司北京密云石油分公司北山油库。这是密云县唯一一家构成重大危险源的危险化学品经营单位，柴油最大储存量1.4万吨，年销售量15万吨。检查组重点察看山洞库储罐，卸油栈桥等部位安全状况，要求企业负责人严格落实各项规章制度，做好日常检查和隐患排查，加强罐车装卸油作业安全管理，开展预案演习。

（杨淑荣）

【液氨使用单位执法检查】 6月，密云县安全监管局、质监局对全县10家液氨使用单位开展专项执法检查。重点检查液氨使用各环节以及特种作业人员持证上岗情况。检查发现液氨使用类事故隐患20余项，包括防护用品配备数量不足、检查记录不完善、车间内未设置应急照明等。县安全监管局下达责令限期整改指令，要求企业进行有效整改。检查电工、焊工、制冷工、场内机动车驾驶等特种作业人员60余人，未发现持假证或无证上岗情况。县质监局对特种设备设施进行检查，并督促部分企业6月底前完成压力容器、管道的检测检验工作。

（杨淑荣）

【大检查部署】 7月23日，密云县安全监管局组织召开危险化学品和烟花爆竹安全大检查部署会，74家企业负责人参加会议。会议总结上半年危险化学品安全生产工作情况，通报国务院督查组督查情况，传达《危险化学品、烟花爆竹安全生产大检查实施方案》。会议要求：一是高度重视大检查工作，制订专项方案，并向全员传达；二是结合国务院安委会督查情况，全面排查本单位安全隐患，并挂账整改；三是结合标准化建设工作，建立本单位安全管理长效机制。

（杨淑荣）

【消除液氨重大隐患】 9月3日，为吸取上海“8·31”液氨泄漏事故教训，密云县安全监管局对北京宏宝莱饮品有限公司、北京绿润食品有限公司，北京隆源农嘉禾科技有限公司3家液氨使用单位进行安全检查。经查，宏宝莱公司投入资金40万元，农嘉禾公司投入15万元，已完成液氨压力管道的安全改造，并通过质监部门检测，消除了重大安全隐患。检查发现一般隐患6项，主要包括职工救援防护器材使用操作不熟练、泄漏报警监测探头布置不合理、相关记录不完善等。县安全监管局下达责令限期整改指令书，要求企业立即进行整改，及时消除隐患，并加强日常安全检查，做好全天候应急值守工作，坚决遏制各类事故发生。

（杨淑荣）

【检查危险化学品企业】 10月31日，密云县副县长郭鹏带队检查密云广达加油站、北京绿润食品有限公司、北京台中台盛液化气站3家危险化学品从业单位安全生产。县安全监管局、消防支队等部门负责人参加检查。要求企业提高安全防范意识和反恐意识，履行安全职责，开展隐患排查，全面消除事故隐患。按照职责开展安全生产大检查，加强协调配合，形成合力，采取有效措施，打击违法违规行为。强化危险化学品反恐工作，做到早发现，早报告，早处置。开展专项整治，加强生产、运输、储存、经营和使用各环节的安全监管，关闭非法违法企业。

（杨淑荣）

【部署专项治理】 11月15日，密云县安全监管局召开涉氨制冷和烟花爆竹专项治理会议。各镇街（开发区）安全生产负责人参加会议。会议传达市、县两级安全生产文件精神，下发工作方案，提出工作目标，明确职责分工、工作步骤和时间节点。县安全监管局要求各单位加强领导，精心组织，开展液氨治理和烟花爆竹管理工作。落实安全管理职责，加强部门间的沟通协作，督促企业按时完成治理工作。

（杨淑荣）

烟花爆竹安全监管

【零售网点安全管理培训】 1月16日，密云县安全监管局组织召开2013年春节期间烟花爆竹零售网点安全管理培训会。县公安局、工商分局、消防支队、安全监管局分别按照各自职责讲解烟花爆竹在运输、储存、销售、燃放过程中应当注意的事项和紧急处置方法等安全知识。全县1家烟花爆竹批发单位和71家销售网点负责人参加培训。

（杨淑荣）

【销售网点行政审批】 2013年春节前，密云县安全监管局共接到烟花爆竹销售网点申请75个，通过各部门安全审核最终设置销售网点71个，分布在17个镇街。古北口镇、大城子镇和檀营地区由于主要负责人未通过安全资格考试或无单位申请未设置销售网点。按照市政府关于烟花爆竹网点要覆盖全部远郊地区的工作要求，县安全监管局与公安、工商等部门沟通协调，确定由北京檀州烟花鞭炮有限公司在古北口镇和大城子镇设置流动售货车定点定期进行销售。各销售网点销售时间为2月5日至24日。

（杨淑荣）

【检查烟花爆竹网点安全】 2月7日，副县长郭鹏带队检查烟花爆竹零售网点安全，检查组随机抽查城区、城乡结合部部分烟花爆竹销售网点，重点检查各网点安全警示标志设置、应急值守、消防器材配备、烟花爆竹产品渠道等。检查组要求各部门：一要严格按照职责分工开展烟花爆竹安全管理工作，认真开展安全检查，消除安全隐患。二要广泛宣传烟花爆竹安全知识，提高市民燃放烟花爆竹的安全意识。三要充分利用视频、音频、产品扫描识别机等科技手段，严厉打击各类非法违法销售烟花爆竹行为。要求各烟花爆竹销售网点落实各项安全管理制度，严禁贩卖非法花炮，销售人员必须持证上岗，销售网点要设置明显安全警示标志，确保春节期间烟花爆竹销售网点安全稳定。县安全监管局、有关镇街主要负责人参加检查。

（杨淑荣）

【烟花爆竹销售回收】 2013 年春节期间，密云县设置烟花爆竹临时销售网点 71 个，北京市檀州烟花鞭炮有限公司进货 7900 箱，2012 年剩余库存 1200 箱，共计 9100 箱。配送各类烟花爆竹产品 6120 箱，销售 5000 箱，销售金额 300 万元。2 月 27 日，剩余烟花爆竹回收工作完成，16 个临时销售大棚及有关设施拆除完毕，回收 1120 箱，库存 4100 箱，其中烟花类产品 2300 箱，爆竹类产品 1800 箱。

（杨淑荣）

【烟花爆竹安责险】 2013 年，密云县安全监管局根据《北京市安全生产条例》和《北京市安全生产责任保险制度试点实施管理办法》，督促烟花爆竹批发、零售单位投保安全生产责任险，并将安全生产责任保险投保证明作为行政许可的必要条件。全县 71 个烟花爆竹临时销售点和 1 个长期销售点（北京檀州烟花鞭炮有限公司）均参加安责险，投保金额 4.26 万元。

（杨淑荣）

矿山安全监管监察

【“安全·和谐”班组调研】 1 月 23 日，市安全监管局副局长贾太保带领调研组到密云县威克冶金有限责任公司调研“安全·和谐”班组建设。调研组听取矿山企业负责人关于“安全·和谐”班组建设工作汇报，实地察看机修车间班组活动室，强调要把安全生产标准化工作落实到班组建设中，进一步细化班组及岗位的标准、责任制、岗位流程、考核工作，鼓励班组开展创新，树立先进典型班组和带头人。县安全监管局主管领导参加调研。

（张鹏鹏）

【安全技术培训】 2 月 28 日，密云县安全监管局在首云矿业股份公司开展以“扎扎实实打基础”为主题的第一期安全技术培训班。邀请国家安全监管总局专家、中国科技大学李怀宇教授为矿山企业负责人及安全管理人员授课，讲解井下通风安全技术。通过培训进一步提高地下矿山安全管理水平。

（张鹏鹏）

【队伍建设调研】 3 月 7 日，国家安全监管总局人事司副司长李生盛带队到密云县首云矿业股份有限公司调研安全生产队伍建设。首云公司根据安全生产工作需要，通过委托高校代培、人才引进等方式，加快人才梯队建设，打造高素质安全管理队伍，不断提高安全管理水平，推动安全生产工作技术化、专业化发展。调研组听取首云公司关于安全生产人才需求、教育培训、作用发挥、激励保障等情况汇报，充分肯定首云公司重视人才、科学发展的工作思路，指出要充分发挥安全管理人员作用，依靠人才资源推动安全工作，努力提升安全管理水平，逐步实现企业本质安全。市安全监管局副局长贾太保、副县长郭鹏陪同调研。

（张鹏鹏）

【大检查专题会】 7月16日，密云县安全监管局召开非煤矿山安全生产大检查专题会议，各矿山安全生产主管矿长及安全管理人员参加会议。会上对非煤矿山安全生产大检查工作进行部署，要求各矿山企业充分认识大检查工作的重要性，明确责任，狠抓落实。

（张鹏鹏）

隐患排查治理

【全国“两会”期间隐患排查】 全国“两会”期间，密云县各部门，镇街、开发区开展安全生产隐患排查治理工作，检查生产经营单位1760家次，出动检查人员3418人次，出动执法车辆1574台次，查处隐患1340项，行政处罚28起，其中处罚单位18起，处罚个人10起，罚款金额6.91万元，依法停产整顿生产经营单位6家。

（柳世杰）

【吸取“4·8”永定塔事故教训】 4月10日，密云县安全监管局召开紧急会议，通报“4·8”丰台区园博园永定塔火灾事故，并对安全监管工作进行部署。一是切实发挥综合监管作用，制订周密检查方案，协调各部门和单位立即行动，全面、深入开展安全大检查和隐患排查治理，尤其要加强在施工程的安全管理，消除各类安全生产隐患。二是加强对非煤矿山、危险化学品等行业的安全监管，督促企业开展自查自纠，切实排查整改事故隐患。开展用电类隐患专项整治，排查消除用电类隐患，坚决遏制因用电等原因引起的火灾事故。三是强化宣传教育，切实提高群众安全意识和逃生自救能力。

（柳世杰）

【批发回收市场整治协调会】 4月27日，密云县安全监管局组织工商分局、消防支队、有关镇街及市场管理单位，召开批发、资源回收市场整治专题协调会。会议研究6家批发、资源回收市场存在的私接电线、吃住经营“三合一”等隐患和问题，提出解决方案。一是各市场要严格落实各项安全生产、消防安全管理制度，对商户进行管理并开展监督检查，发现隐患及时消除。二是各属地政府要履行监管职责，督促指导市场完善安全生产条件，“五一”前要联合工商所、派出所开展一次市场专项检查活动。三是5月7日起，县有关部门对存在隐患的6家市场开展专项治理行动，严厉打击各类非法、违法行为。

（杨淑荣）

【重大事故隐患专题会】 8月23日，密云县政府召开全县安全生产重大事故隐患排查治理专题会，副县长郭鹏主持会议，21个镇街安全生产主管领导参加会议。会议听取各镇街隐患排查工作开展情况汇报，县安全监管局局长于庭满就全县隐患排查工作进行具体安排。郭鹏要求各单位，一是认识要到位，狠抓隐患排查整改，尤其对重点行业企业、重大危险源、重大安全隐患要进行重点检查。二是工作措施要到位，对本辖区生产经营单位要做到底数清、情况明，对重点单位、重点部位、重点设备掌握清楚，工作责任要明确，做到横向到边、纵向到底。三是排查治理隐患要到位，采取各种有效措施，推进隐患排查治理，对一时难以整改的重大隐患，要及时上报。

（柳世杰）

【事故隐患工作会】 8月30日，密云县政府召开安全生产事故隐患排查工作会，42个有关部门主要负责人和21个镇街主管领导参加会议。县安全监管局局长于庭满传达副市长张延昆在8月2日市安委会第6次安全生产工作会议上的讲话精神，通报密云县安全生产大检查情况。会议通过研究核实确认27项重大隐患，并明确牵头单位、责任单位。要求各责任单位制订有效的整改措施，按规定期限对隐患进行整改。副县长郭鹏出席会议并讲话，要求各部门和单位，一要重视安全生产工作，提高对两个主体责任的认识。二要真抓实干，抓好隐患排查治理。三要开展安全生产大检查，特别是要结合汛期事故高发期特点，做好安全生产工作。

（柳世杰）

【研究城乡结合部专项整治】 12月13日，密云县政府召开第45次常务会议，专题研究城乡结合部专项整治工作。县长王海臣出席会议。要求各部门、各镇街，一要加强领导、明确责任，进一步理顺各项部门工作职责，形成“属地主导，部门支撑”的工作格局。二要结合当前开展的各专项行动，统筹安排，提高效能。三是要形成制度化工作机制，对目标任务进行严格考评，确保专项整治取得实效。

（柳世杰）

【城乡结合部专项整治动员】 12月20日，密云县政府召开城乡结合部地区专项整治动员部署会，全县各部门、镇街、开发区行政“一把手”参加会议。会议对城乡结合部地区专项整治进行部署。副县长郭鹏主持会议，要求各单位认清城乡结合部地区专项整治工作重要性，全面排查整改事故隐患，杜绝安全事故。

（柳世杰）

应急救援

【特种设备应急演练】 4月25日，密云县安全监管局与县质监局联合首政公司在冶仙塔游乐园举行特种设备应急演练活动，演练模拟“30人大摆锤”和“云霄飞车”两个大型游乐设施项目在运行过程中出现电路故障以及气压不足情况导致游客被困，由现场应急人员按照各自职责组织救援工作，整个救援过程持续30分钟，演练过程中各相关人员反应迅速、分工明确、配合默契，处置妥当，顺利完成险情应急处置工作。演练结束后，县安全监管局、质监局组织有关人员召开现场会，对此次应急救援演练进行技术点评。

（柳世杰）

【参观应急技术与装备展览】 6月26日，密云县安全监管局组织危险化学品、非煤矿山、工业企业、人员密集场所及有限空间作业等25家生产经营单位50余名应急管理及技术人员参加第四届中国国际安全生产应急技术与装备展览会。企业人员到场后在参观应急救援装备的同时积极与现场工作人员探讨应急技术等相关知识，对提升人员的应急救援技能起到积极作用。

（张鹏鹏）

【金属加工企业应急演练】 6月28日，密云县安全监管局联合县消防支队、十里堡镇政府在北京泰然金属加工厂开展应急演练活动。演练模拟工厂北车间发生火灾，火势逐渐扩大无法完成自救，工厂电工立即到达配电室，模拟断电，通信组报告火警，疏散组成员组织员工疏散，疏散后清点人数并上报总指挥，各应急救援小组按照各自职责组织火灾扑救、警戒疏散现场人员、对被困人员实施现场救助。整个救援过程持续30分钟，各救援组反应迅速、分工明确、配合默契，现场处置妥当，迅速完成险情应急处置工作。演练结束后，县安全监管局、消防支队对此次演练活动做总结性点评。

（柳世杰）

【危险化学品应急演练】 6月28日，密云县安全监管局在中国石油化工股份有限公司北京鑫溪凯旋加油站组织开展密云县危险化学品行业应急救援预案演练。演练模拟加油过程中，突发静电起火，救援人员按照应急程序，迅速响应，有效处置，及时消除险情。县安全监管局相关工作负责人、中国石油化工有限公司区域负责人及密云县10家加油站站长观摩演练。演练结束后，县安全监管局提出要求和建议：一是各单位要通过演练检验预案的可操作性，做到切合实际，实施有效；二是做好各类应急救援物资的储备工作，保证物资充足；三是在演练中总结经验和不足，进一步提高全员安全意识；四是各单位在观摩后立即组织开展本单位应急救援预案演练工作。

（杨淑荣）

【尾矿库预案编制专题会议】 7月4日，密云县安全监管局就尾矿库重大危险源“一对一”预案编制工作召开专题会议，全县5家矿山企业主要负责人和重点乡镇主管安全科长参加会议。会议对密云县重大危险源进行风险和事故后果分析，并要求企业强化安全生产基层基础，落实安全管理责任，提高安全管理效率，建立健全隐患排查治理及重大危险源监控长效机制。认真分析近年来周边地区典型案件，深刻吸取教训，举一反三，预防和杜绝同类事故发生。

（张鹏鹏）

【应对强降雨专题会议】 7月16日，密云县安全监管局落实《市安全监管局关于及时报告强降雨应对情况的通知》，召开密云县非煤矿山报告强降雨应对专题工作会议，各矿主管安全生产矿长及安全员参加会议。会上对非煤矿山报告强降雨应对工作进行部署，并对各矿山企业提出要求，一是充分认识汛情信息报告工作的重要性，落实责任。二是领导要重视防汛工作，狠抓落实。三是采取各种强有力措施，保障矿山企业汛期安全。

（张鹏鹏）

【县长带队检查尾矿库】 8月14日，密云县县长王海臣实地察看巨各庄镇达峪尾矿库和太师屯镇建昌矿业公司尾矿库，副县长郭鹏参加检查。检查组详细了解尾矿库运行及防汛措施落实情况。王海臣强调，各尾矿库所在镇和所属企业要重视尾矿库防汛工作，切勿因主汛期将过而麻痹大意。严格落实各项防汛措施和安全生产责任制度，进一步开展隐患排查工作，及时消除隐患，确保安全度汛。常抓不懈、持之以恒地做好矿山企业安全生产工作，确保不出纰漏，实现长治久安。

（张鹏鹏）

【应急预案通过评审】 12月18日，密云县安全监管局召开尾矿库生产安全事故应急预案评审会，邀请7位国家级尾矿库专家参加评审。评审会上，县安全监管局就密云县尾矿库基本情况作简要介绍。与会专家在听取介绍，对应急预案进行审阅，针对应急预案各要素进行论证。最终对预案的科学性、合理性和可操作性给予肯定，并对预案的不足进行点评，预案通过专家评审。

（张鹏鹏）

执法监察

【在建工程安全检查】 全国“两会”期间，密云县安全监管局、住房城乡建设委、市政市容委对县域内市政在建工程进行安全检查，发现安全隐患5项，主要存在部分特种作业人员未持证上岗、施工现场配电设施不符合规范等。检查人员当场下达限期整改指令书，企业立即采取措施予以整改。

（杨淑荣）

【文化娱乐行业安全检查】 3月，密云县安全监管局会同县文化委对文化娱乐行业进行安全生产专项检查，检查歌厅、网吧、电子游艺等文化娱乐场所30家，下达整改指令22份，发现各类安全隐患90项，主要存在安全生产管理制度不健全、新上岗从业人员安全管理培训不到位、应急预案未定期修订、安全通道堵塞、电气线路安全防护不到位等问题。县安全监管局下达整改指令，责令整改。

（杨淑荣）

【旅游行业节前安全检查】 4月25日至27日，密云县旅游委、发展改革委、安全监管局、公安局、卫生监督所5部门对县域内13家旅游重点企业进行联合检查，其中旅游风景区7家，星级宾馆6家。重点检查企业人员安全培训、日常安全检查、安全警示标志、安全疏散通道等情况，督促企业在节日期间，严格安全管理，落实主体责任，制定防范措施，加强应急值守，确保安全稳定。

（杨淑荣）

【农贸市场消防安全检查】 5月7日至9日，密云县安全监管局、工商分局、消防支队成立联合检查组，对高岭镇、太师屯镇、穆家峪镇、巨各庄镇农贸批发市场及华远综合批发市场、再旺再生资源回收市场进行消防安全专项检查，查出各类安全隐患35项，其中消防隐患23项。检查组对存在隐患的5家市场下发整改指令书，要求各市场立即整改，要求属地政府要全程督促指导整改工作，定期向有关部门汇报整改情况。

（杨淑荣）

【网吧突击夜查】 5月16日，密云县安全监管局、文化委、公安治安大队、公安消防支队联合对8家网吧突击夜查。各部门根据各自监管职责，重点对网吧的安全管理、人员值守、电气设备、疏散通道、应急措施等方面进行严格检查。经查，大部分网吧能够按照相关法律法规要求，落实安全生产职责，开展各项安全管理工作，但个别网吧仍存在安全管理资料不完善、从业人员安全教育记录不完善、未定期开展事故隐患排查、应急处置措施和人员职责不明确、安全标志破损、营业区内存在吸烟现象等问题。各部门针对发现的问题，提出整改要求，并督促网吧负责人要深刻吸取湖北省襄阳市“4·14”迅驰网吧重大火灾事故教训，认真履行安全生产职责，严格执行有关法律法规，切实加强日常安全管理工作，全面消除事故隐患，做好夜间营业区内巡查和值守，及时有效处置突发事件，防止各类事故发生。

（杨淑荣）

【用电执法检查】 5月20日至24日，密云县安全监管局对鼓楼街道、果园街道、密云镇、十里堡镇、县工业开发区5个镇街和地区部分建筑施工工地、重点工业企业集中开展用电安全专项执法检查。检查企业15家，出动执法人员45人次，下达责令限期整改指令书15份，查出事故隐患106项。检查发现15家被检查单位均存在用电类事故隐患，平均每家7项，包括临时性用电设备未加装漏电保护器、用电设备未做可靠的接零或接地保护、电缆线老化、接头破损、特种作业人员未持有效证件等。县安全监管局要求被检查单位落实主体责任，完善各项用电安全管理制度和操作规程，依据相关法律法规和标准对存在的用电事故隐患立即整改，要求属地政府加大用电安全检查力度，及时消除事故隐患。

（李磊）

【砖厂专项检查】 5月下旬，密云县安全监管局对巨各庄镇北京檀州节能砖厂、北京密强全页岩多孔机砖厂、北京华强页岩砖厂3家制砖企业集中开展专项执法检查。检查重点包括设备设施的机械防护和用电防护、具有较大危险因素场所的安全警示标志设置情况、从业人员“三违”情况等，出动执法人员18人次，下达责令限期整改指令书3份，查出事故隐患45项。检查发现被检查单位用电类安全隐患突出，共计22项，包括用电设备未做可靠的接零或接地保护、电缆线破损绝缘防护不到位、室外配电箱破损、一闸多控等。县安全监管局要求被检查单位落实主体责任，严格依据相关法律法规和标准对存在的事故隐患立即整改。要求属地安全管理部门，全程督促指导整改工作。

（李磊）

【建筑行业执法检查】 5月，密云县安全监管局、住房城乡建设委开展汛前建筑行业专项执法检查。出动安全生产检查人员90余人次，检查在施项目工程30家，下达执法文书30份。对两家施工企业行政处罚。5月23日，县安全监管局、住房城乡建设委召开专题会议，分析隐患成因，明确工作措施。一是加强重点工程、老旧小区改造施工的安全监管。二是结合高温、高湿季节和事故高发期特点，加大对高处作业、涉电作业安全检查。三是加大执法检查力度，加强安全管理体系建设的执法检查。

（杨淑荣）

【旅游行业安全检查】 6月5日，密云县安全监管局、旅游委对石城镇清凉谷景区、黑龙潭景区、箐箐顶景区3家旅游风景区进行专项安全检查。各景区按照各项安全生产管理制度开展安全管理工作，制订汛期安全保障工作方案，定期开展隐患排查，安全管理体系运转正常。个别景区存在水上项目救生员未持有效证件上岗作业的行为，检查人员责令相关单位立即整改。

（杨淑荣）

【餐饮燃气专项检查】 7月25日，密云县安全监管局、商务委、城管大队、卫生监督所和鼓楼街道对金地来酒店、轩雅阁火锅城、明明蛋糕房等7家餐饮企业和1家蛋糕店进行突击检查，重点检查燃气、液化石油气使用安全管理情况，检查发现个别单位存在未设置独立气瓶间、未设置燃气泄漏报警仪、气瓶连接软管设置不规范等问题，各部门按照职责对存在问题单位下发整改通知。

（杨淑荣）

【商市场节前检查】 9月16日，密云县安全监管局、商务委、消防支队检查北京国旺日尚小商品商场、北京燕赛奥特莱斯有限公司2家企业。检查发现，北京国旺日尚小商品商场5层正在进行施工改造，施工过程中用电安全不符合规范要求，县安全监管局要求该企业暂时停止用电作业，立即整改，并加强施工过程中各项安全管理工作。北京燕赛奥特莱斯购物中心营业期间部分销售区域安全疏散通道被堵塞、个别部位安全出口封闭、个别区域用电不符合安全要求，存在安全隐患。县安全监管局下达责令限期整改指令书，要求企业立即进行整改，消除事故隐患。

（杨淑荣）

【国庆期间安全检查】 国庆节期间，密云县各部门按照全县统一部署，严格落实监管责任，开展各项安全生产执法检查。县安全监管局对全县液氨使用单位、危险化学品经营单位、矿山及重点工业企业进行重点监察，检查19家生产经营单位，查处隐患50项。县公安局交通大队对酒后开车、闯红灯、货车超载、客车超员、超速、疲劳驾驶等违法行为进行检查，组织民警深入各专业运输单位、长途客运场站、学校开展交通安全宣传教育，督促中央、市属、县属单位，加强交通安全教育管理。县公安消防支队对宾馆饭店、商市场、旅游景点等人员密集场所进行消防安全检查，检查单位54家，督促整改各类火灾隐患68项，罚款1.5万元。县商务委出动执法人员检查规模以上经营单位14家，加强商业单位促销活动监督检查，督促落实活动现场安全保卫、交通疏导、突发事件专项应急预案等各项安全措施。县文化委出动执法人员42人次、14车次，检查各类文化场所56家，确保文化系统安全有序。县旅游委联合有关部门开展检查，检查旅游企业30余个，下达整改通知12份，对各企业存在的问题进行指导和督促。全县共检查生产经营单位2468家，检查各类车辆1486台次，查处各类安全隐患1033项，对两家单位和10名违法人员进行行政处罚，罚款金额1.91万元，对7家单位依法予以停产整顿处理。

（柳世杰）

职业卫生监督检查

【职业病危害申报培训班】 2月，密云县安全监管局举办职业病危害项目申报培训班。陆续对河南寨镇、西田各庄镇、穆家峪镇51家用人单位81名工作人员进行职业病危害项目申报培训。一是对职业病危害项目网上申报流程以及表格内容填写进行讲解，指导用人单位网上申报。二是宣传贯彻《工作场所职业卫生监督管理规定》（国家安监管总局令第47号），加强用人单位职业卫生管理。

（马尚彬）

【职业病防治宣传活动】 4月25至26日，密云县安全监管局联合县疾控中心、卫生监督所、人力社保局、工会，分别在高岭放马峪铁矿和经济开发区以“防治职业病，幸福千万家”为主题职业病防治宣传活动。企业职工1000余人参加，设置宣传展板20块，发放宣传手册1000余份、宣传纪念品1000余份、宣传挂图200余张，悬挂横幅3条。通过设置宣传展板、提供现场咨询等方式，普及职业病防治知识。

（马尚彬）

【有限空间暗查】 8月6日至16日，密云县安全监管局两次对城区街、巷有限空间作业场所开展安全生产暗查执法行动。发现2个作业单位存在无警示标志、未进行气体检测等违规行为，当即责令作业人员停止作业，并约谈单位负责人，对其违规行为依法给予行政处罚。被约谈单位表示重视有限空间作业安全生产管理，加强安全教育和管理。

（马尚彬）

【职业卫生联席会】 12月17日，密云县安全监管局和县卫生局召开职业卫生联席会议。主要研究讨论建立职业卫生专家库，委托县疾病预防控中心作为本县职业卫生技术支撑机构。建立县安全监管局与县卫生局关于职业病发病及职业健康体检情况沟通机制。

（马尚彬）

宣传培训

【高危行业培训会】 3月22日，按照密云县县长王海臣关于开展安全生产培训工作的批示，县安全监管局召开高危行业主要负责人安全生产培训会。非煤矿山、危险化学品、文化娱乐、商务旅游行业160余家企业主要负责人参加会议。县安全监管局局长于庭满通报全国发生的3起重大安全事故情况，要求企业吸取事故教训，切实做好安全生产工作。副县长郭鹏讲话指出，企业在安全生产工作要做到“安全意识到位、人员培训到位、安全管理到位”三个到位，强调开展安全工作要有着力点，要把安全生产标准化体系建设作为有力抓手，全面提升重点行业安全生产水平。会上，对生产经营单位如何落实主体责任，主要负责人如何履行安全生产职责进行全面讲解。县商务委、旅游委、文化委等部门相关负责人参加会议。

（杨淑荣）

【安全文艺基层巡演】 1月13日，由市安全监管局和市文化局联合主办、密云县安全监管局承办的“北京市安全文艺基层巡演”活动在密云县文化馆举行。密云县各属地单位及重点企业、社区群众代表300余人观看表演。活动邀请北京平安艺术团以安全生产为题材，将安全话题融入众多表演中，配乐诗朗诵《安全，幸福的保障》、群口快板《安全安监话平安》等节目，以多种艺术形式生动地表现出安全生产工作的重要性，展现出人们对安全、幸福生活的渴望与追求。演出精彩纷呈，现场气氛热烈，掌声此起彼伏，为密云县2013年安全生产宣传工作开了一个好头。

（陈旭）

【“防灾减灾日”宣传】 5月12日，密云县安全监管局在县文化活动广场开展以“识别灾害风险，掌握应急技能”为主题的“防灾减灾日”集中宣传活动。通过开设应急知识展览、发放相关宣传手册、为群众提供应急知识咨询等方式，向群众宣传应急工作知识，有效地增强公众防灾减灾意识，提高群众自救互救能力。发放相关宣传手册1000余份、应急宣传画1500份。

（陈旭）

【燃气安全培训】 5月27日，密云县安全监管局、市政市容委联合组织开展密云县燃气使用安全专项检查业务知识培训。各镇街、开发区、消防、城管、质监、商务等部门73人参加培训。培训邀请市燃气行业专家，从法律法规、事故案例、专业常识、检查重点，开展燃气安全专项检查行动的背景和开展此项工作的必要性，燃气使用知识，掌握燃气场所安全使用要求。通过培训为查处燃气使用违法、违规行为，消除安全隐患，防范燃气事故发生奠定良好基础。

（杨淑荣）

【宣传咨询日】 6月9日，密云县安全生产月活动组委会在县文化活动中心广场开展以“强化安全基础，保障城市运行安全”为主题的安全生产月宣传咨询日活动。副县长郭鹏及县委宣传部、县文明办、教委、公安局、文化委、民防局、总工会、广电中心、安全监管局负责人参加活动。活动向过往群众发放宣传册、宣传折页、招贴画、环保袋、安全知识手册等宣传资料1万余份。活动现场设立气拱门，广场四周悬挂宣传横幅、条幅8条，设置宣传咨询台20套，摆放宣传展板80块，广场大屏幕循环滚动安全生产标语，活动现场循环播放《光荣安监人》等安全生产歌曲，营造隆重热烈安全生产宣传氛围。1000余名群众参加此次活动。

（陈旭）

【“打非治违”知识竞赛】 6月，国家安全监管总局、中华全国总工会联合举办全国安全生产领域“打非治违”知识竞赛活动，密云县安全监管局周密部署、积极组织协调全县各部门、各属地全面开展答题活动，按时上报有效答卷3439份。经竞赛组委会研究决定，密云县安全监管局获得全国安全生产领域“打非治违”知识竞赛活动优胜单位奖。

（陈旭）

【“万名工人安全承诺”活动】 8月2日，密云县安全生产月活动组委会在首云矿业股份公司运矿厂楼前组织开展“万名工人安全承诺”活动启动仪式。此项活动是安全生产月系列活动之一，旨在动员生产经营单位全体职工自觉对落实安全生产责任进行承诺，推动企业安全生产管理工作由“要我抓安全”向“我要抓安全”的转变，进而逐步改善生产经营单位安全生产状况，最大限度地消除事故隐患，减少安全生产事故发生。按照全县统一部署，县级启动仪式后，各镇街陆续开展安全承诺活动，实现辖区内生产经营单位“安全承诺”全覆盖，从业人员“安全承诺”全覆盖。活动首先由县安全监管局领导做动员，要求矿山企业要以“万名工人安全承诺”活动为契机，扎实推进安全生产宣传培训，全面排查事故隐患，建立健全并落实企业各项安全生产规章制度，杜绝违章违规作业。随后矿山职工代表发言，表示认真履行工作职责，加强安全生产法律法规及重要文件的学习，有效提高企业整体安全水平。最后由矿山职工代表进行安全承诺宣誓，现场职工代表分别在“万名工人安全承诺”活动展板上签名。

（陈旭）

【“北京建工杯”知识竞答】 9月21日，根据《2013年“北京建工杯”首都百万一线职工安全生产知识竞赛方案》要求，密云县安委会组织全县各镇街、各部门开展安全生产知识答题活动，确定由县经济信息化委负责指导全县国有企业一线职工参赛活动，由各镇街负责指导辖区各生产经营单位参赛活动，发布竞赛相关试题手册、试题等文件，加大安全生产知识宣传力度，强化基层基础建设。2万余名一线职工参加此次活动。

（陈旭）

【安全生产大型公开课】 9月25日，密云县县委组织部、县安全监管局在县委党校联合举办安全生产大型公开课暨处级以上干部培训班。县各职能部门、镇街、经济开发区200人参加培训。培训班邀请全国人大常委会委员、中国安科院副院长张兴凯教授进行授课。培训围绕安全管理核心，以安全生产事故为切入点，结合案例从风险管理的意义、安全生产风险的种类和特点、安全管理现状、安全管理内容等全面阐述安全生产管理涉及的基本问题。

（陈旭）

法制建设

【行政执法培训】 4月16日，密云县安全监管局举办安全生产执法人员培训班，邀请北京实现者律师事务所律师就《安全生产监管监察职责和行政执法责任追究的暂行规定》（国家安全监管总局令第24号）内容进行讲解，全局45名工作人员参加培训。

（陈旭）

【法规文件梳理】 2013年，密云县安全监管局对现行安全生产相关法律、法规、规章和本部门的“三定”规定，进行梳理、归纳。经逐一审查确认，县安全监管局具有行政执法主体1个，其中法定行政机关1个。县安全监管局行政执法职权依据49部，包含行政处罚416项，行政许可3项，行政强制5项。

（陈旭）

【安全监管队伍建设】 2013年，密云县安全监管局进一步加强安全监管队伍建设。结合实际工作需要，及时调整充实县、镇街两级安全监管人员。加强教育培训，采取措施提高安全监管人员素质，做好监察员、检查员培训及考核工作。全年申请换发安全生产监察员资格证8名，申请办理安全生产检查员资格证21名，申请换发安全生产检查员资格证23名。截至年底，密云县共有县级安全生产监察员43名，镇街安全生产检查员109名。

（陈旭）

标准化建设

【标准化全面启动】 4月18日，密云县政府召开县安委会工作会，对全县安全生产标准化工作进行动员部署。全县21个镇街和43个相关部门主要负责人参加会议。副县长郭鹏出席会议并要求：一要通过加强企业每个岗位和环节的安全生产标准化建设，不断提高安全管理水平。二要依靠安全生产标准化建设对生产经营单位实施安全生产分类指导、分级监管。三要结合隐患排查治理、专项整治工作，推进安全生产长效机制建设。

（柳世杰）

【标准化调查摸底】 年初，密云县安全监管局组织专门人员，对全县企业进行调查摸底，摸清企业底数，为全县开展标准化工作奠定基础。经调查，各行业管理部门、各镇街、经济开发区确认，全县规模以上企业150家，规模以下企业225家，小微企业569家。

（张鹏鹏）

【标准化培训】 5月8日至9日，密云县举办安全生产标准化培训班。各镇街、开发区、行业主管部门主管领导及150家规模以上企业安全管理人员参加培训。副县长郭鹏参加开班仪式并作动员。一要强化安全理念，充分认识开展标准化建设的重要意义。二要严格工作标准，推进标准化建设。三要加强宣传教育，确保标准化建设工作取得实效。培训班邀请中国安科院副院长魏利军、张兴凯和安全专业高级工程师张鹏授课，对全国工贸行业安全生产标准化建设理念、北京市工贸行业三级安全生产标准化评定标准等进行深入浅出的讲解，讲述安全生产标准化评审必备的业务知识，标准化基本规范核心要素及企业隐患排查治理要点、标准化评分细则解读及自评、申报要求等方面内容。通过培训为做好企业安全生产标准化自评和达标验收工作打下基础。

（张鹏鹏）

【标准化建设试点】 5月22日至23日，密云县安全监管局组织中国安科院安全生产标准化评审专家组对10家安全生产标准化试点企业开展标准化建设指导。专家组对试点企业的安全管理资料、工艺流程和操作规程等内容进行检查辅导，要求企业开展对标自查，并由企业负责人带队对生产车间发现的问题进行整改，5月底对整改情况进行汇总。

（张鹏鹏）

【试点企业达标验收】 6月26日至28日，密云县安全监管局组织中国安科院专家组6人分两组对10家安全生产标准化创建试点企业进行考核验收。专家组按照验收程序听取企业开展安全生产标准化介绍、自评汇报，深入生产作业现场，对企业安全生产基础和现场管理进行验收检查，对存在问题与负责人员交换意见。专家组认为，密云县10家试点企业重视标准化创建工作，按照外部考评报告提出的持续改进建议进行系统整改，并按照标准化创建要求实施安全管理，符合安全标准化三级达标标准，验收合格。

（张鹏鹏）

【标准化创建调研】 8月1日，副县长郭鹏到穆家峪镇北京华云人仿古建构件厂调研安全生产标准化创建。听取企业主要负责人对三级安全生产标准化创建工作汇报，察看生产作业现场。郭鹏指出，开展安全生产标准化创建是新形势下安全生产工作方式的创新和发展，是做好安全生产工作的基础。要求企业负责人要重视，加大安全生产投入，建立安全生产长效机制。评审单位要严格把关，帮企业查找问题，消除隐患。安全监管部门和各属地政府要进一步提高认识，以标准化为抓手，总结推广经验，完善信息管理，提高效率，建立健全奖励约束机制，把重点放在安全生产现场管理和岗位达标，实现企业安全管理。

（张鹏鹏）

【标准化示范】 2013年，密云县首云、云冶、威克3家地下矿山企业按照市安全监管局“地采矿山扎扎实实打基础工作方案”，分别选定采矿水平、基建硐室和施工班组为井下施工生产作业安全标准化示范点，结合国家安全监管总局58号令规定，根据“试点引路、软硬件结合、突破安全技术难点、安全信息资源共享”的原则，开展以健全、落实重点管理制度，现场文明施工，建立“安全·和谐”班组为目标的标准化示范工作，建设与北京市经济社会发展相适应的地下矿山，全面打造“安全·健康·绿色·和谐”矿山。

（张鹏鹏）

【达标验收】 2013年，密云县安全生产标准化工作按照“试点先行、示范带动”的思路，在深入调查、研究的基础上，邀请中国安科院专家指导标准化创建工作。在试点企业完成达标后，组织全县规模以上企业到试点企业进行参观，增强企业对安全生产标准化创建工作的认识，为全县规模以上企业完成标准化达标工作奠定基础。9月11日至11月28日，中国安科院组织两个专家组入驻密云，历时两个半月时间对全县规模以上企业开展现场评审工作。在评审过程中，有8家企业因基础管理资料不健全、作业现场存在安全隐患等原因，未通过首次现场评审，经过对未通过评审的8家企业指导，第二次评审均顺利通过。全县规模以上企业全部通过达标验收。186家企业通过国家三级达标验收，11家企业通过国家二级达标验收，2家企业通过国家一级达标验收。

（张鹏鹏）

延庆县

概述

2013年，延庆县安全生产工作始终坚持“安全第一，预防为主，综合治理”的工作方针，不断强化“警钟长鸣、预防为主、全民参与”的意识，全县安全生产形势继续保持稳中向好态势。

一、落实安全生产责任制。延庆县县委、县政府重视安全生产工作，全力做好安全生产大检查和其他各项重点工作。县委书记李志军深入县安全监管局调研安全生产工作，听取有关工作汇报；县长李先忠主持会议听取全县安全生产工作汇报，分析安全生产形势，全面部署推进工作。在重要节假日、重大活动时期，县委、县政府主要领导和各分管领导带队检查安全生产工作。县安委会各成员单位开展安全生产检查，落实属地监管、行业监管和综合监管责任，指导督促生产经营单位建立健全责任制，落实主体责任。有力地推动了全县安全生产工作的深入开展。

二、构建安全生产长效机制。延庆县政府年初与全县各部门和单位签订《2013年度安全生产责任书》，明确工作职责、任务和要求。县安委会每季度召开全县安全生产工作会，分析安全生产形势，部署下阶段工作。县安委会办公室每月召开例会，研究重点问题，改进工作措施，推动属地、行业监管职责的落实。每周编辑印发《安全生产动态》，及时汇总全县各单位工作开展情况。通过建立和完善联席会议制度，协调各相关部门，推动解决张山营镇燃气供应安全问题、井庄镇餐饮场所燃气安全问题以及八达岭滑雪场安全管理问题等一系列难点问题。研究制订《延庆县城区责任区域划分实施方案》，明确延庆县城区生产安全、食品药品安全、消防安全等属地监管责任区域，有效消除安全监管盲区，不断提高城市管理水平。

三、加强安全生产综合考核。结合安全生产大检查综合督查，对全县各单位2013年安全生产实施中期抽查和年终考核，考核结果作为全年评优重要依据，督促各项安全生产工作落实到位。

四、深入开展安全生产大检查。按照市政府关于集中开展安全生产大检查统一部署，延庆县政府下发《安全生产大检查实施方案》，召开会议对大检查工作进行全面部署，按照“全覆盖、零容忍、严执法、重实效”要求，将重点检查内容分解12个专项，分别确定责任单位，分3个阶段在全县所有区域、所有行业领域、所有生产经营企事业单位和人员密集场所集中开展安全生产大检查。各乡镇街道和相关部门制订和建立安全大检查方案和台账，采取有效措施，全面落实安全生产大检查各项工作。市安委会督查组先后4次到延庆县进行安全生产大检查综合督查，对延庆县安全生产大检查工作给予肯定。安全生产大检查取得良好成效，并涌现很多好的经验。其中，延庆镇分块包村，将检查情况写入民情日记，定期公示。张山营镇分3个层次召开会议传达文件，落实上级大检查工作精神，党政一把手带队进行检查。沈家营镇利用便民服务直通车、安全生产主题征文、文艺演出、广播等多种形式，使广大群众安全意识和参与热情得到明显提高。

五、深化重点行业领域专项整治。按照《2013年全县安全生产重点执法检查计划》，先后开展危险化学品、消防、特种设备、道路交通、建筑施工、人员密集场所、餐饮场所燃气安全、用电安全等20余项重点行业和领域专项执法检查行动，确保检查不断、标准不降、力度不减，形成监管合力，有效遏制事故发生。2013年，县安委会各成员单位共检查生产经营单位10098家次，发现隐患和问题8918项，下达执法文书问题8368份，停产、停业74家，关闭非法违法企业3家，行政拘留313人，行政处罚141618起，罚款2962.54万元。其中，县安全监管局落实安全生产综合监管职责，加强危险化学品、烟花爆竹和职业卫生等行业领域安全监管，创新综合执法模式，加大执法检查力度，完成市安全监管局执法工作目标的185%。交通大队持续开展查处酒后开车、涉牌等严重交通违法行为整治行动和“三超一疲劳”专项治理，全面营造严管高压态势。消防支队按照分片包干原则，组成8个督导帮扶小组，对各乡镇街道消防安全工作进行指导，推进“铁拳”行动等专项整治。工商分局严厉打击无照经营行为，全年无证无照经营销账率62%。住房城乡建设委结合“双打”专项行动等重点工作，抓好日常监管，强化现场安全管理，突出抓好冬季施工工地安全监管，严防事故发生。旅游委全面构筑旅游安全管理体系，抓早、抓小、抓紧、抓实、抓好旅游安全工作。商务委结合商市场专项整治工作，强化部门联动，加强对商市场、规模以上餐饮经营单位的安全生产监督管理。持续开展“打非治违”行动。针对事故多发情况，部署开展城乡结合部、地下管线、商市场等专项治理，对非法生产、非法经营、非法储存及“三合一”“多合一”等问题进行集中整治。全县共组织检查组403个，检查生产经营单位2331家次，下达责令改正指令书1221份，责令停产、停业整顿8起，关闭非法违法企业3家，行政拘留61人，处罚金额303万元。

六、全面推动安全生产标准化建设。按照“政府推动、行业指导、企业主体、社会参与”原则，深入推动标准化建设，建立标准化企业台账，加强培训，将标准化工作纳入安全生产年终考核。2013年，延庆县第一批10家规模以上机械、轻纺企业有两家完成二级达标，8家完成三级达标，小微企业创建达标61家，完成年度目标。通过实施标准化建设，企业逐一对照评审标准查找并整改隐患和问题，健全优化安全管理制度，有效提升企业基础管理水平。

七、不断开展安全生产宣传教育。延庆县安委会各成员单位采取措施，加大安全文化宣传和培训工作力度。2013年，全县组织开展安全生产月宣传以及大型公开课、知识竞赛等活动991场，发放各类宣传材料537150份。举办各类安全生产培训班766期，培训相关人员51850人次。举办各类应急演练759场。开展社区共建，在居民楼内建立安全生产知识文化墙，宣传“12350”举报投诉热线，全面普及各类安全生产知识，有效地推动全民安全生产意识的提升。

2013年，延庆县安全生产工作虽然取得了积极进展和明显成效，但必须清醒地认识到，县安全生产工作依然存在薄弱环节，安全生产形势依然十分严峻。主要表现为：一是安全生产基础薄弱，安全保障能力有待加强，安全生产标准化工作还需要进一步推动。二是城乡结合部等地区及城市运行等行业的消防安全隐患依然比较突出。三是企业安全主体责任不落实的问题较为突出。四是行业监管和属地管理还存在安全生产工作抓而不紧、抓而不实，部分行业和属地监管力度小等问题。针对这些问题，将在今后工作中采取有力措施，认真加以解决。

综合监管

【控制考核指标】 2013年，延庆县安全生产控制指标为36人，其中道路交通32人，生产安全（工矿商贸）3人，生产经营性火灾1人。全年，延庆县各类安全生产事故死亡29人，占市安委会下达控制指标的80.56%。其中，道路交通事故死亡26人，占年度控制指标的81.25%；生产安全事故死亡2人，占年度控制指标的66.67%；铁路交通事故死亡1人。未发生生产经营性火灾死亡事故。

（王丹）

【春节安全检查】 春节期间，延庆县安委会办公室制发《关于2013年春节前安全生产大检查工作方案》，由行业主管部门牵头，相关部门配合，分成12个联合检查小组，在全县范围内组织开展全方位安全生产大检查，共出动检查人员2177人次、检查车辆488台次，检查生产经营单位594家次，下达行政执法文书370份，查处问题隐患543项。

（王丹）

【安全生产工作会】 2月6日，延庆县政府召开全县安全生产工作会，部署安全生产、应急管理和社会维稳工作。县委书记李志军出席会议并讲话，县委副书记、县长李先忠主持会议，代表县政府与县安委会成员单位代表签订2013年度安全生产责任书，副县长刘兵总结部署全县安全生产工作。

（王丹）

【全国“两会”安全保障】 2月25日，延庆县安委会办公室制发《关于2013年“两会”期间安全生产大检查的工作方案》，分成危险化学品及职业安全、商市场、交通、文化、建筑、工业、农业、旅游、教育、卫生、供电、消防12个检查小组，在全县开展安全生产检查。检查生产经营单位180家次，下达行政执法文书19份，查处问题隐患43项。

（王丹）

【安委会办公室例会】 4月26日，延庆县安委会办公室召开第一次例会，会议通报《延庆县安全生产委员会办公室例会制度》，听取安委会各成员单位关于“打非治违”、安全生产检查等情况汇报，部署安全生产工作。

（王丹）

【特种作业特种设备“双打”行动】 5月29日，延庆县安委会办公室召开会议，对特种作业及特种设备作业人员“双打”专项执法行动进行部署，下发《延庆县特种作业及特种设备作业人员“双打”专项执法行动方案》。“双打”专项行动开展期间，出动执法检查人员314人次，检查生产经营单位120家次，检查特种作业及特种设备作业人员1065人，查处隐患170项，下达执法文书56份，查处持假证、无证人员22人，停产、停业企业1家，罚款3.06万元。

（王丹）

【乡镇街道安全交流会】 5月30日，延庆县安委会办公室召开乡镇街道安全生产工作交流会。会议听取各乡镇街道科室负责人关于安全生产标准化工作进展、安全生产工作存在问题等汇报。通报各乡镇街道上报《安全生产动态》相关信息情况。会议对安全生产标准化建设及安全生产月活动做出部署。

（王丹）

【安全生产月部署】 5月31日，延庆县安委会组织安委会成员单位主管领导70余人参加全国安全生产月活动动员视频会暨北京市安全生产月电视电话会。会后，县安委会立即召开会议，副县长刘兵对全县安全生产月活动进行动员部署。

（王丹）

【燃气专项整治】 6月25日，延庆县安委会办公室召开会议，对安全生产大检查及商品交易市场安全专项整治行动等工作进行部署。会议通报市安全监管局关于北京太阳宫燃气热电有限公司“6·6”燃气爆燃事故等4起事故的调查处理情况。

（王丹）

【商品交易市场专项整治】 6月至10月，延庆县安全监管、消防、工商、商务、规划、城管等部门采取“对口联动、统筹配合”的方式，各自组织开展对商品交易市场的监督检查和联合执法检查。各部门在专项行动中，出动检查人员886人次，检查商品交易市场158家次，下达执法文书93份，处罚28起，罚款11.3万元。

（王丹）

【大检查部署】 7月10日，延庆县安委会召开工作会对集中开展安全生产大检查进行部署。根据《延庆县人民政府办公室关于集中开展安全生产大检查的通知》，重点检查内容分解成12个专项，分别确定责任单位，分3个阶段在全县所有地区、行业领域，生产经营企事业单位和人员密集场所开展安全生产大检查。各乡镇街道、开发区及行业主管部门召开专项部署会，制定工作方案。在大检查开展过程中，县委常委会、县长办公会多次听取安全生产大检查工作汇报，县领导多次带队开展督导检查。延庆县各部门、各单位按照全县统一部署，在本单位、本系统内开展全面检查。全县各乡镇街道、行业管理部门组织检查组1286个，出动检查人员12591人次，检查企事业单位8699家次，发现隐患5730项，责令改正、限期整改、停止违法行为755起，责令停产、停业、停止建设12家，罚款600.27万元。县安委会组成6个督查组，对全县15个乡镇、3个街道、2个经济开发区和16个行业主管部门安全生产大检查工作开展情况进行综合督查，实地检查、抽查生产经营企事业单位410个，发现隐患195处，下达执法文书179份。

（王丹）

【通报市安委会督查组反馈意见】 7月31日，延庆县安委会办公室召开会议，副县长刘兵出席会议并讲话。会议传达7月30日全国安全生产工作视频会精神，通报市安委会督查组督查反馈意见及延庆县组织开展安全生产大检查情况。

（王丹）

【年终考核】 11月29日至12月5日，延庆县安委会办公室按照县委组织部年终考核工作总体安排，结合县综治委考核，下发安全生产考核通知，对县安委会成员单位进行年度安全生产工作考核，并将考核报告和评分表报县委组织部。

（王丹）

【“打非治违”】 2013年，延庆县安委会办公室共组织检查组1615个，出动检查人员12441人，受检企业4662个，打击非法违法、治理纠正违规违章行为21562起，行政拘留61人，行政处罚303.1万元。

（王丹）

危险化学品安全监管

【行政许可】 2013年，延庆县安全监管局受理危险化学品经营单位变更和延期申请33家，其中延期申请19家，变更申请14家，完成30家行政许可，3家由于安全条件不符合规范，要求整改。完成易制毒经营备案1家。完成危险化学品建设项目“三同时”设计审查1家。

（陈祥）

【液氨专项治理】 6月至9月，为吸取吉林宝源丰禽业有限公司液氨泄漏爆炸事故教训，延庆县安全监管局联合县质监局、环保局和消防支队加强对液氨单位检查和巡查力度，并督促辖区内液氨单位立即开展隐患自查，对排查出的安全隐患进行整改。县安全监管局、质监局、消防支队和属地乡镇对液氨使用单位开展联合检查，针对检查发现的问题和隐患，县安全监管局下达责令限期整改指令书，并进行复查。

（陈祥）

【“一书一签”专项整治】 7月至10月，延庆县安全监管局开展危险化学品生产经营企业“一书一签”专项整治。通过宣传部署、企业自查自纠专项整治后，对北京玻钢院复合材料有限公司等5家单位进行专项检查，生产企业按要求编制安全技术说明书和安全标签，经营企业采购有许可证资质企业的产品，确保“一书一签”在销售运输过程中随产品流通，有效推进危险化学品安全管理。

（陈祥）

【大检查推进会】 7月30日，延庆县安全监管局组织42家危险化学品生产经营单位、1家烟花爆竹储存单位召开安全生产大检查推进会。会议通报了市安委会督查组对延庆县安全生产大检查督查情况，要求危险化学品生产经营单位和烟花爆竹存储单位落实检查工作，制订具体工作方案，明确检查任务、时限和要求，将安全生产大检查落到实处。

（陈祥）

【油库专项执法检查】 9月12日，延庆县安委会办公室组织县安全监管局、质监局、环保局、交通局、消防支队和相关专家对中国石油化工股份有限公司北京延庆康庄油库进行专项检查。检查组分文件资料组和现场检查组，分头查找油库存在的安全隐患。经检查发现，该油库雨污分流设施无定期维护保养记录和运行记录，未对冬季供暖所用锅炉定期进行检验，作业区与生产区之间未安排专人管理，防水井未上锁。针对联合检查组提出的问题，康庄油库落实企业主体安全责任，进行了整改，确保油库安全运行。

（陈祥）

烟花爆竹安全监管

【安全管理部署】 2013年，延庆县安全监管局组织公安、工商、消防、城管、日杂公司和28家准备申请《烟花爆竹经营许可证》的商户召开春节期间烟花爆竹安全管理动员部署工作会。会议宣布市、县《2013年春节烟花爆竹储存销售工作实施方案》，对销售网点的音频和视频监控系统的安装、销售大棚的设置等相关事项进行部署。

（陈祥）

【零售网点行政许可】 2013年，县安全监管局对符合条件的24家商户颁发烟花爆竹经营零售许可证。加上4家常年销售点，共有28家烟花爆竹零售网点。继续把烟花爆竹企业安责险作为烟花爆竹销售网点申请的必要条件，24家临时销售点和4家常年销售点共缴纳保险费1.8万元。

（陈祥）

【安全管理培训】 1月14日，延庆县安全监管局组织28家烟花爆竹零售网点召开安全管理培训会。会议通报烟花爆竹零售网点安全管理要求，明确大棚搭建、烟花爆竹配送销售等各阶段时间节点，对烟花爆竹零售大棚搭建和货源供应作出说明，对烟花爆竹安全管理知识进行系统培训。会后，组织各零售网点从业人员进行烟花爆竹安全知识考试，并与各从业单位签订《延庆县2013年烟花爆竹安全管理责任书》和《烟花爆竹零售经营安全生产承诺书》。

（陈祥）

【安全管理会议】 2月4日，延庆县安全监管局召开烟花爆竹安全管理工作会，通报河南省连霍高速义昌大桥爆炸坍塌事故和烟花爆竹经营单位执法检查情况，要求各单位在经营场所悬挂烟花爆竹宣传横幅、按规定数量储存烟花爆竹、按规范要求配备灭火器、设置安全警示标志、销售人员佩戴胸卡。要求安排专人24小时看护和检查经营场所及周边安全情况，及时清理储存场所杂物，禁止在经营场所使用电器取暖，消除各类安全隐患。

（陈祥）

【执法检查】 春节期间，延庆县安全监管局对烟花爆竹储存仓库和各零售网点进行安全检查和夜间抽查。2月5日至2月24日烟花爆竹销售期间，检查烟花爆竹批发和零售单位67家次，下达行政执法文书21份，出动检查人员42人次，检查车辆17台次，发现查处问题24项。

（陈祥）

【配送、销售和回收】 春节期间，延庆县配送烟花爆竹2500箱，其中烟花类1800箱，爆竹类700箱，价值75万元。销售烟花爆竹1790余箱，其中烟花类1200箱，爆竹类590箱，价值60万元。回收烟花爆竹710箱，其中烟花类600箱，爆竹类110箱，价值21万元。库存烟花爆竹1900余箱，价值57万元。

（陈祥）

【餐饮单位安全燃放】 春节期间，延庆县安委会下发《关于进一步加强宾馆饭店等餐饮经营单位安全燃放烟花爆竹工作的通知》，要求各乡镇人民政府（街道办事处）、商务委、旅游委加强行业及属地监督管理，与餐饮经营单位签订《婚礼等各类庆典活动烟花爆竹安全管理责任书》。要求各餐饮经营单位安排专人负责检查婚礼等各类庆典活动燃放烟花爆竹情况，监督其燃放正规烟花爆竹，同时在经营场所门口隔离出安全燃放区，并将灭火器等消防器材准备齐全。要求选择北京市规定允许销售和燃放的“燕龙”“熊猫”“逗逗”3种品牌的D级和C级烟花爆竹产品。对未按要求执行的餐饮经营单位，一经查实将对餐饮经营单位及其相关负责人给予行政处罚。

（陈祥）

【餐饮单位燃放抽查】 5月22日，延庆县安全监管局联合县旅游委和商务委先后检查北京市新风大酒店、北京凯斯大酒店和北京市延庆县育新餐厅3家餐饮经营单位。重点检查各单位落实《关于进一步加强宾馆饭店等餐饮经营单位安全燃放烟花爆竹工作的通知》和《婚礼等各类庆典活动烟花爆竹安全管理责任书》签订、举行婚礼等各类庆典活动时燃放正规品牌烟花爆竹以及隔离安全燃放区、配备消防器材等情况。经抽查，各单位均能够严格落实餐饮经营单位安全燃放烟花爆竹的有关规定，安全燃放烟花爆竹。

（陈祥）

【烟花爆竹仓库检查】 5月28日，延庆县安全监管局对县供销社烟花爆竹批发仓库进行督导检查。检查发现烟花爆竹批发仓库温湿度记录未按规范要求填写，要求其立即进行整改。还对4家烟花爆竹常年零售网点进行入汛前安全检查，要求各乡镇和烟花爆竹经营单位加强汛期安全生产检查力度，开展汛期安全生产隐患排查治理，落实属地监管职责和企业安全生产主体责任，进一步提升应急处置能力和防汛救灾能力。

（陈祥）

隐患排查治理

【违法建设整治】 2013年，延庆县安委会办公室制订《严厉打击违法用地违法建设专项行动隐患排查工作方案》，按照全县整体工作安排，组织相关部门和各乡镇街道对县域内存在重大安全隐患违法建设进行排查。经排查汇总，上报市安委会办公室存在重大安全隐患的违法建设4项。

（王丹）

【拆除违法建设】 5月至6月，经延庆县有关乡镇及有关部门共同努力，消除存在重大安全隐患的4项违法建设。一是康庄镇大营村西湖北岸北京市隆庆升建筑有限公司违法建设，建设时间为2012年，违法建设面积236.9平方米，属于无证违法建设，于2013年5月27日拆除完毕。二是延庆镇西白庙村赵恩仕违法建设，建设时间为2011年，违法建设面积100.32平方米，属于农村集体土地的无证违法建设，于2013年5月30日拆除完毕。三是旧县镇黄峪口村东北砂场违法建设，建设时间为2005年，违法建设面积473.6平方米，属于河道（含行洪区）用地内的无证违法建设，于2013年6月8日拆除完毕。四是香营乡八道河村西河道的违法建设，建设时间为2010年，违法建设面积530.95平方米，属于河道（含行洪区）用地内的无证违法建设，于2013年6月26日拆除完毕。

（王丹）

【电气安全隐患专项检查】 7月至8月，延庆县安全监管局对商品交易市场、危险化学品、建筑等行业进行电气隐患专项检查。主要针对电气线路敷设及配电箱柜管理、变配电室管理、特种作业人员管理等情况进行安全检查。检查生产经营单位52家，出动执法人员54人次，执法车辆19台次，查处事故隐患203项，下达执法文书104份，行政处罚4起。

（宋悦）

【安全隐患暗查】 8月22日，市安全监管局检查组对延庆县辖区内工业企业和人员密集场所的变配电室管理，特种作业人员管理，从业人员劳动防护用品使用，安全教育等进行暗查。检查发现个别企业和人员密集场所存在未建立特种作业人员档案，从业人员安全教育学时不够，没有本人签名等问题，检查组下达责令限期整改指令书，并要求各单位加强从业人员安全教育培训，落实安全生产责任及各项规章制度。经区安全监管局复查，隐患均按期整改完毕。

（宋悦）

应急救援

【救援物资专项检查】 5月16日，延庆县安全监管局对危险化学品事故应急救援物资储备开展专项执法检查。先后对北京玉都消防设备有限公司和北京路桥瑞通养护中心有限公司十处应急物资储备和日常管理进行检查。检查发现生产车间内有吸烟现象、车间电气线路敷设不符合规范要求、未给工人配备相应的劳动防护用品、车间内未设置安全警示标志、车间危险化学品存放不符合规范要求等问题，县安全监管局下达强制措施决定书，要求立即进行整改。经复查，均按要求进行了整改。

（陈祥）

【组建抢险救援队】 5月31日，延庆县安全监管局抽调15名业务骨干组建延庆县危险化学品事故应急抢险救援队。5月31日，召开抢险救援队动员会，会上明确救援队的工作职责，队员分工。

（陈祥）

【事故应急救援演练】 6月19日，延庆县安全监管局、消防支队、八达岭经济开发区组织北京玻钢院复合材料有限公司开展危险化学品事故应急救援演练。演练出动员工50余人，3辆消防车配合。演练过程中报警、疏散、伤员救护、灭火等各个环节协调有序、行动迅速。应急救援演练达到预期效果。

（陈祥）

【应急演练周】 6月17日至23日，安全生产月活动应急演练周期间，延庆县安全监管局参与大榆树镇、北京玻钢院复合材料有限公司、夏都大地燃气公司、沈家营镇、旅游委、康庄油库等20个单位开展的各类应急演练75次。

（陈祥）

【物资储备库安全管理协议】 2013年，延庆县安全监管局与县日用杂品公司、北京路桥瑞通养护中心10处、北京浩淼洪波兴业消防技术有限公司3家应急物资储备库签订安全管理协议。节假日前对3家应急救援物资储备库进行检查，利用电话询问值班在岗等情况。

（王丹）

执法监察

【春节安全保障】 春节期间，延庆县安全监管局对重点企业及“元宵节”花会展演区域周边进行安全生产联合执法检查。共检查生产经营单位95家，下达责令改正指令书25份，查处事故隐患64项。

（闫建杰）

【全国“两会”安全保障】 3月1日至15日，延庆县安全监管局对危险化学品、烟花爆竹、旅游景区、星级宾馆饭店等人员密集场所和企业进行检查。对重点单位、重点部位实施全面严格监控。共检查生产经营单位78家，下达责令改正指令书38份，查处问题隐患115项。

（闫建杰）

【生态文化高峰论坛安全保障】 6月20日，延庆县安全监管局、质监局对夏都会议中心、延庆博物馆等单位进行安全生产执法检查，对存在的隐患和问题，分别下达责令整改指令书，责令立即整改。6月25日，县应急办会同消防支队、公安分局、质监局等单位对八达岭温泉度假村进行执法检查，要求各单位落实安全生产责任制，落实各项安全防范措施，消除事故隐患，确保第六届中国生态文化高峰论坛顺利召开。

（闫建杰）

【再生资源摊点执法检查】 7月，延庆县安全监管局、商务委、公安分局、工商分局、环保局、城管大队、消防支队等部门对县域内再生资源回收摊点进行联合执法检查。检查生产经营单位16家次，下达行政执法文书3份，查处各类隐患7项。

（闫建杰）

【建筑施工执法检查】 7月至12月，延庆县安全监管局会同县住房城乡建设委等部门对辖区内建筑施工工地进行安全生产专项检查。检查建筑施工单位154家次，下达行政执法文书156份，查处各类隐患362项，行政处罚17起，罚款9.1万元。

（闫建杰）

【工业企业执法检查】 8月、11月，延庆县安全监管局对9个乡镇街道和1个经济开发区工业企业开展集中执法检查。检查生产经营单位65家次，下达行政执法文书53份，查处各类隐患136项。

（闫建杰）

【文化娱乐场所夜查】 8月至12月，延庆县安全监管局、文化委对文化娱乐场所开展安全生产大检查夜查行动。检查20家次，下达行政执法文书14份，查处各类隐患29项，整改率100%。

（闫建杰）

【国庆安全保障】 9月16日至30日，延庆县安全监管局、旅游局、消防支队、质监局、工商分局、文化委、体育局等部门开展国庆期间安全生产大检查，主要对辖区内文化娱乐场所、旅游景区、星级宾馆饭店等人员密集场所和其他重点生产经营单位进行检查。检查生产经营单位31家。查处各类事故隐患63项。

（闫建杰）

【县领导节前带队检查】 9月17日，延庆县副县长武岗带领县农业、安监、水务、园林等部门负责人检查农委系统节前安全生产。检查污水处理厂、农机研究所、日上市场、缙阳水业自来水厂、张山营检查站5家单位。检查组针对发现的问题提出整改意见，要求各单位加大检查力度，加强从业人员安全教育培训，落实安全生产责任及各项规章制度。9月24日，副县长刘兵带领县安监、消防、建设、商务、旅游等部门负责人对妫河南加油站、沃尔玛超市、葡萄科研中心、龙庆峡景区等单位进行检查。对各单位开展安全生产大检查工作情况、隐患排查治理情况以及节日期间安全生产工作等方面进行重点检查。

（宋悦）

【十八届三中全会安全保障】 9月，延庆县安全监管局、质监局、工商分局、文化委、体育局等部门，对县域内文化娱乐场所、旅游景区、星级宾馆饭店等人员密集场所和重点工业企业进行检查，及时发现并排除隐患，确保十八届三中全会顺利召开。检查生产经营单位36家次，下达责令限期整改指令书15份，查处问题和隐患47项。

（闫建杰）

【人员密集场所执法检查】 11月4日至14日，延庆县安全监管局、商务委对人员密集场所进行检查。执法人员对企业安全生产各项规章制度，安全通道，特种作业人员持证上岗，企业员工的培训教育，电气线路敷设，应急预案制订及演练，配电室、机房等重要部位进行重点检查。对检查中发现的安全隐患责令企业限期整改。经复查，均按期整改，整改率100%。

（宋悦）

【大型活动安全保障】 2013年，延庆县安全监管局加强对“2013中国体育彩票全国新年群众登高健身活动”“第二十七届冰雪欢乐节”“清明文化节”“国际友人绿色骑游”“第五届北京端午文化节龙舟下水仪式暨延庆县第十八届消夏避暑季开幕式”“第十八届消夏避暑季开幕式”“第五届北京端午文化节”“全国公路自行车冠军赛比赛会场”“八达岭长城杯第三届北京国际自行车骑游大会开幕式”“延庆夏日文化广场活动”“北京长城森林艺术节”“世界旅游城市北京香山旅游峰会暨世界旅游城市联合会第二届理事会闭幕式”“第十五届北京国际航空展——八达岭飞行动态展暨首届北京延庆通用航空旅游文化节”“延庆县第四届群众广场舞蹈大赛”“千森杯国际自盟自行车越野分站赛”“2013年环北京职业公路自行车赛”“2013北京国际马球公开赛”“2014北京新年倒计时暨北京旅游资源推广活动”等大型活动的安全保障。提前对活动场地的临建设施搭建、临时用电、现场防护等进行安全检查，对存在安全隐患的单位下达责令整改指令书，并在活动举办中全程现场值守，确保活动顺利进行。

（闫建杰）

【举报投诉核查】 2013年，延庆县安全监管局受理举报投诉5件，其中3件为市安全监管局举报投诉中心转办，2件为群众电话举报。通过核查，其中2件举报投诉情况基本属实，为安全生产隐患类及非法生产经营建设类。所有举报均在规定时限内查办完毕并反馈给转办单位和举报人，办结率100%，满意率100%。

（朱静）

职业卫生监督检查

【职业危害执法检查】 2013年，延庆县安全监管局检查职业危害单位210家次，下达行政执法文书108份，查处事故隐患226项，行政处罚9起，罚款3.5万元。

（张鹏）

【健康管理员培训】 10月30至11月7日，延庆县安全监管局举办用人单位主要负责人和职业健康管理员培训班，211人参加培训、考试，并向考试合格学员分别颁发《北京市用人单位职业卫生培训合格证》《北京市职业健康管理员培训合格证》。

（张鹏）

【职业病危单位申报】 2013年，延庆县存在职业病危害的生产经营单位共141家，完成申报并通过审核141家，申报率100%。

（张鹏）

【《职业病防治法》宣传周】 4月27日，延庆县安全监管局在日上市场举办《职业病防治法》宣传周主题宣传日活动。活动期间发放宣传资料、实物挂图等近3000份。县安全监管局到康庄镇、八达岭开发区4家企业检查指导安全生产和职业卫生监管工作，并将宣传册和宣传挂图分发给企业员工，推动用人单位落实职业病防治主体责任。

（张鹏）

【职业卫生工作会】 4月9日，延庆县安全监管局组织全县混凝土搅拌站企业召开职业卫生工作会。会议就如何进行企业职业危害申报、建立并落实职业危害防治责任制和规章制度、组织从业人员进行职业健康体检和建立职业健康监护档案等内容进行讲解。

（张鹏）

【机动车维修专项检查】 5月，延庆县安全监管局组织全县35家（一类、二类）机动车维修企业召开机动车维修行业职业危害专项治理工作部署会。会上，县安全监管局公布《机动车维修行业职业危害专项治理行动工作方案》，全面部署专项治理工作。专项检查期间，县安全监管局重点加大对场所、重点工艺、重点环节和重点岗位的监督检查力度。检查24家单位，下发执法文书24份，查处问题和隐患146项。

（张鹏）

【职业卫生省市互检】 10月29日，河南省安全监管局副局长刘世俊带领职业卫生检查组，到延庆县检查职业卫生工作，市安全监管局副局长常纪文陪同检查。检查组分别听取县安全监管局、八达岭开发区、中材科技风电叶片股份有限公司、北京玻钢院复合材料有限公司职业卫生工作汇报，查阅有关资料，深入生产一线进行检查，并就职业卫生检查情况与市、县有关部门和生产经营单位交换意见。

（张鹏）

宣传培训

【安全生产月部署】 5月31日，延庆县安委会办公室组织参加全国安全生产月活动动员视频会暨北京市安全生产月电视电话会。会后，召开延庆县安全生产月动员部署会。按照县12个部门联合下发的《2013年延庆县安全生产月活动方案》安排和部署，延庆县安全监管局制作、购置宣传条幅和挂图、折页、警示教育片、展板等安全生产宣传品，提前发放到各有关单位。

（王丹）

【宣传咨询日】 6月5日，延庆县副县长刘兵在延庆电视台对安全生产月活动进行动员，正式拉开宣传活动帷幕。延庆电视台在黄金时段播放《以生命的名义》警示教育片，利用电视台滚动字幕播放安全生产月宣传口号。6月9日，全县开展安全生产月宣传咨询日及“安全知识服务基层、安全教育进企业、进工地、进乡镇、进社区、进景区、进商场”活动。沈家营镇、旧县镇、儒林街道、水关长城等单位举办安全生产展板巡展活动，共计3000余人参加。安全生产月活动期间，刘斌堡、沈家营、旧县等乡镇和延庆开发区开展各类安全生产宣传活动。县安全监管局联合县应急办开展公共安全宣教活动，组织延庆镇、沈家营镇和食品公司、联通公司等单位举办安全生产培训班。

（王丹）

【安全生产知识竞赛】 6月18日，延庆县水利局、安全监管局在井庄镇南老君堂村施工现场举办“夏都水利2013年安全生产知识竞赛”。知识竞赛采取现场随机抽查的方式，随机提问施工工人，竞赛题目涉及安全生产各类基础知识，在场施工人员踊跃参与，正确回答竞赛题目。

（陈祥）

【大型公开课】 9月10日，延庆县安全监管局举办安全生产大型公开课，邀请市安全监管局有关领导对安全生产形势、执法检查方法及安全责任落实等相关内容进行授课。全县各乡镇街道、开发区、行业主管部门主管领导、科室负责人和安全检查员及重点企业主要负责人200余人参加培训。

（王丹）

【演讲比赛】 10月18日，延庆县安全监管局组织北京玻钢院复合材料有限公司举办以“安全生产、重在预防”为主题的演讲比赛，比赛由县安全监管局、交通局和企业主要领导担任评委，企业120余名员工观看比赛。12名参赛选手以安全生产、交通安全、消防安全和职业健康为主要内容进行精彩演讲，最终公司生产运营部杨玉岭演讲的《活着真好》荣获第一名。

（陈祥）

【“法制宣传日”】 12月4日，延庆县安全监管局参加“法制宣传日”活动，执法人员向过往行人发放《国务院关于进一步加强企业安全生产工作的通知》《烟花爆竹安全管理规范》和《职业安全法律法规》等宣传材料500余份，向过往咨询群众讲解如何购买正规烟花爆竹和安全燃放、职业病防治、建筑施工安全等知识。

（陈祥）

【参与安全生产宣传活动】 2013年，延庆县安全监管局组织参与全县多种安全生产宣传活动。3月12日，参与县市政市容委燃气办组织的大型燃气安全使用宣传活动。4月13日，参与县综治委牵头开展的“平安延庆”建设主题宣传日活动，提供安全生产宣传挂图、折页等资料500余份。5月12日，参与县应急办、民防局、民政局在妫川广场举行的“防灾减灾日”主题宣传活动，向群众宣传公共安全知识，并现场展示应急指挥、专业救援、火灾扑救等专业器材20套，现场摆放安全生产、社会消防、民防减灾等公共安全知识展板150块。9月17日，参与沈家营镇“安全伴我在校园，我把安全带回家”演讲比赛。10月，组织开展“北京建工杯”首都百万一线职工安全生产知识竞赛，各乡镇街道、企事业单位共计2.1万余人提交知识竞赛答卷。11月5日，参与“认识火灾、学会逃生”为宣传主题的第二十三届“119消防宣传周”主会场启动仪式，600余人参与活动，主会场启动仪式过程中发放宣传材料2000余份。

（王丹）

【年度安全生产培训】 2013年，延庆县安全监管局共组织举办各类安全生产培训班13期，培训人员2200余人。

（王丹）

【报送刊登各类信息】 2013年延庆县安全监管局利用网络媒体向市安全监管局、县政府、报社、广电中心等有关部门报送安全生产信息59篇，刊登安全生产知识专栏18期。

（王丹）

【高危行业安全培训考核】 2013年，延庆县安全监管局组织高危行业企业相关人员安全生产培训班11期，培训674人，通过考核取得安全资格证书174人。

（李宏昌）

【特种作业培训】 2013年，延庆县安全监管局人员举办特种作业人员培训班29期，培训905人，实际取证870人。其中低压运行维修取证294人、高压运行维修取证99人、焊工取证85人、有限空间作业取证145人，低压运行维修复审55人、高压运行维修复审123人、焊工复审104人。

（李宏昌）

标准化建设

【标准化部署】 4月16日，延庆县安委会召开安全生产标准化动员部署会，副县长刘兵出席会议并讲话。会议要求各部门、各单位根据《延庆县人民政府办公室关于进一步推进企业安全生产标准化建设工作的意见》，认真做好安全生产标准化的创建工作，扎实推动申办世园会、筹办世葡会、创建世界地质公园、建设全国旅游综合改革示范县等重大活动期间的安全生产工作。

（王丹）

【标准化培训】 5月7日、6月21日，延庆县安委会办公室举办安全生产标准化培训班，邀请国家标准化管理委员会和市安全监管局领导就标准化的定义、作用、特点及如何推进企业安全生产标准化建设工作等进行讲解。

（王丹）

【确认实体企业数】 2013年，延庆县安全监管局将安全生产领域法人库中属于事业单位的进行删除，将企业按照经营地址进行重新划分，并将企业数据下发到各乡镇街道、开发区及八达岭特区进行核实确认。经核对，各地区共有实体企业1490家。经与统计部门沟通，查询县规模以上实体企业212家。2013年底，全县10家机械、轻纺企业如期完成评审工作，小微企业创建达标61家。

（王丹）

【工业企业标准化培训】 5月8日，延庆县安全监管局举办工业企业安全生产标准化培训会。会议部署工业企业安全生产标准化工作，对生产经营单位安全生产标准化三级达标概况、安全生产标准化的内涵和重要性以及安全生产标准化实施过程中的咨询和评审进行讲解并提出具体要求。

（陈祥）

【工业企业标准化督导】 5月22日至23日，延庆县安全监管局现场督导10家工业企业安全生产标准化工作，了解各企业与标准化咨询评审机构对接情况。各企业均与咨询评审机构对接，并邀请咨询评审机构实地察看企业规模、运营情况、安全生产现状等。

（陈祥）

【标准化座谈会】 7月5日，延庆县安全监管局组织大榆树镇、八达岭开发区、延庆开发区及10家工业企业召开工业企业标准化工作座谈会。会上，各单位汇报工业企业标准化工作进展情况，与评审单位签订评审协议和邀请专家到现场进行审核情况。县安全监管局要求各单位加快标准化创建步伐，确保11月底前全面完成标准化创建工作。

（陈祥）

【工业企业达标】 11月底，延庆县10家工业企业按时完成安全生产标准化达标工作，其中2家企业完成安全生产标准化二级达标，8家企业完成安全生产标准化三级达标。

（陈祥）

北京经济技术开发区

概述

2013年，北京经济技术开发区安全生产工作牢固树立“科学发展、安全发展”理念，坚持“安全第一、预防为主、综合治理”方针，以稳步提升企业安全保障能力和政府安全监管监察能力为目标，以建设和完善安全生产与职业卫生培训教育体系、事故隐患排查治理体系、事故应急救援体系为支撑，以危险化学品管理、职业卫生管理、安全标准化推进、安全文化建设和应急管理为重点，进一步夯实基础性工作，实施科学化、精细化、差异化监管。

2013年，开发区安全监管局在深

入践行开发区安全生产工作“服务、引导、督促、执法”八字方针基础上，扎实推进隐患排查治理工作，加强对重大建设项目监督管理，加大对重点项目安全管控力度，充分发挥安委会作用，增强部门联动，开展安全生产大检查，做好对重点行业、重点领域和重点时段安全保障工作。落实危险化学品安全监管，对危险化学品品种、工艺和重大危险源实施专项治理；探索新形势下职业卫生监管方法，开展毒物防控、听力保护等专项科技支撑行动；按照年度执法计划，完成危险化学品生产、经营单位专项检查、建筑工地停复工专项检查、特种作业及特种设备作业人员“双打”专项行动、工业企业电气使用安全专项检查、工业企业燃气安全专项检查、对已分级企业开展执法跟进和差异化执法以及举报投诉的现场核查等执法工作任务；结合开发区实际，稳步推进企业安全生产标准化达标创建工作，基本完成在册工业企业及科研单位分类分级工作，初步实现“按类分级、依级监管”的精细化管理模式；全面搭建重大危险源企业物联网监控，完善安全工业园标准并开展达标试点，基本完成信息化执法平台基础平台建立等专项工作，积极构建开发区安全生产培训教育体系；进一步完善开发区安全生产应急机制，开展工业气体泄漏事故模型研究，稳步提升区域生产安全事故应急处置能力。全年平稳有序开展各项安全生产工作，稳步推进各项安全监管措施，推动企业安全生产主体责任落实，全力保障开发区安全稳定发展。

综合监管

【控制考核指标】 2013年，开发区发生道路交通、生产安全（工矿商贸）死亡事故4起，死亡4人，死亡人数占市安委会下达控制指标的50%。其中，道路交通事故死亡2人，同比减少5人；生产安全事故死亡2人，同比减少1人。未发生火灾死亡事故。

（刘占超）

【燃气安全会议】 1月16日，开发区管委会召开燃气安全专题工作会，会议听取区内各燃气公司安全生产隐患排查工作情况汇报。会议强调，各燃气公司要增强日常巡查中发现和解决问题能力，及时报告并采取措施，进一步完善应急预案，提高应急响应速度，加强应急队伍建设和设备物资调配，提高处置突发事件能力。会议决定，由区安全监管局牵头，区发改局、市政局、应急办、宣传部、消防支队等部门配合，加强协调联动，按照各自职责全力做好安全保障工作。

（刘茜紫）

【地下管线安全会议】 2月26日，开发区管委会召开地下管线安全专题工作会，听取区内各专业公司地下管线安全隐患排查工作情况汇报。会议强调，要加大地下管线安全隐患排查力度，注重部门配合和联动，重视有限空间作业、应急预案的完善和有效响应。

（刘茜紫）

【安全工作大会】 3月20日，开发区管委会召开2013年安全工作大会，管委会副主任高言杰，区宣传部、政法工作部、安全监管局等14个职能部门主管领导及区内工业、建筑、餐饮、娱乐等行业企业安全负责人530余人参会。会议传达北京市安全生产大会精神，开发区各职能局分别部署2013年安全生产工作，要求各单位高度重视安全稳定工作，加大惩治力度，对违规违法企业零容忍，全力做好各项安全生产工作。

（安阳）

【安全生产专题会议】 5月2日，开发区安委会召开安全生产专题会议，会议由管委会副主任高言杰主持，区安委会各成员单位负责人参加会议。会议就推动全区企业安全生产标准化建设工作和全员大培训行动进行部署，对《开发区生产安全事故事件应急处置工作基本程序》进行讨论，并提出修改意见。会议要求各成员单位抓好工作落实，对工作中存在的问题及时进行汇总，为下一步工作打好基础。

（安阳）

【企业分类分级评定】 6月7日、19日，开发区安全监管局分别召开金属、工艺品、仓储及零售业4个行业和印刷、医药、交通运输设备、纸制品、塑料制品、纺织服装制造6个行业安全生产分类分级评定工作启动会。评定工作于6月至7月委托第三方专业机构进行，为了使企业做好充足准备，体现企业实际安全管理水平，执法人员对分类分级评定标准和管理办法进行说明，让企业了解具体评定内容，邀请评定专家对评定流程、人员安排、资料准备、注意事项等进行介绍。会议强调专家现场评定的主要目的是帮助企业发现安全管理中的问题，提出解决措施，为企业整改提供专业指导。

（赵伟）

【特种作业“双打”督导】 6月28日，市安全监管局副局长贾太保带领检查组到开发区，对特种作业及特种设备作业人员持假证上岗、无证上岗“双打”专项执法行动进行督导。开发区安全监管局汇报此项工作。检查组对开发区“双打”工作给予肯定，希望开发区安全监管局能够不断探索新的工作经验，将特种作业管理工作不断推向深入。

（褚巍）

【电子企业安全会议】 8月9日，开发区安全监管局召开电子企业安全管理工作会议，区内7家电子企业分管安全的副总经理和安全生产管理人员参加会议。会议通报安全检查中发现安全隐患的共性问题，对下一阶段工作提出明确要求。会议纪要下发企业，传达至企业主要负责人，逐项落实安全管理工作。

（赵伟）

【重点工程安全工作会】 8月28日，开发区安全监管局会同区工商分局、质监分局、建发局、消防支队等单位，组织北京奔驰汽车有限公司、中芯国际集成电路制造（北京）有限公司、大族激光科技股份有限公司等重点工程安全负责人及总包方、监理方安全管理人员召开重点建设工程安全生产工作会。会上，听取各方代表对安全管理工作情况汇报及经验交流，提出工作建议和要求。会议要求各单位根据工程实际进度，加强动态管理，将会议精神落到实处，确保开发区重点建设工程项目安全有序开展。

（李浩）

【领导带队检查安全生产】 9月24日至29日，开发区管委会主任张伯旭、副主任高言杰、王合生、绳立成和袁立洪分别带队，对区内重点项目、危险化学品企业、建筑企业、能源单位、人员密集场所、工业园区、公共交通运营等单位开展安全生产大检查情况、隐患排查治理情况以及国庆期间安全生产工作等方面进行重点检查。针对发现的安全隐患，相关部门下达限期整改指令书。检查组要求各单位进一步落实企业主体责任，加强隐患排查，做好各项安全生产管理工作，落实好领导带班制度，做好节日期间应急值守工作，把各项安全生产责任制落到实处，确保国庆期间正常安全生产秩序。

（刘茜紫）

【新入驻企业分类分级评定】 10月10日，开发区安全监管局召开区内新入驻企业安全生产分类分级评定工作启动会。会议指出，10月至11月对区内通用设备、专用设备、通信设备、交通运输、电气器械、医疗仪器、仪器仪表、非金属矿物制品、纺织服装、食品、仓储、家具、医药等13个行业64家企业进行分类分级评定及审计工作。有关专家介绍评定流程，讲解分类分级评定标准和管理办法。区安全监管局负责人提出工作要求和注意事项。

（蒋立涛）

【工业园安全达标试点】 10月，开发区安全监管局修订完善《开发区工业园区安全生产建设基本规范》并与专家到试点园区进行实地咨询评审，通过对试点工业园开展达标评审，解决园区安全管理无标准，产权、物业、入园企业三方安全责任不明晰和管理水平薄弱等问题。年底前完成3家试点工业园达标评审工作。

（张润婕）

【安全生产总结会】 12月4日、6日，开发区安全监管局分2期组织召开年度安全生产工作总结会，区内512家生产经营单位安全负责人参加。会议对全年安全生产活动中涌现出的先进企业和个人进行表彰，对全年安全生产形势进行分析，对安全生产执法情况、安全生产应急及宣传工作、危险化学品、职业卫生、安全生产标准化及教育培训等工作进行总结，并对2014年各项重点工作进行部署。会议要求各企业认真学习贯彻落实习近平总书记关于安全生产工作重要指示精神，严格落实安全生产主体责任，做到安全投入到位、安全培训到位、基础管理到位、应急救援到位，以高度的责任感和务实的工作态度确保安全生产，为开发区经济发展创造安全稳定环境。

（王山）

【奔驰项目施工安全会议】 12月12日，开发区安全监管局会同区建发局、消防支队等安委会成员单位，联合召开由奔驰项目建设单位及各总包单位、监理公司安全管理人员参加的奔驰项目施工安全工作会。会上，听取了各方代表对施工安全生产状况及冬季施工安排汇报，提出下一步工作建议和要求。会议要求各单位根据项目实际进度，加强动态管理，将会议精神落到实处。

（刘茜紫）

【康宁输气管线安全会议】 12月20日，开发区安全监管局会同区发改局、建发局、规划局、市政局、信息办等部门，就如何保障康宁输气管线及周边安全召开工作会。会议指出康宁输气管线的特点、管线运行后出现的安全隐患以及可能引发的安全事故。各单位通过分析和讨论，实现信息互通和安全交底。

（薛小敏）

【安全监管体系】 2013年，开发区安全监管局初步建立督导有序、重点突出的精细化安全监管体系。对区内安全生产管理水平较好的企业，实施以企业自我管理为主的日常监管。安全管理水平较差的企业，作为区安全监管局日常监管重点对象。涉及行业分布医药、汽车维修、通信电子、设备制造、印刷、电气器械、医疗器械。区安全监管局将安全管理水平较差的企业作为重点监管对象，通过全面系统分析，确定每家企业安全管理中的薄弱项，针对每一薄弱项制定并细化安全检查要点，由执法人员到现场逐项指导、督促并执法，帮助企业抓住安全管理要害点，通过专业指导及执法提高企业基础安全管理水平。

（蒋立涛）

危险化学品安全监管

【液氨重大危险源调研】 5月8日，市安全监管局调研组到开发区调研液氨重大危险源企业。调研组先后到北京京东方显示技术有限公司、和路雪（中国）有限公司2家企业进行实地走访，主要察看液氨储罐及相关监控、应急等设备设施，详细了解重大危险源安全管理状况。调研组就液氨导则和即将出台的地方标准等内容，与企业有关人员进行深入探讨和沟通。开发区安全监管局汇报液氨从业单位专项整治工作开展情况，调研组对开发区液氨从业单位专项整治工作给予肯定。

（张润婕）

【安全考察】 5月29日，市安全监管局到北京奔驰汽车有限公司进行危险化学品安全考察。考察组一行对北京奔驰汽车有限公司新建发动机项目进行实地走访，与项目设计单位、施工单位进行交流，就新建项目油罐区的现场问题展开重点讨论。考察组要求企业涉及危险化学品的项目必须按照规定程序开展工作，认真采纳专家提出的意见并进行整改，以保证建设项目安全竣工。

（薛小敏）

【液氨隐患排查】 6月4日，开发区安全监管局对10家涉氨单位进行检查，通报6月3日吉林省德惠禽业公司涉氨火灾事故，要求涉氨企业切实加强安全管理，立即开展安全生产大检查，及时消除事故隐患，确保生产、储存设施及监控、报警、应急设备正常有效运转，完善日常检查机制，提升安全管理人员素质和专业水平，加强对一线工人教育和培训，防止各类生产安全事故发生。

（张润婕）

【“一书一签”专项整治】 7月，开发区安全监管局按照市安全监管局关于危险化学品“一书一签”专项整治工作部署，对区内所有危险化学品生产、经营单位开展专项整治。整治工作分为宣传部署、自查自纠、督查检查3个阶段。区安全监管局要求企业认真学习有关“一书一签”国家标准，按照要求编制、完善“一书一签”安全管理制度，在企业内部迅速开展检查。9月，区安全监管局开展现场检查，重点是危险化学品生产、分装和进口企业，对涉氨、涉氯、重大危险源等危险化学品使用重点单位，一并列入此次专项整治范围，督促企业做好进口危险化学品登记工作。

（张润婕）

【库管员专题培训】 7月29日，开发区安全监管局举办危险化学品库管员专题培训，区内200余家企业300余名库管员参加。培训聘请北京市化学工业协会专家，就危险化学品库房管理员工作职责、岗位素质要求、货位管理、在库养护、出库点付、库区管理、应急处置等内容做系统讲解。课程内容涵盖库房全过程管理，从管理和技术层面对危险化学品库房安全管理进行梳理，提出作为危险化学品库管员必须熟悉危险化学品分类，严格防止禁忌物质混存，严格遵守操作规程，穿戴规定的防护用品，进行正确的危险化学品装卸搬运作业，确保人身、物品和设备的安全。

（王山）

【液氨企业安全整治】 9月6日，开发区安全监管局联合区质监局召开液氨从业单位安全工作会，区内11家涉氨单位参加会议。区安全监管局将国内近10年来发生的液氨事故进行通报，重点分析吉林和上海2起液氨事故，明确要求涉氨单位吸取事故教训，立即开展自查自纠工作，将隐患排查落到实处、不留死角，加强日常安全管理，严格按照国家法律法规要求，做好设施设备检维修、从业人员持证上岗、涉氨场所全员培训等各项工作并完善应急救援预案，强化应急处置措施，做好应急演练和培训。区质监局明确开展特种设备安全大检查工作要求，对液氨特种设备的使用和管理等各项工作进行部署。

（张润婕）

【专项治理视频讲座】 12月18日至19日，开发区安全监管局组织区内液氨制冷和液氨使用企业参加液氨视频培训讲座。北京制冷学会和北京市劳保所专家结合全市液氨制冷及使用实际情况，对涉氨制冷企业安全基础知识、安全设计、安全管理等内容进行系统培训，其中对大家广泛关注的几起液氨事故案例的剖析，让安全监管人员和液氨单位安全负责人受益匪浅，为企业隐患自查自改工作奠定了基础。

（薛小敏）

隐患排查治理

【在建工程安全督查】 5月17日，开发区安全监管局对中芯国际等在建工程项目进行安全督查。重点察看工地吊装作业、脚手架安装、高处作业等内容。督查组要求各单位将安全生产工作落到实处，抓好汛期和安全生产月重点工作，加强对员工教育培训，深入落实施工现场各项安全管理措施，确保生产安全。

（林晓伟）

【隐患治理大检查】 7月至12月，开发区安委会办公室下发通知，部署安全生产大检查工作，要求各单位结合全年各项专项治理行动，严格排查事故隐患，坚决遏制重特大事故，保障安全生产形势平稳。通过检查，建立和完善督查机制，推动隐患排查治理工作。开发区组织检查组439个，出动检查人员13875人次，检查5641家生产经营单位。下发整改指令2081份，排查事故隐患9125项，其中8619项全部跟踪整改完成，整改率94%，责令停产、停业、停止建设138家次，约谈企业35家，罚款126.25万元。

（刘占超）

应急救援

【应急处置程序】 5月，开发区安委会办公室会同区应急办制发《北京经济技术开发区生产安全事件（事故）应急处置工作基本程序》。程序明确相关部门职责分工、接报响应、现场处置和善后恢复等环节内容，旨在规范开发区生产安全类突发事件应急处置程序，提高全区总体安全生产应急处置能力，最大程度减少突发事件损失。

（刘占超）

【应急物资储备库】 12月，位于宏达北路6号开拓热力一号热源厂内的开发区危险化学品应急救援物资储备库筹建完成，占地面积约40平方米。应急物资由开发区安全监管局筹备并委托博大开拓热力有限公司代管，首批入库物资含警戒、防护、救援和处置等6大类20余种。该物资库的建成是开发区安全监管局在应急管理领域探索政企合作的一次尝试，同时，进一步提高了开发区整体应急能力。

（刘占超）

执法监察

【年度执法检查】 2013年，开发区安全监管局落实年度执法工作计划，检查各类生产经营单位740家次，查处各类安全隐患1062项，下达行政执法文书337份，实施行政处罚21起，罚款18.3万元。

（肖怡宁）

【燃气联合检查】 1月30日至31日，开发区城管分局、安全监管局、消防支队、亦庄卫生监督站对上海沙龙商业区内近50家餐饮企业开展联合执法检查。针对餐饮企业现场使用、存储燃气的安全标志、电气线路防爆等相关情况进行检查，对不符合要求单位责令整改，对重大安全隐患采取现场处理措施，并督促整改完毕。

（王雷）

【全国“两会”安全保障】 全国“两会”期间，开发区安全监管局根据区内企业特点，采取重要时期抓重点、抓高危方式，对危险化学品生产经营企业、重点涉危企业、建筑工地和人员密集场所等关键部位进行执法检查。出动执法人员134人次，检查建筑工地、加油站、危险化学品重点单位67家，发现隐患129项，开具46份执法文书，整改重点问题120个。

（肖怡宁）

【夜查有限空间作业】 5月23日，开发区安全监管局联合区发改局、房土局、社发局等四部门对卡尔生活馆社区、瀛海庄园社区的水电气热管道、物业管理、社区管理工作进行不打招呼突击夜查。针对社区内有限空间作业进行检查，重点检查现场特种作业人员持证情况、气体检测设备、现场检测记录、劳动防护用品、应急救援设备配备以及制度建设等情况，向现场工人发放10多例有限空间作业事故案例，提醒作业人员严格按照有限空间作业规程要求进行施工，确保生产安全。各部门根据各自监管职责，要求各物业单位认真履行自身职责，切实加强日常水电气热管道管理、物业管理、社区管理等安全生产管理工作，全面消除隐患，尤其是有限空间作业隐患，杜绝事故发生。

（孙鹏）

【大型活动安全保障】 5月30日至6月1日，“2013年中国设计节暨第二届中国设计发展年会”在开发区召开，开发区安全监管局加强设计节现场施工搭建以及展览后展台拆除等现场安全监管和保障工作，确保设计节展台搭建、拆除等环节安全，并在大会期间对展览现场进行安全巡查。

（褚巍）

【“双打”专项执法检查】 6月，开发区安全监管局、建发局、质监分局集中开展严厉打击特种作业及特种设备作业人员持假证上岗、无证上岗专项执法行动，共出动执法人员222人次，检查企业110家，检查特种作业人员825人，查处持假证、无证人员5人，发现安全隐患6项，下达执法文书6份，停产、停业企业2家，行政处罚2起，罚款2.1万元。

（刘茜紫）

【人员密集场所检查】 7月17日，开发区商务局联合区安全监管局、质监分局、工商分局、消防支队等部门，对开发区内5家超市、餐饮等人员密集场所进行联合检查，各部门各司其职，对检查中发现的问题、隐患及时下达整改指令书，要求企业立即整改，严格落实各项安全措施。开发区安全监管局以联合检查的形式对区内重点企业及餐饮、超市、文化娱乐等人员密集场所进行检查，每月至少联合检查两次。

（褚巍）

【商场超市安全检查】 7月23日，市安全监管局联合开发区安全监管局对开发区内商场超市进行联合检查，检查包括4家超市及一家为超市提供动力的物业单位，对现场检查发现的问题，由市安全监管局执法监察总队对该物业单位开具执法文书，并对该企业进行约谈，要求企业立即整改检查中发现的问题。

（褚巍）

【电气隐患执法检查】 7月至8月，开发区安全监管局在全区集中开展工业企业电气安全隐患专项执法检查行动，共检查企业77家，其中规模以上工业企业65家，商业零售企业9家，危险化学品生产企业3家。执法人员针对变配电室安全运行、电气线路敷设及配电箱柜安全、电气作业人员安全管理3个方面进行检查，发现隐患202项，下达执法文书46份。

（肖怡宁）

【工业企业燃气专项检查】 中秋、国庆双节前，为了确保产业园区内工业企业安全用气无事故，开发区安全监管局对区域内燃气使用重点单位进行专项检查。根据区内企业使用燃气特点，严格执行法规标准，分现场、管理两部分制订详实的检查标准，要求用气单位与供气单位均要参与检查，对查出问题要现场划清责任，责令双方限期整改。执法人员针对汛期燃气使用易出现的隐患，到用气单位进行现场指导，要求企业加强双节期间应急值守，保障燃气使用安全。

（冯丽颖）

【暗访夜查生产经营单位】 12月，开发区安全监管局组织开展针对区内生产经营单位、“五小企业”和“六小场所”的暗访夜查行动。重点检查内容包括生产经营单位许可、安全生产管理制度、安全标志设置情况、消防器材设置配备情况、各种安全生产设备设施的运行情况、应急值守及应急演练等。根据暗访夜查行动要求，开发区安全监管局制订执法检查计划并布置到每个人，做到领导到位、全员参与。本次暗访夜查行动共进行8期，出动执法人员32人次，出动执法车辆16台次，检查企业49家，涉及餐饮、超市、美容美发、加油站、仓储物流、电子制造、医药制造、危险化学品生产、调压站、变电站、热力、物业、人员密集场所、服务业14个行业，发现安全隐患62项，出具执法文书28份，对发现的安全隐患要求企业进行整改。对于出具执法文书，要求企业进行限时整改的安全隐患，执法人员按期进行复查，复查率100%，整改率100%。

（蒋立涛）

职业卫生监督检查

【职业危害治理部署】 5月30日，开发区安全监管局会同区交通大队和区运管科联合召开机动车维修行业职业危害专项治理行动工作部署会，区内22家4S店及6家汽车修理企业参会。区安全监管局、交通大队和运管科向参会企业通报一季度执法工作情况，部署下一阶段工作。区安全监管局就职业健康管理工作进行介绍，并结合市安全监管局《关于开展机动车维修行业职业危害专项治理行动的通知》及《机动车维修场所职业卫生技术规范》，提出具体要求。会议要求各企业制订计划，全面自查，分时分段，全面整改，逐一落实，确保下一阶段工作顺利进行。

（高云祥）

【有限空间专题培训】 7月24日，开发区安全监管局举办有限空间作业安全生产专题培训班，区内110余家企业200余名有限空间作业管理人员参加培训。培训邀请市安全监管局有关处室负责人，结合北京市有限空间作业形式和监管现状，对《工贸企业有限空间作业暂行规定》进行讲解。要求企业必须进行作业审批，作业现场必须配备三脚架、安全带、空气监测仪、正压式空气呼吸器等安全设备设施，现场作业的监护人员必须经过培训。

（王山）

【职业卫生管理员培训】 11月，开发区安全监管局组织两期职业卫生管理员培训和一期职业卫生管理员再教育培训，302家企业462人参加。开发区安全监管局对区内职业卫生现状及难点防控等进行讲解，对相关政策法规进行宣贯。聘请专家就职业卫生相关法律法规、用人单位的职责、建设项目“三同时”、劳动者权利与义务及粉尘、毒物防控等课程进行详细讲解。培训中，发放相关材料300多份，为检验培训效果，对参加培训人员进行闭卷考试。通过培训和考试，使职业卫生管理员熟悉法律法规，提高认识，增长知识，为职能划转后的职业卫生管理工作奠定基础。

（刘国建）

【职业卫生基础建设】 2013年，开发区安全监管局根据国家安全监管总局和市安全监管局工作要求，选择机械制造、电子和食品生产3个行业共80家单位，聘请中介机构咨询辅导，从责任体系、规章制度、管理机构、前期预防、工作场所管理等10个方面，开展职业卫生基础建设活动。活动的开展，有力地推动了企业落实职业病防治主体责任，切实保障劳动者职业健康，为区域经济发展创造了良好条件。

（王山）

【职业卫生“三同时”行政许可】 2013年，开发区安全监管局开展职业卫生“三同时”行政许可工作，制订“三同时”许可程序，规范许可办理流程。共完成10个项目职业卫生预评价备案，5个项目职业卫生防护设施验收。

（王山）

宣传培训

【“安全培训日”】 3月2日，开发区安全监管局结合开发区特点制订“安全培训日”宣传活动组织方案，制作宣传横幅悬挂在荣华中路多个路口。制作60块安全生产宣传展板，分发到企业。用以宣传安全生产工作，加深企业员工对安全培训重要性的认识，实现“要我安全”到“我要安全、我学安全、我会安全”的转变。

（刘国建）

【安全管理人员培训】 5月13日至29日，开发区安全监管局举办5期安全管理人员培训班，500余家企业近1000名安全管理人员参训。培训聘请市安全监管局和首都经贸大学安全专家详细讲解安全生产法律法规、安全管理、安全技术和执法中常见问题。区安全监管局向完成培训内容的学员发放安全管理人员培训证书，并建立电子档案，做到培训记录可查可追溯。

（刘国建）

【宣传咨询日】 6月9日，开发区安委会在博大公园举行“强化安全基础，共创安全城市”安全生产月宣传咨询日主题宣传活动。管委会主任张伯旭、副主任王合生出席活动，区总工会、发改局、人劳局、建发局、安全监管局、环保局、工商分局、质监分局、交通大队、消防支队等部门领导参加此次宣传活动。活动现场，各相关部门及重点企业根据各自职责积极宣传安全生产、消防、交通、食品、建筑施工、职业卫生等与企业职工、百姓生活密切相关的法律法规及安全常识，咨询日当天各相关部门通过设立咨询台和宣传展板、悬挂横幅、发放宣传资料、现场答疑等形式，积极开展咨询日活动，向过往群众发放各类安全生产宣传资料2万余份，掀起安全生产月活动高潮。

（刘茜紫）

【注安师考前辅导】 7月15日至19日，开发区安全监管局免费组织区内近百名安全管理人员进行2013年注册安全工程师考前辅导，聘请多位经验丰富的专家针对安全生产法律法规、管理知识、生产技术、安全生产事故案例分析等注册安全工程师考试内容进行深入讲解。

（刘国建）

【安全管理经验交流】 12月4日、6日，开发区安全监管局分2期组织召开教育培训暨经验交流会，区内500余家生产经营单位安全负责人参加会议。培训选取区内安全管理有特色的企业，从实际操作角度介绍管理经验。金佰利公司介绍电子银行、哨兵事件等安全隐患排查方法，威讯公司就企业应急演练的注意事项、演练中突发意外情况处置及调动员工积极性等内容进行讲解。培训还邀请大兴区检察院有关负责人就生产安全事故调查处理过程中的责任追究进行专题讲座。

（王山）

【“安康杯”竞赛活动】 2013年，开发区有关部门组织开展以“强化安全基础，维护职工安康”为主题的“安康杯”竞赛活动，抽取一等奖10名、二等奖20名、三等奖30名，全区各企业职工共计2.6万余人参与知识竞赛答卷。开发区安全监管局制订工作计划，确定竞赛任务和要求，圆满完成知识竞赛活动。

（刘茜紫）

【企业法人代表安全管理培训】 2013年，开发区安全监管局举办3期企业法人代表安全生产培训班，400余家企业法人代表参加。其中第一期培训班主要面向涉外企业，采取英、日语同声传译方式，为外籍高管人员创造良好的语言沟通条件。培训主要针对企业法人代表岗位需求，采取集中培训与网上自学相结合的方式。聘请专家从生产经营单位安全生产责任体系分析、职业健康管理责任、发挥工会组织在企业职业安全健康工作中的作用和企业法人代表在安全管理中应注意问题等方面进行讲授。区安全监管局将有关安全生产培训内容上传至网络，供企业下载学习。完成培训后，企业法人代表按照培训考核要求撰写论文，通过后统一发放证书。

（刘国建）

法制建设

【电气安全执法培训】 7月，开发区安全监管局组织执法人员参加市安全监管局组织的电气安全专项执法培训。为了更好地理解并执行“电气安全检查表”，邀请电气专家与执法人员一起对检查表中的标准逐条进行讨论交流，使执法人员充分了解“电气安全检查表”的要求并具备相关理论知识。选定两家不同行业企业，由执法人员带领专家到现场，根据“电气安全检查表”的要求进行现场检查，由专家指导企业进行隐患整改。通过专家技术支持提高执法人员现场执法检查水平，为完成电气专项执法任务打下良好基础。

（肖怡宁）

【编写行政处罚模拟案卷】 2013年，开发区安全监管局总结历年案卷评查中的关键性问题点，寻找已完结且典型的行政处罚案件，编写模拟案卷，逐条梳理已有行政处罚流程，规范行政处罚案卷的程序，细化行政处罚实施要点，同时向执法人员提供模板，为今后行政处罚案件的办理提供较为标准的范例。

（刘茜紫）

【梳理执法条文】 2013年，开发区安全监管局对法律、法规进行逐条梳理，归纳总结出适用于实际执法工作的法律条文。依据现有法的位阶，对法律、法规的性质作出界定，使执法人员在实际执法中能够明确法律的适用，同时筛选法条，找出切合实际且适用于执法工作的法律条文，使执法人员对法条的运用更加准确，执法文书的内容更加规范。

（肖怡宁）

科技与信息化

【科技支撑项目获奖】 2013年，开发区安全监管局联合专业机构，积极探索新形势下职业卫生监管方法，开展毒物防控、听力保护等专项科技支撑行动，受到社会承认。所参与的两个项目“国家级经济技术开发区职业病危害分析与控制措施研究”和“工业企业噪声暴露及噪声控制体系研究”分获中国职业健康协会2013年科技二等奖和三等奖。

（王山）

【危险源监控平台】 2013年，开发区安全监管局委托第三方监控机构搭建完成开发区重大危险源监控平台，将区内四家重大危险源企业的报警信号纳入24小时监控，实时掌握重大危险源的安全动态，实现对重大危险源企业安全管理的动态分析，为行政执法和日常监管提供支持。

（孙鹏）

标准化建设

【制药企业标准化促进会】 2月28日，开发区安全监管局召开医药制造企业安全生产标准化促进会，15家尚未通过标准化评审的制药企业参加会议。各企业分别汇报标准化工作开展现状、遇到的问题及下一步工作打算。会议要求各企业针对前期咨询过程中提出的安全隐患和问题，制订切实可行方案，逐条逐项解决，配合评审机构完成终评，要把建立的安全生产标准化体系应用到今后的工作中，切实提高企业安全生产水平。

（王山）

【信息化申报系统】 3月12日，开发区安全监管局召集区内213家重点企业，宣贯国家和本市安全生产标准化相关文件，利用信息化手段推进企业安全生产标准化工作。区安全监管局与信息办联合开发安全生产标准化进程申报系统，该系统能够对区内213家工业企业的安全生产标准化工作进程进行实时监控，有效地提高政府与企业之间的工作联动。

（孙鹏）

【科研单位达标创建】 5月，开发区安全监管局会同北京市劳动保护科学研究所针对区内50余家科研单位特点，研究制定科研单位安全生产标准化基本规范（三级）及评审标准，并召开会议，将此标准应用于全区科研单位。

（孙鹏）

【安全文化示范企业建设】 5月，由开发区安全监管局按照客观公正、优中选优的原则，经专家评审、现场检查和网上公示等程序，北京经开投资开发股份有限公司从全国申报的200多家企业中脱颖而出，被国家安全监管总局命名为“2012年全国安全文化建设示范企业”。北京市仅有2家企业获此殊荣。

（王山）

【印刷、医药行业达标创建】 2013年，开发区印刷、医药生产行业安全生产标准化达标工作基本完成。两个行业安全生产标准化工作的推进，帮助企业建立了一套比较系统、完善的安全生产标准化管理体系，基本实现企业安全管理标准化、作业现场标准化和操作过程标准化，使企业安全管理基础得到加强，企业本质安全程度得到提升，为开发区安全生产分类分级工作奠定了基础。

（孙鹏）

▲ 首钢总公司董事长靳伟（中）在首秦公司检查安全生产工作

▼ 首钢总公司领导在首钢园区检查指导工作

首钢迁钢公司表彰安全生产先进集体和个人

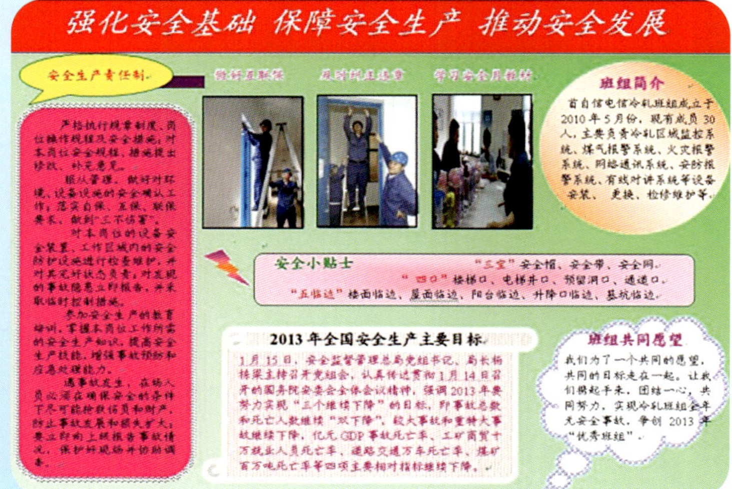

首钢首自信公司由职工设计的班组安全宣传栏

首钢凯西公司液氨泄漏突发事故应急演练

▲ 首钢京唐公司职工安全生产培训、考试

▼ 首钢京唐公司人身伤害事故应急救援演练

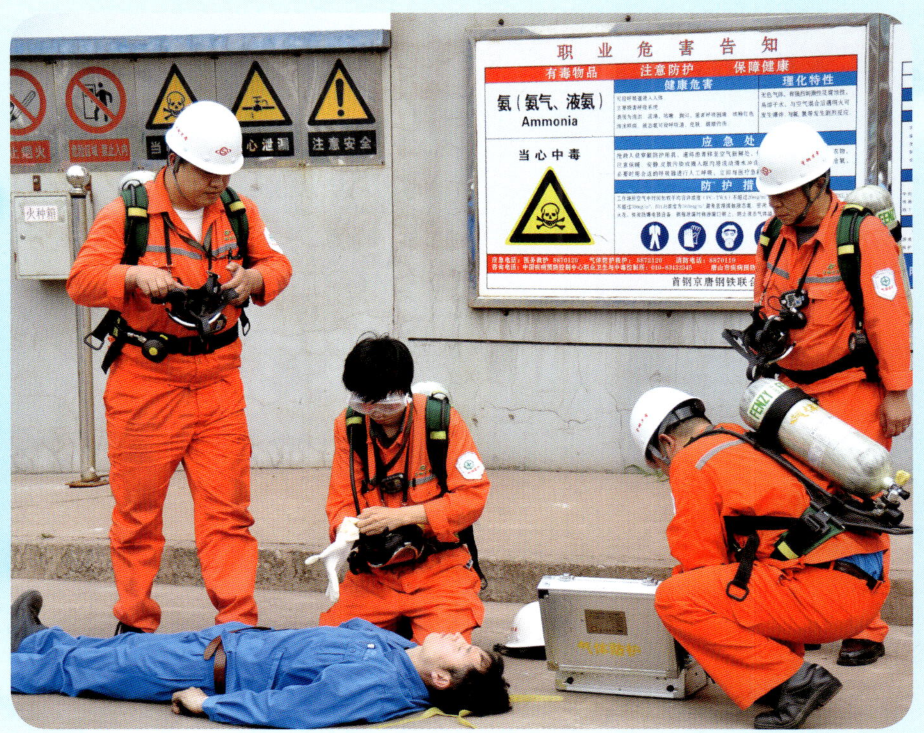

▶ 6月20日，京城机电公司董事长任亚光（右二）检查企业安全生产工作

◀ 6月19日，京城机电公司总经理仇明（中）对企业进行安全检查

▶ 6月，京城机电公司“强化安全基础推动安全发展”展板巡展

▲ 京城机电公司所属天海公司消防演练

2013年北京市安全生产月活动

最佳实践活动奖

北京市安全生产月活动组织委员会
二〇一三年八月

2013年北京市安全生产月活动

优秀组织奖

北京市安全生产月活动组织委员会
二〇一三年八月

► 京城机电公司荣获2013年北京市安全生产月活动优秀组织奖和最佳实践活动奖

▲ 京仪集团安全稳定工作会议

▼ 京仪集团董事长侯子波（左一）深入企业检查安全生产工作

▲ 企业开展安全隐患排查治理

▼ 企业消防演练活动

▲ 企业安全文化建设活动

▼ 企业安全生产知识竞赛活动

▲ 京煤集团董事长付合年（左四）到民爆企业检查安全生产工作

▼ 京煤集团昊华能源公司组织班队长脱产军训

▲ 京煤集团昊华能源公司安全生产调度指挥中心

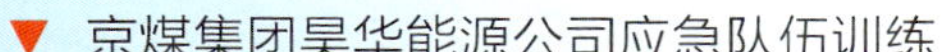

▼ 京煤集团昊华能源公司应急队伍训练

▲ 金隅集团琉璃河水泥公司“119”消防宣传活动

◀ 金隅集团编制印发《金隅安全文化手册》

6月28日，金隅集团博爱水泥公司矿山应急救援演练

金隅集团建机公司机动车安全检查

11月9日，金隅商贸公司消防运动会

1月17日，一轻控股公司总经理苏志民（左四）带队检查安全生产工作

一轻控股公司副总经理袁新民（右一）检查安全生产工作

2月28日，一轻控股公司“安康杯”总结表彰大会

▶ 隆达公司与企业签订安全生产责任书

▼ 8 月 29 日，隆达公司班组长安全生产培训

▶ 8 月 30 日，隆达公司安全生产标准化培训

▲ 纺织控股公司总经理李学彬（左四）带队检查安全生产工作

▼ 纺织控股公司安全生产工作会

纺织控股公司安全应急演练

工美集团公司领导到王府井工美大厦安全检查

工美集团公司王府井工美大厦消防安全知识培训

工美集团公司金孔雀办公区应急疏散演练

同仁堂集团举办安全培训班

同仁堂集团配送中心消防演练

同仁堂集团制药公司消防演练

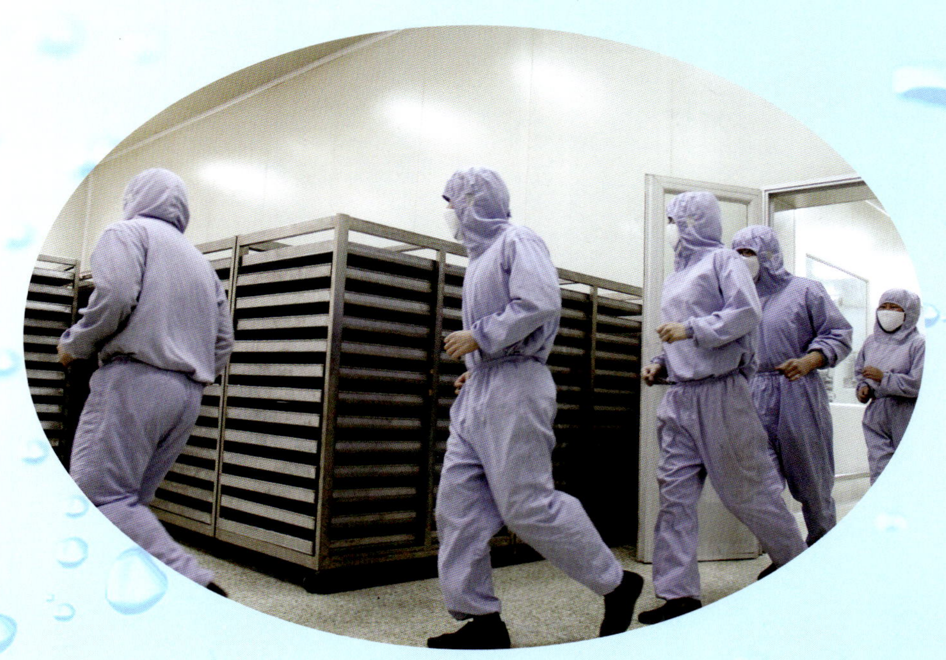

▲ 同仁堂集团亦庄制药厂消防演练

▼ 同仁堂集团科技集团沙河库消防演练

7 月 16 日，国网北京市电力公司 2013 年应急竞赛暨应急救援故障抢修联合演习

国网北京市电力公司应急装备

▲ 北京石油分公司《中华人民共和国特种设备安全法》讲座

▼ 北京石油分公司消防应急演练

北京石油分公司消防应急演练

住总集团董事长张贵林（左一）检查安全生产工作

住总集团项目经理安全培训班

▲ 住总集团三公司朗润园安全生产标准化工地

◀ 住总集团门头沟黑山棚户区改造 A4 地块（6 标段）项目荣获 AAA 级工地

▲ 1 月 5 日，市燃气集团召开安全生产工作会

▼ 3 月 26 日，市燃气集团《职业健康安全管理体系》宣贯培训大会

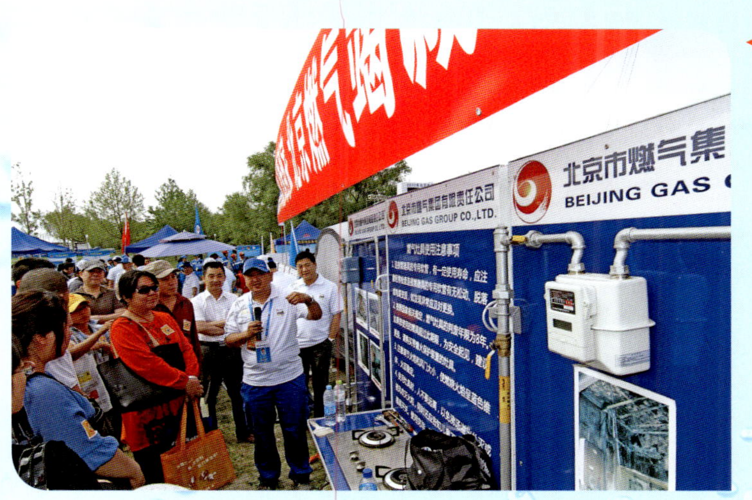

◀ 5 月 12 日，市燃气集团防灾减灾日宣传活动

▶ 市燃气集团获得职业健康安全管理体系认证

▼ 3 月 25 日，市燃气集团消防运动会

▶ 市国资委领导检查市热力集团安全生产工作

▲ 11 月 1 日，市热力集团 2013 年至 2014 年供热季新闻发布会

▶ 5 月 17 日，市热力集团参加市市政市容委有限空间作业“大比武”获二等奖

▲ 6 月 21 日，环卫集团安全文化手册发布仪式

◀ 2013 年有限空间作业“大比武”一等奖奖杯

▼ 5 月 17 日，环卫集团荣获有限空间作业“大比武”第一名

环卫集团义务消防队

9月12日，“交通安全宣传进环卫”文艺演出

安全教育

【补课】

老师台上在讲课 学生心理暗琢磨 若是早点听师训
何必伤腿折胳膊 要论实践出真知 先生都在台下坐

安全板报、漫画

▶ 3 月 21 日，地铁运营公司安全生产演练

◀ 6 月 18 日，地铁运营公司首次举办协作单位综合应急演练活动现场照片

▶ 11 月 6 日，北京地铁消防疏散演练

▲ 6 月 8 日，“平安地铁 让生活更美好”安全主题情景剧

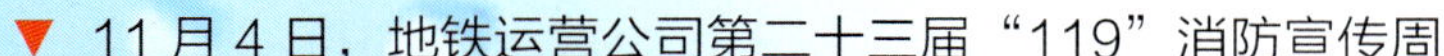
▼ 11 月 4 日，地铁运营公司第二十三届“119”消防宣传周

北控水务公司应急救援演练

北控水务公司
应急救援演练

首旅集团董事长段强（右二）检查全国“两会”安全保障工作

首旅集团董事长段强检查安全生产工作

首旅集团总经理刘毅（右二）检查首汽公司运营调度安全工作

▲ 首旅集团副总经理高飞（左一）到平谷市场检查安全

▼ 首旅集团应急演练部署

▲ 北京奔驰公司消防应急演练

▼ 北京奔驰外专安全培训

▲ 事故现场分析会

▼ 2013 年，北京奔驰公司新增电动安全巡查车 3 辆

北京启迪公司在企业安全生产标准化评审现场

北京启迪公司在企业现场对标检查

北京启迪公司参加上海烟草机械有限公司安全生产标准化启动会

▲ 市安全监管局领导调研特种作业培训考核情况

◀ 5月28日，市工伤及职业危害预防中心技术人员进行职业危害因素检测

▲ 5 月 31 日，市工伤及职业危害预防中心高处作业实操考试现场

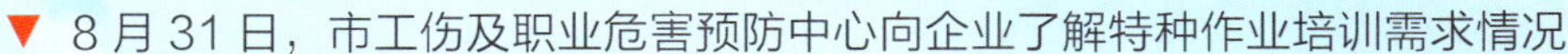

▼ 8 月 31 日，市工伤及职业危害预防中心向企业了解特种作业培训需求情况

▶ 3月21日，北京市安全生产宣传工作会议

◀ 市安全监管局新闻发布会

▶ 6月20日，消防队员向企业员工介绍安全应急装备使用方法

▲ 6 月 25 日，安全生产月活动直击现场执法检查

▼ 6 月 26 日，北京市安全生产专题报告会

北京市举报投诉联络员培训班信息登上中国安全生产网头条

4月12日，“12350”媒体采访日活动

北京市安全生产举报投诉联络员培训班

▲ 1 月 23 日，市安全监管局局长张家明（前右）向珠海市安全生产考察组介绍本市安全生产信息化建设工作

▼ 12 月 30 日，市安全监管局局长张树森（左二）观看安全监管物联网系统演示

▲ 5 月 30 日，市安全生产应急指挥平台升级改造项目专家评审会

▼ 8 月 27 日，市安全监管局领导听取安全监管物联网工作汇报

▲ 3 月 28 日，北京市安全生产协会第二届第五次理事会

▼ 7 月 22 日，北京市工业企业安全生产标准化评审员培训班

▲ 3 月 12 日，北京安全生产年鉴培训班

▼ 9 月 25 日，门头沟区大峪街道安全社区创建启动仪式

企事业单位安全生产管理

首钢总公司

2013年，首钢总公司安全生产工作围绕转型发展主线，全面贯彻“首钢安全生产大会”精神，落实总公司经理办公会、安全生产工作会等一系列安排部署，深入开展安全生产大检查，首钢安全生产局面基本稳定。

【部署落实】 2013年，总公司召开的第一个大型专业会议就是“首钢安全生产大会”，全年总公司经理办公会7次对安全生产工作研究部署，总公司始终坚持通过早调会、视频会、专业会等形式迅速传达上级指示精神和工作要求，布置安排安全生产工作。对有关工作落实情况，总公司领导47次带队检查、督促。总经理徐凝对钢铁板块生产基地、北京园区拆迁、开发及新产业建设等项目进行检查、指导。总公司其他领导按照职责分工，分别督促检查相关单位安全生产工作落实情况。总公司经理办公室通过催办反馈等多种形式逐项跟踪。安全处、保卫武装部、设备部、技术研究院、劳动工资部等相关部门先后组织35个检查组，加强现场检查、督促，对发现的327项隐患和问题逐项复查确认，确保整改工作落实。

【大检查】 2013年，总公司先后开展了节日、重点时期安全生产大检查。为深入学习贯彻6月6日习近平总书记的重要指示，按照《国务院办公厅关于集中开展安全生产大检查的通知》要求，结合安全生产月活动、国庆黄金周和暑季、冬季安全生产工作特点，总公司开展不间断安全生产大检查工作。检查范围不仅包括钢铁主流程，还包括家属区、宿舍、食堂、幼儿园、学校、宾馆饭店、医院、体育场馆等单位。深入开展了防触电、防暑降温、防汛、重大危险源、矿山、冶金煤气、危险化学品、有限空间、特种设备、交通运输、消防等专项安全检查。检查坚持“视隐患为事故”，坚持零容忍，对发现的隐患和问题立即组织整改并落实考核。首钢所属厂级以上单位由领导带队检查7953次，投入670余万元，完成20955项隐患和问题的整改工作，查处违反制度人员1199人，落实考核处罚132万元。

【矿山安全整治】 2013年，总公司、矿业公司加大隐患排查整改力度，一是组织对露天矿山设计开采方案执行、尾矿库安全运行等情况逐项对照检查。二是对杏山铁矿重点组织对通风、提升运输、防排水等“六大系统”全面检查、整改。为每个下井职工配备自救器并严格管理。严格落实矿领导带班下井制度。建成较完善的地下矿山安全避险“六大系统”信息平台，实现了语音通讯、人员定位、主要设备远程监控、视频监控、井下环境监测等信息集成管理。三是开展了地下矿山防中毒窒息专项整治和汛前安全检查，开展了矿山空气压缩机专项检查。四是按照“检查对象单元化、检查内容标准化、检查责任体系化”的要求，推进“无隐患单元”建设。矿业公司下发“实施方案”，明确推进计划、检查标准，全面开展逐级量化的检查验收，现场安全作业环境进一步明显。

【重点工程安全管理】 2013年，按照《新首钢高端产业综合服务区资产拆迁工作管理实施方案》中关于“资产拆迁要以安全、环保、经济、效益、稳定为工作目标”的要求和北京市、石景山区等上级专业部门的指示精神，为保证西十筒仓改造、白热线一期拆除工程等项目的安全顺利进行，总公司强化园区管理机构，加强过程管理，严格审查把关，针对新问题、新情况不断完善管理规定，坚持开展不间断检查，并购置4台水车加强园区消防能力建设，保证园区拆除、改造工作平稳推进。对一线材厂停产及天然气停气置换等环节严格把关，确保了安全停产、停气。拆除厂房屋顶网型钢结构危险性很高，通过借鉴精品棒材拆迁经验，明确防控重点，强化现场监护，仅用67天出色完成拆迁工作。为确保生物质能源工程安全施工，总公司成立安全组，每周组织联检抽查，召开例会发布检查整改情况。按照“科学组织、规范运行、确保安全，年底点火试运行”的工作要求，制定《生物质能源试生产前安全专业指导检查工作方案》，狠抓落实，通过对52项隐患和问题及需与安全监管、质监等上级部门联系协调解决问题的逐一跟踪，确保工程项目的安全点火试运行。

【宣传教育】 2013年，总公司建立远程安全教育平台，设置安全知识、事故案例、视频资料、安全预警、管理制度等栏目，丰富教育培训手段。举办职业卫生培训班，北京地区69名单位负责人、职业卫生管理人员参加培训并取得证书。组织完成6755名特种作业、特种设备作业人员培训考核工作。以“强化安全基础、保障安全生产、推动安全发展”为主题，全面开展安全生产月活动。各单位召开195次动员部署会议，组织394次培训，开展724次隐患排查，查出并落实整改1872项隐患，整改率100%。各单位利用网络平台，组织职工观看了《安全发展，成就辉煌》等警示教育片。总公司宣传部利用《首钢日报》、电视台、电子屏等媒体，广泛进行安全生产月活动宣传。总公司及首建集团、首自信公司获得2013年北京市安全生产月活动优秀组织奖，冷轧薄板公司、运输部获得最佳实践活动奖，首钢日报社获得优秀新闻报道奖。组织参加由国家安全监管总局、中华全国总工会组织的全国安全生产领域“打非治违”知识竞赛，获得优胜单位奖，京唐公司等5个单位获得优秀组织奖，100名职工获得优秀个人奖。

【标准化建设】 2013年，总公司健全完善安全生产标准化评审机构，先后组织对动力厂、首欣物业管理公司等14个单位开展标准化二级单位复评验收，经市安全生产协会抽检复核，14个单位取得标准化二级资质。共有84个单位（单元）取得安全生产标准化证书。

北京京城机电控股有限责任公司

2013年，北京京城机电控股有限责任公司明确各级安全管理职责和行为，开展安全生产大检查，深入隐患排查治理，持续做好安全生产各类培训，推动安全生产标准化达标创建，依靠全体员工，全面促进安全生产形势稳定好转，安全运行保障能力得到了整体提高。北京京城机电控股有限责任公司、北开股份公司被市安全生产月活动组委会授予“2013年北京市安全生产月活动优秀组织奖”，北重公司、北京天海公司被市安全生产月活动组委会授予“2013年北京市安全生产月活动最佳实践活动奖”；京城华德液压公司被市安委会办公室、市人力社保局评为“北京市安全生产工作先进单位”；北京天海公司被市安全监管局命名为“2013年北京市安全文化建设示范性企业”；北京京城机电控股有限责任公司被市交通安全委员会评为“交通安全优秀系统”；北京北一机床股份第二机床厂有限公司被市交通安全委员会评为“交通安全先进单位”。

【落实主体责任】 2013年，公司按照“分级管理、分线负责”的要求，落实安全生产主体责任，公司主要领导和直属各企业领导分别签订年度安全生产目标责任书和交通安全、消防安全相关责任书。公司本着“统一领导、综合协调、分级检查、分类管理、全员参与”的原则，不断完善《安全生产管理办法》，发布实施安全生产检查、安全生产会议、安全生产培训教育3个实施细则，并组织实施安全生产动态信息管理工作。

【大检查】 2013年，公司成立以总经理为组长的安全生产大检查工作领导小组，下设领导小组办公室，并成立由安全环保部部长任组长的公司安全生产大检查工作专业检查组，检查组由16名长期从事安全生产工作，具有丰富工作经验的专家组成。安全生产大检查期间，公司先后印发了《安全生产大检查工作方案》和《安全生产大检查细化方案》；安全生产大检查工作领导小组多次召开会议专题研究安全生产大检查工作，召开大会进行动员部署；领导小组办公室制作工作简报13期，新闻报道6次；公司安全生产大检查工作专业检查组对系统32家直属企业进行3个阶段80余次专项检查，召开检查组会议4次。安全生产大检查期间，公司及直属企业先后接受国务院安委会第16督查组、市安全监管局和市国资委部门检查3次。

【重点时段安全保障】 2013年，“两会”“两节”等重点时期和重要节假日期间，公司领导班子成员带队检查督查直属企业4次，涉及系统内全部重点生产经营企业。公司安全生产督导组全年开展安全生产专项督导18次，指导检查企业32家。各企业全年累计开展安全生产自查775次。

【教育培训】 2013年，公司组织部分企业安全生产部门负责人参加由中国机械工业安全卫生协会举办的“机械制造企业安全生产标准化专业技术培训班”，对新修订的《机械制造企业安全生产标准化规范》进行学习贯彻；公司系统32家企业的党政主要领导、安全生产主管领导、安全生产管理部门负责人及公司安全生产督导组成员近100人参加“2013年度企业领导干部安全生产管理研修班”和“安全生产主管领导、部门负责人安全研修班”；公司直属各企业结合实际，依法依规分别对本单位高管、各级管理人员、班组长、一线员工及特种作业人员开展有关安全生产、交通、消防等安全教育培训320余场次，参加培训1.8万余人次，投入培训经费约58万元。

【安全生产月】 5月，公司召开安全生产月活动启动大会，对安全生产月各项活动和安全生产工作提出要求并进行了部署。征集“安全生产标语口号”，有19家企业报送了547条各岗位的标语口号，部分优秀标语口号通过公司内部报纸《京城机电》刊登发表；组织开展以“强化安全基础、推动安全发展”为活动主题的展板巡展工作，展板在27个企业间进行流动巡展，观看员工达万余人次；参加“北京建工杯”首都百万一线职工安全生产知识竞赛活动，所属企业1.5万名员工参加此次知识竞赛活动。公司在《京城机电》报上刊发2013年安全生产月活动专版。

【安全文化建设】 2013年，公司推进企业安全文化建设，强化班组安全建设。授予北京北一机床股份有限公司精密部件制造部精密加工一工部等10个班组为“强化班组安全建设活动标兵”称号；授予北京天海工业有限公司缠绕瓶处瓶口一班等51个班组为“强化班组安全建设活动先进班组”称号。

【标准化建设】 2013年，根据《北京市人民政府办公厅关于进一步推进企业安全生产标准化建设工作的意见》文件精神，公司全面推进标准化达标创建工作。截至2013年底，公司23家主要生产经营企业完成达标创建工作17家，其中一级达标企业4家，二级达标企业6家，三级达标企业7家。

北京京仪集团有限责任公司

2013年，北京京仪集团有限责任公司安全生产工作坚持“安全第一，预防为主，综合治理”的方针，落实企业安全生产主体责任，加强安全生产管理，开展安全生产标准化建设和企业安全文化建设工作，全系统安全生产形势始终处于良好稳定状态，为经济发展提供了有力的安全保障。

【主体责任落实】 2月，集团公司召开全系统安全稳定工作会议，对2013年安全生产工作进行了部署。制定并下发《2013年安全生产工作要点》，明确2013年安全生产工作的重点和要求。与所属企业签订《安全生产管理目标责任书》《综合治理责任书》和《交通安全责任书》，将安全生产责任落实到企业。

【大检查】 7月，集团公司按照北京市“全覆盖、零容忍、严执法、重实效”的总体要求和统一部署，在全系统范围内开展为期半年的安全生产大检查活动。制订下发《安全生产大检查工作方案》，对开展安全生产大检查活动进行部署，成立以总经理为组长，安全生产主管领导为副组长，有关部室负责人为组员的安全大检查活动领导小组，全面负责安全大检查活动的组织和领导。全年集团公司所属各单位开展各类安全生产检查和安全隐患排查工作430次，查出安全隐患303项。共投入资金253万元，用于安全隐患的治理。

【安全文化建设】 2013年，按照市安全监管局关于开展安全文化建设示范企业创建活动的要求，集团公司组织远东公司、京仪椿整公司、京仪世纪公司、北分瑞利公司、敬业科技公司、布莱迪公司和京仪绿能公司7家单位开展企业安全文化建设工作。集团公司把关心、理解、尊重、爱护职工作为安全文化建设工作的基本出发点。通过安全文化建设的开展，使企业职工懂得尊重人的生命价值，关爱他人生命安全和健康，实现以文化促管理，以管理促安全，以安全促发展，实现安全发展、和谐发展。各单位成立党政领导为组长的企业安全文化建设领导小组，落实工作责任，发挥党政工团齐抓共管的合力，使安全文化建设活动深入部门、班组和岗位，形成全员参与的良好态势。利用橱窗、报纸、板报、电子显示屏和悬挂横幅等宣传阵地开展安全文化知识宣传和活动报道。加大宣传力度，倡导安全文化，传播安全理念，提高企业安全文化的影响力。开展集知识性和娱乐性为一体各种活动，使广大职工学习安全知识、掌握安全技能、增强安全意识。制发企业安全手册，汇集企业的核心安全理念、安全目标、安全承诺、安全责任、安全制度、安全预案、安全规程等内容，成为普及安全知识、推广安全理念，开展全员安全教育有效的实用读本。

【标准化建设】 6月，集团公司组织制定《安全生产标准化建设工作方案》，对全系统安全生产标准化工作进行部署，明确安全生产标准化工作的指导思想、工作原则、工作目标和达标期限。集团公司于7月19日举办系统安全生产标准化培训班，就《企业安全生产标准化基本规范评分细则》中的各项标准，进行系统培训。9月23日至10月11日，集团公司组织专家深入企业开展了安全生产标准化咨询工作，分别对椿整公司、远东公司、绿能公司、北分瑞利公司、布莱迪公司进行现场咨询和指导，帮助企业查找安全隐患和问题，推动企业安全生产标准化工作的开展。截至年底，集团公司所属的北分瑞利公司、远东公司、椿整公司、博飞公司、绿能公司5家单位通过了安全生产标准化专家评审组的审评，获得市安全监管局的批准，成为北京市安全生产标准化二级达标的企业。

北京京煤集团有限责任公司

2013年，北京京煤集团有限责任公司贯彻落实市委、市政府一系列安全生产重要指示精神，组织开展“京煤保障行动”、安全生产大检查等活动，完善安全生产规章制度，强化安全生产教育培训，推进安全生产标准化建设，安全保障能力不断提升。

【“京煤保障行动”】 2013年，集团公司以国家煤矿安全监察局和北京煤监局确定的煤矿安全工作为重点继续开展“京煤保障行动”，取得了实效。一是坚持预防为主，隐患排查治理工作不断深入；二是全面落实煤矿安全“双七条”，已形成长效机制；三是煤矿井下安全避险“六大系统”全部建成并投入使用，安全保障体系得到提升；四是开展了“百日安全警示教育”活动，安全意识明显提高；五是开展了“敬畏生命”大讨论活动，提高了对生命的认识；六是初步建立煤矿岗位禁止性管理制度体系，制度建设又上新水平；七是加强物联网和信息化应用工作，安全管控水平明显提升；八是继续开展“安全·和谐”示范班组建设活动，班组自主管理水平得到进一步加强；九是继续推行“手指口述法”，安全行为更加规范；十是加强教育培训，职工安全意识全面提升。

【大检查】 2013年，根据国务院办公厅和市委、市政府关于集中开展安全生产大检查的通知要求，集团公司制定了具体实施方案，对安全生产大检查活动进行周密部署和总动员，在全集团公司范围内深入全面地开展安全生产大检查活动，进一步强化各级领导责任落实。从6月份起到年底，组成12个督导检查组，由集团公司领导分别带队，直奔基层、直插现场，集团公司总部19个部室参加督导检查，共排查安全隐患273项，已整改完成270项。对查出隐患和问题列出清单，经总经理审阅签字后在集团公司机关公示窗进行公示，接受职工群众监督。

【制度建设】 2013年，集团公司强化外埠企业的安全管理，建立《外埠企业安全管理制度》；加强和规范相关方管理，建立《相关方安全监督管理规定》；强化安全工作过程管理和过程控制，建立《安全工作信息报告制度》；根据安全管理需要，调整了安全生产委员会组织机构和岗位职责；发挥高级专业技术管理人才作用，制定《关于建立集团公司安全生产专家库工作方案》。

【教育培训】 2013年，集团公司强化全体员工安全培训教育，创新安全培训方式，注重安全培训的实效性和针对性，员工的操作技能和安全素质不断提高。一是开展了主要负责人、管理人员安全资格培训；二是组织注册安全工程师考前培训；三是开展特殊工种操作资格培训；四是开展全封闭班队长综合素质培训；五是进行新工人入职培训；六是各煤矿坚持全员脱产安全培训；七是组织应急预案编制培训；八是组织参加“北京建工杯”首都百万职工安全生产知识竞赛活动。

【安全文化建设】 2013年，集团公司所属各单位开展丰富多彩的安全宣传和案例教育活动，宣贯安全文化，普及安全知识，树立安全“零理念”和隐患“零容忍”思想，并以深入开展“安康杯”竞赛、青年安全卫士示范岗和安全生产月活动为载体，把安全文化建设不断推向深入。集团公司、京煤化工和综地公司分别荣获了北京市安全生产月活动优秀组织奖；昊华能源公司长沟峪煤矿荣获北京市安全生产月活动最佳实践活动奖。

【标准化体系创建】 2013年，集团公司对创建安全生产标准化标准体系工作进行了全面安排和部署，各企业、专业、班组（岗位）开始创建三级安全标准体系。各煤矿、民爆化工和火力发电企业均达到二级标准；燃油经营、机械制造、汽贸等重点生产企业达到三级标准。

北京金隅集团有限责任公司

2013年，北京金隅集团有限责任公司探索企业安全文化建设，强化“精、细、实”的工作作风，保持公司总体平稳的良好发展态势。年初与68家企业签订《2013年安全生产目标管理责任书》，并要求企业根据公司责任书要求分解任务，逐级签订责任书、保证书，出租单位签订安全协议书。各项签约率100%，做到“横到边、纵到底、层层落实、责任到人”。

【大检查】 2013年，集团公司领导带队分7个检查组，根据重要时期、重要节日和不同季节时期的特点，先后开展安全生产大检查、消防安全和“打非治违”

工作联合大检查；针对6月份全国各地发生重特大安全事故的实际情况，结合安全生产月活动，从6月中旬至12月底在全公司范围集中开展安全大检查，以更加“严、细、实”的作风和对隐患和问题“零容忍”的态度深入基层、深入现场，督促检查、狠抓落实，确保大检查取得预期实效；按照“全覆盖、零容忍、严检查、重实效”的标准，及时布置冬季专项安全检查，确保安全生产工作常抓不懈。集团公司安全管理部门全年共检查单位698次、1871个部位，其中夜查48次、检查108个单位、255个重点部位。发现问题213项，现场纠正193项，下发隐患整改通知书18份，责成有关单位全部落实整改。

【安全示范班组建设】 2013年，集团公司实施“安全示范班组建设，强化一线安全管理”折子工程，举办安全文化经验交流培训班，组织9个一线班组安全管理的进行经验交流。编制《北京金隅安全文化手册》，下发至各企业班组一线。全年，各单位共推荐产生了51个安全示范班组，从中评选出10个优秀安全文化示范班组和20个先进安全文化示范班组。北京水泥厂有限公司荣获“全国职业安全健康先进单位”和“2013年北京市安全文化建设示范企业”；赞皇金隅水泥有限公司荣获“河北省2013年省级安全文化建设示范企业”，为开展安全文化建设起到模范带头作用。

【宣传培训】 2013年，集团公司举办的厂处级干部培训班中安排“风险管理”和“隐患排查”等方面的安全培训教育，共260人参加；承办“中美职业健康合作项目安全生产培训”，参培人数700余人次；组织在京企业员工1.5万余人参加“北京建工杯”安全生产知识竞赛答题活动；对特种作业人员进行专业培训和考核900人次；对全系统3万多人进行交通安全知识测试；充分借助《金隅报》平台进行宣传和交流，计刊登公司层面安全管理信息15条、企业安全管理信息30余条。在安全生产月和“119”消防宣传日期间，重点开展“我的安全梦”主题作品征集活动，征集作品227份，充分体现安全生产工作“面向基层、面向一线”的宗旨，营造了良好安全生产宣传氛围。

【标准化建设】 2013年，集团公司安全生产标准化达标企业（制造业单位）已达38家，安全生产标准化工作持续向深度和广度推进。在日常工作中，坚持对重点工作和风险控制严格进行管理。针对存在的机动车交通违法情况，按季度下发违法情况通报，并对年内发生严重交通违法行为的单位和机动车驾驶人进行经济考核；组织火灾隐患清剿“铁拳”行动，对建筑工程、出租部位、人员密集场所、公共安全等区域开展消防专项检查，查处、消除了一批火灾隐患，内部消防安全环境不断改善；要求建设单位和施工单位加强对专业分包、劳务分包队伍管理，并在重大社会活动和敏感时期，一律停止高空作业等临时性危险作业，确保施工安全。

北京一轻控股有限责任公司

2013年，北京一轻控股有限责任公司持续深入开展安全生产年活动，推动安全生产法律法规的贯彻落实，普及安全知识，提高安全防范意识，全面开展安全生产大检查，加快推进安全生产标准化达标工作，安全保障水平进一步提升。

【责任落实】 2013年，公司在对安全工作进行部署的基础上，印发《2013年安全生产工作要点》，明确全年的工作任务和重点。与各直属单位签订安全工作目标管理责任书，推进以“一岗双责”为核心的安全生产责任体系建设，确保各级人员责任落实。

【隐患排查治理】 2013年，公司开展多种形式隐患排查治理工作。特别是开展为期7个月的安全生产大检查，检查突出7类重点内容，与各项日常工作相结合，确保了检查效果。坚持做好各项常规性安全检查：一是做好节假日及重要活动期间安全检查，提出安全工作要求，确保安全；二是做好季节性安全检查，开展汛期、暑期以及冬季防火安全检查；三是加强对出租房屋的安全管理，结合“打非治违”专项行动，进一步完善对出租房屋、外包经营场所安全协议审核和现场检查；四是部署开展用电安全专项检查。通过连续不断的安全检查，督促各单位加强管理，做到防患于未然。

【应急管理】 2013年，公司组织开展应急预案的编制和修订工作。重新修订了生产安全事故综合应急预案，根据风险分析制定《北京一轻控股有限责任公司火灾事故专项应急预案》，组织专家进行审核，并完成了在市安全监管局的备案工作。对系统内各级预案进行汇编，收编预案150份，初步形成了生产安全事故综合预案、专项预案和现场应急处置方案相结合的应急预案体系。

【教育培训】 2013年，公司加强安全生产教育培训工作，开展多层次培训。一是面向各直属单位安全生产管理人员，坚持开展日常培训，内容包括安全检查与隐患整改、应急预案编制、职业卫生管理等；二是针对年内重点工作，面向部分企业，组织开展工贸企业安全生产标准化考评标准的专题培训；三是面向各所属单位安全生产主管领导、安全生产管理人员组织集中培训，培训内容包括安全生产标准化的政策法规、企业安全生产应急体系建设等；四是面向企业各级安全生产管理人员（包括从安全生产主管领导直至班组长）举办“健全企业安全生产责任制，加强安全生产一岗双责建设”为主题的安全生产公开课。全年培训近400人次，进一步提高了各级人员的业务能力和水平。在开展专业培训的基础上，注重加强全员安全宣传教育，组织开展以“强化安全基础，保障企业运营安全”为主题的安全生产月活动，发放宣传材料；组织参加市安全监管局、市国资委、市总工会组织的“北京建工杯”首都百万一线职工安全生产知识竞赛活动，共交答卷8270份，答卷率为在职在岗职工人数的95%。

【标准化建设】 2013年，公司深入推进安全生产标准化建设，使标准化工作成为企业落实责任、强化管理的有力抓手。公司制定了安全生产标准化工作方案，明确工作目标和任务，在工作中本着“加强协调，稳中求进，保证质量”的原则推进。系统内多家企业启动了标准化达标工作，北京日化二厂、北京博美华科公司两家企业通过了公司的复评，获准成为安全生产标准化达标单位。公司共有17家单位达标，其中12家为二级标准化达标单位，5家为三级标准化达标单位。在推进企业安全生产标准化达标工作的同时，公司加强对标准化工作的过程控制，按照北京市新出台的工贸企业标准化考评标准，针对以前标准不统一的情况，为确保安全生产标准化体系的有效运行，统一安排标准的换版工作，在开展培训的基础上，配备技术力量指导企业开展自评，提高企业自我改进、自我完善的能力和水平。

北京隆达轻工控股有限责任公司

2013年，北京隆达轻工控股有限责任公司贯彻落实安全生产各项工作部署，促进安全与经营工作协调发展，强化企业安全生产主体责任，完成各项安全工作任务，为公司和谐稳定、健康盈利提供有力保障。

【安全生产月】 5月，公司制定并下发《关于在全系统组织开展安全生产月活动的通知》，全系统各单位在安全生产月期间组织开展多种活动，投入资金约22万元，分别用于宣传教育、专题培训、应急演练和隐患排查治理等活动。

【大检查】 7月，公司制定并下发《关于贯彻〈市政府办公厅关于集中开展安全生产大检查的通知〉的通知》，成立了安全生产大检查领导小组。7月10日，公司召开专题会议，全面部署安全生产大检查工作，开展了为期半年的安全生产大检查工作。按照“全覆盖、零容忍、严执法、重实效”的总体要求，公司开展问诊式检查、全覆盖检查和重点抽查。所属各单位建立健全了隐患排查治理台账、职业卫生台账、消防设施台账、三级教育台账、特种设备台账。安全生产大检查领导小组69次深入企业开展检查工作，共发现隐患500余项，下达限期整改隐患通知书17份。编发10期《安全生产动态》。

【教育培训】 8月，公司在二轻党校举办2013年班组长安全生产培训，旨在做好基层安全生产工作，提高一线职工安全生产素质，全系统32个单位的135人参加培训。公司举办安全生产标准化培训，全系统15个单位的安全生产主管领导和部门负责人参加了培训。10月至11月，结合党的群众路线教育实践活动提出的意见、建议，组织所属企业主要领导和主管安全工作人员参加安全生产函授培训和考核，并作为年度考核依据。培训内容涉及《中华人民共和国安全生产法》等安全生产法律法规，以及《企业安全生产标准化基本规范》等安全生产标准。

【“北京建工杯”知识竞赛】 9月至10月，公司组织所属各单位参加“北京建工杯”首都百万一线职工安全生产知识竞赛答题活动，广大职工踊跃报名，全系统29家单位的2749名职工参加活动。

【冬季消防安全】 11月，公司下发《关于做好今冬明春消防安全、生产安全及“两节”“两会”期间的安全保卫工作方案》，要求所属各单位结合方案阶段性工作任务，分期开展隐患排查治理。公司组织对重点单位的要害部位以及易燃易爆危险化学品、剧毒物品的管理进行检查督查，对发现隐患和问题的单位要求及时整改。

【“119”消防宣传日】 11月9日，公司组织全系统开展了以“认识火灾、学会逃生” 为主题的“119”消防宣传日活动。各单位开展了内容丰富、形式创新、注重实效的宣传教育活动。公司参加了重点单位组织的活动并进行检查。“119”消防活动期间，全系统共清理可燃物约100吨。公司深入基层，为企业领导、承租单位的领导和防火干部宣讲防火知识，参加企业举办的职工消防运动会，并编发简报。

【危险化学品专项检查】 2013年，公司结合安全生产大检查工作，针对全国范围内的多起火灾事故，重点对存在危险化学品的单位开展了专项检查，要求各单位吸取事故教训，严防死守，做好隐患排查和火灾预防工作。

【标准化建设】 2013年，公司组织所属单位开展安全生产标准化创建工作。隆达东方电器有限公司、北京宝岛包装印刷有限公司两家单位通过北京市安全生产标准化二级评审。有色所、达博公司、柯莱斯皮公司、北泡轻钢公司4家单位通过安全生产标准化三级评审。

北京纺织控股有限责任公司

2013年，北京纺织控股有限责任公司继续以创建“平安纺织”为目标，以开展安全生产标准化达标活动为主线，坚持“安全第一，预防为主，综合治理”工作方针，加强企业主体责任落实，加强安全隐患排查整治，加强安全生产培训教育，加强应急预案的完善和演练，全面构建安全生产长效机制。通过努力，实现了年初确定的工作目标，即生产安全死亡事故、重伤事故、重大及有影响的火灾事故、交通安全肇事死亡甲方责任事故、集体食物中毒事故、煤气中毒死亡事故、重大刑事案件、被盗窃诈骗责任事故等各项指标均为零的成绩，全年无工伤事故。

【安全生产月】 6月，公司组织开展“强化安全基础、推动安全发展、建设平安纺织”为主题的安全生产月活动。各集团公司、企事业单位按照统一部署，积极营造安全生产月活动的宣传氛围。据统计，各系统共悬挂横幅203条、安全标语1550张，张贴壁报371张、宣传画近800张，组织安全生产答题1200人次，制作专栏板报117块，观看安全宣传录像1700人次，派发安全学习书籍2300余册。按照《2013年北京市安全生产月活动方案》的安排，公司组织一线职工参加了“北京建工杯”首都百万一线职工安全生产知识竞赛活动，共收到竞赛答题卡6800余张。经市安全生产月活动组委会评定，纺织控股公司和光华集团获得2013年北京市安全生产月优秀组织奖和最佳实践奖。

【大检查】 2013年，公司贯彻落实《北京市政府办公厅关于集中开展安全生产大检查的通知》和《北京市安全生产委员会关于印发安全生产大检查实施方案的通知》精神，各集团公司和企事业单位从7月开始，开展为期半年的安全生产大检查活动，按照“全覆盖，零容忍，严执法，重实效”的总体要求，各单位认真开展安全隐患排查和整改工作。各级企业领导带队进行检查共计92次，出动检查人员361人次，查处安全隐患526项，实现了安全隐患排查的“全方位、全视线和全覆盖”。

【应急演练】 2013年，公司邀请北京市红十字会培训中心的专家进行现场应急救援和救护知识的培训，提高一线职工在工作中的安全生产意识和应急救援实战能力。各集团公司和企事业单位组织安全生产应急演练和安全培训。方恒购物中心、雪莲股份公司、光华集团创业园、毛纺集团马坊工业园、新媒体技师学院等单位以自救互救、灾害预防等安全科普知识为主要内容，用生动简练、内容丰富、极具专业和实用性的知识对与会人员进行了培训，并组织员工526人次进行灭火器实际操作。

【消防宣传】 2013年，公司组织各集团公司和企事业单位开展主题为“认识火灾，学会逃生”的消防安全宣传活动，包括识别消防器材、抛消防水带、快速跑、使用灭火器具扑救火险等科目的应急演练，同时也通过悬挂横幅、标语，展出展板，发放宣传材料等多种形式向广大干部职工宣传消防知识。

【标准化建设】 2013年，按照市安全监管局和市国资委要求，公司所属各单位全面开展安全生产标准化达标工作，截至11月15日，公司对北京雪润公司、金商梦公司、光华启明峰公司、五洲佳泰、雪莲股份和京澳公司6家单位进行二级评审。在这6家公司发现安全隐患141项，对排查出的安全隐患建立了档案，按照隐患整改责任、措施、资金、时限、预案“五到位”和评价的要求及时落实整改。

北京工美集团有限责任公司

2013年，北京工美集团有限责任公司积极开展安全稳定工作，以“宣传安全知识、夯实安全基础，稳步推进集团公司安全发展”为主线，以实现集团公司“十二五”发展战略为目标，落实本市安全生产工作有关要求，强化企业安全责任。实现了年度安全稳定的工作目标。

【安全责任制】 2013年，集团公司组织召开安全保卫工作会议，对全年安全稳定工作进行全面的动员部署。集团公司与下属单位签订年度安全保卫责任书，结合“预防为主、综合整治、保障有力”的工作方针，要求各级单位层层签订安全责任书，做到工作到岗、责任到人，为安全生产工作打下了坚实基础。

【安全检查】 2013年，重大节假日和重要时期，集团公司制定安全检查方案，对下属单位进行安全检查5批次，下发安全检查记录30份，提出安全整改建议90余条。各单位消防设备设施、电器管理年检率100%。为消除安全隐患，确保安全提供了技术安全保障。

【安全管理机制】 2013年，集团公司各单位围绕落实企业主体责任、提升全员安全意识、夯实安全基础、形成安全生产长效机制，不断增强企业抓好安全工作的主动性。一是集团公司领导带队，对27家所属单位进行全覆盖安全生产大检查，及时对安全隐患提出整改建议；二是各单位把安全工作融入每个部门、每个班组、每名员工，做到“月有安全周、周有安全日、每日进基层”工作模式；三是以安全生产月活动及消防宣传日为契机，推动企业安全文化建设，促进安全生产标准化、规范化、科学化；四是及时总结交流经验，对于安全工作有新创意、新方式的单位，集团公司以现场参观、会议交流等方式进行推广，实现以点带面的工作机制，推动集团公司安全生产工作不断持续改进、不断创新。

【安全教育培训】 2013年，集团公司认真贯彻市政府和市安委会、国资委关于加强安全生产工作的指示精神。6月6日，集团公司组织召开会议，传达贯彻全市安全生产月、安全稳定专项会议提出的工作要求，集团公司总部及各单位党委书记、总经理、主管安全领导及保卫部门负责人90余人参加了会议。全年，集团公司组织安全保卫干部共200余人次，学习参观标准化建设1次、安全专项培训4次。各单位对新员工进行安全知识培训1500人次，定期对特殊工种及消防监控人员进行在岗培训。组织开展“安康杯”安全知识竞赛答题活动，一线职工积极参与，共答题1750份。

中国北京同仁堂（集团）有限责任公司

2013年，中国北京同仁堂（集团）有限责任公司坚持“安全第一，预防为主，综合治理”的方针，以保稳定、促安全为核心，紧紧围绕“五个零”的工作目标，开展各项安全保卫工作，努力为集团公司“十二五”规划的实施提供有力的保障。通过广大干部职工的共同努力，实现全年安全生产工作“五个零”的管理目标。

【责任落实】 2013年，集团公司按照市委、市政府的要求，依据有关法律法规和集团有关规定落实安全责任，明确各单位的主要领导或主要负责人是本单位安全工作第一责任人。为切实落实安全责任制，年初，集团公司党、政主管领导分别与6个二级公司、各直属单位签订稳定与安全工作目标责任书。各基层单位又逐级签订安全责任（保证）书，使安全稳定工作的职责逐级得到落实，做到了工作到岗、责任到人，为做好安全工作打下坚实的基础。集团公司狠抓以责任制为核心的各项安全基础管理工作，把安全工作纳入到各级领导班子的议事日程，安全工作同本单位的生产经营、科研质量、日常管理等工作，同时计划、同时布置、同时实施、同时总结、同时奖惩。进一步增强广大干部、职工的安全意识，确保企业各项工作顺利开展。

【大检查】 2013年，集团公司开展5次集团级安全大检查，抽查4次，检查55次，重点单位做到每次必查，采取夜查和突击检查等方式，做到不走过场、不留死角、不讲情面。全年，全系统进行安全检查400余次，查处隐患55项、问题410个，收集安全建议680余条，安全工作投入资金500余万元，整改率100%。

【基础管理】 2013年，为推进安全工作规范化管理，不断健全完善各项规章制度和操作规程，以制度做保证，实行规范化、程序化、常态化的管理。集团公司修订完善建设工程安全管理办法以及安全生产、交通安全、消防安全、内保安全4项管理制度。所属各子公司结合各自实际补充修订各项安全管理制度和操作规程。再次对应急预案进行补充和完善。要求各单位结合各自实际和周围环境，在安全生产月和“119”宣传日活动期间举办应急自救、预案演练等活动，使员工熟悉各类应急处置和整个应急行动程序，明确各自职责，提高协同作战能力，保证应急救援工作安全、协调、有序、有效、迅速地开展。

【宣传教育】 安全生产月和“119”宣传活动期间，集团公司制定周密的活动方案，召开专题会议进行部署，积极协调有关上级单位，指导各公司开展宣传教育活动。7月10日，举办了安全保卫干部培训班，对安全生产标准化工作进行再动员部署。会议邀请市安全监管局和市安全生产质量标准化评审组有关专家进行系统培训。6大二级集团和各子公司、单位的主管领导及安全保卫干部76人参加培训，各公司、单位利用多种宣传手段，围绕安全生产月“强化安全基础，推动安全发展”这一活动主题，组织开展多种形式的宣传教育活动。集团公司制定方案，组织开展以“认识火灾，学会逃生”为主题的消防安全宣传周活动，所属各单位分别开展消防安全知识答卷、请消防部门有关领导讲安全课，举办消防运动会和灭火逃生演练等活动，参与人员达100%，在全公司形成人人参与消防，共筑平安和谐的消防安全氛围。科技集团继续做好新入员工和特种作业人员的安全培训，全年对217名新员工进行三级安全教育，教育率100%；组织“强化安全基础、维护职工健康”为主题征文活动，征文34篇，通过活动普及安全生产法律、法规，使员工安全意识得到提高。健康药业集团组织编制《安全教育手册》，由消防安全、职业卫生、治安保卫等7个篇章组成。商业集团在安全培训宣传教育中，不论是新职工进店，职工换岗，司机等特殊工种培训，全部进行安全教育，全年开展各种安全培训教育200人次，安全知识答卷900人次。房产管理部为确保宿舍区春节期间烟花爆竹燃放安全，向居民宣传安全燃放规定，张贴各类安全提示、标语300余张。针对外来人员安全知识相对薄弱的实际，采取深入到各工作场所及居住地点讲解安全防范、扑救等知识。编写《安全知识防范》小册子下发到服务人员手中。通过形式多样的宣传培训，使居民进一步提高了自防自救能力。

【标准化建设】 2013年，集团公司要求所属各二级集团（单位），全面做好安全生产标准化验收达标工作。集团公司所属各二级集团（单位）主要领导分别在年初工作会上都对此项工作提出具体要求，并制定达标工作实施方案，落实安全生产标准化的达标创建工作。全年，3家单位通过二级达标认证。

国网北京市电力公司

2013年，国网北京市电力公司深入贯彻安全生产工作各项部署，紧密围绕公司、电网发展战略，以“安全管理提升”活动为抓手，以“大运行”“大检修”体系建设为主线，统筹开展安全管理、运维检修、调度运行、应急建设等各方面工作，圆满完成全年安全生产任务，安全生产形势总体平稳。公司全年未发生人身安全事件，未发生五级及以上安全事件。圆满完成迎峰度夏（冬）和防汛任务，完成十八届三中全会等重大保电任务186项，全面实现政治供电“零闪动”、安全生产“零死亡”目标。

【“大运行”“大检修”】 2013年，按照国家电网公司“五大”体系建设要求，公司持续推进“回头看”和“完善提升”阶段各项工作，“大运行”“大检修”体系运行效率稳步提升。“大运行”：SOP深化应用向地调延伸，深化两级调控人员培训考核，实现市地两级调控同质化管理，开展5站49项设备状态操作工作的基础上，建立状态操作管理体系，建设地调配网抢修指挥中心，有效提升配网故障处置效率；智能调度技术支持系统10项核心功能完成开发，AVC、WARMS系统建设管理稳步推进，创新建立设备负荷分析与管理工作机制，为电网规划、设备运维、负荷接入及大修技改项目立项提供有效支撑。“大检修”：完成检修公司管理层级压缩优化，实现各供电公司运检部对一线生产班组生产业务的全面掌握和精细管理；完成检修公司28类生产业务外委工作，探索在供电公司层面开展业务外委；完成7座变电站无人化改造工作，同时从视频监控、消技防信号等方面不断丰富无人值守变电站远程监控信息；应用超声波、高频超高频等10项检测技术，编制完善18项带电检测技术导则，制定现场标准化作业指导书，公司状态检修质量稳步提升。

【风险指数管控】 2013年，公司开展安全生产风险指数管理。从安全、电网、设备和环境4个方面形成风险量化指标，明确工作流程，有效指导各单位有重点地开展风险防控，促进风险管控与专业管理工作紧密结合。以管控措施落实为重点，建立风险管控评价指标体系，确保风险管控措施和安全生产过程管控工作有效对接；结合风险指数管理，建立隐患重点排查工作机制，开展专项隐患排查治理，强化差异化管控措施监督检查，确保各类隐患风险可控、能控、在控。

【现场检查】 2013年，公司综合应用3G单兵、工业电视和现场检查等手段，以配网、外协施工人员工作现场为重点，累计检查工作现场9099个，巡检覆盖率70.26%。结合春秋检工作特点，完成4685名生产员工安全技能等级评价和3233名关键岗位人员安规普考；修订完善工作票填写执行规范和专业典型示范工作票，确保作业现场安全。

【安全管理】 2013年，公司全面加强安全生产管理，生产管理效能显著提升。在生产基础管理方面，以PMS系统为切入点，开展设备台账、缺陷处理等模块的基础数据治理，不断完善电缆沟道断面信息；在设备管理方面，应用直升机巡线等新技术、新装备，推进500千伏兴都等变电站标准化建设，制定完善输电线路差异化运维巡视标准，开展全过程技术监督，建立设备监控信息分析管理机制；在配网管理方面，充分利用红外、紫外灯带电检测手段开展配网状态检修，推进配网标准化抢修建设，强化配电自动化系统运行维护；在电缆管道方面，推动《电力管道建设技术规范》北京地方标准出台，开展老旧隧道治理，完善孔洞封堵，梳理管线周围临近、占压环境隐患，全面做好井盖防护治理；在消防保卫方面，开展消防设施第三方评估，严格落实环境隐患排查治理工作机制，建立保安稽查队，强化保安工作质量监督检查；在应急管理方面，健全应急工作体系，构建3个层级的应急队伍，完善应急技术支撑体系，强化应急装备配备和使用培训，成功举办应急联合实战演练，有效应对大风、大雨等恶劣天气。

【电网安全运行】 2013年，公司两级调控中心强化电网运行管理，加强运行特性分析，确保北京电网安全稳定运行。

在做好年度、度夏（冬）方式分析基础上，针对重大检修方式开展专项校核 73 次；开展各电压等级互倒互带能力分析，对 1056 户重要客户外电源逐一进行风险评估；开展四大热电中心并网和轨道交通供电安全分析。综合基改建、检修和业扩工程需要，将一、二次设备，同一间隔设备相结合，合理安排停电计划，有效减少重复停电。强化停电施工方案审核，有效缩短停电时间。开展 0.4 千伏低压停电计划管理，加大临时计划管控力度，强化停电计划刚性执行。将事故情况下，两级调控远方操作范围扩展至关键刀闸，完善各类电网突发事件应急处置预案，开展多形式演习演练。严格两级调控防误操作管理，规范生产值班各项业务流程，实现生产值班和调控运行工作的融合互补。积极开展二次设备状态评价和安全防护，开展二代智能变电站二次专业全过程技术监督，重新明确智能站二次专业分工分界要求，制定运维检修工作标准，不断提升二次设备状态检修水平。

中国石化北京石油分公司

2013 年，中国石化北京石油分公司贯彻落实集团公司 QHSE 工作精神，秉承“谁主管、谁负责”的原则，以实现“零缺陷、零事故、零污染、零伤害”为目标，落实“四个让位于”HSE 工作的要求，以“强化管理年”活动为着力点，以安全文化建设和 HSE 管理系统建设为中心，强化基础管理，圆满完成“园博会”“两会”和“十八届三中全会”期间的防恐安保任务，实现 HSE 工作形势总体平稳的良好局面。北京石油分公司再次获得集团公司安全生产先进单位的荣誉称号，实现了“十连冠”的佳绩。

【HSE 责任体系】 2013 年，公司修订 215 个岗位的安全生产岗位职责，细化《HSE 责任书》中 5 类考核内容 22 项 HSE 考核指标，促进安全生产管理提升。修订《HSE 工作考核管理办法》等 6 项安全管理规章制度，将安全考核指标纳入绩效考核和年度 HSE 先进评比，强化责任落实。通过 OA 办公系统、《北京石油报》等 OSHA 专栏开展 OHSA 统计知识培训。按照“结合实际、逐步细化，持续改进、鼓励上报”的原则，结合未遂事件上报、HSE 观察等日常工作，及时统计上报 OSHA 数据，发挥 OSHA 统计在查找工作薄弱环节，提高事故预防能力的作用。截至年底，北京石油分公司损失工时事件率（伤害数 / 百万工时）为 0.0855，可记录事件率（伤害数 / 百万工时）为 0.2565，新增职业病人数为零，死亡人数为零。

【重点时期和重大节日安全保障】 2013 年，公司把确保重点时期和重大节日安全稳定作为头等大事，制订“两会”“园博会”专项安全保障方案，规范散装汽油销售，组织加油站、油库安全突击夜查，落实重大政治峰会期间重点站、库风险防控措施。提前部署《汛期安全保障方案》，落实防范自然灾害等措施。建立恶劣天气预警预防机制，通过公司短信平台提前预警。在 3 月份发生的强风天气中，妥善应对自然灾害，对九渡河、沙陀等 20 座因险情造成的财产损失和事故隐患的加油站，组织人力、物力进行修复，保障库站特殊时期的正常运营和安全稳定。

【建设项目“三同时”】 2013年，公司严格履行建设项目审批程序，落实项目全过程的安全、环保、职业卫生监督的备案、审核、审查和竣工验收工作。QHSE大检查中，检查油库4座、加油站10座，查出问题58条，其中安全38条，职业卫生4条，环保7条，质量9条。油库、加油站、环城管线等重点建设项目HSE“三同时”执行率100%，实现建设项目合法投产。公司组织力量针对QHSE检查出的176条原始问题，逐条进行梳理，结合检查中的典型和共性问题，举一反三全面整改。为确保整改质量，在四季度集团公司QHSE视频会后，公司再次部署安全问题复查工作要求，突出复查重点，制定专项复查工作方案。截至年底，已完成整改，整改率100%。

【应急管理】 2013年，公司修订北京石油事故应急救援综合预案、事故应急救援综合预案。结合安全生产月和应急预案演练周等活动，组织5600多次日常应急演练，并与安全监管等政府部门联合组织加油站事故应急救援演练。十八届三中全会召开前，在永定路加油站、长辛店油库分别组织开展防恐怖袭击应急预案演练和外管道泄漏应急预案演练，并举办年度消防田径（技能）运动会，通过实操比赛活动，提高员工防范意识和应急处置能力。

【“平安管道”建设】 2013年，公司完善与管道沿线公安系统及友邻企业的联动机制，制定《成品油及航煤管道保护管理办法》等3项制度。并通过人员巡线、仪器检测、调度分析、沿线群众举报等多种方式，有效防范打孔盗油等风险。开展历时40天的外管道全线检测，修复64处防腐层漏点，整改85处测试桩。

【安全约谈】 2013年，按照《北京石油分公司生产安全约谈制度》要求，针对加油站日常安全管理、施工现场管理存在的问题和事故苗头，公司HSE委员会办公室召开了两次生产安全约谈会，对相关责任人进行提示性约谈，督促零售中心、区域、加油站、工程管理部做好日常安全管理工作。通过生产安全约谈面对面交流，剖析存在的违规行为或安全隐患，进一步明晰约谈对象所负的安全生产责任，引导约谈对象增强对违法行为和安全隐患危害性的认识。各责任部门、承包商结合自身管理查找问题，避免再次出现安全隐患和事故，促进安全生产责任落实。

【风险预警系统】 2013年，公司与青岛安工院合作共同开展《北京石油安全风险预警系统》项目研发工作。结合JHA风险识别模式，做好重大作业危害识别和风险评估控制，建立风险措施库，实现风险注册管理，明确风险点的维护信息，对生产过程中安全风险、危险有害因素进行识别评价，层层发布风险预警与提示，建立油库、加油站动态风险管理平台。经过6个月的准备与研讨，实现“风险注册与分级管理、日常风险预警管理、工程建设风险识别与预警、风险智能识别库建设、三维培训”5大功能需求。系统正式上线。

【企业安全文化】 2013年，公司将企业安全文化建设作为HSE宣传教育的重要载体，多角度、多层次对安全文化核心理念进行强化渗透。通过《北京石油报》安全文化专栏、办公自动化系统等平台，对企业安全文化核心理念8个方面的内容进行了理念诠释、内涵解读。加强宣传、引导和交流，发布安全文化宣贯活动方案，拍摄“安全发展，文化引领”为主题的安全文化电视宣传片，编印《安全文化宣传手册》4000册，发放宣传海报2000张、制作宣传展板12块，在80座加油站702台加油机广告位刊登宣传彩图，征集安全文化征文43篇，营造安全文化氛围。各油库、加油站依据公司方案开展活动，利用板报、宣传栏、内部刊物等多种形式，以及制作安全文化墙、安全文化理念标语牌等方式，在办公楼大厅、职工上班通道、班组活动场所、安全重点部位和作业现场等显要部位，进行安全文化理念展示和宣传。以培训形式向承包商、承运商宣传安全文化理念，引导合作单位认同、理解、接受公司的安全文化。

北京住总集团有限责任公司

2013年，北京住总集团有限责任公司安全生产工作坚持“以人为本、科学发展、安全发展”的理念，继续强化“大安全”治理，夯实“五级防控”体系，落实安全生产责任制，积极开展安全生产大检查活动，扎实推进安全生产“制度化、规范化、标准化、流程化、信息化”建设。

【教育培训】 3月，集团公司组织2013年度项目经理安全教育培训。邀请市住房城乡建设委、市环保局执法队等单位领导对施工安全和施工现场扬尘治理等问题进行授课，集团公司所属各单位在岗项目经理及持有项目经理安全考核合格证书（B本）的350余人参加培训。4月，组织开展2013年度安全责任工程师继续教育、专职安全员继续教育培训工作。培训分为两期，每期8个学时，以半脱产方式进行，1516人参加。11月，开展项目负责人、专职安全管理人员安全生产考核证书续期培训活动。培训活动共举办了4期，对集团2013年安全生产考核证书到期的600多名项目经理、安全员进行培训教育和考核。

【大检查】 6月20日，集团公司召开安全生产大会，传达全国安全生产电视电话会议和北京市安全生产电视电话会议精神，全面部署启动安全生产大检查工作。编发《北京住总集团安全生产大检查实施方案》，集团公司安委会领导分别对门头沟永定镇居住项目、北航科研楼项目、门头沟黑山棚户区改造项目、地铁7号线14标段项目、未来科技城信标塔工程及援建西藏的拉萨市群众文化体育中心工程等施工现场进行安全检查。其间，开展各类检查2200多次，查处各类隐患和问题4000多项次，实施经济处罚11万元。门头沟永定镇居住项目两次接受国务院安委会第16督查组和北京市安委会督查组的检查，项目部的专项活动方案、学习宣贯记录、安全检查记录及上级有关文件资料齐全，得到了督查组的认可。

【安全生产月】 6月，集团公司开展安全生产月系列活动。集团公司安委会组织对集团承建的地铁14号线21标工程施工现场安全生产与防汛工作进行检查，现场察看项目部的防汛物资、设备，询问了解防汛预案的编制、演练工作、防汛值班、防汛抢险队伍应急值守等。集团所属各二级单位也开展了形式多样的安全宣传教育活动。组织参与“北京建工杯”首都百万一线职工安全生产知识竞赛活动。结合试题手册对所属职工开展多种形式的安全生产宣传培训活动。各项目部利用农民工夜校，结合施工实际，讲解试题手册的知识点。通过学习，丰富一线作业人员的安全知识和自身权益知识，2万人次参加了各类安全培训学习活动。

【安全生产责任制】 2013年，集团公司调整了安委会组成，修订《安全生产责任制》和《安全管理委员会职责》。充分结合领导班子变化与分工，结合职能体系、非法人实体与特设机构的设置，新设立7个专项委员会，按照“谁主管谁负责”原则，进一步完善了安委会组织体系、工作职责、责任制度，突出了系统化领导、职能联动与全员参与。按照“大安全”管理要求，将集团公司各业务系统部门均纳入安全生产责任制，并明确了部门安全职责。集团公司各业务系统部门、二级单位结合本部门、本单位实际情况编制本部门、本单位的安全生产责任制，结合集团管理制度形成了系统化的管理体系。

【标准化建设】 2013年，集团公司以绿色安全工地创建活动为抓手，全面推行各在施工程安全设施和绿色施工标准化工作，重点对新开工程抓好“撂底儿”关，从进场开始，保证高标准起步。工地大门处设置闸机和摄像头，人员刷卡进场；入口处设置安全标志牌，公示工程施工风险源；现场进行风险分级管理，分区设立风险等级牌；采用标准化定型防护，方便周转再利用；现场多处设置有视觉冲击力的教育、警示牌，加强可视化管理。继旧宫工地之后又涌现出万科橙、回龙观019、广华新城、北航沙河校区、门头沟永定镇居住项目等一批安全生产标准化先进工地，安全标准化和绿色安全施工水平有较大提升。

北京市燃气集团有限责任公司

2013年，北京市燃气集团有限责任公司安全管理工作以职业健康安全管理体系国际认证、安全大检查及综合治理为主线，强化安全生产责任制落实，强化隐患排查与治理，强化基础管理，强化监督检查与考核，经过全体员工共同努力，实现了全年安全指标，安全管理绩效进一步提升，安全管理水平迈上新台阶。

【职业健康安全管理体系国际认证】 2013年，集团公司推进职业健康安全管理体系建设，在全员宣贯培训的基础上，完成危险源辨识、环境因素识别、体系文件的建立、内部审核、管理评审等工作后，聘请国际知名认证公司瑞士SGS进行审核、认证工作。经过6名专家、两个阶段、历时6天半的审核，获得了《职业健康安全管理体系》认证证书。

【大检查】 2013年，集团公司根据市安委会、北控集团的工作部署，全面开展安全生产大检查，对安全管理状况进行了全面摸底，对隐患进行排查与治理。集团公司党政一把手任领导小组组长，进行动员部署，确定13个方面的重点检查内容，全方位查找思想、行为、设备设施、管理等各类安全生产薄弱环节，消除451项安全隐患，管网腐蚀漏气抢修自查率94%以上。统一检查标准，组成了30余人的检查组，由集团公司各位领导带队，对所有基层单位安全大检查开展情况进行全面检查和验收。

【重点隐患治理】 2013年，集团公司完成莲花桥至玉泉营桥高压漏气管线翻转内衬修复、积水潭中压线改造等26项管线消隐项目，累计改造长度28.24公里。实施“一片清”小区消隐工程，共完成模南小区等18项低压线、引入口改造工程，涉及22，510户，减少箱群及引入口隐患1426个。完成中南海改造一期工程，确保重点用户供气安全。在加强安全宣传和巡检、完善预案并做好应急抢险的基础上，与市、区各级政府进行沟通协调，积极推进世纪城小区燃气土暖气隐患整改治理工作。

【危险源辨识与管控】 2013年，集团公司按照《职业健康安全管理体系》要求，组织各单位、各岗位员工对危险源进行重新辨识。对辨识出来的危险源，根据其危险因素、危险程度进行评级，建立危险源台账，逐项确定防控措施。针对重点危险源制定、补充和完善管理规章制度。按岗位组织员工学习，使员工清楚危险源的所在，掌握规避风险的方法，实现危险源辨识工作的常态化和管控的动态化。

【安全生产月】 2013年，集团公司结合燃气集团安全工作实际，开展安全生产月系列宣传教育活动。召开83次不同层级的动员会议，传达部署集团公司安全生产月活动方案。《北京燃气》报出版了安全生产月专刊。组织观看全国安全生产月活动组委会办公室推出的主题宣传片、张贴宣传海报2927张，设置专栏、板报等宣传园地285处。组织全体员工开展燃气法规和燃气专业知识答题，剖析典型事故案例；组织开展集团公司级安全培训，在全集团范围内组织安全知识竞赛活动。分别针对燃气突发泄漏事故、着火爆炸事故、消防安全事故、防汛应急抢险等内容，组织不同级别的应急演练活动。建立1874个社区协作网，举办100余次燃气安全大讲堂。围绕安全使用燃气这一主题，发放28，567份宣传材料，设置宣传展板搭设展台，宣传燃气法律法规和燃气安全使用常识，开展液化气钢瓶灭火表演以及开展燃气安全知识有奖答题等活动。

【消防安全】 2013年，集团公司按照季节特点部署消防安全工作。专门设立消防安全检查模块，组织开展日常性消防安全检查，节假日特别是春节烟花爆竹燃放高峰期间开展专项检查，确保春节期间燃气供应安全稳定。按期做好消防设备设施的检查和维护保养工作，确保完好有效。利用安全生产月和“119”消防安全宣传日组织开展消防演练，修订集团公司消防预案。在安全生产隐患排查与综合治理行动中，将消防安全作为重点工作之一。组织开展火灾隐患攻坚整治专项行动，发现并消除了一批安全隐患，确保了全年未发生消防安全事故。

【安全督查考核】 2013年，集团公司完善安全督查考核内容、标准、流程，全年共组织模块检查130余次。针对基建施工、技改大修、设备维检修、用户维检修等5大类作业现场，实施50余次安全生产检查，根据检查结果及时向基层单位反馈管理建议，督促整改，向集团公司经理办公会汇报检查结果，为集团公司领导决策提供参考。

【安全管理队伍建设】 2013年，集团公司通过搭建多种平台，提升安全管理人员的专业技能素质。在安全大检查中，抽调8名基层单位人员参与检查，在提高检查人员技能水平的同时，还起到了相互交流的作用。鼓励有潜力的安全管理人员成为国家注册安全工程师，共有66人参加国家注册安全工程师考试。

【劳动保护】 2013年，集团公司重视劳动保护工作，加强职工体检档案管理和健康预警。对噪声、粉尘等有毒有害作业场所进行检测。改进劳保服装款式增加了防护性能，配备专业的防尘口罩及各种防护用品，为每名电工、焊工等特殊工种职工配备并发放整套的防护用品。组织对5000余名生产人员的夏季工作服、春秋季工作服、防静电单鞋、棉帽及窗口人员夏季工作服的定制和发放。

北京市热力集团有限责任公司

2013年，北京市热力集团有限责任公司贯彻落实“安全第一、预防为主、综合治理”的工作方针，按照“党委管总、主管主责、分管专司、部门主抓”的思路，围绕“八项卓越指标”及“三大攻坚战”任务，认真履行职责，完成安全生产各项任务。

【安全管理上岗资格培训班】 6月，集团公司举办集团系统内主要负责人和安全管理人员上岗资格培训班，82人参加。通过培训，使集团公司安全生产主要负责人和安全生产管理人员进一步掌握安全生产有关法律法规的要求，具备与所从事的生产经营活动相应的安全生产知识和管理能力，符合国家有关安全生产人员持证上岗的法规要求。

【隐患排查整治】 11月，为吸取中石化东黄输油管道泄漏爆炸特别重大事故教训，集团公司组织成立隐患排查整治领导小组，制订并下发《关于集中开展集团公司生产经营场所以及供热系统安全专项整治工作的实施方案》，对隐患排查整治工作进行部署，要求各单位一把手，切实履行领导责任。为督促各单位隐患排查治理工作的落实，集团分别成立由董事长李大维、总经理刘水洋带队的两个检查组，采取不通知、不陪同的形式对基层一线进行检查。

【重点时期安全保障】 全国“两会”及十八届三中全会期间，为切实保障供热设施安全运行，集团公司成立安全保障领导小组，由集团领导、相关部门负责人和各分子公司主管安全工作经理组成，负责集团公司生产运行、安全稳定等重大事项的决策。制订《北京市热力集团全国“两会”供热服务保障方案》，对每一个涉及“两会”供热管线和热力站分别制订应急预案，明确责任人。全面开展安全大检查，加强应急职守工作。对天安门周边等政治核心区，按照市公安局内保局的要求加装管沟护栏、井盖加锁等措施。会议期间，集团公司抢险队24小时在岗值守，以应对突发事件。各重大节假日期间，集团公司每天安排领导在岗带班，应急值守抢险队员24小时在岗值班，所有保障车辆专人负责，设备器材时刻处于良好状态并统一存放于车上，确保突发情况下快速出动。全年集团应急队伍在不同时期共安排值班690人次，车辆备勤345台次，高温抽水泵460台次，照明设备115台次，圆满完成了应急保障任务。

【大检查】 2013年，按照集团公司安全大检查工作方案的计划，在各单位自查的基础上，集团公司检查组完成对热源、输配、销售等6家分公司的综合安全大检查，提出整改建议394项。检查组根据职责分工针对生产运行、安全保卫、设备管理3大专业开展对口检查，检查范围纵向深入到基层班组。检查组及时将被检单位的问题进行通报并汇总，提出具体的整改建议下发至各单位，要求各单位根据集团检查组的整改建议限期整改。

【烟花爆竹安全管理】 2013年，集团公司与所属各分、子公司，各部室主管领导签订《北京市热力集团2013年度烟花爆竹安全管理工作责任状》41份。在调查统计禁放点的基础上，重新进行梳理核对，完成烟花爆竹禁放点信息登记。通过排查，集团公司所属的供热设施禁放点总计26处。下发各类烟花爆竹禁放标志、宣传画册1500份，特别是对热源、输配、销售、科利源等烟花爆竹禁放点比较多的单位，保证都有足够的禁放标志。

【“大比武”获奖】 2013年，集团公司组织参加“北京市市政市容系统第三届有限空间作业大比武”活动。输配分公司、科利源公司代表队共10人代表集团公司参加供热行业的“大比武”。两支参赛队伍通过比赛荣获供热行业有限空间作业“大比武”并列第二名。

【暗访检查】 2013年，根据集团公司部署，成立专项检查小组，针对有限空间作业以及施工工程现场进行暗访检查。集团公司检查组分别到中关村南路、会城门、北蜂窝路等9处热力工程施工现场及有限空间作业现场进行夜查，重点检查隐患整改落实情况。

【应急队伍建设】 2013年，集团公司根据工作需要对组织机构进行调整，新增了天禹、创合、特力昆3家分公司。由于3家新分公司都承担供热保障任务，因此集团公司决定增加3支抢修队伍，每支队伍配备15名兼职队员。热力集团应急抢险队伍增至7支，人员增至185人。

北京环境卫生工程集团有限公司

2013年，北京环境卫生工程集团有限公司圆满地完成天安门、中南海、国务院等政治核心区的环卫作业任务，完成“两节”“两会”和党的十八届三中全会重要时期的环卫保障工作。在夏季防汛和冬季融雪铲冰工作中，各环卫设施经受住严峻考验，实现了安全稳定运行。全年环卫作业累计完成运输1202754车次，各类道路作业面积总计7536万平方米，环卫作业生产运输累计行驶4300多万公里。安全生产工作全面实现了年初制订的工作目标，为北京市安全、稳定发展做出了应有的贡献。2013年，在全市市政市容系统环卫行业第三届有限空间作业“大比武”竞赛中包揽了前三名，得到了市安全监管局、市政市容委等行业主管部门的肯定和嘉奖；被市交通安全委员会办公室评为市级交通安全先进单位；在安全生产月各项活动中，荣获3个优秀组织奖和3个“最佳实践活动奖”。

【大检查】 2013年，根据全市集中开展安全生产大检查要求和工作部署，集团公司召开动员部署会，成立了由总经理任组长，主管安全的副总经理任副组长的领导小组，制定《安全生产大检查工作方案》。按照“全覆盖、零容忍”的要求，对安全生产工作进行全面深入、细致彻底的大检查。对于排查出的隐患和问题及安全工作薄弱环节，建立台账，逐一记录及时上报、整改并制定严密的控制防范措施，确保不发生事故。

【教育培训】 2013年，集团公司加大投入，通过聘请安全生产领域专家、教授、讲师授课，开展安全生产教育培训活动。年初，组织开展年度安全管理培训工作，强化“红线”意识，切实增强安全业务技能。精心筹划组织安全生产月各项活动，制定安全生产月活动方案，组织义务消防队队员到市公安局消防局昌平消防支队进行拓展训练，全面提升环卫集团的“四个能力”建设。与市公安局交管局联合举办2013“交通安全宣传进环卫”活动，进一步增强环卫职工交通安全意识，并配合市公安局交管局举办“六一交通安全嘉年华”活动。举办青年安全创意创新评比活动，共评选出14幅安全生产黑板报、23幅安全漫画、8部安全微电影和10篇安全管理创新论文等优秀作品，在集团公司范围内营造良好的安全生产宣传氛围。

【标准化建设】 2013年，集团公司积极推进安全生产标准化工作，在前期安全管理现状调研的基础上，会同第三方评价机构拟定了集团公司安全生产标准化体系建设方案，建立完善行业安全生产评定标准和考评体系，进一步推进安全生产标准化体系市级达标工作，强化企业生产经营过程中的安全能力，更有效地管控安全风险，努力实现本质安全。

北京市地铁运营有限公司

2013年，北京市地铁运营有限公司全面落实公司“十二五”规划和年度行政工作安排，加强安全生产工作，运营里程突破400公里，客运量突破27亿人次，成功应对大客流，“六型地铁”建设取得了新成绩。北京公交出行比例提高到46%，为缓解交通拥堵做出了重要贡献。

【基础管理】 2013年，公司继续坚持“抓小防大、安全关前移”“安全管理、基础取胜”等一系列超前防控理念，强化安全管理。定期召开安全运营生产调度例会、客运安全服务例会、安全形势分析会，深入剖析各类隐患和问题，研究制定应对措施。深化运营积分管理，落实考核奖励，强化公司各层级的责任和工作落实。在2013年CoMET（国际地铁协会）国际对标中，公司综合业绩指标继续保持先进，综合排名第三。两次5分钟以上延误间车公里等3项指标排名第一。可靠性、能耗、培训等14项指标居于上游。

【隐患排查治理】 2013年，公司把安全大检查与日常隐患排查治理相结合，深入现场排查车辆设备、环境和管理等方面存在的隐患和问题。共组织综合检查56次，发现并整改问题120项。加强隐患全周期跟踪管理，逐一落实整改和监控措施。

【运力统筹与客运组织】 2013年，北京地铁客流增长迅猛，所辖线路日均客运量750万人次，最高日（7月16日）达到947万人次。为缓解运量与运力之间的矛盾，公司先后20次对1、2、6、

10、13、15号线、亦庄线、昌平线列车运行图进行调整，并采取大站空车、大小圈套跑、延长高峰时段等措施，提高线网运力，缓解客流拥挤。

公司修订完善“一站一方案”，并对常态限流车站进行动态管理。规范站台巡视标准，明确职责和流程。高峰时段严格落实限流措施，加强换乘通道、电梯、站台等重点部位的值守力量和宣传疏导，发挥公共文明引导员作用，引导乘客有序乘降。实施车站手摇道岔作业时间标准，在应急情况下及时准确操作。定期开展大客流预案桌面推演，重点强化大客流情况下的列车、屏蔽门、电梯故障处置及换乘通道疏堵演练，增强运营一线管理人员的统筹指挥能力及各岗位应急处置能力，做到故障情况下运营组织有序。

【安检安保】 2013年，公司实施站区安检管理一体化，强化安检员培训，规范安检合同管理。“10·28”天安门恐怖袭击事件后，按照市委、市政府要求，积极推进“人、物同检”和地面安检厅建设工作，在天安门东、天安门西等6个车站的19个安检点实现“人、物同检”。

【维修管理】 2013年，公司强力推行车辆设备设施维修标准化，实行维修实名制，运营分公司14个检修中心及线路、供电、机电、建安公司共9个试点项目部已通过达标验收。全年13条线车辆及设备故障率继续下降。

【网络化应急管理】 2013年，公司制定网络化应急抢险布设方案，明确应急区域划分联动、应急响应、资源配备、通讯指挥等内容。按照北京市路网运营乘客信息发布规则，细化应急信息发布管理，建立路网信息联动机制。

【安全教育】 2013年，公司分批进行班组长安全培训，组织专职安全管理人员和各单位安全主管负责人专题培训。通过制作播放安全事故案例视频，开展安全生产月活动，组织安全大讨论和安全演讲，巡回演出情景剧，参观安全教育基地等多种形式，使广大员工特别是基层管理人员受到教育，进一步提升安全责任意识。

【乘客沟通加强】 2013年，公司实现服务热线、微博、网站、PIS的有机整合，推出官方微信及手机端应用软件（APP）。每月开展站区长综合性接待日活动，共接待乘客12万余人次，收集意见建议千余条。深入沿线学校、社区开展43场宣传活动，邀请地铁“粉丝”、热心乘客座谈，参观车站、车辆段和安全教育基地，增进了解，共建地铁文明。

【服务规范化】 2013年，公司不断完善“规范服务车站”准入标准和退出机制，除新开通的6个车站外，其他229个车站全部达标。推进规范服务站区评定，全线网49个站区已有22个站区通过验收。大力推行车站用房、设备用房管理规范化及综控室标准化建设，工作环境和设备运行环境明显改观。在全线全部车站推行实名上岗，严肃执岗纪律，强化乘客监督，规范了岗位行为。坚持开展“想乘客、为乘客”服务大讨论，提高员工主动服务意识。

北控水务（中国）投资有限公司

北控水务（中国）投资有限公司坚持“安全第一、预防为主、综合治理”

的方针，以落实企业安全生产主体责任为重点，以完善安全生产机制为保障，努力实现安全生产工作“四个转变”即：安全生产工作由被动应付向主动防范转变；职工安全意识由要我安全向我要安全转变；隐患排查治理由只重视重大危险部位同时向一般岗位及安全死角的日常检查转变；安全生产大检查由上级单位督查向各专业检查组定期检查转变。圆满完成了年度安全生产工作目标。公司重视安全生产重点领域事故防控工作，对重点领域进行深入检查，进一步落实重点领域隐患整改措施，有效预防和坚决遏制安全事故的发生，不断提升事故防控工作水平。

【责任落实】 2013年，公司成立安全生产工作领导小组，负责安全生产工作的组织领导。下设工作小组，负责具体工作落实。公司各单位按照安全生产工作要求，成立本单位领导小组和工作小组。进一步强化各单位领导监管责任的落实，做到主要领导亲自抓，负总责，分管领导具体抓。各部门和事业部总经理作为安全生产工作第一负责人，负责下属单位的安全生产工作。严格要求各层级组织建立安全生产工作责任制，层层签订安全生产责任书，确保责任到位、人员到位、工作落实到位。严格实行安全生产“一票否决制”和安全责任追究制度，严格安全生产考核。

【宣传培训】 2013年，公司组织全员培训教育活动，利用宣传栏、大屏幕、标语等宣传安全知识、预防事故方法和自我保护的相关知识。公司水务事业部通过对行业内其他水务企业典型的安全事故案例分析，提出“一、三、五、七”的安全管理思路，并进行大范围培训。“一、三、五、七”的安全生产管理思路，具体为：“一”即落实“安全第一”的思想；“三”即“三新”，重点抓好新工人、新岗位（工作）、新工艺（设备）安全管理；“五”即“五查”，查思想、查预案、查落实、查操作、查隐患；“七”即“七防”，防毒、防触电、防火防爆、防机械伤害、防汛、防暑（冻）、防坠落（溺水）。公司举行由集团领导，各职能部门、事业部、水务事业部下辖区域的业务区总经理，各运营公司总经理，各业务区和运营公司安全员参加的安全生产管理培训会，对安全管理、安全大检查工作提出要求，着重对有限空间作业操作规程进行培训及交流。根据安全培训要点，水务事业部立即对有限空间作业操作规程进行现场竞赛，11个业务区的44名安全员参加比赛。

【大检查】 2013年，公司安全生产工作小组深入生产一线实地检查，听取汇报、召开座谈会、查阅资料，通过突击检查、暗查、回头检查和组织各单位交叉检查等方式，提高安全生产大检查的实际效果。公司各所属企业开展内部安全生产大检查，从源头、过程、细节进行全面检查，不留死角。对检查发现的安全隐患，制定整改措施并落实责任人和完成时间，及时予以整改消除。通过安全生产大检查，进一步落实安全生产责任制，切实提高企业安全生产管理水平。公司在全面集中开展安全生产大检查的同时，注重紧密结合日常监管工作，将安全生产大检查工作与企业年度重点工作有机结合，进一步夯实安全生产基层基础工作，进一步促进安全生产长效机制建设。

【标准化建设】 2013年，公司把安全生产标准化创建作为重点，公司水务事业部完成了安全生产标准化评定标准的编制。公司拨付预算外资金20万元，专项用于昌平公司进行安全生产标准化建设。在昌平区安全监管局和安全生产标准化评审机构组织的评审中，昌平公司得分869分，在首批参与评审的单位中排名第一。评审单位一致认为，昌平公司文字资料及现场管理水平已具备北京市安全生产标准化企业二级标准。

北京首都旅游集团有限责任公司

2013年，北京首都旅游集团有限责任公司及所属企业以标准化、规范化、专业化的工作方式推进安全生产管理，不断深化和提高企业安全生产管理水平，圆满地完成了以企业安全生产标准化为重点的各项安全生产工作任务，开创了安全生产工作的新局面，为集团公司持续发展提供了有力保障。

【集团领导检查】 春节期间，集团公司领导班子组成11个小组，深入43家所属企业、一线销售门店，检查安全工作，并慰问坚守在一线的员工。集团公司领导检查企业节日期间的安全生产工作安排、安全稳定状况和规章制度执行等情况，听取有关工作情况的汇报，并就进一步做好春节期间各项工作提出了要求。

【全国“两会”安全保障】 3月1日至16日，集团公司所属北京饭店、贵宾楼饭店、国际饭店、燕莎商城、燕莎奥莱、西单商场和贵友大厦接待全国“两会”代表和委员的住宿、参观、购物。集团公司派出车辆和服务人员，加强安全保障工作。各企业在服务接待工作中热情周到，服务到位，安全有序。

【安全生产月】 6月，集团公司组织各企业观看全国安全生产月活动组委会制作的宣传片《安全发展，成就辉煌》和安全生产事故录像。在金源燕莎MALL举办了施工现场安全用电演示会。谊星公司组织全体员工到中国消防博物馆参观学习，通过体验防火防灾等设施，寓教于场景、寓教于体验。在北京警察学院组织车辆安全驾驶专项演练活动，学习安全驾驶理论与常识。燕京大厦会同市城管执法局开展应急疏散预案的演练；集团公司董事长段强带队到集团公司所属企业检查防汛并了解安全生产月活动开展情况。集团公司组织不同业态企业之间排出14个小组举行联组检查。在全国安全生产月总结经验交流会议上，集团公司荣获了2013年安全生产月活动优秀组织奖。

【大型公开课】 10月16日，集团公司组织举办以“安全管理与安全文化”为主题的安全生产大型公开课，各二级企业及三级子（分）公司、直属企业主管安全工作的领导和负责安全生产工作的部门经理共计300余人参加公开课。

【大检查】 2013年，集团公司把安全大检查与“打非治违”专项行动、环境秩序整治、治理无证无照经营等紧密结合，在二级公司及所属的三级、四级企业，包括物业公司管理的对外出租场所小门脸、小商户，实行全覆盖检查，严厉查处违法生产经营情况，加大对违法经营安全隐患的源头治理工作。对检查发现的安全隐患和问题在集团公司安全例会上下发整改通知书，限定期限进行整改。

【高新技术消除烟道隐患】 2013年，集团公司推广"撞击流"油烟净化设备，消除烤鸭房烟道事故隐患。和平门烤鸭店采用北京杰厨净化环保科技有限公司推出的"撞击流"油烟净化器，该净化器设备在排油烟机前端依靠撞击流原理，利用高速水流同轴撞击，主动、高速分离烟气中所含高温油脂、碳颗粒、一氧化碳、多环芳香烃等物质的高新技术，降低烟道内烟气温度、烟气排放浓度等物质，从而有效治理餐饮业事故隐患，降低人员密集场所火灾风险，降低大气污染物排放浓度，净化空气质量。

【"北京建工杯"知识竞赛】 2013年，集团公司组织所属企业参与"北京建工杯"首都百万一线职工安全生产知识竞赛活动。竞赛活动重点面向基层生产一线职工，进行安全生产知识竞赛答题。20余家企业参与此次活动，共收回答题卡2.2万余份。集团公司获得竞赛活动的优秀组织奖。

北京奔驰汽车有限公司

2013年，北京奔驰汽车有限公司继续坚持以尊重关心员工生命、关心员工健康为中心，推行安全标准化管理，加强安全生产保障措施，努力提升安全生产管理水平，实现安全生产"5个零"的工作标准。即：生产安全死亡事故为零、重大设备事故为零、重大火灾事故为零、甲方责任重大交通安全事故为零、中毒中暑事故为零。2013年，公司轻伤指标4.4‰，实际1.01‰。荣获北汽集团"安全生产先进单位"称号。

【建设项目"三同时"】 2013年，公司履行建设项目"三同时"管理规定，完成《MRA1油库油泵房项目安全预评价报告》并通过评审；完成《发动机工厂汽油罐项目安全预评价报告》并通过评审；实施V205装焊项目，与戴姆勒团队共同完成安全验收流程。

【隐患排查】 2013年，公司对隐患管理及安全检查（含建设项目）覆盖生产车间及在建项目工地。安全周报记录问题142个（生产现场占37.32%，施工现场占62.67%），重新修订公司级应急预案12个。完成安全信息化平台一期建设，10个单位试运行，收集安全标准2698条，上线报告隐患40项。

【职业健康管理】 2013年，公司启动职业健康管理体系认证工作，全体员工参与。增加了公司级和部门级制度、流程3个，生产制造系统12个单位完成年度自评，同比增加1个，不符合项同比减少17项。公司完成在岗职业健康体检4090人、离岗体检110人，职业健康疗养111人，建立职业健康监护档案4500份，对13个单位进行职业危害因素作业现场检测。

【消防安全管理】 2013年，公司完成21个重点防火部位的年度审核。监督相关方完成公司消防设施（公司内消防自动报警、自动灭火设施、消火栓、灭火器）日常维护保养。完成公司12支义务消防队业务培训和公司专职消防队业务培训，共计221人。修订灭火预案22个，提高消防队伍备战能力。组织开展"119"消防宣传周专题活动，参加北京市消防技能比赛并获得一等奖。

【建设项目供应商管理】 2013年，公司加强对建设项目供应商的管理，与供应商签订安全协议225个，处理违章64

次、罚款17500元，开展对供应商安全培训18次。办理外来施工作业人员入场证件1.1万个，办理非工作时间进入生产作业现场审批手续620次，涉及人员5037人。召开建筑总包安全专题会12次，监理专题安全会24次。组织联合现场检查35次，查处施工现场隐患249项。

【教育培训】 2013年，公司完成“蓝白领”新员工安全培训342人，外方派遣人员安全培训341人，安全管理人员292人，中外方L4以上管理者培训80人，职业健康安全管理人员18人，OHSAS18001（职业健康安全管理体系）内审员培训45人，特种作业人员新增和复审3268人。

【驾驶人员管理】 2013年，公司依据有关规定对公务车的驾驶人员履行考核、批准程序，严格公务车驾驶人员管理，组织开展54辆公务用车检查，提示各部门公务车年度检验，保证公司车辆守法上路。检查厂内物流运输车辆安全状况，车辆排放、行驶、停放情况132辆次。对厂区道路行驶的机动车超速和违章停放情况进行抽查，发现并处理6起超速行为，9起违规停放行为。配合公司NGCC项目依法开展交通影响评价工作，完成公司专职驾驶员、安全管理人、班车服务驾驶员共100人新交通安全法规培训，重点时期，开展公务车驾驶员教育及责任书签订工作。

北京启迪注安技术服务有限公司

2013年，北京启迪注安技术服务有限公司奉行“诚信为本、服务至上、严谨求实、开拓创新”的理念，在咨询师队伍得到补充的基础上，继续强化项目运行管理，强化咨询师素质培训，全面完成各项任务，在市场结构、项目运行、咨询队伍建设方面有了新的突破。公司从事安全领域的技术服务工作，主要服务业务内容包括安全顾问、安全专项服务、企业安全专项培训、注册安全工程师考前辅导、职业健康安全管理体系认证咨询、北京市安全生产标准化咨询与评审、政府技术支撑项目等工作。公司是多家集团和企业的安全顾问，包括北京一轻控股集团、首商集团、北京百事可乐公司、北京新燕莎商业有限公司等企业。主要为企业提供中长期安全规划，并为实现企业中长期目标实施技术支持，包括安全管理人员培养、安全专项技术支撑、安全管理系统和方法建设、生产安全事故（事件）的分析、集团内部安全绩效评估等。

【安全技术支撑】 2013年，公司被北京市安全生产协会聘为“北京市工业企业二级安全生产标准化评审单位”。全年共完成10余家二级标准化标咨询和评审，以及近百家三级标准化咨询和评审。公司协助中国安全生产协会和山东能源集团完成坎贝尔项目的申请工作。公司在为企业、协会提供服务的同时，也承接国家、市及区县安全管理部门委派的项目任务，提供相应的技术支撑服务。参与编制《北京市旅游业安全标准化规范·星级饭店》和《北京市旅游业安全标准化规范·等级景区》，为规范北京市旅游行业安全生产标准和旅游企业安全生产达标工作起到良好的推动作用。

【安全管理咨询】 2013年，公司为150余家企业提供HSE管理咨询，从不同程度上提升企业的安全管理水平。公司是全国首批获得职业健康安全管理体系咨询机构资质的企业，已为上百家企业提供职业健康安全管理体系认证咨询服务。如南充烟草一级达标项目、山东颐中集团及下属11家企业、将军集团及下属7家企业烟草二级达标项目、湖北中烟达标改善项目、上海大众职业健康安全管理体系改善、上海烟草商业安全咨询、北京燃气集团市场发展管理体系项目等多项内容的大型咨询项目。

【安全专项培训】 2013年，公司开发50余项专项安全培训项目，包括各类企业的专项需求，如危险化学品、电气、消防、仓库等班组长安全培训；行业系统内的专业系列培训；各类法律法规培训及地方政府组织的企业主要负责人和安全管理人员培训。注册安全工程师考前辅导培训是常规性辅导课程，2013年，北京启迪在上海、北京、榆林等地共举办10余期，受训人员达千余人次。

【咨询师队伍建设】 2013年，公司拥有专职安全顾问40余人，其中注册安全工程师20人、安全评价师10人（一级3人、二级3人、三级4人）、安全生产标准化评审员20人、北京市安全生产培训讲师6人。为不断提升咨询师的专业知识和技能，不断完善不同服务内容的咨询模式，全年多次组织内、外部培训，涉及近30项培训内容，涵盖咨询方法、咨询模式、咨询师综合素质、专业知识、专业技能、成果交流、新兴内容等。

北京市工伤及职业危害预防中心

2013年，北京市工伤及职业危害预防中心围绕全市安全生产中心工作，安全生产保障服务能力全面提升，特种作业考核管理水平不断提高，技术支撑中心建设取得新进展，各项工作取得明显成效。

【严格材料审核证件制发】 2013年，中心配合市安全监管局行政审批处，严把许可准入关，加强材料审核，在规定的时限内完成“三项岗位人员”资格许可材料整理、归档等工作。全年共审核各类申请资料137327份，归档资料2800余盒，制作各类证件137327本。

【制订特种作业安全管理意见】 2013年，中心在广泛征求意见的基础上，完成《关于进一步加强企业特种作业安全管理工作的意见》的制订工作，明确企业特种作业岗位配置、定岗定编、人员档案、证件管理以及培训考核等内容，为指导和规范企业特种作业人员管理工作提供了帮助。

【特种作业便民服务新举措】 2013年，中心以新址搬迁为契机，强化便民服务意识。在服务大厅设置宣传专栏，公开岗位职责和服务承诺。同时摆放安全常识手册、防护用品宣传册等材料，方便办事群众查询使用，开通特种作业咨询电话，搭建咨询服务平台，及时与特种作业管理工作联席会议成员单位、安全生产举报投诉中心、各区县互动交流，开辟咨询服务“一对一”绿色通道，推行大厅“一站式”服务。全年接听群众咨询电话4250个，接待办事人员2500余人次，补办变更证件2360个。

【“双打”专项执法行动】 2013年，中心坚持“属地负责、部门联动、突出重点”的原则，会同市安全监管局执法监察总队，联合市住房城乡建设委、质监局、华北电监局等部门，率先在全国开展特种作业及特种设备作业人员“双打”专项执法行动。市区两级安全监管部门，密切配合，严格执法，共出动执法人员14747人次，检查企业7329家，检查特种作业人员31965人，查处持假证、无证人员813人，发现安全隐患7008项，停产停业企业16家，行政拘留35人。圆满完成“执法、宣传、调研”3大任务。“双打”专项执法行动被市安全监管局列为绩效管理“创新创优”推荐项目。

【职业危害专项整治】 2013年，中心围绕机动车维修行业职业危害专项治理行动，按计划完成海淀区、大兴区20家汽修企业的职业危害抽检工作，共检测汽修企业有害作业点110个，检测样品322件。根据检测结果和抽检中发现的问题，提出相关意见和建议。

【进口企业首次登记】 2013年，中心率先在全国启用新版登记系统和登记文书，深入开展进口企业首次登记和生产企业复核登记，全年对21家进口企业和17家生产企业登记材料进行审查。配合“一书一签”专项整治，开展生产企业现场核查，规范申报登记内容，提高登记信息的准确性和规范性，为本市危险化学品事故应急救援提供服务。

【事故调查技术支持】 2013年，中心针对有限空间急性中毒、窒息事故，收集整理技术标准和文件资料，制定了应急检测操作规程、工作方案。联合北京排水集团开展应急检测训练，提高快速检测实战能力。特别是在燕山石化中毒窒息事故调查中，协助房山区安全监管局，完成有限空间检测，查明事故原因，为事故调查处理提供技术支持。

【实验室能力】 2013年，中心做好资质增项，实施上千次实验操作，采集有效数据2000多个，完成新增项目的精密度、准确度等技术指标测定，完成设备计量、场所维护、内审、管理评审等日常运行工作，完善实验室管理。顺利通过迁址认证、扩项认证和资质复审，新增检测项目31项，使计量资质达到86项，具备对本市常见职业危害因素的检测能力。

【技术装备】 2013年，中心采购150万元实验室设备，在深入调研的基础上，确定仪器技术指标，完成进口设备论证，选择确定招标代理机构，编写采购工作方案，组织招标文件评审，按计划完成离子色谱、气相色谱等38台仪器设备的购置、安装和调试工作，实验室仪器装备达169台，技术装备水平得到提升。

北京市安全生产宣传教育中心

2013年，北京市安全生产宣传教育中心以“围绕中心，重心下移，立足实际，真抓实干”为指导思想，紧紧围绕全市安全生产工作大局，组织开展安全生产宣传教育工作，圆满完成工作任务，为全市安全生产形势的稳定好转，提供良好的思想保证、精神动力和舆论支持。

【宣传重点部署】 2013年，中心把宣传重点放在加强企业安全生产基础建设、全力预防生产安全事故上。按照“围绕一个中心，突出五项重点，深化五项工作，强化三项措施”的总体思路，制订印发《2013年北京市安全生产宣传工作指导意见》，筹备召开全市安全生产宣传工作会议，做到早谋划、早部署、早落实，为全市各部门、各单位、各企业开展安全生产宣传工作提供保证。

【安全生产月系列活动】 2013年，中心根据安全生产月活动的统一部署和安排，以“强化安全基础，保障城市运行安全”为主题，开展形式多样的宣传教育活动，取得了预期效果。

一是精心谋划认真部署。成立安全生产月活动组委会，印发《2013年北京市安全生产月活动方案》及《北京市安全生产月活动考核办法》，召开动员部署会，将安全生产月划分为警示教育周、安全文化周、应急演练周、隐患排查治理周，并对全市性、区域性、行业性、生产经营单位活动提出了具体要求，促进了安全生产月活动各项工作的落实。

二是创新形式取得实效。从宣传形式和手段入手，不断创新和丰富安全生产月活动内容，突出各项活动的实际效果。举行以“加强应急演练，提高自救互救能力”为主题的宣传咨询日活动，开展大型公开课活动和巡回演讲活动，圆满完成第七届北京安全文化论坛。

三是部门联动形成合力。在活动组织上，注重发挥安全生产月活动组委会、各行业部门以及市属企业的作用，形成部门联动的工作格局。

四是扩宽载体营造氛围。安全生产月活动期间，充分借助新闻媒体，户外平台，标语横幅，增强安全生产月氛围营造。

【新闻宣传】 2013年，中心牢牢把握“团结稳定鼓劲，正面宣传为主”的宣传工作方针，将新闻宣传作为安全生产宣传教育和安全文化建设的“重头戏”狠抓不放。据统计，2013年全市各大媒体刊发安全生产新闻报道3391条，其中市安全监管局发布新闻1727条（电视新闻114条，广播新闻848条，报纸杂志新闻442条，网络新闻323条），组织媒体采访102次，参与报道记者达600余人次。

一是强化新闻报道宣传教育功能。紧密围绕“安全生产年”重点工作任务、结合“六五”普法，利用多种渠道、采取多种方式，卓有成效地对烟花爆竹、矿工安全“七条规定”“打非治违”专项行动、特种作业“双打”、安全生产标准化、安全生产大检查、职业病防治、安全生产培训、“12350”投诉举报等重点工作任务开展宣传。通过电视、广播、报刊、网络等多种渠道，将政策措施变为清晰明快的新闻语言主动发布，促进各项重点工作任务有效落实，获得媒体和公众的广泛认可。

二是强化新闻宣传正面引导功能。宣传安全生产工作先进典型、成功经验、重大进展和工作成效。策划开展以“制度、创新、科技”为主题的“安全生产走基层”集中采访活动，围绕制度建设落实，方法手段创新、科技应用研发采编专题报道，宣传推广先进经验。在五一国际劳动节之际，策划开展“安全战线基层典型人物”集中报道。以座谈采访与实地蹲点探访相结合的方式，选取7家北京市安全文化示范企业开展“安全生产一线行”集中报道。结合党的群众路线教育实践活动，邀请各新闻媒体，以“为民、务实、清廉”为主题，组织走访一线先进个人和先进集体6次。年底组织媒体，开展“盘点2013”主题采访，围绕举报投诉及城乡结合部专项整治工作组织报道，活动累计刊发报道70余篇。

三是强化新闻宣传预警提示功能。用“严肃话题深刻说、反面典型正面引、经验教训反复讲”的方法，准确、客观、公开地发布安全生产形势和事故案例调查处理情况。每季度通报一次全市安全生产形势情况。通过“早说”争取话语主动，“敢说”表明诚恳态度，“会说”把握舆情导向，组织北京电视台科教频道《大家说法》《法治进行时》等栏目，介绍事故经过和调查处理进展，解读相关安全政策，为公众解疑释惑，起到了教育和警示的作用。针对高温、高湿、多雨等不同气候特点，易发多发安全生产事故领域，发布安全预警提示信息4774条。

四是强化宣传平台支撑引领功能。稳步推进“三报、两台、两网”阵地建设。在《中国安全生产报》刊发消息292篇，头版和图片新闻27条，策划“首都安全”专版16期。《北京日报》“安全生产视点”16期。《北京晚报》“12350百姓安全身边事”25期。城市服务管理广播《安全新干线》策划报道365期，制作专题21期，录制“对话安全”12期，“专家话安全”7期。发挥网络媒体优势，完成市安全监管局政务网站由宣传型网站向服务型网站的成功转变，建立季度通报制度，网站全年发布信息15362条，点击量达286万余次，较去年增加94万余次。实现新浪网、腾讯网、人民网政务微博三网同时运行，“粉丝”合计39万余人，全年总计发布微博881条，被评论、转发4121次，做到了同网民的“零距离”沟通。“报、台、网”全景式的宣传平台建立，及时传达国家和市级有关安全生产的最新精神、最新部署和创新经验，新闻发布数量占安全生产新闻消息的50%以上。

五是强化舆情监测研判指导功能。坚持“高度重视、妥善处置、疏导情绪”的原则，不断加强舆情监控，及时收集和研判涉安舆情、网络舆情。按照“每天有日报，每月有分析，突发事件有专报”的工作要求，制作《安全生产每日舆情》249期，《安全生产每月舆情分析》12篇，《安全生产半年舆情汇编》2期。针对社会热点事件制作舆情专报13期。

【安全文化示范企业创建】 2013年，中心以安全文化助推安全生产为主线，以“内树外引”为手段，着力构建安全生产长效机制。

一是致力于用优秀的文化创新观念塑造行为，不断深化领导层安全至上管理理念。聘请创建专家组组长讲授实际操作方法，邀请国家首批安全文化示范企业领导与新启动的安全文化示范企业创建人员面对面答疑解惑。

二是注重选拔典型，做好示范。命名表彰20家北京市安全文化示范企业，为其颁奖授牌。同时，组织有关创建企业来到市级示范企业金佰利有限公司观摩学习。通过树立典型，以点带面，进一步激发企业创建热情，提高创建水平。

三是成立示范企业评审专家组，深入申请市级示范企业和申请国家级示范企业，现场评审。了解和掌握企业安全文化建设实际情况，提出改进的意见和建议。29家企业被评为北京市安全文化建设示范企业，3家企业被推荐参加全国安全文化建设示范企业评选。全市累计市级示范企业60家，有效推进安全文化在企业安全生产中的深层次融入，发挥安全文化的教育凝聚引领作用。

北京市安全生产信息中心

2013 年，北京市安全生产信息中心紧紧围绕市安全监管局中心工作，以“京安”工程和物联网应用建设为中心，进一步建设完善安全监管信息平台，深化系统应用，建立完善运维管理体系，夯实信息化基础工作，不断强化队伍建设，圆满完成各项工作任务。

【“京安”工程建设】 2013 年，中心在市安全监管局的领导下，推广使用安全生产“京安”信息化工程，提升安全生产精细化水平。

一是围绕核心业务，完善监管信息平台功能。完善综合指标、行政许可、协同办公、隐患排查、举报投诉等系统功能；开发培训考核综合管理、安全生产标准化达标、餐饮场所燃气管理和安委会日常管理等功能；推进督查反馈、职业卫生、安全评价机构统计和注册助理安全工程师管理功能建设，完善了平台的短信、知识库和日志管理等基础功能。

二是针对重点系统，加大推广应用力度。因地制宜，采取直接使用、直接部署、系统对接 3 种模式，推广标准化系统应用工作，全市各区县均可以通过信息化系统开展标准化创建工作，并实现二级、三级标准化工作的数据共享，推进企业达标创建工作。组织对市区两级执法人员开展执法系统应用培训，提出执法系统相应设备的选型方案，对自建执法系统的区县开展调研，推进系统对接，确保实现数据共享。

三是扩大共享范围，强化数据综合利用，推进与相关部门的资源共享。梳理市安全监管局政务信息资源需求目录、政务信息资源共享目录、政务信息资源服务目录等内容，上报市经济信息化委，推动与行业委办局间的数据共享；在前期打通法人库数据应用共享渠道的基础上，增加法人库共享数据项，调整数据对接接口，初步建立了工业企业基础台账。推进与国家安全监管总局资源共享，目前已实现隐患自查自报数据的动态上报，交换数据项包括企业基础数据 16 项、安全信息 20 项，隐患数据 18 项。截至 10 月底，上报国家安全监管总局企业基础台账 182644 条，隐患数据 276781 条。

【物联网建设】 2013 年，中心继续推进安全监管系统物联网建设，建设完成了项目主体工程，得到市委、市政府领导同志的充分肯定。

一是物联网示范工程建设基本完成。接入各类数据点（位）2.4 万项，其中视频数据 7194 路，传感数据点 16922 项。已经完成与 17 个区县安全监管局和 41 家示范企业之间的网络建设。平台各项功能基本开发完成，组织各行业领域和区县开展试用。编制 4 个行业领域物联网建设标准，推进第三方服务、运维服务和安全保障体系建立。项目总体进度已完成 90%。

二是完成 2013 年烟花爆竹物联网应用建设。春节期间，实现对 12 家烟花爆竹批发单位仓库、886 个零售网点的全面监控，在全市零售网点安装音频设备，流向监控系统共记录 2351 个品种、1303405 批次的烟花爆竹出、入、返库流向数据，发出报警数据 93 条。为保障各系统稳定运行，市区两级分别制定技术保障方案，实行24小时值班。

三是强化管理，确保项目建设顺利收尾。编制项目倒排期折子工程，进一步细化工作任务，建立周反馈工作机制，协调解决工作中遇到的问题；制定项目管理制度，编制项目设计、施工、验收和竣工移交管理规定，严格项目管理程序；加强项目监督，严格做好项目设备采购、到货验收和资金支付等工作。共召开物联网专题会20余次，项目监理例会20次，编制信息简报12期。

【信息化技术保障】 2013年，中心加强安全生产信息化技术保障工作，提升运维服务水平。建立完善运维管理体系，进一步理清运维内容，组织编制《信息化项目建设转运维管理制度》及相关配套制度规范。强化日常运维管理，实施等级运维，全面做好网络与信息系统的日常巡检、维护和系统数据备份工作，加强办公电脑、应急移动指挥终端维护管理。做好重要时期技术保障，完成应急移动指挥通信车专项演练、巡检108次。在元旦、春节、“两会”“五一”、端午等重要时期，提前谋划，制定技术保障方案，对系统设备进行安全检查和技术保障演练，实行24小时技术保障值守。全年累计完成各类应用巡检5万余次，故障处理116次。完成局务会、专题会和视频会议技术保障246次。全年累计完成运维周报47期、月报12期，季度报告4期，半年报1期，专项报告24期。

【基础管理】 2013年，中心加强基础管理工作，编制信息化规划和管理制度，启动全市生产经营单位基础台账建设，做好固定资产管理工作，完善内部管理机制，践行党的群众路线。

一是启动信息化发展规划（2013年—2015年）编制工作。制定规划编制方案，组建工作机构，建立工作机制。积极开展调研，全面梳理市区两级信息化发展现状，初步提出了规划整体框架。完善信息化管理制度，起草《安全生产监管业务信息化建设管理制度》，从职责分工、需求管理、建设管理、验收管理、推广应用、资源共享等方面对全局信息化建设工作进行规范，并初步提出信息系统考核指标。

二是组织制订《全市生产经营单位安全生产信息台账管理办法》。明确工作要求、职责分工、维护管理、监督考核等内容。编制企业台账建设工作方案，确定工作目标，提出工作思路和实施步骤。确定台账建设标准，明确信息采集范围，细化企业基础信息、企业安全管理信息、日常安全生产监管监察信息建设内容。

三是做好固定资产到货核查工作。结合物联网、应急指挥中心搬迁项目建设，按照相关制度，严把设备验收关，及时更新资产台账。做好固定资产盘点工作，配合市安全监管局办公室，定期对各类固定资产进行现场核对，确保账实相符。开展资产管理系统建设，结合物联网项目资产量大、使用单位广的特点，组织完成了信息化资产管理系统开发。

四是完善了工作反馈机制。按照年初制定的中心折子工程，明确工作目标、责任部门和完成时限，建立周反馈、每月总结工作机制。完成2012年度干部考核工作，制定考核工作方案，评选出年度优秀干部。梳理了各项工作职责，修订岗位职责说明书，将责任落实到人。

五是坚持每周学习制度。共组织集体学习活动14次，其中专题辅导1次，观看教育片3次，参观展览和教育基地2次，旁听庭审1次。深入开展调查研究，深入一线查问题、摸实情、解难题，制定工作联系点的计划，明确工作目标和任务，提出工作措施。全面清理文件制度，梳理出涉及机关内部管理的制度共7项，根据实际工作需要，对3项制度进行修改完善，以满足现有工作需要。

北京市安全生产举报投诉中心

2013年，北京市安全生产举报投诉中心在市安全监管局领导下，在各区县、各部门、各单位支持和协助下，按照工作部署，推进安全生产举报投诉体系建设，受理各项安全生产举报事项，探索和完善举报投诉机制，以群众路线教育活动和安全生产大检查为契机，进一步加强举报投诉的协调联动工作，为维护首都安全和稳定做出了贡献。中心立案查处的2978件案件，查证属实1430件，处罚率48.02%，采取各项行政措施1642项，关闭8家次，暂扣或者吊销许可证、执照1家次，拆除104家次，责令停产停业30家次，没收违法所得、非法财物2家次，罚款22家次，整改1044家次，宣传教育69家次，警告50家次，约谈32家次。奖励举报事项1205件，奖金24.06万元。

【举报投诉系统平台升级改造】 1月14日，升级改造后的安全生产举报投诉信息管理系统正式运行。系统覆盖市安全监管局21个处室（队）、全市16个区县安全监管局和开发区安全监管局、市安委会35个成员单位、16个区县政府和开发区管委会。实现网上线索接收、网上受理分办、网上公示结果的功能，提高举报工作的安全性、保密性、高效性、便捷性。市安委会成员单位均可通过信息平台接收举报投诉工单，提高了办理效率，平均每件举报查处时间缩短3个工作日以下。

【联络员队伍建设】 5月8日，中心组织全市安全生产举报投诉联络员培训会。此次培训工作，本着“课前有调查、课后有考核、课上有互动、课后有评估”的要求，分别制作培训需求、教学评价、教师评价、教学管理评价、联络员基本情况调查、举报投诉信息管理系统知识库需求调查等不同类别的调查问卷，全面了解掌握情况，为培训工作夯实了基础、提升了效能、积累了经验。

【舆论宣传】 2013年，中心邀请《中国安全生产报》《北京晚报》《现代职业安全》等多家媒体，开展“12350”媒体采访日活动，介绍举报投诉的工作流程和工作实效并邀请参观受理大厅，主动接受社会监督。与北京城市管理广播《安全新干线》栏目合作，对市民反映的安全隐患核查情况、生产经营单位生产经营活动中的安全提示和承办单位办理的典型案例进行现场连线播报，提升了安全监管系统为民、务实、清廉的良好形象，提高了市民参与安全生产社会监督的积极性。在安全生产月宣传咨询日现场，主动向市民宣传安全生产知识，现场接听、处理举报投诉信息，提高了“12350”的社会知晓度和影响力。

【隐患类举报】 2013年，中心受理有效举报2978件。其中，安全隐患类举报2389件，占总数的80.22%；非法违法生产经营建设类举报523件，占总数的17.56%；事故类举报38件，占总数的1.28%；其他类举报28件，占总数的0.94%。未接到不稳定因素类举报。（见图1）

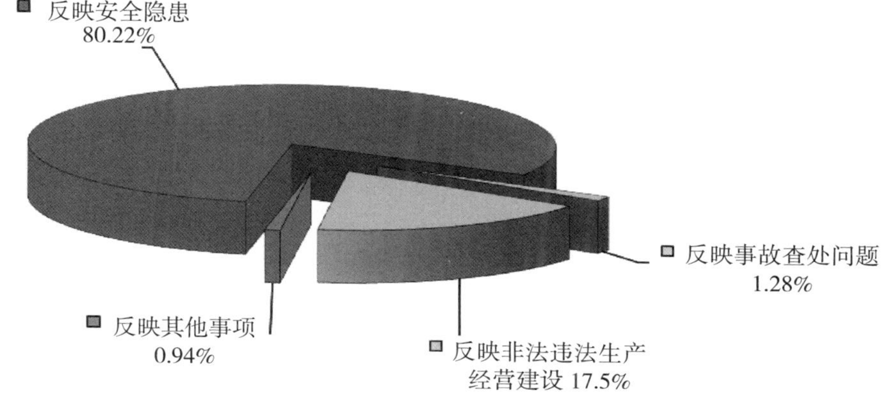

图1 2013年举报内容分类图

【举报投诉渠道】 2013年，中心受理的举报投诉事项，按照举报渠道分类，其中电话举报1111件，占总数的37.31%；网络举报1831件，占总数的61.48%；局长信箱18件，占总数的0.6%；信件13件，占总数的0.44%；邮件2件，占总数的0.07%；转件2件，占总数的0.07%；传真1件，占总数的0.03%。（见图2）

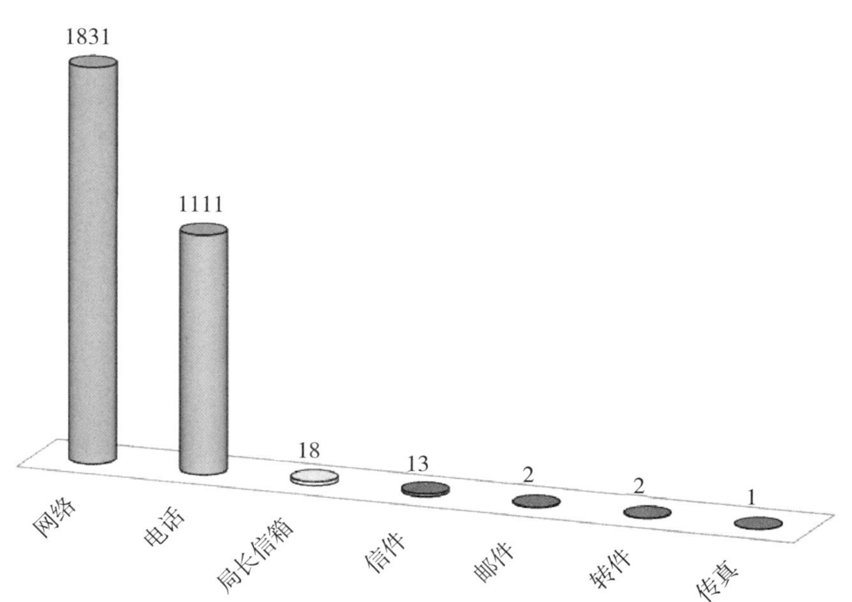

图2 2013年来电途径分类图

【区县安全监管局立案】 2013年，各区县安全监管局举报投诉立案查处情况，查处数量由高到低前5位分别为朝阳区安全监管局、丰台区安全监管局、海淀区安全监管局、昌平区安全监管局和西城区安全监管局。（见表1）

表1 2013年区县安全监管局立案查处情况

区域名称	件数	区域名称	件数
东城区	110	西城区	148
朝阳区	307	海淀区	158
丰台区	177	石景山区	64
门头沟区	15	房山区	54
通州区	99	顺义区	53
大兴区	81	昌平区	153
平谷区	12	怀柔区	55
密云县	13	延庆县	1
开发区	15	合计	1515

【区县政府立案】 各区县政府举报投诉立案查处情况，查处数量由高到低前5个区县分别是朝阳区政府、海淀区政府、西城区政府、丰台区政府和昌平区政府。（见表2）

表2 2013年区县政府立案查处情况

区域名称	件数	区域名称	件数
东城区	30	西城区	67
朝阳区	86	海淀区	75
丰台区	65	石景山区	14
门头沟区	3	房山区	5
通州区	17	顺义区	11
大兴区	22	昌平区	50
平谷区	5	怀柔区	6
密云县	4	延庆县	2
开发区	0	合计	462

【市安委会成员单位立案】 2013年，市安委会各成员单位举报投诉立案查处情况，按照查处数量由高到低依次是市公安局消防局、市住房城乡建设委、市质监局、市城管执法局、市卫生局、市工商局、市市政市容委、市交通委和市国土局。（见图3）

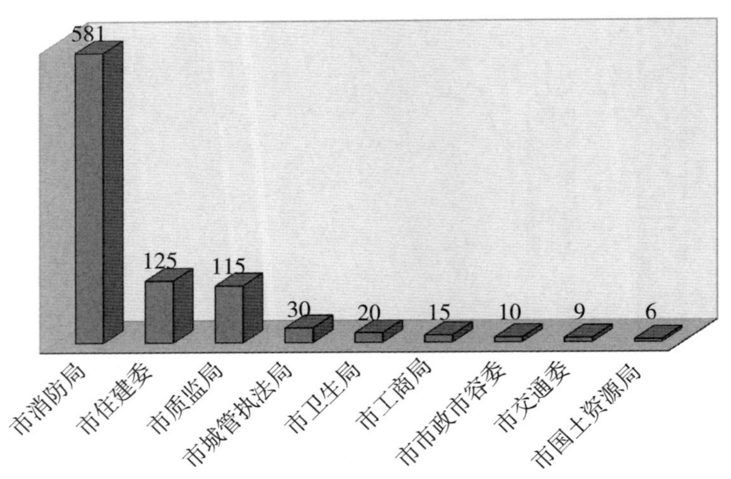

图3 2013年市委会成员单位立案查处情况

【被举报单位所属行业】 2013年，依据被举报单位所属行业进行划分，举报数量由高到低前5个行业依次是：批发零售业、建筑业、住宿餐饮业、居民服务业及其他服务业和文化体育娱乐业，共占举报总量的86.1%。（见表4）

表4 2013年群众举报安全隐患行业分布

序号	名称	件数
1	批发零售业	868
2	建筑业	527
3	住宿餐饮业	466
4	居民服务业及其他服务业	396
5	文化体育娱乐业	307
6	制造业	164
7	房地产业	96
8	电力、燃气及水的生产和供应业	85
9	交通运输、仓储和邮政业	67
10	其他	2
11	合计	2978

【被举报单位所属区域】 2013年，依据被举报单位所处区域进行划分，举报数量由高到低前6个区县依次是朝阳区、海淀区、丰台区、西城区、昌平区和通州区，占举报总量的71.89%。（见表5）

表5 2013年10月份群众举报安全隐患区域分布

区域名称	件数	区域名称	件数
东城区	190	西城区	329
朝阳区	584	海淀区	378
丰台区	359	石景山区	113
门头沟区	32	房山区	116
通州区	192	顺义区	96

续表

区域名称	件数	区域名称	件数
大兴区	157	昌平区	299
平谷区	20	怀柔区	70
密云县	22	延庆县	4
开发区	17	合计	2978

北京市安全生产协会

2013年，北京市安全生产协会以服务政府、服务会员和服务社会为核心，以提高工作质量和水平为重点，围绕全市安全生产中心工作，发挥协会的桥梁和纽带作用，各项工作取得进展和明显成效。

【二届四次理事会】 3月28日，市安全生产协会召开二届四次理事会，审议通过2012年工作报告和2013年重点工作安排、2012年度财务收支情况、秘书长人事变更和关于发展会员、吸收赞助奖励办法等议案，新增补11家企业为会员单位和4个理事单位，增设15家理事单位为常务理事。会议还对2012年征文活动和优秀信息的获奖单位和个人进行表彰。

【对外交流活动】 5月，市安全生产协会组织17家会员单位共25人赴新疆考察安全生产标准化工作，就安全生产管理等工作进行交流。在考察期间，与新疆维吾尔自治区安全监管局有关领导进行了座谈，参观新疆中泰化学（集团）、大明矿业集团等企业。此次考察活动得到了会员单位好评，通过考察，开阔了视野，学到了好的经验。

【标准化（二级）评审管理】 2013年，市安全生产协会受市安全监管局委托，承担工业企业安全生产标准化（二级）评审单位和安全生产标准化专家的管理工作，负责对评审员和评审专家进行培训，对评审单位评审情况（评审报告）进行复核抽查。为做好标准化推进工作，成立由25名专家组成的专家组，推荐41家评价机构和11家工业总公司（集团）为北京市工业企业安全生产标准化（二级）评审单位。编印4个安全生产标准化文件和18个管理制度，完成《北京市企业安全生产标准化建设工作指南》和《北京市工业企业安全生产标准化建设有关文件》的印制工作。分3批举办评审单位负责人和评审员培训班，52家评审单位716人参加培训。全年复核企业安全生产标准化（二级）评审材料339份，在复核的基础上，组织专家现场抽查51家企业，抽查比例15%。在抽查中分别对企业的基础管理、防爆、电器、设备、作业环境、隐患整改等进行重点检查，对企业评审存在的问题进行确认和整改，并上报市安全监管局核准。全年，市安全监管局核准工业企业安全生产标准化（二级）单位226家，并在政务网站上进行公告。

【安全社区建设】 2013年，市安全生产协会开展市级安全社区评定及发证工作。经专家综合审定，报市安全社区建设促进委员会办公室、市安全监管局批准，有6个街道正式命名为“北京市安全社区”并颁发了“北京市安全社区”牌匾及证书。在推进安全社区建设工作中，做好《北京安全社区》报的编辑工作，共出版6期5200份，发到各区县安全社区建设促进委员会办公室及有关单位。组织专家对创建试点单位进行培训指导12次，对正在创建的20个社区进行了技术指导。举办安全社区建设培训班，对各区县安全社区建设促进委员会、区安全监管局、乡镇街道安全社区创建负责人125人进行培训。

【安全生产年鉴编纂】 2013年，市安全生产协会全面完成2013年版《北京安全生产年鉴》编纂、出版任务。召开年鉴总结部署会和培训班，市和区县安全监管部门编辑人员50多人参加会议和培训。收集文字资料1600千字，使用788千字；收集照片1038幅，使用320幅。

【特种作业培训教材】 2013年，市安全生产协会为本市安全生产培训机构和企业提供特种作业培训所需教材20多种，印制11474册，发出9760册，满足本市培训工作的需要。

【论文征集评审与编辑】 2013年，市安全生产协会收到安全生产征文稿件46篇，经专家评审，评选出一等奖4名、二等奖11名、三等奖11名、鼓励奖20名。

【专题培训教育】 2013年，市安全生产协会组织专题培训7期，培训学员1058人。组织本市企业、商场、餐饮管理人员、班组长和安全员进行安全生产管理、安全生产标准化方面的培训24次，参加培训共计4800人。全年，共编辑印发《协会简报》12期6100份。

统计资料

北京市2013年度安全生产形势分析报告

一、全市安全生产事故总体情况

（一）事故总量总体下降。截至2013年12月31日，全市共发生道路交通、生产安全、火灾、铁路交通死亡事故937起，死亡1032人，事故起数同比减少45起，下降4.6%，死亡人数同比减少41人，下降3.8%。事故死亡人数占国务院安委会下达年度控制指标的70.6%。

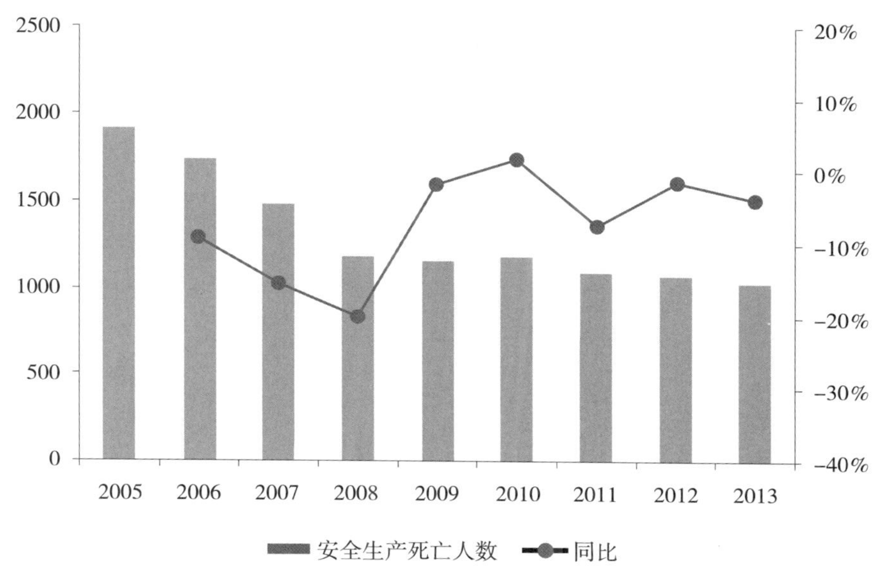

图1　历年安全生产死亡人数对比图

（二）较大事故特别是重大事故仍未得到有效遏制。全市共发生一次死亡3人以上较大事故16起，死亡55人，事故起数同比减少1起，下降5.9%，死亡人数同比减少7人，下降11.3%，占年度控制指标的69.6%。发生一起重大火灾事故，造成12

人死亡，突破全年控制指标。其中：发生道路交通较大事故14起，死亡49人，同比持平；发生火灾较大事故2起，死亡6人，事故起数同比增加1起，死亡人数同比增加3人。

（三）各相对指标控制在年度目标内。亿元地区GDP生产安全事故死亡率为0.053，与国务院安委会下达指标0.061相比，减少0.008；工矿商贸企业从业人员10万人生产安全事故死亡率为0.94，与国务院安委会下达指标1.35相比，减少0.41；道路交通万车死亡率为1.58，与国务院安委会下达指标1.6相比，减少0.02；煤矿百万吨煤死亡率为0.40，与国务院安委会下达指标1.8相比，减少1.4；特种设备万台死亡率为0.07，与国务院安委会下达指标0.39相比，减少0.32。

（四）各区县事故情况呈现不均衡态势。从指标控制情况上看，总体指标开发区、门头沟区、西城区控制情况较好，列全市前三位，朝阳区、房山区总体指标超过年度控制指标，平谷区总体指标达到年度控制指标。其中，生产安全事故指标通州区、大兴区控制情况较好，低于全年控制指标的20%，为全市最低。房山区突破全年控制指标4人，门头沟区、怀柔区与全年控制指标持平；火灾事故指标怀柔区、延庆县、开发区控制较好，全年未发生火灾亡人事故，朝阳区发生1起重大火灾事故，火灾事故指标超标；道路交通事故指标开发区、门头沟区控制情况较好，低于全年控制指标的60%，朝阳区达到全年控制指标；各区县铁路交通事故普遍较少，行人肆意翻越铁路护网，横穿线路或在铁路线上逗留是造成铁路事故的主要原因。

二、各类安全生产事故主要特点

分析全年各类安全生产事故情况，有以下几个方面特点：

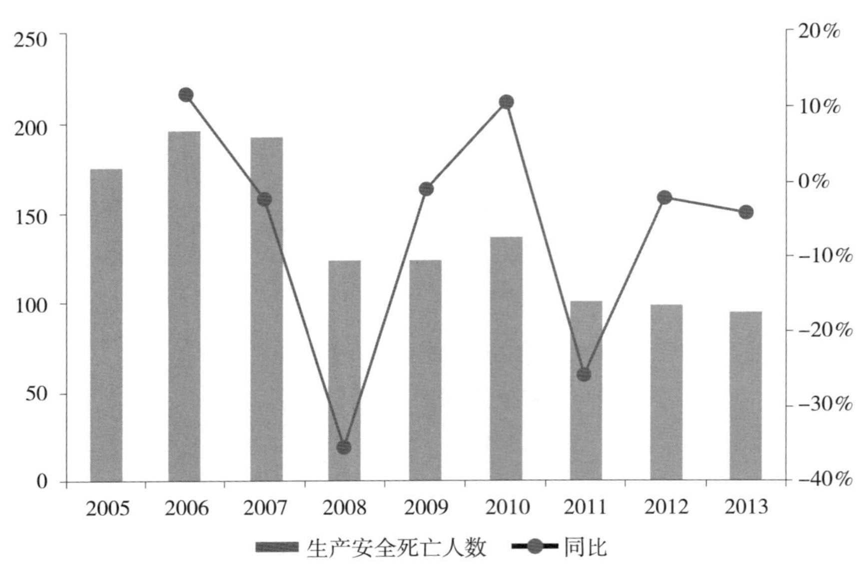

图2　历年生产安全事故死亡人数对比图

（一）生产安全事故继续保持小幅下降趋势。2013 年，全市共发生生产安全死亡事故 91 起，死亡 95 人，事故起数同比增加 8 起，上升 9.6%，死亡人数同比减少 4 人，下降 4.0%。由于持续开展安全生产大检查和专项整治工作，生产安全事故得到控制，全年未发生危险化学品死亡事故和一次死亡 3 人以上较大事故。

分析近 3 年来生产安全事故情况，2011 年至 2013 年，分别死亡 101 人、99 人、95 人。死亡人数下降幅度日趋减小，处于低位运行调整期，部分领域事故出现反弹。

一是建筑行业仍然属于生产安全事故高发领域。全年共发生建筑业死亡事故 55 起，死亡 56 人，分别占全年生产安全事故死亡起数人数的 60.4% 和 58.9%。其中建委系统 16 起 16 人，同比减少 1 起 7 人；道路建设工程 3 起 3 人，电力建设工程 4 起 4 人，轨道交通建设工程 2 起 2 人，市政建设工程 6 起 7 人，水利建设工程 1 起 1 人，园林绿化工程 1 起 1 人，房屋建设工程 19 起 19 人，小型工程 19 起 19 人。

二是高处坠落、触电、物体打击、坍塌事故仍占较大比重，分别占事故死亡总人数的 28.4%、14.7%、4.2% 和 10.5%。违章指挥、违章操作、违反劳动纪律（“三违”）仍是造成死亡事故的主要原因，死亡人数占总数的 55.8%。

三是煤矿、危险化学品事故继续保持较低数量。全年发生煤矿死亡事故 2 起，死亡 2 人，同比持平，危险化学品连续 4 年未发生死亡事故。

四是矿山事故出现反弹。2013 年发生事故 2 起，死亡 2 人。此前连续 3 年未发生矿山事故。

五是有限空间等城市运行领域事故保持下降趋势。2013 年共发生有限空间事故 4 起，同比增加 1 起，死亡 4 人，同比减少 1 人，为历年最低。

（二）非法违法行为引发的事故仍未得到有效遏制。2013 年上半年，市政府建立了打击违法建设违法用地长效工作机制，部分区县“打非治违”工作成效显著，因违法建设导致的事故实现零死亡。但是从下半年开始，“打非治违”工作有所放松，一些盲区、漏洞集中显现，接连发生东城区“7·24”燃气爆燃事故、朝阳区“11·19”重大火灾事故，这些事故的共同特点都是由于非法违法从事生产经营活动引发，损失惨重，教训深刻，影响恶劣。

（三）火灾事故大幅度上升。2013 年，全市共发生火灾死亡事故 32 起，死亡 53 人，同比增加 8 起 27 人，分别上升 33.3% 和 103.8%（其中生产经营性火灾事故 4 起 15 人）。特别是朝阳区“11·19”重大火灾事故，导致 12 人死亡，造成了全市火灾事故总量的上升。通过分析石景山“10·11”等火灾事故，主体责任不落实是事故多发的重要原因。一方面，企业消防安全意识不强，违法违规现象严重，隐患排查整改不到位，安全培训教育不足，工作人员缺乏必要的消防安全知识；另一方面，企业安全资金投入不足，消防设备设施老化失效或配备不足不能发挥作用，违规使用耐火等级差、不符合标准的建筑材料。

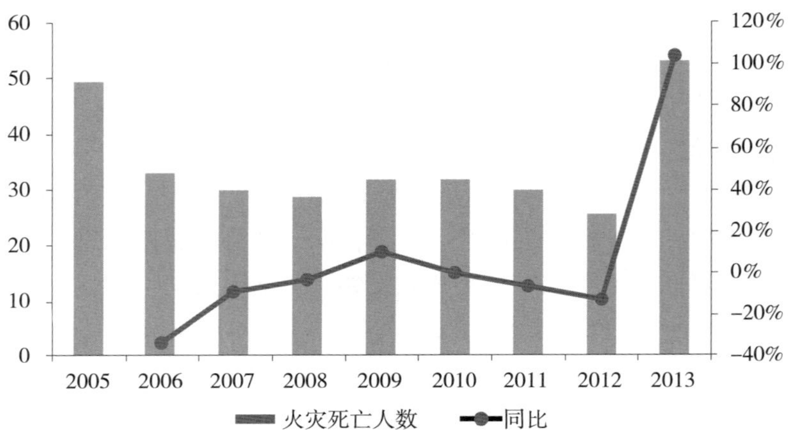

图 3　历年火灾事故死亡人数对比图

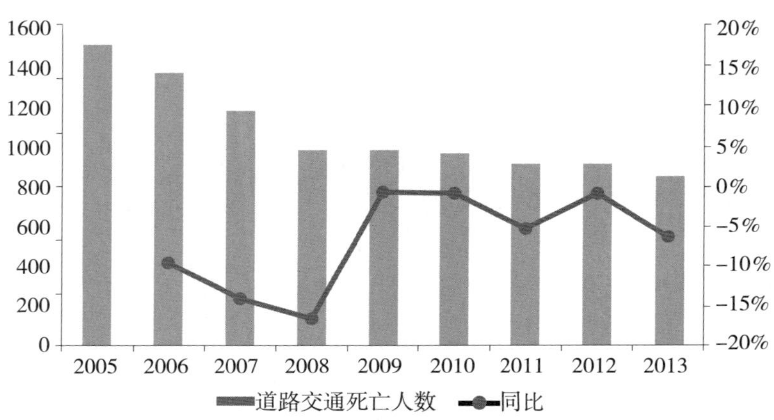

图 4　历年道路交通事故死亡人数对比图

（四）道路交通事故继续保持平稳下降趋势。2013 年，全市发生道路交通死亡事故 791 起，死亡 860 人，同比分别减少 54 起 58 人，下降 6.4% 和 6.3%（其中生产经营性道路交通事故 193 起 214 人）。远郊区县、外埠来京人员、车辆事故高发，占死亡总人数六成以上。

（五）铁路交通事故持续保持一定幅度下降。2013 年，全市发生铁路交通死亡事故 23 起，死亡 24 人，同比减少 6 起 5 人，分别下降 20.7% 和 17.2%，行人肆意翻越铁路护网，横穿线路或在铁路线上逗留仍是造成铁路伤亡事故多发的主要原因。

三、存在的主要问题

2013 年，全市安全生产工作虽然取得了一定成效，但与党中央、国务院和市委、市政府的要求存在较大差距。部分地区和行业领域事故依然多发。

分析事故原因和存在的主要问题：

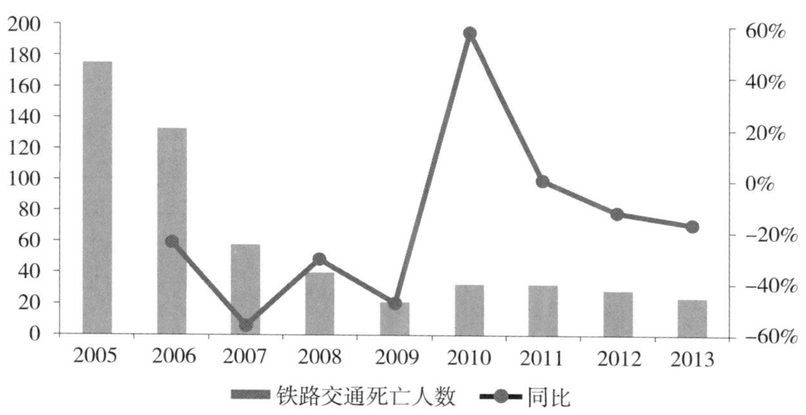

图 5 历年铁路交通事故死亡人数对比图

一是安全生产形势严峻。城乡结合部等区域及城市运行等行业领域安全隐患较为突出。先后发生了丰台区园博园“4·8”火灾事故、东城区金凤呈祥蛋糕店“7·24”燃气爆燃事故、石景山区喜隆多商城“10·11”火灾事故、朝阳区小武基村“11·19”重大火灾事故等，造成了重大人员伤亡和财产损失，给全市安全生产工作敲响了警钟。

二是企业主体责任特别是“一把手”责任未有效落实。相当数量企业“一把手”认为安全生产只是分管负责人的职责，片面追求利益最大化，普遍存在重生产经营轻安全生产的现象，直接导致企业安全管理基础薄弱、员工安全生产意识淡薄，在安全投入、设备设施改造、人员培训教育、应急救援等方面严重不足。部分单位分管负责人、关键岗位人员和危险性作业人员安全素质低下，对法律法规和规范标准“视若无物”，违规违章现象严重，安全生产事故隐患大量存在。

三是非法违法生产经营建设问题依然突出。特别是城乡结合部地区，低端产业无序发展，外来人口高度聚集，“五小企业”“六小场所”“三合一”“多合一”数量众多，依然存在引发重特大事故的风险。

四是城市运行相关行业领域安全生产压力巨大。现有城市地下管线密布交错，高负荷运转使用，管道与市政基础设施及居民区交叉、重叠、占压等问题突显。地铁大客流影响进一步加剧，特别是早晚高峰期，运能和运力矛盾更加突出。高层建筑、地下空间、小商品批发市场等人员密集场所消防隐患依然存在。

五是政府和部门监管力度有待进一步加强。部分行业安全监管（管理）职责存在漏洞盲区，专业力量不足、不能及时发现问题，发现问题后提出的整改意见专业性不强，整改措施不能真正落实到位。部分乡镇（街道）安全监管力量、能力与任务不相匹配，监管工作中存在着执法检查不到位、职责落实不到位等问题，存在安全生产工作力量层层递减现象。

表 1　安全生产核心统计指标表

<table>
<tr><th colspan="3">指标名称</th><th>指标下达情况</th><th>全年落实情况</th><th>与控制考核指标相比（%）</th></tr>
<tr><td>总体控制考核指标</td><td colspan="2">各类事故死亡人数</td><td>1145</td><td>1032</td><td>90.1</td></tr>
<tr><td rowspan="9">绝对控制考核指标（人）</td><td rowspan="9">其中</td><td>1. 生产安全</td><td>142</td><td>95</td><td>66.9</td></tr>
<tr><td>煤矿</td><td>9</td><td>2</td><td>22.2</td></tr>
<tr><td>建筑施工</td><td>89</td><td>56</td><td>62.9</td></tr>
<tr><td>道路交通</td><td>937</td><td>860</td><td>91.8</td></tr>
<tr><td>其中：生产经营性</td><td>315</td><td>214</td><td>67.9</td></tr>
<tr><td>火灾</td><td>—</td><td>53</td><td>—</td></tr>
<tr><td>其中：生产经营性</td><td>30</td><td>15</td><td>50</td></tr>
<tr><td>铁路交通</td><td>32</td><td>24</td><td>75</td></tr>
<tr><td>农业机械</td><td>4</td><td>0</td><td>0</td></tr>
<tr><td rowspan="4">控制考核指标（起）</td><td colspan="2">较大事故起数</td><td>23</td><td>17</td><td>73.9</td></tr>
<tr><td rowspan="3">其中</td><td>生产安全</td><td>—</td><td>0</td><td>—</td></tr>
<tr><td>道路交通</td><td>—</td><td>14</td><td>—</td></tr>
<tr><td>火灾</td><td>—</td><td>2</td><td>—</td></tr>
<tr><td colspan="2" rowspan="5">相对控制考核指标</td><td>亿元地区 GDP 生产安全事故死亡率（人/亿元）</td><td>0.061</td><td>0.053</td><td>86.9</td></tr>
<tr><td>工矿商贸企业从业人员 10 万人身安全事故死亡率（人/10 万人）</td><td>1.35</td><td>0.94</td><td>69.6</td></tr>
<tr><td>道路交通万车死亡率（人/万车）</td><td>1.6</td><td>1.58</td><td>98.8</td></tr>
<tr><td>煤矿百万吨死亡率（人/百万吨）</td><td>1.8</td><td>0.40</td><td>22.2</td></tr>
<tr><td>特种设备万台死亡率（人/万台）</td><td>0.39</td><td>0.07</td><td>17.9</td></tr>
</table>

表 2　全市各行业领域安全生产事故情况表

单位：人

类别		2009 年		2010 年		2011 年		2012 年		2013 年	
		下达	实际	下达	实际	下达	实际	下达	实际	下达	实际
合计		1330	1157	1311	1176	1270	1089	1154	1073	1145	1032
一、工矿商贸合计		165	123	165	136	160	101	144	99	142	95
其中	1. 煤矿	13	3	13	8	13	0	9	2	9	2
	2. 金属与非金属矿	0	0	1	0	2	0	2	0	1	2
	3. 建筑施工	100	60	100	84	100	64	90	64	89	56
	4. 危险化学品	1	0	1	0	1	0	1	0	1	0
	5. 烟花爆竹	0	0	0	0	0	0	0	0	0	0
二、火灾		29	32	32	32	27	30	27	26	–	53
生产经营性		—	—	—	—	2	—	15	14	30	15
三、道路交通		1088	981	1072	974	1049	924	947	918	937	860
生产经营性		241	—	303	—	350	—	315	283	315	214
四、铁路交通		48	21	40	33	32	33	32	29	32	24
五、农业机械		0	0	2	1	2	1	4	1	4	0

表 3　全市各行业领域安全生产较大事故情况表

单位：起 / 人

事故类别		2009 年	2010 年	2011 年	2012 年	2013 年
生产安全		5/19	4/12	1/5	2/10	0/0
其中	建筑施工	2/6	3/9	0	2/10	0/0
	煤矿	0	1/3	0	0	0/0
	道路交通	13/50	18/58	18/62	14/49	14/49
	火灾	1/3	2/6	1/18	1/3	3/18
	铁路交通	0	0	0	0	0/0
	农业机械	0	0	0	0	0/0
总计		19/72	24/76	20/85	17/62	17/67

表 4　全市各区县安全生产事故情况表

项目 / 单位		指标控制比率（%）	道路交通事故情况（起 / 人）	火灾事故情况（起 / 人）	铁路交通事故情况（起 / 人）	生产安全事故情况（起 / 人）	较大事故情况（起 / 人）
首都功能核心区		164	19/21	2/3	0	8/10	1/3
其中	东城区	183	7/9	1/2	0	4/6	1/3
	西城区	150	12/12	1/1	0	4/4	0
城市功能拓展区		114	269/287	16/31	5/5	41/42	5/27
其中	朝阳区	105	144/154	6/17	3/3	15/15	3/19
	海淀区	117	61/64	6/8	1/1	16/17	1/3
	丰台区	123	54/58	3/4	1/1	5/5	1/5
	石景山区	175	10/11	1/2	0	5/5	0
城市发展新区		108	393/437	11/16	7/8	22/23	10/34
其中	房山区	112	89/95	3/3	2/2	11/12	1/4
	通州区	108	76/85	2/4	1/2	1/1	2/6
	顺义区	102	94/106	1/1	1/1	5/5	3/11
	昌平区	110	92/102	3/6	3/3	2/2	3/10
	大兴区	120	40/47	2/2	0	1/1	1/3
	开发区	80	2/2	0	0	2/2	0
生态涵养发展区		122	108/113	3/3	10/10	15/15	1/3
其中	门头沟区	169	8/8	1/1	1/1	4/4	0
	怀柔区	106	24/24	0	3/3	5/5	0
	平谷区	108	19/23	1/1	3/3	1/1	1/3
	密云县	128	31/32	1/1	2/2	3/3	0
	延庆县	129	26/26	0	1/1	2/2	0
其他地区和单位		—	2/2	0	1/1	3/3	0
京煤集团		—	0	0	0	2/2	0
其他		—	0	0	0	0	0
全市总计		164	791/860	32/53	23/24	83/99	17/67

表 5　全市生产安全事故类型统计表

单位：起 / 人

类别	1 月	2 月	3 月	4 月	5 月	6 月	7 月	8 月	9 月	10 月	11 月	12 月
物体打击	0	0	0	0	0	1/1	0	0	1/1	0	2/2	0
车辆伤害	0	0	0	0	2/2	0	0	0	0	0	0	0
机械伤害	0	0	0	0	0	1/1	1/1	0	0	2/2	0	1/1
起重伤害	0	1/1	0	0	1/1	1/1	2/2	0	1/1	3/3	1/1	0
触电	0	0	1/1	1/1	2/2	1/1	5/5	4/4	0	0	0	0
淹溺	0	0	1/1	0	0	0	0	0	0	0	0	2/2
灼烫	0	0	0	0	0	0	0	0	0	0	0	0
火灾	0	0	0	0	0	0	0	0	0	0	0	0
高处坠落	2/2	0	3/3	3/3	2/2	3/4	4/4	3/3	1/1	1/1	1/1	3/3
坍塌	1/1	0	1/1	1/1	0	1/1	0	2/2	1/2	0	1/1	1/1
冒顶片帮	0	0	0	1/1	1/1	0	0	0	0	0	1/1	0
透水	0	0	0	0	0	0	0	0	0	0	0	0
放炮	0	0	0	0	0	0	0	0	0	0	0	0
火药爆炸	0	0	0	0	0	0	0	0	0	0	0	0
瓦斯爆炸	0	0	0	0	0	0	0	0	0	0	0	0
锅炉爆炸	0	0	1/1	0	0	0	1/1	0	0	0	0	0
容器爆炸	0	0	0	0	0	0	1/2	0	1/1	0	0	0
其他爆炸	0	0	1/1	0	1/1	0	0	0	0	0	0	0
中毒窒息	0	0	0	0	0	1/1	1/1	1/1	1/1	1/1	2/3	0
其他伤害	0	0	0	0	0	0	0	0	0	0	1/1	2/2
全市	3/3	1/1	7/7	6/6	9/9	9/10	15/16	10/10	6/7	7/7	9/10	9/9

表 6　全市各区县生产安全事故月度分布表

单位：起 / 人

区域		合计	1 月	2 月	3 月	4 月	5 月	6 月	7 月	8 月	9 月	10 月	11 月	12 月
首都功能核心区		8/10	0	0	1/1	0	2/2	1/2	2/3	0	1/1	0	1/1	0
其中	东城区	4/6	0	0	0	0	1/1	1/2	2/3	0	0	0	0	0
	西城区	4/4	0	0	1/1	0	1/1	0	0	0	1/1	0	1/1	0
城市功能拓展区		41/42	2/2	1/1	4/4	4/4	4/4	3/3	7/7	7/7	2/3	1/1	3/3	3/3
其中	朝阳区	15/15	1/1	1/1	1/1	1/1	1/1	1/1	3/3	3/3	1/1	0	1/1	1/1
	海淀区	16/17	0	0	1/1	2/2	2/2	1/1	2/2	4/4	1/2	0	2/2	1/1
	丰台区	5/5	1/1	0	1/1	1/1	1/1	1/1	0	0	0	0	0	0
	石景山区	5/5	0	0	1/1	0	0	0	2/2	0	0	1/1	0	1/1
城市发展新区		22/23	1/1	0	2/2	1/1	1/1	5/5	3/3	0	1/1	4/4	2/3	2/2
其中	房山区	11/12	0	0	1/1	1/1	0	2/2	3/3	0	0	1/1	2/3	1/1
	通州区	1/1	0	0	1/1	0	0	0	0	0	0	0	0	0
	顺义区	5/5	0	0	0	0	1/1	3/3	0	0	0	1/1	0	0
	昌平区	2/2	0	0	0	0	0	0	0	0	0	1/1	0	1/1
	大兴区	1/1	0	0	0	0	0	0	0	0	1/1	0	0	0
	开发区	2/2	1/1	0	0	0	0	0	0	0	0	1/1	0	0
生态涵养发展区		15/15	0	0	0	1/1	1/1	0	3/3	3/3	2/2	2/2	1/1	2/2
其中	门头沟区	4/4	0	0	0	1/1	0	0	1/1	0	1/1	1/1	0	0
	怀柔区	5/5	0	0	0	0	0	0	1/1	1/1	1/1	1/1	1/1	0
	平谷区	1/1	0	0	0	0	0	0	0	1/1	0	0	0	0
	密云县	3/3	0	0	0	0	1/1	0	0	1/1	0	0	0	1/1
	延庆县	2/2	0	0	0	0	0	0	1/1	0	0	0	0	1/1
京煤集团		2/2	0	0	0	0	1/1	0	0	0	0	0	1/1	0
其他		3/3	0	0	0	0	0	0	0	0	0	0	1/1	2/2
全市总计		91/95	3/3	1/1	7/7	6/6	9/9	9/10	15/16	10/10	6/7	7/7	9/10	9/9

表 7　全市生产安全事故原因分类表

单位：起 / 人

类别	全年	1 月	2 月	3 月	4 月	5 月	6 月	7 月	8 月	9 月	10 月	11 月	12 月
技术和设计有缺陷	0	0	0	0	0	0	0	0	0	0	0	0	0
设备设施工具附件有缺陷	4/5	0	0	1/1	0	0	2/3	0	0	0	0	1/1	0
安全设施缺少或有缺陷	11/11	0	0	1/1	2/2	0	3/3	0	1/1	1/1	1/1	1/1	1/1
生产场所环境不良	4/4	0	0	0	0	0	0	1/1	2/2	1/1	0	0	0
个人防护用品缺少或有缺陷	7/7	0	0	1/1	1/1	1/1	0	0	2/2	0	0	0	2/2
没有安全操作规程或不健全	0	0	0	0	0	0	0	0	1/1	0	0	0	0
违反操作规程或劳动纪律	51/53	2/2	1/1	3/3	3/3	6/6	2/2	13/14	4/4	3/3	6/6	4/5	4/4
劳动组织不合理	1/1	0	0	0	0	0	0	0	0	0	0	1/1	0
对现场工作缺乏检查或指挥错误	5/6	0	0	1/2	0	1/1	2/2	0	0	1/1	0	0	0
培训教育不够，缺乏安全操作知识	2/2	1/1	0	0	0	0	0	1/1	0	0	0	0	0
其他	6/6	0	0	0	0	1/1	0	0	1/1	0	0	2/2	2/2
全市	91/95	3/3	1/1	7/7	6/6	9/9	9/10	15/16	10/10	6/7	7/7	9/10	9/9

表 8　全市各行业领域生产安全事故情况表

单位：起 / 人

名称	全年	1 月	2 月	3 月	4 月	5 月	6 月	7 月	8 月	9 月	10 月	11 月	12 月
建筑业	55/56	3/3	0	4/4	2/2	8/8	4/4	9/9	8/8	4/5	3/3	5/5	5/5
其中：建委系统	16/16	1/1	0	3/3	0	2/2	0	4/4	1/1	1/1	0	3/3	1/1
轨道建设工程	2/2	0	0	1/1	0	1/1	0	0	0	0	0	0	0
电力、电信工程	4/4	0	0	0	0	0	0	2/2	0	1/1	0	0	1/1
道路建设工程	3/3	0	0	0	0	1/1	1/1	1/1	0	0	0	0	0
企业（个人）改扩建工程	19/19	2/2	0	2/2	0	2/2	0	4/4	1/1	1/1	3/3	3/3	1/1
水利、热力工程	1/1	0	0	0	1/1	0	0	0	0	0	0	0	0
园林绿化工程	1/1	0	0	0	0	0	1/1	0	0	0	0	0	0
装饰装修工程	6/7	0	0	0	0	1/1	1/1	0	2/2	1/2	0	0	1/1
拆除工程	19/19	1/1	0	1/1	1/1	3/3	1/1	2/2	5/5	1/1	0	2/2	2/2
其他	0	0	0	0	0	0	0	0	0	0	0	0	0
电力、燃气及水的生产和供应业	0	0	0	0	0	0	0	0	0	0	0	0	0
服务业	9/11	0	0	0	2/2	0	1/2	2/2	0	1/1	2/2	1/2	0
交通运输、仓储及邮政业	0	0	0	0	0	0	0	0	0	0	0	0	0
农、林、牧、渔业	0	0	0	0	0	0	0	0	0	0	0	0	0
批发和零售业	2/3	0	0	0	0	0	0	1/2	0	0	0	0	1/1
水利、环境和公共设施管理业	2/2	0	0	0	0	0	0	1/1	1/1	0	0	0	0
文化、体育和娱乐业	1/1	0	0	0	0	0	0	0	1/1	0	0	0	0
信息传输、计算机服务和软件业	0	0	0	0	0	0	0	0	0	0	0	0	0
采矿业	2/2	0	0	0	1/1	0	1/1	0	0	0	0	0	0
制造业	14/14	0	1/1	2/2	1/1	0	3/3	2/2	0	1/1	2/2	1/1	1/1

事故案例

【案例一】

丰台区园博园永定塔“4·8”生产安全事故

2013年4月8日15时许，丰台区园博园永定塔首层副阶实施防水施工作业过程中发生火灾，引燃了永定塔周边游廊，由于大风致使塔身1层至6层部分塔檐起火。事故造成直接经济损失376.64万元，未造成人员伤亡。

一、基本情况

（一）总体工程

发生事故的项目为永定塔及周边群组工程，是第九届中国（北京）国际园林博览会建设工程的一部分，位于丰台区鹰山之上，由永定塔群、文昌阁、文源亭3部分组成，总占地面积约为2.6万平方米，总建筑面积约1.9万平方米（其中：地上约1.06万平方米，地下约0.84万平方米）。永定塔地上共9层（主体结构为框架－核心筒混凝土结构，外围装修为木结构）、地下2层，塔身主体高度69.7米（地面至塔刹高约99米），平面为八边形，塔院为正四边形。该工程开工前办理了市住房城乡建设委核发的工程建设协办单。

（二）建设单位

第九届中国（北京）国际园林博览会建设工程的建设单位为第九届园博会丰台筹备办公室。

（三）参建单位

1. 总包单位为北京中关村开发建设股份有限公司。

2. 防水专业承包单位为北京远大洪雨防水工程有限公司。

3. 监理单位为北京方正建设工程管理有限公司。

二、事故经过及调查

（一）事故经过

2013年4月5日，王××和薛××雇用的现场负责人李××（现场工长，具有防水作业资格），带领张××（不具有防水作业资格）、薛××（不具有防水作业资格）、薛××（聋哑人，不具有防水作业资格）等人实施永定塔首层副阶及周边附属房屋的防水作业。4月7日，建设行政主管部门和丰台区园博办根据气象部门大风天气预报，专门对各施工单位下发了短信预警通知信息，要求停止室外危险施工作业。4月8日上午，李××带领张××、薛××、薛××等人完成了永定塔首层副阶西侧部分坡面JS防水涂料粉刷及防水卷材搬运等工作。13时左右，张××负责继续粉刷防水涂料，李××、薛××和薛××负责切割并铺设自粘防水卷材。14时左右，李××和薛××继续铺卷材，张××、薛××按照李××的安排，在未按照要求开具动火手续、没有看火人员且当日气象条件不允许动火作业的情况下，使用燃气喷灯对卷材烘烤加热。15时许，塔下作业人员发现薛××所站屋檐下方位置起火并呼喊后，李××等现场及周边作业人员立即扑救，但因风势较大未能有效制止火势蔓延。此时，正在现场巡视的项目部安全部门负责人代××立即拨打了119报警。

事故发生后，市、区政府有关部门立即启动应急响应，紧急疏散了现场360名作业人员，共计出动1400余人、400余部救援车辆投入救援工作。经全力扑救，大火于19时15分扑灭。

（二）调查认定的事实

永定塔防水作业的施工共包含4道工序：第一道是刷JS防水涂料；第二道是铺一层自粘卷材；第三道是用喷灯烘烤SBS防水卷材之后铺到自粘卷材上；最后一道是用喷灯将卷材封口。按照该工程防水施工作业工序、总包项目部人员职责分工和《建设工程施工现场消防安全技术规范》第6.3.1条的规定，防水施工现场负责人应向总包项目部代××或袁××申请办理动火作业手续。经调查，事故发生前防水施工现场负责人李××未提交动火作业申请，安全员代××明知在事故发生当日（据气象部门预报大风5、6级，阵风达7级）大风天气应当停止室外防水作业的情况下，未制止防水作业现场违规动火作业。

此外，永定塔及周边群组工程开工后，中关村建设公司按照要求建成了临时消防给水系统。2012年2月，总包项目部将临时消防给水系统的水箱和泵房迁至塔院西侧。2013年4月初，在正式消防系统尚未投入使用的情况下，总包项目经理李×决定拆除永定塔临时消防给水系统。

三、事故原因及性质

（一）直接原因

防水施工过程中施工人员违规使用明火作业引燃可燃材料并蔓延，是导致事故发生的直接原因。

（二）间接原因

1. 远大洪雨公司防水作业施工现场安全管理混乱。一是未设立项目管理机构或委派专业管理人员，安全检查缺失；二是违规实施动火作业；三是使用不具备防水施工作业资格人员实施防水作业；四是作业前未对作业人员进行安全技术交底，未进行安全培训教育。

2. 中关村建设公司对现场安全管理不到位。一是对防水作业现场安全检查不到位，未能及时发现并制止专业分包单位违规实施的动火作业；二是未能严格审查防水专业分包单位防水作业人员资格；三是违反规定擅自拆除工程临时消防给水系统。

3. 方正监理公司监理不到位。一是未能及时检查发现违规动火作业；二是在正式消防工程未投入使用的情况下，对总包单位拆除临时消防给水系统的行为监督不到位。

（三）事故性质

调查组认定，该起事故是由于防水施工违规动火作业引发的一起社会影响较大的生产安全责任事故。

四、对事故有关责任人员和责任单位的处理建议

（一）建议司法机关追究刑事责任人员

1. 防水作业工程负责人王××，雇用无防水作业资格的人员从事防水作业；未对防水作业人员进行安全培训教育和技术交底；明知事故发生当日不允许动火作业，未制止作业人员违规动火作业，对本起事故负有直接责任。其行为涉嫌违反《中华人民共和国刑法》第134条的规定，涉嫌重大责任事故罪，由司法机关依法追究其刑事责任。

2. 防水作业工程负责人薛××，雇用无防水作业资格的人员从事防水作业；未对防水作业人员进行安全培训教育和技术交底；明知事故发生当日不允许动火作业，未制止作业人员违规动火作业，对本起事故负有直接责任。其行为涉嫌违反《中华人民共和国刑法》第134条的规定，涉嫌重大责任事故罪，由司法机关依法追究其刑事责任。

3. 防水作业现场负责人李××，未对防水作业人员进行安全培训教育和技术交底；在明知事故发生当日不允许动火作业的情况下，仍安排作业人员违规动火作业，对本起事故负有直接责任。其行为涉嫌违反《中华人民共和国刑法》第134条的规定，涉嫌重大责任事故罪，由司法机关依法追究其刑事责任。

4. 总包项目部安全员代××，未审查作业现场防水作业人员的资格；明知事故发生当日不允许动火作业的情况下，未制止防水作业现场人员违规动火作业，对本起事故负有直接责任。其行为涉嫌违反《中华人民共和国刑法》第134条的规定，涉嫌重大责任事故罪，由司法机关依法追究其刑事责任。

5. 总包项目部安全员袁××，未审查作业现场防水作业人员的资格；明知事故发生当日不允许动火作业的情况下，未制止防水作业现场人员违规动火作业，对本起事故负有直接责任。其行为涉嫌违反《中华人民共和国刑法》第134条的规定，涉嫌重大责任事故罪，由司法机关依法追究其刑事责任。

（二）建议给予行政处罚的相关人员和单位

1. 远大洪雨公司法定代表人孙××，作为防水专业承包单位主要负责人，未针对该工程组织有针对性的监督检查；未能及时发现并消除防水作业施工现场的安全隐患；未能督促防水作业人员严格按照相关法律法规规定及施工方案的要求组织施工。其行为违反了《中华人民共和国安全生产法》第17条第4项和《北京市安全生产条例》第16条第2项、第5项的规定，对事故发生负有领导责任。依据《中华人民共和国安全生产法》第81条第2款的规定，由安全监管部门给予其4万元罚款的行政处罚。

2. 中关村建设公司法定代表人牛×，作为总包单位主要负责人，未针对该工程组织有针对性的监督检查；未能及时发现并消除施工作业现场的安全隐患；对于违规拆除工程临时消防给水系统的

行为失管失察。其行为违反了《中华人民共和国安全生产法》第 17 条第 4 项和《北京市安全生产条例》第 16 条第 5 项的规定，对事故发生负有领导责任。依据《中华人民共和国安全生产法》第 81 条第 2 款的规定，由安全监管部门给予其 2 万元罚款的行政处罚。

3. 该工程总包项目部经理李 ×，作为工程总包项目的主要负责人，对防水作业人员施工中的违章违规行为监督检查不到位，未及时消除事故隐患；未能及时督促项目部安全员做好动火作业审批及防水作业人员资格审查的安全管理工作；在正式消防工程未投入使用的情况下，擅自违规决定拆除临时消防给水系统。其行为违反了《建设工程安全生产管理条例》第 21 条第 2 款的规定，对事故发生负有主要管理责任。根据《建设工程安全生产管理条例》第 58 条规定，由建设行政主管部门给予其停止一级建造师执业资格 1 年的行政处罚。

4. 该工程总包项目总指挥魏 ××，未针对防水工程的安全生产情况实施有效的安全检查；对防水作业施工现场安全管理混乱、项目部相关管理人员未能做好动火作业及防水作业人员资格审查、违规拆除临时消防给水系统等行为失管失察，对事故发生负有重要管理责任。依据《安全生产领域违法违纪行为政纪处分暂行规定》第 12 条第 1 项和第 17 条第 2 款的规定，责成中关村建设公司给予其记大过处分。同时，根据《建设工程安全生产管理条例》第 58 条规定，由建设行政主管部门给予其停止一级建造师执业资格 6 个月的行政处罚。

5. 该工程总包项目部生产经理黄 ×，作为工程总包项目施工现场的具体负责人，对防水作业人员施工中的违章违规行为监督检查不到位，未及时消除事故隐患；明知正式消防工程未投入使用的情况下，组织拆除了工程临时消防给水系统，对事故发生负有一定管理责任。依据《安全生产领域违法违纪行为政纪处分暂行规定》第 12 条第 1 项和第 17 条第 2 款的规定，责成中关村建设公司给予其记过处分。同时，根据《建设工程安全生产管理条例》第 58 条规定，由建设行政主管部门给予其停止二级建造师执业资格 3 个月的行政处罚。

6. 该工程项目总监理工程师滕 ××，作为本项目监理工作的主要负责人，对现场防水作业人员违反规定实施动火作业和总包单位违规拆除临时消防给水系统等行为监督不到位。其行为违反了《建设工程安全生产管理条例》第 14 条第 3 款的规定，对事故发生负有监理责任。根据《建设工程安全生产管理条例》第 58 条规定，由建设行政主管部门给予其停止注册监理工程师执业资格 3 个月的行政处罚。

7. 该工程项目总监理工程师代表陈 ××，作为本项目施工现场监理工作的主要负责人，对现场防水作业人员违反规定实施动火作业和总包单位违规拆除临时消防给水系统等行为监督不到位。其行为违反了《建设工程安全生产管理条例》第 14 条第 3 款的规定，对事故发生负有主要监理责任。根据《建设工程安全生产管理条例》第 58 条规定，由建设行政主管部门给予其停止注册监理工程师执业资格 6 个月的行政处罚。

8. 远大洪雨公司作为防水作业的专业承包单位，未按照规定设立项目管理机构对所承接的专业分包工程实施管理；未对防水作业人员进行安全培训教育；未使用不具有防水作业资格的人员上岗作业；未向防水作业人员进行必要的安全技术交底；未能督促防水作业人员按照《建设工程施工现场消防安全技术规范》（GB50720–2011）第 6.3.1 条及施工方案的相关要求，严格动火审批手续、严格落实大风天气停止施工作业的要求。其行为违反了《建设工程安全生产管理条例》第 23 条第 1 款、第 27 条和《中华人民共和国安全生产法》第 21 条、第 36 条的规定，对事故发生负有主要责任。依据《生产安全事故报告和调查处理条例》第 37 条第 1 项的规定，由安全监管部门给予其 14 万元罚款的行政处罚。同时，依据《建筑施工企业安全生产许可证管理规定》第 23 条的规定，由建设行政主管部门吊销其安全生产许可证。

9. 中关村建设公司作为该工程总包单位，违反规定擅自拆除工程临时消防给水系统；对防水专业分包单位施工现场作业监督管理不到位，未能严格审查防水作业人员资格；未能及时发现并制止专业分包单位违规实施的动火作业。其行为违反了《建设工程施工现场消防安全技术规范》（GB50720–2011）第 5.1.1 条、《建设工程安全生产管理条例》第 24 条第 1 款和《建设工程施工现场管理规定》第 9 条第 1 款的规定，对事故发生负有重要责任。依据《生产安全事故报告和调查处理条例》第 37 条第 1 项的规定，由安全监管部门给予其 12 万元罚款的行政处罚。同时，依据《建筑施工企业安全生产许可证管理规定》第 23 条的规定，由建设行政主管部门给予其暂扣安全生产许可证 30 日的行政处罚。

10. 方正监理公司作为该工程监理单位，未及时发现并制止防水作业人员在未开具动火证、没有看火人员的情况下，违规实施动火作业；对于正式消防工程未正式建成并投入使用的情况下，总包单位拆除临时消防给水系统的行为监督不到位。其行为违反了《建设工程安全生产管理条例》第 14 条第 3 款的规定，对事故发生负有一定的安全监理责任。依据《生产安全事故报告和调查处理条例》第 37 条第 1 项的规定，由安全监管部门给予其 10 万元罚款的行政处罚。

五、事故防范和整改措施建议

该起事故造成巨大财产损失，社会负面影响严重，教训深刻。为防止类似事故再次发生，事故调查组结合调查的情况，针对事故中暴露的问题，提出了如下建议措施。

（一）中关村建设公司对所承揽的工程由分支机构具体实施的，要强化项目安全管理；要督促工程项目部加强对项目的统一协调和管理，特别是对施工过程不同阶段、极端天气、重点工艺的安全风险管理，完善各项管理措施并督促检查落实；严格审查分包单位现场作业人员资格，督促分包单位切实做好施工现场安全管理工作；要加大施工现场安全检查力度，及时消除项目施工中存在的安全隐患。

（二）方正监理公司要依据监理相关法律法规和标准要求，认真落实监理规范，根据监理工作计划和实施细则，严格按照项目施工组织设计和施工方案，加强施工现场的监督检查，督促施工单位及时消除项目施工安全隐患。

（三）丰台区政府及各相关部门要进一步汲取事故教训，举一反三，督促各参建单位加强对安全风险研判和管理，特别是要加强对重点工艺、危险作业、工程收尾和交叉作业中的个人无证违章作业的监督抽查。

公安消防部门要严格建设施工过程中临时消防设施的监管。特别是在重点工程、重点部位的施工过程中，要督促各施工单位在施工现场设置必要的应急灭火设备、设施和器材，切实落实好相关消防措施。

建设行政主管部门要重点研究规范防水施工的相关工艺，研究出台文件，禁止施工单位在木质等可燃材料上使用明火热熔的防水工艺。

【案例二】

东城区光明中街“7·24”燃气爆燃事故

2013 年 7 月 24 日 7 时 35 分，位于东城区光明中街的北京金凤成祥食品有限责任公司光明中街店发生一起燃气泄漏爆燃事故，共计造成 2 人死亡、22 人受伤。

一、基本情况

（一）事故现场

事故现场为东城区光明中街 4 号一层临街铺面房，建筑面积约 61 平方米，过火面积约 20 平方米。现场共有 2 只 50 公斤液化石油气钢瓶，均由违法供气人王 ×× 供应。其中 1 只为事发工作钢瓶、1 只为备用钢瓶。

经调查，事故现场两只钢瓶的制造单位均为河北百工实业有限公司。事发工作钢瓶产权单位为北京仁和鼎盛燃气有限公司，此钢瓶未在质监部门办理使用登记，已超出检验周期。备用钢瓶产权单位为北京京南亿发石油液化气供应站，2009 年 9 月 2 日在质监部门办理了使用登记。

（二）事故发生单位

北京金凤成祥食品有限责任公司光明中街店，系北京金凤成祥食品有限责任公司分支机构。金凤成祥公司在本市共有 206 家门店和 1 家食品厂。经调查，2013 年 2 月，高 ×× 擅自改造烘烤设备，使用液化石油气超范围经营烘烤面包。

二、事故发生经过及救援

2013 年 7 月 23 日 20 时左右，王 ×× 在没有危险品押运人员的情况下，使用不具有危险品运输资质的面包车，将在北京京南亿发石油液化气供气站非法充装的钢瓶，运送至光明中街店并实施了换装。事发时该钢瓶与面包烤箱相连。

7 月 24 日 6 时 20 分左右，光明中街店店员周 ××（导购兼收银员）和张 ××（面包师）2 人到店上班，周 ×× 负责清点货物，张 ×× 负责烘烤面包前的准备工作。7 时许，张 ×× 在使用液化石油气烤箱烘烤完一箱面包后，发现屋内液化气泄漏且气味较大，便试图关闭液化石油气瓶阀门，但未能关闭。7 时 33 分，周 ×× 拨打了 119 报警电话，报告液化气泄漏情况。7 时 35 分，发生爆燃。

事故发生后，相关部门立即赶赴现场开展救援，7 时 45 分，13 部消防车、80 名消防官兵等救援力量相继到场。经全力抢险，明火于 8 时 03 分被扑灭，并抬出了事故现场的 2 只液化气钢瓶。事故共计造成 2 人死亡、22 人受伤（伤亡人员情况详见附件）。

三、事故涉及人员及单位违法违规情况

（一）金凤成祥公司

金凤成祥公司对下属的光明中街店安全管理缺失，致其超范围经营食品、违法使用液化石油气的行为长期存在。一是超出工商部门“现场制售裱花蛋糕”经营许可项目范围，未按照向区环保部门申请备案的内容及环评备案“现场不得制作烘烤食品，不得使用燃煤及其设备设施”的要求，于 2013 年 2 月擅自改造烘烤设备，使用液化石油气烘烤面包。二是违规使用瓶装液化石油气，未按要求向房屋出租单位北京崇文门菜市场物美综合超市有限公司提出使用液化石油气的申请；使用未在质监部门办理使用登记的液化气钢瓶并违规放置在通风不良的消毒间内；违规采用软管穿墙方式将液化石油气钢瓶与燃气烤箱进行连接，且房间门违规向内开启。三是安全管理缺失，未对光明中街店员工实施安全培训教育。四是在政府相关部门日常检查过程中，仍存在使用液化石油气的行为。

（二）责任人

王 ×× 不具备液化石油气经营资质，自 2008 年开始一直违法经营、运输液化石油气。发生事故的光明中街店所使用的液化石油气由其从北京京南亿发石油液化气供应站充装后非法提供。

经调查，王 ×× 一是不具备液化石油气经营资质，违法贩卖经营液化石油气，2012 年 5 月以来，金凤成祥公司食品厂和 10 家门店（含光明中街店）的液化石油气均由其供应，非法经营的液化石油气金额达 231 万余元。二是明知事发工作钢瓶超出检验周期，仍违法销售至光明中街店使用。三是违法运输液化石油气，常年违法使用不具备危险品运输资质的面包车向光明中街店运送液化石油气，并自备两辆危险品运输车辆违规挂靠两家运输单位。

（三）北京京南亿发石油液化气供应站

北京京南亿发石油液化气供应站（以下简称“京南亿发供气站”），位于大

兴区黄村镇，法定代表人为王 ××（股东之一，一直未对该单位实施管理），实际负责人为股东杨 ××。2008 年取得市市政市容委核发的燃气经营许可证，2011 年以北京天龙燃气有限公司下属充装点名义取得质监部门核发的充装许可证。

经调查，京南亿发供气站非法经营、违规充装液化石油气。一是拒不执行行政执法指令，擅自非法经营液化石油气。2012 年 5 月 16 日，市市政市容委燃气办、市城管执法局执法大队针对检查中发现京南亿发供气站液化石油气掺混二甲醚的违法行为，联合下发文件责成区燃气办和区城管大队立即采取措施，责令违规企业停业整顿。其后，市市政市容委、大兴区市政市容委、区城管大队、区质监局及黄村镇政府等部门和单位，先后对京南亿发供气站实施了 5 次检查，下达了行政处罚、责令改正、停止一切生产经营活动等 5 份行政执法文书，并对其用于经营使用的液化石油气储罐阀门实施了铅封。但是，该单位拒不执行行政执法指令，仍然非法经营液化石油气，非法销售金额达 293.4 万余元。二是明知王 ×× 个人不具备液化石油气经营资格，仍长期为其充装液化石油气供其非法贩卖。三是违规给非本单位产权、超过检验周期的钢瓶充装液化石油气。事发工作钢瓶产权单位为北京仁和鼎盛燃气有限公司且已超出检验周期，但京南亿发供气站仍违规实施了充装。四是事发单位（光明中街店）发生泄漏的液化石油气钢瓶中的燃气为京南亿发供气站非法经营、违规充装后提供。

（四）北京仁和鼎盛燃气有限公司

北京仁和鼎盛燃气有限公司（以下简称“仁和鼎盛公司”），位于昌平区城南街道，法定代表人为余 ××，2006 年取得市市政市容委核发的燃气经营许可证，2008 年取得市质监局核发的气瓶充装许可证。

经调查，仁和鼎盛公司对自有钢瓶管理混乱，致使其未办理使用登记的事发工作钢瓶流转至王 ××。同时，对自有产权钢瓶管理缺失，其在质监部门注册钢瓶数量为 4 万余只，目前该公司在册实有钢瓶 3 万余只，其余 1 万余只钢瓶流向不明。

（五）北京恒达立业商贸有限公司和北京磊磊路路通达商贸有限公司

北京恒达立业商贸有限公司（以下简称“恒达立业公司”）位于丰台区长辛店镇，法定代表人为杨 ××，2010 年取得市运输管理部门核发的道路运输经营许可证。2012 年 3 月，违规同意王 ×× 自备的车辆挂靠于该单位，并签订了车辆挂靠合同。经调查，该单位车辆挂靠现象严重、司机与押运员全部为挂靠人员；安全管理缺失，安全教育培训未覆盖全员，特别是对于挂靠人员王 ×× 长期从事非法经营、运输液化石油气的行为放任不管。

北京磊磊路路通达商贸有限公司（以下简称“磊磊路路公司”）位于昌平区兴寿镇，法定代表人为宋 ×，2012 年 8 月取得市运输管理部门核发的道路运输经营许可证。2012 年 7 月，违规同意王 ×× 自备的车辆挂靠于该单位，并签订了车辆挂靠合同。经调查，该单位车辆挂靠现象严重、司机和押运员全部为挂靠人员；安全管理缺失，未设置专职安全管理人员，对车辆和人员管理流于形式；对公司司机从事非法经营液化石油气和压缩天然气的行为管理不到位。

（六）北京崇文门菜市场物美综合超市有限公司

北京崇文门菜市场物美综合超市有限公司（以下简称“崇菜物美公司”），法定代表人为黄××。2010年3月，金凤成祥公司租赁了该单位光明楼店临街铺面房，并签订了租赁合同和消防安全协议书，明确规定：禁止使用易燃易爆及其他危险品，若需使用，必须提前申报备案，不经批准，禁止使用和存放。

经调查，崇菜物美公司对承租单位光明中街店的安全生产工作管理不到位，虽对承租单位光明中街店开展了日常检查，但是未发现光明中街店违反《消防安全协议书》的规定，违规使用液化石油气及存在的相关燃气安全隐患。

四、事故原因及性质

（一）直接原因

事故的直接原因为：非法经营燃气、超范围经营食品、违法使用液化石油气、液化石油气泄漏达到爆炸极限后遇电气设备打火引发爆燃。

结合相关鉴定机构鉴定结论，专家技术组分析液化石油气泄漏原因为：液化石油气瓶燃气管路调压器处为第一泄漏点，在静电火花或其他可能火源引燃产生明火，并持续燃烧，将调压器腔体烧损，同时将调压器腔体和手轮之间的管路烧熔，调压器腔体与调压器手轮脱离掉落。此后，调压器手轮人为从瓶阀上拧下（调压器手轮螺纹为反牙左旋结构设计），瓶阀处于开启状态，在人为试图关闭瓶阀时，却拧向了相反方向（瓶阀手轮的螺纹是正牙右旋结构设计，与调压器手轮螺纹正好相反），使得瓶阀继续向开启方向旋开，超过正常极限开启位置半周至4.5牙螺纹，致使液化石油气从气瓶瓶阀出气口大量泄漏。

（二）间接原因

1. 金凤成祥公司对下属的光明中街店安全管理缺失，致使其超范围经营食品、违法使用液化石油气。

2. 王××违法经营、运输液化石油气。

3. 京南亿发供气站非法经营、违规充装液化石油气。

（三）事故性质

调查组认定，该起事故是一起非法经营、违法使用液化石油气引发的生产安全责任事故。

五、对事故有关责任人员和责任单位的处理建议

（一）建议追究刑事责任人员

1. 高××作为光明中街店负责人，违规使用瓶装液化石油气超范围经营烘烤食品；对液化石油气钢瓶管理缺失，使用未办理使用登记的液化气钢瓶；安全管理缺失，未对店员进行安全培训教育，对事故发生负有直接责任。其行为涉嫌违反了《中华人民共和国刑法》第134条规定，涉嫌重大责任事故罪，由公安机关立案侦查，依法追究其刑事责任。

2. 王××作为向光明中街店违法销售液化石油气的供气人，不具备液化石油气经营资质，违法贩卖经营液化石油气；明知事发工作钢瓶超出检验周期，

仍违法销售至光明中街店使用；使用不具有危险品运输资质的车辆违法运送液化石油气，对事故发生负有直接责任。其行为涉嫌违反了《中华人民共和国刑法》第136条规定，涉嫌危险物品肇事罪，由公安机关立案侦查，依法追究其刑事责任。

3. 事故调查期间发现，京南亿发供气站实际负责人杨××、仁和鼎盛公司法定代表人余××、北京市中燃兴液化气销售有限公司股东吴××、北京市程盛新泰燃气有限公司经理许××4人，在生产经营活动中涉嫌违法犯罪的行为，由公安机关立案侦查，依法追究刑事责任。

（二）建议给予行政处罚的相关人员和单位

1. 金凤成祥公司法定代表人冯××，未对光明中街店实施有针对性的监督检查，明知光明中街店超范围经营烘烤面包，仍未采取措施予以制止；未发现光明中街店内违规使用液化石油气。其行为违反了《中华人民共和国安全生产法》第17条第4项和《北京市安全生产条例》第16条第2项、第5项的规定，对事故发生负有领导责任。依据《中华人民共和国安全生产法》第81条第2款的规定，由安全监管部门给予其4.9万元罚款的行政处罚。

2. 京南亿发供气站法定代表人王××，未对京南亿发供气站进行过实质性管理，致使该公司非法销售、违规充装液化石油气的行为长期存在，未发现并制止该公司非法给王××充装液化石油气的行为。其行为违反了《中华人民共和国安全生产法》第17条第4项和《北京市安全生产条例》第16条第2项、第5项的规定，对事故发生负有领导责任。依据《中华人民共和国安全生产法》第81条第2款的规定，由安全监管部门给予其4.9万元罚款的行政处罚。

3. 金凤成祥公司对下属的光明中街店超范围经营食品、违法使用液化石油气安全管理缺失，违反《无照经营查处取缔办法》第4条第1款第5项、《城镇燃气管理条例》第28条第5项、《北京市燃气管理条例》第27条第1款、《餐饮业使用瓶装液化石油气安全管理要求》（DB11/T 450—2007）第5.1.1、5.2.4、6.10条的规定，对事故发生负有主要责任。依据《生产安全事故报告和调查处理条例》第37条第1项的规定，由安全监管部门给予其19万元罚款的行政处罚。

4. 京南亿发供气站拒不执行政府相关部门执法指令，擅自非法经营液化石油气，非法销售金额达293.4万余元；违规给王××运送至光明中街店的液化石油气钢瓶充装液化石油气，充装时未检查钢瓶的检验周期、未核实钢瓶的产权。其行为违反了《气瓶安全监察规定》第26条第3项、第29条的规定，对事故发生负有重要责任。依据《生产安全事故报告和调查处理条例》第37条第1项的规定，由安全监管部门给予其19万元罚款的行政处罚。同时，依据《城镇燃气管理条例》第46条第4项的规定，由市城管执法部门吊销其燃气经营许可证；依据《特种设备安全监察条例》第80条的规定，由质监部门给予北京天龙燃气有限公司9万元罚款，并依法取消京南亿发供气站的充装资格。

5. 崇菜物美公司对承租单位光明中街店的安全生产工作管理不到位，未发现光明中街店违反《消防安全协议书》的规定，违规使用液化石油气及存在的相关燃气安全隐患。其行为违反了《中华人民共和国安全生产法》第 41 条第 2 款的规定，对事故发生负有一定责任。依据《生产安全事故报告和调查处理条例》第 37 条第 1 项的规定，由安全监管部门给予其 19 万元罚款的行政处罚。

6. 恒达立业公司与从业人员订立协议免除其对从业人员因生产安全事故伤亡依法应承担的责任，违反了《中华人民共和国安全生产法》第 44 条第 2 款的规定。依据《中华人民共和国安全生产法》第 89 条的规定，由安全监管部门给予该单位主要负责人杨 ××9 万元罚款的行政处罚。

7. 磊磊路路公司安全管理缺失，未设置专职安全管理人员，对所有车辆和人员管理流于形式，其挂靠人员违法经营燃气问题突出，由市运输管理部门给予注销其运输许可资质的行政处罚。

8. 仁和鼎盛公司对自有钢瓶管理混乱，致使其未办理使用登记的事发工作钢瓶流转至王 ××。同时，对自有产权钢瓶管理缺失，其在质监部门注册钢瓶数量为 4 万余只，目前该公司在册实有钢瓶 3 万余只，其余 1 万余只钢瓶流向不明。由质监部门责令整顿，消除安全隐患。

（三）建议追究行政责任的相关人员和单位

1. 郭 ×，中共党员，东城区龙潭街道办事处公共安全管理办公室副主任。未认真贯彻落实安全生产法律法规和上级文件及工作部署要求；未认真组织对辖区燃气专项治理监督检查。对事故发生负有直接监管责任，给予其行政记过处分。

2. 张 ×，中共党员，龙潭街道办事处副主任。未认真贯彻落实安全生产法律法规和上级文件及工作部署要求；未认真组织对辖区燃气专项治理监督检查。对事故发生负有主要领导责任，给予其行政警告处分。

3. 高 ××，中共党员，东城公安分局龙潭派出所消防主管民警。落实《消防监督检查规定》和北京市公安局《关于印发北京市消防安全重点单位界定标准 2007 年修订版的通知》等有关规定不力，对事故发生地监管不到位。对事故发生负有直接监管责任，给予其行政警告处分。

4. 范 ××，东城工商分局幸福大街工商所干部。未按照相关规定认真开展检查，未能发现、查处事故单位违反有关登记事项的问题。对事故发生负有直接监管责任，给予其行政警告处分。

5. 王 ×，中共党员，东城公安分局龙潭派出所副所长。落实《消防监督检查规定》和北京市公安局《关于印发北京市消防安全重点单位界定标准 2007 年修订版的通知》等有关规定不力，对事故发生地监管不到位。对事故发生负有主要领导责任，给予其行政告诫。

6. 史 ××，中共党员，东城工商分局幸福大街工商所副所长。未按照相关规定认真开展检查，未能发现、查处事故单位违反有关登记事项的问题。对事故发生负有主要领导责任，给予其行政告诫。

7. 石 ××，中共党员，东城区安全监管局副局长兼执法监察队队长。未按照本年度《重点执法检查计划》的要求做到责任到人、措施到位。至事故发生时，未发现事故发生地存在安全隐患和问题。对事故发生负有主要领导责任，给予其行政告诫。

此外，东城区环保局给予光明中街店项目环境影响审查备案，要求事故单位不得经营煎、炒、烹、炸等产生油烟及异味的项目，现场不得制作烘烤食品，不得使用燃煤及其设备设施。虽然备案时环保人员进行了实地检查，但至事故发生时，未对事故发生地进行过复查，对事故发生负有一定责任。由东城区监察局向其提出工作建议。

六、事故防范和整改措施建议

（一）金凤成祥公司要严格按照法律法规的要求，切实做好本单位及各分支机构的安全生产工作。一是要严格按照工商等部门批准的经营许可项目和范围开展生产经营活动，杜绝超范围经营的现象。二是作为燃气用户，要严格按照燃气使用的相关法律、法规、标准规范的要求，建立健全相关安全管理制度、正确安装并使用燃气设备设施、加强燃气操作人员的安全教育培训，迅速对下属各分支机构燃气使用情况开展排查，及时消除使用不合格液化石油气及钢瓶等安全隐患。三是要加强对分支机构的安全管理，督促其全面落实安全生产隐患排查、教育培训、设备设施维护保养等有关制度，组织专门力量对各分支机构的安全生产工作开展检查，并形成长效机制。四是要督促各分支机构建立领导带班制度，明确操作现场负责人。

（二）崇菜物美公司要严格加强对出租房屋的安全管理工作。一是要严格按照《中华人民共和国安全生产法》等法律法规，切实加强对承租单位安全生产工作的统一协调和管理。二是要及时与承租单位签订专门的安全生产管理协议，进一步明确各自的安全生产管理职责。三是要切实加强对承租单位的安全管理，加大对承租单位的生产经营行为监督检查力度，强化安全检查人员的业务知识的培训教育，及时发现并消除承租单位违反法律法规和安全生产管理协议的违规行为。

（三）市市政市容委要进一步加强对燃气经营等环节的安全监管工作。一是要持续开展燃气行业专项治理整顿，从市级政府部门的高度，整合监管资源，采取有效措施加强安全监督检查力度，杜绝“重审批、轻监管”的现象。二是会同市质监局进一步规范液化石油气经营市场，提高准入门槛、调整行业结构和企业布局，坚决淘汰规模小或存在违规经营的企业；大力建设和完善液化石油气的配送服务体系、合理配置配送服务站点、制定明确的配送服务经营规范，逐步实现燃气经营的专营化。三是要联合相关部门严厉打击单位或个人违规经营液化石油气的行为，开展对全市液化石油气经营单位的全面安全检查；特别是要针对游离于政府监管之外的个体气贩从正规供气站购买液化石油气，销售给下游使用单位的特殊产业链条，要坚决予以严厉查处。四是要研究液化石油气供应主体和使用主体的登记制度，实现全链条的“可追溯”，要强制推行示范供气合同、示范购气凭证使用制度，确保液化石油气从气源采购、储存、配送、销售和使用等环节上实现电子化可追溯。

（四）市质监局要进一步加强对气瓶充装、检验等环节的安全监管工作。一是要持续开展对全市液化石油气充装单位的专项清理整顿，对于发现问题的一律严肃处理。二是要进一步规范液化石油气充装市场主体，会同相关部门提高准入门槛，坚决淘汰规模小或存在违规充装的企业。三是要联合相关部门严厉打击违法充装液化石油气瓶的行为，特别是针对充装超期未检、未办理注册登记，或者非本单位自有产权钢瓶等违法行为，要严肃予以查处。四是要进一步加强对钢瓶的监管，研究有针对性的钢瓶登记制度，实现钢瓶流向的“可追溯”。

（五）市城管执法局要进一步加大对燃气经营单位违法行为的查处力度，对于发现的违反《北京市燃气管理条例》的违法违规行为，特别是对液化石油气中掺混二甲醚的违法行为，要坚决予以严肃处理。

（六）市交通委运输局要进一步加大对专业运输企业的安全监管力度。一是迅速开展对全市专业运输单位的专项清理整顿工作，对于发现存在挂靠或者违法经营的一律严肃依法高限处理。二是要针对事故中暴露的危险化学品车辆挂靠、相关人员管理缺失的问题，组织开展对各类专业运输企业人员及车辆挂靠行为的全面排查，从完善市场准入和退出机制等方面研究有效措施，禁止人员和车辆挂靠行为。三是要督促专业运输企业与从业人员签订劳动合同，依法明确双方的安全责任与义务。

（七）东城区人民政府要深刻吸取事故教训、举一反三，切实落实政府及有关部门的安全监管责任，进一步加强安全生产工作。一是要严格落实安全生产行政首长负责制和其他领导“一岗双责”制，落实行业主管部门直接监管、安全监管部门综合监管、地方政府属地监管责任，切实加强组织领导，做到全面履职、党政同责、一岗双责、齐抓共管。二是要督促政府相关部门切实履行好安全生产监督管理责任，严格许可制度和审批责任制，真正做到项目审批前要严格审查，审批中要严格把关，审批后要强化监管，切实解决重审批、轻监管，重许可、轻检查和忽视对企业取证后安全生产动态监管问题。三是要加强对辖区内液化石油气使用的日常安全生产监督管理工作，督促各部门在各司其职的基础上，加强部门协调联动、严格现场行政执法、强化日常监督检查、防止出现监管漏洞。四是要进一步深入推进“打非治违”工作，形成监管合力，严厉打击各类安全生产非法违法行为。五是要进一步严肃责任追究，对政府及有关部门人员不依法履行安全生产监督管理职责，工作不认真不负责，对非法违法行为和重大安全隐患查处和督促整改不力造成事故的，要严肃追究责任。

【案例三】

石景山区喜隆多购物广场“10·11”较大火灾事故

2013年10月11日2时58分许，石景山区喜隆多购物广场首层北京麦当劳食品有限责任公司杨庄餐厅发生一起火灾事故，火势迅速蔓延至喜隆多购物广场，过火面积约3800平方米。事故直接财物损失1308万元，火灭过程中2名消防警官牺牲。

一、基本情况

（一）事故建筑结构及经营布局

喜隆多购物广场位于石景山区苹果园南路13号，建筑面积8200余平方米，建筑物主体结构为钢筋混凝土框架结构（局部为钢结构），外墙为衬有岩棉的夹芯彩钢板，购物广场外立面主要由装饰、灯箱广告、LED屏幕和广告牌（布）组成，建筑物耐火等级为二级。共有商户374家，其中，首层门店10家，内部一层主营小电器、饰品和化妆品；二层为服装经营和办公区；三层经营针织用品、鞋、箱包和童装；四层西侧为餐饮服务区，东侧经营文体用品、办公用品和工艺用品等。

（二）事故发生单位

1. 北京麦当劳食品有限公司

北京麦当劳食品有限公司为中外合资企业，总经理张×。北京行政区域内共有餐厅219家，员工1万余名。麦当劳杨庄餐厅为其分支机构，2010年4月取得工商、消防和卫生部门许可后开始营业，具有合法经营资格，负责人为黄××（兼任北京麦当劳食品有限公司副总经理），餐厅总经理为李××。

2. 北京市喜隆多购物中心有限公司

北京喜隆多购物中心有限公司，法定代表人刘××，注册地位于石景山区苹果园南大街13号，该企业于2007年1月9日取得工商营业许可、消防许可，具有合法经营资格，2008年1月开始营业。

（三）事故建筑物产权、租赁及改造

事故建筑为石景山区农工商总公司所有的种子大楼，1989年至1993年，该建筑经规划部门许可3次扩建后，总建筑面积为4066平方米。

2006年，石景山区农工商总公司将事故建筑及附属场地租赁给北京日东升贸易有限公司（1998年10月26日注册成立），租期20年。2007年1月，北京日东升贸易有限公司将该建筑出租给北京喜隆多购物中心有限公司，经石景山区农工商总公司授权后，北京喜隆多购物中心有限公司取得了该建筑的经营管理权。北京日东升贸易有限公司于2007年和2008年在未取得规划许可的情况下，分别对该建筑进行了两次装修并对原有的菜市场等进行拆改建设，建筑面积增加至8206平方米。

2008年11月11日，北京日东升贸

易有限公司更名为北京日东升投资有限责任公司。2010 年 2 月 10 日，北京麦当劳食品有限公司与北京日东升投资有限责任公司签订租赁合同，租赁事故建筑物首层西南侧商铺，建筑面积 314 平方米。2010 年 4 月，北京麦当劳食品有限公司在店内设置了区域火灾报警系统控制器，与购物广场火灾自动报警联动控制系统连接；在购物广场南侧钢架结构外立面自下而上设置了 3 个发光灯箱，一块长 8.89 米、宽 6.38 米的外装饰牌（其上附有一块长 2.89 米，宽 2.5 米的“M”字形的标牌），所用材质主要为亚克力，部分为铝塑板。

二、事故发生经过及灭火救援

北京麦当劳食品有限公司杨庄餐厅实行 24 小时营业，2013 年 10 月 10 日晚，外送员先后将 4 块电动车蓄电池与充电器连接后，插在餐厅甜品操作间的外接插线板上。事故发生前，餐厅内共有 6 名员工上班。11 日 2 时 52 分，2 名员工在餐厅外擦拭玻璃时闻到有异味。2 时 56 分，杨庄餐厅值班经理陈 ×× 接到员工报告后，进入甜品操作间查看。查看过程中，甜品操作间内南侧柜台中部偏西下方突然有烟冒出。约 2 分钟后，冒烟处窜出明火并开始蔓延。北京喜隆多购物中心有限公司当夜值班的消防中控员刘 ×（具有《建（构）筑物消防员》资格）发现中控主机上显示报警。3 时许，刘 × 发现麦当劳、喜隆多购物广场一层和二层的西 B 区同时报警且没有复位。当晚值班经理陶 ×× 听到中控室内发出的火灾警报声音，前往中控室询问，后到报警显示部位查看，发现杨庄餐厅甜品操作间外卖窗口已经开始燃烧并有火苗向外冒出。

3 时 13 分，麦当劳餐厅南门上方及购物广场外立面位置的门头灯箱、LED 条状电子屏、广告牌和外墙表面装饰发生猛烈燃烧，形成“火雨”，火势借助材质和钢架支撑结构中空抽拔力作用迅速竖向蔓延，形成竖向燃烧。同时，火势先后通过南侧外墙玻璃窗进入购物广场内部，迅速蔓延扩大至主体建筑其他区域。3 时 22 分，刘 × 将火灾自动报警联动控制器由手动设置转换为自动设置状态。但因 3 时 15 分 1 号回路总线短路故障，造成控制器控制模块、信号模块已无法正常发出和接收信号，致使购物广场内自动喷水灭火系统、防火卷帘门等固定消防设施未有效发挥作用。

11 日 2 时 59 分，市公安局消防局接到火灾报警后，先后调集 15 个消防中队、63 部消防车、300 余名消防官兵到场进行火灾扑救，经过参战官兵的奋力扑救，10 时 20 分火势得到有效控制。当日 11 时，大火被扑灭。

三、事故涉及单位的违法违规情况

（一）北京麦当劳食品有限公司

经查，北京麦当劳食品有限公司存在下列违反《中华人民共和国安全生产法》和消防相关法律法规的违法事实：一是杨庄餐厅在发现火情时，值班经理和现场员工未实施有效扑救，致使火灾在初期未得到及时控制。二是对员工日常安全培训教育不到位，虽对杨庄餐厅总经理和值班经理开展了岗前培训，但对全员安全用电、消防演练、火灾扑救等方面的安全培训教育缺乏针对性。三是对杨庄餐厅安全隐患监督检查不到位，未督促杨庄餐厅严格落实隐患排查治理制度，事发前安全出口被锁闭，公司在日常监督检查中虽发现杨庄餐厅违反公司制度长期允许外送人员使用外接线板给电动车电瓶充电的安全隐患，但未给予制止。四是企业安全管理机构不健全，在员工人数超过 300 人的情况下，未按照《中华人民共和国安全生产法》要求设置安全生产管理机构或配备专职安全生产管理人员。五是未建立健全安全责任制体系，公司主要领导、业务分管领导和部门负责人安全管理职责分解不清晰。六是未按照建筑法规要求，在未向建设行政主管部门办理施工许可的情况下，实施了杨庄餐厅的装修工程。

（二）北京喜隆多购物中心有限公司

经查，北京喜隆多购物中心有限公司存在下列违反《中华人民共和国安全生产法》和消防相关法律法规的违法事实：一是未落实消防安全管理规定，消防控制室应安排 2 名以上具备《建（构）筑物消防员》资格的人员值班，但长期安排 1 名具备资格人员值班。二是固定消防设施存在安全隐患，购物广场消火栓泵控制柜、喷淋泵控制柜应设置为自动状态，但长期违反消防规范要求设置为手动状态，致使固定消防设施未能有效发挥作用。三是值班人员应急处置不当，在杨庄餐厅甜品操作间发生火灾后，购物广场中控室火灾自动报警系统即时接到了持续报警，消防控制室相关人员未及时将消火栓泵控制柜、喷淋泵控制柜从手动设置转换至自动联动状态，致使自动喷水灭火系统、防火卷帘门等固定消防设施未有效发挥作用。四是对员工的日常安全培训教育针对性不强、流于形式，致使事故发生后相关值班人员未及时采取有效的应急措施。五是安全隐患排查治理不到位，公司在日常监督检查中，长期未及时消除消防控制室未按规定配备值班人员及相关固定消防设施控制系统开关处于手动状态等安全隐患。六是将未经建设行政主管部门装修竣工验收备案的喜隆多购物广场用于生产经营。

（三）石景山区农工商总公司

石景山区农工商总公司作为北京喜隆多购物中心建筑物的产权单位，本应依法履行对承租户的日常监督检查职责，但该公司没有安全管理机构，没有安全管理人员，只有一名总经理支撑该公司日常工作。石景山区农工商总公司将种子楼等建筑物出租后，虽然签订了安全协议，但该公司未按照安全协议要求，认真履行监督检查职责。对北京喜隆多购物中心有限公司长期安排 1 名具备《建（构）筑物消防员》资格人员值班、长期将自动喷水灭火系统设置于手动状态和喜隆多购物广场未申报装修竣工备案许可的情况下擅自经营等违法违规行为失管失查。

四、事故原因和性质

（一）直接原因

此起火灾起火的直接原因为喜隆多购物广场一层麦当劳（杨庄餐厅）甜品操作间（甜品站）内电动自行车蓄电池在充电过程中发生电气故障所致。

火灾蔓延扩大的原因为：一是火灾初起阶段杨庄餐厅员工未采取有效的扑救措施，导致火灾在初起时未得到及时控制。二是购物广场值班人员应急处置不及时，致使初期火灾没有得到有效控制。消防控制室值班人员在火灾自动报警系统首次报警后，未按照《消防控制室通用技术要求》的规定要求采取应对措施，购物广场值班人员应急处置不及时，延误了初期火灾处置。三是火势沿建筑外立面蔓延迅速，购物广场南侧外立面装饰、广告牌、广告灯箱等是火灾在外立面蔓延的主要途径，并形成竖向立体燃烧。四是火场可燃物多，购物广场内经营大量服装等可燃易燃商品，使火灾形成立体燃烧，经营物品起火后产生大量的有毒有害烟气且火势蔓延快，增大了火灾扑救的难度。五是火场发生坍塌，由于购物广场内易燃可燃物多、火灾荷载大，燃烧时间长，内部温度高，大火燃烧约3个小时后，已超过二级耐火等级楼板极限，导致四层北侧西部楼板发生局部坍塌。

（二）间接原因

1. 北京麦当劳食品有限公司杨庄餐厅在发现火情时，未实施有效扑救，致使火灾在初期未得到及时控制；对员工日常安全培训教育不到位；对杨庄餐厅安全隐患监督检查不到位；企业安全管理机构不健全；未建立健全安全责任制体系；未按照建筑法规要求向建设行政主管部门办理建筑装修施工许可。

2. 北京喜隆多购物中心有限公司消防控制室值班管理长期违反消防安全法规标准要求；固定消防设施存在安全隐患，未发挥有效作用；公司值班人员应急处置不当；对员工的日常安全培训教育针对性不强；安全隐患排查治理不到位；将未经建设行政主管部门装修竣工验收备案的喜隆多购物广场用于生产经营。

3. 石景山区农工商总公司日常监督检查不到位，对北京喜隆多购物中心有限公司消防安全隐患和违法违规行为失管失查。

（三）事故性质

经事故调查组认定，石景山区喜隆多购物广场“10·11”较大火灾事故是一起安全责任事故。

五、对事故有关责任人员及责任单位的处理建议

（一）建议追究刑事责任人员

北京麦当劳食品有限公司杨庄餐厅总经理李××、生产运营经理陈××，北京喜隆多购物中心有限公司中控室值班员刘×、值班经理陶××、办公室主任齐×5人，涉嫌违法犯罪，由公安机关立案侦查，依法追究刑事责任。

（二）建议给予行政处罚的人员和单位

1. 张×作为北京麦当劳食品有限公

司总经理，未建立健全本单位安全生产责任制；未对所属餐厅进行过监督检查，未及时消除事故隐患；未督促下属餐厅实施本单位的生产安全事故应急救援预案。其行为违反了《中华人民共和国安全生产法》第17条第1、4、5项的规定，对事故发生负有主要管理责任。依据《中华人民共和国安全生产法》第81条第2款的规定，由安全监管部门给予其9.5万元罚款的行政处罚。

2. 刘××作为北京喜隆多购物中心有限公司主要负责人，未履行本单位主要负责人安全职责，将本单位安全工作交由行政办公室主任负责；未督促、检查本单位的安全生产工作，及时消除固定消防设施存在的事故隐患；未督促落实本单位的消防管理制度，致使消防控制室长期一人值班。其行为违反了《中华人民共和国安全生产法》第5条、第17条第4项和《北京市安全生产条例》第16条第2项的规定，对事故发生负有主要管理责任，依据《中华人民共和国安全生产法》第81条第2款的规定，由安全监管部门给予其9.5万元罚款的行政处罚。

3. 孙××作为石景山区集体经济办公室主任兼农工商总公司主要负责人，对北京喜隆多购物中心有限公司消防安全隐患和违法违规行为失管失查等行为负有重要领导责任。由监察部门依法依纪追究其行政责任。

4. 北京麦当劳食品有限公司未组织杨庄餐厅员工定期应急演练，致使员工未能在火灾初起时实施有效扑救；未督促餐厅管理人员和员工消除安全隐患，未严格执行企业安全用电相关制度；未设置安全生产管理机构或者配备专职安全生产管理人员；对从业人员进行安全生产教育和培训不到位；未按照建筑法规规定向建设行政主管部门办理施工许可。其行为违反了《中华人民共和国安全生产法》第36条、第19条第2款、第21条，《北京市安全生产条例》第77条第2项和《建筑工程施工许可管理办法》第2条第2款的规定，对事故发生负有主要责任。依据《生产安全事故报告和调查处理条例》第37条第2项的规定，由安全监管部门给予其22万元罚款的行政处罚。

5. 北京喜隆多购物中心有限公司未按照要求配备具备相应资格的人员在中控室进行值班；隐患排查整改不到位，未能及时消除消火栓泵控制柜、喷淋泵控制柜开关设置于手动状态等存在的安全隐患，致使火灾时，固定消防设施作用未有效发挥作用；日常安全教育培训教育流于形式针对性不强。其行为违反《中华人民共和国安全生产法》第21条，《安全生产事故隐患排查治理暂行规定》第15条和《消防控制室通用技术要求》（GB25506–2010）4.2.2 a、4.2.2 c)的规定，对事故发生负有主要责任。依据《生产安全事故报告和调查处理条例》第37条第2项，由安全监管部门给予其22万元罚款的行政处罚。

6. 石景山区农工商总公司作为喜隆多购物广场的产权单位，日常监督检查不到位，对北京喜隆多购物中心有限公司消防安全隐患和违法违规行为失管失查，对事故发生负有一定责任。依据《生产安全事故报告和调查处理条例》第37条第2项，由安全监管部门给予其20万元罚款的行政处罚。

7. 鉴于北京喜隆多购物中心有限公司存在消防管理制度不到位违反《消防中控室通用技术要求》（GB25506-2010）的要求情形，由市监察局向市公安局消防局下发《工作建议书》，要求其举一反三，进一步加强消防安全检查，督促相关单位落实消防安全制度，避免类似问题发生。

8. 针对调查过程中发现事故发生地还存在部分未取得规划许可的建筑物及日常安全监管的问题，由市监察局向石景山区人民政府下发《监察建议书》，要求其认真分析此起事故发生的原因，查找漏洞，完善制度，加强管理，规范行政审批行为，严肃查处违法建设、违法施工、违法用地、违法经营等违法行为，严防新增违法建设，避免类似问题发生。

六、事故防范和整改措施建议

该起事故给人民生命财产带来了巨大损失，社会负面影响严重，教训深刻。为防止类似事故再次发生，事故调查组结合调查情况，针对事故中暴露的问题，对相关部门和单位提出如下整改措施：

（一）北京麦当劳食品有限公司应当严格按照《中华人民共和国安全生产法》设立专门的安全生产管理机构或专职安全生产管理人员，对于该企业安全用电制度进行全面梳理，完善各项用电设备的管理，特别是加强对外送人员电动车充电环节的制度建设和安全管理；严格督促公司所属餐厅将公司的各项管理制度落到实处，杜绝所属餐厅违规用电等行为；加强公司各级管理人员及员工消防安全及安全生产知识的培训，增强安全意识；定期组织所属餐厅开展有针对性的消防应急演练，提高全员应急处置能力。

（二）北京喜隆多购物中心有限公司应当严格落实《中华人民共和国安全生产法》、《中华人民共和国消防法》等法律、法规规定，认真组织开展日常安全检查工作，强化隐患排查整改工作，强化安全教育培训，认真组织应急演练，严格按照国家标准要求落实消防中控室值班制度；确保各类消防设施日常状态符合国家标准要求，消除消防设施隐患；加强对商户特别是独立运营底商商户的消防安全检查工作，明确各自消防职责。

（三）石景山区农工商总公司应当严格按照安全协议约定，督促承租企业落实消防相关法律、法规和国家标准各项要求，在日常监督检查过程中严格履行自身的各项职责。

（四）石景山区人民政府要认真吸取事故教训，认真落实安全生产属地责任，督促相关部门加强日常监督检查工作，强化行业安全管理工作的落实，从源头抓好安全生产和消防安全工作，建立安全生产长效机制。一是督促规划、城管、建设、国土等部门和属地街道严格按照《北京市禁止违法建设若干规定》（市政府228号令）的规定，认真贯彻落实市政府关于“打非治违”工作的部署及要求，结合本区实际，进一步加强对打击违法建设工作的研究，严厉打击违法建设行为，坚决铲除违法建设所滋生出的各项安全隐患；二是要督促政府相关部门严格按照《北京市房屋租赁管理若干规定》（市政府231号令）等规章的要求，规范相关行政审批程序，在办理相关行政许可时依法审查租赁房屋的使用用途是否符合规划设计用途，是否符合法律、法规、规章有关活动场所的规定，禁止违法建设内的一切生产经营活动。三是督促商务、工商等行业管理部门认真落实行业管理职责，切实加强辖区内商市场、餐饮等各类人员密集场所的安全管理，认真落实“管行业必须管安全”，真正作到“一岗双责”；安全监管部门要充分发挥对行业和属地安全生产的综合监管作用，监督指导各部门和属地做好日常的巡查和检查工作，及时消除各类安全隐患。

人 物

市安全监管局领导

局　　长　张家明（党组书记 11 月离任）
　　　　　张树森（党组书记 12 月任职）
副 局 长　蔡淑敏（党组副书记）
　　　　　陈　清（党组成员）
　　　　　贾太保（党组成员）
　　　　　汪卫国（党组成员）
　　　　　常纪文
　　　　　唐明明（党组成员）
市纪委驻局纪检组组长　高　翔（党组成员）
副巡视员　刘　岩（1 月离任）
　　　　　谢清顺（5 月任职）
　　　　　钱　山（7 月任职）
　　　　　高士虎（7 月任职）

北京煤监局领导

局　　长　张家明（党组书记 12 月离任）
　　　　　张树森（党组书记 12 月任职）
副 局 长　蔡淑敏（党组副书记）
　　　　　陈　清（党组成员）
　　　　　贾太保（党组成员 巡视员）
　　　　　汪卫国（党组成员）
　　　　　唐明明（党组成员 9 月任职）
市纪委驻局纪检组组长　高　翔（党组成员 9 月任职）

市安全监管局处室（总队）领导

办公室（财务处）	主　　任	贾兴华（4月主持行政审批处筹备组工作）
	副 主 任	段辉建（4月主持工作）
		康　勇
法制处	处　　长	杨春雪（5月离任）
		李　刚（7月任职）
研究室	主　　任	路　韬
科技处	处　　长	李玉祥
	副 处 长	何　川
安全生产协调处	处　　长	吕海光（5月离任7月退休）
		靳玉光（7月任职）
应急工作处（值班室）	处　　长	薛国强
	副 处 长	李怀冰
		冯印辉
事故调查处	处　　长	曹柏成
	副 处 长	高云飞
安全监督管理一处	处　　长	王树琦
	副 处 长	时会佳（7月任职）
安全监督管理二处	处　　长	魏丽萍
	副 处 长	毛宇权
安全监督管理三处	处　　长	李东洲
	副 处 长	刘　丽
职业卫生综合处	处　　长	丁大鹏
职业卫生监督处	副调研员	李东明（12月主持工作）
矿山安全监督管理处	处　　长	贾克成
	副 处 长	赵玉辉
行政审批处（筹备组）	处　　长	贾兴华（4月主持工作）
人事教育处	处　　长	钱　山（7月离任）
	副 处 长	孙　雷（7月主持工作）
机关党委（工会）	专职副书记	李振龙
驻局纪检组副组长、监察处处长		张志永
执法监察总队	总 队 长	王保树
	副总队长	田志斌（7月任职）

北京煤监局处室领导

综合办公室　主　　任　何多云
监 管 一 室　主　　任　杨庆三
监 管 二 室　主　　任　马存金
监 管 三 室　主　　任　董文同

市安全监管局直属事业单位、市安全生产协会领导

北京市工伤及职业危害预防中心　主　　任　贾秋霞
副 主 任　安宏伟
牛　捷
张　鹏
北京市安全生产宣传教育中心　主　　任　孟庆武
副 主 任　李建中
北京市安全生产信息中心　主　　任　张震国（7 月任职）
北京市安全生产举报投诉中心　副 主 任　段纪伟（主持工作 12 月离任）
副调研员　吴　强（12 月主持工作）
北京市安全生产协会　秘 书 长　李文洁

区县安全监管局领导成员

东城区安全监管局

局　　长　赵鹏锦（党组副书记）
副 局 长　何建明（党组成员 10 月离任）
王寿永（党组成员）
张丙申（党组成员）
石建军（4 月任职）
纪检组长　张团南（5 月任职）

西城区安全监管局

局　　长　陈国红（党组书记）

副 局 长　姚　猛（9月脱产学习）
　　　　　丁　琦（9月任职）
　　　　　曲绍勃
　　　　　毕军东
　　　　　曹长春
纪检组长　陈礼玉
副调研员　张　蕊

朝阳区安全监管局

局　　长　张仲凯（6月离任）
　　　　　刘炳起（6月任职）
党组书记　赵新跃
副 局 长　于洪涛
　　　　　刘　伟
　　　　　周　琼
副调研员　刘　洪
　　　　　张小平
　　　　　陆宝根

海淀区安全监管局

局　　长　王勇禄
党组书记　曾子锋
副 局 长　贾　宁
　　　　　孙茂山
　　　　　张有涛
纪检组长　王雪梅（11月任职）

丰台区安全监管局

局　　长　董铁铮（8月兼任党组书记）
党组书记　沈瑞平（8月离任）
副 局 长　张建平
　　　　　战　军
　　　　　崔　林

史　勤
齐建民（2月任职）

石景山安全监管局

局　　长　韩从笔
党组书记　杨文明
副 局 长　李振华
　　　　　董新理

门头沟安全监管局

局　　长　刘振林
党组书记　梁光学
副 局 长　郭黎明
　　　　　于　彤
　　　　　周玉陆
　　　　　方　钢

房山区安全监管局

局　　长　周德运（7月离任）
　　　　　张海生（7月任职）
党组书记　周德运
副 局 长　王桂政（3月离任）
　　　　　刘继承
　　　　　李劲松
　　　　　高保光
纪检组长　霍和平（7月离任）

通州区安全监管局

局　　长　曹树常（党组书记）
副 局 长　杨文庆
　　　　　吴宝祥
　　　　　王志佳

纪检组长　雷雨雯
副调研员　袁宝伶
　　　　　袁文旭

顺义区安全监管局

局　　长　高士虎（党组书记　6月离任）
　　　　　孙书林（党组书记　6月任职）
副 局 长　申志勇（调研员兼纪检组长）
　　　　　王桂金
　　　　　孟家祝
工会主席　邱国庆
调 研 员　王明金
副调研员　张建明
　　　　　杨　槟

大兴区安全监管局

局　　长　李延国（11月离任）
　　　　　张福长（12月任职）
党组书记　张义祥
副 局 长　李建军
　　　　　丁开明
　　　　　王建军（8月任职）
纪检组长：杨玲荣
副调研员：李长龙
　　　　　尉志强
　　　　　胡贵平
　　　　　陈春来

昌平区安全监管局

局　　长　兰剑波（党组书记）
副 局 长　徐立荣
　　　　　彭士杰
　　　　　张卫东

纪检组长　郑秀云

平谷区安全监管局

局　　　长　王浩文（8月离任）
　　　　　　崔曙光（8月任职）
党 组 书 记　胡玉峰（8月任职）
副　局　长　赵承河
　　　　　　张振宇
纪 检 组 长　李满胜

怀柔区安全监管局

局　　　长　李振林（党组副书记10月离任）
　　　　　　王国栋（党组副书记10月任职）
副　局　长　李俊娥（党组书记）
　　　　　　姚怀峰
　　　　　　高志平
纪 检 组 长　边振泉
副 调 研 员　曹勇军

密云县安全监管局

局　　　长　于庭满（党组书记）
党组副书记　马延春
副　局　长　梁乃顺
　　　　　　张宏伟
副 调 研 员　刘海生
　　　　　　赵德民

延庆县安全监管局

局　　　长　王忠东（党组书记3月离任）
　　　　　　臧文柱（党组书记3月任职）
副　局　长　尤长存（12月任职）
　　　　　　张　鑫

王吉兴
纪检组长 王菊英
调 研 员 贾晓义
副调研员 尤海泉
闫福军（12 月任职）

北京经济技术开发区安全监管局

局　　长 吴伯军
副 局 长 窦桂芹
调 研 员 王辰宇
闫庆平

先进集体、先进个人

东城区

先进集体

东城区被市安委会评为“2013 年度安全生产工作先进区县”。

东城区安全监管局被市安全监管局、市国资委、市总工会授予“北京建工杯首都百万一线职工安全生产知识竞赛活动优秀组织奖”。

东城区安全监管局被市安全监管局、市国资委、市总工会授予“2013 年（市级）安全生产题材优秀宣传作品平面类二等奖”。

西城区

先进集体

西城区被市安委会评为“2013 年度安全生产工作先进区县”，授予“安全生产工作基础管理创新奖”。

西城区安全监管局被市安全生产月活动组委会授予“2013 年安全生产月活动优秀组织奖”。

西城区安全监管局制作的《让明天更美好高处悬吊作业操作规范》宣传片获得第四届中国安全生产电视作品展二等奖，获“2013 年北京市安全生产题材优秀宣传作品视频类一等奖”；《“12350”公众举报投诉电话》获得第四届中国安全生产电视作品展公益宣传类三等奖；《特种作业人员取得特种作业资格证才能上岗》获得第四届中国安全生产电视作品展公益宣传类三等奖；《安全生产公益广告》获“2013年北京市安全生产题材优秀宣传作品视频类三等奖”。

朝阳区

先进集体

朝阳区安全监管局被市安全生产月活动组委会授予“2013年安全生产月活动优秀组织奖”。

朝阳区安全监管局被国家安全监管总局授予“同煤杯安全发展战略知识竞赛优秀组织奖”。

海淀区

先进集体

海淀区被市安委会评为“2013年度安全生产工作先进区县”。

海淀区安全监管局被市安全生产月活动组委会授予“2013年安全生产月活动优秀组织奖”。

海淀区学院路街道、紫竹院街道被市安委会办公室、市人力社保局评为“2010–2012年度北京市安全生产先进单位”。

海淀区道口办被市交通委路政局评为“2013年先进道口管理办公室”。

先进个人

海淀区安全监管局王永强、海淀区住房城乡建设委白世胜、海淀街道宋金良被市安委会办公室、市人力社保局评为“2010–2012年度北京市安全生产先进个人”。

丰台区

先进集体

丰台区被市安委会评为“2013年度安全生产工作先进区县”。

丰台区安全监管局被国家安全监管总局、中华全国总工会授予“全国安全生产领域‘打非治违’知识竞赛优胜单位奖”。

先进个人

丰台区安全监管局及继峰被国家安全监管总局、中华全国总工会授予“全国安全生产领域‘打非治违’知识竞赛优秀组织者奖”。

石景山区

先进集体

石景山区被市安委会评为“2013 年度安全生产工作先进区县”。

门头沟区

先进集体

门头沟区被市安委会评为“2013 年度北京市安全生产工作先进区县”，授予“安全生产工作重大进步奖”。

通州区

先进集体

通州区安全监管局被全国安全生产月活动组委会评为“2013 年全国安全生产月活动先进单位”。

通州区被市安委会评为“2013 年度安全生产工作先进区县”，授予“安全生产工作基础管理创新奖”。

通州区被市安全生产月活动组委会授予“2013 年北京市安全生产月活动优秀组织奖”。其中，安全生产执法技能“大比武”活动获得“2013 年北京市安全生产月活动最佳实践活动奖”。

顺义区

先进集体

顺义区被市安委会评为“2013 年度北京市安全生产工作先进区县”，授予“安全生产工作特别贡献奖”。

顺义区安全监管局被市安全生产月活动组委会授予“2013 年北京市安全生产月活动优秀组织奖”。

顺义区安全监管局被市安委会办公室授予“2013 年北京市安全生产宣传作品评选课件三等奖”和“2013 年北京市安全生产宣传作品评选平面类三等奖”。

顺义区安全监管局被市安全监管局、市国资委、市总工会授予“北京建工杯首都百万一线职工安全生产知识竞赛活动优秀组织奖”。

顺义区安全监管局被市总工会授予“首都劳动奖状”。

大兴区

先进集体

大兴区被市安委会评为“2013 年度北京市安全生产工作先进区县”，授予“安全生产工作基础管理创新奖”。

大兴区安全监管局被国务院安委会办公室评为“全国安全生产月优秀单位”。

大兴区安全监管局被国家安全监管总局、中国职业安全健康协会评为“全国安全社区建设先进单位”。

昌平区

先进集体

昌平区被市安委会评为“2013 年度北京市安全生产工作先进区县”。

昌平区安全监管局被市安全生产月活动组委会授予“2013 年北京市安全生产月活动优秀组织奖”。

昌平区安全监管局被市安全监管局、市国资委、市总工会授予“北京建工杯首都百万一线职工安全生产知识竞赛活动优秀组织奖”。

昌平区安全监管局被首届北京农业嘉年华筹委会指挥部授予“首届北京农业嘉年华最佳安全保障奖”。

平谷区

先进集体

平谷区被市安委会评为“2013 年度北京市安全生产工作先进区县”。

平谷区安全监管局被市安全生产月活动组委会授予“2013 年安全生产月活动优秀组织奖”。

平谷区安全监管局被市安委会办公室授予“2013 年北京市安全生产题材优秀宣传作品视频类二等奖”。

平谷区安全监管局被市安全监管局、市国资委、市总工会授予“北京建工杯首都百万一线职工安全生产知识竞赛活动优秀组织奖”。

怀柔区

先进集体

怀柔区被市安委会评为“2013 年度北京市安全生产工作先进区县”。

怀柔区安全监管局被市安全生产月活动组委会授予“2013 年北京市安全生产月活

动优秀组织奖”和“2013 年北京市安全生产月活动最佳实践活动奖”。

怀柔区广电中心被市安全生产月活动组委会授予“2013 年北京市安全生产月活动优秀新闻报道奖”。

先进个人

怀柔区安全监管局执法队主任科员赵幼山、怀柔区杨宋镇政府安全科科长杨昆、怀柔区雁栖镇政府安全科科长张学军被市安委会办公室、市人力社保局评为“2010–2012 年度北京市安全生产先进个人”。

密云县

先进集体

密云县被市安委会评为“2013 年度北京市安全生产工作先进区县”。

密云县安全监管局被国家安全监管总局、中华全国总工会授予“全国安全生产领域‘打非治违’知识竞赛优胜单位奖”。

密云县安全监管局被市安全生产月活动组委会授予“2013 年北京市安全生产月活动优秀组织奖”。

延庆县

先进集体

延庆县被市安委会评为“2013 年度北京市安全生产工作先进区县”。

北京经济技术开发区

先进集体

开发区被市安委会评为“2013 年度北京市安全生产工作先进区县”，授予“安全生产工作重大进步奖”。

开发区安全监管局被市安全生产月活动组委会授予“2013 年北京市安全生产月活动优秀组织奖”。

开发区安全监管局被中国职业安全健康协会授予“神华杯”中国职业安全健康协会科学技术奖二等奖和三等奖各 1 项。

附　录

【附录1】

2013年北京市安全文化建设示范企业名单（共29家）

1. 北京水泥厂有限责任公司
2. 中建一局集团建设发展有限公司
3. 中国石化北京石油分公司
4. 中国石油化工股份有限公司催化剂北京奥达分公司
5. 华能北京热电有限责任公司
6. 北京铁路局丰台机务段
7. 北京华泰龙安物业管理有限责任公司
8. 北京市地铁运营有限公司供电分公司
9. 北京天海工业有限公司
10. 北京城建北方建设有限责任公司
11. 北京排水集团高碑店污水处理厂
12. 北京北方微电子基地设备工艺研究中心有限责任公司
13. 北京市燃气集团有限责任公司第五分公司
14. 北京市液化石油气公司
15. 首发集团京开高速公路管理分公司
16. 北京便宜坊烤鸭集团有限公司
17. 北京菜市口百货股份有限公司
18. 中国精密机械进出口总公司北京航天精密大厦
19. 南车二七机车车辆有限公司
20. 大唐国际发电股份有限公司北京高井热电厂
21. 北京艾莱发喜食品有限公司
22. 北京雅昌彩色印刷有限公司
23. 北京南口轨道交通机械有限责任公司
24. 北京北汽模塑科技有限公司
25. 红牛维他命饮料有限公司
26. 北京市华都峪口禽业有限责任公司
27. 北京威克冶金有限责任公司
28. 北京博大开拓热力有限公司
29. 北京大宝化妆品有限公司

【附录2】

北京市国际安全社区名录

序号	国际安全社区编号	社区名称	所属区县	国际命名时间	备注
1	120	望京街道	北京市朝阳区	2007年	
2	121	麦子店街道	北京市朝阳区	2007年	
3	122	亚运村街道	北京市朝阳区	2007年	
4	123	建外街道	北京市朝阳区	2007年	
5	139	月坛街道	北京市西城区	2008年	
6	140	金融街街道	北京市西城区	2008年	
7	157	东直门街道	北京市东城区	2009年	
8	166	八里庄街道	北京市朝阳区	2009年	
9	167	安贞街道	北京市朝阳区	2009年	
10	168	小关街道	北京市朝阳区	2009年	
11	194	展览路街道	北京市西城区	2010年	
12	237	香河园街道	北京市朝阳区	2011年	
13	238	潘家园街道	北京市朝阳区	2011年	
14	239	大屯街道	北京市朝阳区	2011年	
15	240	三里屯街道	北京市朝阳区	2011年	
16	241	左家庄街道	北京市朝阳区	2011年	
17	282	新街口街道	北京市西城区	2012年	
18	283	学院路街道	北京市海淀区	2012年	
19	289	德胜街道	北京市西城区	2012年	
20	291	团结湖街道	北京市朝阳区	2012年	
21	292	劲松街道	北京市朝阳区	2012年	
22	293	双井街道	北京市朝阳区	2012年	
23	324	西长安街道	北京市西城区	2013年	
24	325	东华门街道	北京市东城区	2013年	

北京市全国安全社区名录

序号	全国安全社区编号	社区名称	所属区县	全国安全社区命名时间	全国安全社区再命名时间	备注
1	3	望京街道	北京市朝阳区	2007年8月	2012年10月	
2	4	麦子店街道	北京市朝阳区	2007年8月	2012年10月	
3	6	建外街道	北京市朝阳区	2007年8月	2012年10月	
4	8	亚运村街道	北京市朝阳区	2007年8月	2012年10月	
5	10	金融街街道	北京市西城区	2007年8月	2012年11月	
6	11	月坛街道	北京市西城区	2007年8月	2012年11月	
7	36	西城区	北京市西城区	2008年10月		
8	37	东直门街道	北京市东城区	2008年10月	2013年9月	
9	38	展览路街道	北京市西城区	2008年10月		
10	39	西长安街道	北京市西城区	2008年10月		
11	40	德胜街道	北京市西城区	2008年10月	2013年11月	
12	41	什刹海街道	北京市西城区	2008年10月		
13	42	新街口街道	北京市西城区	2008年10月	2013年11月	
24	43	安贞街道	北京市朝阳区	2008年10月	2014年1月	
14	44	小关街道	北京市朝阳区	2008年10月		
25	45	八里庄街道	北京市朝阳区	2008年10月	2014年1月	
15	73	学院路街道	北京市海淀区	2009年3月		
16	89	左家庄街道	北京市朝阳区	2009年8月		
17	90	香河园街道	北京市朝阳区	2009年8月		
18	91	三里屯街道	北京市朝阳区	2009年8月		
19	92	潘家园街道	北京市朝阳区	2009年8月		
20	119	大屯街道	北京市朝阳区	2009年10月		
21	162	马连洼街道	北京市海淀区	2010年9月		

序号	全国安全社区编号	社区名称	所属区县	全国安全社区命名时间	全国安全社区再命名时间	备注
22	163	团结湖街道	北京市朝阳区	2010 年 9 月		
23	164	和平街街道	北京市朝阳区	2010 年 9 月		
26	208	酒仙桥街道	北京市朝阳区	2011 年 4 月		
27	209	六里屯街道	北京市朝阳区	2011 年 4 月		
28	210	呼家楼街道	北京市朝阳区	2011 年 4 月		
29	222	朝外街道	北京市朝阳区	2011 年 8 月		
30	230	东华门街道	北京市东城区	2011 年 10 月		
31	232	房山区人民政府燕山办事处	北京燕山石油化工有限公司	2011 年 10 月		央企
32	267	首都机场街道	北京市朝阳区	2011 年 12 月		
33	268	东湖街道	北京市朝阳区	2011 年 12 月		
34	269	双井街道	北京市朝阳区	2011 年 12 月		
35	270	劲松街道	北京市朝阳区	2011 年 12 月		
36	271	垡头街道	北京市朝阳区	2011 年 12 月		
37	298	西罗园街道	北京市丰台区	2012 年 5 月		
38	354	广外街道	北京市西城区	2012 年 11 月		
39	418	白纸坊街道	北京市西城区	2013 年 11 月		

北京市安全社区名录

序号	市级编号	社区名称	所属区县	命名时间	备注
1	1	八角街道	北京市石景山区	2013 年 3 月	
2	2	八宝山街道	北京市石景山区	2013 年 3 月	
3	3	万寿路街道	北京市海淀区	2013 年 3 月	
4	4	花园路街道	北京市海淀区	2013 年 3 月	
5	5	庞各庄街道	北京市大兴区	2013 年 3 月	
6	6	兴丰街道	北京市大兴区	2013 年 7 月	
7	7	百善镇	北京市昌平区	2014 年 1 月	

索 引